U0915827

2022
中国 500 强企业发展报告

中国企业联合会
中国企业家协会
编

图书在版编目（CIP）数据

2022中国500强企业发展报告／中国企业联合会，中国企业家协会编．
-- 北京：企业管理出版社，2022.9

ISBN 978-7-5164-2700-2

Ⅰ．①2… Ⅱ．①中… ②中… Ⅲ．①企业发展-研究报告-中国-2022 Ⅳ．①F279.2

中国版本图书馆CIP数据核字（2022）第163058号

书　　名：2022中国500强企业发展报告
书　　号：ISBN 978-7-5164-2700-2
作　　者：中国企业联合会　中国企业家协会
责任编辑：尤　颖　田　天
出版发行：企业管理出版社
经　　销：新华书店
地　　址：北京市海淀区紫竹院南路17号　　**邮　　编**：100048
网　　址：http：//www.emph.cn　　**电子信箱**：emph001@163.com
电　　话：编辑部（010）68701638　　发行部（010）68701816
印　　刷：北京联兴盛业印刷股份有限公司
版　　次：2022年9月第1版
印　　次：2022年9月第1次印刷
开　　本：880mm×1230mm 1/16
印　　张：38.75印张
字　　数：934千字
定　　价：300.00元

2022 中国 500 强企业发展报告

主　编：王忠禹

副主编：朱宏任　王基铭　李建明

目　录

The Development Report on 2022 China Top 500 Enterprises
Contents

第一章
2022 中国企业 500 强分析报告

中国企业联合会、中国企业家协会从 2002 年开始向社会发布“中国企业 500 强”，2022 年是连续第 21 年发布“中国企业 500 强”榜单。2021 年，党中央、国务院科学统筹新冠肺炎疫情防控和经济社会发展，在疫情形势受控、国际国内环境基本稳定及各方面共同努力的推动下，宏观经济展现强大韧性，总体恢复良好，全国 GDP 总量迈过 110 万亿元门槛，同比增长 8.1%，经济社会发展的主要目标均顺利实现。企业也在宏观经济平稳复苏中迎来快速恢复发展，无论是营业收入，还是利润总额与净利润，总体上都实现了较快增长。与 2021 中国企业 500 强相比，2022 中国企业 500 强的营业收入首次迈过百万亿元台阶，入围门槛大幅提高，盈利能力得到改善，企业创新投入持续增长，国际化经营稳步推进，133 家中国内地企业入围世界 500 强，连续三年位居榜单首位。党的十八大以来，中国企业在做强做优做大的道路上继续取得长足进展，净利润总额实现了翻番，营业收入增长了 1.05 倍，资产总额增长了 1.47 倍；创新投入与产出持续快速增长，专利质量显著改善，平均研发强度提高了 0.54 个百分点，发明专利占比提高了 14.83 个百分点；产业结构不断调整，战略性新兴产业队伍不断壮大，资源配置持续优化，去杠杆取得成效，金融对实体经济支持力度有所加大；股权多元化改革稳步推进，股权结构不断优化；国际国内市场布局更加合理，国际化经营稳步推进；国企改革三年行动推动国有企业发展质量提升，非金融央企的效率效益指标全面改善，地方国企的效率有所提升；国际地位持续提升，党的十八大以来入围世界 500 强企业数量增加了 47 家，2022 世界企业 500 强中 16 家内地企业排名全球行业营业收入首位，6 家企业排名全球行业净利润首位。

2022 年以来，受国际国内新冠肺炎疫情持续蔓延、美联储加息及俄乌冲突的影响，企业发展环境有所恶化，短期发展压力明显加大，复苏进程出现新变化，面临新挑战，但长期发展向好的趋势并未发生根本改变。为帮助企业纾困发展，国家与地方各级政府出台了一系列稳增长举措，推动经济加快企稳复苏，回归正常增长轨道。《关于加快建设世界一流企业的指导意见》的出台，则为中国大企业指明了未来几年的发展方向，无疑也将实质性加快建设世界一流企业的进程。中国 500 强企业是中国优秀企业的代表，最具建设世界一流企业的条件与基础，要敢于面对当前的困难，坚定发展的信心，坚持高质量发展的方向，坚决贯彻落实新发展理念，坚定不移地投身于世界一流企业建设，加快打造一批具有全球竞争力与行业影响力、话语权的世界一流领军企业。

一、2022 中国企业 500 强的规模特征

2022 中国企业 500 强继续保持规模扩张态势。入围门槛大幅提高了 53.89 亿元，实现了 20 连升；营业收入总额增长了 14.08%，达到 102.48 万亿元；资产总额为 372.53 万亿元，增速为 8.43%；千亿俱乐部数量增加值 244 家，万亿级企业达到 12 家；员工总数为 3243.35 万人，同比增加 65.61 万人，中国企业 500 强对全国城镇就业的贡献比出现三连降，已降至 6.93%。

1. 入围门槛升幅创历史新高，连续两年高于美国 500 强

中国企业 500 强的入围门槛大幅提升。2022 中国企业 500 强排名第 500 位的企业，其营业收入为 446.25 亿元；与上年中国企业 500 强相比，入围门槛提高了 53.89 亿元，增幅为 13.74%。自第一次发布“中国企业 500 强”榜单以来，入围门槛一直保持提升态势，2022 年实现了入围门槛的 20 连升。从绝对值看，这是中国企业 500 强入围门槛提升最多的一年，如图 1－1 所示。折算成美元，2022 中国企业 500 强入围门槛为 69.17 亿美元，高于 2022 美国 500 强入围门槛（63.94 亿美元），这已经是中国企业 500 强入围门槛连续两年高于美国 500 强。

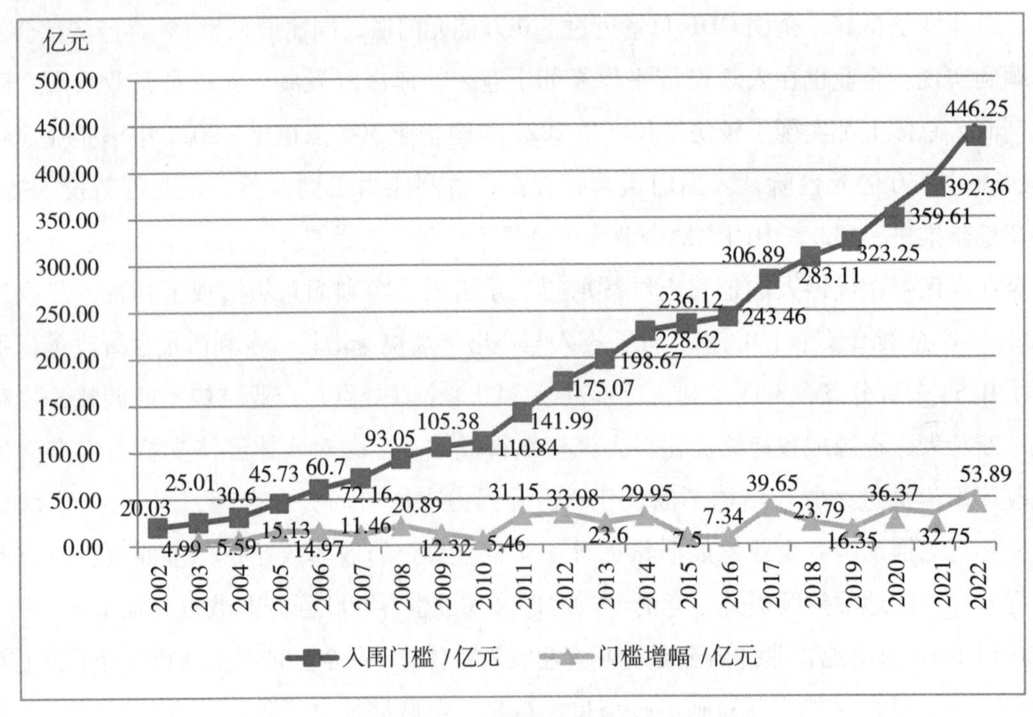

图 1－1　中国企业 500 强入围门槛及其变动趋势

2. 营业收入迈过百万亿元台阶，营业收入与 GDP 相对比连续回升

中国企业 500 强营业收入实现较高速度增长。2022 中国企业 500 强实现营业收入 102.48 万亿元，首次突破百万亿元大关；与 2021 中国企业 500 强相比，增长了 14.08%，增速提高了 9.65 个百分点，增长速度恢复到较高增速区间，为 2013 以来中国企业 500 强营业收入增速最高值。从变动趋势上看，扭转了中国企业 500 强营业收入总量增速连续三年回落的态势，如图 1－2 所示。

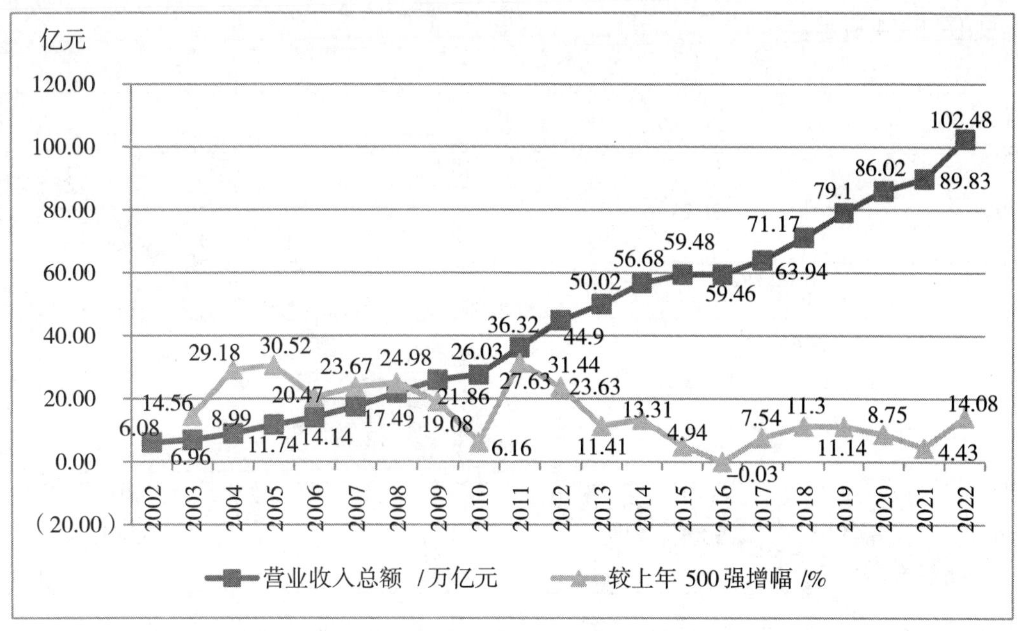

图 1－2 中国企业 500 强营业收入总额与增速变化趋势

中国企业 500 强营业收入总额与前一年全国 GDP 总量的相对比持续提高。2022 中国企业 500 强营业收入总额，与 2021 年全国 GDP 总额 114. 37 万亿元相比，相对比率值为 89. 61%。这一比率与上年相比上升了 1. 19 个百分点，迎来二连升。近 10 年来，这一比率经历了先升后降再回升的过程，近几年来总体上维持在 86% ~90% 区间波动，如图 1－3 所示。

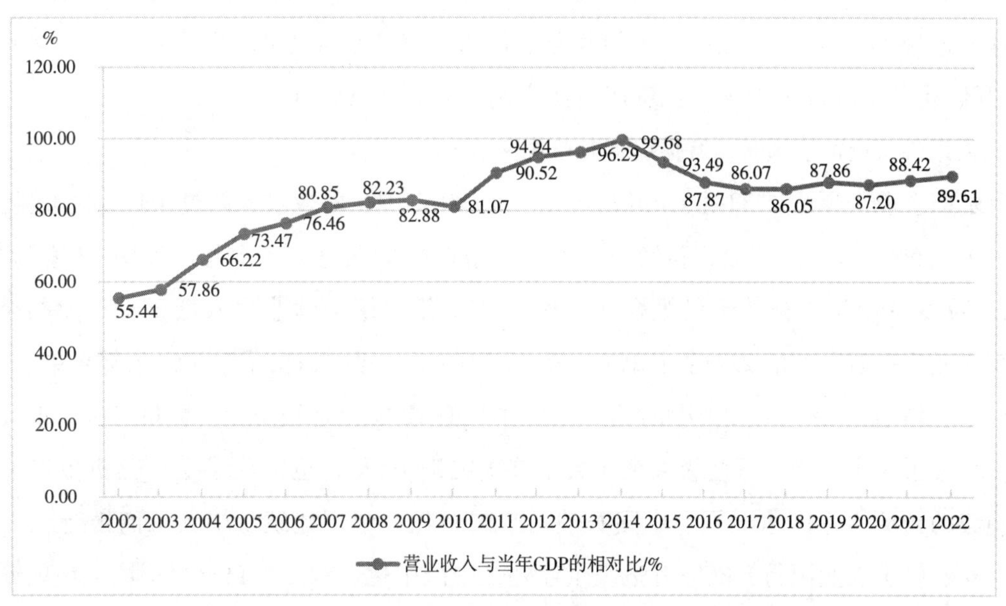

图 1－3 中国企业 500 强营业收入与当年 GDP 的相对比

3. 资产总额保持增长，净资产增速快于资产增速

中国企业 500 强资产总额保持连续增长，但增速波动回落。2022 中国企业 500 强的资产总额为

372.53 万亿元，比上年中国企业 500 强增加了 28.95 万亿元；资产增速为 8.43%，较上年回落 1.57 个百分点，如图 1－4 所示。

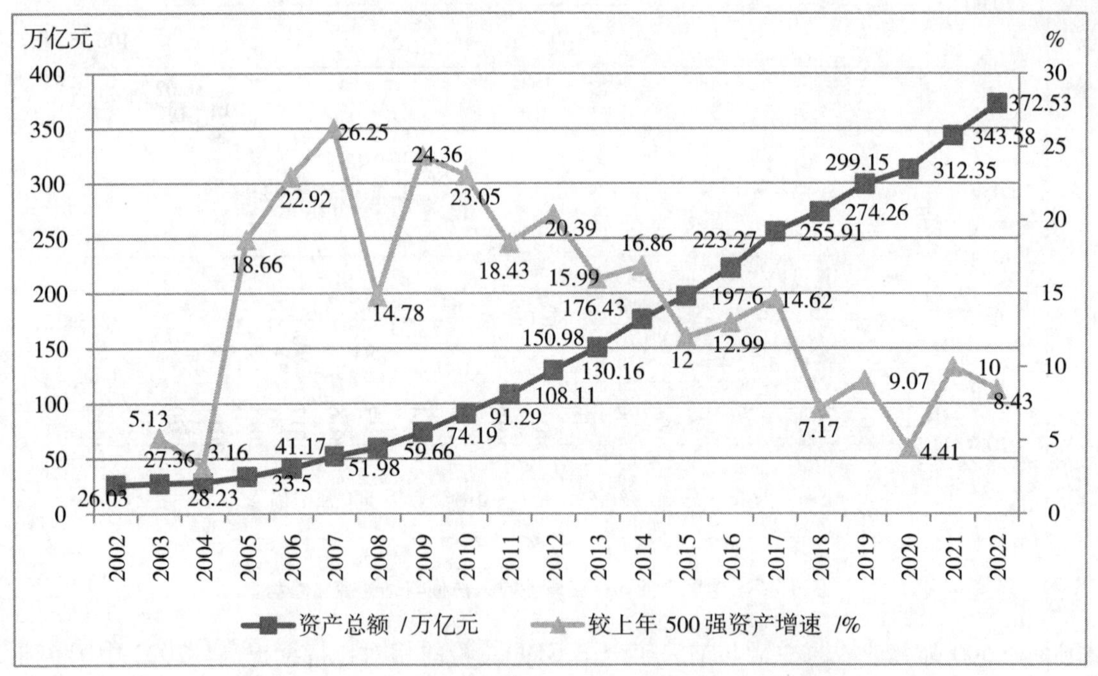

图 1－4　中国企业 500 强资产总额及其增速变化趋势

中国企业 500 强的净资产、归属母公司净资产增速，均快于资产总额增速。2022 中国企业 500 强的净资产总额为 63.11 万亿元，比上年 500 强的净资产总额增加了 7.85 万亿元，增速为 14.21%，比资产总额增速快 5.78 个百分点；其中归属母公司的净资产总额为 49.39 万亿元，比上年 500 强增加了 4.10 万亿元，增速为 9.05%，比资产总额增速快 0.62 个百分点。

4. 千亿俱乐部数量加快增长，万亿级企业首次突破 10 家

千亿俱乐部企业大幅增加 22 家。2022 中国企业 500 强中，营业收入超过千亿元的企业为 244 家，比上年中国企业 500 强增加 22 家，新增千亿俱乐部企业数量明显多于上年。其中 18 家为 2022 年新上榜企业，197 家为上年在榜的千亿级企业，29 家为上年在榜但营业收入低于千亿元的企业。2021 中国企业 500 强千亿俱乐部的 222 家企业中，有 25 家因不同原因退出了千亿俱乐部名单。

万亿级企业增至 12 家。2022 中国企业 500 强中共有 12 家万亿级企业，数量打破了前几年保持稳定的态势，增加了 4 家。中国万亿级大企业数量首次突破 10 家，也印证了上年分析报告关于万亿级企业增长趋势的预测。除国家电网、中国石油、中国石化、中国建筑、中国工商银行、中国建设银行、中国平安、中国农业银行 8 家原万亿级企业外，中国中化、中国铁路工程集团、中国铁道建筑集团、中国人寿保险成为万亿级企业新成员。

千亿俱乐部营业收入占比持续提高，企业平均营业收入稳定增长。2022 中国企业 500 强千亿俱乐部 244 家企业的营业收入为 86.28 万亿元，占全部 500 强营业收入总额的 84.19%；千亿俱乐部在 500 强营业收入中的占比，继续保持提升态势，比上年 500 强提升了 2.67 个百分点。244 家千亿企业的平均营业

收入为3535.92亿元，比上年500强千亿企业的平均营业收入增加了237.20亿元，增幅为7.19%，增速相对上年有所加快。从相对增速看，千亿俱乐部企业平均营业收入的增速，慢于2022中国企业500强营业收入总额的整体增速，头部大企业增速保持相对较慢态势，如表1-1所示。

表1-1 千亿俱乐部企业主要指标比较

	千亿企业数量/家	千亿俱乐部营收/万亿元	500强营收/万亿元	千亿俱乐部占比/%	千亿俱乐部企均营收/亿元
2019	194	62.11	79.10	78.52	3201.43
2020	217	69.78	86.02	81.12	3215.72
2021	222	73.23	89.83	81.52	3298.72
2022	244	86.28	102.48	84.19	3535.92

5. 员工总数有所减少，社会就业贡献度持续下降

中国企业500强员工总数与上年500强相比减少。2022中国企业500强员工总数为3243.35万人，与自身上年相比，增加了65.61万人。但与上年中国企业500强的3339.60万人相比，减少了96.25万人。2022中国企业500强员工总数，相当于2021年全国城镇就业人口总数46773万人的6.93%，对社会就业的贡献比，较上年下降了0.42个百分点，至今已是三连降。近10年来，虽然中国企业500强员工总数呈上下波动态势，但其占全国城镇就业人口总量的百分比总体上呈现出下降态势，已经从2012中国企业500强的8.40%下降至6.93%，如图1-5所示。从净增就业看，2022中国企业500强员工总数同比增加的65.61万人，相当于2021年全国新增城镇就业量1269万人的5.17%，为解决新增就业问题做出了积极贡献。

图1-5 中国企业500强员工总数及其变化趋势

二、2022 中国企业 500 强的效益特征

2022 中国企业 500 强的利润与净利润均持续增长，净利润为 44634.68 亿元，增长 9.63%，增速明显加快。收入利润率为 4.36%，有所下降，资产与净资产利润率分别为 1.20%、9.04%，均有所提升。企业亏损面略有扩大，煤炭、地产、化学原料、航空运输是亏损多发领域，煤炭、化学原料、航空运输更是连续两年成为亏损多发行业。企业净利润增速两极分化，净利润下滑企业明显减少。制造业净资产利润率有较大幅度提升，且明显高于服务业，非银企业与商业银行盈利水平差距在连续收窄后略有扩大。

1. 利润与净利润持续增长，净利润增速明显加快

中国企业 500 强利润与净利润持续增长，净利润增速明显加快。2022 中国企业 500 强实现净利润 44634.68 亿元，比上年 500 强增长了 9.63%，增速比上年提高了 5.04 个百分点；共实现利润总额 60242.07 亿元，与上年 500 强相比增长了 0.36%，增速较上年回落 7.39 个百分点，如图 1－6 所示。

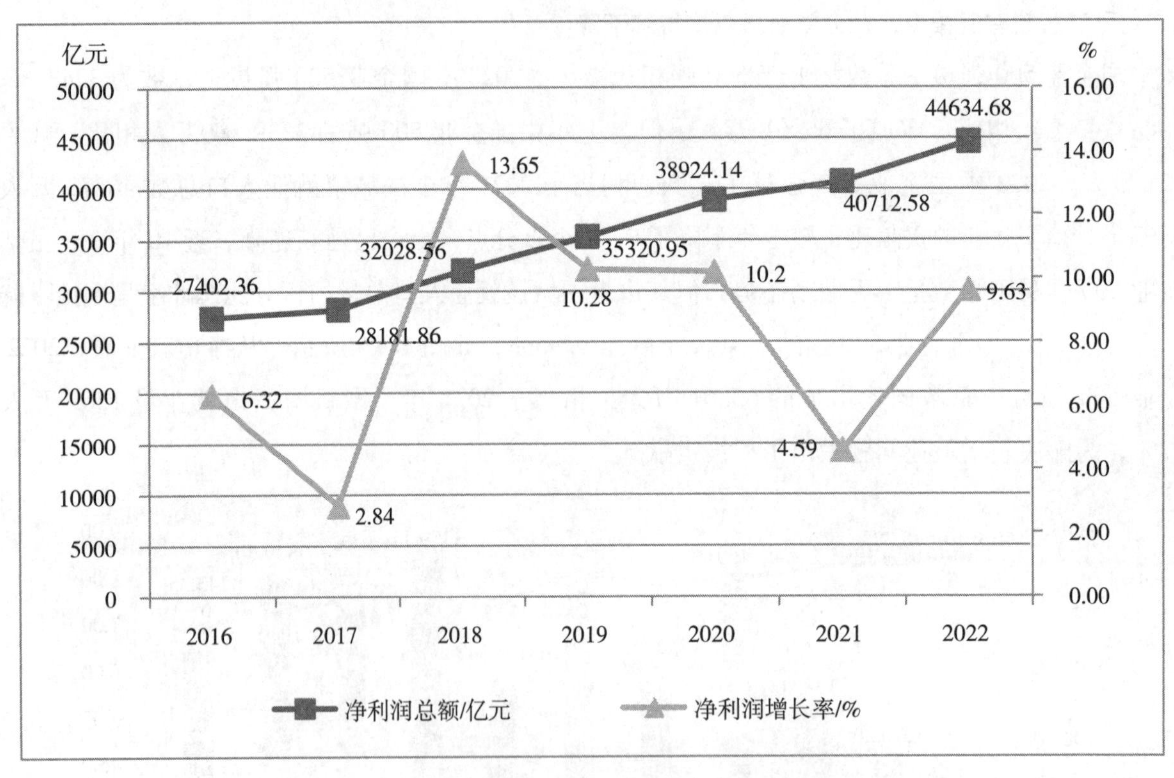

图 1－6　中国企业 500 强净利润总额及增长率变化趋势

2. 收入利润率有所下降，资产与净资产利润率均有所提升

中国企业 500 强的收入利润率小幅下降，资产利润率与净资产利润率不同程度提升。2022 中国企业 500 强的收入利润率为 4.36%，与上年 500 强相比，下降了 0.17 个百分点；得益于资产周转速度的提高，2022 中国企业 500 强的资产利润率为 1.20%，与上年 500 强相比，提高了 0.02 个百分点；净资产利润率为 9.04%，较上年 500 强提高了 0.07 个百分点，如图 1－7 所示。

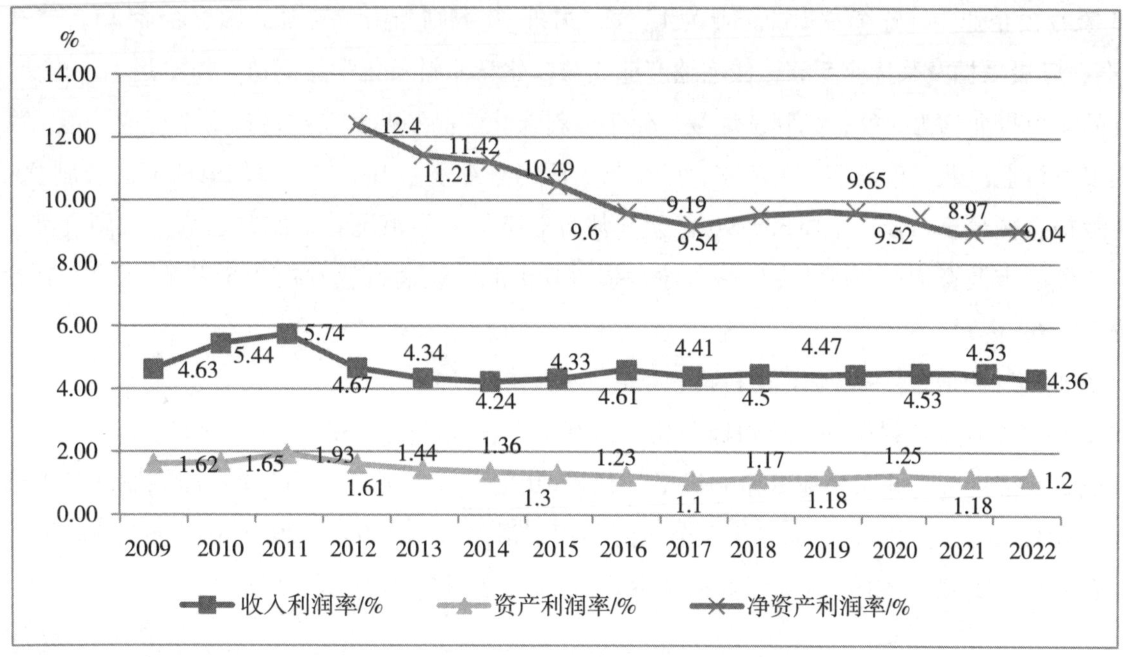

图 1-7 中国企业 500 强收入利润率、资产利润率与净资产利润率变化趋势

3. **企业亏损面略有扩大，煤炭、地产、化学原料、航空运输是亏损多发领域**

中国企业 500 强的亏损面、亏损额连续第二年有所增加。2022 中国企业 500 强中，亏损企业为 33 家，亏损面为 6.6%，较上年 500 强扩大 1.0 个百分点。33 家企业合计亏损额为 1591.71 亿元，亏损金额较上年 500 强增加 183.95%。企业亏损额大致相当于 2022 中国企业 500 强净利润总额的 3.57%，明显高于上年 500 强的 1.38%。亏损企业的企均亏损金额为 48.23 亿元，远高于上年 500 强的 20.02 亿元。无论是亏损面，还是亏损金额与企均亏损额，或者是企业亏损额与 500 强净利润总额的相对比，均连续两年提高，如图 1-8 所示。

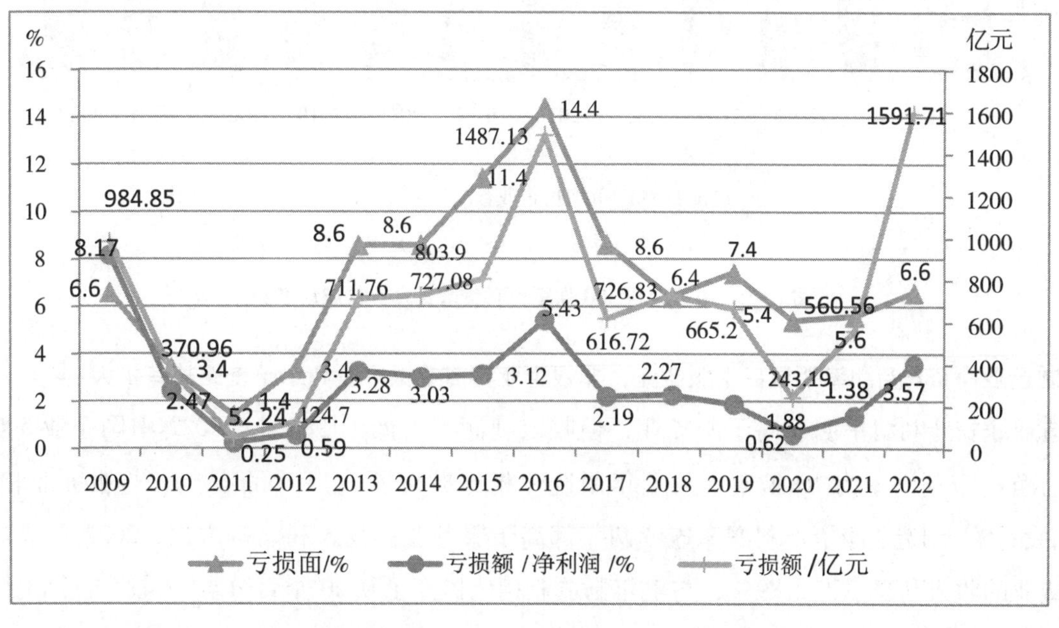

图 1-8 中国企业 500 强亏损面与亏损额变化趋势

33家亏损企业中，连续亏损的企业为13家，另外20家则为由盈转亏。国有企业20家，民营企业13家。煤炭采掘及采选业5家，住宅地产业3家，化学原料及化学品制造、航空运输、电力生产、农副食品4个行业均为3家；尤其是煤炭、化学原料及化学品制造和航空运输3个行业，连续两年都是亏损多发行业。北京市最多，为7家；广东与山西均有4家，山东与上海均有3家。农副食品业3家合计亏损金额最多，合计亏损337.90亿元。从行业整体盈亏情况看，航空运输、农副食品、机电商贸、连锁超市及百货4个行业发生整体性亏损，其中航空运输行业亏损246.43亿元，农副食品行业亏损276.62亿元。

4. 企业净利润增速两极分化，净利润下滑企业明显减少

2022中国企业500强盈利增速两极分化，盈利下滑企业的数量较上年500强明显减少。在2022中国企业500强中，有6家企业的净利润增长超过10倍，最高到了70.48倍；净利润增长1倍以上的企业，有62家。与此同时，也有6家企业的利润下滑超过了100%。2022中国企业500强中盈利减少的企业为151家，比上年500强大幅减少了32家，如图1-9所示。

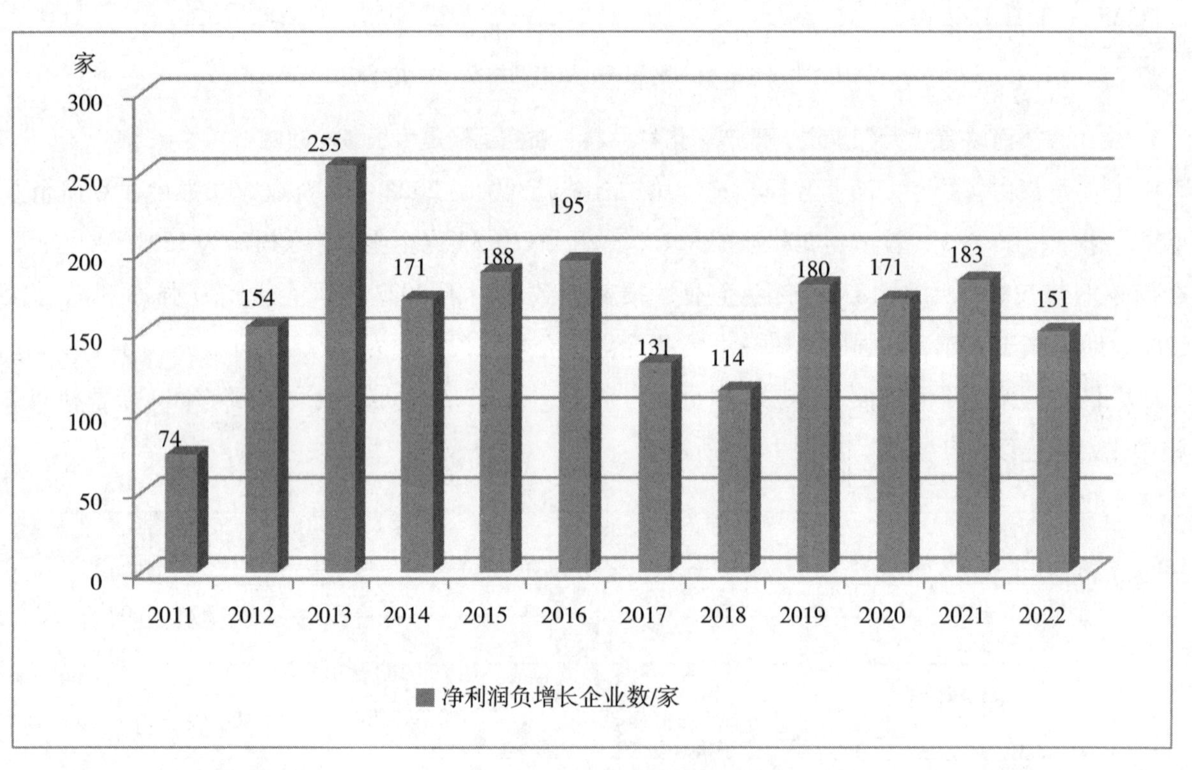

图1-9 中国企业500强净利润负增长企业数波动态势

5. 制造业净资产利润率明显高于服务业，非银企业与商业银行盈利水平差距略有扩大

制造业净资产利润率明显高于服务业，但收入利润率远低于服务业。2022中国企业500强中，制造业的净资产利润率为10.97%，与上年制造业相比提高了1.18个百分点；与服务业相比，高1.81个百分点，制造业净资产利润率连续两年都高于服务业。收入利润率方面，2022中国企业500强中制造业的收入利润率为2.89%，与上年制造业相比提高了0.20个百分点；与服务业相比，低了3.99个百分点，制造业的收入利润率远低于服务业。从变化趋势看，制造业收入利润率、净资产利

润率分别提高了 0.20 个百分点和 1.18 个百分点，但服务业收入利润率、净资产利润率则分别下降了 0.42 个百分点、0.39 个百分点，如图 1－10 所示。

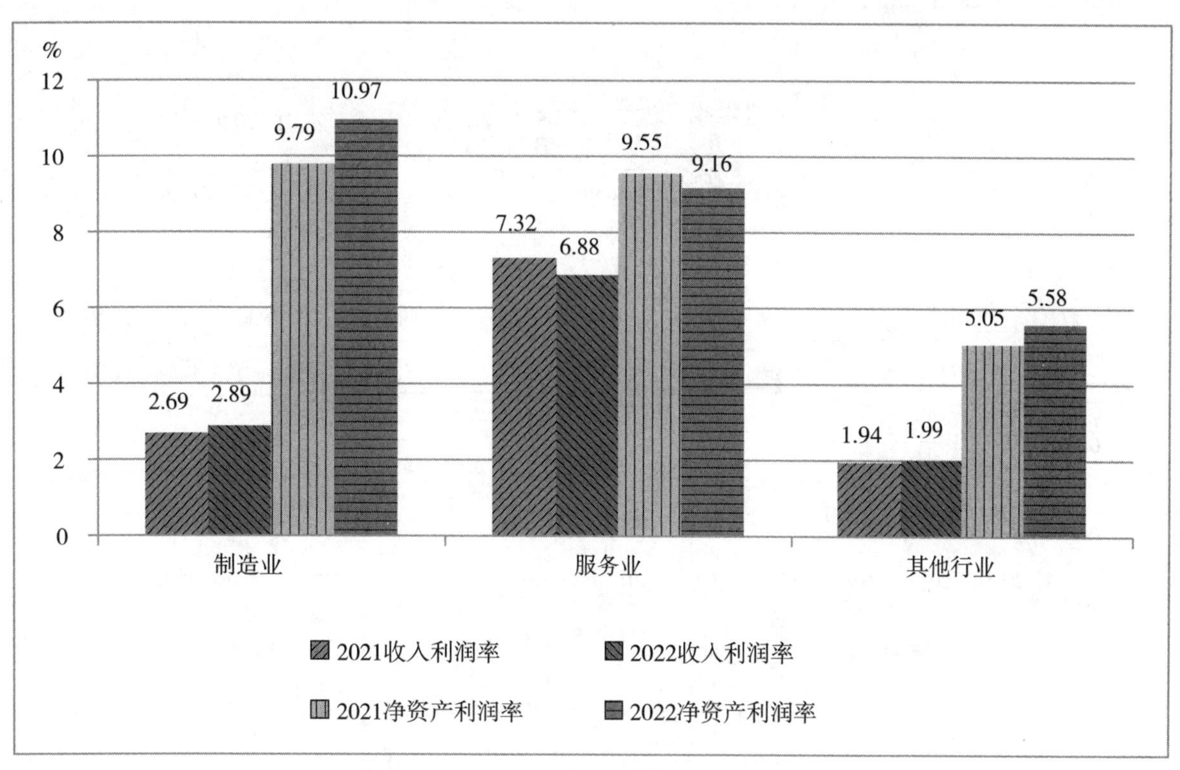

图 1－10 中国企业 500 强三大行业收入利润率、净资产利润率变化

非银企业的盈利水平依旧显著低于商业银行。2022 中国企业 500 强中，479 家非银企业的收入利润率、净资产利润率分别为 2.99%、8.42%，与上年 500 强相比，收入利润率下降了 0.18 个百分点，净资产利润率则提高了 0.02 个百分点。与商业银行相比，非银企业的盈利水平显著偏低；2022 中国企业 500 强中非银企业的收入利润率、净资产利润率分别比商业银行低 17.88 个百分点和 1.94 个百分点，差距十分显著。不过从趋势看，党的十八大以来，非银企业的收入利润率、净资产利润率整体上波动提升，而商业银行的利润率、净资产利润率则呈下降态势，非银企业与商业银行之间的收入利润率与净资产利润率差距有所缩小；但在 2022 中国企业 500 强中，非银企业与商业银行的收入利润率、净资产利润率差距均略有扩大，其中收入利润率差距由上年 500 强的 17.22 个百分点扩大至 17.88 个百分点，净资产利润率差距由上年 500 强的 1.79 个百分点扩大至 1.94 个百分点，如图 1－11 所示。

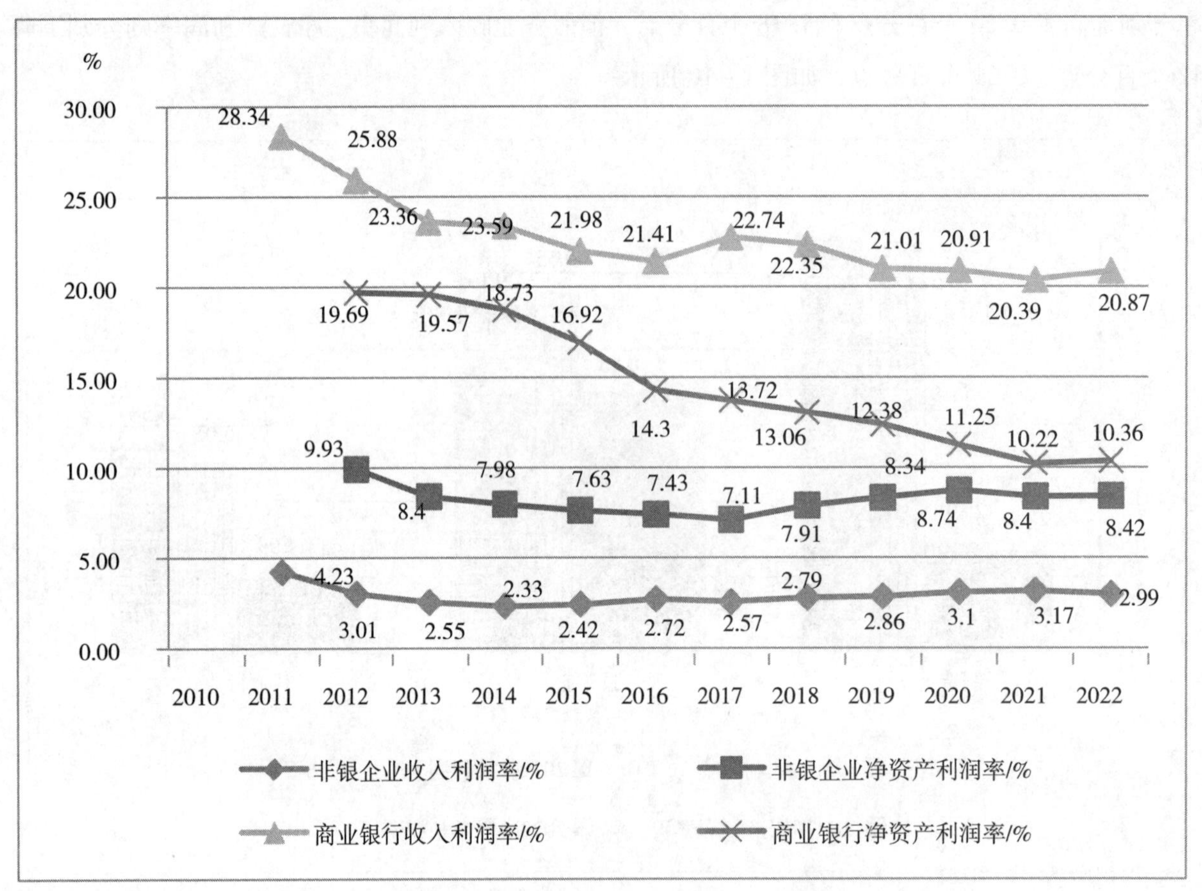

图 1－11　中国企业 500 强商业银行与非银企业盈利指标变化趋势

三、2022 中国企业 500 强的所有制格局和发展特征

国有企业数量增加了 7 家，在数量上与民营企业再次拉开差距，在主要指标占比上占据明显优势，资产占比更是超过八成。金融央企的效率与效益都实现了全面提升，地方国有企业的效率和效益指标则有升有降。国企改革三年行动方案实施以来，非金融央企人均营业收入、净利润增长，资金周转加快，收入利润率、资产利润率与净资产利润率都不同程度提高；地方国企的效率与效益指标则有升有降，改善情况不如非金融央企，但效率表现好于民营企业。

1. 国有企业与民营企业数量差距再次拉开，主要指标国有企业占比仍然突出

国有企业与民营企业的数量差距再次拉开。2022 中国企业 500 强中，国有企业为 258 家，增加了 7 家；民营企业为 242 家，二者之间数量差距由上年的 2 家再次拉大到 16 家。总体上说，10 年来，随着民营经济的快速发展，加上国有企业的不断并购重组，中国企业 500 强榜单中国有企业与民营企业的数量差距呈现出连续缩小的态势，在 2021 中国企业 500 强中一度缩小到 2 家，如图 1－12 所示。

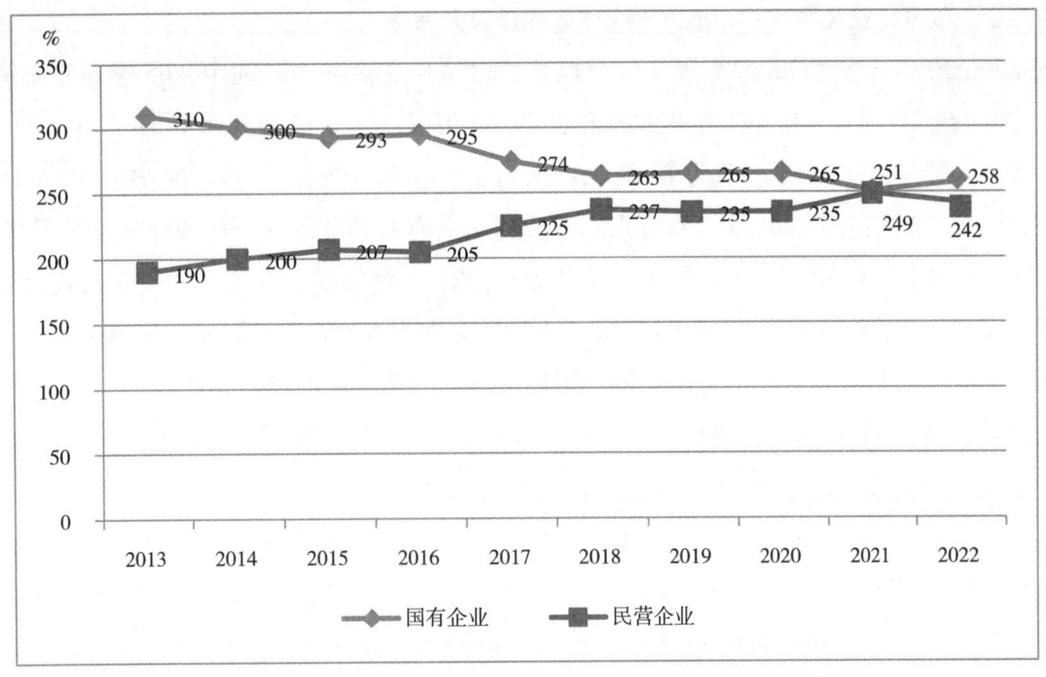

图 1－12　中国企业 500 强入围企业所有制结构变化趋势

国有企业在收入、资产等主要指标上，仍稳占突出地位。2022 中国企业 500 强中，258 家国有企业营业收入为 70.92 万亿元，占全部 500 强营业收入的 69.21%；净利润为 29934.74 亿元，占全部 500 强的 67.07%；资产、归母净资产（归属母公司净资产，下同）分别为 313.09 万亿元、38.00 万亿元，分别占全部 500 强的 84.05%、76.93%；员工总数 2367.18 万人，占全部 500 强的 72.99%，如图 1－13 所示。国有企业在上述指标中的占比，明显都高于其数量占比，并且均比上年 500 强有所提高，表明国有企业在规模体量上，总体上大于民营企业。

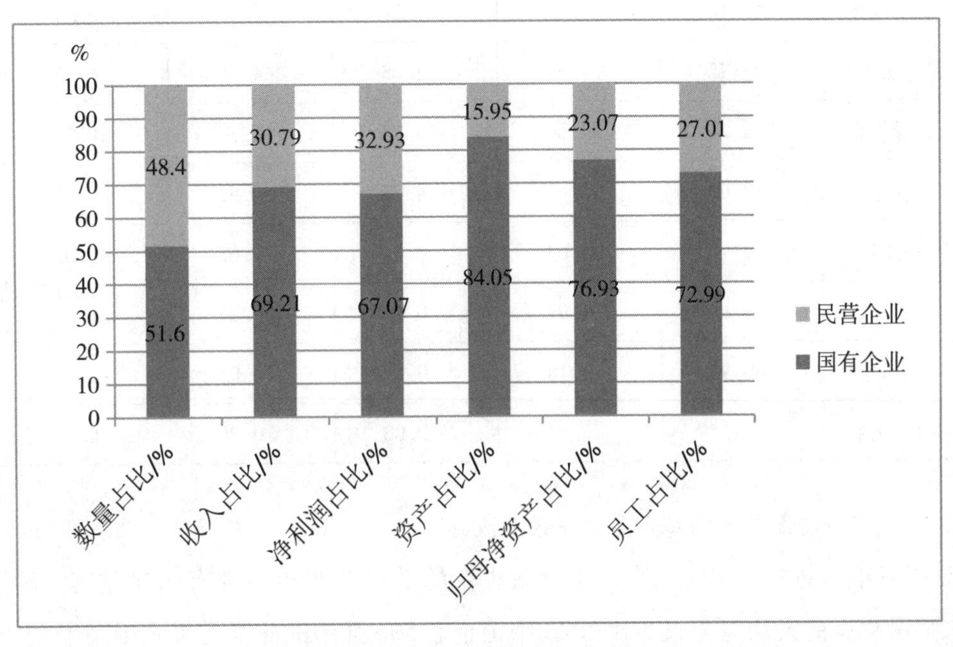

图 1－13　2022 中国企业 500 强国企民企主要指标分布占比

2. **中央企业效率效益全面改善，地方国企效率效益有升有降**

非金融央企的效率与效益，都实现了全面提升。2022 中国企业 500 强中，65 家非金融央企的人均营业收入为 274.72 万元，比上年 500 强提升了 49.62 万元；人均净利润为 7.37 万元，比上年 500 强提升了 1.91 万元；资产周转率为 0.48 次/年，比上年 500 强提升了 0.04 次；收入利润率为 2.68%，比上年 500 强提高了 0.26 个百分点；资产利润率为 1.29%，比上年 500 强提高了 0.22 个百分点；净资产利润率为 6.32%，比上年 500 强提高了 1.21 个百分点。13 家金融央企人均营业收入为 292.24 万元，比上年 500 强提升了 40.93 万元；人均净利润为 44.56 万元，比上年 500 强提升了 8.18 万元；资产周转率为 0.05 次/年，与上年 500 强持平；收入利润率为 15.25%，比上年 500 强提高了 0.77 个百分点；资产利润率为 0.83%，比上年 500 强提高了 0.02 个百分点；净资产利润率为 10.25%，比上年 500 强下降了 0.01 个百分点，如表 1-2 所示。

地方国有企业的效率和效益指标，均有升有降。2022 中国企业 500 强中，180 家地方国企的人均营业收入为 343.16 万元，比上年 500 强提升了 59.18 万元；人均净利润为 9.27 万元，比上年 500 强提升了 1.62 万元；资产周转率为 0.33 次/年，比上年 500 强下降了 0.01 次；地方国企的人均营业收入与净利润都明显改善，但资产周转速度却有所下降。180 家地方国企的收入利润率为 2.70%，比上年 500 强提高了 0.01 个百分点；资产利润率为 0.89%，比上年 500 强下降了 0.02 个百分点；净资产利润率为 7.17%，比上年 500 强提高了 0.01 个百分点；地方国企的收入利润率与净资产利润率均有不同程度提升，但资产利润率却有所下降，如表 1-2 所示。

表 1-2　国有企业主要指标变化

		人均营业收入/万元	人均净利润/万元	收入利润率/%	资产利润率/%	净资产利润率/%	资产周转率/次/年
2022 中国企业 500 强	地方国企	343.16	9.27	2.70	0.89	7.17	0.33
	非金融央企	274.72	7.37	2.68	1.29	6.32	0.48
	金融央企	292.24	44.56	15.25	0.83	10.25	0.05
	国有企业	299.60	12.65	4.22	0.96	7.88	0.23
相对 2021 中国企业 500 强的变化	地方国企	59.18	1.62	0.01	-0.02	0.01	-0.01
	非金融央企	49.62	1.91	0.26	0.22	1.21	0.04
	金融央企	40.93	8.18	0.77	0.02	-0.01	0.00
	国有企业	52.35	2.14	-0.03	0.06	0.47	0.02

3. **国企改革三年行动促进了国有企业效率效益改善**

国企业改革三年行动方案实施以来，非金融央企的效率效益指标都有明显改善。2022 中国企业 500 强中，非金融央企的人均营业收入比 2020 中国企业 500 强中的非金融央企提高了 43.71 万元，人均净利润提高了 1.75 万元，资产周转率加快了 0.07 次；收入利润率、资产利润率、净资产利润率分

别提高了0.25个百分点、0.29个百分点和0.74个百分点。同期，中国企业500强总体的人均营业收、人均净利润分别提高了56.24万元、2.01万元，但资产周转率持平未变，收入利润率、资产利润率、净资产利润率分别下降了0.17个百分点、0.05个百分点和0.49个百分点。总体上可以认为，在中国企业500强效益整体受外部冲击出现下滑的情况下，非金融央企的效率效益不降反升，这很大程度上应该是国企改革三年行动红利释放带来的积极结果，如表1-3所示。

表1-3 非金融央企与中国企业500强总体三年来效率效益指标变化

		人均营业收入/万元	人均净利润/万元	收入利润率/%	资产利润率/%	净资产利润率/%	资产周转率/次/年
非金融央企	2020中国企业500强	231.01	5.62	2.43	1.00	5.58	0.41
	2022中国企业500强	274.72	7.37	2.68	1.29	6.32	0.48
中国企业500强总体	2020中国企业500强	259.65	11.75	4.53	1.25	9.52	0.28
	2022中国企业500强	315.90	13.76	4.35	1.20	9.03	0.28

国企改革三年行动方案的实施，同样推动了地方国有企业效率效益的部分改善，但总体改善情况不如非金融央企。2022中国企业500强中，地方国企的人均营业收入、人均净利润率分别比2020中国企业500强中的地方国企提高了69.63万元、1.89万元，收入利润率持平未变；但资产周转率放慢了0.05次，资产利润率、净资产利润率分别降低了0.12个百分点、0.32个百分点，如表1-4所示。同期民营企业的人均营业收入只提高了20.21万元，人均净利润只提高了1.88万元。地方国企的效率指标的表现仍好于民营企业，这无疑在一定程度上体现了国企改革三年行动对地方国企盈利的积极贡献。

表1-4 地方国企三年来效率效益指标变化

		人均营业收入/万元	人均净利润/万元	收入利润率/%	资产利润率/%	净资产利润率/%	资产周转率/次/年
地方国企	2020中国企业500强	273.53	7.38	2.70	1.01	7.49	0.38
	2022中国企业500强	343.16	9.27	2.70	0.89	7.17	0.33

四、2022中国企业500强的行业特征

中国企业500强的行业结构持续演变，制造业企业数量持续增加，入围企业增至256家；制造业

企业的营业收入与净利润同比增速，不同程度快于服务业企业；主要指标占比上，制造业与服务业各有高低。铁路运输业在新冠肺炎疫情后复苏中表现突出，商业银行、医药及医疗器材零售、酒类在利润率指标上处于行业前列。金融业优势最为突出，在五个方面处于行业首位，计算机、通信设备及其他电子设备制造业则在创新指标上继续领先。行业结构持续调整，黑色冶金业入围企业净增6家，住宅地产业净减少8家。行业营收与净利润增速高度分化。金融企业盈利水平明显高于非金融企业，但净利润的行业结构正在朝着积极方向调整变化。汽车行业入围企业数量增加1家，在中国企业500强中的贡献持续下降，行业利润率指标有升有降。房地产行业入围企业连续大幅减少，行业收入、利润贡献持续下降，利润率指标全面下降。

1. 制造业企业数量持续增加，主要指标占比各有高低

中国企业500强中，制造业企业数量连续增加，服务业与其他企业连续减少。2022中国企业500强中，制造业企业为256家，比上年500强增加7家，连续第二年保持增加；服务业企业为171家，其他企业为73家，分别减少5家、2家，均连续两年减少。总体上看，党的十八大以来，中国企业500强中制造业企业的数量略有减少，服务业企业数量有所增加，其他企业数量也有所减少，如图1-14所示。从增长情况看，制造业企业的营业收入增速稍快于服务业企业，256家制造业企业营业收入为40.45万亿元，与自身同口径上年值相比增长了17.94%；服务业171家企业营业收入为42.16万亿元，与自身同口径上年值相比增长了17.76%。制造企业净利润增速明显快于服务业企业，256家制造业企业实现净利润11674.26亿元，同口径比增长22.57%；171家服务业企业净利润为29014.79亿元，同口径比增长4.08%。

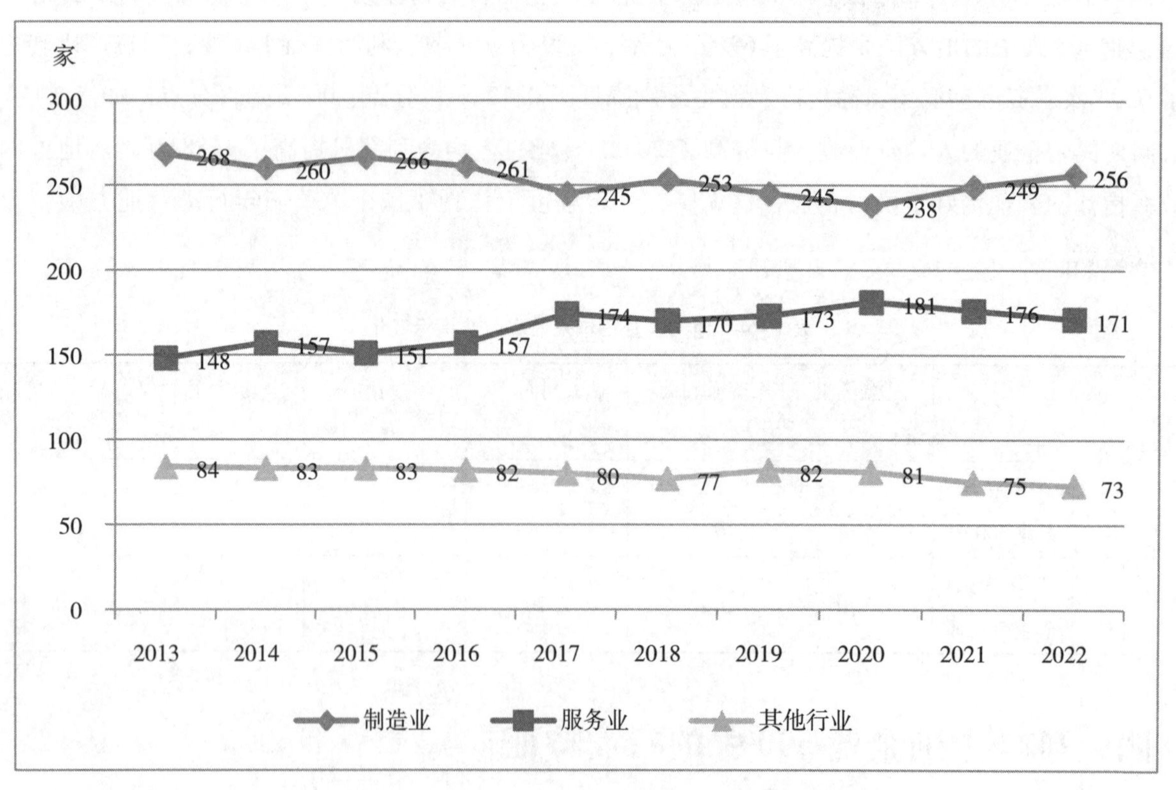

图1-14 中国企业500强三大类行业数量结构变动情况

制造业在研发、专利、标准类指标上占优，服务业在收入、资产、利润类指标上占优。2022中国企业500强中，制造业企业占拥有专利项数的66.58%、发明专利项数的75.74%；制造业企业占全部标准总数的64.35%、国内标准的63.85%、国际标准的71.10%。2022中国企业500强中，服务业企业收入占全部收入的41.14%，比制造业高1.67个百分点；服务业企业占全部资产总额的79.09%、归母净资产的64.15%；占归母净利润的65.01%。在并购重组上，服务业明显更活跃。在分支机构的设立上，服务业也明显更积极，分别占参股公司数的40.95%、全资和控股子公司数的43.85%，都明显高于制造业，如表1－5所示。

表1－5 2022中国企业500强三大类企业主要指标占比

	营业收入/%	归母净利润/%	资产总额/%	归母净资产/%	员工人数/%
制造业	39.47	26.16	11.00	21.54	34.98
服务业	41.14	65.01	79.09	64.15	39.50
其他行业	19.39	8.84	9.91	14.31	25.52
	并购或重组企业数/%	分公司数/%	国际标准数/%	研发费用/%	参股公司数/%
制造业	22.12	27.68	71.10	61.30	37.62
服务业	53.21	47.53	24.74	17.16	40.95
其他行业	24.68	24.79	4.16	21.53	21.43
	全资和控股子公司数/%	拥有专利项数/%	发明专利项数/%	总标准数/%	国内标准数/%
制造业	36.06	66.58	75.74	64.35	63.85
服务业	43.85	14.91	15.14	17.02	16.73
其他行业	20.09	18.52	9.12	18.64	19.42

2. 铁路运输业表现突出，商业银行、医药及医疗器材零售、酒类利润率指标占优

在主要经营绩效指标上，铁路运输业的表现十分突出。新冠肺炎疫情缓和后的复苏，极大推动了铁路运输业的复苏发展。铁路运输业的人均营业收入为5448.84万元，位居第一位；人均净利润为183.44万元，同样高居第一位。商业银行在收入利润率上居第一位，收入利润率为20.87%；人均净利润为77.05万元，居第二位。医药及医疗器材零售在净资产利润率上居第一位，净资产利润率为46.31%；资产利润率为12.45%，也居于第一位。酒类企业的盈利表现整体较好，收入利润率为16.17%，仅次于商业银行；净资产利润率为24.65%，仅次于医药及医疗器材零售；资产利润率为7.47%，位居第三位；人均净利润为64.04万元，位居第三位，如表1－6所示。

表1-6 2022中国企业500强主要经营绩效指标前五行业

三级行业	收入利润率/%	三级行业	资产利润率/%	三级行业	净资产利润率/%
商业银行	20.87	医药及医疗器材零售	12.45	医药及医疗器材零售	46.31
酒类	16.17	饮料	8.24	酒类	24.65
通信设备制造	10.73	酒类	7.47	化学原料及化学品制造	21.94
互联网服务	10.08	通信设备制造	7.46	家用电器制造	19.85
医药及医疗器材零售	9.82	生活消费品商贸	7.22	通信设备制造	17.95
三级行业	资产周转率/次/年	三级行业	人均营业收入/万元	三级行业	人均净利润/万元
人力资源服务	8.48	铁路运输	5448.84	铁路运输	183.44
金属品商贸	4.45	商业地产	4261.25	商业银行	77.05
生产资料商贸	4.10	金属品商贸	4181.48	酒类	64.04
能源矿产商贸	3.22	人力资源服务	2699.60	生活消费品商贸	41.13
软件和信息技术（IT）	3.16	生产资料商贸	2655.81	水上运输	38.51

3. 二级细分行业金融业优势最为突出，计算机、通信设备及其他电子设备制造业在创新指标上领先

金融业在二级细分行业中占据突出地位，在5个主要指标中排名位居二级行业之首。2022中国企业500强共涉及28个二级行业，比上年500强多了1个教育和医疗卫生服务业。金属产品类企业最多，有86家，与上年500强相比增加了3家；其次分别是化学品制造、金融业、房屋建筑、机械设备，分别有企业46家、37家、30家、29家。尽管金融业企业只有37家，仅占全部500强数量的7.40%，但却在营业收入、净利润、资产总额、归母净资产、员工人数共5个指标的绝对贡献中排名第一；尤其是在资产总额上，金融业占61.89%；在归母净利润上，金融业也占据了44.42%，如表1-7所示。与上年500强相比，金融业在归母净利润中的占比下降了0.28个百分点；金融业在缴纳税款指标上退居第二位，采矿业成为缴纳税款最多的二级行业。

表1-7 2022中国企业500强主要指标行业贡献排名前三行业

营业收入/%		归母净利润/%		资产总额/%		归母净资产/%	
金融业	13.70	金融业	44.42	金融业	61.89	金融业	38.64
金属产品	12.21	电信及互联网信息服务	8.84	邮政和物流	3.94	电信及互联网信息服务	8.49
采矿业	7.33	金属产品	6.59	采矿业	3.36	采矿业	7.64

续表

缴纳税款/%		研发费用/%		员工人数/%		并购或重组企业数/%	
采矿业	19.26	计算机、通信设备及其他电子设备制造	14.63	金融业	13.50	电力生产	16.86
金融业	12.48	金属产品	11.55	采矿业	10.48	房地产	13.40
化学品制造	12.38	土木工程建筑	11.07	金属产品	6.95	商务服务	12.44
全资和控股子公司数/%		**参股公司数/%**		**分公司数/%**		**拥有专利项数/%**	
房地产	11.66	房地产	12.26	土木工程建筑	17.98	计算机、通信设备及其他电子设备制造	16.08
金属产品	8.91	土木工程建筑	8.69	邮政和物流	14.04	消费品生产	15.35
土木工程建筑	8.36	金属产品	8.16	房地产	8.85	公用事业服务	9.60
发明专利项数/%		**总标准数/%**		**国内标准数/%**		**国际标准数/%**	
计算机、通信设备及其他电子设备制造	26.01	机械设备	17.24	机械设备	18.11	计算机、通信设备及其他电子设备制造	44.92
消费品生产	15.32	防务	11.88	防务	12.75	公用事业服务	11.24
防务	9.13	金属产品	9.16	金属产品	9.50	电信及互联网信息服务	11.19

计算机、通信设备及其他电子设备制造业同样在多个指标上领先，但与上年500强相比，各指标贡献度均有不同程度下降；在研发费用投入总额的贡献中占据行业榜首，贡献了2022中国企业500强研发费用的14.63%，下降了2.66个百分点；贡献了2022中国企业500强有效专利总量的16.08%，下降了3.53个百分点；贡献了2022中国企业500强有效发明专利的26.01%，下降了6.08个百分点；国际标准制定上同样贡献突出，共贡献了2022中国企业500强参与国际标准制定总量的44.92%，高居行业榜首，下降了27.06个百分点。机械设备业在总标准数、国内标准数上占据行业排行榜首位，分别贡献了2022中国企业500强标准总数、国内标准数的17.24%、18.11%，如表1-7所示。

4. 行业结构持续调整，营收与净利润增速高度分化

中国企业500强的行业结构，在新冠肺炎疫情后经济复苏中持续调整。2022中国企业500强中，一些行业入围企业数量出现较大变化，反映了500强的行业结构在疫后经济复苏进程中持续调整。黑色冶金行业迎来较快恢复，入围企业净增6家，居行业首位；石化及炼焦净增4家，工业机械及设备制造业、动力和储能电池业、多元化投资业均净增3家，化学原料及化学品制造业净增2家，计算机及办公设备业净增2家。生产性服务业整体复苏较好，公路运输、物流及供应链、综合商贸3个行业均净增加2家。部分行业持续受到冲击，在疫后经济复苏中依然承受较大发展压力，行业营收增长乏力。住宅地产业受冲击最大，入围企业净减少8家；电力电器设备制造业也遭受较大影响，全行业净减少5家。部分零售领域也受到较大影响，汽车摩托车零售业、家电及电子产品零售业均净减少3家。药品制造业也在复苏中调整变化，净减少2家，如表1－8所示。

表1－8 2022中国企业500强三级行业入围企业数量变化

三级行业	变化量/家	三级行业	变化量/家
黑色冶金	6	住宅地产	－8
石化及炼焦	4	电力电器设备制造	－5
工业机械及设备制造	3	一般有色	－3
动力和储能电池	3	汽车摩托车零售	－3
多元化投资	3	家电及电子产品零售	－3
化学原料及化学品制造	2	药品制造	－2
综合制造业	2	农林牧渔业	－1
公路运输	2	农副食品	－1
物流及供应链	2	轻工百货生产	－1
综合商贸	2	纺织印染	－1

中国企业500强的行业营业收入、净利润增速高度分化，净利润增速差距尤为明显。2022中国企业500强中，74个行业中，70个行业的营业收入都有不同程度增长，其中增长30%以上的行业有15个。水上运输业营业收入增长最快，整体增长了63.85%；其次是计算机及办公设备业，增长了50.62%；再次是化学原料及化学品制造业，增长了46.34%；水务业、能源矿产商贸业增速也超过了40%。营业收入下跌最明显的是机电商贸业，收缩12.13%。74个行业中，净利润增长的行业为50个，其他24个行业净利润负增长。净利润增长最快的是医药及医疗器材零售业，增长了588.04%；其次是公路运输业，增长了336.21%；再次是水上运输业，增长了307.98%。风能与太阳能设备制造业、一般有色业、工程机械及零部件业、化学原料及化学品制造业4个行业的净利润也均实现了翻番。净利润下降最快的是农副食品业，下降了188.33%；其次是机电商贸，下降了134.58%；再次是连锁超市及百货业，下降了114.10%，如表1－9所示。

表1－9 2022中国企业500强行业收入、利润增长前十排名

三级行业	收入增速/%	三级行业	净利润增速/%
水上运输	63.85	医药及医疗器材零售	588.04
计算机及办公设备	50.62	公路运输	336.21
化学原料及化学品制造	46.34	水上运输	307.98
水务	44.16	风能与太阳能设备制造	130.48

续表

三级行业	收入增速/%	三级行业	净利润增速/%
能源矿产商贸	41.07	一般有色	119.23
物流及供应链	38.00	工程机械及零部件	114.68
工业机械及设备制造	37.32	化学原料及化学品制造	105.19
风能与太阳能设备制造	33.53	多元化投资	96.07
石油、天然气开采及生产业	33.08	动力和储能电池	92.75
纺织印染	32.15	石油、天然气开采及生产业	89.81

5. 金融企业盈利水平明显高于非金融企业，净利润行业结构朝积极方向调整

金融业的收入利润率、净资产利润率、人均净利润均高于非金融企业，其中商业银行各指标均在金融业处于领先水平。2022中国企业500强中，有37家金融企业，其中商业银行为21家；金融企业的收入利润率、净资产利润率分别为14.12%、10.39%，均明显高于463家非金融企业的2.81%、8.19%。尤其是其中的21家商业银行，其收入利润率、净资产利润率分别为20.87%、10.36%，更是显著高于非金融企业。在人均净利润方面，非金融企业的人均净利润仅有8.84万元，金融企业的人均净利润为45.29万元，商业银行的人均净利润更是高达77.05万元。显然，金融企业的盈利水平明显高于非金融企业。不过近年来中国企业500强中，非金融企业的净利润增速都明显快于金融企业，2022中国企业500强中金融企业净利润增速为7.93%，显著慢于非金融企业的11.78%，如图1-15所示。受增速变化影响，金融企业与非金融企业盈利水平的差距近年来持续缩小；中国企业500强的净利润结构，继续朝着积极的方向调整。

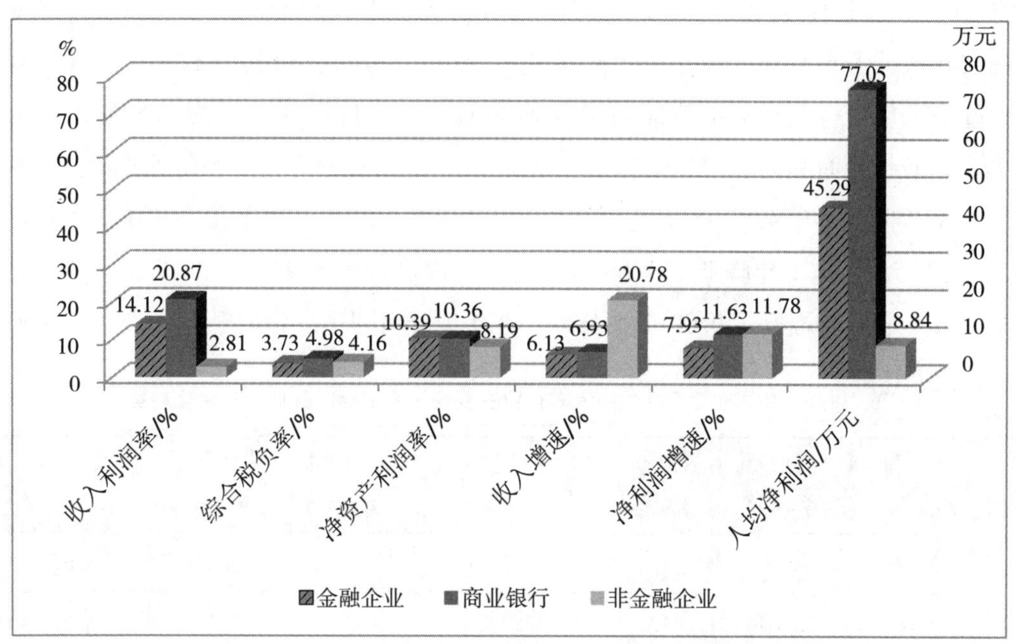

图1-15 2022中国企业500强金融与非金融企业盈利水平比较

6. 汽车行业入围企业数量增加 1 家，利润率指标有升有降

汽车行业入围企业数量增加 1 家，对 500 强营业收入、净利润的贡献均持续下降。2022 中国企业 500 强中，有 18 家汽车企业入围，比上年 500 强增加 1 家。从汽车企业对全部 500 强的贡献看，18 家汽车企业贡献了 2022 中国企业 500 强营业收入的 4.62%，贡献度比上年 500 强下降了 0.50 个百分点；贡献了全部 500 强净利润的 1.95%，比上年 500 强下降了 0.11 个百分点。近两年来，汽车行业对 500 强的收入与利润贡献连续下降，如图 1－16 所示。

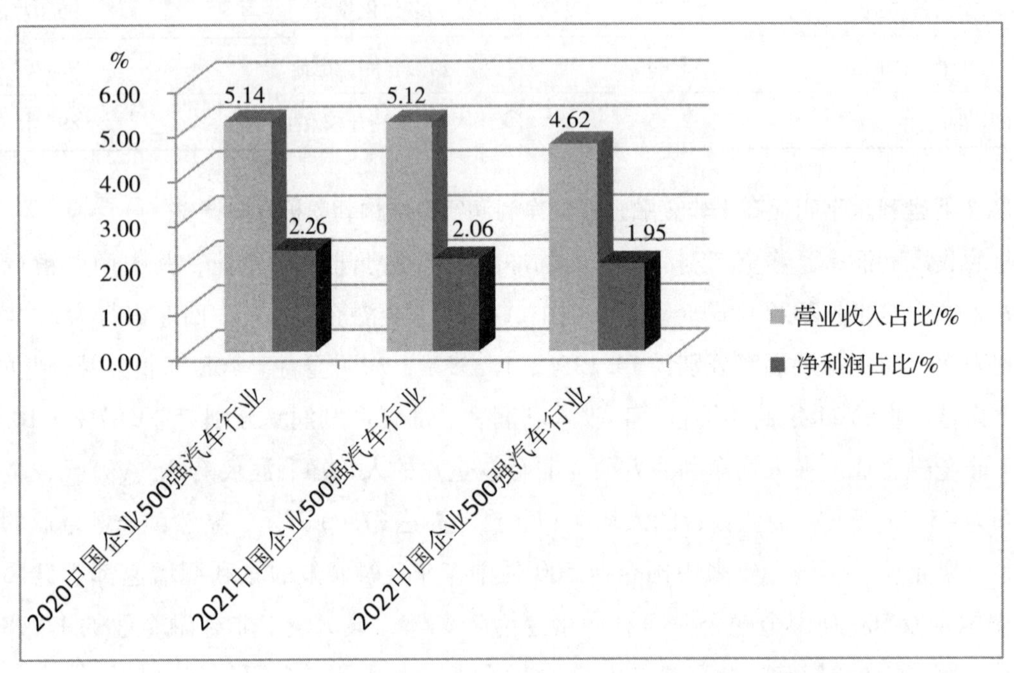

图 1－16　2020—2022 中国企业 500 强中汽车行业营业收入与净利润占比变化

营业收入与净利润中低速增长，利润率指标有升有降。2022 中国企业 500 强中，18 家汽车制造企业的营业收入增长了 4.17%，增速较上年加快 0.30 个百分点；净利润增长 3.73%，增速由负转正，扭转了过去三年全行业净利润连续负增长的局面。行业收入利润率为 1.83%，比上年提高了 0.01 个百分点；资产利润率为 1.75%，比上年下降了 0.02 个百分点，已经是 5 连降；净资产利润率为 7.81%，比上年降低了 0.43 个百分点，同样是 5 连降。人均产出水平稳中略降，其中行业人均营业收入为 323.02 万元，比上年降低了 1.84 万元；人均净利润为 5.92 万元，与上年持平。行业综合税负率为 6.78%，比上年提高了 0.09 个百分点，在 4 连降后迎来反弹回升，如表 1－10 所示。

表 1－10　中国企业 500 强中汽车行业主要利润率指标及其他指标变化趋势

汽车行业主要指标	收入利润率/%	资产利润率/%	净资产利润率/%	人均营收/万元	人均净利润/万元	综合税负率/%	营收增长率/%	净利润增长率/%
2017	2.88	3.3	13.62	332.14	9.57	10.21	13.67	16.28
2018	2.78	3.03	13.11	359.26	9.99	9.92	13.51	9.96
2019	2.54	2.76	12.33	288.88	7.34	9.08	7.93	－1.35

续表

汽车行业主要指标	收入利润率/%	资产利润率/%	净资产利润率/%	人均营收/万元	人均净利润/万元	综合税负率/%	营收增长率/%	净利润增长率/%
2020	1.99	2.01	9.3	300.42	5.98	7.06	0.54	-17.81
2021	1.82	1.77	8.24	324.86	5.92	6.69	3.87	-2.85
2022	1.83	1.75	7.81	323.02	5.92	6.78	4.17	3.73

7. 房地产收入、利润贡献持续下降，利润率指标全面下降

中国企业 500 强中，房地产业的收入贡献、净利润贡献持续下降。2022 中国企业 500 强中，房地产业共有 48 家企业入围，比上年 500 强减少 8 家，连续两年较大幅度减少。48 家房地产企业的营业收入占全部 500 强营业收入的 6.69%，这一比例比上年 500 强下降了 1.04 个百分点，连续两年下降。房地产企业净利润占全部 500 强净利润的 4.92%，比上年 500 强降低了 2.47 个百分点，同样连续两年下降。房地产业在中国企业 500 强中的重要性显著下降，如图 1－17 所示。

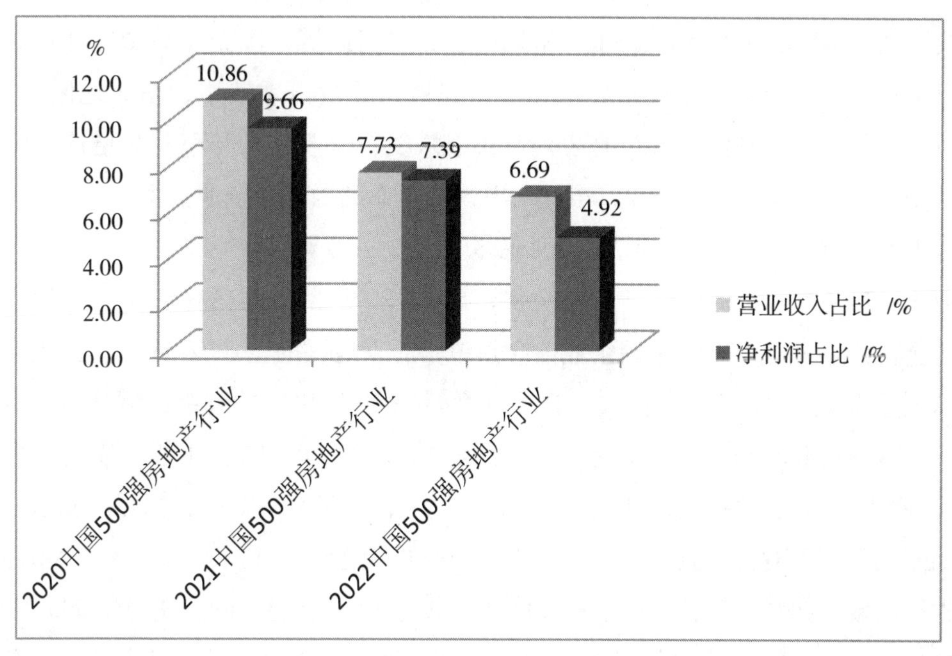

图 1－17 2020—2022 中国企业 500 强中房地产行业营业收入与净利润占比变化

房地产行业营业收入增速回升，盈利指标全面下滑。2022 中国企业 500 强中，48 家房地产企业的营业收入增长了 20.60%，与上年相比加快了 14.67 个百分点。盈利指标方面，房地产行业的净利润加快下滑，增速为－13.34%，连续第二年负增长，也是净利润增速连续第四年大幅下降；行业收入利润率为 3.20%，比上年下降 1.14 个百分点；资产利润率为 1.32%，比上年下降 0.31 个百分点；净资产利润率为 9.51%，比上年下降 3.49 个百分点，资产利润率与净资产利润率均为 4 连降；人均净利润为 8.39 万元，比上年减少了 2.67 万元，连续第二年减少，如表 1－11 所示。

表 1－11 中国 500 强中房地产行业主要利润率指标及其他指标变化趋势

房地产	收入利润率/%	资产利润率/%	净资产利润率/%	人均营收/万元	人均净利润/万元	综合税负率/%	营收增长率/%	净利润增长率/%
2017	3.18	1.68	12.34	179.3	5.7	6.45	11.07	1.19
2018	4.56	2.18	14.94	201.71	9.2	6.11	15.54	37.17
2019	3.97	1.84	14.84	233.46	9.28	6.11	18.13	23.53
2020	4.03	1.8	13.61	275.9	11.11	5.77	19.19	10.42
2021	4.34	1.63	13	255.09	11.06	6.78	5.93	－0.16
2022	3.2	1.32	9.51	261.94	8.39	3.78	20.6	－13.34

五、2022 中国企业 500 强的总部地区分布特征

2022 中国企业 500 强中，海南、西藏继续没有企业入围，其他 29 个省（区市）都有企业入围。总体上看，头部区域与尾部区域入围企业数量均减少，中间区域入围企业数量增加，四梯队橄榄型结构更加凸显。东部地区企业数量由增转减，中西部地区数量由减转增，东北地区企业数量减少。中部地区企业盈利状况明显恶化，东北地区企业快速恢复，营业收入与净利润增速均领先于其他区域。北京入围企业绝大多数为中央企业，东部沿海入围企业则以民营企业为主。

1. 第四梯队减少中间增加，湖北净增加企业最多

中国企业 500 强区域分布的橄榄型结构更加突出，第二梯队、第三梯队企业数量增加，第一梯队、第四梯队企业数量减少。2022 中国企业 500 强中，北京地区的企业有 88 家，比上年 500 强减少了 5 家，入围数量连续减少；第二梯队（入围企业数量在 40 家以上的省级区域），包括广东、山东、江苏和浙江，共有 199 家企业入围，比上年 500 强增加了 3 家，入围企业数量连续增加；第三梯队（入围企业数量在 10～39 家的省级区域），包括上海、河北、四川、重庆、福建、安徽、河北，共有 134 家企业入围，比上年 500 强增加了 10 家，入围企业数量连续增加；第四梯队（入围企业数量在 9 家及以下的省级区域），包括河南等 17 个省级区域，共有 79 家企业入围，比上年 500 强减少了 8 家，入围企业数量连续减少。随着两端的连续减少和中间的连续增加，中国企业 500 强区域分布的橄榄型结构更加突出，如图 1－18 所示。

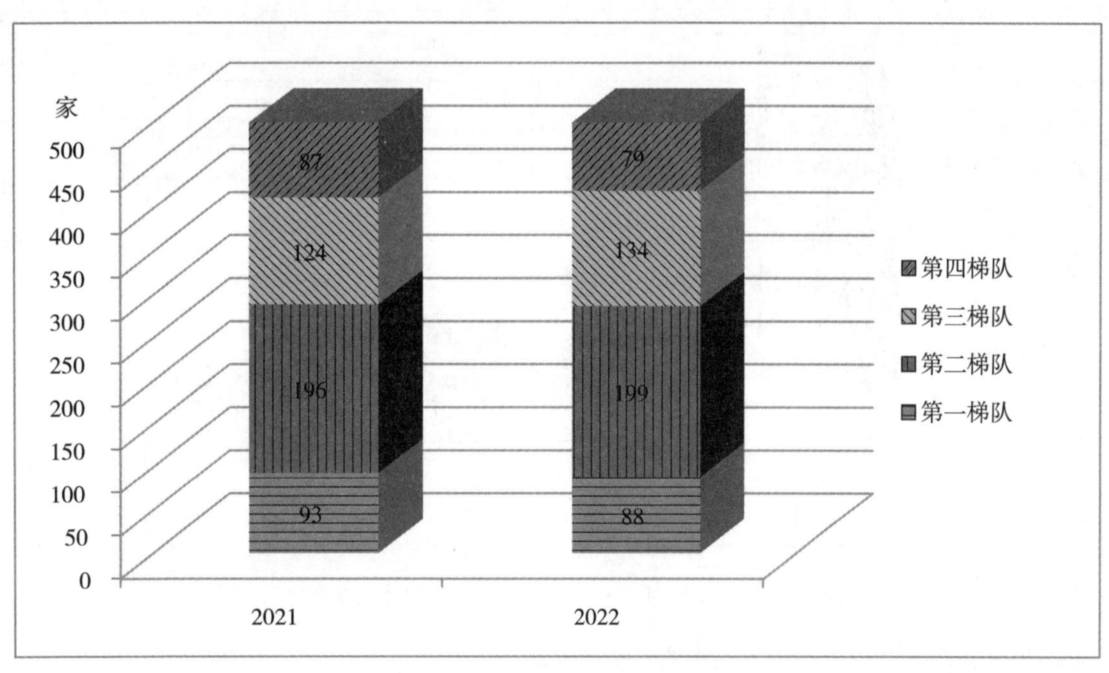

图 1－18　中国企业 500 强各梯队入围企业数量分布

中国企业 500 强中各省（区市）入围企业数量持续调整变化，湖北入围企业数量增加最多，北京减少最多。2022 中国企业 500 强分布在 29 个省（区市），海南、西藏依然没有企业入围中国企业 500 强。湖北共有 13 家企业入围 2022 中国企业 500 强，比上年 500 强净增加 5 家，是入围企业增加最多的省级区域；山西和广东，各增加了 2 家，安徽等 9 省（区市）各增加 1 家。北京入围企业减少最多，净减少了 5 家，连续第二年成为减少数量最多的省（区市）；其次是辽宁，减少了 4 家；再次是上海，减少了 2 家。

2. 中西部地区数量增加，东部地区与东北地区数量减少

中西部地区入围企业数量由减转增，东部地区与东北地区入围企业数量由增转减。2022 中国企业 500 强中，来自东部地区的企业为 366 家，由上年的增加 6 家变为减少 5 家；中部地区入围企业为 55 家，由上年的减少 4 家转为增加 6 家；西部地区入围企业为 73 家，由上年的减少 2 家转为增加 3 家；东北地区入围企业为 6 家，由上年持平转为减少 4 家。总体上看，中西部地区入围企业数量有所增加，东部与东北地区入围企业数量则相应减少，如图 1－19 所示。

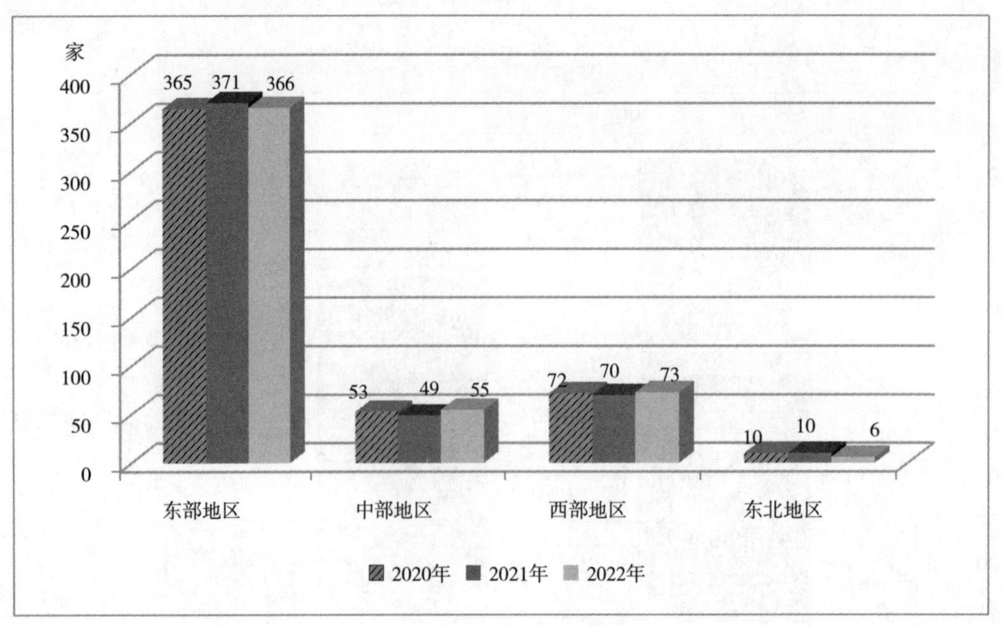

图1-19　中国企业500强四大区域入围企业数量变化

3. **中部地区盈利状况明显恶化，东北地区快速恢复**

中部地区企业的盈利水平明显下滑，东北地区企业的营业收入与净利润均迎来快速增长。2022中国企业500强中，中部地区由于受到江西与山西企业净利润大幅度下滑影响，整体盈利减少了13.48%，盈利状况明显恶化，收入利润率与净资产利润率均在四大区域中处于最低水平。东部地区企业收入利润率为2.98%，高于其他地区；西部地区净资产利润率为9.03%，在四大区域中居于首位。东北地区企业迎来快速恢复，营业收入增长了20.05%，净利润增长34.07%，均领先于其他三大区域，如图1-20所示。

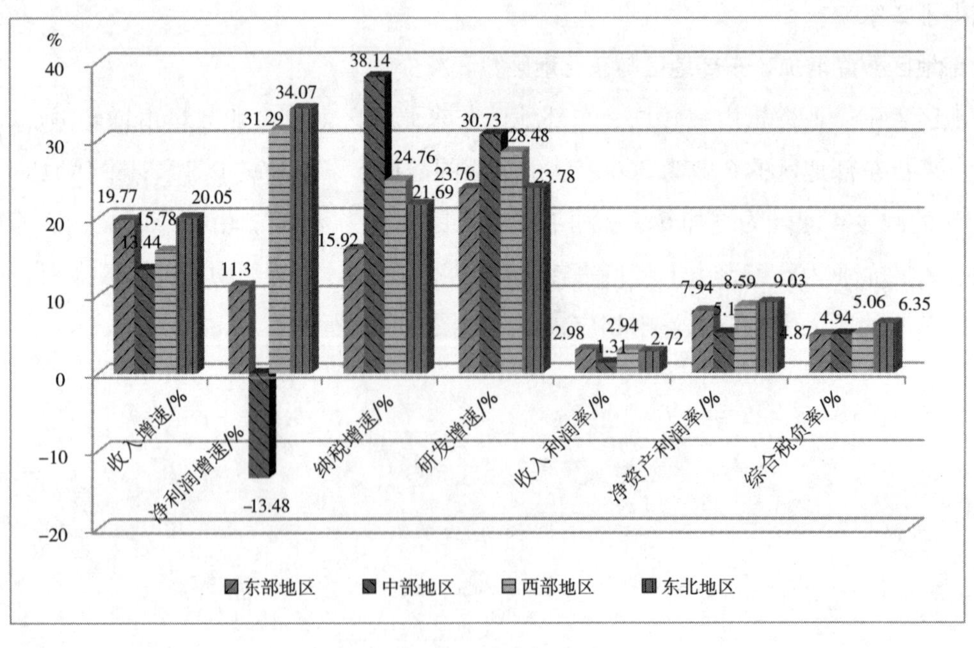

图1-20　四大区域入围企业主要指标比较

4. **央企总部扎堆北京，东部沿海民企为主**

北京是央企总部最为集中的地方，而东部沿海地区入围企业则以民营企业为主。2022 中国企业 500 强中，北京入围的 88 家企业中，国有企业有 75 家，占北京入围 2022 中国企业 500 强的 85.23%；这 75 家国有企业中，有 62 家是中央企业，只有 13 家是北京市属的地方国有企业。而在浙江、广东、江苏、山东、河北这些东部沿海经济发达地区，民营经济高度繁荣，民营企业得到很好发展，所以其当地入围中国企业 500 强的企业中，多数都是民营企业。如浙江的 46 家企业中，有 37 家是民营企业，民营企业占 80.43%；广东的 59 家企业中，有 37 家是民营企业；山东的 50 家企业中，也有 34 家是民营企业；江苏的 44 家企业的，有 34 家是民营企业，如图 1－21 所示。

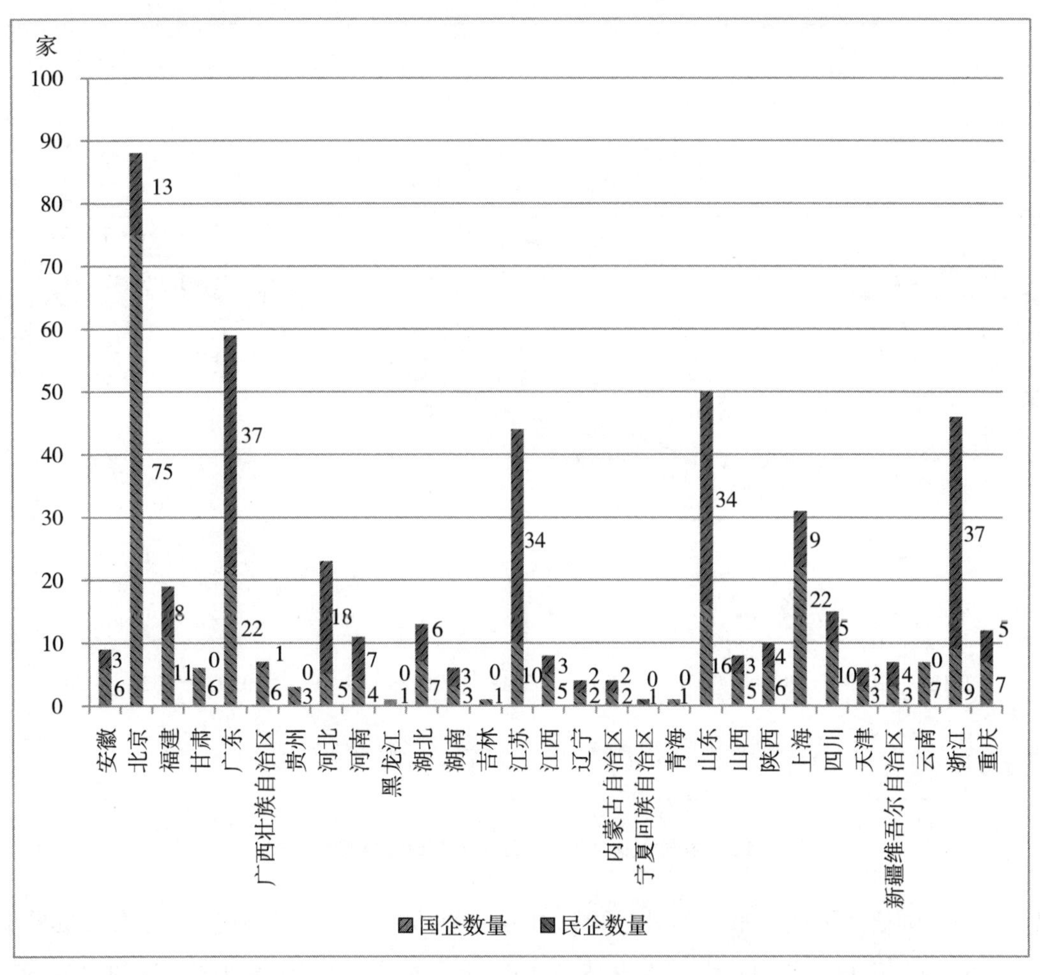

图 1－21 2022 中国企业 500 强各省级区域入围企业所有制分布

六、2022 中国企业 500 强的创新特征

研发投入持续增加，研发强度提升至 1.81%，迎来五连升并创下新高。2%～5% 的研发强度成为研发投入关键区间，将近一半企业的研发强度处于这一区间，多数企业研发强度有所提升。制造业、服务业研发强度差距扩大，非金融央企平均研发投入金额远超其他企业，非金融央企研发强度远高于金融央企与地方国企，但显著低于民营企业。高端装备制造业在研发上持续保持领先。通信

设备制造业在研发强度、人均研发费用的行业排名中居于首位，航空航天在平均研发费用的行业排名上居于首位。湖南省入围企业平均研发强度跃居地区排行榜首位。专利数量与质量持续提升，发明专利占比为 40.34%，参与标准制定继续保持活跃，国内标准数持续增加，国际标准数有所减少。

1. **研发投入持续增加，研发强度五连升**

中国企业 500 强的研发投入保持增长态势。2022 中国企业 500 强共投入研发费用 14474.67 亿元，与上年 500 强相比，增加了 1408.20 亿元，增长了 10.78%；与同口径相比，研发投入增长了 21.73%，企业研发投入保持较快增长。企均研发投入为 33.57 亿元，比上年 500 强企均研发投入增长了 14.07%，如图 1－22 所示。

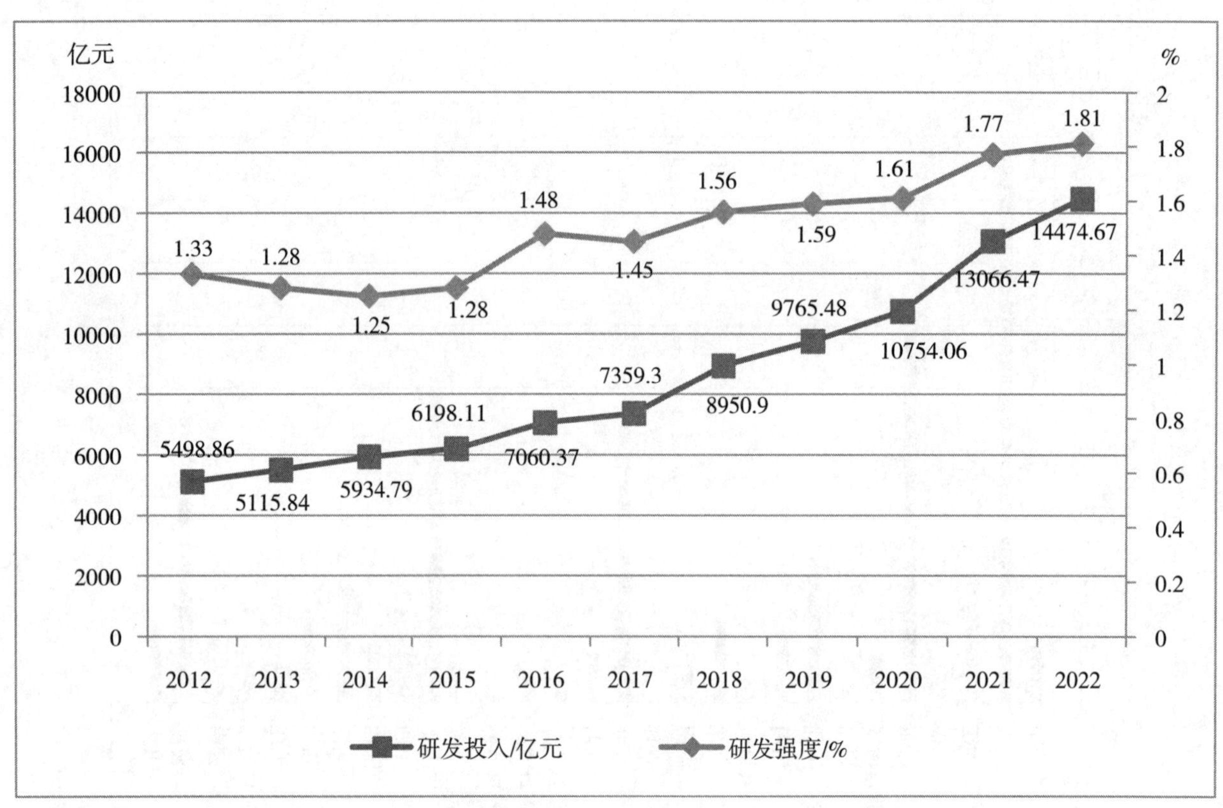

图 1－22　中国企业 500 强研发投入与研发强度变化趋势

中国企业 500 强研发强度迎来五连升。2022 中国企业 500 强企业研发投入总额占其营业收入总额的 1.81%，研发强度较上年 500 强再次提高了 0.04 个百分点。中国企业 500 强的研发强度，迎来了五连升，并创新了有统计数据来的新高。总体上看，10 年来，中国企业 500 强的研发强度从 1.33% 波动提升到了 1.81%，呈增长态势。

2. **2%～5% 成为研发投入关键区间，多数企业研发强度提升**

2%～5% 成为中国企业 500 强研发投入的关键区间，研发投入占比接近 50%。2022 中国企业 500 强中，有 5 家企业的研发强度超过了 10%，合计投入研发费用 2453.65 亿元，占全部研发投入的 16.95%；企业数量和研发投入占比均比上年 500 强有所下降。有 16 家企业研发强度位于 5%～10%，合计投入研发费用 1701.17 亿元，占全部研发投入的 11.75%；企业数量减少 1 家，研发费用金额与

占比均明显下降。有105家企业研发强度位于2%～5%，合计投入研发费用6720.09亿元，占全部研发投入的46.43%，无论是数量还是投入占比都明显增加。有309家企业研发强度位于2%以下，合计投入研发费用3599.76亿元，占全部研发投入的24.87%，无论是数量还是投入占比都有所减少。显然，更多企业在将研发强度目标向2%～5%区间集中，该区间的企业已经成为500强企业研发创新的关键投入力量，如表1－12所示。

表1－12 2022中国500强企业研发投入强度区间分布

	企业数量	研发投入/亿元	研发投入占比/%
10%以上	5	2453.65	16.95
5%～10%	16	1701.17	11.75
2%～5%	105	6720.09	46.43
2%以下	309	3599.76	24.87
合计	435	14474.67	100.00

超过半数企业的研发强度同比都有所提升。2022中国企业500强研发强度与上年同口径相比，其中259家企业的研发强度有不同程度的提升，比上年500强增加16家；占全部有研发投入企业的59.54%，表明多数企业的研发投入意愿都比上一年有所提高，愿意投入更多资金进行研发；有53家企业的研发投入增长超过了100%，有76家企业的研发投入增速在50%～100%。有144家企业研发投入强度有所下降；其中6家企业研发投入减少了50%以上。另外有32家企业的研发强度总体上维持稳定，如图1－23所示。

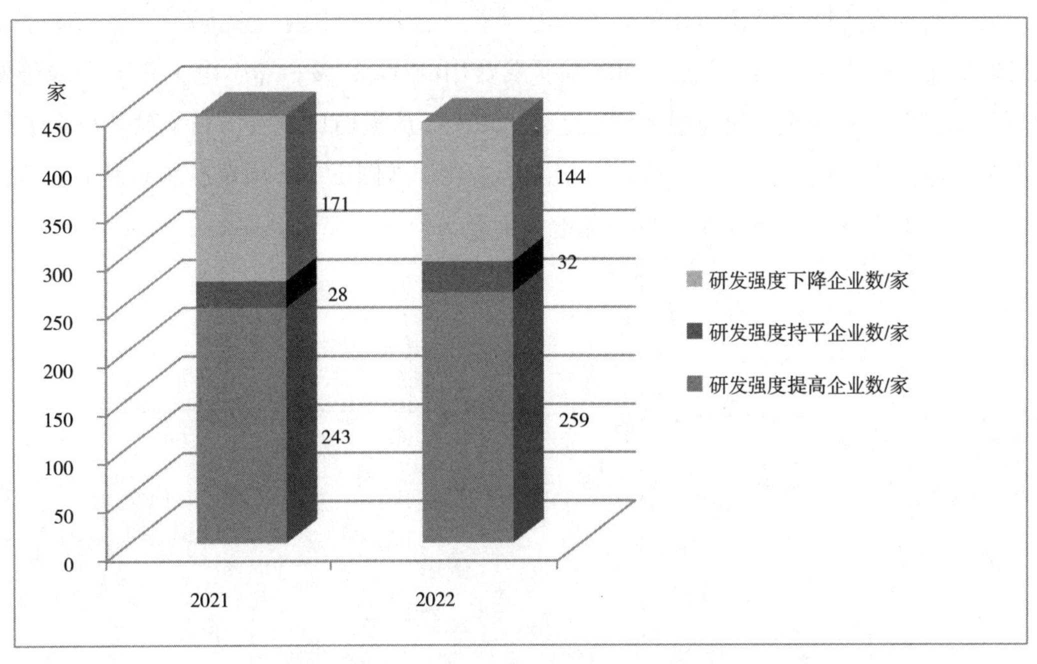

图1－23 中国企业500强研发强度升降情况

3. 制造业、服务业研发强度差距扩大，非金融央企平均研发投入金额远超其他企业

中国企业500强中，制造业研发强度上升，服务业的研发强度下降。2022中国企业500强中，制造业企业共投入研发费用8873.45亿元，平均研发强度为2.34%，比上年500强提高了0.04个百分点。服务业500强的研发投入为2484.33亿元，平均研发强度为1.05，比上年500强降低了0.15个百分点。总体上看，服务业研发强度下滑，制造业研发强度上升，差距有所扩大，如图1-24所示。

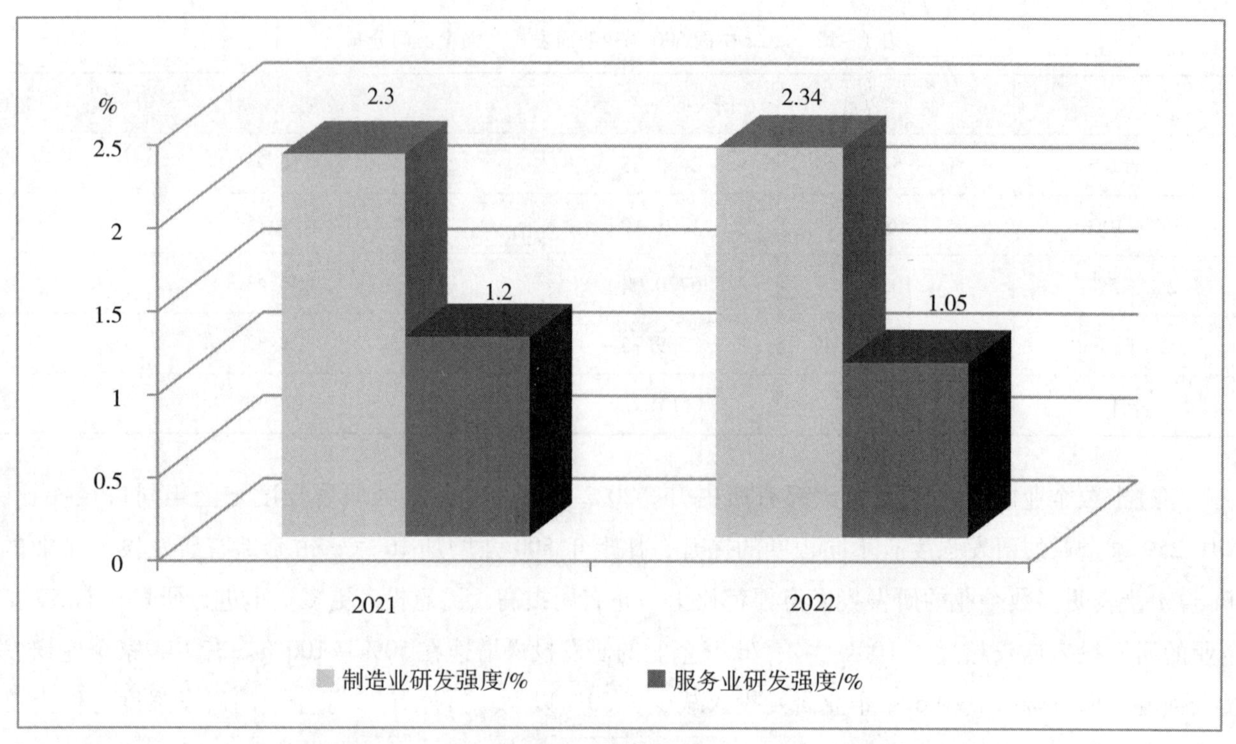

图1-24 中国企业500强制造业、服务业研发强度变化

非金融央企研发投入持续增长，并持续领先其他企业。2022中国企业500强中，52家非金融央企共投入研发费用5664.49亿元，占全部500强研发费用的39.16%；非金融央企的企均研发投入为108.93亿元，比上年500强企均研发投入增长了33.66%。从横向比较看，非金融类央企的平均研发投入明显高于金融央企与地方国企，也显著高于民营企业，如图1-25所示。从研发强度看，非金融央企的研发强度为1.91%，远高于金融央企和地方国企，但低于民营企业的2.31%。

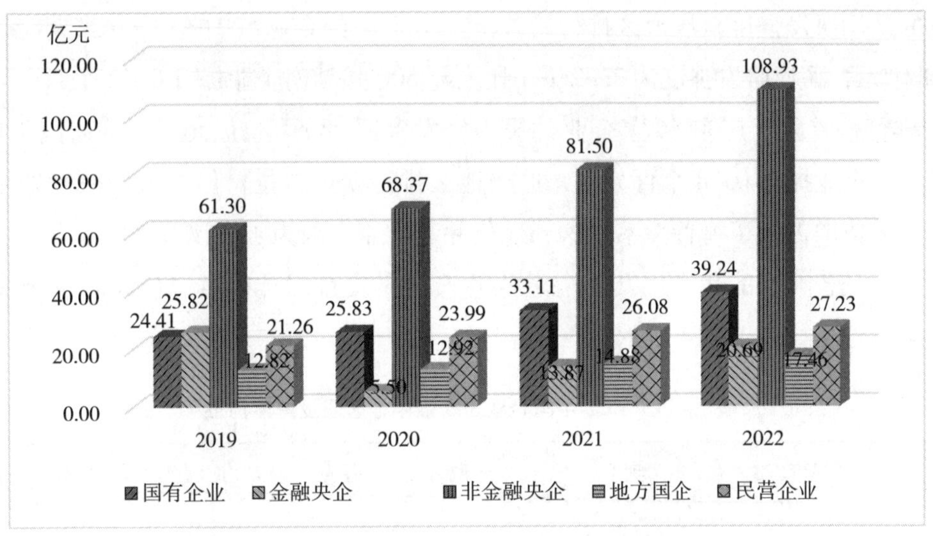

图 1-25 中国企业 500 强企均研发投入金额变化

4. **高端装备制造业研发力度持续领先，湖南企业研发强度整体领先**

高端装备制造业在研发上持续保持领先。通信设备制造业在研发强度、人均研发费用的行业排名中居于首位。航空航天在平均研发费用的行业排名上居于首位。通信设备制造业的平均研发强度为 14.16%，与上年 500 强相比明显提升 2.17 个百分点，持续居于行业榜首。其次是航空航天业，平均研发强度为 14.08%，比上年 500 强提升 7.48 个百分点。再次是半导体、集成电路及面板制造业，平均研发强度为 7.02%。然后是互联网服务业，平均研发强度为 6.90%，比上年 500 强下降了 1.71 个百分点。轨道交通设备及零部件制造业居行业研发强度第五位，平均研发强度为 6.38%。人均研发费用行业排名中，通信设备制造业居首位，为 43.40 万元；其次是互联网服务业，为 42.82 万元；再次是航空航天业，为 23.76 万元。企业平均研发费用排名中，航空航天业居首位，平均研发费用为 382.81 亿元；其次是互联网服务业，平均研发费用为 248.68 亿元；再次是通信设备制造业，平均研发费用为 247.36 亿元。显然，从研发强度、人均研发费用、平均研发费用排名前五的行业看，主要是高端设备制造行业，以及现代服务业，如表 1-13 所示。

表 1-13 2022 中国企业 500 强中行业研发排序前五

三级行业	研发强度/%	三级行业	人均研发费用/万元	三级行业	企均研发费用/亿元
通信设备制造	14.16	通信设备制造	43.40	航空航天	382.81
航空航天	14.08	互联网服务	42.82	互联网服务	248.68
半导体、集成电路及面板制造	7.02	航空航天	23.76	通信设备制造	247.36
互联网服务	6.90	电线电缆制造	16.20	兵器制造	200.87
轨道交通设备及零部件制造	6.38	工程机械及零部件	14.70	电信服务	179.15

湖南企业的平均研发强度跃居地区排行榜首位。2022 中国企业 500 强中，6 家湖南企业共投入研发费用 236.84 亿元，平均研发强度为 3.42%，比上年 500 强湖南企业提升 0.42 个百分点，一举跃居研发强度地区排行榜首位。广东 54 家企业共投入研发费用 2808.90 亿元，平均研发强度为 3.41%，比上年 500 强广东企业提升 0.18 个百分点，退居地区排行榜第二位。但在人均研发费用、企业平均研发费用上，吉林依旧占据了榜首。不过这一地位并不可靠，因为吉林仅有 1 家企业入围，单一企业的研发数据，并不具备典型的代表性。湖南企业的人均研发费用排在第二位，北京企业的企业平均研发费用排在第二位，如表 1－14 所示。

表 1－14　2022 中国企业 500 强中地区研发排序前五

地区	研发强度/%	地区	人均研发费用/万元	地区	平均研发费用/亿元
湖南	3.42	吉林	17.94	吉林	219.50
广东	3.41	湖南	16.61	北京	93.52
吉林	3.11	浙江	10.63	广东	52.02
辽宁	2.27	广东	9.89	上海	44.37
安徽	1.94	山东	7.12	辽宁	43.35

5. 专利数量与质量持续提升，参与标准制定继续保持活跃

有效专利和有效发明专利持续增长，发明专利占比有所下降。截至 2021 年年底，2022 中国企业 500 强共持有各类有效专利 166.80 万件，比上年 500 强增加 21.94 万件；其中有效发明专利 67.29 万件，比上年 500 强增加 7.83 万件。中国企业 500 强所持有的有效发明专利，占全部有效专利的 40.34%，发明专利占比与上年 500 强相比，下降了 0.71 个百分点，如图 1－26 所示。

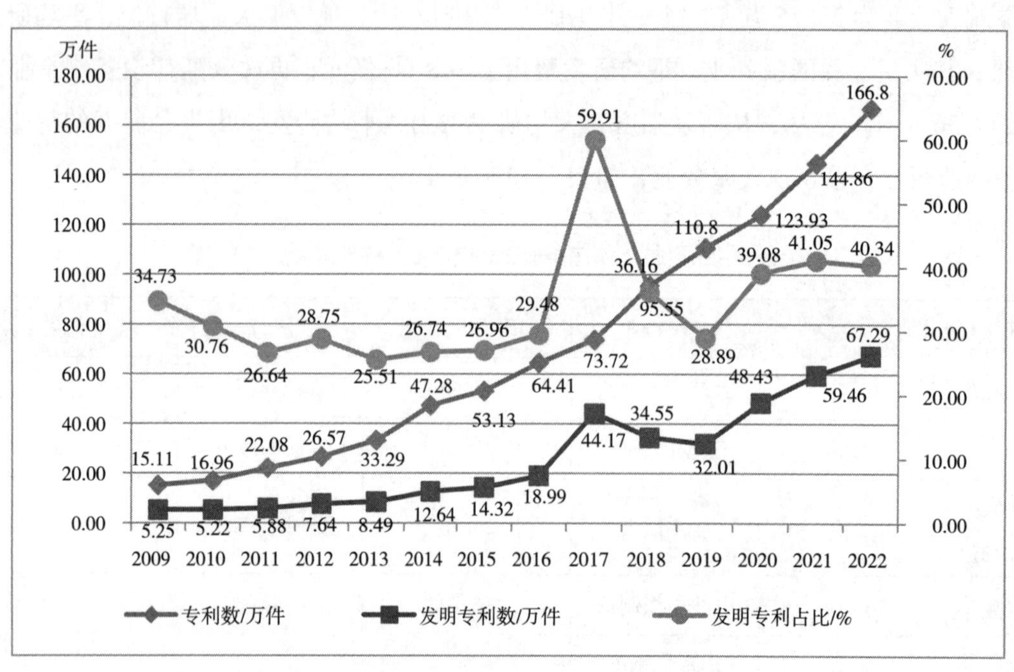

图 1－26　中国企业 500 强专利与发明专利、发明专利占比变动态势

参与标准制定持续活跃，国际标准参与情况，受统计口径影响，有所下降。2022 中国企业 500 强累计共参与标准制定 74939 项，比上年 500 强增加了 5989 项，继续保持增长态势。其中，参与国内标准制定 69600 项，比上年 500 强增加 10594 项；参与国际标准制定 3771 项，主要是由于统计口径发生变化，因此与上年相比大幅下降，如图 1 - 27 所示。

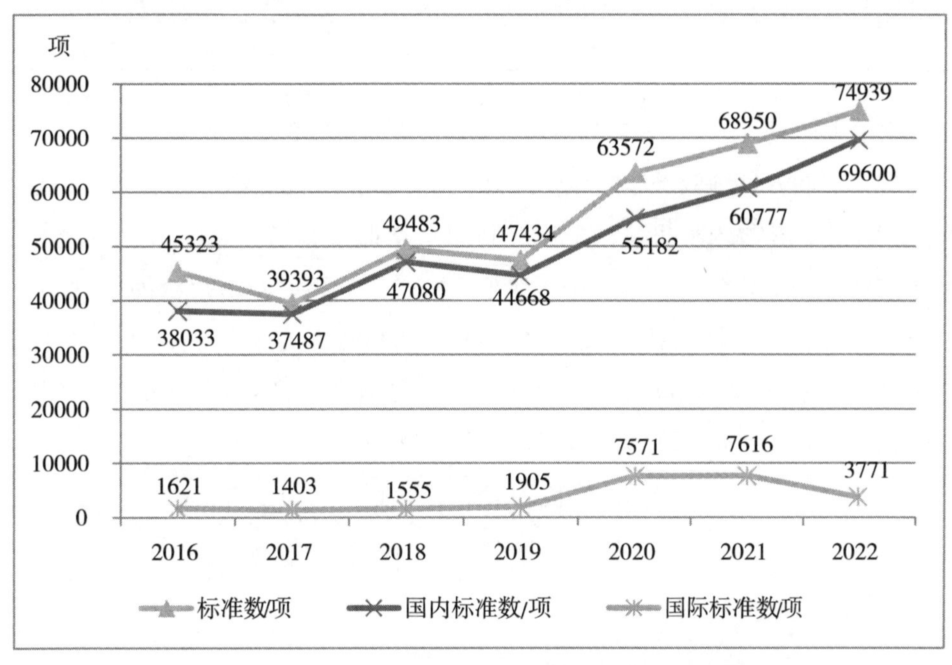

图 1 - 27　中国企业 500 强企业参与标准制定情况变动趋势

七、2022 中国企业 500 强的国际化特征

国际化经营持续推进，平均跨国指数明显提升至 11.37%。254 家国际化经营企业的盈利能力不如 246 家非国际化企业，但平均企业规模明显大于非国际化企业。开展国际化的民营企业，其经营绩效优于国有企业；国际化经营企业中，制造业与服务业企业盈利水平，均低于相应非国际化经营企业。多数行业企业积极参与国际化经营，有 43 个行业的国际化比率高于或等于 50%，但也有部分行业依旧固守中国本土市场。企业国际化经营与区域经济发展水平并无必然联系，东部地区的北京、浙江、上海、广东的国际化比例较高，东北地区、中西部地区也有些省份具有较高国际化比率。

1. 国际化经营程度进一步提升

国际化经营在复苏中加快推进，跨国指数明显提高。2022 中国企业 500 强中，有 254 家企业的海外收入、海外资产、海外人员数据齐全。这 254 家企业的海外收入占企业全部收入的 14.45%，海外资产占全部资产的 12.34%，海外人员占全部人员的 7.05%；其中，海外收入占比、海外人员占比分别提高了 0.72 个百分点、0.55 个百分点，但海外资产占比则下降了 0.18 个百分点。按照联合国贸发组织计算跨国指数的方式，得到 254 家企业的跨国指数为 11.28%。这一平均跨国指数与上年 500 强中的跨国经营企业相比，上升了 0.36 个百分点，也比 2020 中国企业 500 强的 11.20% 提高了 0.08 个百分点；中国大企业的国际化经营，在疫后复苏中加快推进，如表 1 - 15 所示。

表 1－15　2021—2022 中国企业 500 强国际化经营情况

	2021 年指标值/%	2022 年指标值/%
跨国指数	10.92	11.28
其中：海外资产占比	12.52	12.34
海外收入占比	13.73	14.45
海外人员占比	6.50	7.05

2. 国际化经营企业的盈利能力不如非国际化企业，但企业规模大于非国际化企业

国际化企业的盈利能力持续低于非国际化经营企业，这一局面已经延续多年。2022 中国企业 500 强中的国际化经营企业，其收入利润率、净资产利润率均低于非国际化经营企业，人均净利润、企均净利润也低于非国际化经营企业。2022 中国企业 500 强中，254 家国际化经营企业的收入利润率为 3.47%，低于非国际化经营企业 2.45 个百分点；净资产利润率为 8.70%，低于非国际化经营企业 0.70 个百分点；人均净利润为 11.30 万元，比非国际化经营企业低 6.43 万元；企均净利润为 89.26 亿元，比非国际化经营企业低 0.27 亿元，如图 1－28 所示。

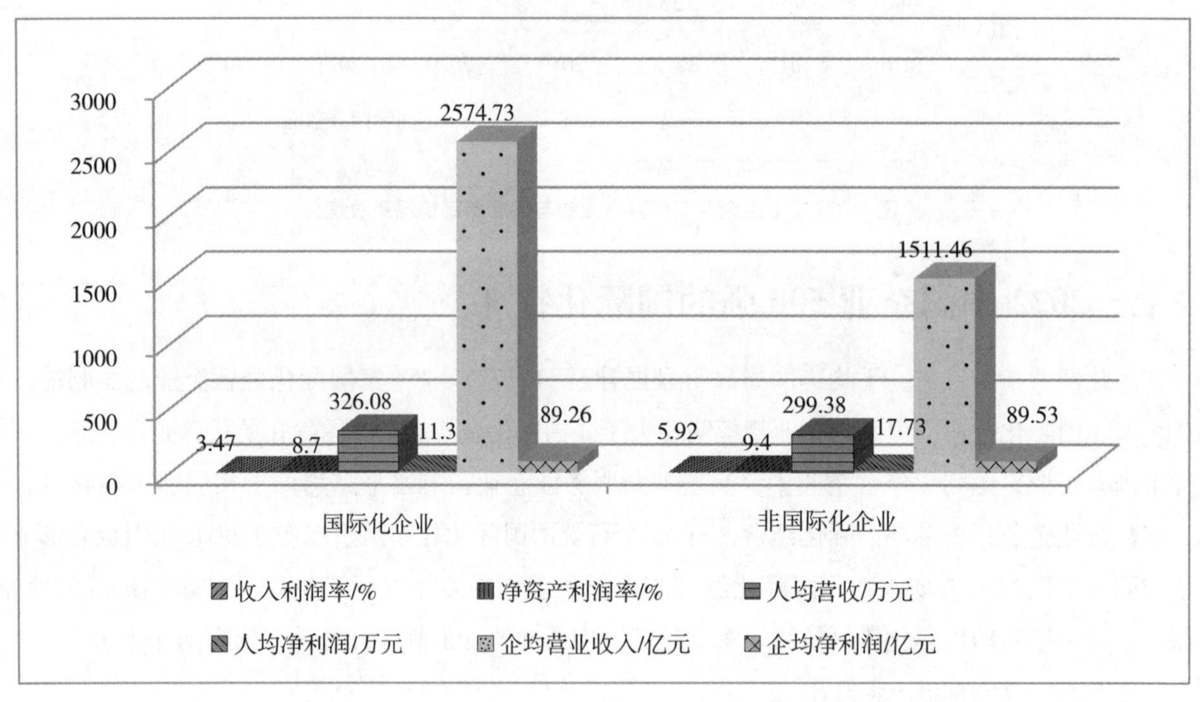

图 1－28　2022 中国企业 500 强国际化与非国际化企业比较

规模越大的企业，越倾向于国际化，这一格局没有变化。2022 中国企业 500 强中，254 家国际化经营企业的平均营业收入为 2574.73 亿元，远高于非国际化经营企业的 1511.46 亿元，而且与上年 500 强相比，这一差距进一步扩大，如图 1－28 所示。表 1－16 的区间分布显示，在五等分区间中，各区间国际化企业数量依旧是呈逐次减少态势，而且有所加强；排名越靠前的企业参与国际化经营的比例越高，前 100 强企业中有 66 家企业参与了国际化经营，比上年 500 强增加了 3 家，占全部国际化经营企业的 25.98%。

表 1-16 2022 中国企业 500 强中国际化经营企业排名区间分布

区间分布	国际化企业数/家	分布比率/%	累计占比/%
1~100	66	25.98	25.98
101~200	68	26.77	52.76
201~300	49	19.29	72.05
301~400	39	15.35	87.40
401~500	32	12.60	100.00

3. 开展国际化的民营企业经营能力较好，国际化经营服务业企业盈利水平低于非国际化经营企业

国际化经营的民营企业，其利润率明显高于国际化经营的国有企业；国有企业中，非国际化经营企业的盈利状况，明显好于国际化经营的国有企业。2022 中国企业 500 强的国际化经营企业中，民营企业的收入利润率为 5.72%，比国有企业高 2.90 个百分点；民营企业的净资产利润率为 17.00%，比国有企业高 10.22 个百分点。就国有企业来说，非国际化经营的国有企业的收入利润率、净资产利润率分别为 7.76%、9.25%，分别高于国际化经营国有企业 4.94 个百分点、2.47 个百分点，如表 1-17 所示。

表 1-17 2022 中国企业 500 强国际化与非国际化企业的所有制差异比较

	收入利润率/%		净资产利润率/%	
	非国际化企业	国际化企业	非国际化企业	国际化企业
国有企业	7.76	2.82	9.25	6.78
民营企业	3.74	5.72	9.77	17.00

服务业参与国际化经营的企业，盈利水平低于非国际化经营企业，但制造业的收入利润率与净资产利润率各有高低。2022 中国企业 500 强中，参与国际化经营的制造业企业，收入利润率为 2.79%，比非国际化经营制造企业低 0.27 个百分点；但净资产利润率为 11.17%，比非国际化经营制造企业高 0.52 个百分点。2022 中国企业 500 强中，参与国际化经营的服务业企业，收入利润率为 5.47%，比非国际化经营服务业业企业低 3.00 个百分点；净资产利润率为 8.90%，比非国际化经营服务业企业低 0.44 个百分点。在国际化经营企业中，制造业企业的收入利润明显低于服务业企业，但净资产利润率明显高于服务业企业，如表 1-18 所示。

表 1-18 2022 中国企业 500 强国际化与非国际化企业行业差异比较

	收入利润率/%		净资产利润率/%	
	非国际化企业	国际化企业	非国际化企业	国际化企业
制造业	3.06	2.79	10.65	11.17
服务业	8.47	5.47	9.34	8.90

4. 多数行业企业积极参与国际化经营，部分行业依旧固守本土市场

大多数行业的企业都在积极参与国际化布局。2022 中国企业 500 强的 75 个行业中，有 43 个行业的国际化比率（行业入围企业中参与国际化经营企业的占比）高于或等于 50%，比上年 500 强增加了 1 个行业；其中有 14 个行业的国际化比率为 100%，比上年 500 强增加 1 个行业，不过这 14 个行业中，入围企业数量最多的也只有 8 家，有 7 个行业入围企业数量只有 1 家。在 15 个入围企业数量大于等于 10 家的行业中，国际化经营比率最高的是土木工程建筑业，17 家入围企业中有 13 家参与了国际化经营，行业的国际化比率为 76.47%；其次是一般有色业，20 家入围企业中有 15 家参与了国际化经营，行业的国际化比率为 75.00%；再次是房屋建筑业，30 家入围企业中有 21 家参与了国际化经营，行业的国际化比率为 70.00%；综合商贸业的 10 家入围企业中，有 7 家参与了国际化经营，行业国际化比率为 70.00%。商业银行业的国际化比率最差，21 家入围企业中只有 3 家参与了国际化经营，行业的国际化比率为 14.29%，如表 1－19 所示。

表 1－19　2022 中国企业 500 强主要行业国际化参与程度

所属行业	入围企业数/家	国际化企业数/家	行业国际化比率/%
黑色冶金	50	17	34.00
房屋建筑	30	21	70.00
石化及炼焦	23	9	39.13
商业银行	21	3	14.29
一般有色	20	15	75.00
土木工程建筑	17	13	76.47
住宅地产	17	5	29.41
汽车及零配件制造	16	11	68.75
化学原料及化学品制造	16	8	50.00
煤炭采掘及采选业	15	8	53.33
多元化投资	14	9	64.29
物流及供应链	14	6	42.86
金属制品加工	11	2	18.18
综合商贸	10	7	70.00
保险业	10	4	40.00
综合能源供应	9	6	66.67

部分行业主要固守本土经营。2022 中国企业 500 强中，共有 20 个行业入围企业的国际化比率低于 30%，有 17 个行业入围企业的国际化比率低于 20%，这些行业内的企业，整体上仍更倾向于固守本土进行经营，参与国际化经营的意愿比较弱。20 家入围的商业银行中，只有 3 家银行报告了海外收入、海外资产与海外人员；中国银行业的整体实力虽然很强，规模很大，在全球都排在前列，但终归还是只是在国内强，在国外并没有开展业务，更谈不上参与国际竞争。11 家金属制品加工企业中，也只有 2 家参与了国际化经营。7 家互联网服务业企业也只有 1 家申报了国际收入。

5. 企业国际化经营与区域经济发展水平并无必然联系

企业是否参与国际化经营，与其总部所在地所属区域的经济发展水平之间并无必然联系，但总

体上看，中西部地区与东北地区企业的国际化参与程度更低一些。2022 中国企业 500 强地区企业国际化比率 70% 以上的区域有吉林、宁夏回族自治区、甘肃、云南、陕西，与上年 500 强一样，都来自西部与东北地区；不过，由于这些地区入围企业数量均不多，其高百分比并不具有可靠性与代表性。入围企业数量比较多的东部沿海的北京、浙江、上海、江苏、广东，入围企业数量都在 30 家以上，企业参与国际化经营的比例也都在 50% 以上。黑龙江、青海均只有 1 家企业入围，且都没有参与国际化经营，如图 1－29 所示。

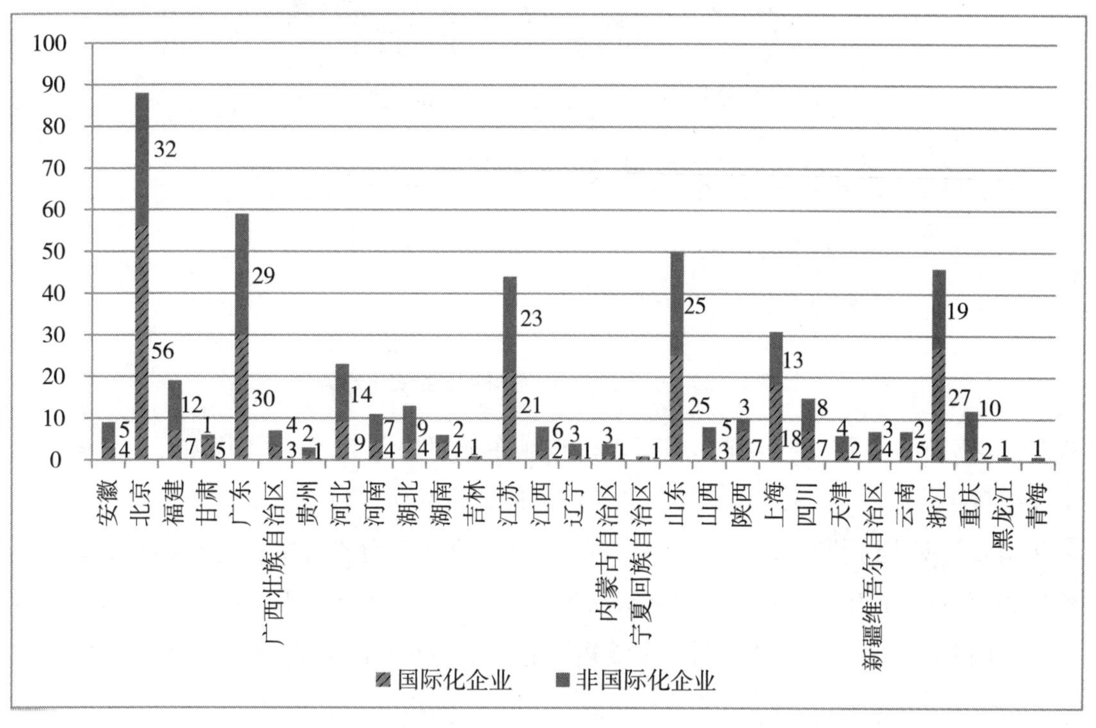

图 1－29　2022 中国企业 500 强区域企业国际化经营情况

八、2022 中国企业 500 强的兼并重组活动

并购重组保持活跃，国企是并购参与关键力量，82.12% 的并购重组活动由国企完成。服务业并购重组最为积极，47 家服务企业共实施了 830 次并购重组；东部地区企业并购重组较为活跃，其中北京企业参与了 585 次并购重组。并购参与企业的收入利润率、净资产利润率与人均净利润都低于非并购企业，综合税负率也低于非并购企业。

1. 并购重组保持活跃度总体平稳，国企是并购参与关键力量

并购重组次数快速增加，发起并购主体数量有所减少。2022 中国企业 500 强中，有 144 家企业实施过并购重组，这一数量比上年 500 强减少了 14 家，这也是发起并购主体企业的数量连续第三年减少。但从实际实施的并购重组次数看，144 家企业共实施了 1560 次并购重组，与上年 500 强相比，大幅增加了 467 次，大幅增长了 42.73%。平均每个并购主体实施了 10.83 次并购重组，比上年 500 强增加了 3.91 次。连续 4 年来，中国企业 500 强的并购重组数量和平均并购重组数量都实现了增长，如图 1－30 所示。

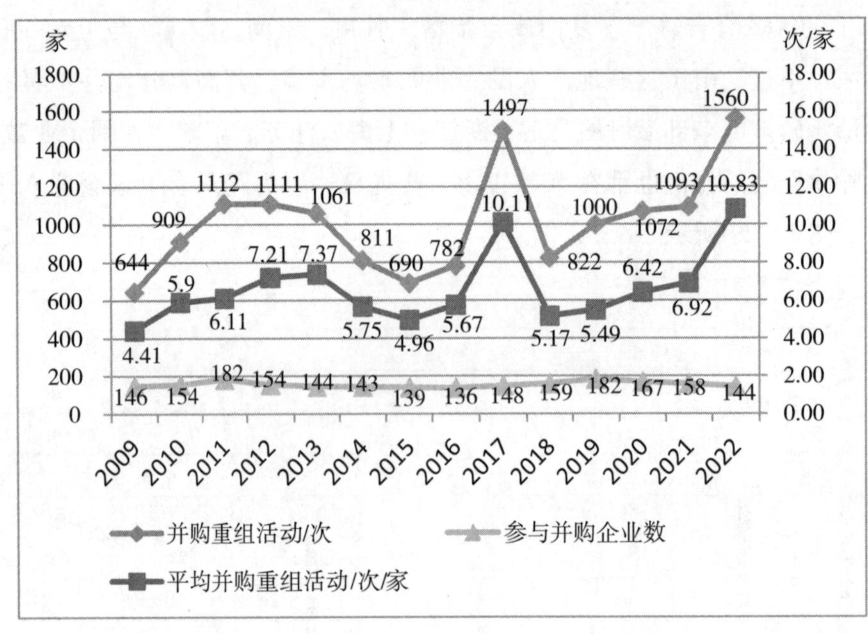

图 1－30　中国企业 500 强并购重组变化趋势

国有企业是实施并购重组的关键力量。2022 中国企业 500 强中，有 89 家国有企业参与了并购重组，占全部国有企业的 34. 50%，国有参与并购重组的比例高于民营企业 11. 77 个百分点；尤其是地方国企，并购参与率达到了 37. 22%，高出民营企业 14. 49 个百分点。从实施并购次数看，国有企业共实施了 1281 次并购重组，占全部并购重组次数的 82. 12%。从企业平均并购次数看，国有企业为 14. 39 次，高于民营企业的 5. 07 次，其中非金融央企的平均并购次数更是多达 25. 14 次，如表 1－20 所示。

表 1－20　2022 中国企业 500 强不同所有制企业并购参与情况

	并购参与企业数/家	并购次数/次	平均并购次数/次	并购参与率/%
国有企业	89	1281	14. 39	34. 50
其中：非金融央企	22	553	25. 14	33. 85
地方国企	67	728	10. 87	37. 22
民营企业	55	279	5. 07	22. 73

2. 服务业并购重组最为积极，东部地区企业并购重组较为活跃

服务业依然是并购重组最活跃的领域。2022 中国企业 500 强中，47 家服务企业共实施了 830 次并购重组，平均每家服务业企业实施了 17. 66 次并购重组；70 家制造业企业共实施了 345 次并购重组，平均每家制造业企业实施了 4. 93 次并购重组；27 家其他行业企业共实施了 385 次并购重组，平均每家企业实施了 14. 26 次并购重组，如图 1－31 所示。

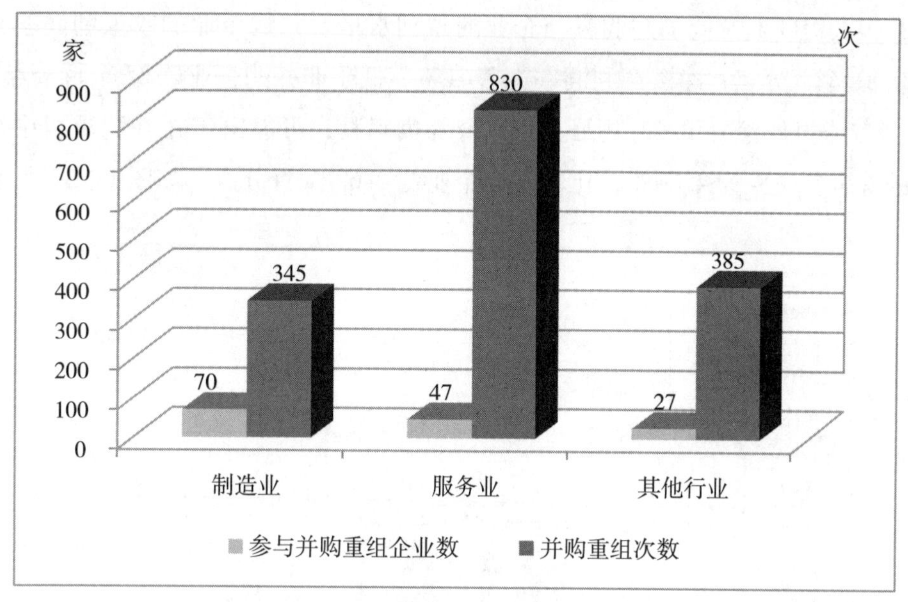

图 1－31 2022 中国企业 500 强制造业、服务业、其他行业并购重组比较

东部地区的企业，在并购重组上相对较为活跃。2022 中国企业 500 强中，并购参与度地区排名如表 1－21 所示。在表中，排名居前的地区是上海、安徽、天津、辽宁、北京；上海、天津、北京都属于东部地区。无论是参与并购企业数，还是并购企业数，上海、天津、北京都明显处于前列。特别是北京，24 家企业参与了并购重组，参与度为 54.55%；实际实施了 585 次并购重组，占全部并购重塑数量的 37.50%。

表 1－21 2022 中国企业 500 强并购重组活跃地区

地区	参与并购数/家	并购企业数/家	入围企业数/家	并购参与度/%
上海	7	37	10	70.00
安徽	4	10	6	66.67
天津	2	61	3	66.67
辽宁	2	2	3	66.67
北京	24	585	44	54.55
重庆	5	55	10	50.00
山西	4	6	8	50.00
广西壮族自治区	3	6	6	50.00
甘肃	3	6	6	50.00
内蒙古自治区	2	3	4	50.00

3. 并购参与企业的盈利水平低于非并购企业，综合税负率也低于非并购企业

参与并购重组的企业（简称并购企业），主要盈利指标都不如非并购企业。2022 中国企业 500 强中，144 家并购企业的净利润增速为 24.55%，快于非并购企业的 21.22%。但通常情况下，被并购主体的盈利水平往往低于并购主体，因此其并购重组带来的规模扩张中，营业收入的增加快于净利润的增加，从而在很大程度上拉低了并购参与企业的盈利水平。并购企业的收入利润率为2.36%，低于非并购企业0.81个百分点；净资产利润率为7.61%，低于非并购企业2.27个百分点；人均净利润为8.22万元，低于非并购企业2.62万元。从综合税负率看，可能由于在并购重组中享受了税收优惠，并购企业的综合负税率为4.60%，比非并购企业低0.69个百分点，如图1-32所示。

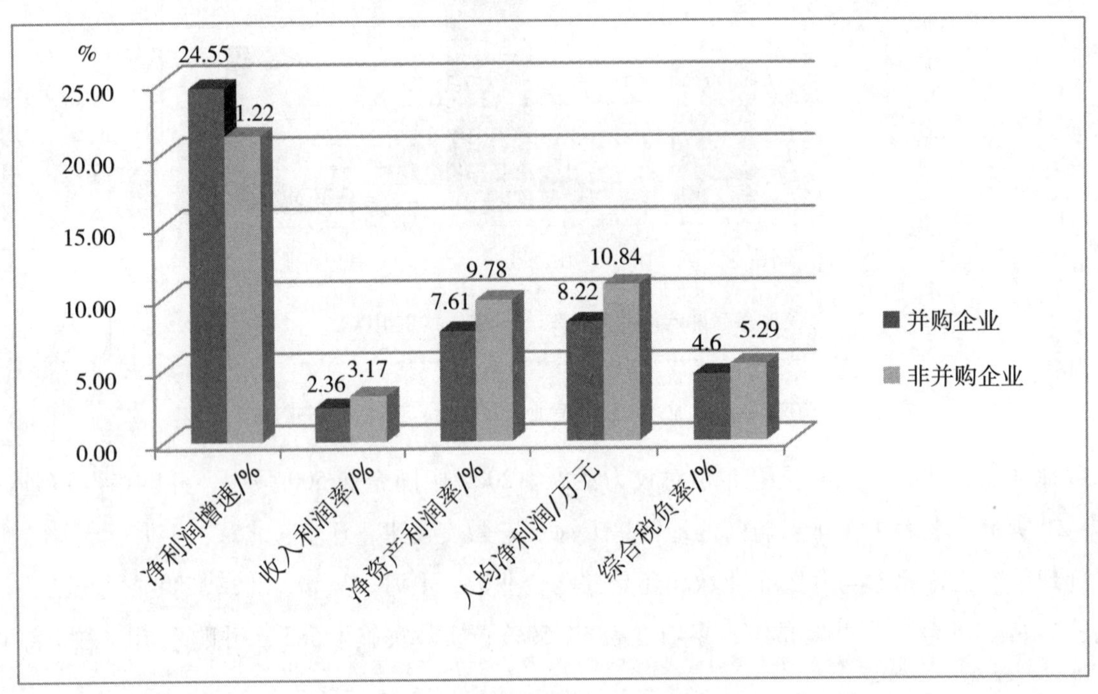

图1-32　2022中国企业500强并购企业与非并购企业盈利与税负比较

九、2022中国企业500强的其他相关分析

2022中国企业500强资产负债率为82.07%，国有企业、民营企业资产负债率分别为83.84%、78.93%，均有所下降。资产周转率不同程度回升，国有企业、民营企业分别提高了0.02次、0.01次。中国企业500强的资本劳动比连续提升，人均产出水平加快增长。换榜企业数量减少至51家，换榜率下降，新进企业营业收入与净利润增速领先，净资产利润率高于连续上榜企业。51家新进企业主要来自东部地区，其中广东最多，有7家；企业排名有升有降，部分企业排名变化较大。

1. 资产负债率双双下降，资产周转率不同程度回升

国有企业与民营企业的资产负债率均呈下降趋势。2022中国企业500强资产负债率为82.07%。其中国有企业资产负债率为83.84%，比上年500强降低了0.92个百分点；民营企业资产负债率为78.93%，比上年500强降低了1.01个百分点，双双呈下降趋势，如图1-33所示。

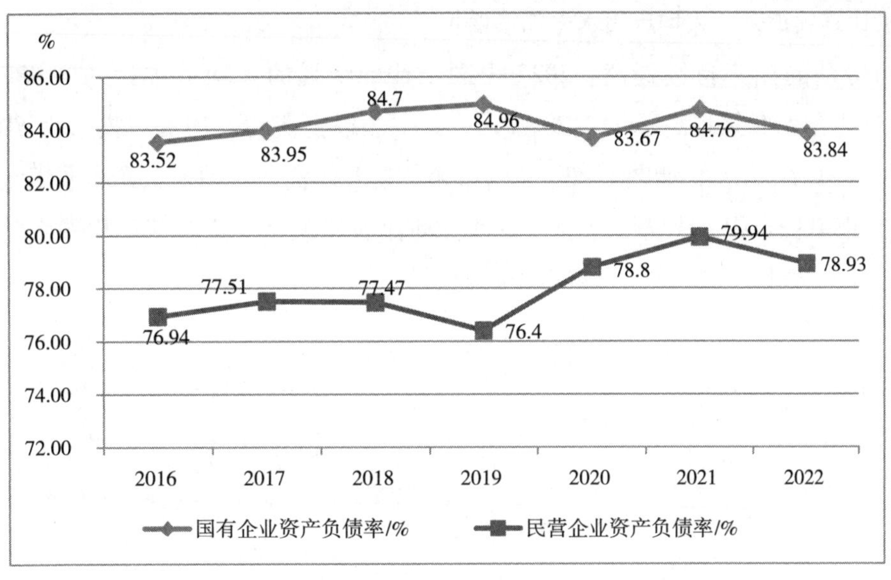

图 1－33 中国企业 500 强国有企业与民营企业资产负债率变动趋势

资产周转率均呈现出提升态势。2022 中国企业 500 强的总体资产周转率为 0.28 次/年，比上年 500 强加快了 0.02 次；其中，非银企业资产周转率为 0.51 次/年，比上年 500 强加快了 0.03 次，资产周转率加快最为明显；国有企业资产周转率为 0.23 次/年，比上年 500 强加快了 0.02 次；民营企业资产周转率为 0.53 次/年，比上年 500 强加快了 0.03 次。无论是 500 强总体，还是各具体类别企业，资产周转率都有不同程度加快。10 年来，中国企业 500 强总体的资产周转率下降了 0.06 次，其中国有企业和民营企业分别下降了 0.08 次、0.08 次；但其中的非银企业资产周转率却上升了 0.17 次，表明无论是总体，还是国有企业与民营企业，都是由于银行资产周转率的大幅下降，拖累了资产周转率的改善，如表 1－22 所示。

表 1－22 中国企业 500 强资产周转率变化

	总体资产周转率/（次/年）	非银企业资产周转率/（次/年）	国有企业资产周转率/（次/年）	民营企业资产周转率/（次/年）
2012	0.34	0.34	0.31	0.61
2013	0.33	0.33	0.30	0.68
2014	0.32	0.32	0.28	0.73
2015	0.30	0.30	0.26	0.66
2016	0.27	0.27	0.23	0.62
2017	0.25	0.51	0.21	0.51
2018	0.26	0.52	0.21	0.59
2019	0.26	0.51	0.22	0.58
2020	0.28	0.50	0.23	0.50
2021	0.26	0.48	0.21	0.50
2022	0.28	0.51	0.23	0.53

2. **资本劳动比连续提升，人均产出水平加快增长**

企业资本与劳动的比率持续提高。2022 中国企业 500 强的人均资本投入（资产/员工数）为 1148.60 万元，比上年 500 强提高了 119.78 万元；其中非银企业的人均资本投入为 610.71 万元，比上年 500 强提高了 61.26 万元，如图 1－34 所示。无论是总体资本劳动比，还是非银企业的资本劳动比，近 16 年来，都呈稳定提升态势。从总体资本劳动比与非银企业资本劳动比的变动趋势看，总体资本劳动比的提升，关键动力应该还是来自银行业。

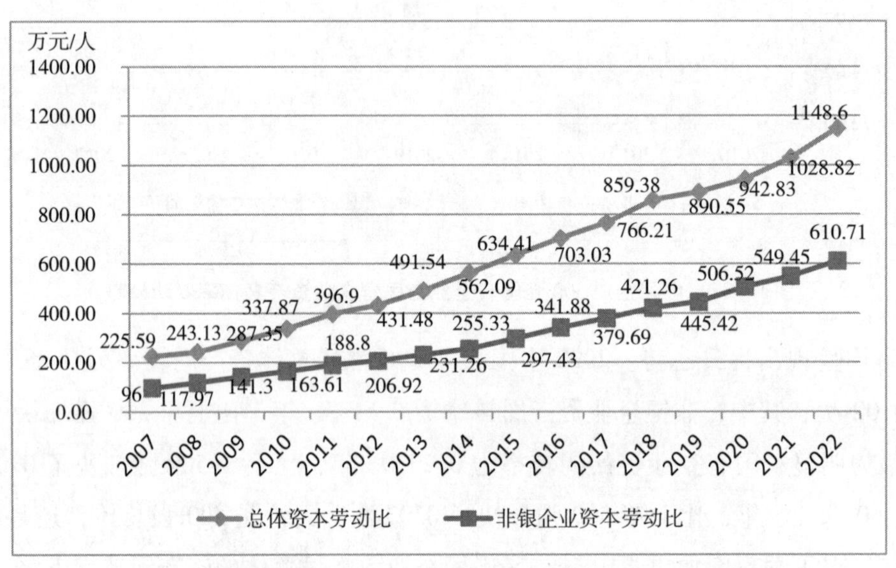

图 1－34　中国企业 500 强总体与非银企业资本劳动比变动趋势

中国企业 500 强人均产出水平持续提高。2022 中国企业 500 强的人均营业收入为 315.96 万元，比上年 500 强增加了 56.31 万元；人均净利润为 13.76 万元，比上年 500 强增加了 1.57 万元。中国企业 500 强人均营业收入、人均净利润双双持续走高，而且增速明显较上年加快，如图 1－35 所示。

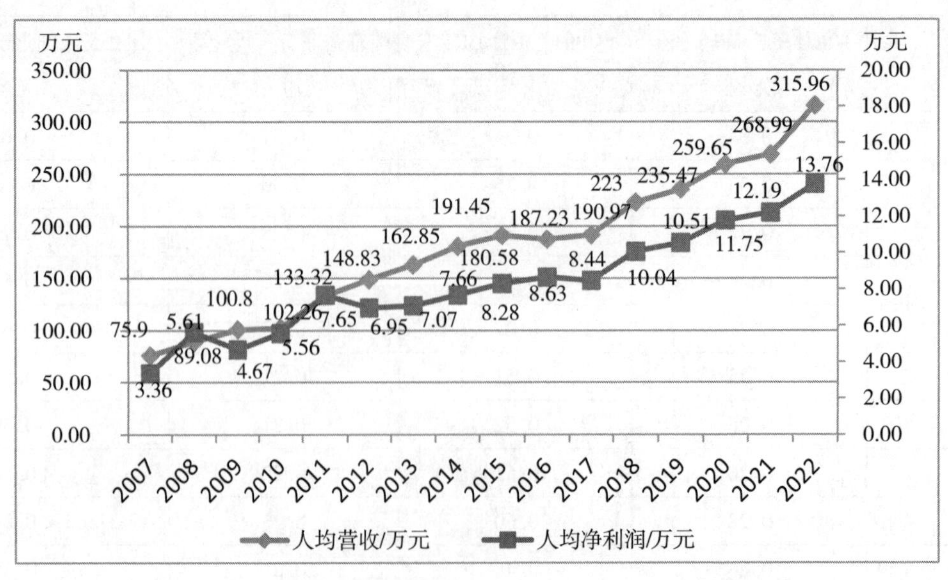

图 1－35　中国企业 500 强人均营业收入、人均净利润变动趋势

3. **换榜率下降，新进企业效益差于连续上榜企业**

中国企业 500 强换榜率下降。2022 中国企业 500 强有 51 家企业进出，换榜企业数比上年 500 强减少 35 家，为近年来最少的一年。企业换榜率为 10.20%，比上年 500 强下降了 1.00 个百分点，如图 1－36 所示。

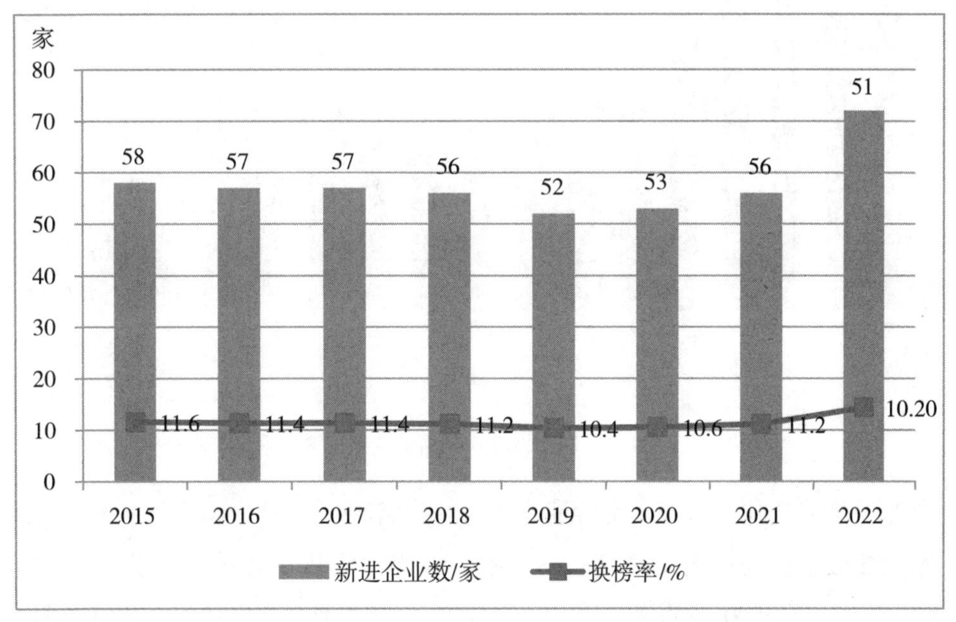

图 1－36 中国企业 500 强换榜率变化趋势

新进榜单的企业，营业收入、净利润增速均快于连续上榜企业，净资产利润率高于连续上榜企业。2022 中国企业 500 强的 51 家新进企业，营业收入增速为 44.86%，净利润增速为 49.24%，分别快于连续上榜企业 29.01 个百分点、40.33 个百分点。新进企业的收入利润率为 3.78%，比连续上榜企业低 0.66 个百分点；净资产利润率为 19.86%，比连续上榜企业高 0.81 个百分点，如表 1－23 所示。

表 1－23 2022 中国企业 500 强新进企业与连续上榜企业比较

		收入利润率/%	净资产利润率/%	收入增速/%	净利润增速/%
新进企业	2021 年	3.67	7.51		
	2022 年	3.78	9.86	44.86	49.24
连续上榜企业	2021 年	4.72	9.03		
	2022 年	4.44	9.05	15.85	8.91

4. **新进企业主要来自东部地区，部分企业排名变化较大**

中国企业 500 强榜单新进企业主要来自东部地区。2022 中国企业 500 强新进 51 家企业中，有 32 家来自东部地区，占全部新进企业的 62.75%。其中广东最多，为 7 家；其次是江苏、山东、浙江，各有 6 家；再次是湖北，有 5 家；然后福建，有 3 家。新进企业在 5 家及以上的 5 个省（区市）中，只有湖北不属于东部地区，如图 1－37 所示。

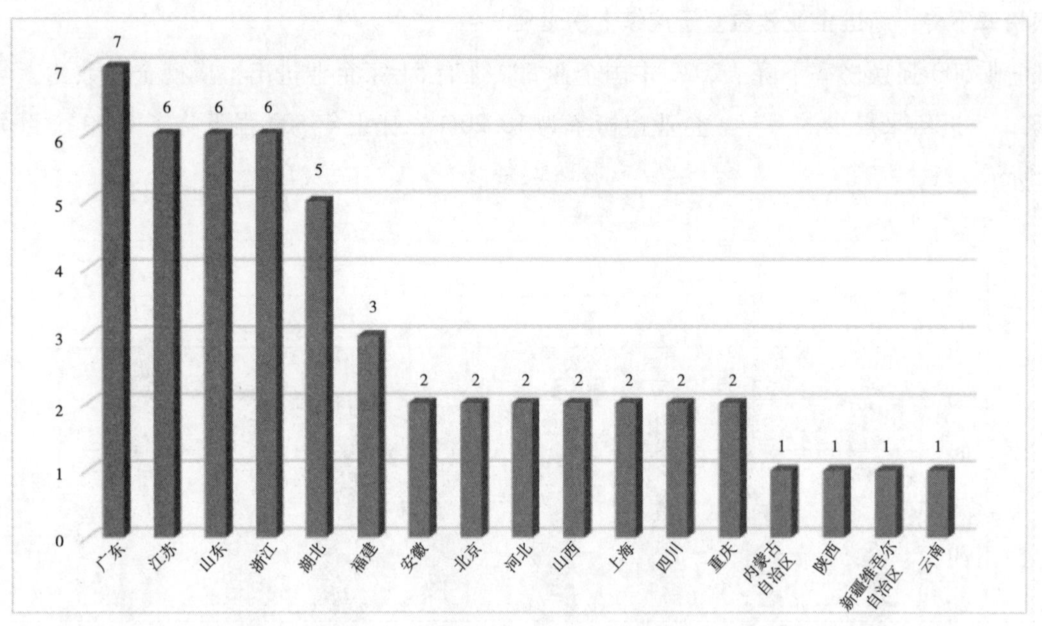

图 1－37 2022 中国企业 500 强新进企业来源地区分布

连续上榜企业的排名变化明显，部分企业的排名变动较大。2022 中国企业 500 强的 449 家连续上榜企业中，绝大多数企业的排名明显变动。其中，宁德时代新能源科技股份有限公司排名上升最快，上升了 197 位，从上年 500 强的 387 位，升至 2022 中国企业 500 强的 190 位；奥园集团有限公司排名下降最快，下降了 184 位，从上年 500 强的 245 位，跌至 2022 中国企业 500 强的 429 位。排名上升前十与排名下降前十的企业，如表 1－24 所示。

表 1－24 2022 中国企业 500 强排名变化较大的企业

2022 中国企业 500 强排名	排名变化/位	企业名称	2022 中国企业 500 强排名	排名变化/位	企业名称
196	191	宁德时代新能源科技股份有限公司	299	－72	日照钢铁控股集团有限公司
133	155	成都兴城投资集团有限公司	483	－72	宁波均胜电子股份有限公司
308	126	水发集团有限公司	352	－73	温氏食品集团股份有限公司
147	120	广州工业投资控股集团有限公司	380	－77	广厦控股集团有限公司
234	112	江苏新长江实业集团有限公司	224	－85	河南能源集团有限公司
386	111	鲁丽集团有限公司	390	－116	山东黄金集团有限公司

续表

2022 中国企业500 强排名	排名变化/位	企业名称	2022 中国企业500 强排名	排名变化/位	企业名称
179	108	万华化学集团股份有限公司	444	-116	百联集团有限公司
392	101	杭州市城市建设投资集团有限公司	439	-154	山东招金集团有限公司
365	96	山东金诚石化集团有限公司	421	-158	荣盛控股股份有限公司
372	93	淮河能源控股集团有限责任公司	436	-191	奥园集团有限公司

十、党的十八大以来中国企业 500 强的巨大变化

大企业是落实党中央大政方针的关键力量。中国 500 强企业是中国大企业的中流砥柱，在落实党中央重大战略方针中发挥了重要作用，也在重大战略方针落实过程中，实现了企业自身发展的巨大变化。党的十八大以来，中国企业 500 强的净利润总额实现了翻番，年均增长 8.30%；人均营业收入与人均净利润实现或接近实现翻番增长；营业收入增长了 1.05 倍，年均增长 8.30%；资产总额增长了 1.47 倍，年均增长 10.57%。与同期美国 500 强相比，2013 中国企业 500 强营业收入、资产总额分别只相当于美国 500 强的 65.81% 和 66.61%；2022 中国企业 500 强营业收入已经相当于美国 500 强的 98.72%，资产总额已经连续两年超过美国 500 强。中国企业 500 强中战略性新兴产业队伍不断壮大，一些战略性新兴产业实现零的突破。创新投入与产出持续快速增长，研发投入增加了 1.67 倍，平均研发强度提高了 0.54 个百分点，有效专利增加了 4.01 倍，有效发明专利增加了 6.93 倍，发明专利占比提高了 14.83 个百分点。产业结构不断调整，资源配置也在持续并购重组中得到优化，国际化经营持续推进，国际国内市场布局更加合理。股权改革深入推进，股权多元化程度明显提升。金融去杠杆取得成效，金融对实体经济发展的支持力度所有加强。

1. 效益效率持续增长

中国企业 500 强的盈利大幅增长。2022 中国企业 500 强实现净利润 44634.68 亿元，与 2013 中国企业 500 强的 21733.21 亿元相比，9 年来累计增长了 1.05 倍，年均增速为 8.30%，如图 1-38 所示。同期，美国 500 强净利润从 8203 亿美元增长到 18355 亿美元，增长了 1.24 倍，年均增长 9.37%。中美两国大企业的盈利增长虽有一定差距，但差距并不明显。若非 2022 美国 500 强净利润出现高达 114% 的异常增长，中国企业 500 强前 8 年的净利润增速并不慢于美国 500 强。2021 美国 500 强的净利润仅为 8586.08 亿美元，只比 2013 美国 500 强增加了 383 亿美元。

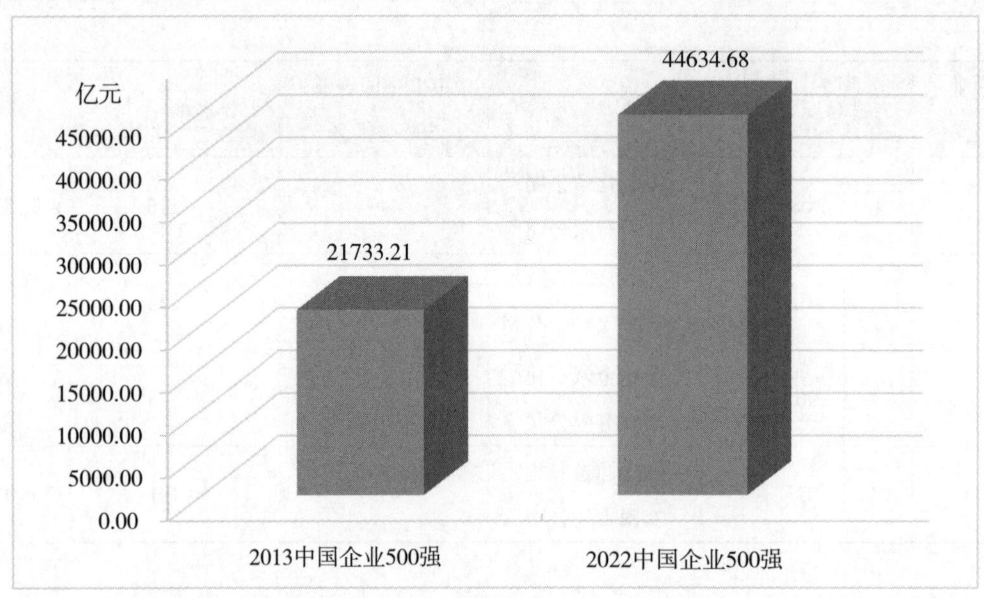

图 1－38　党的十八大以来中国企业 500 强净利润增长情况

中国企业 500 强的效率持续提升。2022 中国企业 500 强的人均营业收入为 315. 96 万元，人均净利润为 13. 76 万元；党的十八大以来，分别增长了 93. 73% 和 94. 39%，年均分别增长 7. 64%、7. 65%。同期，美国 500 强的人均营业收入和人均净利润分别增长了 18. 13% 和 98. 16%。中国企业 500 强的人均营业收入增长明显快于美国 500 强，人均净利润的增长稍慢于美国 500 强，如图 1－39 所示。

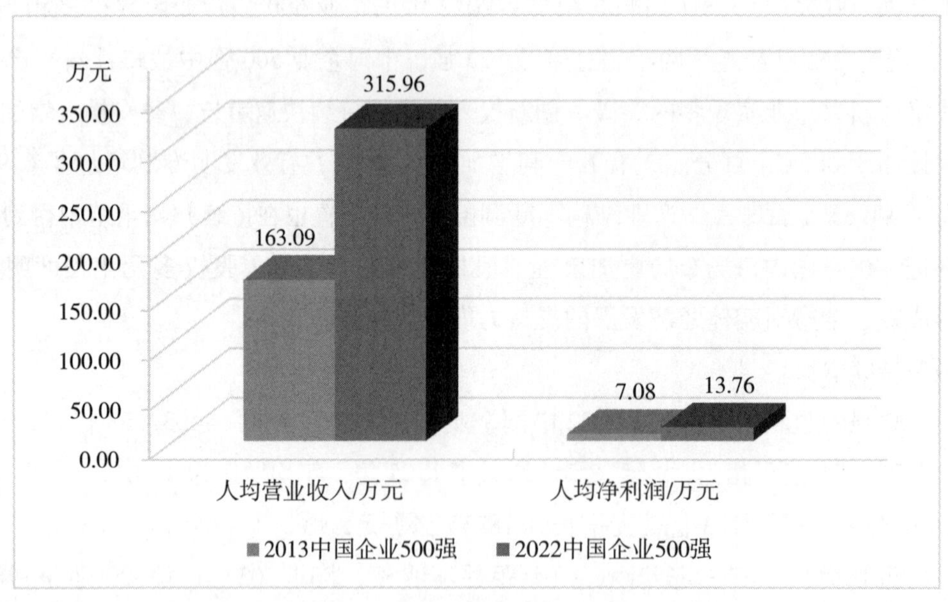

图 1－39　党的十八大以来中国企业 500 强人均产生指标变化

2. 规模快速扩大

中国企业 500 强营业收入总额大幅增长，与美国 500 强营业收入总额已经基本相当。2022 中国企业 500 强实现营业收入 102. 48 万亿元，与 2013 中国企业 500 强的 50. 02 万亿元相比，增长了 1. 05

倍，年均增长 8.30%，如图 1 - 40 所示。同期，美国 500 强营业收入从 12.06 万亿美元增长到了 16.09 万亿美元，仅增长了 33.38%，远慢于中国企业 500 强增速。中国企业 500 强的入围门槛从 2013 中国企业 500 强的 198.70 亿元，快速提升到 446.25 亿元，提升了 1.25 倍。随着营业收入的持续较快增长，千亿级、万亿级企业数量大幅增加；2022 中国企业 500 强中千亿级企业 244 家，万亿级企业 12 家，分别较 2013 中国企业 500 强增加了 121 家、9 家。从与美国 500 强的比较看，2013 中国企业 500 强营业收入仅相当于美国 500 强的 65.81%，2022 中国企业 500 强营业收入已经相当于美国 500 强的 98.72%。在入围门槛上，中国企业 500 强的入围门槛已经连续两年高于美国 500 强。

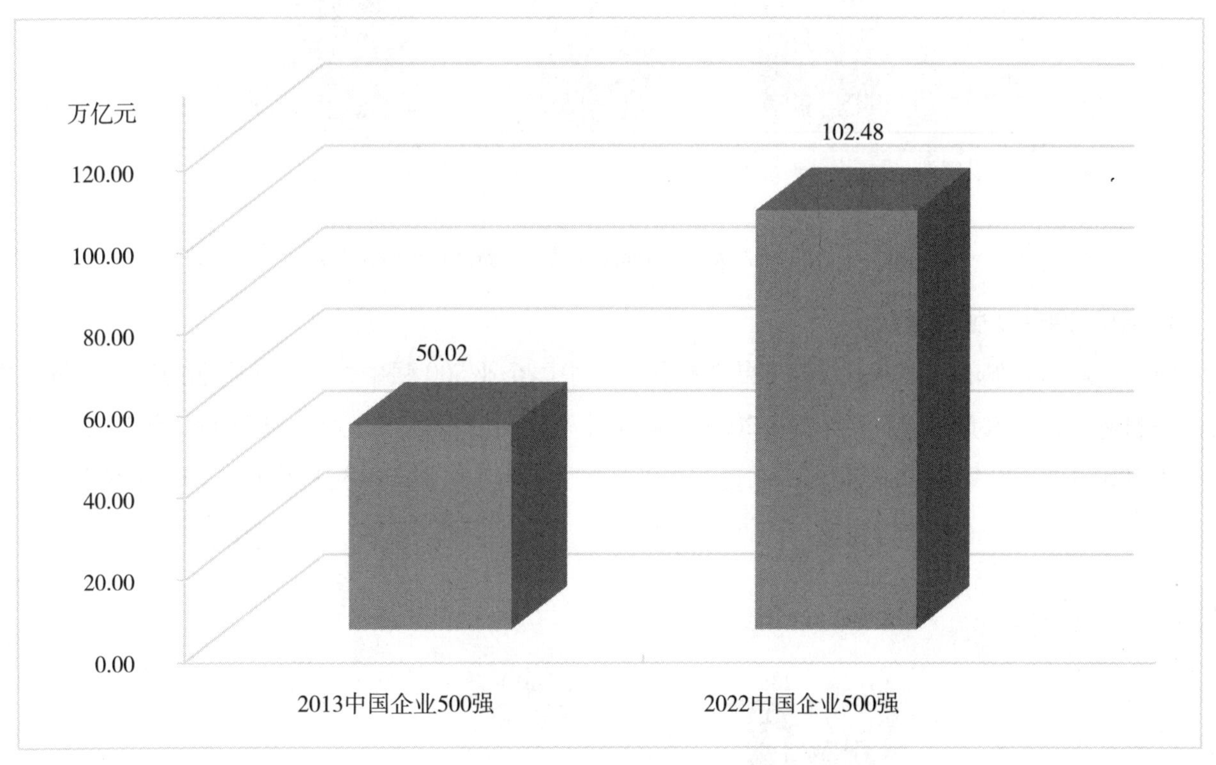

图 1 - 40 党的十八大以来中国企业 500 强营业收入增长情况

中国企业 500 强资产规模实现快速扩张，资产总额超过美国 500 强。2022 中国企业 500 强的资产总额为 372.53 万亿元，与 2013 中国企业 500 强的 150.98 万亿元相比，增长了 1.47 倍；党的十八大以来，基本上保持着一升一降的波动态势，但均保持在 4% 以上，年均增长 10.57%。2022 中国企业 500 强的净资产总额为 63.11 万亿元，其中归属母公司的净资产总额为 49.39 万亿元，分别比 2013 中国企业 500 强增长了 1.61 倍、1.60 倍，如图 1 - 41 所示。同期，美国 500 强资产总额、归属母公司净资产分别增长了 52.20%、49.70%，远远慢于中国企业 500 强。与同期美国 500 强相比，2013 中国企业 500 强资产总额相当于美国 500 强的 66.61%，2022 中国企业 500 强资产总额已经相当于美国 500 强的 106.46%，实际上在上一年，中国企业 500 强的资产总额就已经超过美国 500 强。

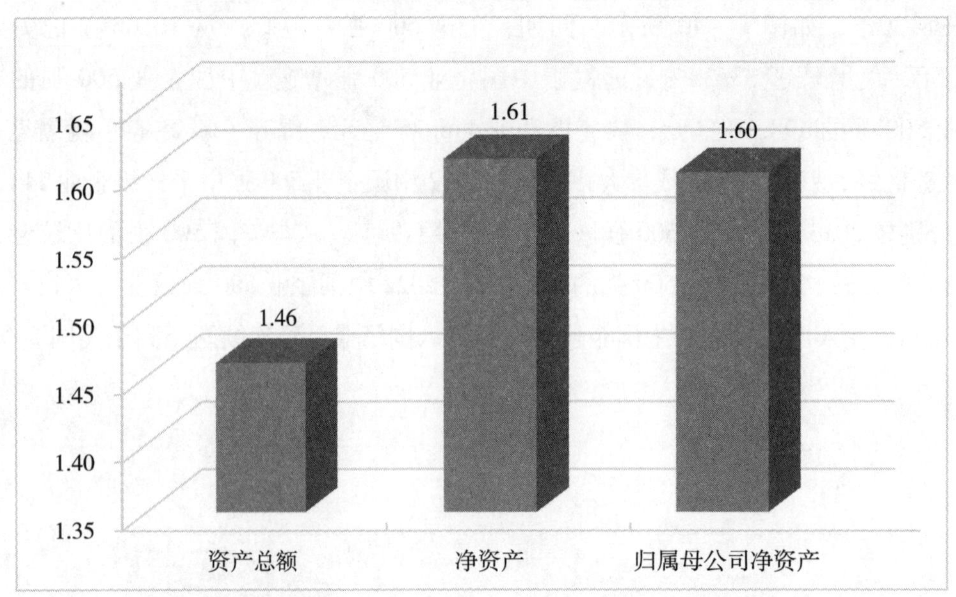

图 1－41 党的十八大以来中国企业 500 强资产指标增长倍数

3. 战略性新兴产业快速成长

中国企业 500 强的三次产业结构不断调整优化。中国企业 500 强中，服务业企业的数量整体上在增长，制造业企业数量相应有所减少；2022 中国企业 500 强中服务业企业数量为 171 家，比 2013 中国企业 500 强的 149 家增加了 22 家；制造业企业数量为 256 家，比 2013 中国企业 500 强的 267 家减少了 11 家，如图 1－42 所示。

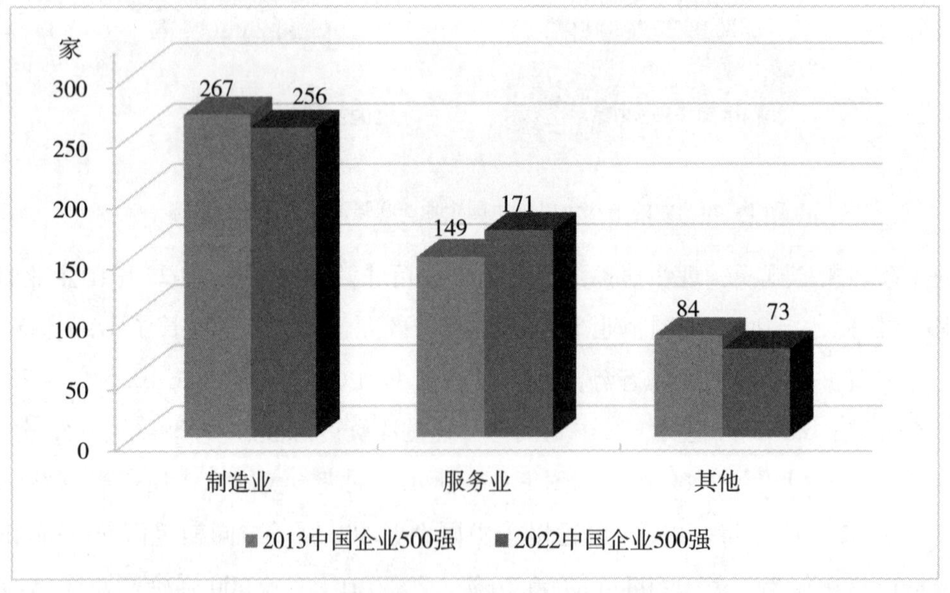

图 1－42 中国企业 500 强三次产业结构变化

中国企业 500 强制造业、服务业内部产业结构也在持续调整优化；黑色冶金、建筑业等行业入围企业数量持续减少，现代先进制造业、金融服务业入围企业数量不断增加。在传统产业持续做优做强做大的同时，战略性新兴产业也在快速成长；或是从无到有，或是从少到多。在金融领域，2013

中国企业 500 强中，只有 15 家商业银行和 8 家保险公司；2022 中国企业 500 强中，金融企业增加到 37 家，其中，商业银行 21 家，保险公司 10 家，多元化金融企业 6 家。物流及供应链企业从 2013 中国企业 500 强的 8 家，增加到了 14 家；通信设备制造企业从 3 家，增加到 9 家。风能、太阳能设备制造企业从无到有，增加到 7 家；动力和储能电池企业从无到有，增加到 3 家；互联网服务企业从无到有，增加到 7 家；文化娱乐和教育服务领域也均实现了零的突破，分别有 1 家企业进入中国企业 500 强。

从营业收入角度看，金融业占全部 500 强营业收入的 13.71%，而在 2013 中国企业 500 强中，金融业只占全部营业收入的 11.53%，9 年来营业收入占比提高了 2.18 个百分点。物流与供应链业营业收入占 2022 中国企业 500 强全部营业收入的 2.33%，2013 中国企业 500 强中这一占比为 0.83%，9 年来占比提高了 1.63 个百分点。风能、太阳能设备制造业营业收入占比为 0.50%；动力和储能电池业营业收入占比为 0.43%；互联网服务业营业收入占比为 2.47%；文化娱乐业营业收入占比为 0.16%；教育服务业营业收入占比为 0.05%，如图 1-43 所示。

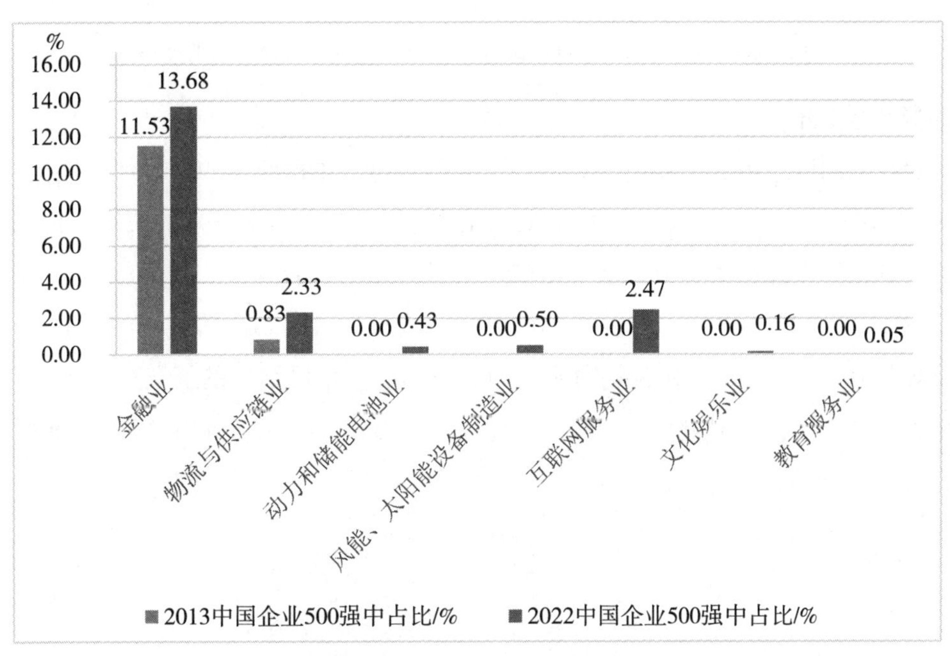

图 1-43 党的十八大以来中国企业 500 强战略性新兴产业营业收入占比变化情况

4. 创新投入与产出持续快速增长

中国企业 500 强的研发投入与专利产出均持续增长，专利质量大幅改善。2022 中国企业 500 强共投入研发费用 14474.67 亿元，与 2013 年 500 强相比，研发投入增加了 1.67 倍。2022 中国企业 500 强的平均研发强度为 1.81%，比 2013 中国企业 500 强的研发强度提高了 0.54 个百分点。2022 中国企业 500 强共持有各类有效专利 166.80 万件，其中有效发明专利 67.29 万件，有效发明专利占全部有效专利的 40.34%。与 2013 中国企业 500 强相比，中国企业 500 强的有效专利增加了 4.01 倍，有效发明专利增加了 6.93 倍，发明专利占比从 25.51% 提高至 40.34%，提高了 14.83 个百分点，如图 1-44 所示。

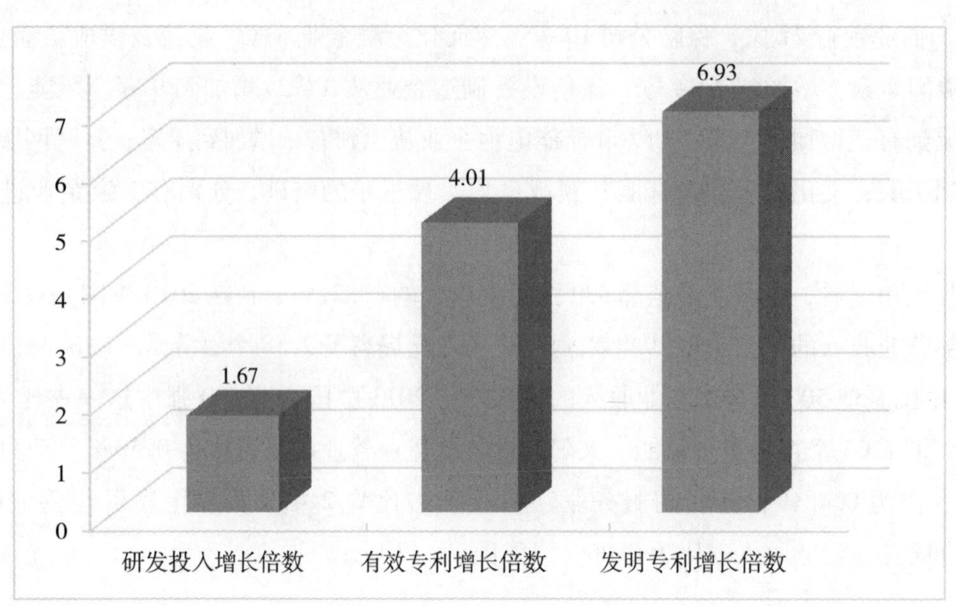

图 1－44　党的十八大以来中国企业 500 强研发投入与产出增长情况

5. 资产质量持续提升

中国企业 500 强的资产配置不断优化。借助于并购重组，中国企业 500 强的资产配置结构持续优化。尽管自 2013 中国企业 500 强以来，并购重组的活跃程度有过两次较大的波动，但总体上看，500 强企业并购重组的活跃度保持着提升态势。尽管参与并购重组的企业从 146 家减少至 144 家，但被并购企业数量从 1061 次增至 1560 次，单一主体的平均并购次数从 7.27 次提高至 10.83 次，如图 1－45 所示。通过持续的并购重组，500 强企业完成了企业内部产业布局结构的优化，也实现了企业内部资源配置的优化，劣质资产被及时处置，优质资产被持续并入，500 强企业的资产质量得到有效提升，资源配置的有效性得到显著改善。

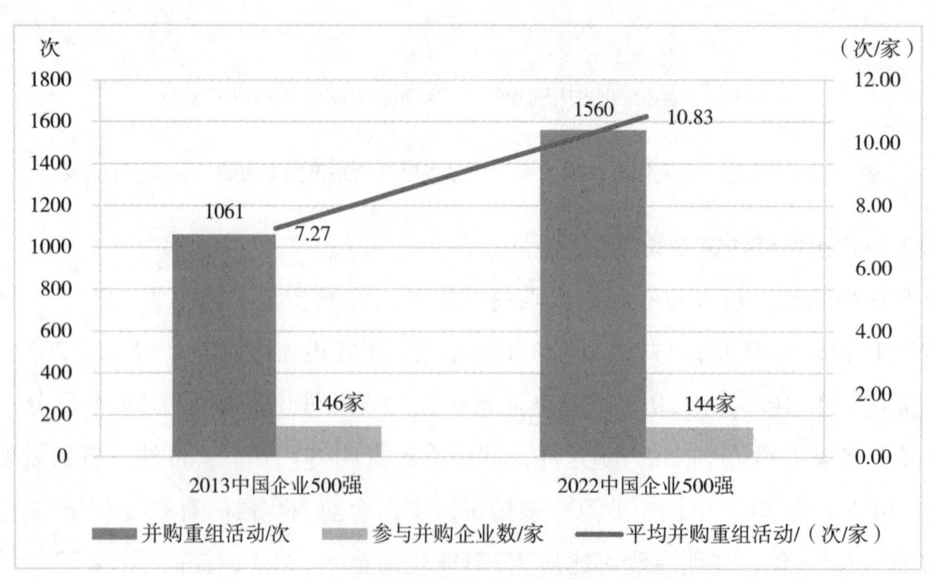

图 1－45　中国企业 500 强并购重组活跃度变化

中国企业500强的资产负债率高位回落。党的十八大以来，去杠杆在中国企业500强中得到有效落实。一方面，金融业的杠杆率有所下降；另一方面，金融对实体经济的支持有所加强。2022中国企业500强的总体资产负债率为82.07%，其中商业银行为91.31%，分别比2013中国企业500强下降了1.93个百分点、2.54个百分点，金融行业的去杠杆带动了中国企业500强总体资产负债率的下降。与此同时，在2022中国企业500强中，非银企业的资产负债率为71.53%，比2013中国企业500强微幅提升了0.06个百分点，总体上处于较为安全区域。非银企业资产负债率的上升，在一定程度上反映了金融加大了对实体经济的扶持力度，增加了对实体经济的信贷投放，支撑了党的十八大以来实体经济的发展，如图1-46所示。

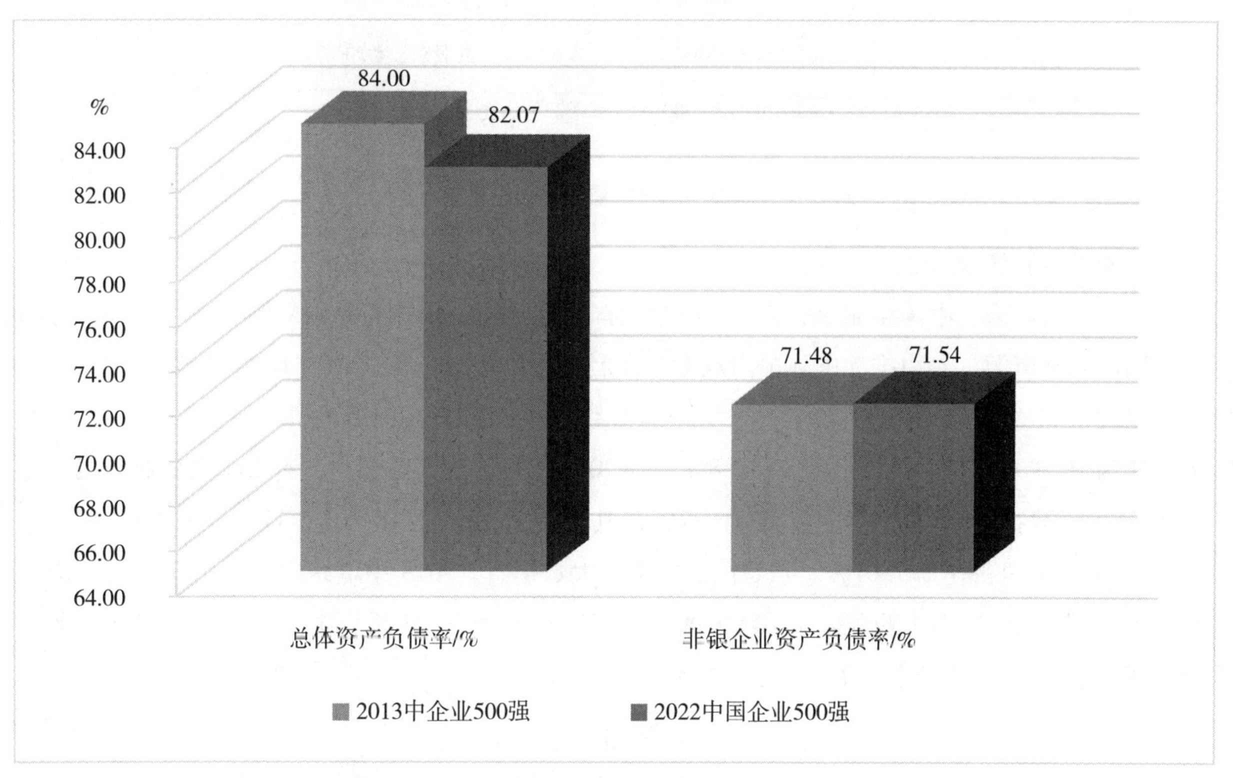

图1-46 中国企业500强的资产负债率变化

6. 资本结构进一步优化

中国企业500强的股权多元化稳定推进。随着混合所有制改革、资产证券化的不断深化推进，以及战略投资者的不断引入，中国企业500强的股权多元化程度不断提高，反映在权益结构上，即表现为企业少数股东权益的增加。2022中国企业500强的少数股东权益占比为26.73%，比2013中国企业500强提高了5.50个百分点；其中非银企业的少数股东权益占比为34.93%，提高了8.20个百分点。显然，非银企业的股权多元化程度均明显高于银行，如图1-47所示。

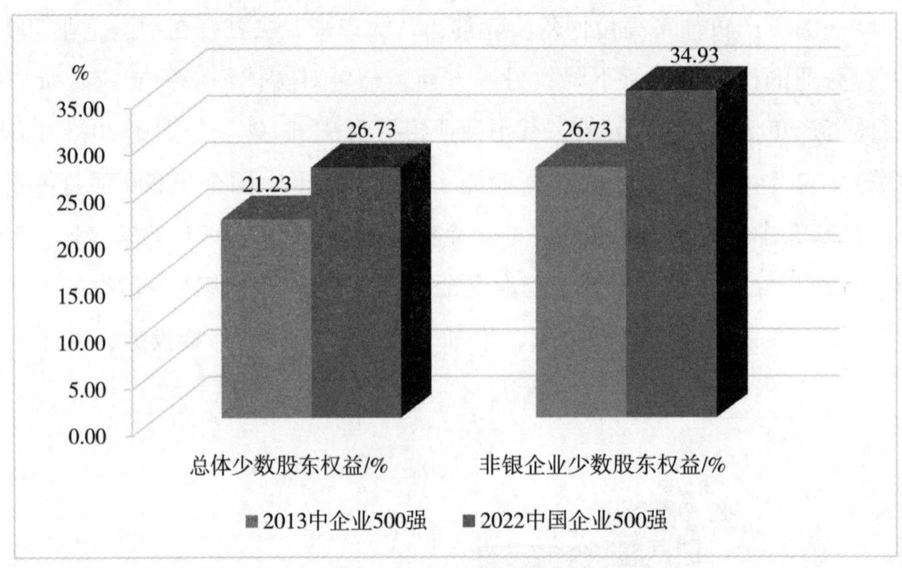

图1－47　中国企业500强股权多元化程度变化

7. **国际化经营稳步推进**

党的十八大以来，中国企业500强在持续推进国际化经营，积极布局国际国内两个市场，主动利用国际国内两类资源，着力推动国际国内双循环发展新格局建设。在2013中国企业500强中，有202家企业申报了完整的国际化经营数据，平均跨国指数为9.75%，其中海外资产占比为8.70%，海外收入占比为16.97%，海外人员占比为3.58%。在2022中国企业500强中，有254家企业申报了完整的国际化经营数据，平均跨国指数为11.37%，其中海外资产占比为12.35%，海外收入占比为14.67%，海外人员占比为7.07%。从跨国公司100大数据看，2013中国跨国公司100大的平均跨国指数为13.98%，2022中国跨国公司100大的平均跨国指数为15.59%，中国跨国公司100大平均跨国指数提高了1.61个百分点，如图1－48所示。

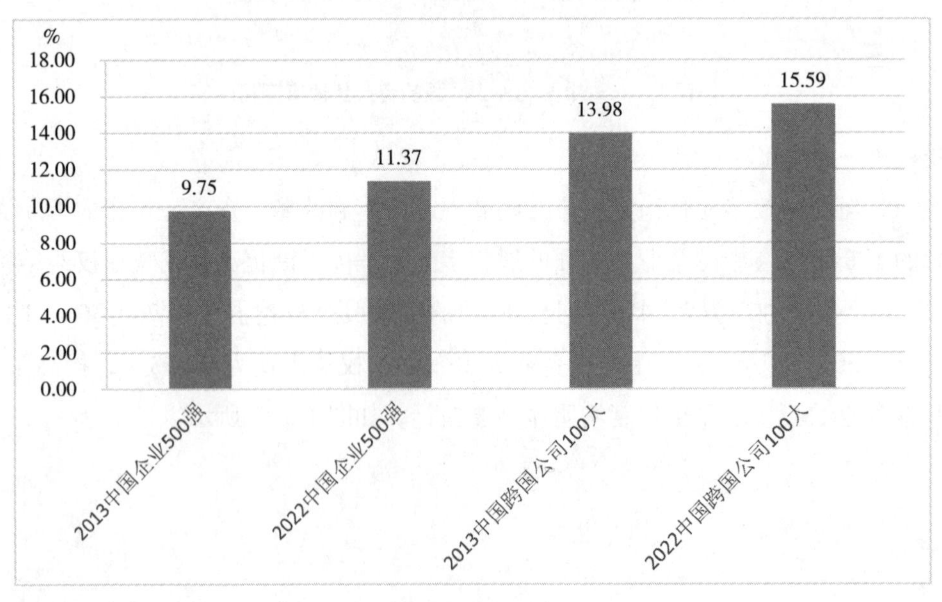

图1－48　中国企业500强与中国跨国公司100大跨国指数变化

十一、中国大企业发展面临的新形势、新变化

2022 年是非常重要的一年，国际国内都有重大政治经济事件发生，国际国内发展环境也都在发生深刻变化。这些新形势、新变化都将对中国大企业的发展产生重大而深远的影响，大企业应当主动跟踪关注并深入分析、研判新形势和新变化，并据此对企业自身发展战略、经营部署做出适当调整，从而推动企业持续高质量发展。

1. 改革发展即将开启新局面

2022 年是进入全面建设社会主义现代化国家、向第二个百年奋斗目标进军新征程的重要一年，党的二十大将于 2022 年 10 月召开，这是党和国家政治生活中的一件大事，也将是影响经济发展的一件大事。党的每一次大会都会对前五年的改革发展成就进行回顾总结，也会对未来五年的改革发展做出新部署。党的十九大开启了全面深化改革新征程，对改革作出了明确谋划，指出必须坚持和完善中国特色社会主义制度，不断推进国家治理体系和治理能力现代化，坚决破除一切不合时宜的思想观念和体制机制弊端，突破利益固化的藩篱，构建系统完备、科学规范、运行有效的制度体系；指出我国经济已由高速增长阶段转向高质量发展阶段，正处在转变发展方式、优化经济结构、转换增长动力的攻关期，建设现代化经济体系是跨越关口的迫切要求和我国发展的战略目标，强调要以供给侧结构性改革为主线，加快完善社会主义市场经济体制。站在新的历史起点之上，中国大企业要深入学习并贯彻落实党的重要指示精神，以创新作为关键驱动力奋力创造发展新佳绩。

2. 具有全球竞争力世界一流企业建设进入新阶段

中国大企业是建设世界一流企业的主力军。党的十九大提出，要建设一批具有全球竞争力的世界一流企业，十九届五中全会再次强调加快建设世界一流企业。有关部门也在抓紧推动世界一流企业建设目标的落地实现。2020 年，国务院国资委在中央企业中推出了 10 家创建世界一流示范企业，加上后来增补的中国宝武，目前共有 11 家中央企业正在开展创建世界一流示范企业工作，紧紧围绕“三个领军”“三个领先”“三个典范”的核心内涵，全面对标世界一流企业，找差距、补短板、抓改革、强创新，行业技术创新、全球资源配置能力增强，领军作用不断提升；产品服务、生产运营效益提升，领先优势不断夯实；社会贡献、品牌影响力加大，示范引领不断彰显。2022 年上半年，《关于加快建设世界一流企业的指导意见》审议通过。文件指出，当前世界一流企业竞争与发展格局面临新变化，要求加大培育力度，加快建设一批产品卓越、品牌卓著、创新领先、治理现代的世界一流企业，并提出了建设世界一流企业的工作要求、实现路径、具体任务和保障措施。文件为世界一流企业的建设指明了方向、提出了要求、明确了任务，这既会推动各级政府部门着力抓好世界一流企业建设工作，做好建设服务；也会激励更多中国大企业迈入世界一流企业建设阵营，加快建设步伐，推动具有全球竞争力的世界一流企业建设迈入新阶段。

3. 国有企业改革发展迎来新时代

国有企业是中国大企业的关键主体。党的十八大以来，党中央一直在持续深化推进国有企业改革。2015 年 8 月 24 日，中共中央、国务院印发了《关于深化国有企业改革的指导意见》，这是新时期指导和推进中国国企改革的纲领性文件，并以此为基础，构建了深化国有企业改革的“1 + N”政策框架。2020 年 5 月 22 日，李克强总理在 2020 年国务院政府工作报告中提出实施国企改革三年行动。2020 年 6 月 30 日，中央全面深化改革委员会第十四次会议审议通过了《国企改革三年行动方案(2020—2022 年)》。国企改革三年行动是进一步落实国有企业改革“1 + N”政策体系和顶层设计的具体施工图，也是对党的十八大以来各项国企改革重大举措的再深化。三年来，在党中央、国务院的正确部署和坚强领导下，通过各级国资委、中央企业和地方国有企业的努力，目前国企改革三年行动方案提出的改革任务正在有序推进，逐步完成；截至目前，所有改革任务已经基本接近完成。随着国企改革三年行动方案的全面落实，国有企业的发展环境将显著优化，发展基础将进一步夯实，发展活力将全面激发，企业竞争力和效率效益将得到明显提升，国有企业将迎来加快发展、高质量发展的新时代。

4. 产业生态建设提出新要求

产业生态在中国经济发展中的重要性日益彰显。产业生态是由社会产业要素资源构成的、遵循经济学规律的、相互依赖的动态产业空间，是产业发展所依赖的外部环境。产业生态越健全，越有助于产业加快发展。产业发展越成熟，产业生态建设对产业发展的重要性也就越突出。目前，多方面因素的变化都对产业生态建设提出了新的要求。一方面，受新冠肺炎疫情等多方面因素影响，我国企业发展所面临的压力前所未有，在困境中的企业发展出现严重分化，大企业发展相对较好，中小微企业发展十分困难；但这一分化发展的趋势显然不可持续，中小微企业的困难最终将会传导到大企业，大企业要想实现可持续的发展，必须致力于与中小微企业共建融通协同发展格局，共同打造产业发展良好生态。另一方面，面对外部环境因素变化所引致的全球产业链、供应链调整，中国需要通过强化产业生态建设，来增强产业投资发展的国际吸引力，在稳定国内现有外商投资企业的同时，进一步吸引外商投资；尤其是对高端装备制造业、高科技产业发展来说，基于全球分工网络与产业集群聚集而形成的良好产业生态系统，是外商投资在选址时所要考虑的关键要素。

5. 全球产业链、供应链发生新调整

近年来，全球产业链、供应链一直都在持续调整之中。首先，各国在经济发展速度上存在的差异，推动着区域经济发展水平发生新变化，区域经济力量在不断重构，并在重构中寻找新的平衡，这相应推动着全球产业链、供应链进行调整，以适应经济发展水平的新变化，也是市场化资源配置调整优化的必然要求。其次，部分国家出于自身政治需要，或是为了对别国经济发展实施制裁与打压，由政府直接主导，意图迫使全球产业链、供应链按照其政治意图进行适当调整，如美国一方面在加大对中国芯片产业及经济发展的围堵，另一方面在推动全球芯片产业链重构，寻求重夺芯片行业主导权；近年来美国与日本纷纷实施了强行推动产业回流政策，以及部分国家所提出的所谓全球供应链“中国 + 1”“中国 + N”策略；受相关政策影响，确实有部分产业链、供应链向中国境外进行了迁移，东南亚国家，尤其是越南在这一轮全球产业链、供应链的调整中获益颇丰，不仅是传统的纺织服装业，电子信息产业等领域也有不少资本加大了在越南的投资力度。2022 年年初爆发的俄乌冲突，以及由此而引发的以美国为首对俄罗斯实施的严厉制裁，则更是加快了全球产业链、供应链的调整，受此影响而循环受阻的粮食、化肥、能源、工业原材料、芯片、汽车等产业链供应链，不得不加快寻找新的替代来源，全球产业链、供应链调整和重构将因此而加快。全球产业链、供应链

布局正在从过去基于比较成本优势原则转向兼顾成本、效益和安全，成本效益最大化不再是决定全球产业分工格局最重要的决定性因素，风险和安全成为影响跨国公司布局加工制造基地的重要考量，短链化、分散化、本土化、区域化、阵营化等成为全球产业链、供应链调整的新方向。

6. 国际资本流动出现新趋势

2022 年 3 月，美联储宣布上调联邦基金利率 25 个基点到 0.25% ~0.5%，开启了美联储新一轮加息周期。1990 年以来，美联储一共经历了 4 轮完整的加息周期：第一轮加息历经 12 个月（1994 年 2 月至 1995 年 2 月），加息 7 次，加息幅度为 3 个百分点；第二轮加息为 11 个月（1999 年 6 月至 2000 年 5 月），加息 6 次，加息幅度为 1.75 个百分点；第三轮加息经历 24 个月（2004 年 6 月至 2006 年 6 月），共加息 17 次，加息幅度为 4.25 个百分点；第四轮加息周期经历 36 个月（2015 年 12 月至 2018 年 12 月），共加息 9 次，加息幅度为 2.25 个百分点。美联储开启加息周期后，基准利率上升会推动美元走强，从而吸引更多国际资本流入美国市场，其他国家则将面临本国货币贬值的压力及资本大量流出的风险，有可能进而引发金融市场动荡，以及提升主权债务违约风险。2022 年 3 月以来，美联储已经先后完成了 4 次加息（5 月、6 月、7 月各加息 1 次；尤其是 6 月与 7 月，连续两次加息 75 个基点），自 6 月正式启动缩表。市场预计 2022 年美联储下半年还将继续加息，这一轮加息潮很可能会持续到 2023 年2 ~3 月，美国基准利率可能上升到 3% ~3.25%。而伴随着美联储加息靴子落地，全球主要资本市场基本上都呈现下行趋势；国际资本流动更加动荡，新兴经济体跨境资本流动管理难度明显加大。2022 年以来美联储的加息已经让众多发展中国家承受了巨大的本币贬值、资本外流与债务违约压力。受美联储加息影响，中美货币政策错位无疑会加大资本流出压力，将对当前跨境资本流动的相对平衡产生较大冲击。

7. 新冠肺炎疫情出现新变化

自新冠肺炎疫情突袭而至以来，其给经济和社会发展都带来了深刻影响，也对人类健康构成了重大威胁。尽管疫情还在继续蔓延，但随着疫苗的广泛注射和感染康复数量的持续增长，无论是新冠病毒的演变，还是疫情的防控，都出现了一些新的变化。从新冠肺炎疫情的演变看，新的变种还在继续产生，一些新变种的传染性还在提升；尤其是在一些落后的发展中国家，新冠肺炎疫情的蔓延并没有得到很好控制，疫苗的供应短缺仍然没有得到解决；但在病毒演变中，也有一些积极的迹象，如病毒对人体的危害性在下降，对感染者的治愈能力也在不断增强。从疫情防控的角度看，疫苗的广泛注射和感染康复人数的增加，在事实上推动形成了病毒防护网，大面积感染的概率明显下降，新冠病毒的危害性下降，因此，不少国家纷纷放开了社交距离限制，甚至解除了有关核酸检测和疫苗注射方面的要求。这种疫情防控策略上的差异有可能会对继续坚持严格防控的国家和地区带来较大压力，既有来自社会舆论和公众情绪的压力，也有来自产业链、供应链调整的压力，国际需求可能会转向那些已经放开防疫管控的国家或地区。

十二、促进更多中国大企业迈向世界一流的对策建议

党的十八大以来，中国大企业发展取得了突出成就，不少企业已经迈进了全球行业前列，为建设世界一流企业创造了良好条件与基础。对中国大企业建设具有全球竞争力的世界一流企业来说，

2022 年是承上启下的关键一年。自党的十九大发出建设世界一流企业动员令以来，有关部门和企业都在积极响应党中央号召，落实党中央的决策部署，以试点为基础着力推进建设工作；《关于加快建设世界一流企业的指导意见》的出台，则进一步吹响了建设世界一流企业的冲锋号。在未来建设世界一流企业的新征程中，既需要政府部门加强引导、推动与支持，更需要企业自身为之而不懈奋斗。企业既需要有建设世界一流企业的战略谋划，更需要有付诸实践的战略行动；要清醒认知自身差距，全面研判内外部发展环境，正确把握发展方向，科学选择发展路径，扎实提升创新发展能力，全面强化竞争优势，显著增强价值创造能力，稳步迈向世界一流企业阵营。

1. 全面落实《关于加快建设世界一流企业的指导意见》

《关于加快建设世界一流企业的指导意见》既是指导我国大企业开展世界一流企业建设的纲领性文件，也是明确政府部门工作职责、努力方向与政策发力点的纲领性文件。接下来，各级党委与政府部门应当以《关于加快建设世界一流企业的指导意见》作为工作指引，来加快推动企业开展世界一流企业建设。一方面，要尽快完善建设世界一流企业的政策体系，包括出台具体落实细则，以及制定与之相配套的其他政策文件；另一方面，要将《关于加快建设世界一流企业的指导意见》所规定的各项工作具体落到实处，真正在世界一流企业建设中有所作为。一是全心全意为世界一流企业建设营造良好环境；要将有为政府和有效市场更好结合，切实提高政府监管和服务效能，抓好公平竞争的市场环境。二是要做好政策落实情况与阶段性建设效果评估；要借助第三方力量定期对各级政府部门落实意见的情况，以及重点企业开展世界一流企业建设所取得的实际效果进行独立评估。三是要形成世界一流企业建设合力；要统筹协调科技强国战略、“走出去”战略、双循环新发展格局建设、构建优质企业梯度培育格局、世界一流大学与一流科学城建设，使之与世界一流企业建设紧密衔接。四是要开展世界一流企业建设五年专项行动；建立跨部门、政府与行业协会组织共同参与的专项行动领导小组，制定具体实施方案，设定阶段性建设目标。五是要做好世界一流企业建设经验的总结与交流；要定期开展政府部门和企业在世界一流企业建设方面的经验总结，搭建世界一流企业建设经验交流平台，组织相关单位进行经验交流，并做好成功经验的宣传与推广应用。六是要建立世界一流企业建设表彰奖励制度；要对积极落实文件精神、推动世界一流企业建设取得突出成效的政府部门，以及世界一流企业建设成效突出的企业与企业领导人，给予表彰和适当奖励，强化世界一流企业建设的正向激励作用。

2. 以创新突破推进技术自立自主

世界一流企业应当是创新领先、技术自立自主的企业。软件、材料、技术等领域的“卡脖子”问题，已经成为阻碍中国产业、企业发展的绊脚石，也是建设世界一流企业必须要迈过去的坎。显然，每一道坎是否能够顺利迈过去，关键在于创新突破，尤其是原创新技术的突破。可持续的发展、安全的发展必须以技术的自立自主为前提。中美技术经贸关系演变的实践证明，失去了技术自立自主的支撑，发展难免受制于人。党的十九届五中全会提出，要坚持创新在我国现代化建设全局中的核心地位，把科技自立自强作为国家发展的战略支撑。企业是世界一流企业建设的主体，也是科技创新的主体，应当责无旁贷地担当起科技创新的重任，以创新实现技术自立自主，以创新驱动企业发展。一是要高度重视创新突破，落实创新驱动发展战略，主动对接国家科技攻关计划承担相应科

研任务，紧紧围绕产业“卡脖子”任务制定技术创新战略，持续加大研发投入力度，将研发强度提升到更具竞争力的水平。二是要变革科研创新管理，落实科研创新“揭榜挂帅”制度，加大基础领域研发投入力度，完善科研投入产出考核。三是要善于借力创新，搭建公共创新平台，多方位开展研发合作，全面整合利用企业内外、国际国内的创新资源。四是要优化创新激励机制，加大原创性技术、关键创新成果科研人员利益分享力度，丰富关键科研人才的激励方式，充分激发科研人员的创新动力，挖掘创新潜力，推进科技创新量质齐升。五是要全力引进高端关键人才，建立全球高端人才信息库，执行高端人才特殊薪酬制度，强化高端人才医疗健康与家庭生活保障关怀，建立健全科研创新容错机制。六是要畅通科研成果商业化应用转化渠道，确保有市场前景的科研创新成果快速完成商业化应用，组建科研成果转化风险基金，并落实科研人员项目跟投制度。

3. 围绕主业打造强大国际竞争力

世界一流企业应当是主业突出、竞争力领先的企业。随着企业的发展壮大，或是为了分散投资风险，或是为了寻找新的增长机会，绝大多数企业都不约而同地会走上多元化发展道路；所不同的是，有些企业合理控制了多元化的幅度，而有些企业则走向了过度多元化。世界一流企业，无疑应该是全球竞争力领先的企业。尽管非主营业务的竞争实力也是企业整体竞争力的组成部分之一，但显然决定企业全球竞争力的关键还是其主业。每一个致力于建设世界一流企业的中国大企业，都应该基于其主营业务构建其竞争优势，打造其国际竞争力。主营业务应该是企业全球形象识别的根基，主业竞争力则是企业全球竞争力的核心。一是要推进业务结构调整，全面梳理企业现有业务，清理退出无竞争优势的非主营业务，处置低效、无效资产，实现聚焦发展，提升资产质量。二是要围绕主业进行全球投资布局，在全球范围内并购重组有助于补全主业短板、完善主业产业链供应链的优质资产，在境外围绕核心主业进行生产能力、研发机构布局，快速打造全球行业优势龙头企业，在全球产业链、供应链调整浪潮中进一步强化中国大企业的全球领导地位，更好服务于双循环新发展格局建设。三是要弘扬工匠精神，开展卓越管理，严格按照品质要求，将核心产品（服务）打造成具有全球美誉度的卓越产品（服务），以卓越品质增强产业链、供应链的黏性。四是要进行全球专利布局，一方面做好国内专利申请与知识产权保护，另一方面在全球范围内做好专利布局，在积极申请专利、保护专利的同时，择机投资参股拥有全球核心专利的企业或机构；要通过技术进步，牢牢掌握国际标准必要专利。五是要参与国际标准制定，积极加入国际标准组织并参与相关活动，努力创造条件争取承担国际专业标准化技术委员会、分技术委员会，承担建设国际标准化组织常设论坛会议和培训基地等国际交流平台，积极推动并参与或主导制定行业国际标准。

4. 大力发展和壮大世界一流品牌中国方阵

世界一流企业应当是品牌卓著的企业。品牌建设是企业实现市场渗透、竞争力提升、价值增值、盈利改善的重要抓手。2016年6月10日，国务院办公厅发布《关于发挥品牌引领作用 推动供需结构升级的意见》，提出设立“中国品牌日”的倡议。2017年4月24日，国务院印发《国务院关于同意设立“中国品牌日”的批复》，同意自2017年起，将每年5月10日设立为“中国品牌日”。近年来，中国企业的品牌意识明显增强，品牌建设也取得了一定成效。在Brand Finance发布的“全球品牌价值500强”中，中国上榜品牌由2016年的54个增加到2022年的84个。上榜品牌总价值由2016年的

0.6 万亿美元增加到 2022 年的 1.6 万亿美元。与企业规模增长相比，中国企业在品牌建设上依旧任重道远，在 2022 世界 500 强榜单中，中国有 145 家企业入围，其中内地企业 133 家，但一些企业在国际知名品牌建设上还需继续努力，要多方位采取措施以发展和壮大世界一流品牌中国方阵。一是要强化品牌意识，制定品牌发展战略，做好中国品牌的国际推广，不断提升全球品牌知名度与美誉度，以国际知名品牌助力企业开展国际化经营。二是要加强品质管理，塑造中国产品良好口碑，全面扭转和提升中国产品与企业的全球形象，赢得全球用户信赖，增强用户黏性。三是要提升品牌发展能力，积极应用品牌管理的科学理念与方法，广泛学习、借鉴国内外优秀企业开展国际知名品牌建设的成功经验，持续提高企业品牌管理与运营能力。四是要全力塑造“全球优秀企业公民”良好形象，确保诚信守法与合规经营，积极参与全球慈善活动，为社会发展贡献力量，强化环保意识，加大环境治理投入，坚持走绿色、低碳、可持续发展道路。五是要积极参与全球知名品牌评价活动，充分展示品牌建设成果，展现中国品牌综合实力，借助有全球影响力的品牌榜单，进一步提升中国品牌全球形象，加快全球品牌推广。

5. 全面提升企业治理与管理水平

世界一流企业应当是治理与管理卓越的企业。治理与管理是企业持续平稳发展的根本保障，伴随企业的成长壮大，治理与管理的重要性也越加凸显。规范有效的治理与科学卓越的管理，既可以为企业发展保驾护航，也可以为企业发展提供助力。当前国资国企改革的一项重要任务，就是推动国有企业治理与管理现代化水平的提升；董事会应建尽建与授权放权改革、外部董事制度完善、对标世界一流管理提升活动的开展，目的都在于提升国有企业治理与管理水平。应该说，通过前期的国资国企改革和民营企业的自发学习提升，中国大企业的管理与治理水平已经有了较为明显的提升。但与世界一流企业建设的高标准高要求相比，仍然还有一定的改进空间。一是要加快推进现代企业制度建设，持续完善公司治理结构、规范股东行为、强化内部监督，健全权责法定、权责透明、协调运转、有效制衡的公司治理机制；特别是国有企业，要把党的领导有机嵌入公司治理。二是要提升企业管理水平，持续开展管理诊断、管理学习与管理经验交流，不断优化组织架构，压减管理层级，重组管理流程，引入实施现代管理方法，全面推进数字化技术在企业管理中的应用；尤其是国有企业，要建立长效机制，抓牢抓实对标世界一流管理提升行动。三是要积极开展管理创新，探索提炼具有中国特色和适合中国国情的企业管理理论与管理方法，形成可复制推广的中国式管理新模式。四是要加强风险防控，提升风险意识，建立健全内控体系，规范开展投资风险评估，动态监控评估风险隐患，制订风险应对预案，抓好风险应对演练。

6. 更好激发与弘扬企业家精神，发挥企业家作用

世界一流企业应当是一流企业家领导的企业。企业家是带领企业发展的领头羊，是企业的舵手与统帅。企业发展的好坏关键是看企业家。改革开放以来，随着民营经济的从无到有与发展壮大，以及国有经济的持续发展，中国的企业家也在不断成长，优秀企业家持续涌现。也正是这些企业家在党中央的坚强领导和正确部署下，在改革开放的大势中，通过充分激发与弘扬创新精神、冒险精神与艰苦奋斗精神，带领企业实现了快速发展。但与此同时，也要看到中国企业家在自身能力建设与作用发挥方面存在的问题，创新意识和战略远见能力是一些企业家的短板，为此，需从以下几方

面提高自身能力。一是要切实提升企业家自身专业素养与能力，积极参加专业能力培训学习、参与先进管理经验交流，掌握现代管理理论与方式方法，能熟练运用现代管理工具，具有很强的决策分析能力。二是要提升企业家的战略远见能力，能对宏观经济、产业和企业中长期发展做出科学预判，不醉心于追求短期利益，坚持以长远发展视角来统筹安排企业的生产经营活动，高度重视创新对企业持续发展的重要性，科学进行创新部署，着力增强企业的自主创新能力。三是要培育和聘用有全球视野的企业家，不拘泥、不满足于本土市场发展，主动站在全球一体化的战略高度进行企业研发、生产与营销布局，积极进军全球市场，敢于与全球优秀企业直接进行竞争，掌握和利用全球资源，全力服务于国际国内双循环新发展格局建设。四是要培育和聘用善于在逆境中拼搏进取的企业家，越是在艰难困苦之中，越是要发挥企业家的艰苦奋斗精神，以鼓舞企业士气，迎难而进。五是要建立健全市场化的企业家激励约束机制，企业家的薪酬待遇要客观反映其对企业的综合贡献，要让企业家合理分享企业发展成果；企业既要有创新发展的容错机制，也要有决策失误的追责补偿机制，要让企业家敢于决策、科学决策。

7. 全面推进补短板、强弱项工作

尽管中国经济与中国企业都在发展上取得了突出成就，但与发达国家相比，与全球领先的杰出企业相比，在多个方面还存在一些差距。虽然中国的部分产业已经在全球具有了一定竞争优势，一些技术已经达到了全球领先水平，但不可否认，短板领域、弱势环节的普遍存在，仍是我国企业与产业发展所面临的一个挑战。对绝大多数中国大企业来说，目前还只是完成了成长第一阶段的任务，即在规模扩张上取得了明显进展，迈入了全球行业领先的前列，但在盈利水平的提升上，还只是迈出了高质量发展的第一步，离真正实现高质量发展目标还有一定距离。要建设具有全球竞争力的世界一流企业，必须致力于缩小甚至消除这些差距；不仅要在营业收入上站在世界前列，更要在全球产业发展影响力与控制力，以及企业盈利能力上站在世界前列。因此，除了在创新、品牌与治理领域抓好补短板、强弱项工作外，还应该在如下方面协同推进补短板、强弱项：一是做好国际大企业产业结构对比分析，把握我国大企业产业结构短板，加快食品、健康保障等民生领域大企业培育。二是在大力发展现有产业的同时，紧盯国际产业发展趋势，积极布局未来产业，抢占产业发展先机。三是加快工业互联网、工业设计软件、新型先进工艺、高端装备、新型材料等领域的突破，强化工业发展的基础保障能力。四是提升价值创造能力，为股东和社会创造更多价值，在创新能力、品牌实力、治理能力、价值创造力不断增强的基础上，加快实现高质量发展。五是加强世界一流企业建设支撑体系建设，包括国际经营和国内发展的信用评级、金融、投行、会计、审计、法律、教育与培训等服务能力建设，确保能为世界一流企业建设提供强大助力。六是进一步深化国资国企改革，持续激发国有企业发展活力，增强发展动力，提升发展质量。

第二章 2022中国制造业企业500强分析报告

2022中国制造业企业500强是中国企业联合会、中国企业家协会连续第18次向社会发布的中国制造业最大500家企业年度排行榜。总体上看，过去的一年，尽管面临着国际环境变化、市场博弈加剧及全球新冠肺炎疫情蔓延、能源约束趋紧等多重危机，但是在党和国家对疫情防控和经济社会发展下的高效统筹下，中国制造业仍逆势上扬，在大变局中呈现出持续向好的态势。中国制造业企业500强营业收入、净利润增速创出历史新高，资产规模再上新的台阶，资产负债率稳中向好，企业创新能力有所提升。与此同时，依托于我国产业体系完整的优势，在全球产业链、供应链受阻的情况下，2021年我国进出口贸易量创下新高，制造业500强企业海外市场开拓加速，海外营业收入规模进一步扩大。综合来看，党的十八大以来，国家“放管服”改革的不断深化为我国制造业高质量发展创造了良好的环境，传统产业改造提升步伐加快，设备更新和技术改造投资大幅增长，质量、效益和效率实现稳步提升。同时，新一代信息技术、高端装备、新能源汽车、新材料、节能环保、生物医学等新型产业规模化发展加快，新的增长点、增长极逐步形成，产业生态持续优化、科技创新加速推进、政策支撑效果凸显等多项利好因素的叠加，促使中国制造业尽管面临多重困难仍逆势而上，综合发展情况明显好于预期。面向未来，中国制造业企业要进一步立足新发展阶段，贯彻新发展理念，坚持创新驱动发展战略，坚持聚焦自主科技创新，以创新为引擎引领企业转换新旧动能，推动企业从“制造”向“智造”转型；坚持系统观念，发挥产业领航企业的作用，以点带面、以企带链、以链带群，推动产业生态体系的加速构建；坚持品质为先，增品种、提品质、创品牌，在推动企业向价值链中上游迈进的同时，积极承担社会责任，为人民群众提供更质优价美的产品；坚持绿色发展理念，积极探索绿色循环经济发展模式，加速推进企业实现低能耗、低污染、低排放、低成本、高质量发展；坚持数字化、智能化转型，积极拥抱新一代信息技术，构建信息化基础，打牢企业发展数字底座，以数字化推动智能化，打造企业增长新引擎。

一、2022中国制造业企业500强规模特征分析

与2021中国制造业企业500强相比，2022中国制造业企业500强营业收入增速创出历史新高，

入围门槛无论是绝对值还是相对增幅都取得新突破。资产负债率相对降低，人均营业收入增速加快，展现了制造业大企业积极利用我国制造业规模大、体系全、韧性强的重要优势，在危机中育新机，于变局中开新局，为我国工业经济的高质量发展贡献了重要力量。此外，企业并购重组增多，个别企业并购重组相对频繁，发生相对集中。

1. **营业收入增速大幅上升**

2021年是“十四五”开局之年，中国制造业500强营业收入延续党的十八大以来的良好发展态势，总体营业收入高达47.11万亿元，同比增长17.09%，约为2013中国制造业500强企业营收规模的2.01倍。总体来看，2022中国制造业500强营业收入增速为2013年以来最高值，这表明，尽管2021年中国制造业面临多重挑战，但是10年来我国制造业打下的坚实基础和新冠肺炎疫情发生以来我国对疫情防控和经济社会发展工作的高效统筹，在很大程度上保障了我国制造业产业链、供应链的稳定运行，为我国制造业的稳定增长奠定了良好的基础，如图2-1所示。

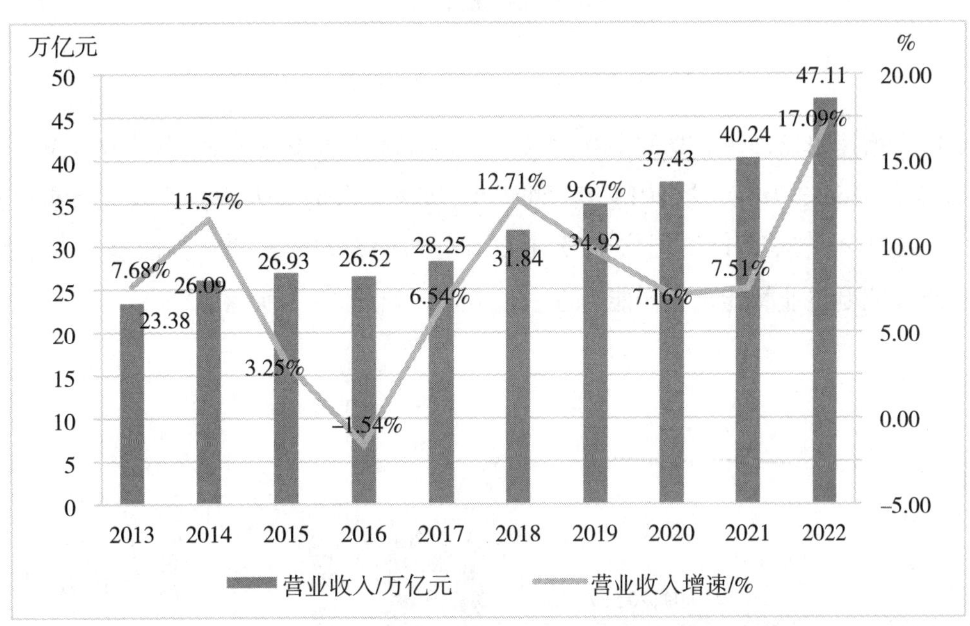

图2-1 2013—2022中国制造业企业500强营业收入及增速变化

入围门槛大幅跃升。党的十八大以来，中国制造业企业500强入围门槛基本呈现上升态势，尤其是“十三五”以来，入围门槛接连攀升。依据各发布年份，2016年入围门槛为65.4亿元，此后不断增长，2018年突破80亿元，2020年突破100亿元，2021年突破110亿元，2022年入围门槛大幅跃升，突破140亿元，达到147.78亿元，较2021年增加近40亿元，增幅达到33.26%，较2013年增加77.18亿元，增长幅度达到109.32%。中国制造业企业500强入围门槛的大幅跃升，一定程度上表明2021年在国家政策的大力支持下，在各个企业努力保生产、稳经营下，中国制造业发展逆势上扬，500强规模仍在持续扩大，展现了制造业企业面对困难挑战的韧性与活力，如图2-2所示。

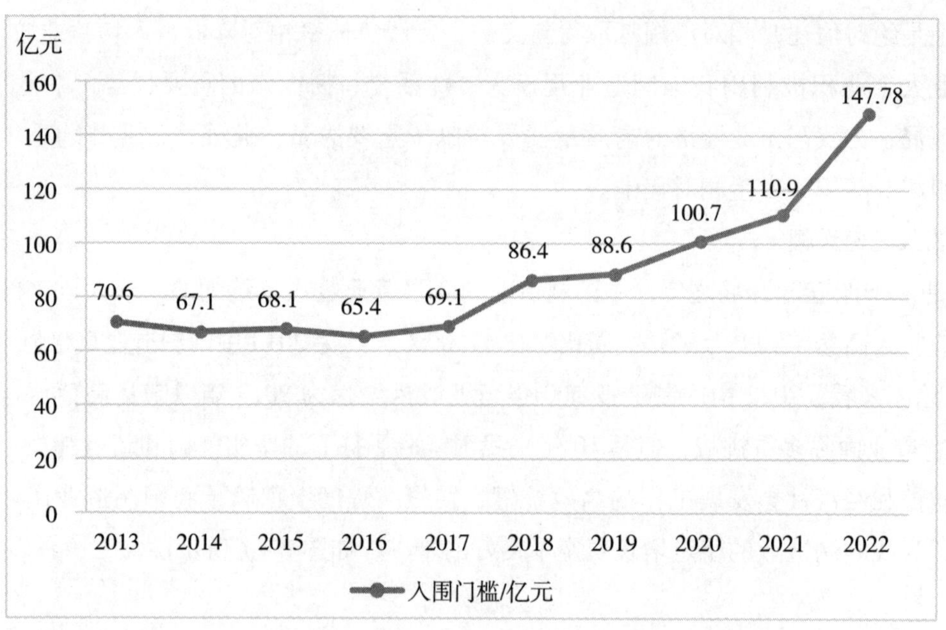

图 2-2 2013—2022 中国制造业企业 500 强入围门槛变化

人均营业收入增速明显加快。党的十八大以来，中国制造业 500 强人均营业收入总体保持波动上涨态势，2022 年为 336.53 万元，较 2013 年上涨了 81.98%。同时，人均营业收入增速明显加快，达到 14.56%，较 2021 年上涨了 11.84%，仅次于 2018 年的 17.72%。这一方面得益于生产效率的提升，另一方面也表明制造业智能化生产能力进一步增强，如图 2-3 所示。

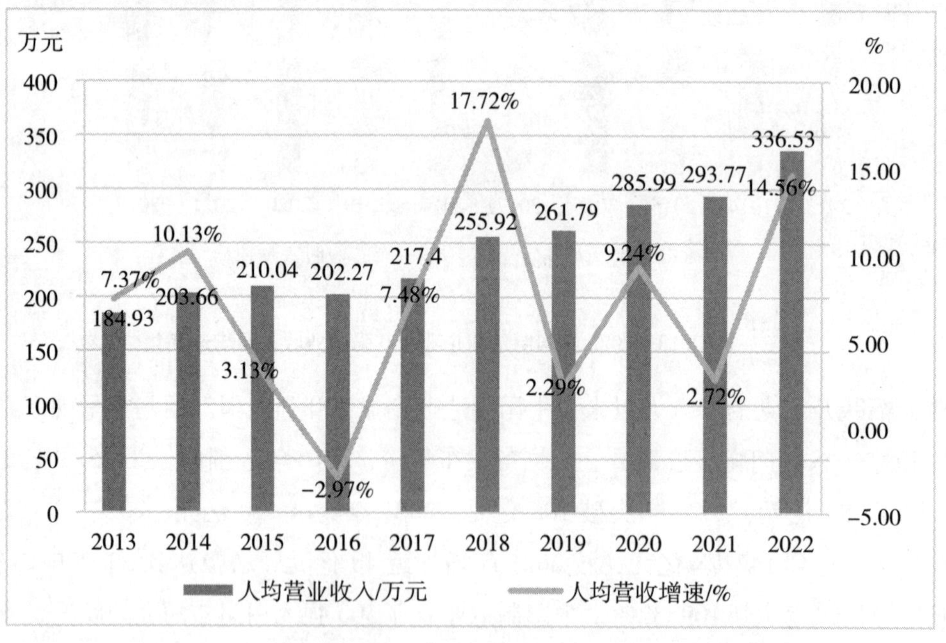

图 2-3 2013—2022 中国制造业企业 500 强人均营业收入及增速变化

2. 资产规模增长稳中有增

资产规模在保持稳定的同时实现小幅增长。党的十八大以来，中国制造业企业 500 强总资产规模绝对数量始终保持稳步增长态势，2021 年突破 40 亿元，达到 44.33 万亿元，2022 年再创新高，达到

47.65 万亿元，较 2013 年增长了 122.25%。在资产增速方面，由于 2021 年全球新冠肺炎疫情仍未得到有效控制，同时国内疫情呈现出多点散发的态势，受此影响，2022 中国制造业企业 500 强资产增速有所放缓，为 7.49%，但仍保持正增长趋势，充分展现了制造业大企业于变局中的“中流砥柱”作用，如图 2－4 所示。

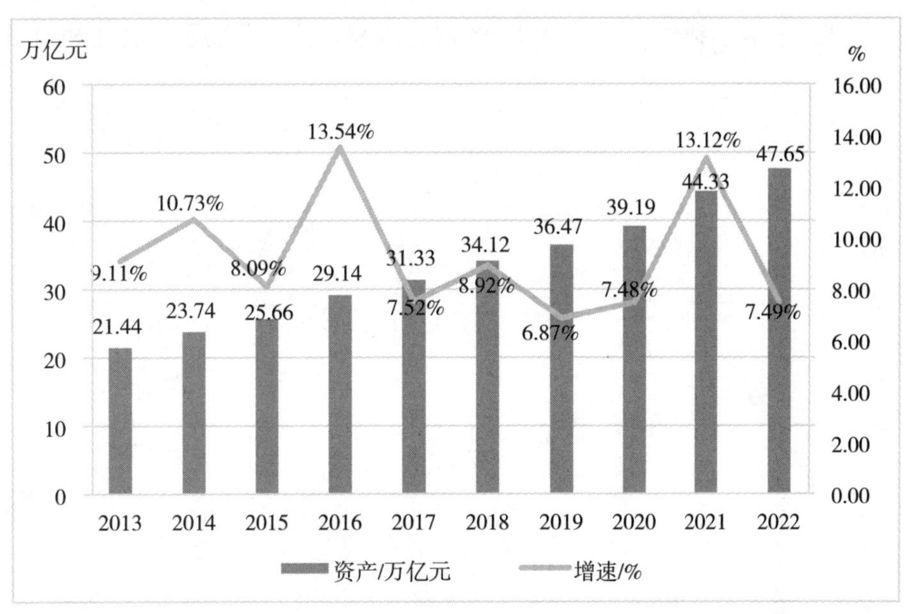

图 2－4 2013—2022 中国制造业企业 500 强资产及资产增速变化情况

资产负债率持续下降。党的十八大以来，中国制造业企业 500 强资产负债率基本保持稳步下降的趋势，尤其是 2020 年以来，下降速度相对较快，2022 年，资产负债率再次下降，为 60.21%，较 2021 年再次下降了 0.67 个百分点，达到 10 年以来的最低点，我国制造业大企业发展的稳定性和安全性进一步提升，如图 2－5 所示。

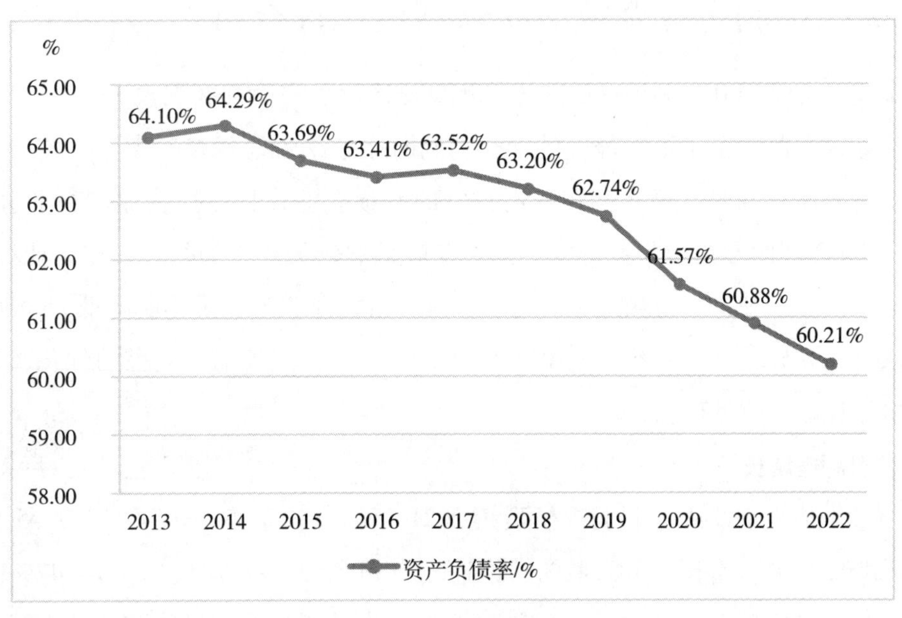

图 2－5 2013—2022 中国制造业企业 500 强资产负债率变化情况

3. **企业加速调整结构布局**

参与并购重组企业数量基本稳定，并购重组次数持续增加。2022 中国制造业企业 500 强在 2021 年共有 113 家企业参与并购重组，与上一年度基本持平。并购重组次数也有所增长，达到 462 次，较 2021 年增长了 22 次，增长幅度相对较小，为 5%。其中，并购重组达到 5 次及以上的有 22 家，达到 10 次及以上的有 7 家，最多达到 81 次，其次是 58 次，远超以往，并购重组企业相对更为集中，如图 2-6 所示。

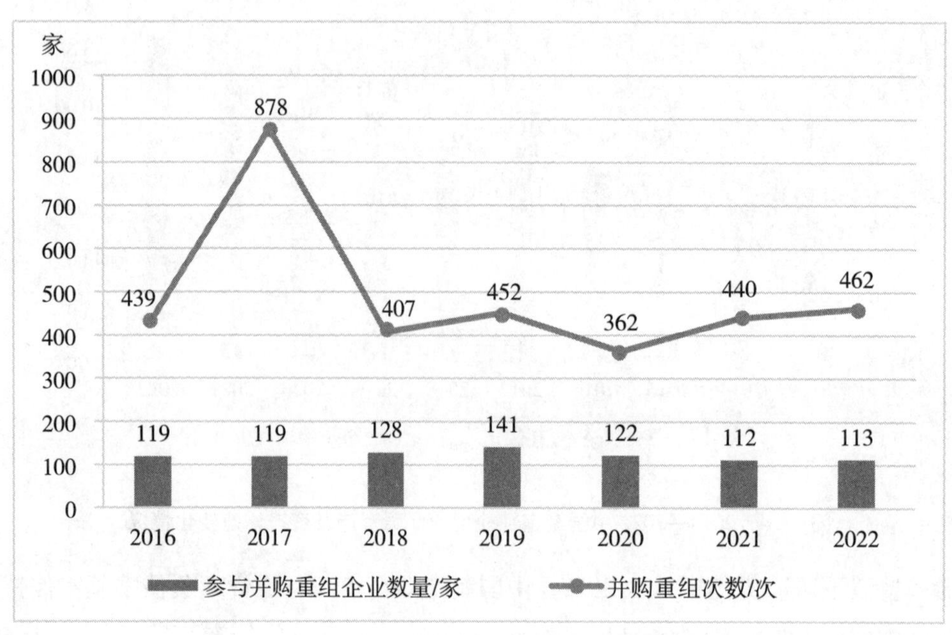

图 2-6　2016—2022 中国制造业企业 500 强并购重组情况

二、2022 中国制造业企业 500 强利税状况分析

2022 中国制造业企业 500 强利税状况整体呈现良好态势，在净利润规模、增速、净资产利润率、营业收入利润率等方面都出现了不同程度的增长，同时企业纳税总额略有上升。资金周转提速，制造业活力不减。需要注意的是，仍然存在一定数量的亏损企业，且亏损企业的行业分布更为分散，与 2021 年相比，2022 年的亏损企业主要集中在受疫情影响较为严重的行业。在企业综合税负方面，2021 中国制造业 500 强企业纳税总额虽略有增加，但所占营业收入比重不断降低，表明 10 年来我国减税降费政策取得了明显成果，一系列减税降费政策的出台和政务服务流程的优化，为企业轻装上阵开辟市场创造了良好的政策环境。

1. **净利润实现高速增长**

2022 中国制造业企业 500 强净利润规模延续 2021 年的增长态势，达到 14683.15 亿元，相较于 2013 年增加 9461.92 亿元，增长了 181.41%，增速较 2021 年进一步加快，为 24.47%。党的十八大以来，中国制造业 500 强企业归属母公司净利润规模基本处于增长态势，尤其是“十三五”以来，除 2020 年跌破零点之外，中国制造业 500 强归属母公司净利润增速基本保持在 20% 左右，2021 中国

制造业企业 500 强归属母公司净利润总额拨负为正，增速重新达到 20% 以上，2022 年继续延续这一增长态势，这一方面与企业转型升级步伐加快密切相关，另一方面也得益于 2021 年我国制造业的出口内销双旺盛，如图 2－7 所示。

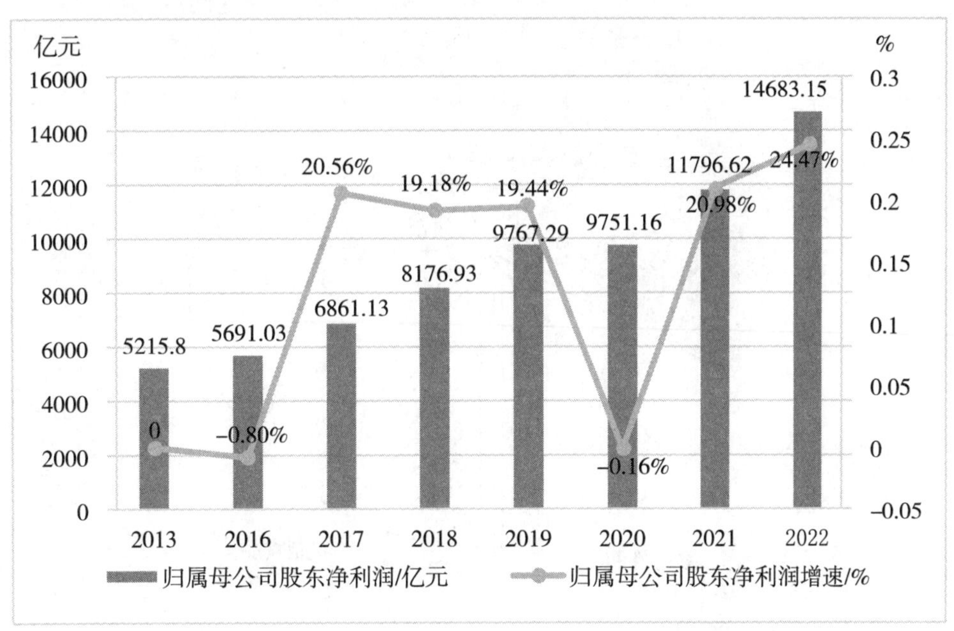

图 2－7　2013—2022 中国制造业企业 500 强归属母公司股东净利润规模及增速

企业亏损面略微有所扩大，亏损深度略有下降，亏损企业分布涉及行业面较广。2022 中国制造业企业 500 强中有 34 家企业发生亏损，亏损面为 6.8%，较往年有所扩大。在亏损深度（亏损额/净利润总额）上，2022 年制造业 500 强的亏损深度为 5.21%，亏损深度进一步下降，较 2021 年的 6.94% 下降 1.73 个百分点。从亏损企业主要分布行业来看，在 34 家亏损企业中，亏损企业较为集中的行业分别是农副食品（5 家企业，占亏损企业的 14.71%）、电力电气设备制造（4 家企业，占比 11.76%）、汽车及零配件制造（4 家企业，占比 11.76%），三类行业亏损企业共 13 家，其他如石化及炼焦、化学原料及化学品制造、通信设备制造、综合制造业、半导体、集成电路及面板制造等也是亏损较为集中的行业。可以看到，与 2021 年亏损企业大多集中在产能过剩企业不同，2022 年的亏损企业多为受产业链、供应链影响较为严重的行业，这在一定程度上反映了尽管从营业收入、资产规模等看中国制造业在风浪中仍然坚挺，但是全球新冠肺炎疫情和市场博弈带来的产业链、供应链不畅仍给企业的发展带来了困扰，保证产业链、供应链稳定畅通仍是当前及未来一段时间推动中国制造业发展的重要举措，如图 2－8 所示。

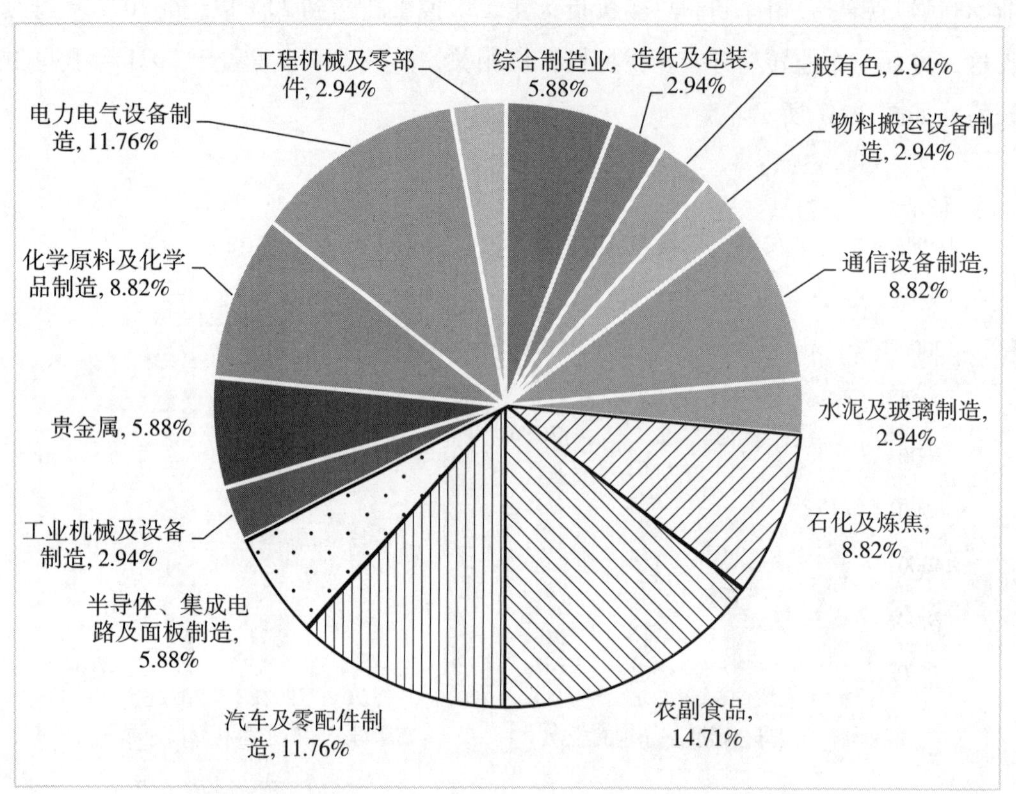

图 2－8　2022 中国制造业企业 500 强亏损企业行业分布情况

2. **企业经营绩效再创佳绩**

净资产利润率进一步上升，营业收入利润率再创新高。党的十八大以来，中国制造业 500 强企业的经营绩效持续上升，净资产利润率和营业收入利润率从 2013 年的 9.36%、2.23% 增长到 2022 年的 11.2% 和 3.12%。2021 年，随着我国防疫情、保畅通、稳供给等各项措施趋于成熟，中国制造业企业 500 强的净资产利润率得到了明显提高，在 2020 年略微有所下滑之后，2021 净资产利润率重回 10% 以上水平，2022 中国制造业企业 500 强净资产利润率进一步增长，达到了 11.2%，超上一年度 0.99 个百分点。其原因在于，相比于上一年度，2022 中国制造业 500 强企业的资产规模虽然仍保持正向增长，但是增速不及上一年度，与此同时，2022 年，制造业 500 强企业的净利润增长率大幅提升，在 2021 年的基础上更进一步，两相叠加导致净资产利润率出现较大幅度的上涨。在营业收入利润率方面，2022 中国制造业企业 500 强营业收入利润率为 3.12%，相较于 2021 年增长了 0.19 个百分点，保持了持续增长的态势，与净资产利润率变化趋势基本一致，如图 2－9 所示。

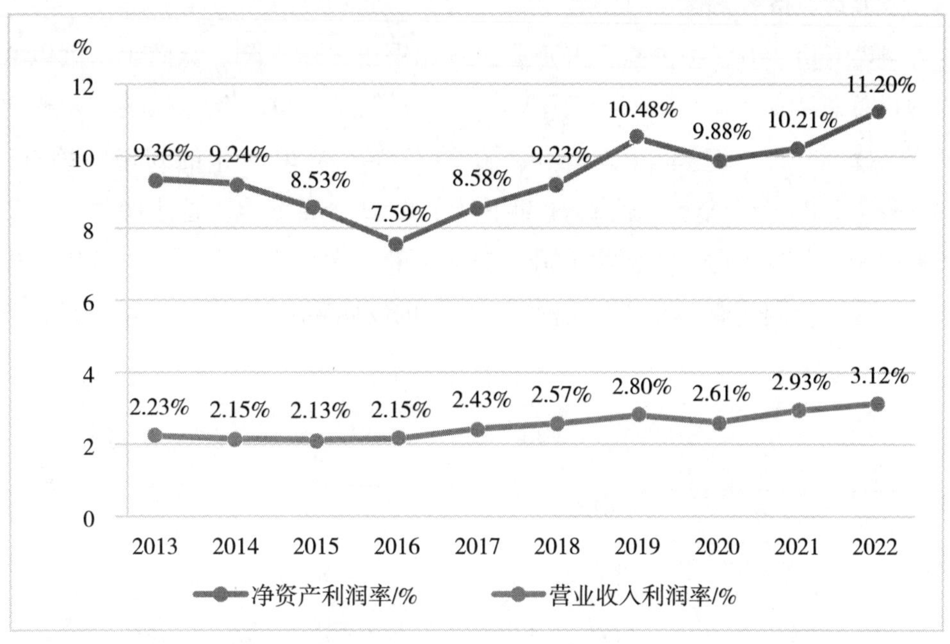

图 2－9　2013—2022 中国制造业企业 500 强净资产利润率及营业收入利润率变化

资产周转率相对上升。党的十八大以来，中国制造业大企业的资产周转率基本处于平稳状态，尤其是 2016 年以来，中国制造业企业 500 强资产周转率基本保持在 0.9～1 这个区间，2021 中国制造业企业 500 强的资产周转率进一步下降至 0.91 次/年，下降幅度较大。2022 年，中国制造业企业 500 强的资产周转率出现较大幅度的上升，达到 0.99 次/年，企业资产周转速度进一步加快。总体来看，制造业 500 强企业的资产周转率近几年始终保持在 0.8～1 的较好水平，如图 2－10 所示。

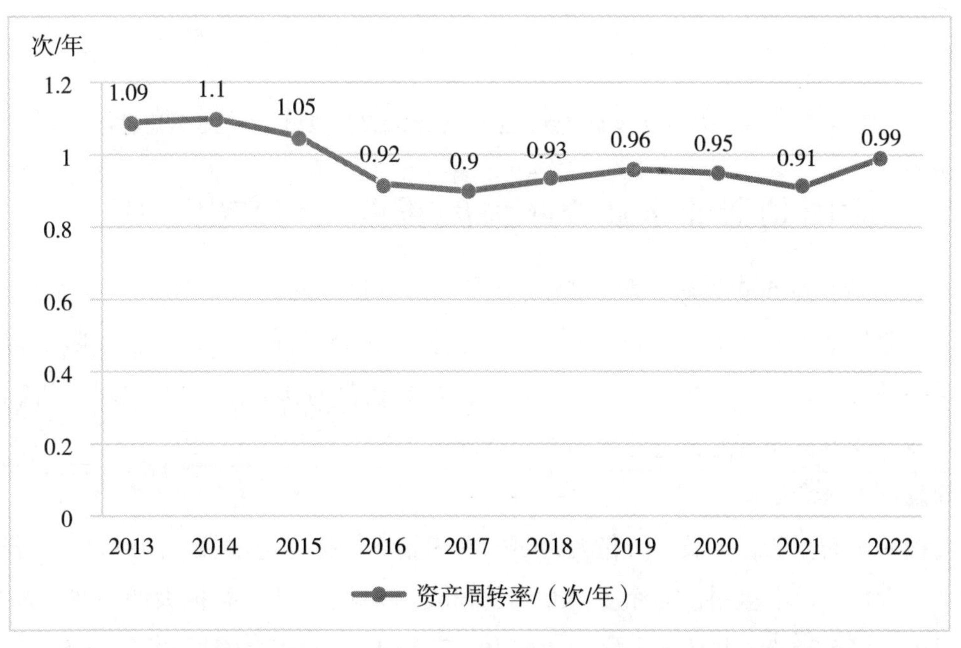

图 2－10　2013—2022 中国制造业企业 500 强资产周转率变化

3. **企业综合税负比重持续下降**

企业纳税总额略有所上升，纳税额所占营业收入比重进一步下降。党的十八大以来，中国制造业企业 500 强纳税总额波动下降，2021 年下降至 1.66 万亿元，2022 年总体纳税额略有所增加，为 1.88 亿元。但是纳税额所占比重仍呈现逐年下跌的态势，从 2013 年的 6.81% 缩减至 2022 年的 3.99%，总共下降了 2.82 个百分点，较 2021 年下降了 0.13 个百分点。这表明尽管纳税总额略有增长，但与之相伴的是营业收入的总体大幅上升，就纳税额所占比重来看，我国近年来推行的一些减税降费政策成效显著，为制造业企业的发展营造了良好的发展环境，如图 2-11 所示。

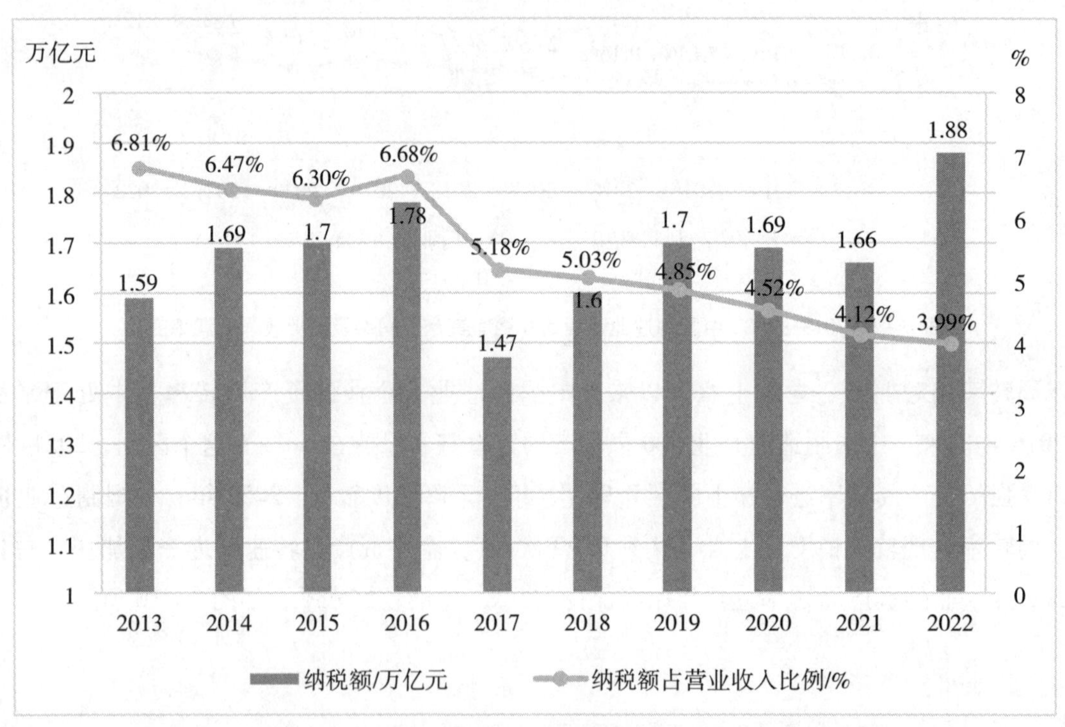

图 2-11　2013—2022 中国制造业企业 500 强纳税及纳税额占营业收入比重变化

三、2022 中国制造业企业 500 强创新投入与产出分析

2022 中国制造业企业 500 强研发投入持续上涨，研发强度和研发费用增速基本保持稳中有增。与之相适应，企业创新成果产出水平也相对上升，在保持量持续增加的同时，发明专利占全部专利数量的比例保持增长态势，质也在稳步提升。其中，龙头企业创新成果显著，发挥了核心主导作用，与此同时，其他企业也奋起直追，企业间的差距逐渐缩小。

1. **企业研发投入继续增加**

企业研发投入不断上涨，突破 1 万亿元，研发费用始终保持高速增长，同时，研发强度基本保持稳定。党的十八大以来，中国制造业企业 500 强的研发费用规模呈不断扩大的态势，2022 中国制造业企业 500 强中有 485 家企业共计投入研发费用 10557.55 亿元，较上年增加了 1667.9 亿元，增幅达 18.76%。研发强度（研发费用占企业营业收入的比重）基本保持稳定上升态势，2022 中国制造业企业 500 强研发强度为 2.37%，较上一年略有提升，基本保持稳定状态，但与世界 500 强之间仍存在一

定差距，尚需继续增加研发和试验发展经费投入。在研发费用增速方面，党的十八大以来，中国制造业企业 500 强研发费用增速呈现出波动上涨的态势，2022 中国制造业企业 500 强研发费用增速较上年出现较大幅度增长，提高至 18.76%，如图 2－12 所示。

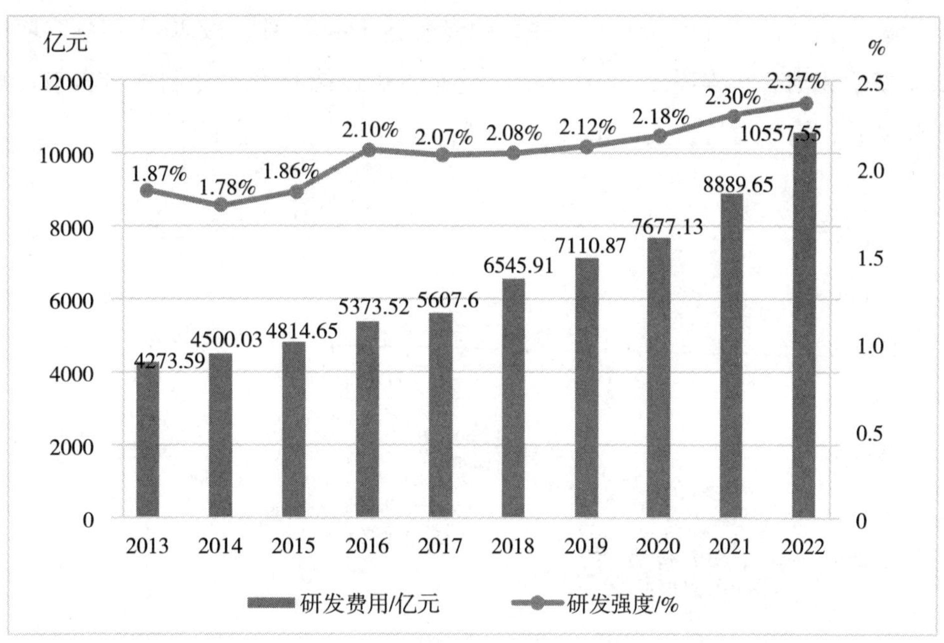

图 2－12　2013—2022 中国制造业企业 500 强研发费用及研发强度变化

从企业研发投入增速来看，在中国制造业企业 500 强中，无论是国有企业还是民营企业，研发费用投入增速一直处于较高水平，2022 年 500 强企业的平均研发投入增速再创新高。党的十八大以来，民营企业的平均研发投入增速基本高于国有企业，2021 年国有企业平均研发投入大幅增长，增长率超越民营企业，2022 年国有企业再次延续这一势头，平均企业研发投入增速大幅增长，达到 24.16%，远超民营企业，两者之间的平均研发投入差距有所扩大，如图 2－13 所示。

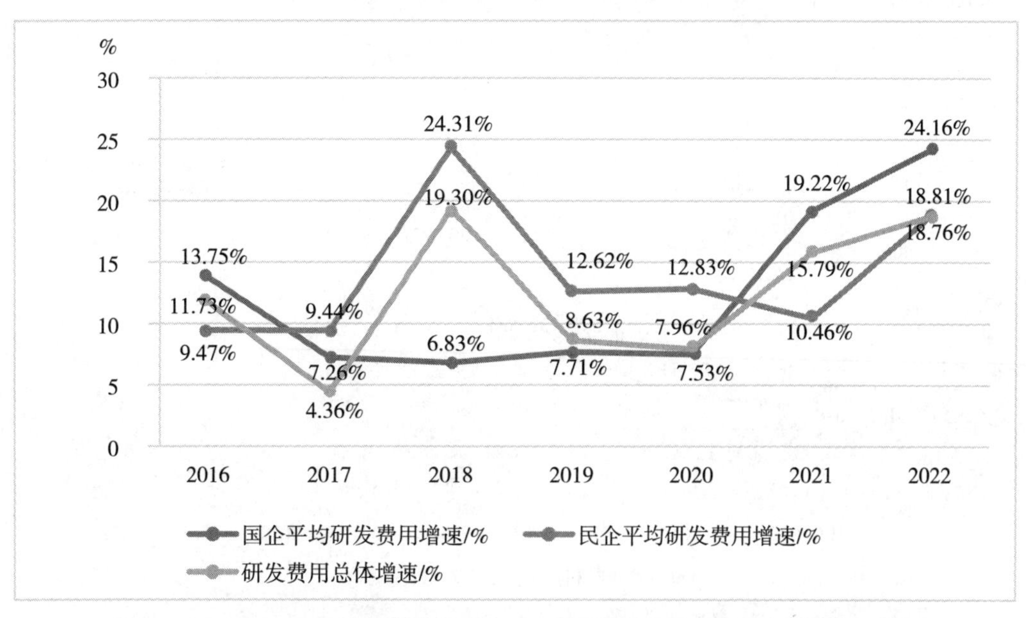

图 2－13　2016—2022 中国制造业企业 500 强不同所有制企业平均研发费用增速

2. **企业创新产出水平持续提高**

企业拥有的专利数及发明专利数量取得新突破。党的十八大以来，中国制造业企业 500 强持有专利数量持续增加，从 2013 年的 278427 个增长至 2022 年的 1304450 个，总量突破 130 万个，总规模增加 1026023 个，增长了 368.51 个百分点，其中发明专利达 574899 项，较 2013 年总体增长 499844 个，增长 665.97%。综合来看，10 年来，中国制造业企业 500 强持有发明专利数量虽有小幅波动下滑，但是从长期走势来看，仍以增长为主，如图 2－14 所示。

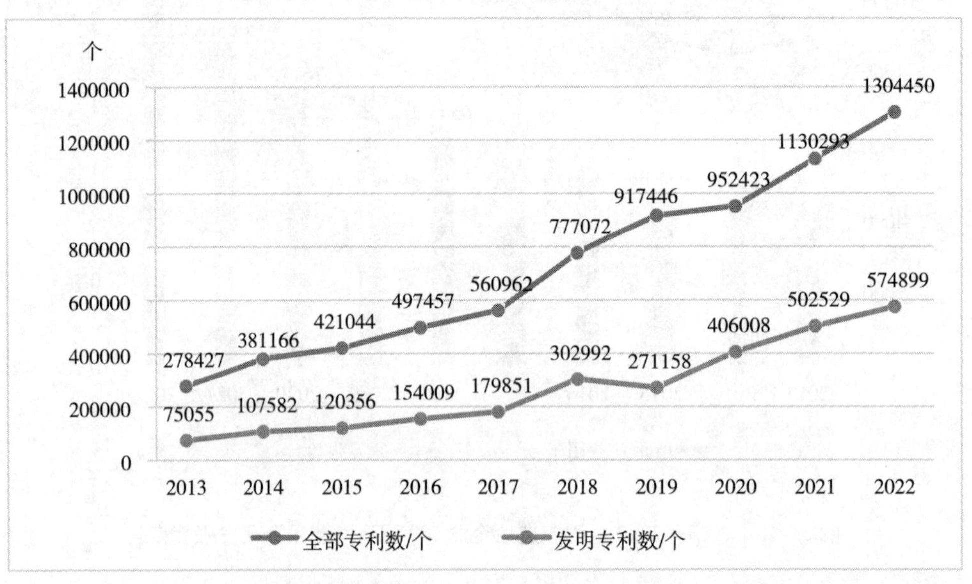

图 2－14　2013—2022 中国制造业企业 500 强全部专利数及发明专利数

量的增长的同时企业专利质量也逐步提升。10 年来，中国制造业企业 500 强发明专利数量占全部专利数量比重波动式上涨，自 2020 年以来，所占比重始终保持在 40% 以上，这表明近年来中国制造业企业的创新产出成果不断增加，投入产出率逐步提高，从资产型企业向科技型企业的转型步伐不断加快，如图 2－15 所示。

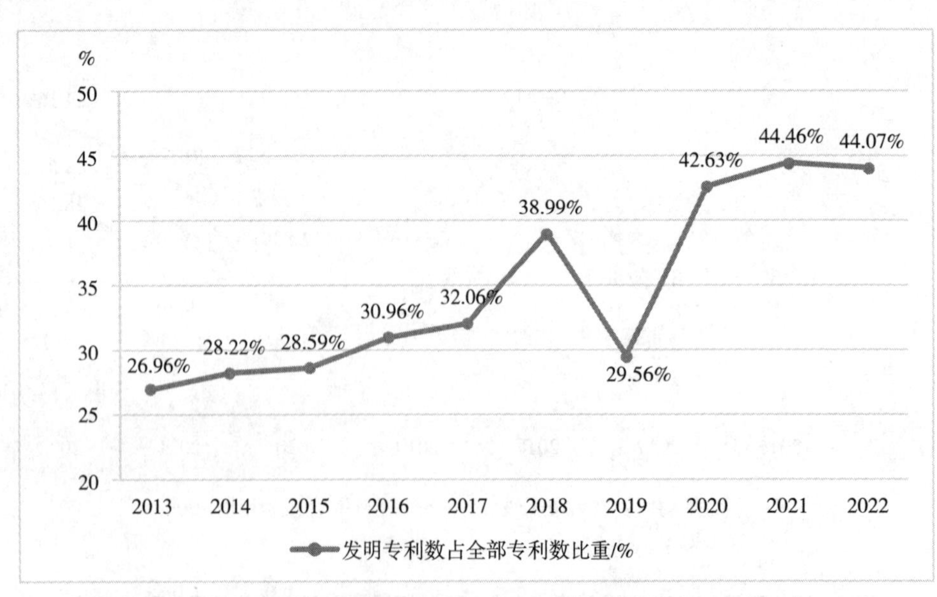

图 2－15　2013—2022 中国制造业企业 500 强发明专利数占全部专利数比重

制造业大企业创新活动不断增强。2022 中国制造业企业 500 强中全部专利数排名前 10 位的企业共持有 568889 个专利，占当年 500 强全部专利数量的 43.61%。发明专利数量前 10 位企业共持有发明专利 325299 个，占当年 500 强发明专利数量的 56.58%，远高于其他企业，大企业创新带动作用充分彰显。与此同时，这两项占比较上年均有所下降，表明其他企业的创新产出成果也在不断增加，企业创新活力不断涌现，如表 2－1 所示。

表 2－1 2022 中国制造业企业 500 强全部专利数、发明专利数前十企业

排名	公司名称	全部专利数量/项	排名	公司名称	发明专利数量/项
1	华为投资控股有限公司	110000	1	华为投资控股有限公司	99000
2	美的集团股份有限公司	91000	2	美的集团股份有限公司	37100
3	中兴通讯股份有限公司	84000	3	中国石油化工集团有限公司	35841
4	珠海格力电器股份有限公司	53912	4	中兴通讯股份有限公司	31000
5	中国石油化工集团有限公司	51310	5	中国航天科技集团有限公司	28398
6	中国五矿集团有限公司	44065	6	TCL 实业控股股份有限公司	25693
7	中国航天科技集团有限公司	35699	7	中国航天科工集团有限公司	22770
8	中国航天科工集团有限公司	34766	8	小米集团	17296
9	TCL 实业控股股份有限公司	33014	9	中国信息通信科技集团有限公司	14694
10	海尔集团公司	31123	10	珠海格力电器股份有限公司	13507
	占全部专利总数比重/%	43.61		占发明专利总数比重/%	56.58

民营企业研发投入总额不断增加，创新成果产出能力不断提升。党的十八大以来，在中国制造业企业 500 强中，民营企业持有专利数占比持续增长，与国有企业之间的差距逐渐缩小，尤其是 2021 年以来，民营企业持有专利占比已经超过国有企业，在 2022 中国制造业 500 强企业中民营企业持有专利数量进一步增加，比重接近 60%，与国有企业持有专利数量的差距逐渐拉大，如图 2－16 所示。这一方面与中国制造业企业 500 强中民营企业数量不断增加，企业研发投入总额不断增加相关，如 2022 年民营企业总体研发费用为 6129.09 亿元。另一方面，就企业平均研发投入来看，民营企业的平均研发费用虽然有所增长，但与国有企业的平均研发费用尚存在一定差距，与此同时，专利数量却显著增长，表明中国制造业民营企业的创新产出能力得到了一定程度的巩固和提升。

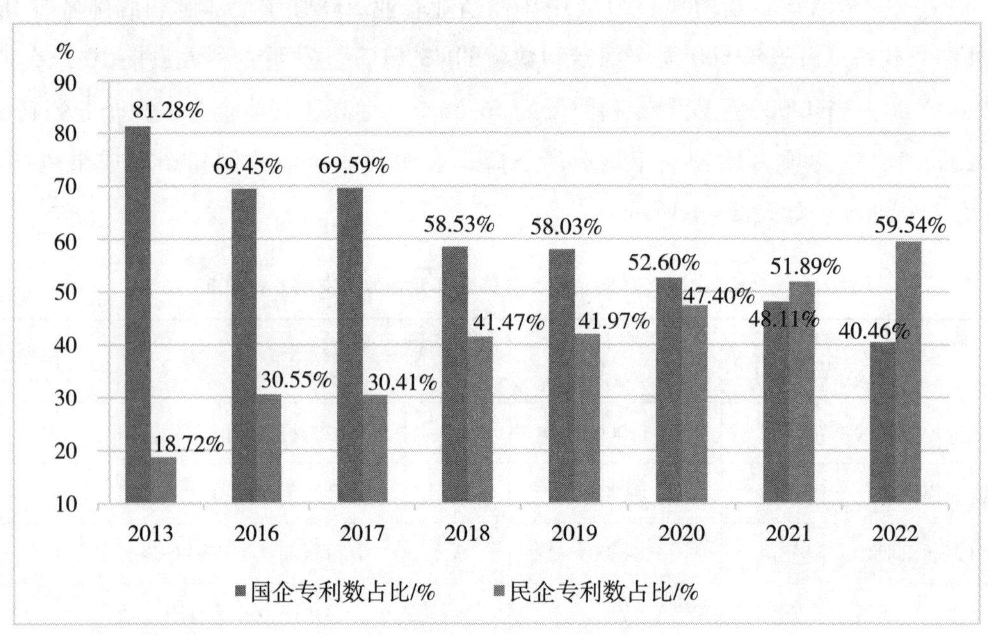

图 2－16　2013—2022 中国制造业 500 强不同所有制企业专利数占比变化

四、2022 中国制造业企业 500 强企业所有制比较分析

在 2022 中国制造业企业 500 强中，民营企业成长显著，同时实现了量的增长和质的提升，营业收入达千亿级民营企业数量与国有企业基本持平。在营业收入、净利润及资产占比方面，民营企业成长速度相对较快，盈利状况稳中有进，逐渐成为中国制造业 500 强企业的重要组成部分和实现制造业高质量发展的有力支撑。

1. 民营企业在制造业企业 500 强中的占比持续提升

2022 年民营企业数量比重较 2021 年有所提升。2021 中国制造业企业 500 强中共入围 362 家民营企业，较上年增加了 11 家。党的十八大以来，中国制造业 500 强企业中的民营企业数量大幅度增加，从 2013 年的 190 家增加到 2022 年的 362 家，几乎实现了翻倍增长。在此期间，中国制造业企业 500 强中民营企业数量基本保持增长态势，2021 年略有下降，2022 年又显著上升，总体占比由 2016 年的 63.4% 上升至 2022 年的 72.4%，增加了 9 个百分点。入围的民营企业数量相对多于国有企业数量，如图 2－17 所示。此外，2021 中国制造业企业 500 强中共有 115 家企业入围千亿级企业俱乐部，较上年增加了 18 家，出现了较大幅度的增长。其中共有民营企业 57 家，国有企业 58 家，民营企业和国有企业数量基本相当，展现了民营企业强大的发展实力，如图 2－18 所示。

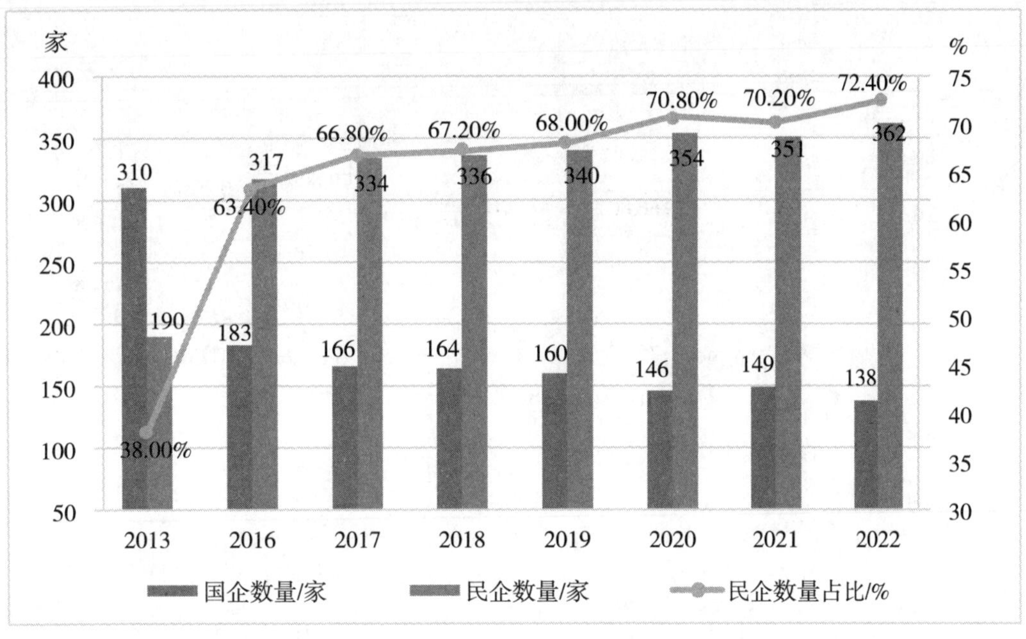

图 2－17　2013—2022 中国制造业企业 500 强民营企业、国有企业数量变化

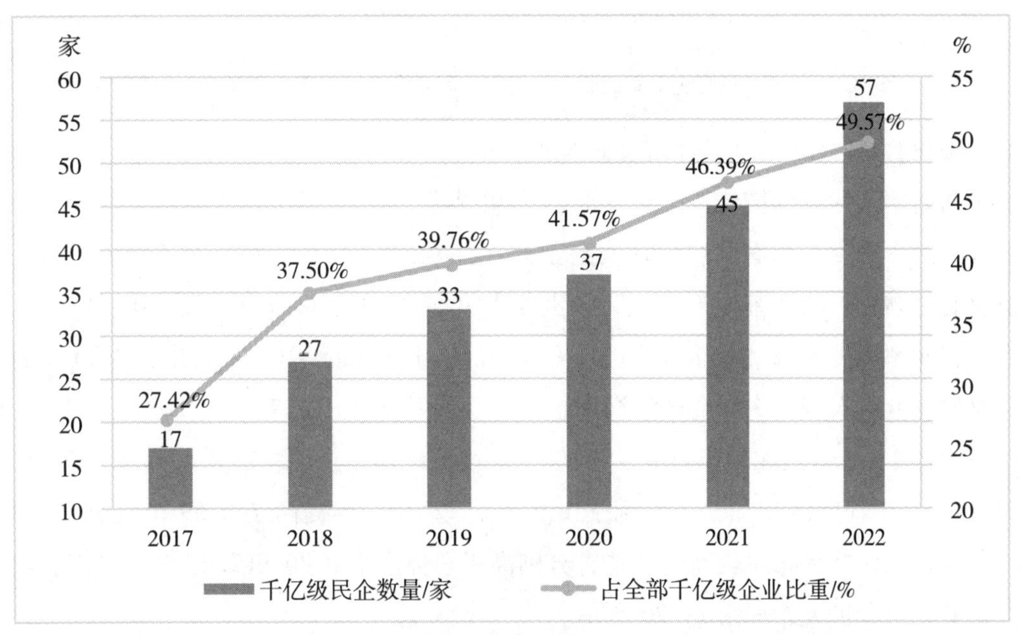

图 2－18　2017—2022 中国制造业企业 500 强千亿元级民营企业数量及占比变化

与此同时，民营企业的经营效益也在持续提升。党的十八大以来，制造业民营企业在数量增长的同时，其经营效益也持续增长，从原本的 10% ~20% 大幅跃升到 2022 年的 40% ~70% 。2022 年，民营企业在中国制造业企业 500 强中的营业收入占比、净利润占比和资产占比再次实现了不同程度的增长，分别为 52. 17% 、64. 69% 和 43. 84% ，尤其是总体营业收入和净利润占比均已经超过国有企业，表明近些年来民营企业已经成为制造业大企业中不可或缺的一部分。但需要注意的是，民营企业的数量占比远远高于其各项经营指标占比，这意味着有很大一部分民营企业的营业收入、净利润和资产总额还处于相对较低的水平，尚还存在较大的增长空间，如图 2－19 所示。

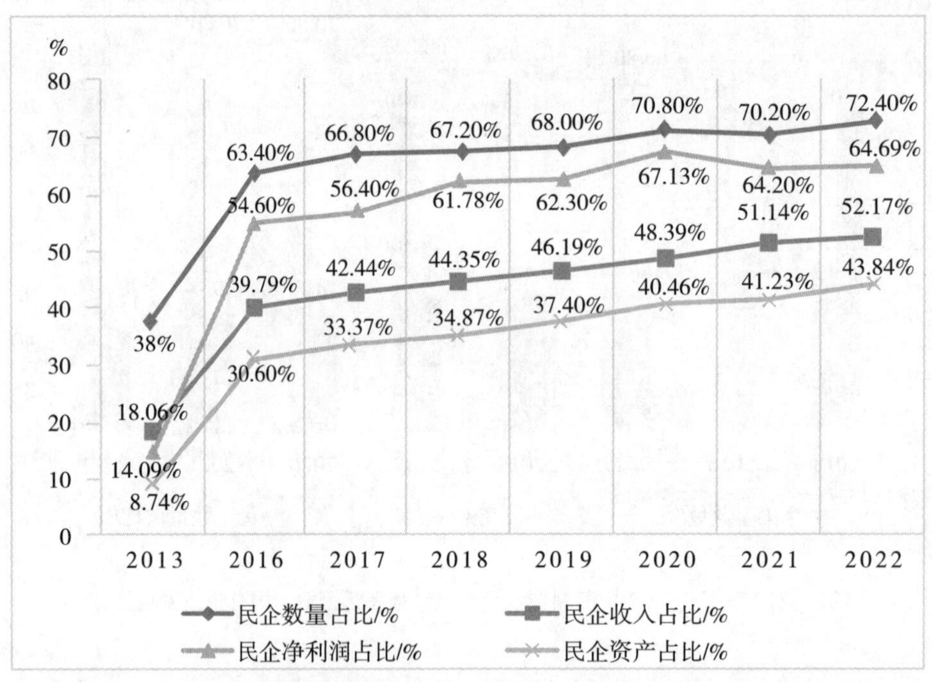

图 2 - 19　2013—2022 民营企业营业收入、资产及利润占中国制造业企业 500 强比重变化

2. 国有企业民营企业盈利状况均呈现良好发展态势

民营企业利润率指标持续增长，国有企业盈利状况稳中有升。2022 中国制造业企业 500 强中民营企业的收入利润率和资产利润率均出现明显上升，在党的十八大以来实现了较大程度的增长。其中，民营企业的总体收入利润率为 3. 87%，较上年上升了 0. 19 个百分点，较 2013 年上升了 0. 48 个百分点，资产利润率为 4. 55%，较上年上升了 0. 41 个百分点，较 2013 年上升了 2. 23 个百分点。同时，国有企业的营业收入利润率和资产利润率也基本保持稳定上升态势，与 2021 年相比，国有企业的收入利润率为 2. 3%，但是相较于 2013 年有较大幅度的跌落，从原本的 4. 55% 降至 2. 3%。资产利润率较 2021 年有一定程度的增加，提升到了 1. 94%，较 2013 年提高了 0. 59 个百分点。总体而言，民营企业的利润率仍保持在相对较高的位置，分别高于总体水平 0. 76 和 1. 47 个百分点，与国有企业的利润率水平差距有所扩大，如图 2 - 20 所示。

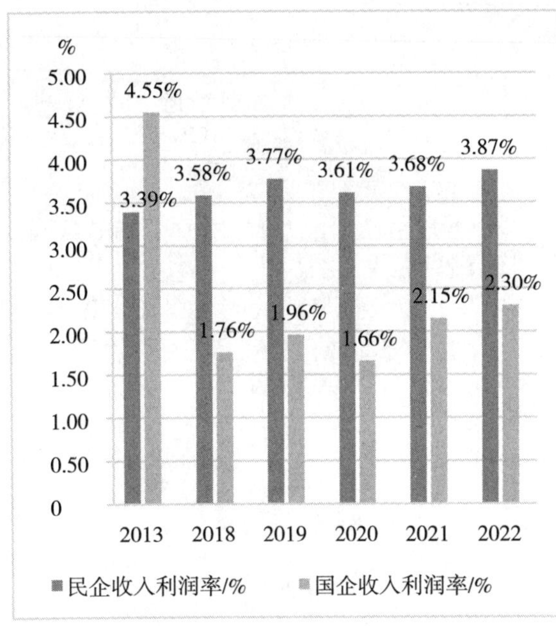

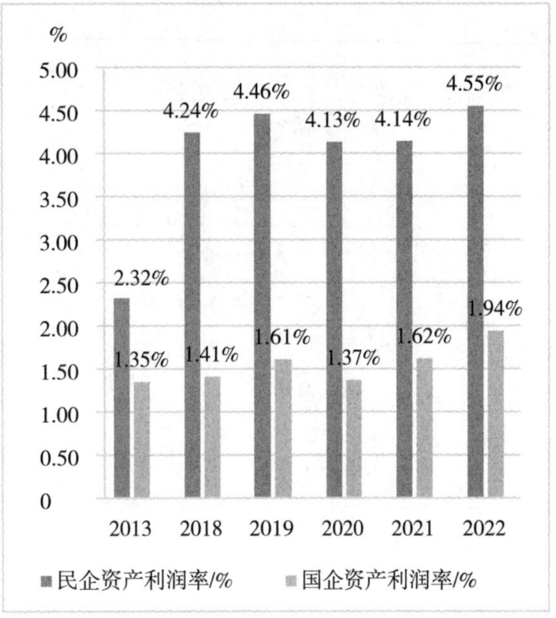

图2－20　2013—2022中国制造业企业500强民企、国企营业收入利润率及资产利润率对比

五、2022中国制造业企业500强行业指标比较分析

从总体行业营业收入和行业利润来看，2022中国制造业企业500强中，重化工行业以绝对优势力压其他行业，其中在行业营业收入总规模前5位中，重化工行业占据4席，分别为黑色冶金、石化及炼焦、一般有色、化学原料及化学品制造。在行业规模净利润总额前5位中，重化工行业占据3席。而汽车及零配件制造作为我国制造业的重要组成部分，2022年分别位居第3位和第5位。但是从行业平均指标来看，重化工行业则稍有不及，反而是航空航天、通信设备制造等部分先进制造业表现得更为突出，同时，这些行业在研发投入、创新力度上也高于其他行业，是科技创新驱动企业发展的典型代表。

1. **重化工行业仍是制造业500强的重要组成部分**

在营业收入行业构成方面，重化工行业仍旧为最大贡献者。在行业营业收入方面，2022中国制造业企业500强中，黑色冶金、石化及炼焦、汽车及零配件制造、一般有色、化学原料及化学品制造包揽前5位，与2021年排位基本一致，重化工行业作为制造业500强企业的重要组成部分，其贡献率仍远远超过其他行业。同时，5个行业对制造业营业收入的贡献率较上年略有调整，加总贡献率达到52.2%，五个行业贡献率已超1/2，如图2－21所示。其中，黑色冶金的提升幅度最大，占17.31%，较上年增长2.63个百分点。与其他行业之间的差距逐渐扩大。

在行业利润方面，重化工行业的占比也进一步上升。2022中国制造业企业500强中行业利润规模最大的5个行业分别为黑色冶金、通信设备制造、化学原料及化学品制造、石化及炼焦、汽车及零配件制造，其中黑色冶金和通信设备制造两个行业的总体净利润贡献率大幅上升，分别从2021年的13.19%和9.24%增加到2022年的16.02%和11.81%，前5个行业的总体贡献率达到49.01%，接近总利润的一半，如表2－2所示。

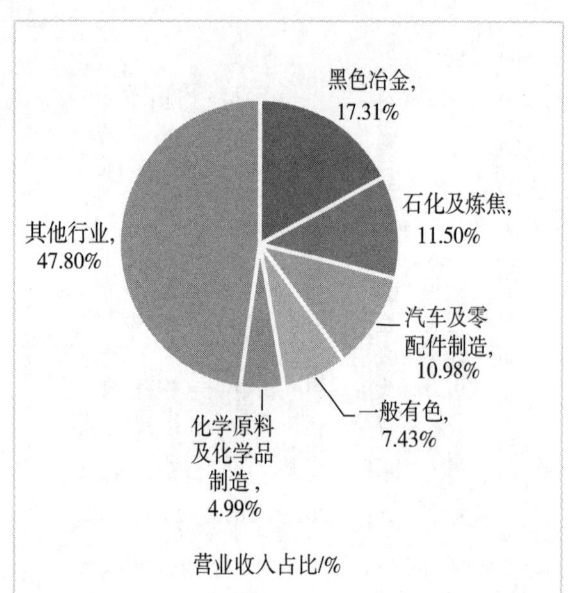

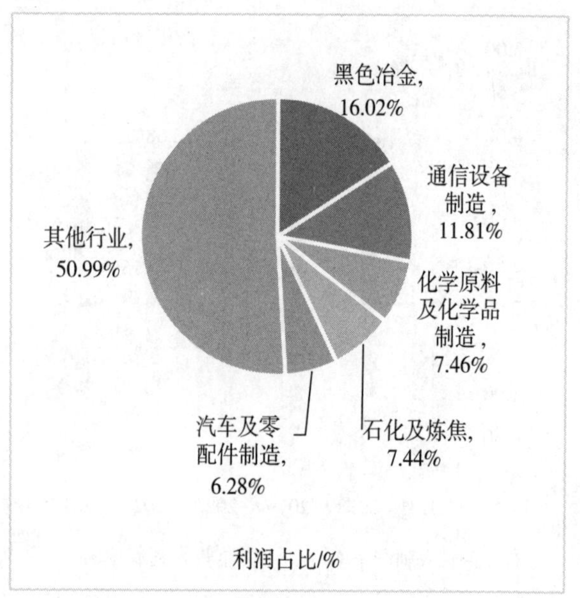

图 2－21　2022 中国制造业企业 500 强营业收入、利润前 5 行业所占比重

表 2－2　2022 中国制造业企业 500 强营业收入及利润贡献前 5 行业

排名	行业	营业收入/亿元	营业收入占比/%	排名	行业	利润/亿元	利润占比/%
1	黑色冶金	81534.77	17.31	1	黑色冶金	2352.80	16.02
2	石化及炼焦	54163.46	11.50	2	通信设备制造	1733.91	11.81
3	汽车及零配件制造	51708.07	10.98	3	化学原料及化学品制造	1095.23	7.46
4	一般有色	35020.98	7.43	4	石化及炼焦	1092.70	7.44
5	化学原料及化学品制造	23486.17	4.99	5	汽车及零配件制造	922.12	6.28
	合计	245765.67	52.20		合计	7196.76	49.01

2. 部分先进制造业行业平均指标表现更为突出

从行业内各企业平均指标来看，兵器制造、航空航天等部分先进制造业的表现相对更为突出。在行业平均营业收入指标方面，兵器制造、航空航天、轨道交通设备及零部件制造、船舶制造、汽车及零配件制造占据前 5 位。其中，需要注意的是，紧随其后的是动力和储能电池行业，这与我国近年来新能源汽车等产业的发展密不可分，从侧面反映了我国实现“双碳”目标的坚定决心及我国制造业企业对国家绿色发展战略的积极响应。在行业平均利润指标方面，航空航天、酒类、通信设备制造、船舶制造、兵器制造分列前 5。与 2021 年不同的是，酒类和饮料的行业净利润平均水平有所提升。在行业平均研发费用指标方面，航空航天、兵器制造、轨道交通设备及零部件制造等行业仍为研发先锋，如表 2－3 所示。动力和储能电池、纺织印染两个行业分列第 7 位和 8 位，反映了近年来我国制造业积极谋求转型升级，不断向绿色化、智能化转型迈进，尤其是纺织印染行业平均研发费用的大幅提升，展现了新形势下我国传统行业对转型升级的积极探索。

从行业效益指标来看，2022 中国制造业企业 500 强中，随着新冠肺炎疫情防控效率的提高，2021 年高居榜首的医疗设备制造业指标不再位于前列，酒类、饮料分别位居收入利润率和净资产利润率榜首，成为效益最高的两大行业。通信设备制造、轮胎及橡胶制品也处于较高水平，如表 2－4 所示。综合来看，在 2022 中国制造业企业 500 强中，无论是平均营业收入还是收入利润率、净资产利润率，酒类、饮料两个行业均处于较高水平，均处于前 5 名，而诸如航空航天、兵器制造等需要长期投入的行业，短期利润虽较高，但是由于资产投入、研发投入相较于其他行业也更高，因此其短期效益并不显著，需要以长远眼光看待。其他如风能、太阳能设备制造、药品制造等行业利润率水平也有一定提升，反映了我国制造业正沿着高端化、智能化、绿色化的长期发展道路稳步前进。

表 2－3　2022 中国制造业企业 500 强行业平均营业收入、利润及研发费用排名

排名	行业名称	行业平均营业收入/亿元	排名	行业名称	行业平均利润/亿元	排名	行业名称	行业平均研发费用/亿元
1	兵器制造	4068.86	1	航空航天	116.07	1	航空航天	267.23
2	航空航天	2719.66	2	酒类	105.6	2	兵器制造	200.87
3	轨道交通设备及零部件制造	2384.29	3	通信设备制造	101.99	3	轨道交通设备及零部件制造	152.1
4	船舶制造	1966.74	4	船舶制造	100.40	4	通信设备制造	132.74
5	汽车及零配件制造	1615.88	5	兵器制造	79.92	5	汽车及零配件制造	48.15

表 2－4　2022 中国制造业企业 500 强行业平均营业收入利润率、资产利润率排名

排名	行业名称	行业平均营业收入利润率/%	排名	行业名称	行业平均资产利润率/%
1	酒类	15.9	1	饮料	13.49
2	饮料	13.8	2	轮胎及橡胶制品	8.01
3	通信设备制造	10.2	3	酒类	7.44
4	轮胎及橡胶制品	7.33	4	通信设备制造	7.36
5	其他建材制造	6.81	5	计算机及办公设备	7.04

六、2022 中国制造业企业 500 强区域分布特征分析

从区域分布状况来看，2022 中国制造业企业 500 强在各地区的分布差距有所扩大，东部地区的长期优势促使其仍为 500 强企业的主要“产出地”，中部、西部地区企业数量虽有小幅变动，但影响较小，东北地区的企业数量大幅下降，跌幅约 40%。与此对应，在营业收入和净利润贡献度方面，东部地区也是主力军，西部地区企业发展提质增效升级效果显著。从各省市入围的 500 强企业数量来看，浙江、山东、江苏、广东仍为制造业 500 强企业的主要“产出地”，与 2021 年相比，2022 年，

浙江重回省市数量之首，而山东以 3 家企业之差位列第二，第三、第四仍为江苏和广东。从总体营业收入角度看，北京作为国有企业云集的政治、经济和文化中心，营业收入始终高居榜首，其后为在企业数量上占据优势的浙江、广东、山东和江苏四省。此外，上海、河北两地的营业收入规模也相当可观。

1. **东部地区企业中流砥柱作用日益凸显**

东部地区与中西部地区入围企业数量差距稍有扩大。2022 中国制造业企业 500 强在东部、中部、西部和东北地区的分布延续以往的不均衡态势，且东部地区入围企业数量有所增加，共有 362 家企业。中部地区、西部地区和东北地区分别有 73 家、55 家和 10 家企业入围，其中，中部地区入围企业数量略有增长，但是西部和东北地区企业数量均相对减少，尤其是东北地区，比 2021 年减少了 7 家，总体下降了 41.18 个百分点，如图 2－22 所示。

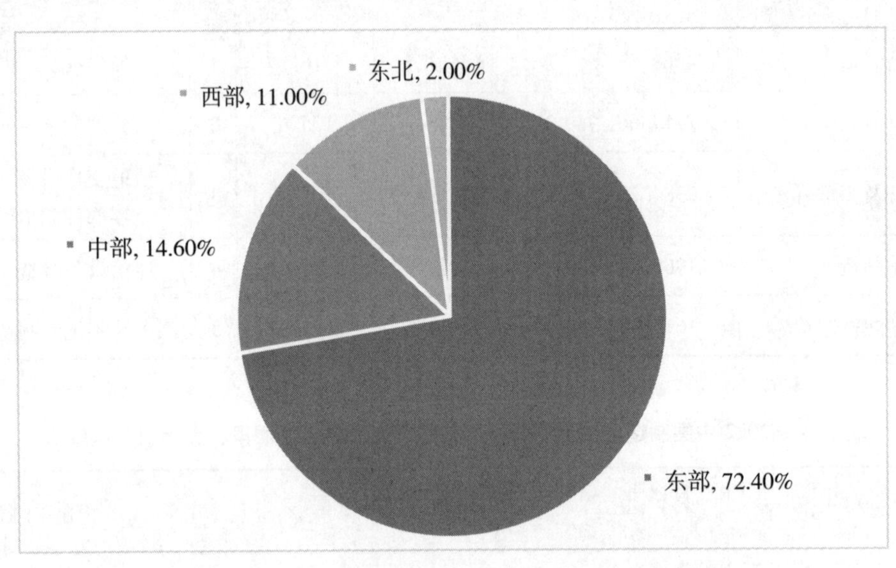

图 2－22　2022 中国制造业企业 500 强地区分布情况

从各个地区企业贡献看，东部地区企业数量最多，总体营业收入、净利润也占据较大比例，达到了 77.95% 和 78.84%，远高于其他地区。相较于上一年度则基本保持稳中有升的态势。与数量增减相对应，中部地区的营业收入占比也有所增加，从 10.19% 上升到 10.67%，但是西部地区和东北地区的营业收入比重则双双下滑，分别从 8.47% 和 3.58% 下降到了 8.33% 和 3.04%。需要注意的是，尽管中部地区的营业收入占比增加，但是净利润占比却大幅下滑，从 12.43% 减少到 7.14%，而西部地区的净利润占比则出现大幅度增长，从 9.81% 增加到 11.04%。这一定程度上反映出近年来西部地区的新旧动能转换进程不断加快，并取得了明显成效，如表 2－5 所示。

表2-5 2022中国制造业企业500强营业收入及利润分布情况

地区	营业收入/万亿元	营业收入所占比重/%	同比上年/百分点	利润/亿元	利润所占比重/%	同比上年/百分点
东部	36.72	77.95%	↓0.07	11575.72	78.84%	↑5.03
中部	5.02	10.67%	↑0.45	1049.64	7.14%	↓5.29
西部	3.93	8.33%	↓0.14	1621.87	11.04%	↑1.23
东北	1.44	3.04%	↓0.54	435.91	2.97%	↓0.98

注：同比上年变化部分，“↑”代表同比增长，“↓”代表同比减少。

2. 浙、鲁、苏、粤四地高居榜首

浙、鲁、苏、粤四地仍牢牢占据数量四强，其中，浙江省以78家入围企业位居第一，山东省位居第二，为75家。紧随其后的江苏和广东企业数量则有所增加，分别为58家和45家，数量差距逐渐缩小。其中，北京由于国企重组等原因，入围企业减少了6家，由原本的31家下降到25家。此外，拥有制造业500强企业超过20家的省份也由原本的7个省市增加到9个省市。从营业收入来看，北京市入围企业数量虽相对缩减，但总体营业收入规模仍持续扩大，接近10万亿元，仅一市营业收入贡献率就接近1/4。此外，2022年共有10个省市500强总体营业收入规模突破1万亿元。在入围企业数量变动方面，北京、广东、福建、辽宁变化较大，分别为减少6家、增加5家、增加5家和减少5家，其余各省入围企业数量变动较小，如表2-6所示。

表2-6 2022中国制造业企业500强省份分布情况

数量排名	省市名称	企业数量/家	数量同比上年变化	营业收入/亿元
1	浙江省	78	↑1	54115.86
2	山东省	75	↓7	48995.56
3	江苏省	58	↑4	43841.01
4	广东省	45	↑5	49298.59
5	河北省	26	↑1	23787.93
6	北京市	25	↓6	99851.85
7	河南省	24	↑2	11587.97
8	福建省	22	↑5	11829.60
9	上海市	21	↑2	31108.71
10	安徽省	16	—	9547.69
11	四川省	12	↓3	10650.57

续表

数量排名	省市名称	企业数量/家	数量同比上年变化	营业收入/亿元
12	天津市	12	↑1	4409.52
13	重庆市	11	↑1	4354.87
14	广西壮族自治区	10	↓1	4470.72
15	江西省	9	↑1	9255.84
16	湖北省	9	↑1	8845.52
17	山西省	8	—	5159.44
18	湖南省	7	—	5823.91
19	辽宁省	4	↓5	5997.10
20	新疆维吾尔自治区	4	—	3976.68
21	陕西省	4	↓1	3518.86
22	吉林省	3	↓1	7458.87
23	甘肃省	3	—	4534.09
24	内蒙古自治区	3	↑1	3089.47
25	贵州省	3	↑1	1904.04
26	黑龙江省	3	↓1	894.31
27	云南省	2	↓1	1481.80
28	青海省	2	—	666
29	宁夏回族自治区	1	—	662.74
30	海南省	0	—	0
31	西藏自治区	0	—	0

注：同比上年变化部分，“↑”代表同比增长，“↓”代表同比减少，“—”代表与上年持平。

七、2022 中国制造业企业 500 强国际化经营分析

2022 中国制造业企业 500 强海外市场较上年有所扩大。从海外营业收入来看，相比于 2020 年，2021 年我国外贸进出口总额达到 39.1 万亿元，制造业外贸出口量相比同期出现了较大幅度的上涨，从而导致企业海外营业收入大幅上涨。同时，全球产业体系的加速重组、“一带一路”倡议的加速推进都促使我国制造业企业纷纷探索海外生产布局、优化产业链布局结构，导致 500 强海外资产规模出现大幅上涨，海外资产占总资产的比例基本稳定。

1. 海外市场逆势扩张

海外营业收入规模不断壮大。2021 年受新冠肺炎疫情影响，全球产业链、供应链受阻，我国制

造业凭借着规模大、品种齐全的体系完整优势，于困境中逆势扩张，制造业出口贸易量增长迅速，制造业 500 强企业海外营业收入达到 2012 年以来最高值，304 家企业海外营业收入总额为 6.04 万亿元，相比上一年度总体提升 0.99 万亿元，增幅达 19.6%，如图 2－23 所示。总体来看，党的十八大以来，虽然中国制造业企业 500 强海外营业收入在总量上有所提升，但是其海外营业收入占全部营业收入的比重基本保持稳定，2022 年的比重甚至相较上一年度略有下降，为 17.34%，如图 2－24 所示。在制造业各行业中，海外营业收入占全部营业收入比例最大的五个行业是黑色冶金、石化及炼焦、汽车及零配件制造、一般有色、家用电器制造，所占比重分别为 12.8%、12.55%、10.04%、9.21% 和 8.58%，如表 2－7 所示。相对海外收入所占比重较低的五个行业分别是摩托车及零配件制造、其他建材制造、动力和储能电池、物料搬运设备制造、锅炉及动力装备制造及排在倒数第 6 位、第 7 位的饮料和酒类。可以看到，当前我国制造业 500 强企业出口产品中间品所占比重仍然较大，而酒类、饮料这类利润率相对更高的产品仍然以国内市场为主，与欧美等国的酒类、饮料品牌国际化程度仍然存在一定差距。

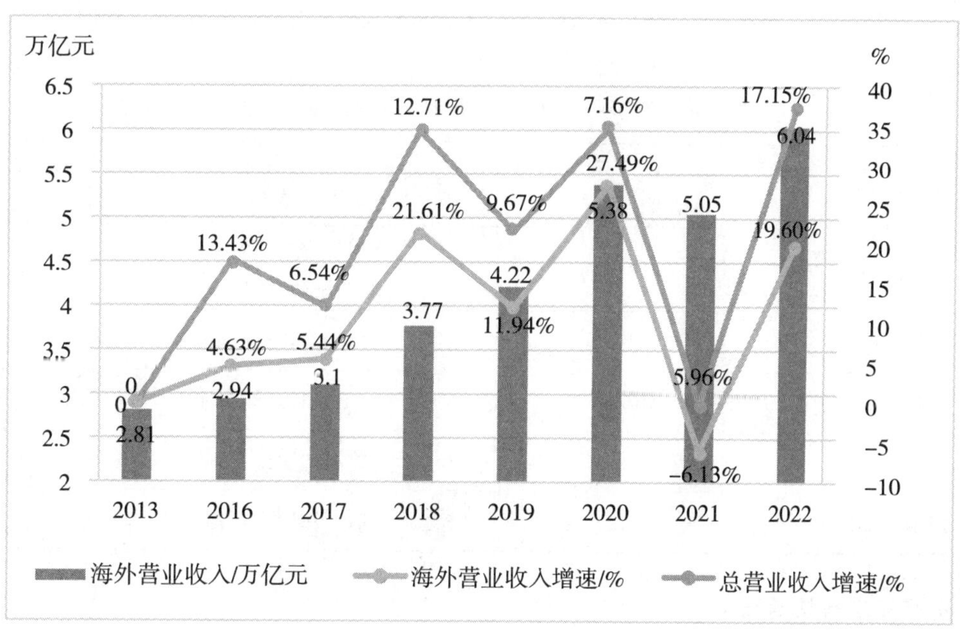

图 2－23 2013—2022 中国制造业企业 500 强海外营业收入及增速变化

图 2-24　2013—2022 中国制造业企业500 海外营业收入占全部营业收入的比例

表 2-7　2022 中国制造业企业500 强行业海外收入占全部收入比例排名

排名	行业	海外收入占全部收入比例/%	排名	行业	海外收入占全部收入比例/%
1	黑色冶金	12.80	1	摩托车及零配件制造/船舶制造/饮料/酒类	0.06
2	石化及炼焦	12.55	2	其他建材制造	0.02
3	汽车及零配件制造	10.04	3	动力和储能电池	0.01
4	一般有色	9.21	4	物料搬运设备制造	0.01
5	家用电器制造	8.58	5	锅炉及动力装备制造	0

2. **海外资产实现较快增长**

2022 中国制造业500 强企业海外资产规模持续扩大，增速略有下滑。党的十八大以来，中国制造业500 强企业的海外资产大量积累，在2022 中国制造业企业500 强中275 家企业海外资产规模共计5.24 万亿元，约为2013 年的2.7 倍。增速较上一年度虽然有一定的下滑，但是仍保持较快增长速度，为9.62%，高于总资产增速。海外资产占比则一直呈现波动增长态势，在2021 年有所增长后，2022 年又有所下滑，从15.77%下降到15.27%，如图2-25、图2-26 所示。从平均海外资产指标看，党的十八大以来，中国制造业企业500 强海外平均资产规模从110.3 亿元增长至190.6 亿元，虽然2019—2020 年一度呈现下行趋势，平均资产增速为负值，但在2021 年度转负为正，实现大幅增长，2022 年延续增长态势，达到190.6 亿元，如图2-27 所示。究其成因，一方面是由于党的十八大以来，我国制造业转型升级的脚步不断加快，部分企业选择将部分中低端产业链外迁到东南亚及“一带一路”国家和地区；另一方面，随着我国高质量共建“一带一路”的深入开展，部分

企业深入推进海外资产布局，并通过对外直接投资、设立境外企业等方式推动企业进行海外布局，加强对海外市场的挖掘和海外资产的整合利用。两方面因素的共同作用导致企业海外资产占比处于相对高位。

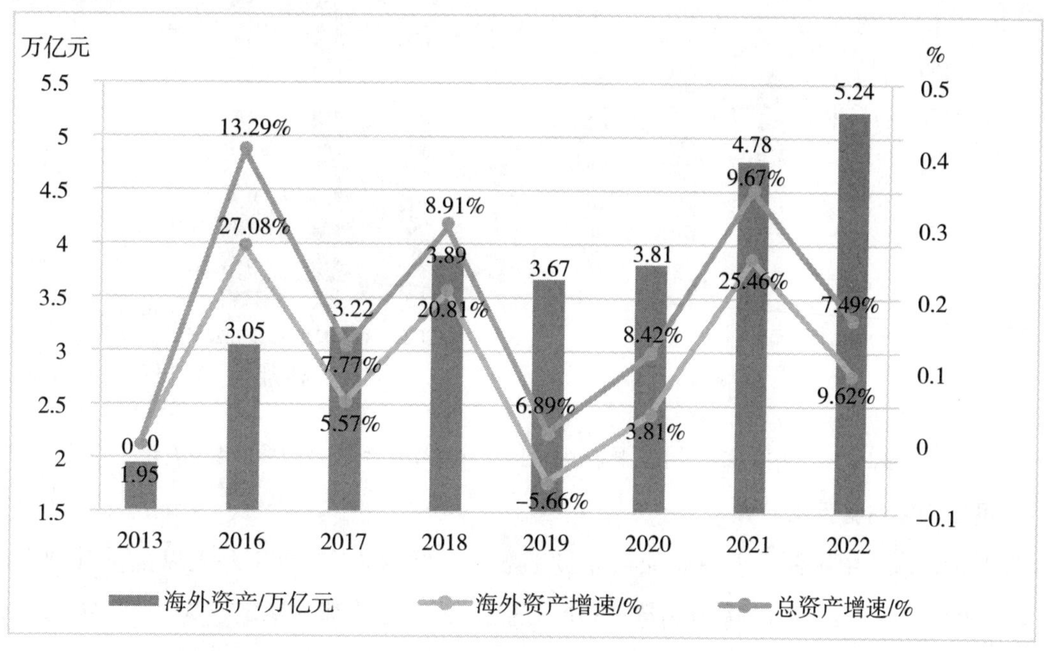

图2-25 2013—2022中国制造业企业500强海外资产规模及增速变化

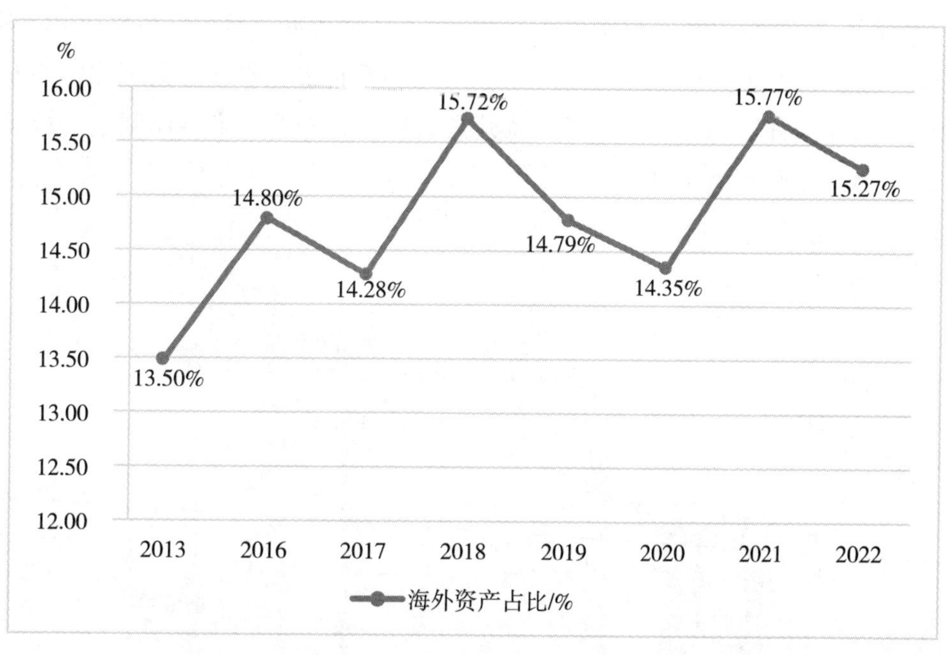

图2-26 2013—2022中国制造业企业500强海外资产占比

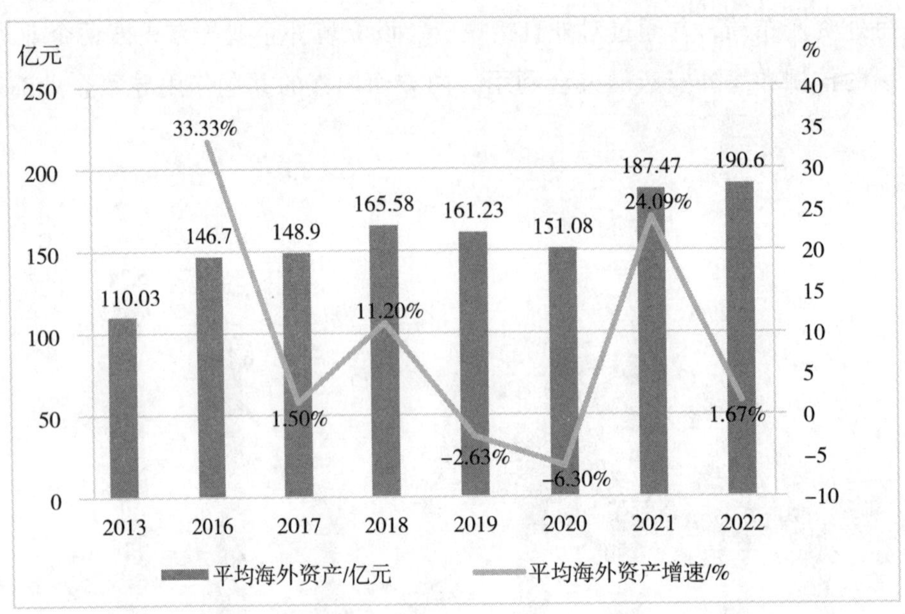

图 2－27　2013—2022 中国制造业企业 500 强平均海外资产规模及增速变化

3. 海外员工人数占比保持持续上升

党的十八大以来，中国制造业 500 强企业员工数量始终保持在 1200 万人以上，其中海外员工占比实现了较大程度的增长。2022 中国制造业 500 强企业员工总数基本稳定，为 1358.46 万人，较上年下降 0.75%，较 2013 年增长 7.44%。海外员工占比保持波动增长趋势，2021 年略有下降之后，2022 年占比达到 10.92%，较 2013 年的 3.5% 增加了 7.42 个百分点，反映了党的十八大以来中国制造业大企业的员工结构发生了较大程度的变化，企业利用国际劳动力资源的水平不断提高，如图 2－28 所示。一方面原因在于，近年来，中国对外直接投资规模不断扩大，属地化员工比例不断上升；另一方面，中国制造业企业人才吸引力逐步提升，尤其是通信设备制造、半导体制造、新能源汽车等新兴产业吸纳高科技人才数量不断增加。

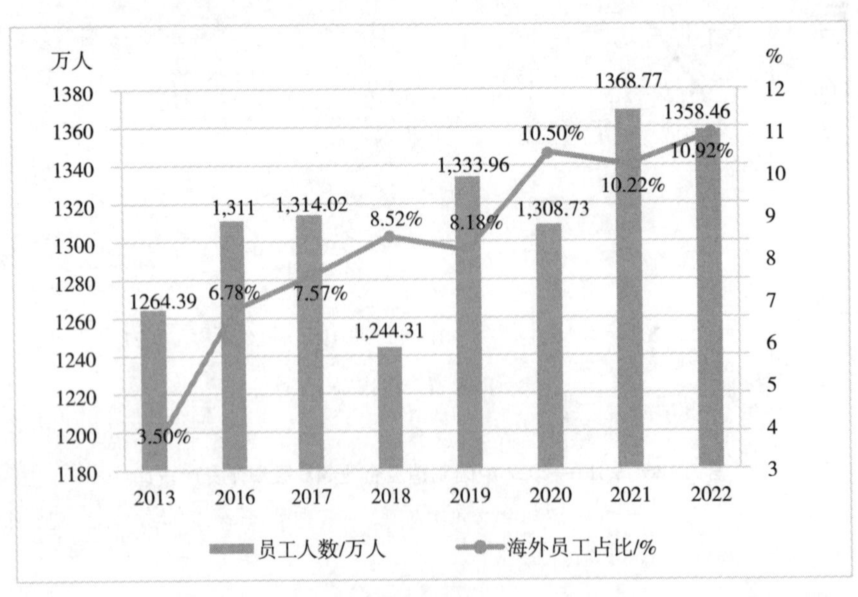

图 2－28　2013—2022 中国制造业企业 500 强员工人数和海外员工占比变化情况

八、现阶段中国制造业企业发展面临形势分析

2020年以来，全球新冠肺炎疫情持续蔓延，导致全球制造业发展环境发生了较大的变化。2022年，新冠肺炎疫情持续反复，全球经济在脆弱中复苏，多重因素交织叠加导致我国制造业发展环境发生深刻变化。一方面，近年来国际政治经济形势复杂严峻，俄乌冲突持续升级，美国对华关键技术封锁变本加厉，全球高技术产业链与供应链脱钩断链风险显著增加。国内经济发展面临需求收缩、供给冲击、预期转弱三重压力，中国制造业需要在诸多不稳定因素中谋发展；另一方面，RCEP（《区域全面经济伙伴关系协定》）正式签订实施、“一带一路”倡议持续推进，国内新冠肺炎疫情持续动态清零，国家对优质企业的大力培育和发展政策的持续施行，又为中国制造业注入长期的发展活力。总体来看，“十四五”期间，机遇与挑战同在，中国制造业仍需持续发力，拥抱机遇，勇于挑战。

1. 国际产业格局持续调整，我国制造业高质量发展面临挑战

2022年，随着新冠肺炎疫情蔓延的趋势放缓，各国的经济从疫情之中逐渐恢复。但是新冠肺炎疫情所造成的冲击和影响仍在持续，促使各国政府纷纷将维护产业链、供应链安全稳定上升至战略性高度，并加强在竞争焦点领域的布局，以增强本国产业竞争力。

一是欧美等国加大国际竞争重点产业和前沿技术领域的支持力度。新一轮科技和产业革命催生出一大批新业态和新模式，人工智能、大数据、云计算、虚拟现实等数字技术，以及新材料、新能源等领域的先进技术不断更新迭代，发达国家原有的技术优势受到挑战，主要发展中国家换道超车的机会增多。日益激烈的国际产业竞争态势促使各国加大力度支持如人工智能、半导体、生物技术、5G等国际竞争焦点产业和前沿技术领域。如日本于2021年6月出台《经济财政运营与改革基本方针2021》，要对半导体等战略物资、电力等重要基础设施产业集中投资，加大尖端技术的研究开发。后于同月发布《日本半导体数字产业战略》，通过对不同类型的半导体采取不同发展策略的方式，“增强补短”，重建国内半导体生产体系，并启动了先行开发项目。美国于2022年8月9日颁布的《芯片与科学法案》将国际芯片的生产竞争进一步推向白热化。欧盟委员会发布的“2030数字罗盘”计划设定了到2030年将欧盟在全球芯片制造中的份额从当下不足10%提高到20%的目标。韩国的“K半导体战略”也明确提出到2030年将在芯片领域居于世界领先地位的计划。

二是产业链、供应链安全将成为制造业发展的重点。受全球新冠肺炎疫情和国际复杂形势影响，全球跨境供应链受阻，世界制造业产业体系受到严峻挑战，部分重要产品短缺问题令产业链、供应链的安全问题成为维护本国产业发展安全的重点，全球产业链本土化、区域化、分散化、短链化的趋势更加突出。2021年，虽然伴随着全球新冠肺炎疫情的缓和，重点产业链、供应链中断的困境有所缓解，但是中美竞争博弈等仍是影响全球产业体系和产业布局的重要因素。近两年内，美国、英国、日本等国家发布的《购买美国货法案》《国家安全与投资法案》等法令，均表明效率已不再是影响全球制造业生产布局的重要因素，安全的重要性显著上升。

三是东南亚国家融入美日韩供应链网络速度加快导致中低端制造业外流。基于越南等东南亚国家在要素成本、区位等方面的相对优势，近年来，美日韩等国家与东南亚国家的产业合作逐渐加深，东盟成为美日韩等国产业链、供应链重组的关键地区。在纺织服装鞋帽等劳动力密集型领域，越南已成为耐克鞋类产品最大生产国，代工生产耐克约 51% 的鞋类产品。与此同时，机电产品领域也受到东南亚国家的“挤压”。根据美国进口数据，2018—2021 年，中国有约 4% 的机电产品订单被转移到越南，Intel 旗下的 300 系芯片组产线迁至胡志明市，成为“越南制造”。

国际生产和贸易环境的变化导致中国制造业面临的发展形势更加复杂，尽管新冠肺炎疫情对全球经济的影响正在减弱，但是其对世界产业体系的潜在影响仍在持续深化，全球产业链的安全化、本土化发展趋势一方面将对中国制造业企业的出海造成负面影响，另一方面也会加剧我国制造业与东南亚地区等国的竞争态势，影响我国的产业转型升级和高质量发展进程。

2. 企业稳步发展，供应链循环畅通成为制造业发展的重要保障

产业链是工业经济的筋骨，供应链是工业经济的血脉。产业链、供应链环环相扣，一个生产环节的停滞可能导致整个产业链、供应链的运转受阻，可谓牵一发而动全身。2022 年 3 月以来，受疫情防控影响，上海等多个城市出现人员返岗受阻、跨区域物流受阻、疏港运输不畅等问题，对重点地区、重点领域的产业链供应链稳定运行造成了一定冲击。以汽车产业为例，由于产业链条较长，疫情期间部分整车和零部件生产企业停产，导致供应链阻滞。保证物流畅通成为保产业链、供应链稳定的重中之重，不仅是推动产业发展的重要途径，也是推动整个制造业发展的重要着力点。

企业复工复产有序推动制造业重回稳定的发展轨道上。2022 年，中央出台了一些扎实稳住经济的政策措施，长三角、珠三角等地复工复产进程加快。在各方共同努力下，2022 年 5 月以来，我国工业经济运行呈现边际改善态势，重点企业、重点行业、重点区域恢复发展良好，制造业景气面呈现积极变化，工业经济发展向稳向好的大趋势没有改变。

保供稳链推动外贸重点地区进出口快速恢复，带动全国外贸整体增速回升。数据显示，2022 年上半年，我国货物贸易进出口总值为 19.8 万亿元，同比增长 9.4%。一般贸易进出口 12.71 万亿元，增长 13.1%，占我国外贸进出口总值的 64.2%，同比提升了 2.1 个百分点。同期，加工贸易进出口 4.02 万亿元，增长 3.2%。2022 年上半年，我国机电产品进出口 9.72 万亿元，增长 4.2%，占我国外贸进出口总值的 49.1%。农产品进出口 1.04 万亿元，增长 9.3%，占 5.2%。同期，劳动密集型产品出口 1.99 万亿元，增长 13.5%，占出口总值的 17.8%。

供应链保通保畅推动制造业投资增长。2022 年 1 ~ 5 月，我国工业投资同比增长 11.1%，增速较全国固定资产投资高 4.9 个百分点，制造业投资同比增长 10.6%。高技术制造业投资同比增长 24.9%，增速高于制造业投资 14.3 个百分点。其中，高技术制造业投资持续领跑。2022 年 1 ~ 5 月，高技术制造业投资同比增长 24.9%，较制造业投资增速高 14.3 个百分点，对制造业投资的支撑作用较强。医疗仪器设备及仪器仪表制造业、电子及通信设备制造业、计算机及办公设备制造业等领域投资明显较快，累计同比增长 30.4%、29.3% 和 26.4%，高于制造业投资增速 19.8 个、18.7 个和 15.8 个百分点。

供应链循环畅通推动了重点领域和重点行业企业的发展，投资和外贸也呈现出恢复发展态势，为中国制造业的恢复性发展注入了新的活力，随着全球疫情反复、地区冲突等影响持续深化，切实保障产业链、供应链稳定畅通成为帮助企业应对外部不确定性，实现长期稳定发展的重要着力点。

3. **“双碳”目标持续深化，制造业绿色化进程催生产业“蓝海”**

实现“双碳”目标是我国实现高质量发展的必然要求，也是展现中国负责任大国形象的重大战略举措。2021 年，“碳达峰”“碳中和”首次被写入政府工作报告。2021 年 5 月 26 日，碳达峰碳中和工作领导小组第一次全体会议在北京召开。同年 10 月，中共中央、国务院出台了《关于完整准确全面贯彻新发展理念做好碳达峰碳中和工作的意见》和《2030 年前碳达峰行动方案》。制造业绿色化脚步加快。

一是在构建碳达峰碳中和“1 + N”政策体系的要求下，加速研究和制定分领域分行业实施方案，为制造业绿色化转型指明了方向，包括能源、工业、城乡建设、交通运输、农业农村等领域和钢铁、石化化工、有色金属、建材、电力、石油天然气等重点行业实施方案，以及科技支撑、财政金融、碳汇能力、统计核算和督查考核等支撑政策。如能源领域，国家发展改革委、国家能源局印发《关于完善能源绿色低碳转型体制机制和政策措施的意见》，从体制机制改革创新和政策保障的角度对能源绿色低碳发展进行系统谋划；在工业领域，工信部印发《“十四五”工业绿色发展规划》，提出聚焦一大行动、构建两大体系、推动六大转型、实施八大工程的整体工作安排，系统推进工业向产业结构高端化、能源消费低碳化、资源利用循环化、生产过程清洁化、产品供给绿色化、生产方式数字化 6 个方向转型。这些政策文件的出台表明了我国实现“双碳”目标的坚定信心，同时也为当前制造业的转型升级进一步明确了时间表和路线图。

二是新兴产业发展脚步加快，绿色低碳产业成为未来制造业发展的“蓝海”。当前，能源制约、“双碳”约束在促进制造业企业加速转型的同时，也催生出了一大批新兴绿色低碳产业。例如，2021 年以来，新能源汽车产业高速发展，光伏产业深受各路资本青睐，这都表明，加强技术突破、标准引领、示范推广，逐步构建起从基础原材料到终端消费品的全链条绿色产品供给体系成为未来制造业发展的重要方向。

三是绿色金融体系助力制造业加速绿色化转型。2021 年，中国人民银行推出碳减排支持工具和支持煤炭清洁高效利用专项再贷款，通过新的结构性货币政策工具，鼓励社会资金更多投向绿色低碳领域。截至 2021 年年末，中国本外币绿色贷款余额 15.9 万亿元，同比增长 33%，存量规模居全球第一。2021 年境内绿色债券发行量超过 6000 亿元，同比增长 180%，余额达 1.1 万亿元。

多方面因素的共同作用使中国制造业绿色发展进程进一步加速，为大幅提高能源资源利用效率，全面提升绿色制造水平提供了支撑。

4. **数字技术加快向制造领域渗透扩展，数字化转型既是机遇，也是挑战**

近年来，数字经济发展速度之快、辐射范围之广、影响程度之深前所未有，正在成为重组全球要素资源、重塑全球经济结构、改变全球竞争格局的关键力量。当前，数字变革正在对生产力、生产关系产生全方位、深层次的影响，对未来的重塑是颠覆性的。数字经济覆盖面不断扩大，数字技术应用不断提速，正在推动着实体经济生产方式、发展模式的深刻变革。全球新冠肺炎疫情的持续蔓延使数字经济进一步加速发展，成为未来改变全球竞争格局的关键力量。

2022 年 7 月 5 日，由国家工业信息安全发展研究中心编制的《全国数字经济发展指数（2021）》报告正式发布。报告显示，截至 2021 年 12 月，全国数字经济发展指数为 130.9，呈现显著增长，数字产业拉动作用明显。当前，制造业形态正在发生深刻变化，呈现诸多新特征。

一是制造业数字化生产加速变革。据工信部数据显示，截至2021年年底，全国工业企业关键工序数控化率、数字化研发设计工具普及率分别达到51.3%和74.7%，比2012年分别提高了30.7和25.9个百分点。在新技术、新应用的作用下，我国制造业的生产方式、企业形态、业务模式和就业方式都加速变革，有力促进制造业提质、降本、增效、绿色、安全发展。以5G、物联网、大数据、人工智能为代表的数字化、智能化技术，推动数字技术与制造业深度融合，形成人机共融的智能制造模式，数字化设计、智能化生产、网络化协调、服务化延伸等融合发展新模式蓬勃兴起。

二是加快构建基于工业互联网的产业生态。工业互联网对制造企业的赋能、赋值、赋智作用日益凸显，其应用已经覆盖45个国民经济大类，截至2022年上半年工业互联网高质量外网覆盖全国300多个城市，标识解析体系已经完成夯基架梁，五大国家顶级节点（北京、上海、广州、武汉、重庆）稳定运行，二级节点基本实现全国省级地区全覆盖。培育较大型的工业互联网平台超过150家，连接工业设备超过7800万台（套），国家、省、企业三级协同联动的技术监测服务体系基本建成。

三是智能制造工程取得一定成效。工信部数据显示，从2012年至2021年，我国共发布智能制造国际标准42项、国家标准300多项，基础共性和关键技术国家标准的覆盖率达到97.5%。建成了700多个数字化车间、智能工厂，智能制造试点示范项目生产效率平均提高48%，产品研制周期平均缩短了38%，产品不良品率平均降低35%。截至2022年上半年，我国已培育智能制造系统解决方案供应商超过6000家，炼化、印染、家电等领域智能制造的水平都处于世界领先水平。

这些新特征的出现对于制造业来说既是机遇，也是挑战。在为企业提供更多便利的同时，数字化变革也意味着企业必须抓住信息产业带来的产业变革机遇，转入信息化与产业化两相融合的快车道。

5. 创新驱动发展，自主创新能力成为企业发展重要支撑

在国际竞争加剧、国内经济结构整体转型升级的当今社会，转变发展方式、优化经济结构、转换增长动能已经成为刻不容缓的重要任务。创新作为引领发展的第一动力，成为当前推动制造业整体发展水平的重要着力点。

抓住了创新，就抓住了牵动经济社会发展全局的牛鼻子。发展动力决定发展速度、效能、可持续性。对我国这么大体量的经济体来讲，如果动力问题解决不好，要实现经济高质量发展是难以做到的。尤其是在当前国际形势下，世界各国纷纷加快创新产业布局，全面提升创新能力和效能、把创新发展主动权牢牢掌握在自己手中更是刻不容缓。

当前，我国制造业整体创新水平实现了一定程度的提升。2021年，我国全社会研发投入达2.79万亿元，同比增长14.2%，研发投入强度增长到2.44%，规模以上工业企业研发经费总额投入强度成倍提升，新产品销售收入占业务收入的比重从11.9%提高到22.4%，570多家工业企业入围全球研发投入2500强，国家创新能力综合排名上升至世界第12位。在整体创新能力显著提升的同时，部分领域加快突破，达到世界领先水平。

在科技创新的同时，制度创新也在加快布局。习近平总书记指出，如果把科技创新比作我国发展的新引擎，那么改革就是点燃这个新引擎必不可少的点火系。党的十八大以来，国家陆续出台了

《国家创新驱动发展战略纲要》《深化科技体制改革实施方案》，在实施方案中部署了 143 项科技改革的措施，以激发科研人员和创新主体的积极性、创造性为主要着力点，优化科技资源配置方式，完善科技创新治理体系，营造良好的创新生态，形成科技体制改革的全面系统布局。同时，降低企业创新负担，激发企业创新活力，制造业企业研发费用加计扣除比例从 75% 提升到 100% 。

当前，我国科技创新和制度创新两个轮子一起转，整体创新能力进一步增强，在宏观上将为未来制造业高质量发展提供更加完善的环境和更加坚实的技术支撑。具体到企业层面，在当前各项技术高速迭代的情况下，企业要想取得市场优势，占据技术优势，必须加强自主创新能力的培养，以创新促发展。

6. 优质企业培育体系更趋完善，制造业企业发展制度环境不断优化

加快培育发展制造业优质企业，是激发市场主体活力、推动制造业高质量发展的必然要求，也是防范化解风险隐患、提升产业链供应链自主可控能力的迫切需要。

2021 年 6 月 1 日，工信部、科技部、财政部、商务部、国资委、证监会联合发布《关于加快培育发展制造业优质企业的指导意见》，明确在“十四五”期间，要培育百万家创新型中小企业，10 万家省级“专精特新”企业，1 万家专精特新“小巨人”企业和 1000 家“单项冠军”企业。力争到 2025 年，梯度培育格局基本成型，更好推动产业基础高级化，产业链现代化，助力实体经济迈向高质量发展。当前各国的产业竞争，不仅是企业间、行业间的竞争，更是产业链、产业集群之间的竞争；不仅是龙头企业的竞争，更是大中小企业协调发展的竞争，是处在产业链、供应链不同环节的企业综合实力的竞争。优质企业梯度培育格局的形成，有助于充分发挥大企业在技术、标准、市场等方面的生态主导力，带动提升中小企业在各自产品领域形成独特优势和产业地位，实现大中小企业融通发展、相互补位、共同做强的新格局。

当前，全国各地对于“链主”企业、“头雁”企业等的培育力度都在不断加大，同时，近年来发展实体经济和制造业的利好政策都为制造业优质企业的发展创造了良好的环境。

九、新形势下促进制造业大企业高质量发展的建议

党的十九大报告指出，“我国经济已由高速增长阶段转向高质量发展阶段，正处在转变发展方式、优化经济结构、转换增长动力的攻关期。”习近平总书记指出，“要深刻把握发展的阶段性新特征新要求，坚持把做实做强做优实体经济作为主攻方向，一手抓传统产业转型升级，一手抓战略性新兴产业发展壮大，推动制造业加速向数字化、网络化、智能化发展，提高产业链供应链稳定性和现代化水平。”经过多年持续快速增长，我国制造业在总体的规模体量、结构体系、技术水平、开放合作等方面都取得了显著成就，成为我国建设现代产业体系的主导力量和参与国际合作竞争的优势力量，也是我国实现高质量发展的重要支撑。近年来，我国优质企业量质齐升，一些优秀企业开始进入“并跑”“领跑”阶段，但与建设制造强国、提升产业链供应链现代化水平相比，仍有很大提升空间。尤其是当前我国制造业发展的基础条件和内外部环境正在发生深刻变化，制造业企业要实现高质量增长，要成为世界一流企业，必须在实现核心技术自主可控、产业结构高端精益、要素投入高能有效、发展方式绿色低碳等方面下功夫，加快探索形成以技术创新为支撑、以内生增长为动力、

以品质升级为核心、以绿色低碳为底色的，更有动力、更加高效、更可持续、更为安全的高质量发展路径。

1. 加快新旧动能转换，以技术创新塑造企业发展新优势

创新是引领发展的第一动力，企业作为创新的重要主体，肩负着科技创新“出题人”“答题人”和“阅卷人”的角色。2020 年习近平总书记在湖南考察时强调：“自主创新是企业的生命，是企业爬坡过坎、发展壮大的根本。”近年来，我国经济发展的国内外环境都发生了深刻变化，国际市场博弈加剧，单边主义、保护主义浪潮迭起，全球产业链、供应链面临冲击，不稳定性进一步增强，给企业生产经营带来巨大风险挑战。在此背景下，提高企业创新能力既是改善企业生产经营、增强企业市场竞争力的重要手段，也是推进我国制造业高质量发展，加快形成新发展格局的重要举措。

企业作为社会主义市场经济的重要主体，处于生产经营的第一线、市场竞争的主战场，直接面对国内国际市场环境的各类风险挑战，必须把增强自主创新能力作为基本素质和实现高质量发展的必修课，着力提升创新能力和市场竞争力，在产业领域锻造长板，练就“独门秘技”。

一是要充分发挥企业家在技术创新中的重要作用。“市场活力来自人，特别是来自企业家，来自企业家精神。”企业家作为企业发展的带头人，要充分发挥创新发展的探索者、组织者和引领者作用，重视技术研发和人力资本投入，有效调动员工的创造力，充分发掘市场需求，有效激活传统消费需求和投资需求及其蕴藏的巨大内需潜力，实现生产组织创新、技术创新、市场创新，提高企业供给能力、供给质量和供给水平。

二是要充分发挥大企业引领支撑作用，牵头组建创新联合体，有效组织开展创新活动。大型企业的技术创新具有显著的外溢和带动效应，尤其是借助重大科研项目或工程，组织吸纳产业链上下游企业、高校、科研机构等参与，带动产业链相关企业联合开展工程科技攻关。大企业要积极探索、加快构建大中小企业协同创新发展平台，在支持大中小企业和各主体融通创新的同时，借助整体创新资源和产业创新生态圈，开展前沿性创新研究，推动企业加强技术研发机构的建设，提升研发能力，将自身打造成为重要创新平台和关键技术策源地。

三是要充分发挥企业从创新到应用的桥梁作用，推动基础研究成果产业化。企业要真正发挥创新主导作用，与大学等科研机构建立多种形式的合作关系，构建产学研用多主体协作模式，扮演好科研项目的“出题人”，推动基础科学研究与产业发展应用对接。同时也要扮演好科研项目的“答题人”，利用企业科研团队有效推动成果转化。

2. 完善产业协作体系，保持企业供应链稳定畅通

当前产业链、供应链中的各环节联系密切，不管是大企业还是中小企业，生存发展都离不开上下游之间的合作与协同，因此推动构建大中小企业融通发展的良性产业生态十分重要。产业链、供应链在关键时刻不能掉链子，不仅是大国经济必须具备的重要特征，也是一个大企业能够保持长期稳定发展的必备之策。2022 年，工业和信息化部、国家发展和改革委员会等 11 个部门近日印发《关于开展“携手行动”促进大中小企业融通创新（2022—2025 年）的通知》，明确以创新链、产业链、供应链、数据链、资金链、服务链、人才链为着力点，构建大中小企业相互依存、相互促进的发展生态。企业要积极参与产业体系的构建，推动资源共享协同和产业链、供应链互联互通。

一方面，大企业要积极发挥“链主”的优势，吸引更多上下游企业，助力打造具有更强综合竞争力的优势产业链和地标性产业集群。构建优势产业集群一方面能够增强供应链的韧性，从而更好地应对外部冲击产生的负面影响；另一方面，优势产业集群的塑造能够吸引和整合更为丰富的人才、技术、信息、数据等生产要素，推动产业集群和产业生态体系整体水平的提升。

另一方面，企业之间要做好做强供需对接，扩展市场空间，削弱市场振荡带来的影响。越是在发展承压的时候，越要做好做强供需对接，因为这不仅关系到企业的经营，更事关产业链、供应链的发展稳定。“大河有水小河满，小河有水大河满。”无论是大企业还是中小企业，发展都离不开整个产业链、供应链网络体系。要想实现长期稳定发展，做好供需对接是必要的应对之策。大企业、平台企业要积极完善供应链上下游企业利益共享、风险共担机制，着力构建大中小企业相互依存、相互促进的企业发展生态，增强产业链、供应链韧性和竞争力，提升产业链现代化水平。

3. 加快实施“三品”战略，拓展企业价值增值空间

2020年新冠肺炎疫情导致全球供应链价值链发生结构性变化，同时随着我国劳动人口红利和资源环境比较优势的相对下降，要求企业要加速向价值链中上游攀升，向追求更高附加值转变。因此，企业要在增强自主创新能力的同时，增品种、提品质、创品牌，积极拓展产品和服务增值空间。

一是增品种，用产品变化适应消费变化，根据市场和企业的需要，科学、合理地增加品种以丰富产品线，做好产品升级，给予消费者更多的选择。

二是提品质，提高企业现代化管理水平、安全生产保障能力和资源配置效率。顺应消费升级趋势，积极开展精益生产、精品制造，不断提高产品质量稳定性、可靠性和适用性，提高中高端消费品占比，引导消费品制造向个性化、时尚化、智能化、品质化方向升级。通过提升产品品质将企业营收增长与企业社会责任联系起来，为人民群众提供更为物美价廉的产品。

三是创品牌，加快推进企业的产品设计、文化创意、技术创新与品牌建设融合发展。深度挖掘品牌文化价值内涵，以品牌建设为支点增强中国制造业的文化自信、内容自信、民族自信，探索开展企业品牌价值培育路径。

4. 转变企业发展方式，推动绿色低碳转型升级

我国是制造业大国，加快构筑制造业新型绿色技术创新体系，推动制造业绿色低碳转型，对实现“双碳”目标具有重要的战略意义。实现“碳达峰、碳中和”目标，涵盖能源、经济、社会、气候、环境等众多领域，涉及政府、企业、公众等多个层面，是一项长期的、高度综合的系统工程，绿色转型不可能毕其功于一役，需要多方面协同合作，共同发力。企业要积极迎接挑战，抓住绿色转型机遇。

首先，企业要提高绿色转型的主动性，将绿色转型作为企业的长期发展战略。企业绿色转型是一项长期任务，在“双碳”目标背景下，企业的低碳发展能力一定程度上决定了企业的未来发展空间。因此，企业要顺应清洁化、高效化、减碳化的长期发展趋势，将绿色低碳发展理念融入公司整体战略，根据自身发展和碳排放现状，完善碳排放监测体系，参与国家碳交易试点建设，制定企业内部相应的低碳发展政策。将节能减排战略规划融入企业生产经营各个环节，开创低碳节能新局面。

其次，推进节能减碳重大关键技术创新，大力开发低碳技术、低碳装备、绿色产品。企业要在提升产量和效能的同时，推进企业发展转型升级，根据企业所处行业现状和实际发展情况制定绿色转型的时间表、路线图，利用先进技术、工艺和装备实施环保技术改造，加快建设绿色车间、绿色工厂。此外，企业要充分发挥创新主体的作用，加大与高校、科研院所的研发合作，推进技术改革和科技成果转化，积极引进和推动先进绿色技术落地投产。

最后，企业要以数字化、智能化赋能绿色转型。近年来，以信息化、数字化、网络化、智能化为重要特征的工业互联网对产业发展模式产生了深刻影响。党中央、国务院陆续出台了《关于深化制造业与互联网融合发展的指导意见》《关于深化"互联网＋先进制造业"发展工业互联网的指导意见》等指导性文件，引导企业借助数字化技术的发展，在绿色低碳领域形成新的经济增长点和绿色发展新动力。在实现"碳达峰、碳中和"目标的背景下，工业互联网不仅是推动制造业企业实现高质量、高标准发展的必要引擎，也是推动"双碳"的重要设施。企业一方面可以在规划层面利用大数据技术计算分析产品碳足迹、建立产品全生命周期碳排放基础数据库，从而优化企业减碳方案，为企业减碳、降碳提供更为坚实的技术支撑；另一方面可以通过数据化赋能生产过程控制，降低能耗物耗。企业可以利用数字技术提高设备利用率，降低生产成本。

5. 加快构建现代产业体系，发挥数字化要素支撑作用

发展数字经济是把握新一轮科技革命和产业变革新机遇的战略选择。当前，数字产业正在成为经济转型升级的新引擎，以数字化转型为载体驱动企业内部的结构性变革、推动实现高质量发展，既是现实急迫需求，也是行业发展方向，有助于企业的长期稳定发展。

一是全面制定好数字化转型路线图，推动企业研发设计、生产加工、经营管理、销售服务等业务数字化，通过引进数字装备推进生产过程数字化监控、管理、生产。例如，数字机床能够提升工业生产效率，满足工业更高的生产标准，因此，可通过引进数字机床生产作业，提升生产过程的网络化、智能化、精准化水平。

二是加快工业软件研发应用。工业软件能够为用户解决特定的工程实践问题，对助推制造业向数字化、智能化转型升级具有重要意义。制造业大企业可通过联合的方式与大数据企业共同成立工业软件开发公司，依托自身技术工艺优势和长期实践经验积累优势和大数据企业的灵活化、精准化特征，开展工业软件的技术研发、试点应用、工程化迭代升级等工作，推进辅助设计、仿真模拟、生产控制等领域工业软件突破发展。

三是加快推进工业互联网平台建设。工业互联网是"新基建"的重要组成部分，也是加快建设制造强国、网络强国的重要抓手。近年来，国家出台了《国务院关于深化"互联网＋先进制造业"发展工业互联网的指导意见》《工业互联网创新发展行动计划（2021—2023 年）》等相关文件大力支持工业互联网的创新发展。在此形势下，企业要加大自身大数据中心建设力度，推进信息系统整合互联和数据共享交换，推进研发设计、生产制造、仓储物流、市场营销等环节数据实时汇聚，促进企业数据的开发利用。同时，行业龙头企业可立足自身优势，开放数字化资源，帮助中小企业数字化转型，降低中小企业数字化转型成本，鼓励中小企业积极融入 5G、工业互联网应用场景和产业生态，以数据交换共享推动产业链上下游加强对接，实现大中小企业协同发展。

6. 对标世界一流企业，推动企业做强做优做久做大

党的十九届六中全会审议通过的《中共中央关于党的百年奋斗重大成就和历史经验的决议》指出："支持国有资本和国有企业做强做优做大，建立中国特色现代企业制度，增强国有经济竞争力、创新力、控制力、影响力、抗风险能力"。这不仅是国有资本和国有企业的长期发展路径，也是其他所有企业的重要发展指南，要真正将企业建设成为世界一流企业，目标绝不仅仅是一时繁荣，更是基业长青。在做强做大的同时做久、真正经得起时间检验并呈现出持续竞争力，在某种程度上是企业孜孜以求的终极目标。企业不仅要在营收规模方面领先，在质量和效益方面也要领先，要从过去偏重规模和速度的粗放型增长加快向更加注重质量和效率的集约型增长转变。

一是要以创新驱动发展，不断增强企业的自主创新能力。企业持续发展之基、市场制胜之道在于创新。企业要想实现创新，需要充分发挥自身立足于市场、出身于市场的优势，将基础研究成果与产业应用结合起来，积极搭建科技创新和成果转化平台，组织行业关键技术、共性技术、前沿技术攻关，做实做强各类科技创新平台，以创新促发展，以发展为创新筑基。

二是做强做精主业，推动企业业务合理布局。企业要正确处理好短期稳增长和长期调结构之间的关系，注重将短期增长目标和长期发展目标相结合，推动资源向主业集中，打造企业长期发展的战略支点。

三是强化管理，提高效率。企业要完整、准确、全面贯彻新发展理念，加强企业内部的统筹协调，坚持"集约化发展、专业化运营、精益化管理"原则，着力创新体制机制，以管理的不断深化带动企业治理能力的持续提升，推动企业不断做强做优做久做大。

第三章 2022 中国服务业企业 500 强分析报告

2022 年是由中国企业联合会、中国企业家协会连续第十八次向社会发布中国服务业企业 500 强榜单及分析报告。这一榜单反映了我国服务业大企业在 2021 年所取得的成绩和存在的问题。2021 年，面对复杂严峻的国内外形势和诸多风险挑战，党中央、国务院统筹疫情防控和经济社会发展，全国上下共同努力，“十四五”实现良好开局，经济保持恢复发展，国内生产总值达到 114 万亿元，服务业增加值达到 60.97 万亿元，占比 53.3%。这是自 2015 年起，服务业增加值对 GDP 的贡献连续 7 年超过 50%。我国服务业 500 强企业规模也实现了较大幅度提高，净利润总体实现了增长，行业结构持续优化，不同地域、不同所有制企业各自发挥优势，一批“三新”企业入围给服务业大企业群体带来了更大发展活力。以服务业 500 强为代表的服务业大企业发挥主引擎作用，畅通物流、商流、信息流和资金流，对构建以国内大循环为主体、国内国际双循环相互促进的新发展格局起到了有利的支撑作用。在肯定成绩的同时，我们也清醒地看到服务业大企业仍旧面临着不少挑战，严峻复杂的国际形势等因素给广大服务业企业尤其是产销同步的传统服务企业的正常经营带来了不小的冲击，市场需求不足、企业经营成本增大、资金压力等难题更加凸显。当前，我国着力推进“三新一高”发展战略，即立足新发展阶段、贯彻新发展理念、构建新发展格局，推进高质量发展，服务业企业面临着新的发展机遇和发展要求。广大服务业企业要看到外部环境中存在的有利条件，尤其是经济发展长期向好的趋势、人们对美好生活向往追求的永恒性和数字经济给服务业发展带来发展空间和价值重塑机会，要努力在 VUCA（不稳定性、不确定性、复杂性、模糊性）化的环境中，增强发展韧性，不断激发活力；主动融入开放格局，顺应产业融合大势，提高价值创造能力和服务水平。

一、2022 中国服务业企业 500 强规模特征分析

2021 年，中国服务业企业 500 强规模有较大增长，营收总额达到 48.15 万亿元。中国服务业企业 500 强已经成为涵盖 42 个行业类别，从业人员超 1500 万人，拥有子公司超过 6 万家、分公司超 3 万家的大企业群体，是服务业产业发展的中流砥柱，在新发展格局的构建中发挥重要的支撑作用。

1. 总体规模较大幅度增长

2022 中国服务业企业 500 强的规模有较大幅度增长，实现营业收入总额 48.15 万亿元，与 2021

中国服务业 500 强企业（以下简称上年）相比，增长 10. 47%，与自身同比增长 17. 73%，如图 3 - 1 所示。2020—2022 中国服务业企业 500 强营业收入总额的平均增长率为 7. 94%。入围门槛为 69. 09 亿元，比上年的 60. 3 亿元，提高 14. 58%，增幅较上年增加 4. 56 个百分点。

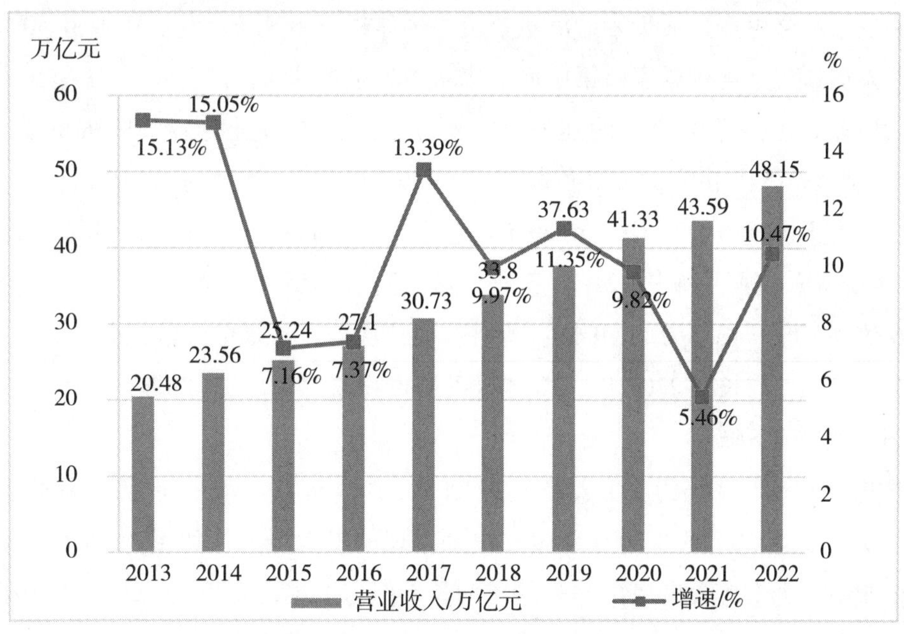

图 3 - 1 2013—2022 中国服务业企业 500 强营业收入及增速

2022 中国服务业企业 500 强的资产总额达到 322. 55 万亿元，与上年相比增长 8. 01%，与自身同比增长 8. 9%；所有者权益总额 42. 56 万亿元，与上年相比增长 15. 46%，与自身同比增长 10. 06%，如图 3 - 2 所示。

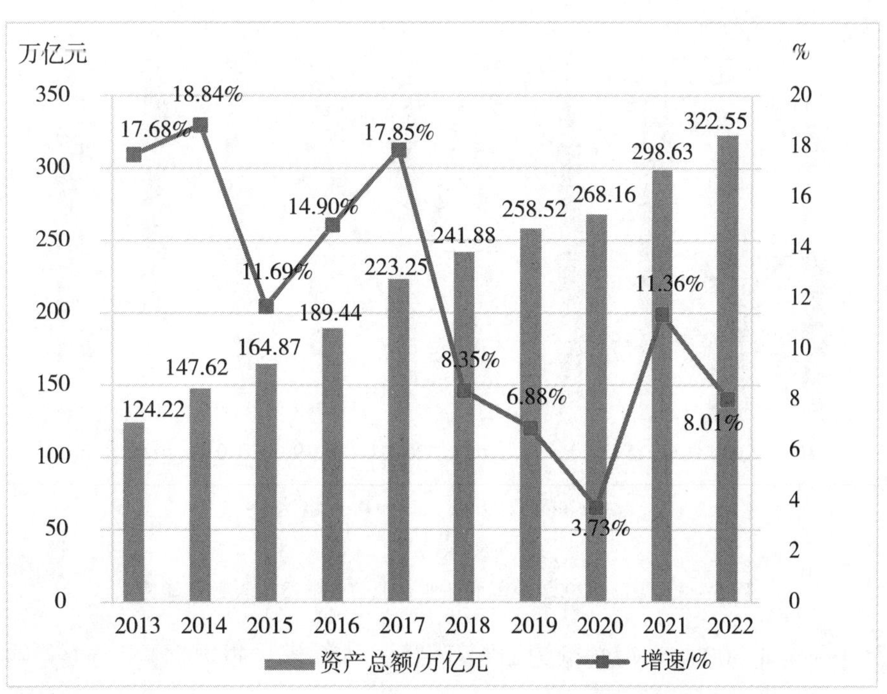

图 3 - 2 2013—2022 中国服务业企业 500 强资产总额及增速

2022 中国服务业企业 500 强所对应的企业经营数据是 2021 年，在新冠肺炎疫情不断反复中，服务业 500 强取得这样的成绩并不容易。一方面得益于宏观经济增长带来的发展空间，我国 GDP 达到 114. 37 万亿元，第三产业增加值 60. 97 亿元，同比增长 8. 2%；另一方面也要看到，相比于 2020 年新冠肺炎疫情突发给社会生产生活带来的沉重打击，全球经济出现负增长，服务业 500 强的增速也陷入低位，从企业发展微观层面到国家政策层面，应对措施更加从容。

党的十八大以来，服务业大企业快速发展，不断壮大。服务业企业 500 强的营业收入总额从 20. 48 万亿元增长到 48. 15 万亿元，10 年间增加了 27. 68 万亿元，增长了 1. 35 倍，10 年复合增长率为 9. 97%；入围门槛从 24. 16 亿元增长到 69. 09 亿元，10 年间提高了 44. 93 亿元，增长了 1. 84 倍，复合增长率为 12. 33%；资产总额从 124. 22 万亿元增长到 322. 55 万亿元，10 年间增加了 198. 34 万亿元，增长了 1. 6 倍，复合增长率为 11. 19%；所有者权益从 13. 88 万亿元增长到 42. 55 万亿元，10 年间增加了 28. 67 万亿元，增长了 2. 07 倍，10 年间的资产积累率达到 13. 25%。

2. 纳税和员工数出现下降

2022 中国服务业企业 500 强的员工人数为 1520. 59 万人，相比上年出现了较为明显的下降，降幅为 7. 03%，这也是服务业 500 强自 2004 年发布以来出现的最大降幅，如图 3 – 3 所示。在 2011 中国服务业 500 强企业中，员工总数出现 6. 24% 的负增长。但与上年自身相比，2022 中国服务业企业 500 强的员工人数微增 0. 61%。新冠肺炎疫情突袭而至，很多服务业企业都面临着经营困境，企业瘦身、减员动作频现。在 2022 年上榜的企业中，中国人保、国家电网和中粮集团减员人数分别达到 29. 2 万人、7. 4 万人和 4. 3 万人。

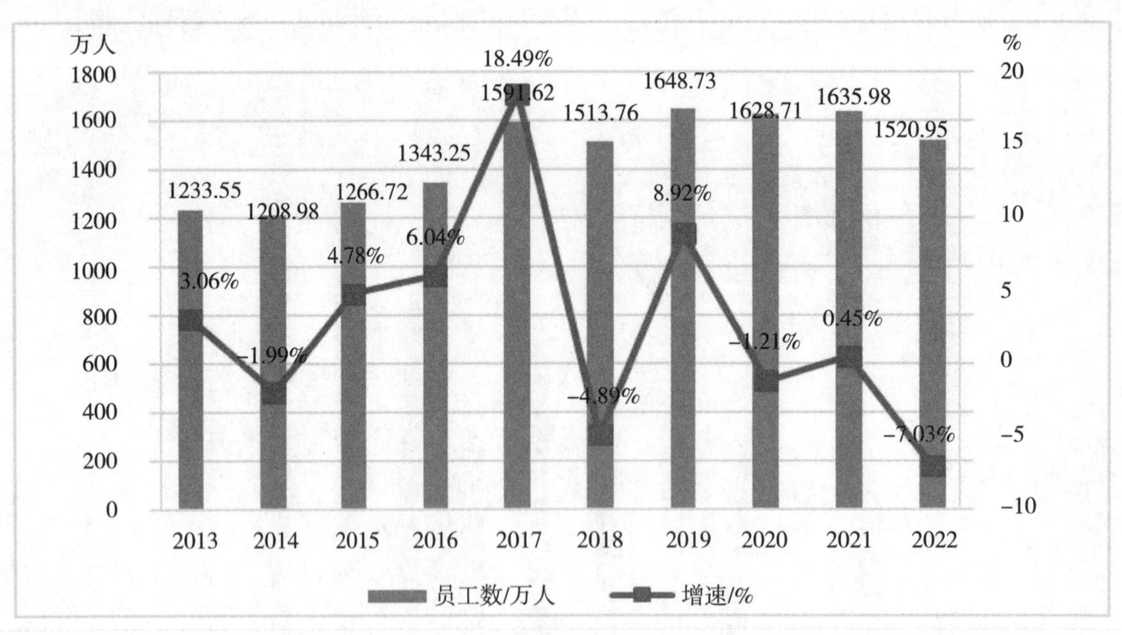

图 3 – 3　2013—2022 中国服务业企业 500 强员工人数及增速

2022 中国服务业企业 500 强纳税总额为 1. 6 万亿元（459 家申报数据），与上年纳税总额 1. 97 万亿元（484 家申报数据）相比下降了 18. 65%，企业平均纳税额从上年的 40. 87 亿元，下降到 34. 1 亿元，下降了 15. 56%。但与上年自身相比，2022 中国服务业企业 500 强的纳税总额增长了 13. 14%。

这或将和国家减税降费政策有关。

3. **营业收入达千亿元以上的企业数量增加趋缓**

2022 中国服务业企业 500 强中，营业收入达到万亿元及以上的企业数量有 7 家，分别是国家电网、工商银行、建设银行、中国平安、农业银行、中国中化和中国人寿，相比上年增加 2 家，分别为中国中化和中国人寿；营业收入达到千亿元及以上的企业数量为 88 家，与上年持平。与此同时，营业收入在 100 亿元以下的企业数量进一步减少，为 72 家，比上年数量减少了 25 家；100 亿～1000 亿元规模区间的企业数量增加了 25 家，达到了 340 家。

进一步分析 2022 年入围的 88 家千亿级企业情况，从行业上看，主要分布在商业银行 13 家、多元化投资 8 家、保险业 8 家、物流及供应链 6 家和住宅地产 6 家；从所在地区看，主要分布在北京 36 家、广东 15 家、上海 9 家、浙江 8 家和福建 4 家。2022 年榜单中，江苏地区有 53 家企业上榜，位居地区排名的第二位，但其千亿级规模以上的服务业企业数量只有 2 家，明显低于其他入围数量位居前列的地区。但同时，江苏地区拥有 100 亿元以下的企业数量最多，有 15 家，其次是福建 9 家，浙江和广东各 8 家，河北 4 家，这在一定程度上反映了这些地区服务业的发展活力，如表 3－1、表 3－2 所示。

表 3－1　2022 中国服务业企业 500 强千亿级以上企业所在行业和地区分布

所在地区（前五）	北京	广东	上海	浙江	福建
数量/家	36	15	9	8	4
所在行业（前五）	商业银行	多元化投资	保险业	物流及供应链	住宅地产
数量/家	13	8	8	6	6

表 3－2　2022 中国服务业企业 500 强百亿级以下企业所在行业和地区分布

所在地区（前五）	江苏	福建	浙江	广东	河北
数量/家	15	9	8	8	4
所在行业（前五）	住宅地产	商业银行	综合商贸	多元化投资	金属品商贸
数量/家	7	6	6	5	5

党的十八大以来，营业收入在 100 亿元规模以下的企业入围数量从 280 家，大幅减少至 72 家，减少了 208 家。同时，营业收入在 100 亿元～1000 亿元区间的企业入围数量从 174 家增加到 340 家，增加了 166 家；营业收入在 1000 亿元以上的企业数量从 46 家增加到 88 家，增加了 42 家，营业收入在 10000 亿元以上的企业数量从 1 家增加到 7 家，增加了 6 家。10 年间，企业整体从营业收入低规模区间向高规模区间移动，但千亿级以上的企业数量相对增幅较小，尤其是近 5 年来，仅增加了 20 家，近 3 年几乎没有数量上的变化。千亿规模是企业建设世界一流企业的基础，同时也是企业成长中不容易突破的瓶颈，并伴随着更复杂的管理要求的一个节点。从这个意义上来说，服务业企业的做大做

强任重道远，如表 3－3 所示。

表 3－3　2013—2022 中国服务业企业 500 强企业营业收入规模分布

单位：家

	超过 1000 亿元/家	100 亿～1000 亿元/家	100 亿元以下/家
2013	46	174	280
2014	48	188	264
2015	53	190	256
2016	59	213	228
2017	65	247	187
2018	68	284	148
2019	76	284	140
2020	87	297	116
2021	88	315	97
2022	88	340	72

4. 营业收入增长受新冠肺炎疫情和地方两类平台影响显著

2022 中国服务业企业 500 强中，营业收入出现负增长的企业数量有 57 家，相比于上年的 137 家减少了 80 家。这 57 家企业涉及的前三个行业分别是：住宅地产 13 家、连锁超市及百货 7 家和生产资料商贸 3 家。上年营业收入下降的前三个行业分别是住宅地产 12 家、物流及供应链 9 家、综合商贸 9 家。综合来看，住宅地产这两年的经营态势不太乐观，考虑到榜单所对应的企业实际经营年份，2020 年新冠肺炎疫情突袭而至给物流运输、商贸零售等流通企业带来的不利影响也显而易见。

2022 中国服务业企业 500 强中，营业收入增长达到 50% 以上的企业数量有 70 家，主要分布在物流及供应链 14 家、多元化投资 8 家、公路运输 4 家、能源矿产商贸 4 家、综合商贸 4 家、互联网服务 3 家、化工医药商贸 3 家、金属品商贸 3 家、农产品及食品批发 3 家、住宅地产 3 家。2021 中国服务业企业 500 强中，营业收入增长达到 50% 以上的企业数量仅有 30 家，主要分布在多元化投资 4 家、住宅地产 4 家、综合商贸 4 和金属品商贸 3 家。对比来看，企业已经从新冠肺炎疫情突袭而至给企业带来的不利影响中逐渐恢复，尤其是物流输运、商贸流通等行业表现较好。同时，受到地方资本投资平台和资本运营平台加大力度进行行业布局，推进产业整合的影响，这两年多元化投资企业的规模扩张显著。

5. 营业收入总额连续 7 年超过制造业 500 强

2022 中国制造业企业 500 强的营业收入总额为 47.14 万亿元，较 2022 中国服务业企业 500 强的营业收入总额少 1.01 万亿元。从榜单发布的历史数据来看，和中国制造业企业 500 强相比较，服务业企业 500 强在营业收入规模上在过去多年处于追赶状态。2012 年的榜单中，制造业企业 500 强营业收入总额比服务业企业 500 强的营业收入总额高出 3.92 万亿元。但这一情况在 2016 年实现了反转，服务业企业 500 强的营业收入总额开始超过制造业企业 500 强，并连续保持了 7 年。但受到新冠肺炎疫情影响，服务业企业 500 强的营业收入增速放缓，总体规模上较制造业企业 500 强的优势没有

扩大，如表3-4所示。

表3-4 2006—2022中国服务业/制造业企业500强规模比较

	服务业500强营收/万亿元	制造业500强营收/万亿元	服务业500强人均营收/万元	制造业500强人均营收/万元
2006	6.13	6.29	60.86	78.73
2007	7.53	7.64	74.66	88.52
2008	9.18	10.15	84.35	106.43
2009	11.09	12.94	101.90	123.61
2010	11.63	13.22	99.81	124.48
2011	14.72	17.82	134.77	155.49
2012	17.79	21.71	148.60	172.24
2013	20.48	23.38	166.00	184.93
2014	23.56	26.09	194.86	203.66
2015	25.24	26.93	199.29	210.04
2016	27.10	26.52	201.78	202.27
2017	30.73	28.25	193.09	217.36
2018	33.80	31.84	223.27	255.92
2019	37.63	34.92	228.26	261.80
2020	41.33	37.43	253.77	285.99
2021	43.59	40.24	266.44	293.95
2022	48.15	47.14	316.43	336.53

从人均营业收入情况可以大概判断出服务业大企业和制造业大企业的劳动生产效率的差异。2022中国服务业企业500强的人均营业收入为316.43万元，相比制造业企业500强的人均营业收入336.53万元，低出20.1万元。2006年至今，服务业企业500强的人均营业收入尽管持续增长，从60.86万元增长到316.43万元，增长了4倍多，但始终低于制造业企业500强的人均营业收入。这和服务业态本身发展更多依赖于人，而且服务业企业500强中传统劳动密集型服务业态的占比处于高位不无关系。未来，随着数字经济的发展，线上服务业、生产性服务业的占比增加，这一情况或将改观。

二、2022中国服务业企业500强的经济效益情况分析

2022中国服务业企业500强实现净利润总额为3.15万亿元，较上年小幅增长；平均收入利润率为6.55%，与上年相比有所下降，资产利用水平也在走低。

1. **净利润保持增长，增速处于低位**

2022 中国服务业企业 500 强实现净利润（指归属母公司净利润，下同）总额为 3.15 万亿元，较上年微增 2.85%，与自身同比增长 6.75%，和上年的增长水平基本一致。党的十八大以来，中国服务业企业 500 强所实现的净利润保持增长，从 2013 年的 1.55 万亿元增长至 2022 年的 3.15 万亿元，复合增长率达到 8.22%，但每年净利润增速变化并不稳定，起伏较大，总体上增速有放缓态势，如图 3－4 所示。

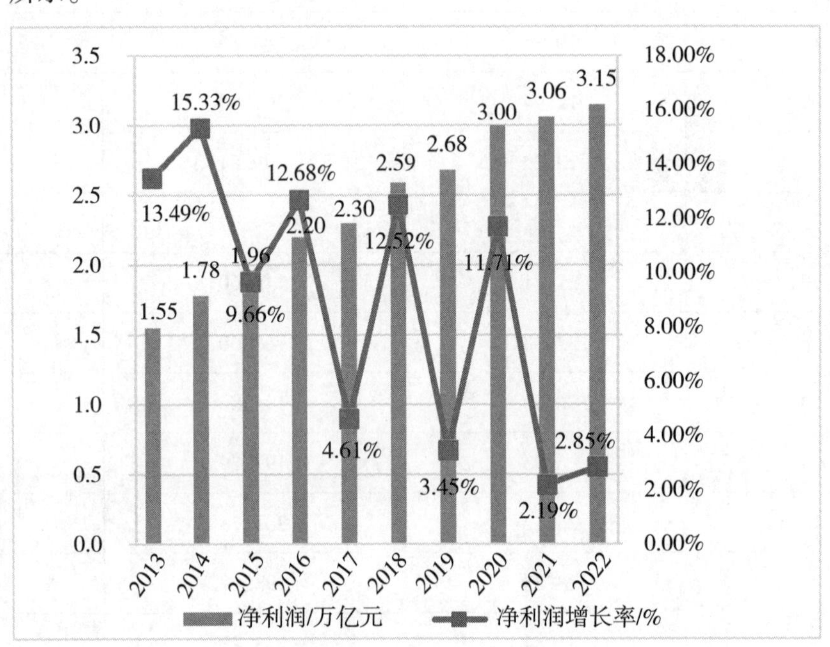

图 3－4　2013—2022 中国服务业企业 500 强净利润总额及增长情况

2. **获利不均衡性显著，金融业仍居前列**

2022 中国服务业企业 500 强中，净利润超过 100 亿元的企业共 43 家，较上年增加 1 家；在 10 亿～100 亿元之间的企业共 135 家，较上年减少 28 家；净利润在 0～10 亿元之间的企业共 286 家，较上年增加 28 家；亏损企业数量为 35 家，较上年减少 2 家。总体上看，高利润区域企业数量基本持平，中高利润区域企业数量有所减少，中低利润区域企业数量有所增加，亏损企业数量依旧是近年来的高点，如表 3－5 所示。

表 3－5　2021—2022 中国服务业企业 500 强净利润分布情况

归母净利润	2022/家	2021/家	变化/家
100 亿元以上	43	42	1
10 亿～100 亿元之间	135	163	－28
0～10 亿元之间	286	258	28
亏损	35	37	－2
合计	499	500	—

从行业来看，商业银行、互联网服务、多元化金融、住宅地产和保险业的净利润占比居于前五，

分别为53.74%、9.30%、7.23%、4.33%和3.93%，合计达到78.53%。这前五大行业中，金融业包含了三个，分别是商业银行、多元化金融和保险业。其中，45家商业银行所获得的净利润总额约为排名第二的19家互联网服务企业的6倍。非金融类服务业中，除了互联网服务，住宅地产大企业净利润也较为丰厚。尽管近几年住宅地产面临较大的压力，但净利润水平仍位居前列。

进一步分析商业银行，净利润居前五的工行、建行、农行、中行和招商银行的净利润水平都在千亿元以上，合计达到1.23万亿元，占45家商业银行净利润总额的72.57%，同样在互联网服务业，腾讯、阿里巴巴、网易和百度的净利润均达到百亿级，合计3096.87亿元，占到19家互联网服务业净利润总额的105.75%。头部企业的获利能力可见一斑。总体上看，净利润分布在不同行业、不同企业间，出现显著的不均衡性。

3. 收入利润率总体下降，医疗服务业大幅提高

2022中国服务业企业500强的平均收入利润率（指归属母公司收入净利润率）为6.55%，与上年相比下降0.48个百分点。党的十八大以来，服务业企业500强的收入利润率经历了先升高后降低的过程，在2016年达到高点8.16%，随后几年持续下降。

根据前面的分析，金融、互联网服务对服务业500强的总体利润水平具有较大影响，剔除这些行业，我们发现：第一，整体收入利润率出现下降，尤其是非金融服务业500强企业的平均收入利润率下降明显，降低了大约3个百分点；非互联网服务业500强企业的平均收入利润率也有所下降，但降幅在0.5个百分点左右。第二，党的十八大以来，非金融服务业500强企业的平均收入利润率呈现波浪式改善，在2020年中达到最高，为3.92%，新冠肺炎疫情以来有所下降，如表3-6所示。

表3-6 2013—2022中国服务业企业500强平均收入净利润率

	服务业500强/%	服务业500强（除去金融）/%	服务业500强（除去互联网及IT服务）/%
2013	7.58	3.30	7.58
2014	7.58	2.84	7.54
2015	7.77	3.29	7.61
2016	8.16	3.86	7.84
2017	7.55	3.46	7.47
2018	7.67	3.86	7.57
2019	7.14	3.63	7.00
2020	7.25	3.92	6.92
2021	7.03	3.84	6.48
2022	6.55	3.18	6.38

2022中国服务业企业500强中，行业平均收入利润率超过服务业500强平均水平（6.55%）的行业包括证券业、商业银行、园区地产、互联网服务、医疗卫生健康服务、医药及医疗器材零售、水

上运输和多元化金融 8 个行业。受到新冠肺炎疫情影响，医疗卫生健康服务和医药及医疗器材零售的平均收入利润率相比上年大幅提高，分别为 9.33% 和 9.01%。连续多年排在前五名的住宅地产，平均利润率只有 3.89%，没有达到平均水平。机电商贸和航空运输两个行业的收入利润率为负值，相比上年 5 个行业为负值，有所改善，如表 3-7 所示。

表 3-7 2022 中国服务业企业 500 强各行业收入利润率

行业名称	收入利润率/%	行业名称	收入利润率/%	行业名称	收入利润率/%
证券业	30.79	保险业	3.82	软件和信息技术（IT）	1.45
商业银行	20.50	水务	3.11	汽车摩托车零售	1.43
园区地产	16.09	铁路运输	3.08	连锁超市及百货	1.41
互联网服务	9.81	旅游和餐饮	3.06	物流及供应链	1.26
医疗卫生健康服务	9.33	生活消费品商贸	3.00	国际经济合作（工程承包）	1.12
医药及医疗器材零售	9.01	多元化投资	2.83	能源矿产商贸	0.92
水上运输	7.48	公路运输	2.59	综合商贸	0.73
多元化金融	7.45	文化娱乐	2.40	生产资料商贸	0.61
电信服务	6.40	科技研发、规划设计	1.91	金属品商贸	0.55
基金、信托及其他金融服务	6.21	综合服务业	1.77	人力资源服务	0.53
教育服务	5.82	家电及电子产品零售	1.71	综合能源供应	0.26
港口服务	5.53	农产品及食品批发	1.67	机电商贸	-0.77
邮政	5.51	航空港及相关服务业	1.65	航空运输	-6.89
商业地产	5.49	化工医药商贸	1.51		
住宅地产	3.89	电网	1.47		

4. 人均净利润有所提高，呈断层分布

2022 中国服务业企业 500 强中人均净利润（指人均归属母公司净利润）为 20.71 万元，相比上年（18.71 万元）增加 2 万元，增长了 9.66%。

从不同行业看，超出人均净利润平均水平的有基金、信托及其他金融服务，商业银行，证券业，园区地产，商业地产，水上运输，互联网服务，教育服务，金属品商贸，医药及医疗器材零售，能源矿产商贸，多元化金融，家电及电子产品零售 13 个行业。第一名的基金、信托及其他金融服务，人均净利润为 145.79 万元，相比上年出现较大降幅。上年榜单中，旅游和餐饮、教育服务、公路运输、航空运输和航空港及相关服务业这 5 个行业人均净利润出现负值，2022 年榜单中，机电商贸和航空

运输两个行业的人均净利润为负值，有所改善，如表 3 – 8 所示。

表 3 – 8 2022 中国服务业企业 500 强各行业人均净利润

行业名称	人均净利润/万元	行业名称	人均净利润/万元	行业名称	人均净利润/万元
基金、信托及其他金融服务	145.79	生产资料商贸	13.34	公路运输	5.48
商业银行	75.59	人力资源服务	12.94	文化娱乐	5.43
证券业	74.07	医疗卫生健康服务	11.74	邮政	5.15
园区地产	56.85	多元化投资	10.93	综合商贸	4.73
商业地产	41.54	港口服务	10.75	汽车摩托车零售	4.41
水上运输	38.21	农产品及食品批发	10.24	电网	4.26
互联网服务	35.45	电信服务	9.99	软件和信息技术（IT）	3.10
教育服务	32.59	物流及供应链	9.86	国际经济合作（工程承包）	2.56
金属品商贸	28.24	保险业	9.59	航空港及相关服务业	2.35
医药及医疗器材零售	27.53	铁路运输	6.64	连锁超市及百货	1.32
能源矿产商贸	26.22	综合服务业	5.86	综合能源供应	0.71
多元化金融	22.93	化工医药商贸	5.79	机电商贸	–1.88
家电及电子产品零售	22.32	旅游和餐饮	5.77	航空运输	–6.10
生活消费品商贸	17.78	水务	5.73		
住宅地产	14.62	科技研发、规划设计	5.71		

5. 资产利用效率有走低态势

2022 中国服务业企业 500 强的平均总资产利润率为 0.98%，平均净资产利润率为 8.45%，较上年均出现不同程度的下降；平均总资产周转率为 0.1493 次/年，较上年略有提高。从过去 10 年的数据来看，即党的十八大以来，中国服务业企业 500 强的资产利用效率总体上有走低态势。其中，净资产利润率连续下降，总资产利润率出现波动下降趋势，总资产周转率经历了先下降后上升又下降的走势。2013—2022 年，平均总资产利润率、平均净资产利润率和平均总资产周转率分别下降了 0.27 个百分点、4.49 个百分点、0.0161 次/年，如表 3 – 9 所示。

2022 中国服务业企业 500 强的平均资产负债率为 86.02%，较上年略有增长。因为银行业的特殊性，资产负债率长期处于高位，2022 年上榜的商业银行的平均资产负债率为 91.36%，大幅拉高了服务业 500 强的平均水平。除去银行，非银行服务业 500 强的平均资产负债率为 76.20%，相比上年增加了 2.01 个百分点。具体来看，高于非银服务 500 强平均资产负债率的企业数量共有 134 家，主要分布在：住宅地产 21 家、保险业 10 家、物流及供应链 10 家、化工医药商贸 8 家、金属品商贸 8 家和综合商贸 8 家。资产负债率在很大程度上反映了企业的抗风险水平，近两年受到新冠肺炎疫情的冲击，企业的经营状况面临一定的困境，广大服务业企业要有意识控制自身资产负债水平，让企业有一个相对适宜的杠杆率。

表 3－9　2013—2022 中国服务业企业 500 强资产利用情况

	总资产利润率/%	净资产利润率/%	总资产周转率/次/年	资产负债率/%	资产负债率（除去商业银行）/%
2013	1.25	12.94	0.1654	90.35	76.33
2014	1.21	12.93	0.1596	90.46	77.52
2015	1.19	12.05	0.1532	90.16	77.36
2016	1.16	11.20	0.1431	89.61	77.25
2017	1.04	10.35	0.1383	88.97	77.75
2018	1.07	10.47	0.1395	86.77	77.54
2019	1.04	9.89	0.1456	88.4	77.01
2020	1.12	9.77	0.1541	87.99	77.02
2021	1.03	8.84	0.1460	84.54	74.19
2022	0.98	8.45	0.1493	86.02	76.20

三、2022 中国服务业企业 500 强的行业分布情况分析

2022 中国服务业企业 500 强共分布在 42 个小类行业领域，12 个中类行业领域。其中，小类行业内企业数量排名前十位的行业包括：商业银行（45）、住宅地产（44）、物流及供应链（43）、多元化投资（34）、综合商贸（31）、互联网服务（19）、汽车摩托车零售（19）、金属品商贸（18）、连锁超市及百货（18）和综合服务业（18）。和上年相比，互联网服务、连锁超市及百货两个行业新进入前 10 位行业，化工医药商贸、综合能源供应两个行业退出前 10 位行业。在入围数量上住宅地产减少了 9 家，物流及供应链增加了 4 家，互联网服务增加了 3 家，其他变化不大。

1. 行业格局持续优化，现代服务正在崛起

观察 2013—2022 这 10 年间中国服务业企业 500 强行业分布变化，可以发现，党的十八大以来，伴随着传统的批发贸易、零售业、交通运输业等行业入围数量的持续走低，互联网及 IT 服务、金融业、物流及供应链等现代服务业企业快速崛起，服务业 500 强企业所在行业分布表现出明显分化，整体产业结构持续优化，如图 3－5 所示。

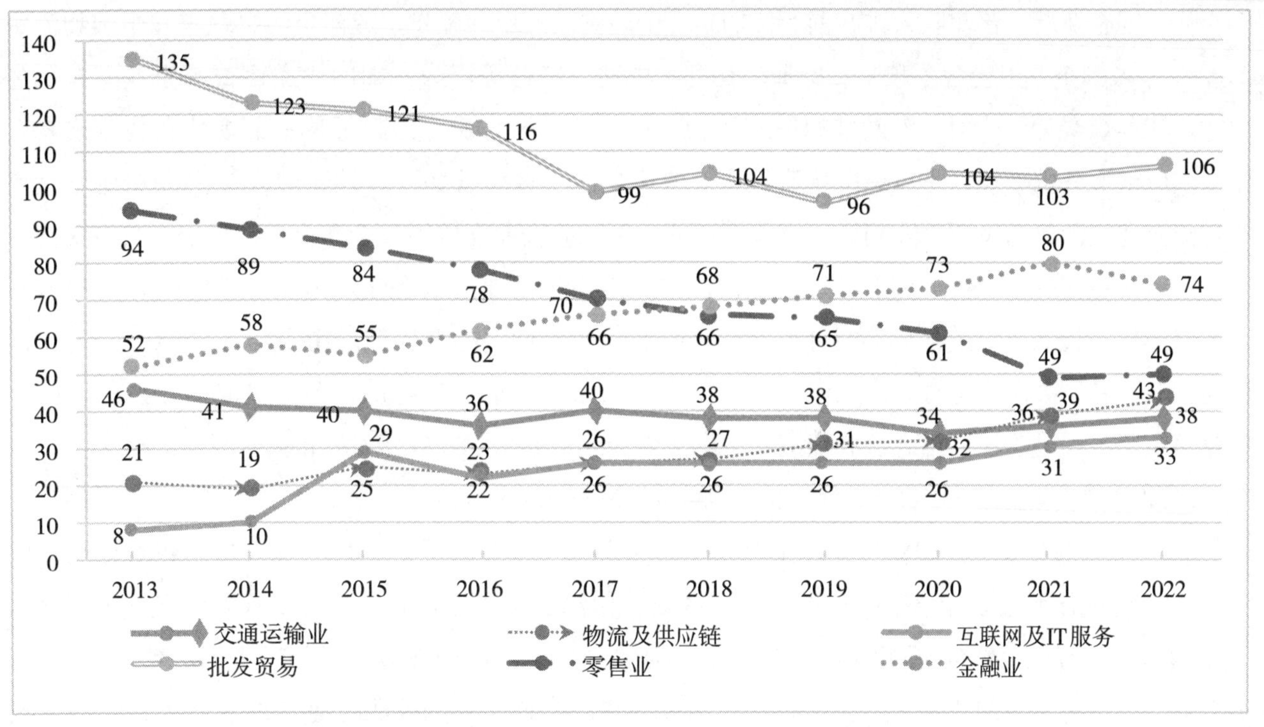

图 3－5 2013—2022 中国服务业企业 500 强部分行业入围数量

在 2013 中国服务业企业 500 强中，批发贸易、零售业、交通运输业三大类行业合计入围 275 家企业，占比 55%，是服务业大企业的主力军。而历经 10 年变迁，这三类企业历经大量的并购整合、淘汰，2022 年减少到 193 家，占比也下降为 38.6%。与此相对应的，互联网及 IT 服务、金融业、物流及供应链等行业发展日新月异，由 2013 中国服务业企业 500 强中的 80 家攀升至 2022 中国服务业企业 500 强中的 150 家，占比也由 16% 增加至 30%。这些行业既关系着产业结构调整和生产力转化的加快推进，也关系着人民生活品质和民生福祉的持续增进，是未来服务业发展的重要方向，也是服务业企业发挥我国超大规模市场优势、继续提升发展质量的重要支撑。

2. 供应链企业入围数量显著增加，企业规模有待提高

2022 中国服务业企业 500 强中，物流及供应链服务企业入围 42 家，比上年增加 4 家。

从总体情况来看，42 家物流及供应链企业实现营业收入 2.86 万亿元，占服务业 500 强比重为 5.94%；资产总额为 1.7 万亿元，占服务业 500 强比重为 0.53%；从业人员为 36.48 万人，占服务业 500 强比重为 2.4%，均小于企业数量占比 8.4%。可见，尽管入围企业数量在不断增加，但这些企业的发展规模相对较小，在很大程度上会影响企业的规模效应和竞争能力。作为行业中的佼佼者，顺丰以 321.2 亿美元的营业收入首次入围了 2022 世界 500 强，但仅位列该行业的第 16 位，相比国际巨头 UPS 的 972.87 亿美元营收，还有不小的差距。正是因为如此，国家为进一步提高物流资源的利用效率，优化物流业的发展秩序，组建成立了中国物流集团。

从结构来看，42 家物流及供应链企业中，国有企业有 13 家、民营企业有 29 家，国有企业的平均营收 1750 亿元，大幅高于民营企业的平均营收（382.87 亿元）。从分布地区来看，广东 10 家、江苏 5 家、福建 4 家、山东 3 家、上海 3 家和浙江 3 家。

从入围企业看，营业收入排在前 5 位的是：中国邮政、厦门建发、厦门象屿、顺丰和中国物流集团。43 家入围企业中包含了顺丰、圆通、德邦、中通、申通等广为人知的快递运输类企业，有玖隆钢铁、江苏煤炭运销公司和安徽华源医药等为专注于钢铁、煤炭、医药等某一个领域做物流或者延伸至供应链服务的企业，也有中国物流集团、厦门建发、青海省物产、甘肃国通等中央或地方直属的物流企业集团，与民营企业相比，央地直属的大型国有企业在资源整合和要素聚集上更具有优势。

未来，供应链企业在规模上继续提高的同时，也要积极通过数字化技术实现供应链各个环节间的无缝连接，提高供应链各环节的可视化、透明度和协调性，降低供应链上下游的风险，并且通过移动互联与社群技术，与客户之间建立紧密的合作关系，创造更良好的体验，形成产业链、供应链的竞争优势，疏通物流、信息流和商流在中国大市场的流通，服务好新发展格局。

3. 数字产业化企业不断进步，深入推动数字经济发展

2022 中国服务业企业 500 强中，作为数字产业化方阵的主力军，互联网服务企业和信息技术服务（IT）企业分别入围 19 家和 14 家，合计 33 家，相比上年增加 2 家。党的十八大以来，大幅增加了 24 家。10 年间，数字产业化企业快速发展，对我国数字经济的发展，对居民个人的数字化体验，对企业、城市等主体的数字化转型都提供了重要支撑。当前，互联网服务企业的发展依托于信息技术的支撑，衍生出了信息技术服务相关业务，比如阿里巴巴和腾讯，还有很多信息技术服务企业的业务也不仅仅局限在提供软件和技术，而是和客户、和上下游进行深入的连接和互动，打造网络生态。因此，互联网服务企业和信息技术服务两类企业不断交叉融合，不断成为数字产业化的重要力量。

从总体来看，两类企业的营业收入合计为 3.46 万亿元，占服务业 500 强比重为 7.14%；归属母公司净利润为 2996.28 亿元，占服务业 500 强比重为 9.51%；研发费用 987.76 亿元，占服务业 500 强比重为 33.19%，均高于入围占比 6.6%，尤其是在创新投入上，大幅领先服务业 500 强平均水平。从所有制来看，国有企业 4 家，民营企业 29 家。从地域来看，广东 7 家，北京、江苏和上海都是 5 家。从 2021—2022 年度两年的变化来看，互联网服务企业和信息技术服务（IT）两个行业的营业收入增长分别为 25.46% 和 26.26%，都高于服务业 500 强平均水平。新冠肺炎疫情不断反复中，消费互联更加丰富，与此同时，企业数字化转型持续推进，产业互联网不断深入，这都为两类企业拓展出了更大的市场空间。

从入围企业看，互联网服务入围企业中，按照营业收入排在前 5 位的分别为：京东、阿里巴巴、腾讯、美团点评和百度，与上年一致。软件和信息技术（IT）企业中，按照营业收入排在前 5 位的分别为：神州数码、汇通达、云账户、通鼎和江苏满运。这些企业将互联网深度应用于零售、社交、外卖、交通运输等行业的整合发展中，并在人工智能、云计算、网络安全、物联网、音视频技术等领域不断增强实力，尝试在更广泛的产业中提供信息技术服务。与此同时，这两年也有一批新面孔进入榜单，比如通过数字化手段和云上赋能的方式为众多平台企业提供综合管理服务和为个体提供灵活就业服务的云账户；比如提供专业直播服务、短视频创作服务和语音通信服务的广州华多网络；还有软通动力和新大陆等企业在数字化咨询与解决方案中不断精进。

4. 现代金融不断进步，发展质量有待加强

2022 中国服务业企业 500 强中，金融业入围 75 家，分别为商业银行 45 家、保险业 12 家、证券业 6 家、基金信托 3 家和多元化金融 9 家。国有企业 57 家，民营企业 18 家。党的十八大以来，金融业入围数量增加 23 家，其中，商业银行增加 6 家、保险业增加 4 家、证券业增加 3 家、基金信托增加 1 家、多元化金融增加 9 家。

首先，商业银行一直都是服务业企业 500 强中的庞大存在，其净利润和资产总额长期在服务业 500 强中占比过半。2022 年榜单中，工、建、农、中四大传统巨头位列前四，均进入榜单前 10 位，分别位列第 2 位、第 3 位、第 5 位和第 8 位；且工、建、农三家银行的营业收入均已经达到了万亿级。此外，交通银行和招商银行位居第五和第六位，其他股份制银行、城商行和农商行占据其他席位。党的十八大以来，银行入围数量保持在 40 家左右，但其他各项指标占比出现了持续下降的趋势。

2022 中国服务业企业 500 强中，45 家商业银行的净利润总额为 1.69 万亿元，占比 53.72%；资产总额 197.22 万亿元，占比 61.14%，相较于上年，入围数量减少 1 家，但净利润占比增加 4.51 个百分点，对服务业 500 强的利润贡献显著增加，营业收入、资产、纳税和员工占比变化不大，如表 3-10 所示。此外，商业银行的资产负债率多年持续在 90% 以上的高位，是服务业 500 强中负债率最高的行业。在经济发展良好、市场信心稳定和内部管理良好的情况下，高负债经营尚且问题不大，但当其中某一项或者某几项出现问题时，银行业兑付危机将出现比其他行业更大的风险隐患。从 2019 年包商银行的破产到如今村镇银行的“爆雷”事件，应该给银行业的发展模式和管理能力敲响警钟。

表 3-10 2013—2022 中国服务业企业 500 强中银行业各项指标占比

年份	企业个数占比/%	营业收入占比/%	净利润占比/%	资产占比/%	纳税总额占比/%	从业人数占比/%
2013	7.80	21.68	67.55	71.27	40.45	16.64
2014	8.60	22.94	70.95	72.35	39.45	17.94
2015	8.20	24.36	67.69	71.25	38.81	17.50
2016	9.00	23.84	61.50	69.34	38.15	16.55
2017	8.60	20.48	60.25	66.27	32.88	14.00
2018	9.00	19.40	56.41	65.59	30.76	14.51
2019	7.80	19.10	56.10	63.52	28.35	13.07
2020	8.20	17.37	49.62	60.39	27.28	12.97
2021	9.20	17.31	49.21	60.65	26.50	13.40
2022	9.00	17.15	53.72	61.14	26.67	14.73

其次，非银金融业发展保持良好势头，2022 年榜单中入围 30 家。相比于 2013 年，非银金融业入围数量增加了 17 家。特别是保险业值得一提，得益于国内庞大市场中保险意识的逐步觉醒，保险企

业近年来的增长可圈可点，世界舞台上，有 7 家保险企业入围了 2022 世界 500 强榜单。以平安、泰康为代表的保险企业勇于求新求变，以金融、科技为抓手，服务医疗健康、养老，不断扩大企业版图，并充分发挥保险资金长期稳健投资优势，在服务国家实体经济和重要战略项目等方面取得了重要进步。与此同时，我们也看到，我国保险产业发展仍处于成长初期，一方面是在国民经济中保险的密度和深度均不足，另一方面保险的品种较为单一，管理和服务能力不足导致消费和保险之间还存在较大的心理距离。证券和基金亦是如此。

四、2022 中国服务业企业 500 强的并购情况分析

近年来，服务业的并购整合持续升温，2022 中国服务业企业 500 强依然保持着较高的热情，有 116 家企业发生了 1183 次并购。发起并购的企业主体数量处于近 10 年来的较低水平，但发生并购的次数则达到了最高水平，单个企业并购次数达到 10.20 次，也达到了最高水平。其中，并购企业数达到 20 家的共计有 13 家：珠海华发 141 家、青岛海发 135 家、中国医药 110 家、水发集团 110 家、广州岭南商旅投资 99 家、山东高速 52 家、广东粤海控股 50 家、国开投 35 家、大参林药业 32 家、建业 27 家、顺丰 21 家、龙湖 20 家和奥园 20 家。

参与并购的 116 家企业主体中，有国有企业 80 家，民营企业 36 家，国有企业依然是并购的主力；主要行业有：住宅地产 16 家、多元化投资 14 家、综合能源供应 11 家、物流及供应链 10 家、公路运输 7 家、医药及医疗器材零售 5 家。这其中，多元化投资、综合能源供应和公路运输等企业大都有地方投融资平台功能，在地方"两类"公司大力度推进产业整合的背景下，这些企业在近几年处于并购的高峰期，并形成了一批综合性和专业性的地方公共服务企业，如山东水发集团。此外，房地产企业和医药流通企业也是近几年并购的主力，如表 3 – 11 所示。

表 3 – 11　2013—2022 中国服务业企业 500 强并购情况

年份	企业数量	重组并购个数
2013	87	358
2014	117	587
2015	100	519
2016	115	634
2017	121	906
2018	136	695
2019	144	1056
2020	135	992
2021	125	1025
2022	116	1183

五、2022 中国服务业企业 500 强地域分布情况分析

2022 中国服务业企业 500 强分布在全国 29 个省（自治区、直辖市），全国 31 个省（自治区、直辖市）中仅宁夏回族自治区和西藏自治区没有企业入围（不包括台湾）。

1. 传统三强地区被打破，苏浙闽快速崛起

服务业大企业分布在少数区域的特征依然显著。随着浙江、江苏、福建等地区的服务业大企业快速崛起，传统的北上广三强地区的格局受到较大影响。因此，在近几年的报告中，我们用地区入围前五来观察服务业大企业的地区格局。2022 中国服务业企业 500 强中，排在前五的分别是广东 75 家、江苏 53 家、北京 50 家、浙江 49 家和福建 40 家，合计入围企业数量 267 家。和上年的地区五强（广东 73 家、北京 53 家、江苏 52 家、上海 49 家、浙江 47 家）相比，入围数量由 274 家减少到 267 家。广东仍旧排在第一位，江苏和福建大幅进步，分别排在第二位和第五位，尤其是福建从第二梯队，快速进入第一梯队，北京尽管仍位居前三，但入围数量持续在减少，如表 3 - 12 所示。

表 3 - 12 2013—2022 中国服务业企业 500 强部分地区入围企业分布

年份＼地域	北京/家	上海/家	广东/家	江苏/家	浙江/家	福建/家
2013	64	48	49	41	59	29
2014	61	46	59	31	59	28
2015	60	41	62	32	65	26
2016	51	47	78	28	63	21
2017	63	55	77	29	51	23
2018	60	48	91	42	48	24
2019	60	53	99	44	46	24
2020	55	47	91	44	47	31
2021	53	49	73	52	47	32
2022	50	38	75	53	49	40

如果从企业规模看，按营业收入占比排名，位居前五位的地区是北京、广东、上海、浙江和福建，营收占比分别为 45.55%、14.31%、8.45%、7.14% 和 6.28%，江苏因整体企业规模偏小，没有入围前五。北京以绝对的优势，排在第一位，北上广传统三强的规模优势不容忽视，如图 3 - 6 所示。

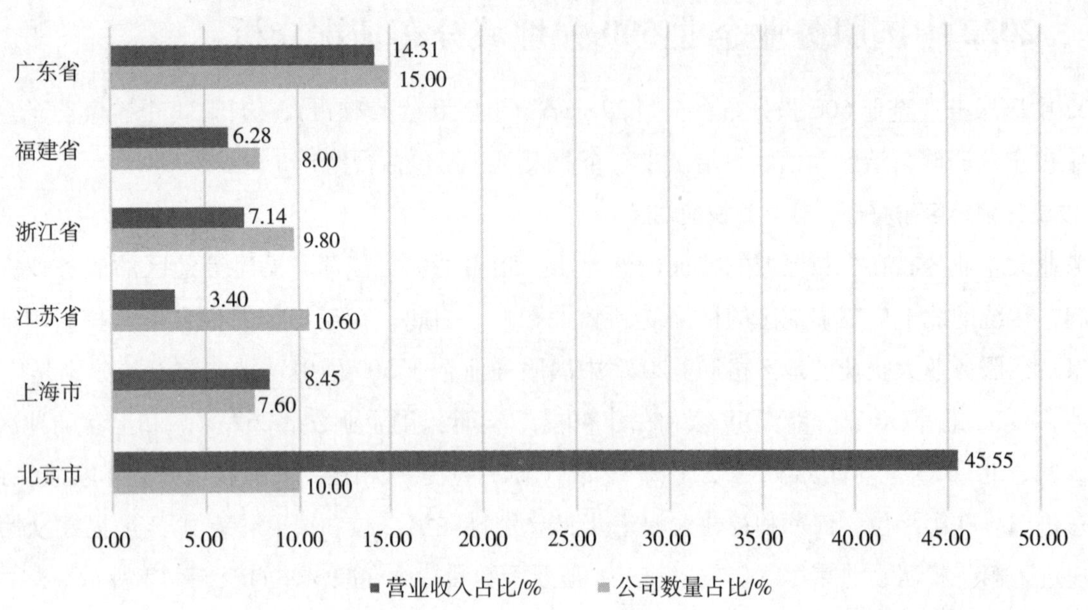

图 3－6 2022 中国服务业企业 500 强北上广浙鲁闽地区比较

2. 中部和西部入围数量增加

按照东部、中部、西部和东北四大板块来看，2021—2022 中国服务业企业 500 强中，东部地区从 370 家企业减少到 365 家企业，中部地区从 59 家企业增加到 65 家企业，西部地区从 62 家企业增加到 65 家，东北地区从 9 家企业减少到 5 家。

党的十八大以来，东部企业入围数量总体上有增加的态势，但因 2021 和 2022 年入围榜单数量的下降，东部入围数量又回到了 2013 年的水平。中部地区，入围数量增加了 5 家。西部地区，入围数量增加了 10 家。东北部地区减少了 14 家，如表 3－13 所示。

表 3－13 2013—2022 中国服务业企业 500 强地区分布（单位：家）

地域	2013	2014	2015	2016	2017	2018	2019	2020	2021	2022
东部	366	354	349	350	361	368	372	372	370	365
中部	60	62	64	65	63	61	63	58	59	65
西部	55	63	69	70	63	61	59	65	62	65
东北	19	21	18	15	13	10	6	5	9	5

从 2022 中国服务业企业 500 强在各省（自治区、直辖市）及四大板块的企业分布来看，广东、湖南、重庆、吉林分别是东、中、西、东北四大板块中入围企业数量最多的地区，北京、湖北、重庆、辽宁分别是四大板块中企业营业收入占比最高的地区。这表明，广东、湖南和吉林虽然大企业数量多，但企业的营收规模不够大，反观北京、湖北和辽宁的企业具有“数量少个头大”的特点。重庆的企业数量和规模相对比较均衡，如表 3－14 所示。

表 3 - 14　2022 中国服务业企业 500 强不同地区入围情况

东部	入围数量第一	中部	入围数量第一	西部	入围数量第一	东北	入围数量第一
广东	75 个	湖南	18 个	重庆	22 个	吉林	2 个
东部	营业收入占比第一	中部	营业收入占比第一	西部	营业收入占比第一	东北	营业收入占比第一
北京	51.05%	湖北	38.12%	重庆	31.18%	辽宁	48.64%

六、2022 中国服务业企业 500 强所有制分布情况分析

中国服务业企业 500 强中，民营企业入围数量连续两年超过国有企业，2022 年的榜单中入围民营企业数量下降，为 243 家，低于国有企业入围数量 257 家。

1. 民营企业发展活力不断释放

2022 中国服务业企业 500 强中，国有企业和民营企业分别入围 257 家和 243 家，营业收入分别为 34.33 万亿元和 13.83 万亿元，分别获得归属母公司净利润 2.32 万亿元和 0.83 万亿元。从变化来看，随着新兴产业的发展和传统服务中政策准入门槛的下降，民营企业的入围数量持续增加，国有企业相应出现减少，党的十八大以来，民营企业数量从 215 家增长到 243 家，增加了 28 家，其中 2021 年达到最高点，入围数量 258 家，如表 3 - 15 所示。

表 3 - 15　2021—2022 中国服务业企业 500 强不同所有制企业比较

	所有制	数量/家	营业收入/万亿元	净利润/万亿元
2021	国有	242	28.9	2.01
	民营	258	14.69	1.05
2022	国有	257	34.33	2.32
	民营	243	13.83	0.83

虽然民营企业在入围数量上已经与国有企业基本持平，但营收额和利润额依然大大低于国有企业。从变化来看，这一差距正在不断缩小。党的十八大以来，入围榜单的国有企业平均营业收入从 590.09 亿元增长到 1335.70 亿元，增长了 1.26 倍；入围榜单的民营企业平均营业收入从 173.35 亿元增长到 568.94 亿元，增长了 2.28 倍，相应地，国有企业和民营企业的平均营收规模差异从 3.4 倍，缩小至 2.35 倍。同样，国有企业和民营企业的平均净利润差异也从 6.62 倍，缩小至 2.51 倍，如表 3 - 16 所示。

表 3－16　2013、2022 中国服务业企业 500 强不同所有制企业比较

	2013 营业收入（平均）	2013 净利润（平均）	2022 营业收入（平均）	2022 净利润（平均）
国有	590.09 亿元	48.74 亿元	1335.70 亿元	107.35 亿元
民营	173.35 亿元	7.37 亿元	568.94 亿元	42.69 亿元
国有/民营	3.40	6.62	2.35	2.51

2. **国有、民营各具优势**

2022 中国服务业企业 500 强中，国有企业和民营企业依旧在不同行业中具有各自明显的优势，如表 3－17 所示。

表 3－17　2022 中国服务业企业 500 强所有制 & 行业分布比较（单位：家）

	总数/家	国有/家	民营/家	国有－民营/家
电网	3	3	0	3
水务	8	8	0	8
综合能源供应	17	13	4	9
铁路运输	2	2	0	2
公路运输	16	16	0	16
水上运输	2	1	1	0
港口服务	11	10	1	9
航空运输	6	4	2	2
航空港及相关服务业	1	1	0	1
邮政	1	1	0	1
物流及供应链	42	13	29	－16
电信服务	3	3	0	3
软件和信息技术（IT）	14	1	13	－12
互联网服务	19	3	16	－13
能源矿产商贸	11	2	9	－7
化工医药商贸	14	5	9	－4
机电商贸	1	1	0	1
生活消费品商贸	7	1	6	－5
农产品及食品批发	15	5	10	－5

续表

	总数/家	国有/家	民营/家	国有 - 民营/家
生产资料商贸	9	5	4	1
金属品商贸	18	3	15	-12
综合商贸	31	16	15	1
连锁超市及百货	18	6	12	-6
汽车摩托车零售	19	1	18	-17
家电及电子产品零售	3	0	3	-3
医药及医疗器材零售	9	4	5	-1
商业银行	45	37	8	29
保险业	12	8	4	4
证券业	6	4	2	2
基金、信托及其他金融服务	3	1	2	-1
多元化金融	9	7	2	5
住宅地产	44	15	29	-14
商业地产	5	1	4	-3
园区地产	1	1	0	1
多元化投资	34	27	7	20
人力资源服务	5	3	2	1
科技研发、规划设计	1	1	0	1
国际经济合作（工程承包）	1	1	0	1
旅游和餐饮	5	4	1	3
文化娱乐	8	8	0	8
教育服务	1	0	1	-1
医疗卫生健康服务	2	0	2	-2
综合服务业	18	11	7	4

首先，国有企业在公共服务领域入围数量具有绝对优势，这既包含了电网、水务、能源供应等民生服务，也包含了公路、航空、水运、港口、铁路等交通领域的基础服务，还有为互联网服务及各类 IT 服务提供基础保障的电信服务。民营企业在这些基础服务之上，围绕消费端的多样化、个性化和品质化，围绕生产端的支撑服务、连接服务和牵引性服务大展身手。比如物流及供应链服务，依

托于不断完善的基础交通设施服务快速发展，民营企业入围 29 家，大幅超过国有企业的 13 家。在互联网服务、软件和信息技术（IT）中，民营企业入围 29 家，国有企业仅有 4 家。

其次，在政策性或者自然垄断属性较高的行业，国有企业入围数量更具优势，比如商业银行中，国有企业有 37 家，民营企业只有 8 家；相对应地民营企业在准入门槛较低的行业更具活力，比如在零售业和房地产行业。连锁超市及百货、汽车摩托车零售、家电及电子产品零售中，民营企业入围 33 家，国有企业仅有 7 家。

最后，在政策逐渐放开的领域，国有企业依然具有一定的数量优势，但优势逐渐减弱。最为显著的当属批发贸易行业。根据加入世贸组织的承诺，2006 年我国全面放开外贸经营权，而后“双轨制”结束，进入内外贸一体化时代，批发外贸领域对行业、地区、所有制、企业规模几乎没有任何限制，相关企业遍地开花。过去这 16 年间，尽管当时承担国家进出口任务的贸易巨头仍在榜单中，比如五矿、中粮、国机集团等，但一大批地方性、民营贸易巨头也不断进入榜单，不断丰富着这个服务业 500 强中的第一大行业。时至今日，批发贸易行业中民营企业有 68 家，国有企业仅剩 38 家。

七、当前服务业大企业发展面临的主要问题和挑战

近年来，服务业发展取得了长足进步，在促进经济发展、创造就业和创新创业方面贡献突出。2015 年至今，服务业增加值对 GDP 的贡献已经连续 7 年超过 50%，并保持了持续上涨的态势，同时成为吸纳就业最大的产业。以服务业 500 强为代表的服务业大企业也发挥主引擎作用，规模大幅增长，效益稳步改善，行业结构显著优化，一批“三新”企业的入围给服务业大企业群体带来了发展活力。在肯定成绩的同时，我们也清醒地看到服务业大企业仍旧面临着不少挑战，尤其是在新冠肺炎疫情的冲击下，产销同步的传统服务业态面临了很大冲击，市场需求不足、企业经营成本增大、资金压力等难题接踵而至，也暴露出一批服务业大企业战略冒进导致风险敞口过大、价值创造能力不足等问题。

1. 市场需求疲软

在新冠肺炎疫情的冲击下，百年变局加速演进，外部环境更趋复杂严峻和不确定，我国经济发展面临需求收缩的压力，这在服务业领域表现突出。近两年，多地疫情反复，给产销同步的旅游、餐饮、住宿、娱乐等线下消费带来持续冲击，很多企业的业务都出现明显萎缩，与此同时线上消费也表现出一定的疲软态势。电商“6·18”促销是上半年线上消费的晴雨表。相比 2021 年，2022 年阿里巴巴、京东和拼多多等综合电商平台交易额为 5826 亿元，同比增长仅 0.07%，增速出现放缓。从消费性服务业入围服务 500 强的情况看，消费需求的恢复受居民就业水平、收入水平和收入预期等因素影响显著，在经济困难时刻，这些因素的好转需要一个过程。而服务供给端受到防疫政策的影响，面对面的服务方式、商品的有效流转等方面也面临诸多不利因素。

生产性服务业也面临需求不足的情况。一方面，制造企业景气指数下降导致相关服务需求不足。受到服务业长期以来发展质量不高的影响，大部分制造业企业对生产性服务的需求动机更多的是“锦上添花”而非“雪中送炭”。当制造业规模大幅增长并处于明显上升期时，会寻求服务提供商来帮助提升发展质量，而不是服务提供商已经对制造业的发展质量提升显示出很强的必然性。因此，

在外部环境较为复杂，经济整体处于下行压力加大的时期，生产性服务业的需求空间将被明显压缩。另一方面，服务业和制造业融合式发展已经成为趋势，服务型制造业正成为制造业企业转型升级的重要方式，并取得丰富的经验。制造业企业围绕价值链，将研发、工业设计到供应链管理、分销服务、售后等服务环节融合到一体化的解决方案中，由简单加工制造向“制造 + 服务”转变。这给生产性服务业带来了两大挑战，一是制造业产品服务一体化减少了现存生产性服务业发展的需求空间；二是对生产性服务的质量提出了更高要求，服务供给要真正解决企业所面临的现实困境，真正能够帮助企业实现降本增效。同时也要看到，从制造企业孕育而出的服务业态也成为服务业企业产生和做大做强的一种可靠路径。

2. 服务能力不足

尽管服务业大企业在规模总量方面进步显著，也催生出一批新业态和新模式，但仍旧面临服务意识不足、专业化服务能力不高、服务价值贡献不大等问题。

首先，服务业大企业发展模式依旧较为粗放。从企业的经营理念看，过去这些年，中国经济迅猛发展，市场空间广阔，以互联网、金融和房地产为代表的增长点比比皆是，企业甚至无须在服务质量上多费功夫就能活得很好，于是怀着极大的热情追逐一个又一个发展的风口。很多服务业企业都在以一种粗放式、多元化的思路在快速做大。从服务需求来看，中国庞大的、多层次的消费市场，让很多服务企业正处在解决“有没有”的阶段，距离真正实现“好不好”有一段路程；同时中国制造的长期低成本、粗放发展，也没有给本土商务服务带来太多有效的市场锤炼的机会。

其次，很多服务业大企业价值增值水平不高。以流通服务为例，这是中国服务业 500 强中历年上榜最多的一大产业。2022 年的榜单中，批发贸易类企业有 106 家，零售类企业有 50 家，合计 156 家，占比 31.2%。但长久以来，我国的流通体系中，经销商等级众多，大都处于“二传手”的定位。批发商“赚取差价”、零售商“物业收租”，嵌入型服务、增值型服务涉及还不够。在“价值创造”这一环节，竞争力不足往往让众多经销商在生产者/品牌商面前的话语权日渐式微。

3. 发展水平不充分

观察中国服务业企业 500 强发布以来近 20 年间的变化，互联网及信息技术服务、金融业、物流及供应链等现代服务企业发展日新月异，极大地优化了服务业大企业的产业分布格局，同时贸易、零售和交通等传统服务占比大幅下降，服务业朝现代化迈进步伐坚实。然而，国家经济竞争力的提高迫切需要高质量服务的支撑，人们对美好生活的向往依旧面临不平衡不充分的症结，当前服务业体量发展不足、发展潜力依旧释放不够、发展质量中还有很多短板。

首先，有效服务供给不充分。一方面是居民消费加快升级，呈现出个性化、多样化、品质化的特征，另一方面是五星级酒店卫生乱象，餐饮店卫生难题似乎已经是行业公开的秘密，消费服务亟须常态化的卫生标准和操作规则；一方面是长寿时代人们需要更加完备的医疗、养老、健康服务，另一方面是这些领域还没有增长出足够多的服务业大企业；一方面是中国制造业转型升级的迫切性和以“四大”为代表的外资企业长期服务中国市场，另一方面是我国的咨询、法律等知识型专业服务企业成长质量不高，进军国际市场步伐缓慢。这背后是服务业企业的供给能力没有跟上经济发展的需求，没有跟上人们对美好生活的向往需求，没有跟上那些坚持高质量发展路线的制造业企业的步伐。

其次，发展效率有待提高。近年来，服务业大企业的发展规模实现了由追赶到一定程度的领先。自2016年开始，服务业企业500强营收总额开始超过制造业企业500强，已经保持了连续7年，但相比制造业企业500强，服务业企业的劳动生产率相对较低。2006年到2022年，服务业企业500强的人均营业收入从70.69万元增长到316.43万元，制造业企业500强则从87.67万元增长到336.52万元。制造业企业500强更容易实现规模化生产和智能化运作，以劳动密集型和个性化需求为特征的服务业，劳动生产率提升相对较慢，服务业企业营收的领先和在GDP中比重的上升，不排除“鲍莫尔成本病”的可能，即随着制造业的生产率更快改进，服务业相对较低的生产率导致提供同样服务所需要的价格相对更高。

4. 风控意识不强

近几年，以乐视、海航、恒大为代表的一批服务业大企业通过加杠杆、并购和多元化经营进行了快速扩张，经营规模不断扩大，但在市场遇冷或者政策加紧等环境下很快陷入了资不抵债、破产清算的境地。纵然还活着的企业，也因为现金流紧张和债务违约等困境让企业面临生存压力。

究其原因，一是近年来新技术的发展和商业模式的创新层出不求，互联网金融、新能源汽车、大健康等风口频现，已经取得发展成就的企业过分估计了自身对新机会的把握能力，陷入了战略冒进主义陷阱，企业经营管理能力的提高跟不上企业扩张的速度，外部环境的下行压力成为触发和加速企业消亡的最后一根稻草。

二是过去这些年，房地产、金融、互联网等行业实现了大发展和大跨越，尽管很多企业“立于危墙”，还是在行业快速增长中得以幸存，并取得了丰厚的回报，让很多企业存在幸存者偏差的侥幸。比如以重资产、高负债为逻辑的房地产行业，在2008年金融危机陷入困境的房地产企业在四万亿救市中留下了很多“幸存者”；在行业普遍的高周转模式中，建筑安全事故频发，但依然在2018年以来的世界500强中包揽了这个行业的全部入围席位，迎来高光时刻。但在“房住不炒”的大趋势中，那些依然没有回归经营本质，持续改善经营效益，在“活下来”中完成转型的企业开始陷入不同程度的危局。

5. 国际化进展不大

根据国家统计局的数据，这几年我国服务贸易逆差大幅下降，从2019年的15024.9亿元下降到2021年的2113亿元，其中出境旅游受新冠肺炎疫情影响，旅行服务逆差从14941.6亿元降至2021年的6430.4亿元。这意味着，2019年的服务贸易逆差主要由旅游服务导致，占比99.45%，其他服务贸易基本达到进出口平衡；2021年的旅游服务逆差要高出服务贸易总体逆差4137.4亿元，那么总体服务贸易逆差减少则是非旅游服务贸易的顺差所致。其中，数字信息的服务贸易做出了很大贡献，其他领域的服务贸易则进展不明显。

从大企业的情况来看，2022服务业企业500强中，只有179家企业获得了海外收入，174家企业布局了海外资产企业，分别占比只有35.8%和34.85。在2022跨国企业100大中，服务业大企业仅入围21家。这些现状与服务贸易在世界范围内的快速增长并不相协调。

当前，逆全球化愈演愈烈，给我国服务业企业参与跨国生产布局和国际分工带来巨大挑战。在新冠肺炎疫情防控的叠加作用下，全球供应链脆弱性暴露，面临断供危局。作为供应链的重要节点和纽带的

物流运输、贸易服务等企业的国际业务开展受到显著影响。与此同时，我们也要认识到我国服务业长期发展落后，服务能力不足，尤其是对制造业企业“走出去”没有起到足够的支撑和保驾护航的作用，服务业出口缺乏竞争力。近年来我国不断加大服务业对外开放的力度。对广大服务业企业而言，一方面能够有机会引进新的技术，学习先进的管理模式和专业的服务经验，激发自身的成长动力。另一方面也面临着更加激烈的竞争环境，在国内服务市场，可能面临“外来的和尚好念经”的压力；在国际市场中，也可能会受困于外资所能提供的全球体系化服务的掣肘，而面临开拓和布局的困难。在鲶鱼效应中如何“与狼共舞”，是摆在我国服务业企业面前的一个必须解决的问题。

八、促进服务业大企业高质量发展的主要建议

尽管服务业大企业的发展存在不少问题，面临诸多困难，但我们仍要看到外部环境中存在的有利条件，尤其是经济发展长期向好的趋势、人们对美好生活向往追求的永恒性和数字经济给服务业发展带来发展空间和价值重塑的机会。更重要的是很多优秀的企业已经先人一步做出了有益的探索和实践，它们在多变和不确定性环境中展现出的发展韧性和活力，具有很好的启发性。

1. 应对环境 VUCA 化，努力增强发展韧性

当前的环境呈现出越来越乌卡化（VUCA 的音译）的特征，即不稳定性（Volatility）、不确定性（Uncertainty）、复杂性（Complexity）和模糊性（Ambiguity）。VUCA 度越高，机会和挑战越多，给企业跨越周期性成长带来的变量就越多。身处这样的环境之中，企业往往容易焦虑，陷入什么都想要、什么都不行的迷茫里。更何况，在乌卡化的环境中识别是机会还是陷阱，本身就是困难的。因此，我们要强调，服务业大企业与其预测环境，不如积极应对，在任何外部条件中都要让企业保持发展的稳定性，在持续改善、持续变革中增强发展的韧性。

首先，客观认识三张财务报表，重视现金流量表的质量。保证维持生命的“血液”——足够的现金流和毛利水平。尤其当市场处于下行压力时，现金流是导致企业活下去和要死掉的唯一标准。相比较而言，利润是基于价值观的一种选择。从财务报表看，利润是收入扣除各项成本以后的结果。研发投入高、员工收入高，甚至于偷税漏税等选择都会促成利润的提高，但显然是不可持续的。如果因为积极正向的投入令利润有短期的下降，也未尝不可。企业要学会短期利益和长期发展的兼顾，在规模、利润、现金流三个方面做出平衡和取舍。

其次，积极应对变化，保持稳定且持续的增长。柯林斯和汉森在研究“十倍领先企业”时强调了“20 英里征途”原理，即在逆境时要坚持在高绩效的承诺，顺境时也不要过度消耗，无论外部环境如何，都坚持可持续的增长速度。这两年，房地产行业频繁“爆雷”，也不乏行业巨头，但万科活得还不错。这得益于万科的居安思危的意识，早在 2018 年万科就喊出了要“活下去、活得好、活得久”，并努力转型成为城乡建设与生活服务商。更为重要的是万科的“农民”心态，无论在什么样的政策和市场环境中都不忘记企业的使命是把粮食种出来，保证企业能够增长。

最后，把握发展速度，平衡好踩油门和踩刹车的节奏。进入服务业 500 强的企业都具有了一定的规模优势，选择多元化扩张或者专业化深耕，都具备了更多的选择余地，但同样也需要更强的管理能力和协同能力。同时，具有了规模优势的企业，应该着力将规模效应发挥出来，不能只顾向前奔

跑，要将做大、做强、做优、做新和做久等发展目标进行平衡。因此，我们强调大企业不要盲目乐观，要注重风险管控，要构建与企业发展规模和发展阶段相适应的能力。在每一个阶段，做对的事情并把事情做对，才能获得持续成长。

2. 保持战略定力，充分激发人的价值

当前中国服务业企业 500 强的行业分布具有一定的局限性，还有很多重要的服务领域我们还没有产生足够具有影响力的企业。即使在榜企业，其规模、效益和竞争力与美国同类企业相比较也都有不同程度的差距。从另一个角度看，这对企业成长而言，实际上是一个无限广阔的市场。2022 年是中国 500 强综合榜单发布的第 21 年，那些持续在榜单中的"常青树"企业，既有历经行业扩张的汽车、房地产、通信、机械设备等，也有相对稳定的银行、家电、食品、农产品、电力电气，当然也还有经历过山车变化的零售、新能源、轻工制造等，分布范围广泛，但他们中的绝大多数都在主业和能力建设上表现出极强的专注力，体现了围绕核心业务或者能力去向外拓展的战略定力。因此，我们强调服务业大企业不要一味迷恋风口和热点，不要依赖行业本身带来的红利，将时间线拉长，每一个行业都能产生伟大的企业，这些"常青树"企业已经做出了作证。当然，战略定力不等于业务聚焦，不是固守一个产品或者服务，不去做多元化拓展，而是要基于构建可持续的价值创造能力做调整和优化，围绕为客户需求的变化去不断提升产品服务，优化解决方案。

企业发展的根本不是因为创业者的愿望，或者所拥有的先进技术、优秀人才和最新设备，而是因为客户需求的存在，是因为能帮助客户解决他们所关切的问题。因此，企业要想做大做强做优做久，就必须聚焦客户，从客户需求出发，以优化现有业务或者开展新的业务为手段，扎实提升服务能力。相比于制造业，服务业的发展更加依赖于发挥人的积极性、参与性和创造性。这既包含了内部的员工，也包含了外部的客户。服务能力的建设离不开对"人的需要"的深层关照和对"人的价值"的深度开发。员工是企业内部的顾客，员工和服务一体两面，"服务至上"的另一面便是服务的提供者——员工至上。顾客也可以是企业的外部员工，越来越多的具有话语权的领先客户参与到服务过程中，引领某种服务潮流。所有的服务设计、服务品质和服务方式的落地都依赖于此。

3. 回归企业成长本质，提升价值创造力

价值创造的重要性不言而喻，这里我们需要厘清楚的是价值创造的实现路径、穿透财务数据和产品服务表象的价值创造力。

企业成长的逻辑起点是满足现有需求和激发潜在需求，提供物美价廉、便捷、安全、可靠的产品和服务是表象特征和价值承载。那么又是什么决定了产品和服务具备这些特征呢？是企业的价值创造力，是基于客户需求，向前一步追问客户需求背后的真正关切；是明晰企业需要具备什么样的关键能力和关键要素才能回应顾客的需求。企业需要把握这两个关键问题，才能够实现价值的持续输出。因此，价值创造力的关键在于对业态本质、需求内核的把握和对创造价值核心能力的掌控。

京东在 2007 年就开始重金投入物流，哪怕在长时间亏损的考验中，也依然坚守物流能力和供应链效率之于电商业态和电商用户重要性的信念。在激烈的行业竞争中，快速可靠的物流保障了京东能够带给用户优质的购物体验，强化了客户忠诚，还成就了其在物流环节本身的市场空间，在后来直播带货、市场下沉等新消费的角逐中，京东都借此保障了增长的稳定性。这是京东对客户需求向

前一步的探索和对零售业态本质这一基本命题的洞察。

在疫情中实现逆势扩张的便利蜂，成立之初就携带了数字化基因，力求在“管货”和“管人”上的所有决策都由数据和算法确定，降低难以量化的经验积累与模糊判断的依赖，构建出可复用可迁移的能力，获得持续成长的韧性。同时，考虑到食品安全是疫情中消费者关注的首要因素，便利蜂深度链接产业链资源，自建鲜食供应基地，投资鲜食工厂，在环环相扣的数字化应用中，保障每一件鲜食产品的踪迹都能完整溯源。

4. 顺应融合趋势，有效提高 B 端服务水平

当前，中国经济正由制造业主导转向制造业和服务业并重，服务业和制造业之间由简单的供需关系转向互为依赖和互为赋能的关系，尤其是先进制造和现代服务之间呈现出融合互动、相互依存的共生态势。制造与服务深度融合对破解当前制造业发展矛盾，促进服务业优化升级都具有重要作用。大企业具备很强的资源整合能力、管理水平、信息技术及应用等优势，在制造与服务融合发展方面具有更好的基础。广大生产性服务业要顺应这一融合大趋势，拓展 B 端的服务空间，提升对生产企业的服务能力。

首先，随着制造业发展和分工深化，价值链不断分解，研发、生产、营销、配送、维护等各个环节能够进行重新组合，尤其是以信息服务为代表的服务要素深度融入价值链，很大程度上提升了每一个环节增值和重组的可能性，从而出现制造和服务从企业组织中不断分离，在业务上深度融合的发展新趋势。传统制造、传统服务与云计算、大数据的结合，轻工业与电商渠道、直播渠道的结合，建立行业性的研发、工业互联等公共平台，都能拓宽服务市场，尤其是围绕制造的中高端、专业服务获得更大的增长空间。近两年，一批围绕于此的新兴服务企业获得了不小的成绩。脱胎于海尔的卡奥斯平台，航天科工的航天云网，三一重工的树根互联，已经成为国内一流的工业互联网服务平台。此外，红豆集团打造的纺织服装工业互联网平台，找钢网专注钢铁行业的 SaaS 服务也都成为行业的佼佼者；专注于提供医疗研发外包的药明康德，为全球制药、生物科技和医疗器械公司提供新药研发和生产服务；猪八戒网“聚众智、汇众力、创众业”，整合大量专业人员为企业或者个人提供品牌营销、软件开发、财税和科技咨询等定制化的解决方案。

其次，在价值链上处于主导地位的服务业企业，也可以凭借其技术、管理、销售渠道等优势，通过贴牌生产、连锁经营等方式嵌入制造环节。比如，研发企业拥有自己的发明专利，设计机构拥有自主创新设计，流通企业拥有健全的销售和物流网络，终端零售企业掌握大量的消费行为数据等，这些企业为了寻求全产业价值链的增值，利用自身在产业链关键环节控制力，建立起自己的制造工厂。近年来崛起的供应服务企业，它们依托上下游的采购分销优势，平台化聚集、整合能力，有向制造端拓展的更多可能。比如怡亚通尝试利用联通产业链上下游的采购、分销优势，孵化产品。其中“钓鱼台珍品壹号”白酒，在上市当年销售额就达到了近 3 亿元，是流通服务商向品牌制造的有益探索。互联网服务平台利用在服务终端积累的大量客户和服务过程中获得的大数据，布局拓展制造业务或者开发生产能够与自身互联网业务形成战略协同的硬件产品，形成服务产品化模式。比如网易严选联合珠三角和长三角的众多国际大牌代工厂，制造拥有“更好的品质和更低的价格”的产品；阿里巴巴从数据优势出发，以 C2M 引导制造，对工厂进行数字化改造，在深圳东莞的数码 3C、中山的小家电、浙江诸暨的袜业中，打造出了很多爆款产品。还比如顺丰正从单纯的物流商，涉足无人机制造领域，百度介入无人驾驶汽车领域等。

5. 融入开放格局 有序拓展国际市场

当前，服务贸易已成为全球贸易最具活力的组成部分之一，在全球经济中发挥着越来越重要的作用。近年来我国不断加大服务业对外开放的力度，建立健全跨境服务贸易负面清单管理制度，推进服务贸易创新发展试点开放平台建设，继续放宽服务业市场准入，主动扩大优质服务进口。中共中央、国务院发布《海南自由贸易港建设总体方案》，强调要“大力发展旅游业、现代服务业和高新技术产业”。《全面深化服务贸易创新发展试点总体方案》已印发出台，在北京、天津、上海等 28 个省区市（区域）全面深化服务贸易创新发展试点。与此同时，电信、评级、金融等垄断性行业的外资准入限制逐步取消。2020 年，金融业的外资持股比例限制取消，2021 年，首家外资独资保险资管公司获准筹建，首家外商独资货币经纪公司获批开业，服务业迎来了一个全新的开放格局。服务业大企业要主动融于开放格局，尽快补齐人才短板、缩小服务能力短板，从两个方面着力，有序拓展国际市场。

第一，发挥服务业大企业汇集资源、协同发展的平台优势，与制造业企业一同“走出去”“走进去”“走上去”，不断提升国际经营水平。有两类企业面临很大机会。一是贸易类和供应链服务企业，这类企业在承载商品和要素的流通的同时，也兼具了信息流、资金流和物流的聚集作用，具备了从简单的“赚差价”向更具价值增值的模式转变的基础条件。尤其是在以国内大循环为主体、国内国际双循环相互促进的新发展格局和全面探索提升便利水平的背景下，这类企业可以发挥全球大流通的优势，同时要融入管理、技术、融通等服务手段，在商流、物流、资金流和信息流的流转中提升价值创造，挖掘并整合要素和信息流通背后的需求和机会，拓展服务空间。二是咨询、法律、会计等知识化服务企业，要着力破解自身服务能力不足和制造企业海外拓展急需专业化支撑的矛盾。这类企业对理解我国制造业企业的发展特点和面临国际化经营的困境具有天然优势，在此基础上，要补齐本地化能力建设的短板，用本地化人才和方式解决当地的文化和法律等困境。要发挥不同市场中的有利资源，切实提升专业服务能力。

第二，抓住全球数字经济浪潮，探索服务业国际化新方式。数字经济的发展为服务业出海提供了重要引擎。数字经济天然链接海量数据和巨量用户，服务的远距离投放产生的边际成本很低，跨境出海产生的额外成本较少。很大程度上，数字经济天然就是一个全球化的过程。依赖于此，研发服务、众包平台等不仅能够提供跨越时空的服务，还能够发挥全球资源优势，提供世界级的高品质服务。数字经济正改变传统服务贸易的方式，为服务企业走出去提供了更高维度的路径。与此同时，数字经济拓展了服务贸易的市场新空间。这既包含了以云办公、远程教育、远程医疗为代表的各类线上服务，也包括了以数字信息本身为生产要素和服务内容的虚拟服务，比如社交、游戏、娱乐等。由于全球经济发展的不平衡性以及各国文化生活的差异性，数字经济技术给世界经济带来的效率提升和对生产生活的改善将有巨大空间。很多企业抓住这一机遇，天生就携带了国际化基因，成立之初利用多国的资源、向多国销售产品来构建竞争优势。我国以赤子城 Shein 为代表的一批企业已经开始了“天生国际化”探索。

第四章 2022 中国跨国公司 100 大及跨国指数分析报告

为深入贯彻落实习近平新时代中国特色社会主义思想和党的十九大及十九届历次全会精神，发展我国大型跨国公司，提高国际化经营水平，加快建设具有全球竞争力的世界一流企业，同时为社会各界提供我国大企业跨国经营水平及其相关信息，中国企业联合会、中国企业家协会连续 11 年推出“中国跨国公司 100 大及跨国指数分析报告”。

“中国 100 大跨国公司及跨国指数”是在中国企业 500 强、中国制造业企业 500 强、中国服务业企业 500 强的基础上，依据企业自愿申报的数据，参照联合国贸易和发展组织的标准产生的。中国 100 大跨国公司是由拥有海外资产、海外营业收入、海外员工的非金融企业，依据企业海外资产总额的多少排序产生；跨国指数则按照（海外营业收入 ÷ 营业收入总额 + 海外资产 ÷ 资产总额 + 海外员工数 ÷ 员工总数） ÷3 ×100% 计算得出。

一、我国企业国际化取得积极进展

当前，世界百年未有之大变局正加速演变，新一轮科技革命和产业变革带来的国际竞争日益激烈，气候变化、疫情防控等全球性问题对各国造成的影响前所未有。在这种情况下，全球产业链、供应链、价值链重塑加快，世界经济持续增长动力不足，国际贸易投资规则博弈加剧，国际投资监管政策趋严，我国对外投资发展的外部环境仍较为复杂，企业面临着政治、经济、安全等各类风险，特别是全球疫情下境外企业人员流动受阻、汇率变动等问题还将持续。尽管全球疫情持续蔓延，国际贸易投资仍陷低谷，但中国对外投资依然逆势保持增长，保持了平稳健康发展，对全球经济贡献显著。值得一提的是，我国对“一带一路”沿线国家投资实现稳步增长，沿线国家的认同感、获得感和参与度不断增强，印证了“一带一路”倡议是充满智慧和前瞻性的战略部署。

据贸促会发布的《中国企业对外投资现状及意向调查报告（2021 年版）》显示，2021 年，面对诸多不利因素，我国对外投资合作实现平稳发展。非金融类企业对外直接投资 9366. 9 亿元人民币，同比增长 2. 2%（折合 1451. 9 亿美元，同比增长 9. 2%）。同时，对外承包工程完成营业额 9996. 2 亿元人民币，同比下降 7. 1%（折合 1549. 4 亿美元，同比下降 0. 6%）；新签合同额 16676. 8 亿元人民币，同比下降 5.4%（折合 2584.9 亿美元，同比增长 1.2%）。中国企业在“一带一路”沿线国家和地区新签合同额 1340.4 亿美元，同比下降 5.2%，占新签合同总额的 51.9%；完成营业额 896.8 亿美元，同比下降 1.6%，占同期总额的 57.9%。2021 年中国企业宣布的海外并购总额达 570 亿美元，同比增长 19%，但较 2019 年仍下降 28%；宣布的交易数量为 516 宗，同比减少 4%，创七年来最低。按交易金额计，前三大行业为 TMT、房地产、酒店与建造以及先进制造与运输，共占总交易金额的 55%；按交易数量计，前三大行业为 TMT、医疗与生命科学以及金融服务，共占总量的 60%。医疗与生命科学行业是唯一连续两年录得交易金额和数量双增长的行业，且在欧洲涨幅最大，新冠肺炎疫情对医疗行业发展起到持续推动作用。

在加快构建新发展格局的背景下，近八成中国企业将维持和扩大对外投资意向，看好对外投资前景。全球跨境投资在 2016 至 2020 年经历连续五年下滑后，于 2021 年实现强劲反弹，从 2020 年的 9290 亿美元增至 2021 年的 1.65 万亿美元，同比增长 77%，超过新冠肺炎疫情前的水平。我国对外直接投资流量和存量稳居全球前三。2021 年全年对外投资合作呈现三大特点。一是对“一带一路”沿线国家投资增长较快。我国对“一带一路”沿线国家非金融类直接投资 203 亿美元，同比增长 14.1%，为促进东道国经济发展做出了积极贡献。二是对外承包工程大项目增多。新签合同额上亿美元项目 560 个，较上年增加 46 个，主要集中在交通运输等基础设施领域，有利于进一步促进互联互通。三是境外经贸合作区建设成效显著。截至 2021 年年末，纳入商务部统计的境外经贸合作区分布在 46 个国家，累计投资 507 亿美元，上缴东道国税费 66 亿美元，为当地创造 39.2 万个就业岗位，有力促进了互利共赢、共同发展。

当前中国企业“走出去”有三大变化：第一，“走出去”企业实力发生了至关重要的变化。从“中国制造”到“中国智造”，从 OEM 贴牌代工，到 ODM 研发设计，再到 OBM 自主品牌，中国企业也越来越重视科技研发，不再是原来的主要靠“低价格 + 高产能”优势组合去打市场。第二，企业“走出去”的路径与目标也发生了改变。一些“走出去”新势力：科技、光伏、智能制造等，他们打破传统发展路径，一早就进行全球化布局。第三，“走出去”企业营销诉求也和过去不太一样，很多企业不仅仅只关注短期的销售回报，而是开始思考如何让更多人知道中国企业，先进的技术能力、专业的服务能力，甚至是在专业领域的思想领导力或关注人文关怀的企业文化价值观等。

二、2022 中国跨国公司 100 大及跨国指数

依据 2022 中国企业 500 强、2022 中国制造业企业 500 强、2022 中国服务业企业 500 强的海外资产数据，中国企业联合会排出了 2022 中国跨国公司 100 大及其跨国指数，中国石油天然气集团有限公司、中国中化控股有限责任公司、华为投资控股有限公司、中国石油化工集团有限公司、腾讯控股有限公司、中国远洋海运集团有限公司、中国海洋石油集团有限公司、国家电网有限公司、联想控股股份有限公司、中国交通建设集团有限公司位列前 10 名，中国石油天然气集团有限公司连续 11 年居第一位，由中国化工与中国中化合并而成的中国中化控股有限责任公司居第二位，如表 4 - 1 所示。2022 中国跨国公司 100 大及其跨国指数有以下主要特点。

1. **主要国际化指标全面改善**

尽管受全球新冠肺炎疫情和逆全球化的影响，中国跨国公司积极开拓国际市场年，2021 年的国际化指标出现了全面改善。2022 中国跨国公司 100 大海外资产总额为 107510 亿元、海外营业收入为 77904 亿元、海外员工总数为 1249095 人，分别比上年增加 16.63 %、26.66%、5.41 %；2022 中国跨国公司 100 大入围门槛为 134.96 亿元，比上年提高 25.57 亿元，提高了 23.38%。

2022 中国跨国公司 100 大的平均跨国指数为 15.59%，与上年相比提高了 0.52 个百分点，比 2011 中国跨国公司 100 大的平均跨国指数提高 4.38 个百分点。2022 中国跨国公司 100 大的海外资产占比、海外营业收入占比、海外员工占比分别为 17.06 %、19.65%、10.05%，与上年相比海外资产占比、海外营业收入占比、海外员工占比分别提高了 0.54、0.55、0.47 个百分点。

表 4－1　2022 中国跨国公司 100 大及其跨国指数

排名	公司名称	海外资产/万元	企业资产/万元	海外营业收入/万元	营业收入/万元	海外员工/人	企业员工/人	跨国指数/%
1	中国石油天然气集团有限公司	89342650	419243418	119254277	265555424	113573	1090345	25.54
2	中国中化控股有限责任公司	81186251	153562145	10402558	112020873	56500	220760	29.25
3	华为投资控股有限公司	71321768	98283639	22345447	63069840	45000	195000	43.69
4	中国石油化工集团有限公司	60985063	241808347	68768403	258860343	32740	542286	19.27
5	腾讯控股有限公司	58420539	161236400	4641627	56011800	1320	68226	15.48
6	中国远洋海运集团有限公司	53161101	97615126	29220357	54266305	16069	107551	41.08
7	中国海洋石油集团有限公司	48072066	132996757	47824741	81867619	4091	80957	33.21
8	国家电网有限公司	34626122	467152425	9258316	297113025	17928	969289	4.13
9	联想控股股份有限公司	32521808	68068617	34800832	48987168	24287	88000	48.81
10	中国交通建设集团有限公司	27983535	224338606	14084951	84282649	39466	220519	15.69
11	广州越秀集团股份有限公司	21631382	78247953	374645	8716181	2096	37453	12.51
12	复星国际有限公司	20828133	80637210	5917543	16129120	15344	96000	26.17
13	中国铝业集团有限公司	20577796	62444306	9391747	51864838	2263	145917	17.54
14	浙江吉利控股集团有限公司	19226323	51822877	16696806	36031587	45975	128928	39.70
15	中国建筑股份有限公司	17391226	238824913	8928378	189133897	32075	368327	6.90
16	中国五矿集团有限公司	16202930	100390805	12391835	85015599	11303	201724	12.11
17	中国电力建设集团有限公司	15513643	114551061	9445727	62195161	15258	181330	12.38
18	潍柴控股集团有限公司	13578123	31679385	9312233	30559777	41218	93991	39.06
19	中国广核集团有限公司	13463539	84798195	2253883	12139857	3650	41276	14.43
20	海尔集团公司	12933952	47129095	11643999	33273670	38374	109441	32.50
21	洛阳栾川钼业集团股份有限公司	11869286	13744977	12221014	17386258	6353	11472	70.67
22	中国移动通信集团有限公司	11747011	214651950	2174536	85088466	8326	451331	3.29
23	国家电力投资集团有限公司	10547931	149111898	1197027	33230900	1941	121470	4.09

续表

排名	公司名称	海外资产/万元	企业资产/万元	海外营业收入/万元	营业收入/万元	海外员工/人	企业员工/人	跨国指数/%
24	紫金矿业集团股份有限公司	10000500	20859468	6814879	22510249	21695	43876	42.55
25	美的集团股份有限公司	9786000	38794610	13765383	34123321	33000	165799	28.49
26	中国兵器工业集团有限公司	9498598	48617366	24007900	52754166	13624	219320	23.75
27	山东能源集团有限公司	9434282	75140248	18997981	77411900	3111	243124	12.79
28	中国华能集团有限公司	9434037	133987744	2588107	38553240	720	125916	4.78
29	北京首都创业集团有限公司	9019751	42347271	291782	6414277	1881	36650	10.33
30	中国能源建设集团有限公司	8874181	54261563	4625684	32473970	8052	119574	12.44
31	万洲国际有限公司	8797828	12375871	10817139	17597435	57000	107000	61.94
32	中国铁道建筑集团有限公司	8539312	135586741	4696566	102046150	67153	366833	9.74
33	中粮集团有限公司	7830635	68608206	9851768	66494705	2822	107829	9.62
34	河钢集团有限公司	7701462	50855841	15372237	42668707	12935	103637	21.22
35	江苏沙钢集团有限公司	7220050	32482912	3200106	30363121	968	45398	11.63
36	中国铁路工程集团有限公司	6994862	137150260	5478724	107367038	9359	309874	4.41
37	中国有色矿业集团有限公司	6906401	11084521	7155020	14446669	15687	43425	49.32
38	中国华电集团有限公司	6658141	94805300	1172284	27643100	2524	92217	4.67
39	上海汽车集团股份有限公司	6525769	91692270	5673422	77984579	24142	144787	10.36
40	青山控股集团有限公司	5755368	11515953	8637170	35201779	57484	85553	47.23
41	国家能源投资集团有限责任公司	5589553	189759756	1281428	69079494	417	319033	1.64
42	上海电气控股集团有限公司	5223975	38155572	1032486	16349526	4367	67335	8.83
43	光明食品（集团）有限公司	5163882	28330567	4586545	15083030	17892	104259	21.93
44	中国宝武钢铁集团有限公司	5070023	111708361	20098866	97225779	2731	203781	8.85
45	中国机械工业集团有限公司	4815083	36441119	4045427	37054529	11042	133424	10.80
46	闻泰科技股份有限公司	4736513	7257588	2826282	5272864	13945	31658	54.30
47	首钢集团有限公司	4596755	51856071	3590602	27149655	4508	96432	8.92
48	宁夏天元锰业集团有限公司	4525063	18974320	802566	6627373	1265	20312	14.06
49	TCL 实业控股股份有限公司	4356778	39525356	11759484	25235035	5928	124133	20.80
50	云南省投资控股集团有限公司	4197425	53729114	2360172	20566014	644	52077	6.84
51	浙江恒逸集团有限公司	4175466	12758389	3820839	32879978	2085	23222	17.78
52	海信集团控股股份有限公司	4169144	16823472	7248404	16955274	22205	97839	30.08
53	三一集团有限公司	3976650	24473736	2641443	15456008	1344	36954	12.33
54	万向集团公司	3970941	10908538	6887314	16284367	9235	35978	34.79
55	中国国际海运集装箱（集团）股份有限公司	3945336	15432250	8492838	16369598	5163	51746	29.14
56	中国南方电网有限责任公司	3824597	108223257	413157	67160048	865	282440	1.49

续表

排名	公司名称	海外资产/万元	企业资产/万元	海外营业收入/万元	营业收入/万元	海外员工/人	企业员工/人	跨国指数/%
57	山东如意时尚投资控股有限公司	3781509	7102590	3049173	6050769	10219	40576	42.94
58	中国化学工程集团有限公司	3734645	20766658	2834194	15201607	4947	51178	15.43
59	金川集团股份有限公司	3706227	12074816	2567442	26419154	3295	29100	17.24
60	国家开发投资集团有限公司	3525328	76637289	2477952	19445388	5245	52810	9.09
61	中国东方航空集团有限公司	3245347	36946557	147491	8409619	953	99207	3.83
62	中国中车集团有限公司	2994412	47827825	1292091	23842915	6598	175802	5.14
63	中国建材集团有限公司	2967324	65224429	2172617	41550846	5657	206910	4.17
64	宁波均胜电子股份有限公司	2957228	5132668	3416564	4567003	39419	43110	74.62
65	厦门国贸控股集团有限公司	2914057	24590672	10587833	60498494	451	31689	10.26
66	山东魏桥创业集团有限公司	2882813	25504593	2624333	41113475	8175	96782	8.71
67	青岛城市建设投资（集团）有限责任公司	2872132	44689665	1614257	4024649	8860	21731	29.10
68	南山集团有限公司	2665931	13537490	1624912	11582816	2252	46582	12.85
69	云南省建设投资控股集团有限公司	2647731	69512208	399235	16316886	792	58405	2.54
70	北京建工集团有限责任公司	2544549	20340122	242123	11933285	202	37850	5.02
71	北京控股集团有限公司	2492748	41074964	1094765	10923283	2338	75416	6.40
72	中联重科股份有限公司	2485624	12201816	578899	6713063	1973	26036	12.19
73	珠海华发集团有限公司	2452200	57742333	1690104	14194254	16736	51526	16.21
74	鞍钢集团有限公司	2450908	49197644	3652357	38345695	477	164704	4.93
75	中国电信集团有限公司	2399734	98976966	1488462	53922328	5825	394600	2.22
76	隆基绿能科技股份有限公司	2391900	9773488	3795049	8093225	3935	49967	26.41
77	中国大唐集团有限公司	2383098	83016416	218163	22382479	928	91005	1.62
78	上海韦尔半导体股份有限公司	2198758	3207993	2023312	2410351	1141	4493	59.29
79	浙江华友钴业股份有限公司	2171322	5798905	1818164	3531654	4841	14643	40.66
80	中国联合网络通信集团有限公司	1990775	62701575	616062	32912229	887	255413	1.80
81	万华化学集团股份有限公司	1942764	19030958	7083165	14553782	3198	19692	25.04
82	铜陵有色金属集团控股有限公司	1925724	9287182	1963758	22905863	2087	20164	13.22
83	新疆广汇实业投资（集团）有限责任公司	1916970	27211903	140552	20322327	260	73109	2.70
84	新疆金风科技股份有限公司	1893067	11936019	606032	5057072	980	10781	12.31

续表

排名	公司名称	海外资产/万元	企业资产/万元	海外营业收入/万元	营业收入/万元	海外员工/人	企业员工/人	跨国指数/%
85	广东省广晟控股集团有限公司	1843164	15512729	3206076	10595462	5982	57490	17.52
86	海亮集团有限公司	1831759	6677017	4081849	20027392	2467	23854	19.39
87	天合光能股份有限公司	1798233	6353988	2688898	4448039	3797	17586	36.78
88	亨通集团有限公司	1793672	8191155	1284506	13100290	4533	18592	18.69
89	北京首农食品集团有限公司	1777307	16485622	407420	18309244	411	53472	4.59
90	徐工集团工程机械有限公司	1686082	16703220	1849697	11679619	4578	27418	14.21
91	云南省能源投资集团有限公司	1620525	23142724	2198590	13999577	306	28419	7.93
92	中国通用技术（集团）控股有限责任公司	1581437	24801692	1341514	17205778	2944	70698	6.11
93	阳光电源股份有限公司	1575466	4284013	917739	2413660	634	6726	28.07
94	安徽海螺集团有限责任公司	1569344	28232081	974662	25607469	3983	59739	5.34
95	晶科能源控股有限公司	1549516	7771858	3058264	6861378	6788	31017	28.80
96	晶澳太阳能科技股份有限公司	1547596	5696745	2514337	4130175	3040	29638	32.77
97	青建集团	1542237	4804357	1046945	6807658	1190	15256	18.43
98	江苏长电科技股份有限公司	1541572	3709861	1653382	3050241	5979	23266	40.49
99	浙江龙盛控股有限公司	1515294	6940217	1075008	3740550	1939	7801	25.14
100	宁波申洲针织有限公司	1349619	4213191	1333606	2384501	46910	95820	45.64
	合计数	1075104187	6301429930	779036441	3965188879	1249095	12423101	15.59

注1：腾讯控股有限公司、华为投资控股有限公司、联想控股股份有限公司的海外资产、海外营业收入和海外员工数来自2022 世界跨国公司100 大；复星国际有限公司、中粮集团有限公司的海外资产、海外营业收入和海外员工数来自2020 发展中国家跨国公司100 大。其余企业数据都由企业申报。

注2：海外营业收入以平均汇率折算，平均汇率：2020 年为1 美元 =6.8961 元人民币，2021 年为1 美元 =6.4476 元人民币；海外资产以当年年底汇率折算，年底汇率：2020 年为 1 美元 =6.5249 元人民币，2021 年为 1 美元 =6.3757 元人民币。

2022 中国跨国公司100 大海外营业收入排前10 位的企业分别是中国石油天然气集团有限公司、中国石油化工集团有限公司、中国海洋石油集团有限公司、联想控股股份有限公司、中国远洋海运集团有限公司、中国兵器工业集团有限公司、华为投资控股有限公司、中国宝武钢铁集团有限公司、山东能源集团有限公司、浙江吉利控股集团有限公司。中国宝武钢铁集团有限公司首次进入前10 位，如表4 –2 所示。

表 4-2　2022 中国跨国公司 100 大海外营业收入排序

排名	公司名称	海外资产/万元	海外营业收入/万元	海外员工/人	跨国指数/%
1	中国石油天然气集团有限公司	89342650	119254277	113573	25.54
2	中国石油化工集团有限公司	60985063	68768403	32740	19.27
3	中国海洋石油集团有限公司	48072066	47824741	4091	33.21
4	联想控股股份有限公司	32521808	34800832	24287	48.81
5	中国远洋海运集团有限公司	53161101	29220357	16069	41.08
6	中国兵器工业集团有限公司	9498598	24007900	13624	23.75
7	华为投资控股有限公司	71321768	22345447	45000	43.69
8	中国宝武钢铁集团有限公司	5070023	20098866	2731	8.85
9	山东能源集团有限公司	9434282	18997981	3111	12.79
10	浙江吉利控股集团有限公司	19226323	16696806	45975	39.70
11	河钢集团有限公司	7701462	15372237	12935	21.22
12	中国交通建设集团有限公司	27983535	14084951	39466	15.69
13	美的集团股份有限公司	9786000	13765383	33000	28.49
14	中国五矿集团有限公司	16202930	12391835	11303	12.11
15	洛阳栾川钼业集团股份有限公司	11869286	12221014	6353	70.67
16	TCL 实业控股股份有限公司	4356778	11759484	5928	20.80
17	海尔集团公司	12933952	11643999	38374	32.50
18	万洲国际有限公司	8797828	10817139	57000	61.94
19	厦门国贸控股集团有限公司	2914057	10587833	451	10.26
20	中国中化控股有限责任公司	81186251	10402558	56500	29.25
21	中粮集团有限公司	7830635	9851768	2822	9.62
22	中国电力建设集团有限公司	15513643	9445727	15258	12.38
23	中国铝业集团有限公司	20577796	9391747	2263	17.54
24	潍柴控股集团有限公司	13578123	9312233	41218	39.06
25	国家电网有限公司	34626122	9258316	17928	4.13
26	中国建筑股份有限公司	17391226	8928378	32075	6.90
27	青山控股集团有限公司	5755368	8637170	57484	47.23
28	中国国际海运集装箱（集团）股份有限公司	3945336	8492838	5163	29.14
29	海信集团控股股份有限公司	4169144	7248404	22205	30.08
30	中国有色矿业集团有限公司	6906401	7155020	15687	49.32
31	万华化学集团股份有限公司	1942764	7083165	3198	25.04
32	万向集团公司	3970941	6887314	9235	34.79
33	紫金矿业集团股份有限公司	10000500	6814879	21695	42.55
34	复星国际有限公司	20828133	5917543	15344	26.17

续表

排名	公司名称	海外资产/万元	海外营业收入/万元	海外员工/人	跨国指数/%
35	上海汽车集团股份有限公司	6525769	5673422	24142	10.36
36	中国铁路工程集团有限公司	6994862	5478724	9359	4.41
37	中国铁道建筑集团有限公司	8539312	4696566	67153	9.74
38	腾讯控股有限公司	58420539	4641627	1320	15.48
39	中国能源建设集团有限公司	8874181	4625684	8052	12.44
40	光明食品（集团）有限公司	5163882	4586545	17892	21.93
41	海亮集团有限公司	1831759	4081849	2467	19.39
42	中国机械工业集团有限公司	4815083	4045427	11042	10.80
43	浙江恒逸集团有限公司	4175466	3820839	2085	17.78
44	隆基绿能科技股份有限公司	2391900	3795049	3935	26.41
45	鞍钢集团有限公司	2450908	3652357	477	4.93
46	首钢集团有限公司	4596755	3590602	4508	8.92
47	宁波均胜电子股份有限公司	2957228	3416564	39419	74.62
48	广东省广晟控股集团有限公司	1843164	3206076	5982	17.52
49	江苏沙钢集团有限公司	7220050	3200106	968	11.63
50	晶科能源控股有限公司	1549516	3058264	6788	28.80
51	山东如意时尚投资控股有限公司	3781509	3049173	10219	42.94
52	中国化学工程集团有限公司	3734645	2834194	4947	15.43
53	闻泰科技股份有限公司	4736513	2826282	13945	54.30
54	天合光能股份有限公司	1798233	2688898	3797	36.78
55	三一集团有限公司	3976650	2641443	1344	12.33
56	山东魏桥创业集团有限公司	2882813	2624333	8175	8.71
57	中国华能集团有限公司	9434037	2588107	720	4.78
58	金川集团股份有限公司	3706227	2567442	3295	17.24
59	晶澳太阳能科技股份有限公司	1547596	2514337	3040	32.77
60	国家开发投资集团有限公司	3525328	2477952	5245	9.09
61	云南省投资控股集团有限公司	4197425	2360172	644	6.84
62	中国广核集团有限公司	13463539	2253883	3650	14.43
63	云南省能源投资集团有限公司	1620525	2198590	306	7.93
64	中国移动通信集团有限公司	11747011	2174536	8326	3.29
65	中国建材集团有限公司	2967324	2172617	5657	4.17
66	上海韦尔半导体股份有限公司	2198758	2023312	1141	59.29
67	铜陵有色金属集团控股有限公司	1925724	1963758	2087	13.22
68	徐工集团工程机械有限公司	1686082	1849697	4578	14.21

续表

排名	公司名称	海外资产/万元	海外营业收入/万元	海外员工/人	跨国指数/%
69	浙江华友钴业股份有限公司	2171322	1818164	4841	40.66
70	珠海华发集团有限公司	2452200	1690104	16736	16.21
71	江苏长电科技股份有限公司	1541572	1653382	5979	40.49
72	南山集团有限公司	2665931	1624912	2252	12.85
73	青岛城市建设投资（集团）有限责任公司	2872132	1614257	8860	29.10
74	中国电信集团有限公司	2399734	1488462	5825	2.22
75	中国通用技术（集团）控股有限责任公司	1581437	1341514	2944	6.11
76	宁波申洲针织有限公司	1349619	1333606	46910	45.64
77	中国中车集团有限公司	2994412	1292091	6598	5.14
78	亨通集团有限公司	1793672	1284506	4533	18.69
79	国家能源投资集团有限责任公司	5589553	1281428	417	1.64
80	国家电力投资集团有限公司	10547931	1197027	1941	4.09
81	中国华电集团有限公司	6658141	1172284	2524	4.67
82	北京控股集团有限公司	2492748	1094765	2338	6.40
83	浙江龙盛控股有限公司	1515294	1075008	1939	25.14
84	青建集团	1542237	1046945	1190	18.43
85	上海电气控股集团有限公司	5223975	1032486	4367	8.83
86	安徽海螺集团有限责任公司	1569344	974662	3983	5.34
87	阳光电源股份有限公司	1575466	917739	634	28.07
88	宁夏天元锰业集团有限公司	4525063	802566	1265	14.06
89	中国联合网络通信集团有限公司	1990775	616062	887	1.80
90	新疆金风科技股份有限公司	1893067	606032	980	12.31
91	中联重科股份有限公司	2485624	578899	1973	12.19
92	中国南方电网有限责任公司	3824597	413157	865	1.49
93	北京首农食品集团有限公司	1777307	407420	411	4.59
94	云南省建设投资控股集团有限公司	2647731	399235	792	2.54
95	广州越秀集团股份有限公司	21631382	374645	2096	12.51
96	北京首都创业集团有限公司	9019751	291782	1881	10.33
97	北京建工集团有限责任公司	2544549	242123	202	5.02
98	中国大唐集团有限公司	2383098	218163	928	1.62
99	中国东方航空集团有限公司	3245347	147491	953	3.83
100	新疆广汇实业投资（集团）有限责任公司	1916970	140552	260	2.70

2022 中国跨国公司 100 大海外员工数排前 10 位的企业分别是中国石油天然气集团有限公司、中国铁道建筑集团有限公司、青山控股集团有限公司、万洲国际有限公司、中国中化控股有限责任公

司、宁波申洲针织有限公司、浙江吉利控股集团有限公司、华为投资控股有限公司、潍柴控股集团有限公司、中国交通建设集团有限公司，如表4－3所示。

表4－3　2022 中国跨国公司100大海外员工数排序

排名	公司名称	海外资产/万元	海外营业收入/万元	海外员工/人	跨国指数/%
1	中国石油天然气集团有限公司	89342650	119254277	113573	25.54
2	中国铁道建筑集团有限公司	8539312	4696566	67153	9.74
3	青山控股集团有限公司	5755368	8637170	57484	47.23
4	万洲国际有限公司	8797828	10817139	57000	61.94
5	中国中化控股有限责任公司	81186251	10402558	56500	29.25
6	宁波申洲针织有限公司	1349619	1333606	46910	45.64
7	浙江吉利控股集团有限公司	19226323	16696806	45975	39.70
8	华为投资控股有限公司	71321768	22345447	45000	43.69
9	潍柴控股集团有限公司	13578123	9312233	41218	39.06
10	中国交通建设集团有限公司	27983535	14084951	39466	15.69
11	宁波均胜电子股份有限公司	2957228	3416564	39419	74.62
12	海尔集团公司	12933952	11643999	38374	32.50
13	美的集团股份有限公司	9786000	13765383	33000	28.49
14	中国石油化工集团有限公司	60985063	68768403	32740	19.27
15	中国建筑股份有限公司	17391226	8928378	32075	6.90
16	联想控股股份有限公司	32521808	34800832	24287	48.81
17	上海汽车集团股份有限公司	6525769	5673422	24142	10.36
18	海信集团控股股份有限公司	4169144	7248404	22205	30.08
19	紫金矿业集团股份有限公司	10000500	6814879	21695	42.55
20	国家电网有限公司	34626122	9258316	17928	4.13
21	光明食品（集团）有限公司	5163882	4586545	17892	21.93
22	珠海华发集团有限公司	2452200	1690104	16736	16.21
23	中国远洋海运集团有限公司	53161101	29220357	16069	41.08
24	中国有色矿业集团有限公司	6906401	7155020	15687	49.32
25	复星国际有限公司	20828133	5917543	15344	26.17
26	中国电力建设集团有限公司	15513643	9445727	15258	12.38
27	闻泰科技股份有限公司	4736513	2826282	13945	54.30
28	中国兵器工业集团有限公司	9498598	24007900	13624	23.75
29	河钢集团有限公司	7701462	15372237	12935	21.22
30	中国五矿集团有限公司	16202930	12391835	11303	12.11
31	中国机械工业集团有限公司	4815083	4045427	11042	10.80
32	山东如意时尚投资控股有限公司	3781509	3049173	10219	42.94

续表

排名	公司名称	海外资产/万元	海外营业收入/万元	海外员工/人	跨国指数/%
33	中国铁路工程集团有限公司	6994862	5478724	9359	4.41
34	万向集团公司	3970941	6887314	9235	34.79
35	青岛城市建设投资（集团）有限责任公司	2872132	1614257	8860	29.10
36	中国移动通信集团有限公司	11747011	2174536	8326	3.29
37	山东魏桥创业集团有限公司	2882813	2624333	8175	8.71
38	中国能源建设集团有限公司	8874181	4625684	8052	12.44
39	晶科能源控股有限公司	1549516	3058264	6788	28.80
40	中国中车集团有限公司	2994412	1292091	6598	5.14
41	洛阳栾川钼业集团股份有限公司	11869286	12221014	6353	70.67
42	广东省广晟控股集团有限公司	1843164	3206076	5982	17.52
43	江苏长电科技股份有限公司	1541572	1653382	5979	40.49
44	TCL 实业控股股份有限公司	4356778	11759484	5928	20.80
45	中国电信集团有限公司	2399734	1488462	5825	2.22
46	中国建材集团有限公司	2967324	2172617	5657	4.17
47	国家开发投资集团有限公司	3525328	2477952	5245	9.09
48	中国国际海运集装箱（集团）股份有限公司	3945336	8492838	5163	29.14
49	中国化学工程集团有限公司	3734645	2834194	4947	15.43
50	浙江华友钴业股份有限公司	2171322	1818164	4841	40.66
51	徐工集团工程机械有限公司	1686082	1849697	4578	14.21
52	亨通集团有限公司	1793672	1284506	4533	18.69
53	首钢集团有限公司	4596755	3590602	4508	8.92
54	上海电气控股集团有限公司	5223975	1032486	4367	8.83
55	中国海洋石油集团有限公司	48072066	47824741	4091	33.21
56	安徽海螺集团有限责任公司	1569344	974662	3983	5.34
57	隆基绿能科技股份有限公司	2391900	3795049	3935	26.41
58	天合光能股份有限公司	1798233	2688898	3797	36.78
59	中国广核集团有限公司	13463539	2253883	3650	14.43
60	金川集团股份有限公司	3706227	2567442	3295	17.24
61	万华化学集团股份有限公司	1942764	7083165	3198	25.04
62	山东能源集团有限公司	9434282	18997981	3111	12.79
63	晶澳太阳能科技股份有限公司	1547596	2514337	3040	32.77
64	中国通用技术（集团）控股有限责任公司	1581437	1341514	2944	6.11
65	中粮集团有限公司	7830635	9851768	2822	9.62
66	中国宝武钢铁集团有限公司	5070023	20098866	2731	8.85

续表

排名	公司名称	海外资产/万元	海外营业收入/万元	海外员工/人	跨国指数/%
67	中国华电集团有限公司	6658141	1172284	2524	4.67
68	海亮集团有限公司	1831759	4081849	2467	19.39
69	北京控股集团有限公司	2492748	1094765	2338	6.40
70	中国铝业集团有限公司	20577796	9391747	2263	17.54
71	南山集团有限公司	2665931	1624912	2252	12.85
72	广州越秀集团股份有限公司	21631382	374645	2096	12.51
73	铜陵有色金属集团控股有限公司	1925724	1963758	2087	13.22
74	浙江恒逸集团有限公司	4175466	3820839	2085	17.78
75	中联重科股份有限公司	2485624	578899	1973	12.19
76	国家电力投资集团有限公司	10547931	1197027	1941	4.09
77	浙江龙盛控股有限公司	1515294	1075008	1939	25.14
78	北京首都创业集团有限公司	9019751	291782	1881	10.33
79	三一集团有限公司	3976650	2641443	1344	12.33
80	腾讯控股有限公司	58420539	4641627	1320	15.48
81	宁夏天元锰业集团有限公司	4525063	802566	1265	14.06
82	青建集团	1542237	1046945	1190	18.43
83	上海韦尔半导体股份有限公司	2198758	2023312	1141	59.29
84	新疆金风科技股份有限公司	1893067	606032	980	12.31
85	江苏沙钢集团有限公司	7220050	3200106	968	11.63
86	中国东方航空集团有限公司	3245347	147491	953	3.83
87	中国大唐集团有限公司	2383098	218163	928	1.62
88	中国联合网络通信集团有限公司	1990775	616062	887	1.80
89	中国南方电网有限责任公司	3824597	413157	865	1.49
90	云南省建设投资控股集团有限公司	2647731	399235	792	2.54
91	中国华能集团有限公司	9434037	2588107	720	4.78
92	云南省投资控股集团有限公司	4197425	2360172	644	6.84
93	阳光电源股份有限公司	1575466	917739	634	28.07
94	鞍钢集团有限公司	2450908	3652357	477	4.93
95	厦门国贸控股集团有限公司	2914057	10587833	451	10.26
96	国家能源投资集团有限责任公司	5589553	1281428	417	1.64
97	北京首农食品集团有限公司	1777307	407420	411	4.59
98	云南省能源投资集团有限公司	1620525	2198590	306	7.93
99	新疆广汇实业投资（集团）有限责任公司	1916970	140552	260	2.70
100	北京建工集团有限责任公司	2544549	242123	202	5.02

2. 48 家公司的跨国指数高于平均跨国指数

2022 中国跨国公司 100 大按照跨国指数排序，前 10 名的企业分别是宁波均胜电子股份有限公司、洛阳栾川钼业集团股份有限公司、万洲国际有限公司、上海韦尔半导体股份有限公司、闻泰科技股份有限公司、中国有色矿业集团有限公司、联想控股股份有限公司、青山控股集团有限公司、宁波申洲针织有限公司、华为投资控股有限公司。其中，宁波均胜电子股份有限公司达到 74. 62 %，已连续两年居首位。2022 中国跨国公司 100 大的平均跨国指数为 15. 59 %，比上年提高 0. 52 个百分点，共有 48 家公司跨国指数高于平均跨国指数，如表 4 – 4 所示。

表 4 – 4 2022 中国跨国公司 100 大跨国指数排序

排名	公司名称	海外资产/万元	海外营业收入/万元	海外员工/人	跨国指数/%
1	宁波均胜电子股份有限公司	2957228	3416564	39419	74. 62
2	洛阳栾川钼业集团股份有限公司	11869286	12221014	6353	70. 67
3	万洲国际有限公司	8797828	10817139	57000	61. 94
4	上海韦尔半导体股份有限公司	2198758	2023312	1141	59. 29
5	闻泰科技股份有限公司	4736513	2826282	13945	54. 30
6	中国有色矿业集团有限公司	6906401	7155020	15687	49. 32
7	联想控股股份有限公司	32521808	34800832	24287	48. 81
8	青山控股集团有限公司	5755368	8637170	57484	47. 23
9	宁波申洲针织有限公司	1349619	1333606	46910	45. 64
10	华为投资控股有限公司	71321768	22345447	45000	43. 69
11	山东如意时尚投资控股有限公司	3781509	3049173	10219	42. 94
12	紫金矿业集团股份有限公司	10000500	6814879	21695	42. 55
13	中国远洋海运集团有限公司	53161101	29220357	16069	41. 08
14	浙江华友钴业股份有限公司	2171322	1818164	4841	40. 66
15	江苏长电科技股份有限公司	1541572	1653382	5979	40. 49
16	浙江吉利控股集团有限公司	19226323	16696806	45975	39. 70
17	潍柴控股集团有限公司	13578123	9312233	41218	39. 06
18	天合光能股份有限公司	1798233	2688898	3797	36. 78
19	万向集团公司	3970941	6887314	9235	34. 79
20	中国海洋石油集团有限公司	48072066	47824741	4091	33. 21
21	晶澳太阳能科技股份有限公司	1547596	2514337	3040	32. 77
22	海尔集团公司	12933952	11643999	38374	32. 50
23	海信集团控股股份有限公司	4169144	7248404	22205	30. 08
24	中国中化控股有限责任公司	81186251	10402558	56500	29. 25
25	中国国际海运集装箱（集团）股份有限公司	3945336	8492838	5163	29. 14
26	青岛城市建设投资（集团）有限责任公司	2872132	1614257	8860	29. 10

续表

排名	公司名称	海外资产/万元	海外营业收入/万元	海外员工/人	跨国指数/%
27	晶科能源控股有限公司	1549516	3058264	6788	28.80
28	美的集团股份有限公司	9786000	13765383	33000	28.49
29	阳光电源股份有限公司	1575466	917739	634	28.07
30	隆基绿能科技股份有限公司	2391900	3795049	3935	26.41
31	复星国际有限公司	20828133	5917543	15344	26.17
32	中国石油天然气集团有限公司	89342650	119254277	113573	25.54
33	浙江龙盛控股有限公司	1515294	1075008	1939	25.14
34	万华化学集团股份有限公司	1942764	7083165	3198	25.04
35	中国兵器工业集团有限公司	9498598	24007900	13624	23.75
36	光明食品（集团）有限公司	5163882	4586545	17892	21.93
37	河钢集团有限公司	7701462	15372237	12935	21.22
38	TCL 实业控股股份有限公司	4356778	11759484	5928	20.80
39	海亮集团有限公司	1831759	4081849	2467	19.39
40	中国石油化工集团有限公司	60985063	68768403	32740	19.27
41	亨通集团有限公司	1793672	1284506	4533	18.69
42	青建集团	1542237	1046945	1190	18.43
43	浙江恒逸集团有限公司	4175466	3820839	2085	17.78
44	中国铝业集团有限公司	20577796	9391747	2263	17.54
45	广东省广晟控股集团有限公司	1843164	3206076	5982	17.52
46	金川集团股份有限公司	3706227	2567442	3295	17.24
47	珠海华发集团有限公司	2452200	1690104	16736	16.21
48	中国交通建设集团有限公司	27983535	14084951	39466	15.69
49	腾讯控股有限公司	58420539	4641627	1320	15.48
50	中国化学工程集团有限公司	3734645	2834194	4947	15.43
51	中国广核集团有限公司	13463539	2253883	3650	14.43
52	徐工集团工程机械有限公司	1686082	1849697	4578	14.21
53	宁夏天元锰业集团有限公司	4525063	802566	1265	14.06
54	铜陵有色金属集团控股有限公司	1925724	1963758	2087	13.22
55	南山集团有限公司	2665931	1624912	2252	12.85
56	山东能源集团有限公司	9434282	18997981	3111	12.79
57	广州越秀集团股份有限公司	21631382	374645	2096	12.51
58	中国能源建设集团有限公司	8874181	4625684	8052	12.44
59	中国电力建设集团有限公司	15513643	9445727	15258	12.38
60	三一集团有限公司	3976650	2641443	1344	12.33

续表

排名	公司名称	海外资产/万元	海外营业收入/万元	海外员工/人	跨国指数/%
61	新疆金风科技股份有限公司	1893067	606032	980	12.31
62	中联重科股份有限公司	2485624	578899	1973	12.19
63	中国五矿集团有限公司	16202930	12391835	11303	12.11
64	江苏沙钢集团有限公司	7220050	3200106	968	11.63
65	中国机械工业集团有限公司	4815083	4045427	11042	10.80
66	上海汽车集团股份有限公司	6525769	5673422	24142	10.36
67	北京首都创业集团有限公司	9019751	291782	1881	10.33
68	厦门国贸控股集团有限公司	2914057	10587833	451	10.26
69	中国铁道建筑集团有限公司	8539312	4696566	67153	9.74
70	中粮集团有限公司	7830635	9851768	2822	9.62
71	国家开发投资集团有限公司	3525328	2477952	5245	9.09
72	首钢集团有限公司	4596755	3590602	4508	8.92
73	中国宝武钢铁集团有限公司	5070023	20098866	2731	8.85
74	上海电气控股集团有限公司	5223975	1032486	4367	8.83
75	山东魏桥创业集团有限公司	2882813	2624333	8175	8.71
76	云南省能源投资集团有限公司	1620525	2198590	306	7.93
77	中国建筑股份有限公司	17391226	8928378	32075	6.90
78	云南省投资控股集团有限公司	4197425	2360172	644	6.84
79	北京控股集团有限公司	2492748	1094765	2338	6.40
80	中国通用技术（集团）控股有限责任公司	1581437	1341514	2944	6.11
81	安徽海螺集团有限责任公司	1569344	974662	3983	5.34
82	中国中车集团有限公司	2994412	1292091	6598	5.14
83	北京建工集团有限责任公司	2544549	242123	202	5.02
84	鞍钢集团有限公司	2450908	3652357	477	4.93
85	中国华能集团有限公司	9434037	2588107	720	4.78
86	中国华电集团有限公司	6658141	1172284	2524	4.67
87	北京首农食品集团有限公司	1777307	407420	411	4.59
88	中国铁路工程集团有限公司	6994862	5478724	9359	4.41
89	中国建材集团有限公司	2967324	2172617	5657	4.17
90	国家电网有限公司	34626122	9258316	17928	4.13
91	国家电力投资集团有限公司	10547931	1197027	1941	4.09
92	中国东方航空集团有限公司	3245347	147491	953	3.83
93	中国移动通信集团有限公司	11747011	2174536	8326	3.29
94	新疆广汇实业投资（集团）有限责任公司	1916970	140552	260	2.70

续表

排名	公司名称	海外资产/万元	海外营业收入/万元	海外员工/人	跨国指数/%
95	云南省建设投资控股集团有限公司	2647731	399235	792	2.54
96	中国电信集团有限公司	2399734	1488462	5825	2.22
97	中国联合网络通信集团有限公司	1990775	616062	887	1.80
98	国家能源投资集团有限责任公司	5589553	1281428	417	1.64
99	中国大唐集团有限公司	2383098	218163	928	1.62
100	中国南方电网有限责任公司	3824597	413157	865	1.49

3. 经济发达地区占大多数，国有控股公司仍然占据明显的主导地位

从公司总部所在地看，2022 中国跨国公司 100 大覆盖 19 个省、自治区、直辖市，主要在经济发达地区，其中北京占 36%，广东、山东各占 10%，浙江占 9%，上海占 8%，江苏占 5%，安徽、云南占 3%，福建、河南、河北、湖南、新疆各占 2%。湖北、江西、辽宁、陕西、甘肃、宁夏各占 1%。

从公司所有制性质看，2022 中国跨国公司 100 大中，民营公司 37 家，国有及国有控股公司 63 家，民营公司比上年增加 4 家，说明当前民营大企业国际化的进程在加快。

从公司所在行业看，2022 中国跨国公司 100 大中，有色冶炼及制品 9 家，土木工程及建筑 7 家，黑色冶金、风能太阳能设备制造 6 家，汽车及零配件制造、电力生产、多元化投资各 5 家，家用电器制造 4 家，食品、工业和商业机械装备业、半导体集成电路及面板制造、房屋建筑、电信服务各 3 家，煤炭采掘及采选业、石油天然气开采及生产业、化学原料及化学品制造、电网、纺织印染、水泥及玻璃制品、综合能源供应、综合制造业、综合服务业各 2 家，兵器制造、汽车摩托车零售、电力电气设备制造、电线电缆制造、服装及其他纺织品、工程机械及零部件、轨道交通设备及零部件制造、贵金属、互联网服务、化学纤维制造、机电商贸、金属制品加工、农产品及食品批发、石化及炼焦、通信设备制造、航空运输、水上运输、水务、住宅地产、综合商贸各 1 家。

4. 党的十八大以来我国跨国公司国际化程度和竞争力不断提升

中国跨国公司 100 大的跨国指数有了明显提升。2022 中国跨国公司 100 大的跨国指数达到 15.59%，比 2013 中国跨国公司 100 大的跨国指数提升了 1.61 个百分点。2022 中国跨国公司 100 大的海外资产占比、海外营业收入占比、海外员工占比分别为 17.06%、19.65%、10.05%，与 2013 中国跨国公司相比，海外资产占比、海外员工占比分别提高了 2.45、4.98 个百分点，海外营业收入占比下降了 2.60 个百分点，如表 4-5 所示。

中国跨国公司 100 大海外资产总额、海外营业收入、海外员工总数有较大提高。2022 中国跨国公司 100 大海外资产总额、海外营业收入、海外员工总数分别为 107510 亿元、77904 亿元、1249095 人，与 2013 中国跨国公司相比，分别增加 139.61 %、62.99%、100.11%；2022 中国跨国公司 100 大入围门槛为 134.96 亿元，比 2013 中国跨国公司入围门槛提高 120.05 亿元，提高 805.16 %，如表 4-6 所示。

中国跨国公司 100 大入围世界跨国公司 100 大、发展中国家与地区跨国公司 100 大的公司数量大幅增加。依据联合国贸发会议出版的《2022 年世界投资报告》中公布的 2022 世界跨国公司 100 大、

2021 发展中国家与地区跨国公司 100 大，2022 中国跨国公司 100 大分别有 10 家、42 家企业入围，入围企业数 9 年时间分别增加了 8 家、30 家；2022 中国跨国公司 100 大中分别有 5 家、22 家企业的跨国指数达到 2022 世界跨国公司 100 大、2021 发展中国家与地区跨国公司 100 大的平均跨国指数，达到企业数 9 年时间分别增加了 4 家、15 家，如表 4－7 所示。入围 2022 世界跨国公司 100 大中国大陆企业分别是中国石油天然气集团有限公司、华为技术有限公司、腾讯控股有限公司、中国远洋海运集团有限公司、中国海洋石油集团有限公司、中国中化集团有限公司、中国石油化工集团有限公司、中国化工集团有限公司、联想控股有限公司、国家电网有限公司。

表 4－5　2013—2022 中国跨国公司 100 大平均跨国指数及相关指标

年份	跨国指数/%	海外资产占比/%	海外营业收入占比/%	海外员工占比/%
2013	13.98	14.61	22.25	5.07
2014	13.60	14.65	20.86	5.29
2015	13.66	14.32	20.83	5.84
2016	14.40	15.55	20.00	7.64
2017	14.85	16.01	19.54	8.99
2018	15.80	18.79	20.86	9.76
2019	15.96	16.96	20.17	10.74
2020	16.10	16.8	21.27	10.23
2021	15.07	16.52	19.10	9.58
2022	15.59	17.06	19.65	10.05
9 年提高	1.61	2.45	－2.60	4.98

数据来源：中国企业联合会、中国企业家协会编的 2013 年至 2022 年《中国 500 强企业发展报告》。

表 4－6　2013—2022 中国跨国公司 100 大有关数据

年份	海外资产/亿元	海外营业收入/亿元	海外员工数/人	入围门槛/亿元
2013	44869	47796	624209	14.91
2014	52473	50074	72392	21.00
2015	56334	51771	754731	26.67
2016	70862	47316	1011817	41.48
2017	80783	49012	1166176	61.47
2018	87331	59652	1297121	72.22
2019	95134	63475	1391971	98.58
2020	104526	73307	1310300	120.22
2021	92179	61507	1185017	109.39
2022	107510	77904	1249095	134.96
9 年提高	139.61%	62.99%	100.11%	805.16%

数据来源：中国企业联合会、中国企业家协会编的 2013 年至 2022 年《中国 500 强企业发展报告》。

表 4－7　2013—2022 中国大陆企业入围世界、发展中国家与地区跨国公司 100 大情况

	入围世界跨国公司企业数	达到世界跨国公司平均跨国指数的企业数	入围发展中国家与地区跨国公司企业数	达到发展中国家与地区跨国公司平均跨国指数的企业数
2013	2	1	12	7
2014	3	1	11	8
2015	4	2	15	9
2016	7	3	44	10
2017	6	1	43	14
2018	9	2	43	16
2019	9	3	42	17
2020	10	3	41	17
2021	10	4	41	18
2022	10	5	42	22

数据来源：联合国贸发会议出版的 2013 年至 2022 年《世界投资报告》。

三、2022 世界跨国公司 100 大及跨国指数

联合国贸发会议出版的《2022 年世界投资报告》中公布了 2022 世界跨国公司 100 大及跨国指数，皇家壳牌石油公司、丰田汽车公司、道达尔公司、大众汽车、德国电信公司、埃克森美孚、斯泰兰蒂斯、英国石油公司、英博、英美烟草公司荣列 2022 世界跨国公司 100 大前 10 名，如表4－8 所示。

受近年来一些国家逆全球化思潮的涌现、贸易保护主义抬头、贸易摩擦频繁爆发和全球新冠肺炎疫情的影响，2022 世界跨国公司 100 大全球化经营出现停滞或倒退，主要指标除入围门槛指标、海外营业收入稍有提高外，其他指标出现较大幅度下降。一是入围门槛稍有提高。2022 世界跨国公司 100 大入围门槛为 463 亿美元，比上年提升了 8 亿美元。二是跨国指数小幅度提高。2022 世界跨国公司 100 大的跨国指数为 52.45%，比上年提高 0.55 个百分点。2022 世界跨国公司 100 大的海外资产占比、海外营业收入占比分别为 53.81%、57.59%，分别比上年提高了 0.11 个百分点、1.64 个百分点，海外员工占比为 45.95%，比上年下降了 0.11 个百分点。2022 世界跨国公司 100 大海外资产总额、海外营业收入总额、海外员工总数分别为 10 0922 亿美元、64086 亿美元、9370020 人，分别比上年增长 4.72 %、增长 20.85 %、下降 1.14%，如表 4－9 所示。

从跨国公司总部所在国家看，2022 世界跨国公司 100 大主要分布在发达国家。美国有 20 家，法国 13 家，德国 12 家，中国 12 家（内地 10 家、香港和台湾各 1 家），英国 11 家，日本 9 家，瑞士 5 家，加拿大、意大利各 3 家，西班牙 2 家，奥地利、比利时、爱尔兰、卢森堡、马来西亚、荷兰、挪威、沙特阿拉伯、韩国、新加坡各 1 家，美国第一位，中国与德国并列第三位。

从跨国公司所在行业看，2022 世界跨国公司 100 大分布在以下行业：电力、煤气和水务 11 家，采矿采石和采油业、汽车及零部件业各 10 家，制药业 9 家，石油精炼及相关行业 8 家，电信业、计

算机与数据处理业、食品饮料业各 6 家，化学品制造业 4 家，电子零部件、运输和存储各 3 家，计算机设备、工业和商业机械、通信设备、建筑、零售贸易、批发金属和矿物各 2 家，飞机制造、建材、消费电子、电子商务、保健服务、家庭用品、仪器及相关产品、金属和金属产品、房地产、纺织品、烟草、批发石油和燃料各 1 家。

表 4—8 2022 世界跨国公司 100 大及跨国指数

排名	公司名称	海外资产/百万美元	企业资产/百万美元	海外营业收入/百万美元	营业收入/百万美元	海外员工/人	企业员工/人	跨国指数/%
1	皇家壳牌石油公司	367818	404379	239658	261504	56000	82000	83.6
2	丰田汽车公司	319475	522471	206121	279216	219388	366283	65.0
3	道达尔公司	298425	332380	172322	218243	58050	101309	75.3
4	大众汽车	262835	598719	243201	295745	373000	667000	60.7
5	德国电信公司	259466	318979	98972	128598	156339	216528	76.8
6	埃克森美孚	197420	338923	172426	276692	25200	63000	53.5
7	斯泰兰蒂斯	194548	194548	157892	176618	130788	281595	78.6
8	英国石油公司	191516	287272	106398	157739	11100	64000	50.5
9	英博	179313	217627	46272	54304	146785	169000	84.8
10	英美烟草公司	172480	185153	27074	35329	29717	52050	75.6
11	Enel SpA	165788	234387	48110	99414	36003	66279	57.8
12	雪佛龙股份有限公司	161158	239535	90317	162465	22968	42595	58.9
13	EDF SA	160091	408841	41898	99836	33690	165000	33.8
14	沃达丰	156541	170907	45500	52932	86922	96506	89.2
15	本田汽车公司	149346	196882	107950	129490	143878	211374	75.8
16	长江和记实业有限公司	147640	155598	52419	57298	279 000	300000	93.1
17	梅赛德斯 - 奔驰集团	144607	294293	169677	198547	28286	172425	50.3
18	西门子	139302	161329	58610	74417	190000	303000	75.9
19	鸿海精密工业	137194	140802	209630	214595	855916	878429	97.5
20	微软公司	135685	333779	84135	168088	78000	181000	44.6
21	宝马汽车公司	133774	259969	114696	131488	40096	118626	57.5
22	强生公司	133432	182018	46619	93775	95382	144300	63.0
23	RWE AG	130133	161184	18257	28991	4661	18246	56.4
24	中国石油天然气集团公司	129200	625390	111599	299188	121197	1242245	22.6
25	Iberdrola SA	120997	160553	29255	46234	30366	39955	71.5
26	Eni SpA	116788	156037	55091	90514	11339	32689	56.8
27	雀巢	115109	152551	94007	95251	267506	276000	90.4
28	华为	111865	154740	34657	98742	45000	195000	43.5

续表

排名	公司名称	海外资产/百万美元	企业资产/百万美元	海外营业收入/百万美元	营业收入/百万美元	海外员工/人	企业员工/人	跨国指数/%
29	贝尔	109553	136189	49097	52105	55328	99637	76.7
30	嘉能可股份有限公司	104703	127510	139467	203751	130483	135000	82.4
31	武田制药有限公司	103498	108226	25893	31757	41514	47100	88.4
32	力拓公司	102739	102896	63252	63495	49156	49345	99.7
33	苹果公司	100005	351002	212511	365817	43877	154000	38.4
34	安赛乐米塔尔	99794	102517	39287	90509	97384	157909	67.5
35	沙特阿拉伯国家石油公司	98915	576717	121190	359181	11748	68493	22.7
36	字母公司	98628	359268	139124	257637	42963	156500	36.3
37	西班牙电信	95415	123698	31749	46427	81174	104150	74.5
38	葛兰素史克公司	92915	106622	45583	46924	51287	90096	80.4
39	三星电子	92349	358882	205702	244089	161607	267937	56.8
40	腾讯控股公司	91630	253820	7199	86852	1320	68226	15.4
41	美敦力公司	90052	93083	30017	30117	87070	90000	97.7
42	罗氏集团	89426	101214	67888	68688	86520	100920	91.0
43	Engie	88817	255219	39628	68400	21972	101504	38.1
44	阿斯利康	88748	105363	34172	37417	74300	83100	88.3
45	诺华	87737	131795	51983	52877	53502	104323	72.1
46	三菱株式会社	87392	179955	63105	153623	17124	82997	36.8
47	亚马逊	86143	420549	155816	469822	329373	1608000	24.7
48	克里斯汀·迪奥	83754	138584	71048	75904	141760	175647	78.2
49	日本电报电话公司	83563	195972	18475	108169	138439	324667	34.1
50	三井株式会社	83249	122559	42663	104619	20960	44509	51.9
51	赛诺菲	79790	136190	43540	46306	48403	95442	67.8
52	亚特兰提亚	79362	90458	6122	7554	15856	20326	82.3
53	辉瑞公司	79227	181476	51542	81288	50000	79000	56.8
54	日产汽车有限公司	79125	134453	47182	74962	72884	131461	59.1
55	联合利华	78481	85055	59103	61991	121000	149000	89.6
56	林德公司	78245	81605	23289	30978	44739	72159	77.7
57	福特汽车公司	77835	257035	48967	135341	84000	183000	37.5
58	中国远洋海运	75844	126103	27997	44028	15865	110338	46.0
59	中国海洋石油	75169	193135	47839	78826	3885	80058	34.8
60	Equinor ASA	71333	147120	17246	88744	2889	21126	27.2
61	中化集团	70760	97504	8234	60134	27215	72237	41.3

续表

排名	公司名称	海外资产/百万美元	企业资产/百万美元	海外营业收入/百万美元	营业收入/百万美元	海外员工/人	企业员工/人	跨国指数/%
62	SAP SE	70682	80608	27777	32910	60773	107414	76.2
63	Enbridge Inc.	70333	132880	21215	37546	3365	10900	46.8
64	日立有限公司	70037	114053	53888	91335	192670	350864	58.4
65	托克集团私人有限公司	68140	90066	137741	231308	6598	9031	69.4
66	索尼集团公司	66737	250329	59221	88282	55200	109700	48.0
67	拉法基豪瑞有限公司	65941	67828	30822	31719	48777	69672	88.1
68	罗伯特博世有限公司	65913	110684	74508	93083	269648	401300	68.9
69	通用电气公司	65792	198874	41358	74196	113000	168000	52.0
70	中国石化集团公司	65791	265197	59801	305202	34222	553833	16.9
71	空客公司	65740	121245	38604	61642	68587	126495	57.0
72	康卡斯特	65649	275905	25460	116385	56700	189000	25.2
73	巴斯夫	64046	98973	84277	92905	60021	111047	69.8
74	费森尤斯	63980	81506	28827	44350	218094	316078	70.8
75	宝洁公司	63777	119307	42410	76118	74740	101000	61.1
76	英国国家电网公司	62799	124488	14542	25200	17026	23683	60.0
77	可口可乐公司	61825	94354	25645	38655	69600	79000	73.3
78	橙色	61707	122405	25255	50262	61467	139698	48.2
79	英美资源集团	60806	65985	38534	41554	103200	106000	94.1
80	施耐德电气	57190	61782	32099	34167	99811	166025	82.2
81	中国化工	56577	126928	7900	60489	29285	141250	26.1
82	Vinci SA	56493	113288	27278	58388	118641	219299	50.2
83	Mondelēz International, Inc.	55432	67092	21574	28720	68000	79000	81.3
84	通用汽车公司	53870	244718	22520	127000	59000	157000	25.8
85	IBM	53401	132001	29051	57350	147581	364800	43.9
86	TC 能源公司	52925	82010	10195	10678	4528	7017	74.8
87	英特尔公司	52770	168406	64917	79024	56917	121100	53.5
88	Oracle 公司	52500	131107	21745	40479	87000	132000	53.2
89	沃尔玛	51181	252496	102459	572754	600000	2300000	21.4
90	联想控股公司	51009	107154	54112	76170	43613	88000	56.1
91	德国邮政集团	50641	72026	71150	96628	364239	592263	68.5
92	微米技术	50012	58849	15550	27705	32680	43000	72.4
93	威立雅环境有限公司	49459	60117	27129	33698	149338	179718	82.0
94	OMV AG	49137	60933	35732	42027	16672	22434	80.0

续表

排名	公司名称	海外资产/百万美元	企业资产/百万美元	海外营业收入/百万美元	营业收入/百万美元	海外员工/人	企业员工/人	跨国指数/%
95	液化空气公司	48989	52988	23984	27582	39840	66400	79.8
96	Unibail - Rodamco - Westfield	47615	62203	2280	2979	2373	3100	76.5
97	中国国家电网公司	47479	665294	11130	365870	16168	896360	4.0
98	达能集团	47 070	51444	26298	28701	92218	98104	92.4
99	马来西亚国家石油公司	46326	152425	41275	59819	7545	48679	38.3
100	巴里克黄金公司	46263	46890	11694	11985	18709	19003	98.2
	合计数（或平均数）	10092176	18755858	6408630	11128450	9370020	20391908	52.45

数据来源：联合国贸发会议（UNCTAD）:《2022 年世界投资报告》。

表 4-9　2016—2022 世界跨国公司 100 大有关指标

	入围门槛/亿美元	跨国指数/%	海外资产占比/%	海外营业收入占比/%	海外员工占比/%
2016	351	61.01	61.96	64.21	56.87
2017	372	61.31	62.49	64.06	57.38
2018	411	61.91	62.15	64.93	58.65
2019	412	58.07	59.67	59.68	54.86
2020	435	55.80	58.30	59.96	51.13
2021	455	51.90	53.70	55.95	46.06
2022	463	52.45	53.81	57.59	45.95

四、我国跨国公司存在的主要差距

尽管我国跨国公司发展已取得较大进步，在 2022 中国跨国公司 100 大中，有 10 家公司达到 2022 世界跨国公司的入围门槛，与上年持平；有 5 家公司的跨国指数达到 2022 世界跨国公司的平均跨国指数，比上年增加 2 家；有 42 家公司达到 2021 发展中经济体跨国公司的入围门槛，与上年持平；有 18 家公司的跨国指数达到 2021 发展中经济体的平均跨国指数，比上年增加 1 家。但世界一流跨国公司是在世界范围内跨国化程度高、拥有全球行业领导地位、全球资源配置高效的跨国公司。具体来说，世界一流跨国公司的一般标准包括：跨国化程度高（体现为跨国化指数不低于 30%），在品牌营销、技术创新、商业模式、管理水平、服务能力等方面在全球行业拥有领先地位，有能力高效配置和重组全球资源，具有较强的企业软实力或影响力。按照上述标准衡量，我国跨国公司与世界一流跨国公司之间还存在较大差距。

我国跨国公司国际化程度仍远远落后于世界平均水平。2022 中国 100 大跨国公司的平均跨国指数只有 15.59%，不仅远远低于 2022 世界 100 大跨国公司的平均跨国指数 52.45%，而且也大大低于 2021 发展中国家 100 大跨国公司的平均跨国指数 31.71 %。2022 中国 100 大跨国公司中跨国指数在

30% 以上的有 23 家，比上年增加 2 家；达到 2022 世界 100 大跨国公司平均跨国指数的企业只有 5 家，达到 2021 发展中经济体 100 大跨国公司平均跨国指数的企业有 22 家，比上年增加 4 家；还有 17 家企业的跨国指数没有超过 5%，与上年持平。

除此之外，中国跨国公司 100 大的海外资产、海外营业收入、海外员工的比例都亟须提高，海外经营业绩也亟待改善。2022 中国 100 大跨国公司的入围门槛只有 134.96 亿元，而 2022 世界 100 大跨国公司的入围门槛高达 2949.59 亿元、2021 发展中经济体 100 大跨国公司的入围门槛也达到 509.55 亿元；2022 中国跨国公司 100 大的平均海外资产比例只有 17.06 %，而 2022 世界 100 大跨国公司的平均海外资产比例高达 53.81%、2021 发展中经济体 100 大跨国公司的平均海外资产比例为 31.05%；2022 中国跨国公司 100 大的平均海外营业收入比例只有 19.65 %，而 2022 世界 100 大跨国公司的平均海外营业收入比例高达 57.59%、2021 发展中经济体 100 大跨国公司的平均海外营业收入比例也为 32.62%；2022 中国跨国公司 100 大的平均海外员工比例只有 10.05%，而 2022 世界 100 大跨国公司的平均海外员工比例高达 45.95%、2021 发展中经济体 100 大跨国公司的平均海外员工比例为 31.47%，如表 4－10 所示。

表 4－10 中外跨国公司 100 大有关指标

	入围门槛/亿元人民币	海外资产比例/%	海外营业收入比例/%	海外员工比例/%	跨国指数/%
2022 中国	134.96	17.06	19.65	10.05	15.59
2021 发展中经济体	509.55	31.05	32.62	31.47	31.71
2022 世界	2949.59	53.81	57.59	45.95	52.45

注：汇率按照 1 美元 =6.3757 元人民币换算。

五、加快提高企业国际化经营水平的建议

《国民经济和社会发展第十四个五年规划和 2035 年远景目标纲要》提出，要“加快构建以国内大循环为主体、国内国际双循环相互促进的新发展格局”“支持企业融入全球产业链供应链，提高跨国经营能力和水平”“引导企业加强合规管理，防范化解境外政治、经济、安全等各类风险”，为推进我国对外投资高质量发展奠定基础。进入新时期，我国企业开展国际化经营既面临愈加严峻的国际形势，同时也面临新的历史机遇。首先，百年未有之大变局下国际力量“东升西降”引发地缘政治经济格局发生深刻变化，单边主义、民粹主义、战略对抗对现有国际规则体系和治理体系造成冲击，企业国际化经营的不稳定性、不确定性明显增加。同时，新冠肺炎疫情全球大流行导致世界范围产业链供应链中断、全球市场低迷、经济下行严重，很多国家为提振经济并确保供应链安全，着力提升战略自主能力和经济发展韧性，全球产业体系面临深刻调整，企业国际化经营的外部阻力显著增大。目前，全球产业链正在重组，全球企业竞争规则也将重构。未来的中国大企业必然将面临更严峻的挑战。疫情反复，在不确定性的时代，企业经营面临着各种冲击和诸多挑战。但另一方面，新一轮科技革命与产业变革也为中国企业开展国际化经营提供了重要历史机遇，企业应当抓住一些

主要的投资机遇，有数字经济与数字贸易蓬勃发展的机遇，有全球产业链与供应链重组，集中在高科技行业、医疗防疫行业、能源行业、汽车配件行业，有 RCEP 作为亚太全面的经济伙伴关系协定带来的机遇，境外有一些发展潜力的投资领域包括农业、加工制造业、资源开发、基础设施、房地产等也带来了机遇，还有“一带一路”带来的机遇。面对新形势、新机遇，加快提升企业国际化经营能力是推动我国大企业高质量发展的关键任务。为此，我国跨国公司要以世界一流跨国公司为标杆，进一步增强使命感和责任感，更加注重国际化战略与本土化经营相结合，更加注重跨国经营创新，更加注重强化合规管理，更加注重履行社会责任，不断提高跨国运营与管理水平。

1. 增强新形势下的使命感和责任感

习近平总书记在党的十九大报告中首次提出培育具有全球竞争力的世界一流企业，在党的十九届五中全会上强调加快建设世界一流企业。从五年前的培育到今天的加快建设，一词之变凸显了新形势下加快建设世界一流企业的重要性、紧迫性。现代经济发展表明，企业强则国家强，大企业是我国综合国力和先进生产力的代表，是我国参与国际竞争的主力军。为此，我国大企业要围绕更高质量和更强国际竞争力，深化改革、强化创新、扩大开放、完善企业治理，推进管理提升，拓展国际化经营，充分发挥优秀企业家作用，着力提升技术牵引和产业变革的创新力、全球竞争力、现代企业治理能力、彰显自信与担当的影响力、优秀企业家的引领力，加快将企业建设成为产品卓越、品牌卓著、创新领先、治理现代的世界一流企业。

2. 更加注重国际化战略与本土化经营相结合

国际化战略与本土化经营相结合，对我国跨国公司提出了更高的要求。包括：既要拥有全球领先的技术水平，又能在不同市场展开针对性的应用；既要有全球化的人才储备和管理体系，又能根据不同文化背景展开本土化组织运营；既要有全球领先的商业模式，又能根据不同市场环境采取与之匹配的实施策略。此外资源的整合与协调能力、业务链条的布局能力、全球信息的获取能力、良好的资金储备等，都是我国跨国公司在全球化布局、本土化深耕过程中需要不断提升的能力。

全球市场的国际化和具体海外市场的本土化既是我国跨国公司海外经营的不同视角，也是我国跨国公司海外经营的不同阶段。成长型跨国公司受自身能力所限，海外布局仅限于一个或少数市场。对这类企业来说，所在地市场的本土化经营，便是其走向国际化的具体实践。成长型跨国公司不要简单地把所在地市场的本土化经营当作国内经营模式在当地的复制，即中国企业的当地化，仅以中国企业的视角参与市场竞争。而应该从全球视角，以国际化公司的战略定位，用与其他跨国公司相同的标准要求自己，参与当地市场竞争。

成熟型跨国公司能够在多个海外市场展开不同程度的经营活动，对这类企业来说，已经从快速扩张的国际化战略的初期，进入了在不同区域市场深耕的本土化经营成熟期。成熟型跨国公司的经营目标已经变为在不同市场内都获得更大的市场占有率，甚至成为市场内的领导者。作为全球性跨国公司，以本土化视角在不同区域内进行深耕，是我国跨国公司中的领袖企业应有的格局。

3. 更加注重跨国经营创新

随着全球市场竞争格局的变化以及我国跨国公司市场地位角色的调整，为了不断巩固和提升竞争力，我国跨国公司有必要更加关注跨国经营的创新。目前，我国部分跨国公司已经在尝试通过实

现产品技术、服务水平甚至商业模式的领先来驱动国际化经营。通过在海外全方位运营领先的商业模式，实现企业在国际市场的可持续竞争优势。这包括两种发展路径，一是我国企业先凭借创新能力在国内市场取得成功，再继续利用创新优势开拓海外市场；二是我国跨国公司借助自身在当地市场的人才、技术等资源方面的优势，实现在当地的商业模式创新，引领当地乃至全球市场的发展潮流。

我国跨国公司海外经营管理要适应不同海外市场的实际情况，以有效提升海外管理能力为目的进行创新，并建立有效的管理体系调整机制。我国跨国公司对海外资源的配置应当着眼于长期效益而非短期回报，海外资源获取的重点有必要从一般性的原材料、能源、消费市场、资金等，转向核心领军型人力、高科技研发人力、产业链上游稀缺核心技术等资源。我国跨国公司应该通过创新模式和手段，从原来简单通过提供市场、提供资金获取资源的方式，转变为价值共创、竞争力共创的共赢模式，吸引关键资源的聚合。

4. 借鉴世界一流跨国公司跨国运营与管理经验

世界一流跨国公司在运营与管理上基本具有如下共性特点：一是基本上都采取按照业务线条、跨国地理区域和职能管理组成的多维矩阵的组织模式。跨国公司多维矩阵、多维汇报关系的组织模式要求集团管控从职能导向转变为流程驱动，即各职能部门与各级组织根据流程（业务、管理或服务流程）要求扮演其中相应的角色，依照专业分工，形成跨领域、跨部门合作协同做事的规范，进行相应的汇报与审核。二是超越法人结构的业务单元划分。企业股权关系不等同于企业管理关系，因此管理架构打破法人界限划分经营业绩责任，通过汇报线、业绩考核和关键岗位的任免机制对经营业绩进行管理。三是集团总部趋向战略管控，业务单元成为卓越运营中心。总部承担的是股东回报的责任，从原有的大总部的职能运作管理，走向小总部的公司战略发展和业务组合管理，以及新业务培育，同时兼顾提供共性的服务和标准化的职能管理，总部核心功能归纳为八个字：规划、控制、监督、服务。业务单元负责该业务的总体发展和占用资本回报，依靠专业的管理团队实现卓越运营。四是高层管理团队集体决策和统一的资源分配机制。由 CEO、职能负责人、代表核心业务单元的负责人、区域/国家的负责人共同组成的高层管理团队对公司的战略方向和重大事项进行决策，打破割据的管理职能，鼓励从全局和统筹的角度来发现问题、解决问题，形成科学、平衡的决策，统一认识，保证执行。五是在流程驱动下，对职能管理中的“管理”和“服务”做了切分，由不同的组织来承担，通过内部分工，实现管理专精、运营卓越、服务高效。

5. 更加注重强化合规管理

企业进行海外投资面临非常复杂而繁多的合规性要求，既有国际性规则惯例也有东道国与所属国的要求，既有强制性法规也有倡导性规则。所谓合规经营，就是企业通过完善公司治理，使其经营管理行为符合有关法律法规、国际条约、行业准则、商业惯例、道德规范的要求，是企业预防和应对国际化经营风险的重要手段。经过数十年的发展，企业合规经营覆盖内容愈加全面，例如，联合国全球契约提出的人权、劳工标准、环境、反贪污四个方面的十项基本原则已成为全球范围内企业跨国合作的契约准则；OECD 提出通过信息公开、披露，加强人权、保护环境和公共卫生、维护消费者权益、改善劳资关系、反对商业贿赂、确保公平竞争等公司治理合规要求。我国企业长期面向国内发展，以遵循国内法规为主，对国际通行的合规条款重视不够，一些企业更因合规问题而陷入困境。近年来，西方国家不断加强对我国企业的审查，并将“人权”“债务陷阱”“国家安全”等作为限制我国企业正常经营活动的工具，给企业国际化经营带来严峻挑战。为此，企业应加强对合规经营的重视程度，按照《企业境外经营合规管理指引》等系列文件要求，根据业务性质、地域范围、监管要求等设置相应的合规管理机构，融入公司治理体系，完善合规管理制度，全面掌握关于市场准入、贸易管制、安全审查、行业监管、外汇管理、财务税收、劳工权利、环境保护、数据隐私、知识产权、反腐败、反贿赂、反垄断、反洗钱、反恐怖融资等方面的合规要求，确保经营活动全流程、全方位合规。同时，要利用法律、仲裁等手段坚决抵制针对我国企业的歧视性规则，维护自身合法权益。

6. 更加注重绿色低碳发展

当前，各国环境法律体系日益健全，覆盖范围从空气污染、水污染、土壤污染、废弃物管理、噪声污染等传统环境问题向生物多样性、自然生态系统和气候变化等新领域延伸，企业的环境违法成本和环境舆论压力不断提高。尤其在气候变化领域，越来越多国家加入碳中和立法行列，倒逼企业提出自身的碳中和路线图，减排范围不仅涉及自身活动导致的直接和间接碳排放，还涵盖供应链上下游企业的碳排放，由此对我国企业碳减排提出更高要求。为此，一是要坚持新发展理念和系统观念，处理好发展与减排、近期与长远、全局与重点的关系，以大格局、大思路开辟一条高效率、高质量发展的碳达峰碳中和之路。要转变片面强调速度和规模的传统思维，摆脱要素投入、资本投入的路径依赖，探索推进技术创新、管理创新、业态创新等，注重企业发展的质量和效益，推动企业向绿色转型，加快推进企业生产经营活动的“绿色化”。二是借鉴同行业其他跨国公司的实践做法，制定减缓环境影响、促进可持续性的发展目标，利用数字技术对企业环境影响进行监测分析，以及探索各种可持续性技术解决方案等，保证生产经营活动符合东道国环境法律法规要求。三是依托专业合作伙伴，如提供环境可持续咨询服务以及相关技术与解决方案的机构，提高企业资源利用效率，促进生态环境改善，获取经济与环境双重收益。四是积极布局海外，通过投资并购东道国本土企业，直接利用其多年形成的可持续发展实践经验，间接提升我国企业的可持续发展能力。此外，还要加强对ESG信息的主动披露，树立负责任的企业形象。

第五章
2022 中国大企业创新 100 强分析报告

为了深入贯彻落实习近平新时代中国特色社会主义思想和党的十九届五中全会精神，加快提升企业创新能力，培育具有全球竞争力的世界一流企业，同时为社会各界提供我国大企业创新水平及其相关信息，清华大学技术创新研究中心在中国企业联合会、中国企业家协会的指导下从 2021 年开始推出“中国大企业创新 100 强及其分析报告”。

一、2022 中国大企业创新 100 强评价指标、方法和结果

1. 中国大企业创新 100 强评价指标

依据企业数据的可获得性和专家多次研讨，我们从创新投入、创新成果和创新效益三大方面选取研发投入强度、研发费用、发明专利数、非发明专利数、收入利润率作为评价指标。中国大企业创新 100 强评价指标体系及权重如表 5 – 1 所示。

表 5 – 1　中国大企业创新 100 强评价指标体系及权重

一级指标	二级指标	计算公式	权重
创新投入	研发投入强度	研发费用/当年营业收入	0.40
	研发费用	—	0.10
创新成果	发明专利数	—	0.35
	非发明专利数	拥有专利数 – 拥有发明专利数	0.05
创新效益	收入利润率	当年净利润/当年营业收入	0.10

2. 中国大企业创新 100 强测算方法

首先，考虑到各项指标中排名第 1 和排名第 2 的企业指标数值差距大，异常值将降低评价的区分度。故将排名第 1 的企业指标数值做如下转换：

$$X_{rank1,j} = X_{rank2,j} \times \frac{100}{95}$$

其次，基于转换后的数据，利用功效系数法消除量纲影响：

$$Y_{ij}=60+\frac{X_{ij}-\min\limits_{1\leq i\leq n}(x_{ij})}{\max\limits_{1\leq i\leq n}(x_{ij})-\min\limits_{1\leq i\leq n}(x_{ij})}$$

其中，X_{ij}为各指标原始数值，Y_{ij}为经转换后的指标数值，各项指标的取值范围为［60，100］。

最后，分别赋予研发投入强度、研发费用、发明专利数、非发明专利数和收入利润率 0.40、0.10、0.35、0.05、0.10 的权重，计算综合得分。

“2022 中国大企业创新 100 强”是在 2022 中国企业 500 强、2022 中国制造业企业 500 强、2022 中国服务业企业 500 强的基础上，按照入围门槛为发明专利数 100 项以上、研发强度 0.5% 以上、营业收入 200 亿元以上的标准进行筛选，同时依据企业申报的研发投入强度、研发费用、拥有发明专利数、拥有非发明专利数、收入利润率等数据，利用功效系数法计算得到各指标评价值，加权得到各企业综合评价得分值，最后按分值高低排序产生。2022 中国大企业创新 100 强（见表 5－2）排名前 10 位的企业分别是华为投资控股有限公司、中兴通讯股份有限公司、中国航天科技集团有限公司、中国航天科工集团有限公司、江苏恒瑞医药股份有限公司、美的集团股份有限公司、国家电网有限公司、深圳市大疆创新科技有限公司、中国信息通信科技集团有限公司、正大天晴药业集团股份有限公司。

表 5－2　2022 中国大企业创新 100 强名单

排名	公司名称	研发投入强度	研发费用	发明专利数	非发明专利数	收入利润率	得分
1	华为投资控股有限公司	99.43	100.00	100.00	67.76	83.93	96.55
2	中兴通讯股份有限公司	88.37	72.28	86.23	97.37	68.84	84.51
3	中国航天科技集团有限公司	86.23	87.98	84.02	65.15	71.05	83.06
4	中国航天科工集团有限公司	82.06	82.26	79.24	68.46	68.36	79.04
5	江苏恒瑞医药股份有限公司	100.00	63.81	60.59	60.00	81.30	78.72
6	美的集团股份有限公司	65.37	67.81	91.40	98.00	71.96	77.02
7	国家电网有限公司	60.07	70.65	98.00	100.00	62.39	76.63
8	深圳市大疆创新科技有限公司	84.59	62.27	61.91	62.20	100.00	74.84
9	中国信息通信科技集团有限公司	82.52	64.73	72.39	61.14	61.52	74.03
10	正大天晴药业集团股份有限公司	85.64	62.04	60.50	60.07	86.95	73.33
11	阿里巴巴（中国）有限公司	71.41	97.99	69.94	62.46	73.02	73.27
12	中国石油化工集团有限公司	60.21	70.60	90.34	70.91	65.14	72.82
13	TCL 实业控股股份有限公司	66.67	66.97	81.72	65.16	69.55	72.18
14	上海韦尔半导体股份有限公司	74.69	61.29	63.53	60.12	85.75	69.82
15	小米集团	66.24	68.57	74.59	65.52	68.87	69.62
16	珠海格力电器股份有限公司	65.01	64.04	71.38	88.49	77.35	69.55
17	新华三信息技术有限公司	75.84	62.62	65.26	61.40	70.06	69.51
18	中国移动通信集团有限公司	65.53	80.14	67.42	61.13	83.63	69.24

续表

排名	公司名称	研发投入强度	研发费用	发明专利数	非发明专利数	收入利润率	得分
19	浙江大华技术股份有限公司	77.83	62.17	60.96	61.57	72.84	69.05
20	荣耀终端有限公司	75.93	64.83	62.57	60.24	71.28	68.89
21	中国石油天然气集团有限公司	61.34	81.98	72.16	74.43	67.38	68.45
22	石药控股集团有限公司	73.96	62.17	60.33	60.09	83.17	68.24
23	中国五矿集团有限公司	63.53	73.86	70.20	82.52	63.37	67.83
24	海尔集团公司	64.42	66.44	70.82	72.89	68.70	67.71
25	中国兵器工业集团有限公司	65.88	73.13	68.63	65.41	64.87	67.45
26	浙江吉利控股集团有限公司	70.29	74.80	62.81	67.48	64.53	67.41
27	中国中车集团有限公司	70.47	69.92	63.45	61.40	67.59	67.21
28	舜宇集团有限公司	71.66	61.64	60.84	61.32	78.50	67.04
29	比亚迪股份有限公司	67.86	66.90	67.56	65.95	62.08	66.99
30	中国宝武钢铁集团有限公司	64.08	77.81	67.21	65.89	67.28	66.96
31	宁德时代新能源科技股份有限公司	69.61	64.96	61.23	61.56	78.79	66.73
32	龙佰集团股份有限公司	67.85	60.56	60.12	60.31	93.48	66.60
33	中联重科股份有限公司	70.33	62.68	62.08	61.76	73.27	66.54
34	三一集团有限公司	68.90	65.49	61.80	64.50	73.05	66.27
35	歌尔股份有限公司	68.90	62.73	63.45	68.01	66.90	66.13
36	山东省国有资产投资控股有限公司	68.67	63.31	64.84	62.37	64.72	66.08
37	华鲁控股集团有限公司	66.49	60.98	60.08	60.33	88.77	65.62
38	闻泰科技股份有限公司	71.61	62.33	60.06	60.69	66.58	65.59
39	中国交通建设集团有限公司	64.24	75.95	62.83	73.27	65.33	65.48
40	隆基绿能科技股份有限公司	68.77	62.79	60.05	60.87	75.46	65.40
41	中国电力建设集团有限公司	65.12	73.75	62.60	74.65	63.10	65.37
42	广州视源电子科技股份有限公司	68.86	60.66	61.27	63.60	70.53	65.29
43	新疆特变电工集团有限公司	66.92	62.09	60.27	60.84	80.95	65.21
44	海信集团控股股份有限公司	64.74	63.44	65.73	64.96	67.04	65.20
45	华峰集团有限公司	65.23	61.20	60.20	60.12	87.17	65.00
46	中国第一汽车集团有限公司	64.64	74.36	61.54	66.97	68.09	64.99
47	中国铁路工程集团有限公司	63.21	76.21	63.28	70.31	63.86	64.95
48	上海汽车集团股份有限公司	63.58	72.85	62.90	71.46	66.19	64.93
49	万华化学集团股份有限公司	62.98	61.98	62.90	60.02	84.84	64.89
50	鞍钢集团有限公司	64.62	67.72	64.43	63.34	65.20	64.86
51	中国广核集团有限公司	63.16	61.72	62.16	62.68	84.38	64.76
52	鹏鼎控股（深圳）股份有限公司	67.51	60.93	60.61	60.05	73.97	64.71

续表

排名	公司名称	研发投入强度	研发费用	发明专利数	非发明专利数	收入利润率	得分
53	中国建材集团有限公司	62.94	65.81	63.80	69.21	71.24	64.67
54	中国建筑股份有限公司	60.98	73.05	63.03	85.78	66.19	64.66
55	研祥高科技控股集团有限公司	68.63	62.69	60.38	60.42	67.51	64.63
56	欣旺达电子股份有限公司	70.20	61.43	60.06	60.92	62.89	64.58
57	天合光能股份有限公司	69.33	61.58	60.19	60.42	65.91	64.57
58	江苏长电科技股份有限公司	66.03	60.68	61.99	60.54	72.61	64.46
59	远景能源有限公司	64.51	61.13	60.00	60.05	84.12	64.33
60	阳光电源股份有限公司	67.67	60.66	60.60	60.80	69.38	64.32
61	广东德赛集团有限公司	67.74	60.85	60.47	62.31	67.22	64.18
62	徐工集团工程机械有限公司	65.24	62.55	61.58	64.61	69.45	64.08
63	中国东方电气集团有限公司	67.04	61.34	60.98	61.45	66.86	64.05
64	创维集团有限公司	66.44	61.28	61.49	63.69	65.78	63.99
65	中国联塑集团控股有限公司	65.85	60.70	60.13	61.10	74.50	63.96
66	安徽江淮汽车集团控股有限公司	67.03	61.08	62.83	60.71	60.14	63.96
67	奇瑞控股集团有限公司	65.01	62.21	63.50	67.42	60.98	63.92
68	郑州宇通企业集团	68.06	61.24	60.33	61.07	63.98	63.91
69	新疆金风科技股份有限公司	64.67	60.94	62.31	61.96	70.31	63.90
70	中国海洋石油集团有限公司	60.91	65.41	62.96	62.87	78.04	63.89
71	人福医药集团股份公司	66.12	60.42	60.15	60.24	73.08	63.86
72	国家能源投资集团有限责任公司	60.70	64.00	63.09	67.92	75.74	63.73
73	潍柴控股集团有限公司	63.74	65.14	62.30	67.00	65.48	63.72
74	深圳华强集团有限公司	67.92	60.92	60.11	60.23	64.06	63.72
75	西子联合控股有限公司	64.90	60.64	60.00	60.26	76.16	63.66
76	万丰奥特控股集团有限公司	66.44	60.79	60.14	61.44	68.41	63.62
77	上海建工集团股份有限公司	65.37	66.41	61.30	63.21	61.81	63.59
78	天津天士力大健康产业投资集团有限公司	62.87	60.37	60.52	60.13	82.11	63.58
79	国家开发投资集团有限公司	60.55	60.94	60.70	61.44	89.51	63.58
80	东岳氟硅科技集团有限公司	64.64	60.45	60.27	60.04	75.71	63.57
81	上海华谊（集团）公司	63.91	60.92	61.03	60.52	74.83	63.53
82	中国能源建设集团有限公司	63.96	65.73	61.67	65.74	64.81	63.51
83	华勤技术股份有限公司	66.79	62.28	60.60	60.86	62.52	63.45
84	中国化学工程集团有限公司	65.35	63.41	60.88	62.06	65.56	63.45
85	包头钢铁（集团）有限责任公司	65.03	62.66	60.34	61.14	69.86	63.44
86	厦门钨业股份有限公司	66.24	60.74	60.29	60.42	67.14	63.41

续表

排名	公司名称	研发投入强度	研发费用	发明专利数	非发明专利数	收入利润率	得分
87	首钢集团有限公司	63.66	64.48	62.78	62.48	63.84	63.39
88	巨化集团有限公司	63.51	60.49	60.28	60.17	78.23	63.38
89	中国中信集团有限公司	60.84	63.90	61.10	64.70	79.93	63.34
90	四川科伦实业集团有限公司	66.74	61.08	60.29	61.26	63.55	63.32
91	北京汽车集团有限公司	62.32	65.63	62.35	69.21	65.47	63.32
92	江苏沙钢集团有限公司	63.66	65.02	60.28	60.54	71.96	63.29
93	深圳传音控股股份有限公司	64.55	60.89	60.49	60.72	71.70	63.29
94	山西建设投资集团有限公司	66.49	63.10	60.04	61.85	62.47	63.26
95	东风汽车集团有限公司	62.23	66.35	61.74	66.40	67.83	63.24
96	中国铁道建筑集团有限公司	60.86	66.57	63.09	74.91	63.78	63.21
97	中国医药集团有限公司	60.62	63.86	61.72	60.87	79.12	63.19
98	中国华能集团有限公司	63.76	66.55	60.84	66.87	63.82	63.18
99	安徽海螺集团有限责任公司	61.75	62.42	60.04	60.57	81.72	63.16
100	湖南钢铁集团有限公司	64.49	64.28	60.15	60.28	68.07	63.10

2022 中国大企业创新 100 强（以下简称创新百强企业）榜单显示，榜首企业华为投资控股有限公司（以下简称华为）研发投入强度为 22.62%，比入选 2021 中国大企业创新 100 强榜单时上涨了 6.7%。此外，相比于 2021 中国大企业创新 100 强，2022 中国大企业创新 100 强榜单中共有 29 家新企业跻身于前 100 强，其中正大天晴药业集团股份有限公司、上海韦尔半导体股份有限公司、新华三信息技术有限公司进入创新前 20 强，这些企业的创新能力迅猛提升，创新百强企业中仅 9 家企业的排名相比于 2021 中国大企业创新 100 强榜单排名未发生变化，表明中国企业的创新能力并不固化，充满创新活力和竞争力。

对于各项创新指标的绝对值而言，2022 中国大企业创新百强企业取得明显进步，其中发明专利数超过 60 万项，与 2021 中国大企业创新百强企业相比增加了 4.59 万项；研发费用为 1 万亿元，与 2021 中国大企业创新百强企业相比增长了 0.13 万亿元，平均研发投入强度为 4.89%，平均销售利润率接近 10%。

二、创新驱动发展战略推动中国企业迈向世界一流

自党的十八大以来，我国高度关注国家科技创新，将创新发展放置于五大发展理念的首位，出台了一系列推动我国科技创新快速发展的政策。从明确“创新是引领发展的第一动力”，到实施“创新驱动发展战略”，我国把科技创新摆在国家发展全局的核心位置，在战略性、全局性的科技创新政策的指引下，我国自主创新之路越来越宽广、平坦。我国大企业创新水平自党的十八大以来得到显著提高，从研发投入强度、研发费用、拥有发明专利数、拥有非发明专利数、收入利润率等评价指

标来看，近 10 年创新百强企业各项指标的平均值上涨迅猛，研发费用从 0. 31 万亿元上涨至超过 1 万亿元，翻涨了三余倍，拥有发专利数均呈现快速上涨趋势，2022 中国大企业创新百强企业的拥有专利数均值首次突破 1. 35 万项，如图 5 - 1 所示。

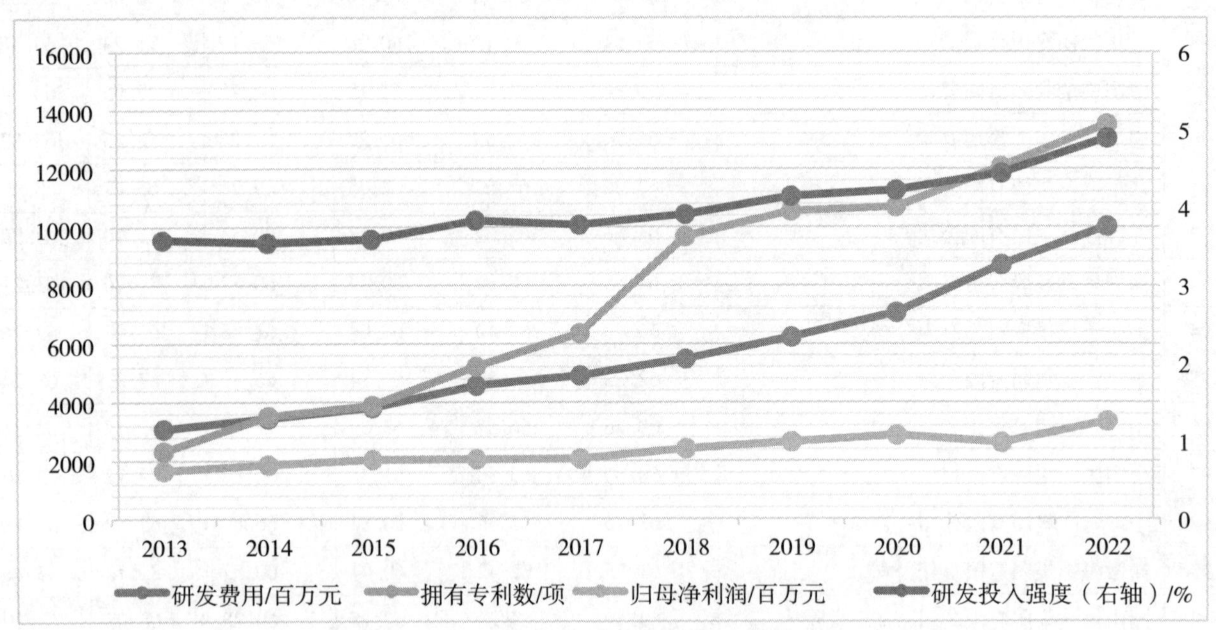

图 5 - 1　2013—2022 中国大企业创新 100 强评价指标

具体而言，我国大企业创新百强企业在创新驱动发展的指引下，在如下方面做出了表率。

1. 十分重视研发投入，为技术创新提供保障

2022 中国大企业创新 100 强的总研发费用为 10014. 36 亿元，占 2022 中国 500 强企业总研发费用的 65% 以上。创新百强企业平均研发投入强度为 4. 89% ，相比于 2021 中国大企业创新 100 强企业上涨了 1. 74% 。创新百强企业中研发强度超过 10% 的公司有江苏恒瑞医药股份有限公司、华为投资控股有限公司、中兴通讯股份有限公司、中国航天科技集团有限公司、正大天晴药业集团股份有限公司、深圳市大疆创新科技有限公司、中国信息通信科技集团有限公司、中国航天科工集团有限公司、浙江大华技术股份有限公司。

江苏恒瑞医药股份有限公司围绕抗肿瘤、糖尿病、心血管、自身免疫性疾病等领域进行重点开发，近年来研发投入占营业收入比例呈逐年攀高趋势，由 2012 年的 9. 84% 一路飙升至 2021 年的 23. 95% ，2021 年累计投入研发资金 62. 03 亿元。华为高度重视创新而非短期利益，注重“厚积薄发”，通过持续的创新投入为基础研发提供动力，为技术创新提供保障。2022 年华为研发费用高达 1426. 66 亿元，研发强度达到 22. 62% 。中兴通讯股份有限公司作为国际领先的综合通信解决方案提供商，是我国最大的通信设备公司，2021 年中兴通讯股份有限公司的创新得分超过中国航天科技集团有限公司，成为仅次于华为的创新大企业，中兴通讯股份有限公司的研发投入强度为 16. 42% 。中国航天科技集团有限公司作为中国唯一的洲际战略核导弹研制公司，创新能力和核心竞争力十分突出，创造了以载人航天和月球探测为代表的一系列卓越成绩，在推进我国国防建设和经济高质量发

展中贡献非凡。2021 年中国航天科技集团有限公司的研发费用高达 426. 26 亿元，研发投入强度超过 15%。深圳市大疆创新科技有限公司研发人员占比将近 1/4，研发强度高达 14. 30%，早在 2014 年，就已经对芯片、光学、传感技术等领域“卡脖子”技术进行攻关，在日本组建了 400 多人的研发团队，专注于先进光学镜头研发。深圳市大疆创新科技有限公司一直在致力于摆脱“无人机”标签，主营业务已经由原来的无人机业务拓展为无人机、教育、手持影像系统三大模块。深圳市大疆创新科技有限公司围绕无人机打造产业生态链，测绘地理信息、农业植保、智能交通、消防等领域都已成为公司无人机应用场景，同时正在迈入人工智能、激光雷达、口袋相机、手机云台、教育等新领域。

2. 关注核心技术，对我国产业链供应链安全做出了突出的贡献

创新百强企业共计拥有有效专利数、有效发明专利数分别为 135. 12 万项、61. 05 万项，创新百强企业所拥有的有效专利占 2022 中国 500 强企业有效专利（166. 80 万项）的 81. 01%，是全国有效专利的主要持有者。创新百强企业中发明专利数居前 10 位的公司分别是华为投资控股有限公司 9. 9 万项、国家电网有限公司 4. 49 万项、美的集团股份有限公司 3. 71 万项、中国石油化工集团有限公司 3. 58 万项、中兴通讯股份有限公司 3. 10 万项、中国航天科技集团有限公司 2. 84 万项、TCL 实业控股股份有限公司 2. 57 万项、中国航天科工集团有限公司 2. 28 万项、小米集团 1. 73 万项、中国信息通信科技集团有限公司 1. 47 万项。除了中兴通讯股份有限公司的发明专利数量略有下滑外，其余企业发明专利数均大幅提升。

创新百强企业为中国创新发展做出了突出贡献，部分创新成果已经在全球具有技术领先优势和核心竞争力。例如，中国航天科技集团有限公司始终坚持“国家利益高于一切”，在战略制定过程中，将国家战略在集团落地，将集团战略上升为国家战略，始终将集团战略与国家战略紧密结合，自“两弹一星”以来，在短短数十年间创造了举世瞩目的辉煌成就，圆满完成多项国家重大航天工程任务，不断扩大人类对外层空间的探索，持续推动着航天科技向前进步，造福全人类；华为已经是全球领先的 ICT 基础设施和智能终端提供商，5G 综合实力居全球首位，拥有全球最多的 5G 标准必要专利；国家电网有限公司的特高压技术是全球最先进的输电技术，其特高压输电标准也是全球行业标准，特高压输电、柔性直流电网、统一潮流控制器、智能电网等创新工程的投运有力推动了“中国制造”向“中国智造”“中国创造”加速跨越，支撑了电网技术、标准、装备一体化“走出去”。目前，国家电网有限公司已成为全球并网装机规模最大、电压等级最高、能源资源配置能力最强的电网，是最近 20 多年来全球唯一没有发生大面积停电的特大型电网。

3. 盈利水平高，有力地验证了重视企业技术创新的重大意义和投资效果

创新百强企业平均销售利润率为 9. 58%，其中销售利润率超过 20% 的公司有 8 家，收入利润率居前 5 位的公司分别是深圳市大疆创新科技有限公司 31. 98%、龙佰集团股份有限公司 26. 84%、国家开发投资集团有限公司 23. 71%、华鲁控股集团有限公司 23. 13%、华峰集团有限公司 21. 87%。

中国电科坚持做党和国家可以信赖依靠的“大国重器”，服务于国家发展需求，承担并圆满完成了国防和军队电子信息装备科研生产及保障任务，在国家许多党政信息化和行业信息系统建设中发挥了重要作用，不断发展壮大，探索“以应用促基础”的科技创新发展模式，在国家重大科技专项和重大科技工程中取得标志性突破，成为国内唯一覆盖电子信息全领域的大型科技集团。依靠强大的企业技术创新能力，中国电科连续多年实现经营绩效的快速可持续发展，连续 16 年在中央企业经营业绩考核中获得 A 级，在每年 4000 多亿元的研发投入中，有 70% 是靠自我积累完成的。在核心电子元器件等领域“断代式”发展的情况下，以产业的形式为国家保持了一支覆盖全产业链的战略科技力量，在保持战略能力的同时也形成了独特的自我发展、自我经营模式，成为中央企业经营典范。宁德时代新能源科技股份有限公司围绕产品本身与商业模式开展全方位的创新探索，建立了材料体系、系统结构、极限制造和商业模式四大创新体系。自 2017 年起，宁德时代新能源科技股份有限公司动力电池的使用量始终保持全球第一。SNE Research 的统计显示，2021 年宁德时代新能源科技股份有限公司代动力电池的全球市场占有率达 32.6%，连续 5 年蝉联全球首位。在国内 6800 余款新能源车型中，一半车型配置宁德时代新能源科技股份有限公司的动力电池，市场占有率高达 52.1%。

三、持续增强企业创新能力，争创世界一流创新企业

我国企业经过长期持续不懈的努力，创新百强企业的创新能力有了较大提升，很多关键科技领域正从跟跑向并跑、领跑前进，部分领域已显现领跑态势。与世界一流创新企业相比，部分领域核心关键技术仍受制于人，在如下方面应引起足够的重视。

1. 加强世界级创新企业培育

根据我国科技部公布数据可知，2021 年我国全社会研发投入为 2.79 万亿元，同比上涨接近 15%，研发投入强度达到 2.44%。2021 年基础研究投入接近 1700 亿元，占全社会研发投入的 6% 左右。在巨额研发投入的推动下，我国涌现出一系列科技创新成果，如深海一号向“深蓝”潜入，助力深水油气勘探开发迈向深水区，“羲和号”发射成功，“天问一号”进行火星全球遥感探测，“祖冲之二号”实现量子计算优越性。中国企业参与了大量科技创新研究，在 2021 年国家重点研发计划立项的 860 余项中，企业牵头或参与的高达 79%，并且超过 75% 的研发投入由企业完成，企业已成为我国科技创新的关键动力源。

近年来，我国的全球一流创新企业数量持续增加，但与美国等发达国家相比创新能力仍存在差距，欧盟官方发布的《2021 欧盟工业研发投资排名》对全球前 2500 家企业的研发情况进行了统计，结果显示美国仍占据研发投入公司数量榜首位置，上榜 779 家（占比接近 1/3），中国上榜企业为 683 家（其中台湾 86 家），与美国相比仍有差距。在全球研发投入前 50 名的企业中（见图 5－2），我国华为投资控股有限公司挤入全球十强，成为仅次于字母表的企业，华为公司在中国样本的研发总额中占比达到 12.3%。我国跻身全球五十强的企业为 4 家［华为第 2、阿里巴巴（中国）有限公司第 17、腾讯控股有限公司第 33、中国建筑集团有限公司第 46］，而美国进入全球五十强的有 19 家企业，德国上榜 9 家，日本 8 家，中国与美国、德国、日本等发达国家相比差距依旧明显，表明我国大企业创新能力亟须进一步提升。

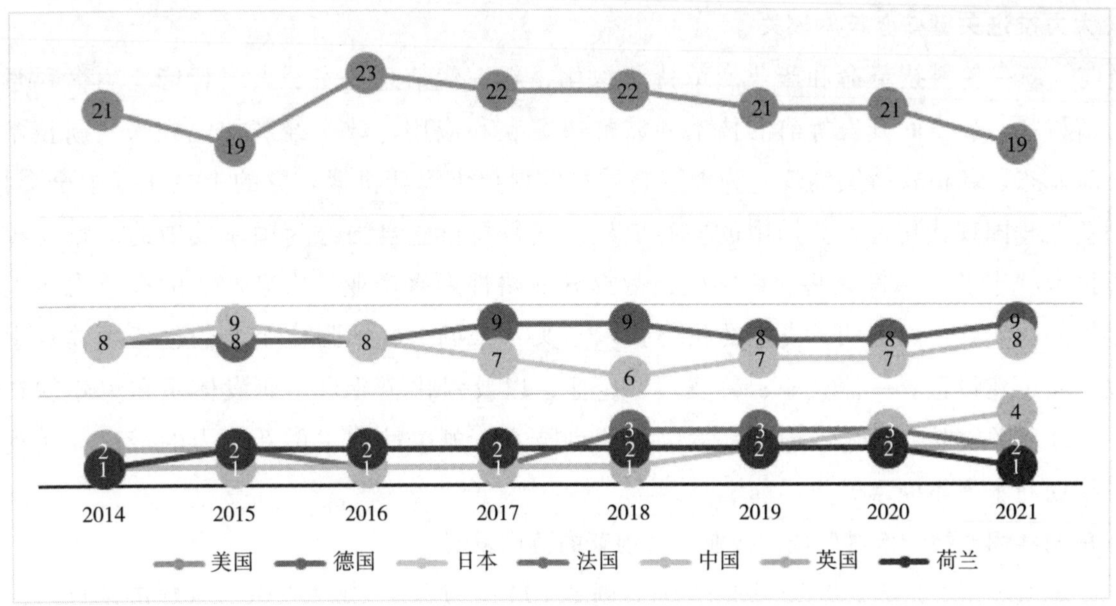

图 5－2　全球研发投入前 50 名的企业数分布

华为、三星、字母表、微软、苹果等世界一流企业的研发费用、研发投入增长率的对比情况如图 5－3 所示。2021 年华为和字母表从绝对规模来看差距较大，华为仅占字母表研发投入量的 77.7%，表明华为仍需加大研发投入量。从研发投入增长率来看，2021 年华为研发投入增长率为 6.70%，超过了字母表的 6%，但远低于苹果的 15.60%，需要进一步加大研发投入规模。2022 年 8 月初苹果的市值超过 2.8 万亿美元，2021 年全年苹果营收达到 1239 亿美元，净利润为 346 亿美元。

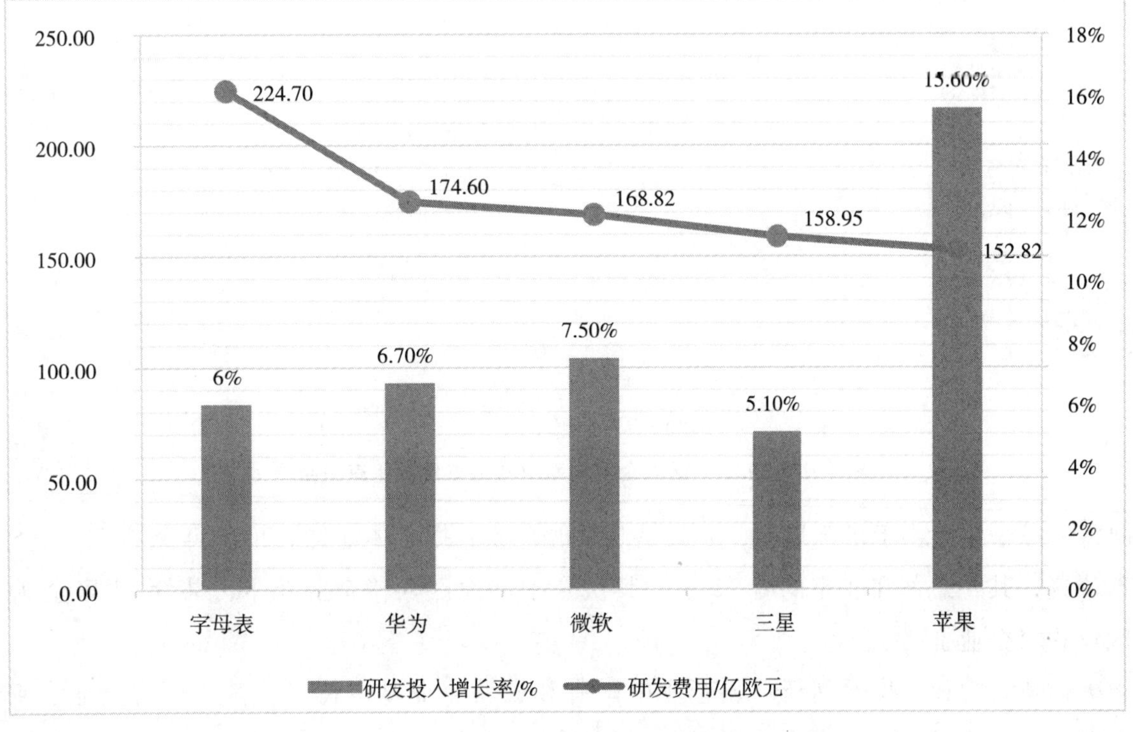

图 5－3　部分中国创新企业与世界一流创新企业对比

2. **大力推进关键核心技术攻关**

当前，新一轮科技革命和产业变革持续深化，新一代信息技术、人工智能、生命科学、新能源、新材料、新空间开发等前沿技术领域加快突破和应用，数字经济加速到来，新技术、新产业、新业态、新模式持续涌现，为经济高质量发展提供了新机遇。党的十九届五中全会指出，坚持创新在我国现代化建设全局中的核心地位，把科技自立自强作为国家发展的战略支撑，关键核心技术“卡脖子”问题将加快突破，为提升战略性新兴产业、未来产业的竞争力注入新动力。多年来的实践已经表明，真正的核心技术是买不来的。必须强化企业的创新主体意识、主体定位，通过建设世界一流企业、科技领军企业，以及强化企业自主研发体系和组建创新联合体，不断攻克关键核心技术，同时高度关注原创技术、颠覆性技术创新能力的培育，使我国企业的科技创新水平不断攀升世界前沿。

3. **面向共同富裕，促进区域、行业技术创新的协同发展**

从企业总部所在地看，2022 中国大企业创新 100 强覆盖了 20 个省份、直辖市及自治区，且大多集中在经济发达地区，其中北京占 26%，广东占 18%，浙江占 9%，山东、江苏和上海分别占 8%、7% 和 6%，安徽和湖北各占 4%，湖南占 3%，福建、河南、四川和新疆各占 2%，河北、吉林、辽宁、内蒙古、山西、陕西、天津各占 1%，如图 5－4 所示。

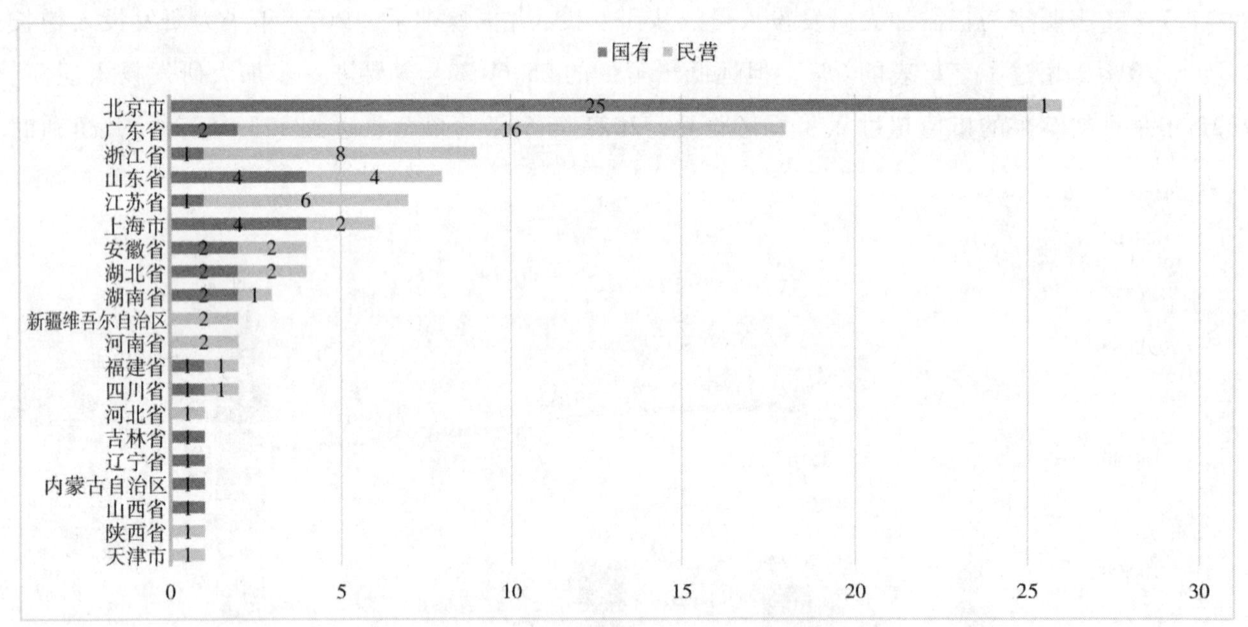

图 5－4　2022 中国大企业创新 100 强省份及所有制结构

创新百强企业中位于东部地区，尤其是北京的企业占据主体地位。2022 年共有 75 家企业处于东部位置，其中总部在北京的有 26 家。其次是中部地区入榜企业较多，共计 14 家企业，西部地区仅 6 家企业上榜。

从所有制结构看，我国创新百强企业中国有和民营企业基本持平，其中国有企业占 49%，民营企业占 51%，但省份间结构差异明显。创新百强企业榜单中北京的国有企业有 25 家，民营

企业仅一家，国有企业占比高达96.15%，占据主导地位。而与之形成鲜明对比的是广东入选创新百强企业榜单的企业有 2 家是国有企业，16 家为民营企业，并且浙江入选的 9 家企业中 8 家属于民营企业，说明广东和浙江民营经济迸发了充足的创新活力。各地区应因地制宜，充分利用本地创新资源，化创新资源优势为经济发展优势。

从公司所在行业看，2022 中国大企业创新 100 强覆盖了 32 个行业，其中汽车及零配件制造占比 13%，通信设备制造占比 10%，土木工程建筑占比 8%，化学原料及化学品制造占比 7%，家用电器制造、药品制造和黑色冶金占比各 6%，风能、太阳能设备制造占比 5%，计算机及办公设备占比 4%，半导体、集成电路及面板制造和多元化投资、工业机械及设备制造、航空航天各占比 3%，电力电气设备制造、电力生产、水泥及玻璃制造和石油、天然气开采及生产业各占比 2%，软件和信息技术（IT）、其他建材制造、煤炭采掘及采选业、互联网服务、轨道交通设备及零部件制造、工程机械及零部件、房屋建筑、动力和储能电池、电信服务、电网、兵器制造、综合制造业、医药及医疗器材零售、一般有色、石化及炼焦各占 1%，如 5 – 3 所示。

表 5 – 3　2022 中国大企业创新 100 强行业分布

行业	企业数	行业	企业数
汽车及零配件制造	13	石油、天然气开采及生产业	2
通信设备制造	10	软件和信息技术（IT）	1
土木工程建筑	8	其他建材制造	1
化学原料及化学品制造	7	煤炭采掘及采选业	1
家用电器制造	6	互联网服务	1
药品制造	6	轨道交通设备及零部件制造	1
黑色冶金	6	工程机械及零部件	1
风能、太阳能设备制造	5	房屋建筑	1
计算机及办公设备	4	动力和储能电池	1
半导体、集成电路及面板制造	3	电信服务	1
多元化投资	3	电网	1
工业机械及设备制造	3	兵器制造	1
航空航天	3	综合制造业	1
电力电气设备制造	2	医药及医疗器材零售	1
电力生产	2	一般有色	1
水泥及玻璃制造	2	石化及炼焦	1

四、进一步提高企业技术创新能力的建议

当今世界经济正面临新挑战，波谲云诡的国际形势对我国企业的创新能力提出了更高要求。党的十九届五中全会提出把科技自立自强作为国家发展的战略支撑，只有在不断提升自身知识能力和学习能力的基础上坚持自主创新，把握创新核心环节的主动权，掌握核心技术的所有权，

把发展的主动权牢牢把握在自己手中，才能形成抵御西方世界“技术霸凌”的“防护盾”，尽可能防范和规避政治、经济、社会、军事等重要领域的重大风险，从根本上保障国家经济安全、国防安全和其他安全。为此，一方面需要政府强化大企业的创新主导地位，推动各类创新要素向大企业集聚；通过实施更大力度的普惠性创新政策，提高大企业创新研发积极性；集中力量建设关键性技术平台，推动国家产业创新中心的建设；加大创新主体合作的广度和深度，推动以大企业为创新主体、市场为导向、产学研用协同创新、大中小企业融通创新体系的进一步完善。另一方面作为创新主导地位的企业要争做科技领军企业，持续加大研发投入，构建合作创新网络，完善配套激励机制，不断提高创新能力，培育在国际竞争中的优势。

1. 争做科技领军企业

面向“十四五”乃至 2035 年，我国要实现建设社会主义现代化强国目标，跻身创新型国家前列，需要培育或支持一批核心技术能力突出、集成创新能力强的科技领军企业，把科技的力量转化为经济和产业竞争优势，为塑造发展新优势、实现高水平科技自立自强、建设科技强国提供有力支撑。科技领军企业是指具有明确的科技创新战略及完善的组织体系，科技创新投入水平高，在关键共性技术、前沿引领技术和颠覆性技术方面取得明显优势，能够引领和带动产业链上下游企业、有效组织产学研力量实现融通创新发展，并在产业标准、发明专利、自主品牌等方面居于同行业领先地位的创新型企业。为此，创新百强企业必须把未来科技趋势的研判、核心技术的掌握和前沿引领技术、颠覆性技术的开发作为企业工作的新重点，以争做科技领军企业为抓手，发挥企业创新资源优势，进一步增强我国产业的自主创新能力及核心竞争力，打造原创技术策源地，履行作为国家战略科技力量实现高水平科技自立自强的使命担当，充分发挥企业出题者的作用，探索前沿科技和发展未来产业、抢占全球未来产业制高点中的引领作用，掌握产业发展主动权，加快破解关键核心技术“卡脖子”问题，为切实保障我国的产业链安全做出积极贡献，同时积极开发颠覆性技术和前沿引领技术，为我国产业技术创新跃升世界先进水平做出更大的贡献。

2. 持续加大研发投入

企业要提高对研发的重视，加大基础研发投入，保证企业有充足资金用于研发。应积极建立研发专项资金制度和研发投入持续稳定增长的长效机制，确保企业研发创新投入水平随企业发展不断提高。应进一步拓宽研发投入资金来源渠道，除了增加自身投资外，还要建立和完善多元化、多形式、多层次的技术创新投入机制，广泛吸收来自资本市场、银行和风险基金等多种渠道的科技研发扶持资金，为企业自主创新科研经费的筹集提供更为广阔的资金渠道。同时，要提高研发资金使用效率，加强科技成果向现实生产力的转化，采用计划引导、组织协调、资金支持等手段，对成果转化进行扶持，从前文分析可知，我国大企业创新投入的效益转化能力正在稳步提高，应进一步推动研发投入向成果的高效转化。要积极关注国家级技术创新的基地与平台建设，提升创新资源的利用效率，进而创造更高水平的技术创新成果，充分发挥科技创新的引领带动作用。

3. 充分发挥系统集成合力

创新是一个复杂的系统工程，创新链、产业链、资金链、政策链相互交织、相互支撑，必须打破各创新主体之间的壁垒，形成协同创新的强大合力。一方面，企业要主动加强科技联合攻关，围绕行业和企业创新短板，聚焦具有决定性、枢纽性、通用性、前瞻性的重大关键技术进行研发，突破核心关键技术"卡脖子"问题；另一方面，还要建立以企业为主体、市场为导向的创新体系，充分发挥市场对企业创新的导向作用，重视研发前客户需求调研，促进技术创新与商业模式创新深度融合，提高创新成果转化率。要重视中央研究院的建设与发展，处理好集团公司和分子公司创新的联动协同，并加强研发部门与应用部门的联系，跨越创新的"死亡之谷"，实现创新成果向经济价值的转化。同时，应积极参与创新合作网络的构建，与其他主体进行协同创新，打破与产业链上下游企业、高校、科研机构、金融机构等合作伙伴之间的信息孤岛，特别要加强与高校的联合研究中心建设，加强与"专新特优"的中小企业的战略合作，加强与用户的合作创新，实现价值共创。牵头组织创新联合体，承担解决重大的、战略性的课题，并迅速市场化、产业化。此外，要积极融入全球创新网络，在更大范围整合经济资源和要素，打造全球化开放式创新平台。

4. 持续完善配套激励机制

首先，要不断完善科技创新的良好生态，继续加强科技人才队伍建设的战略导向，面向国家需求实施适切人才战略，统筹相关的人才计划和工程，以战略科学家队伍、科技领军人才和创新团队建设为重点，加强战略性科学家、拔尖创新的工程科技人才等高端创新人才的集聚与培养，造就一支具有攻克关键核心技术能力的世界一流团队，保证高水平基础研究和关键核心技术攻关的顺利开展。同时，加快引进高层次创新人才，与领军创新人物建立合作，不求为我所有，但求为我所用。其次，加快企业内部人才培养，通过领军人才带领后备梯队成长，为人才提供长期奋斗的场所。此外，还需形成具有弹性的创新人才激励机制，在保证薪酬激励的基础上，职业激励与内在激励并存，形成多元化创新激励机制，充分保障人才的创造动力和创新活力，形成更有利创新的良好生态环境。

第六章 2022 中国战略性新兴产业 100 强企业分析报告

战略性新兴产业是引领国家未来发展的重要力量，对我国在“十四五”时期形成新的竞争优势和实现跨越发展至关重要。2021 年我国战略性新兴产业增加值占 GDP 比重为 13.4%，比 2014 年提高 5.8 个百分点，高技术制造业、装备制造业增加值占规模以上工业增加值比重分别从 2012 年的 9.4% 和 28%，提高到 2021 年的 15.1% 和 32.4%。根据国家统计局统计数据，2021 年规模以上工业中，高技术制造业增加值比上年增长 18.2%，占规模以上工业增加值的比重为 15.1%；装备制造业增加值增长 12.9%，占规模以上工业增加值的比重为 32.4%。2021 年规模以上服务业中，战略性新兴服务业企业营业收入比上年增长 16.0%。2021 年高技术产业投资比上年增长 17.1%。2021 年新能源汽车产量 367.7 万辆，比上年增长 152.5%；集成电路产量 3594.3 亿块，增长 37.5%。在世界经济增长大幅放缓、国际经济贸易摩擦持续加剧的情况下，2021 年中国高新技术产品进出口总额达 18169 亿美元，较 2020 年增加了 3580.10 亿美元，同比增长 24.54%。

2022 年是中国企业联合会连续第四年在中国企业 500 强、制造业企业 500 强和服务业企业 500 强基础上，推出“中国战略性新兴产业领军企业 100 强”（以下简称中国战新企业 100 强）。总体上看，2021 年，以中国 500 强企业为代表的国内大企业，战略性新兴产业业务发展继续取得积极成效，持续推进企业结构调整和新旧动能转换，在推动战略性新兴产业发展和企业转型升级中发挥了应有的示范带头作用。

“十四五”期间我国发展仍然处于重要战略机遇期，机遇与挑战并存。一方面，我国已转向高质量发展阶段，制度优势显著，治理效能提升，经济长期向好，物质基础雄厚，人力资源丰富，市场空间广阔，发展韧性强劲，社会大局稳定，持续发展具有多方面优势和条件。另一方面，我国也面临诸多方面的挑战，创新能力不适应高质量发展要求，提升产业链供应链现代化水平的需求迫切，要素合理流动的堵点有待破除，区域发展差距较大，生态环保任重道远。此外，错综复杂的国际环境也为经济社会发展带来了新矛盾、新挑战。针对“十四五”时期我国高质量发展战略目标，我国大企业应积极应对风险挑战，加快结构调整步伐，增强重点产业链

自主可控能力，积极推动产业技术标准化进程及培育企业竞争新优势，强化供应链管理，大中小企业融通创新发展，推动战略性新兴产业融合化、集群化、生态化发展。

一、2022 中国战略性新兴产业领军企业 100 强基本情况

1. 入围企业发展整体情况

战新业务收入增长较快。依据战略性新兴产业业务归口统计的营业收入，2022 中国战新企业强入围门槛为 307.49 亿元，比上年 100 强提高了 101.04 亿元；入围企业共实现战新业务收入 9.33 万亿元，较上年 100 强增长 22.50%，增速提高 9.04 个百分点。与自身相比，相关企业战新业务营业收入较上年增长 16.76%，其中 92 家实现战新业务收入正增长；战新产业资产总额达到 13.48 万亿元，较上年增长 14.12%；从事战新业务员工总数达 328.93 万人，较上年增长 7.11%。2022 中国战新企业 100 强名单，如表 6－1 所示。

表 6－1 2022 中国战新企业 100 强名单

名次	企业名称	战新业务领域	战新业务总收入/亿元	主业所属行业
1	中国移动通信集团有限公司	新一代信息技术产业	6462.80	电信服务
2	华为投资控股有限公司	新一代信息技术产业	6306.98	通信设备制造
3	联想控股股份有限公司	新一代信息技术产业	4653.19	多元化投资
4	中国电信集团有限公司	新一代信息技术产业	3409.34	电信服务
5	中国联合网络通信集团有限公司	新一代信息技术产业	2768.50	电信服务
6	中国中车集团有限公司	高端装备制造产业	2257.32	轨道交通设备及零部件制造
7	中国航天科技集团有限公司	高端装备制造产业	2222.90	航空航天
8	正威国际集团有限公司	新材料产业	2103.48	金属制品加工
9	广州医药集团有限公司	生物产业	1965.18	药品制造
10	中国宝武钢铁集团有限公司	新材料产业	1866.11	黑色冶金
11	天能控股集团有限公司	新能源产业	1792.52	动力和储能电池
12	浙江吉利控股集团有限公司	新能源汽车产业	1598.81	汽车及零配件制造
13	中国医药集团有限公司	生物产业	1454.34	医药及医疗器材零售
14	包头钢铁（集团）有限责任公司	新材料产业	1304.19	黑色冶金
15	中国五矿集团有限公司	节能环保产业	1250.29	综合制造业
16	海信集团控股股份有限公司	数字创意产业	1241.96	家用电器制造
17	河北新华联合冶金控股集团有限公司	新材料产业	1236.38	黑色冶金

续表

名次	企业名称	战新业务领域	战新业务总收入/亿元	主业所属行业
18	中国石油天然气集团有限公司	新能源产业	1205.92	石油、天然气开采及生产业
19	卓尔控股有限公司	相关服务业	1077.67	多元化投资
20	三一集团有限公司	高端装备制造产业	1068.73	工业机械及设备制造
21	成都兴城投资集团有限公司	新材料产业	1058.86	房屋建筑
22	超威电源集团有限公司	新能源产业	1045.37	动力和储能电池
23	中国中信集团有限公司	相关服务业	1044.43	多元化金融
24	国家电网有限公司	高端装备制造产业	971.35	电网
25	中国广核集团有限公司	新能源产业	948.30	电力生产
26	中国铝业集团有限公司	新材料产业	921.83	一般有色
27	协鑫集团有限公司	新能源产业	912.80	风能、太阳能设备制造
28	中国建材集团有限公司	新材料产业	906.95	水泥及玻璃制造
29	深圳市投资控股有限公司	相关服务业	892.68	多元化金融
30	山东省国有资产投资控股有限公司	新一代信息技术产业	863.69	多元化投资
31	万向集团公司	新能源汽车产业	843.19	汽车及零配件制造
32	隆基绿能科技股份有限公司	新能源产业	809.32	风能、太阳能设备制造
33	华勤技术股份有限公司	新一代信息技术产业	809.22	通信设备制造
34	广东省广晟控股集团有限公司	相关服务业	807.63	多元化投资
35	荣耀终端有限公司	新一代信息技术产业	793.56	通信设备制造
36	歌尔股份有限公司	新一代信息技术产业	782.21	计算机及办公设备
37	陕西有色金属控股集团有限责任公司	新材料产业	779.60	一般有色
38	鞍钢集团有限公司	新材料产业	737.52	黑色冶金
39	徐工集团工程机械有限公司	高端装备制造产业	729.91	工程机械及零部件
40	中国能源建设集团有限公司	新能源产业	723.89	土木工程建筑
41	桐昆控股集团有限公司	新材料产业	717.40	化学纤维制造
42	山东能源集团有限公司	新能源产业	711.44	煤炭采掘及采选业
43	国家能源投资集团有限责任公司	新能源产业	693.71	煤炭采掘及采选业
44	中联重科股份有限公司	高端装备制造产业	671.31	工业机械及设备制造
45	深圳海王集团股份有限公司	生物产业	667.39	药品制造
46	新凤鸣控股集团有限公司	新材料产业	661.08	化学纤维制造
47	上海钢联电子商务股份有限公司	新一代信息技术产业	657.75	互联网服务

续表

名次	企业名称	战新业务领域	战新业务总收入/亿元	主业所属行业
48	中天科技集团有限公司	新一代信息技术产业	635.67	电线电缆制造
49	四川长虹电子控股集团有限公司	节能环保产业	629.42	家用电器制造
50	亨通集团有限公司	新一代信息技术产业	615.02	电线电缆制造
51	潍柴控股集团有限公司	高端装备制造产业	609.85	汽车及零配件制造
52	中国通用技术（集团）控股有限责任公司	高端装备制造产业	604.13	机电商贸
53	中国机械工业集团有限公司	高端装备制造产业	591.08	工业机械及设备制造
54	研祥高科技控股集团有限公司	新一代信息技术产业	583.47	计算机及办公设备
55	海尔集团公司	新一代信息技术产业	567.95	家用电器制造
56	云南锡业集团（控股）有限责任公司	新材料产业	540.41	一般有色
57	中国电力建设集团有限公司	新能源产业	536.52	土木工程建筑
58	闻泰科技股份有限公司	新一代信息技术产业	527.29	半导体、集成电路及面板制造
59	云账户技术（天津）有限公司	新一代信息技术产业	525.29	软件和信息技术（IT）
60	华峰集团有限公司	新材料产业	520.72	化学原料及化学品制造
61	福建省电子信息（集团）有限责任公司	新一代信息技术产业	519.62	通信设备制造
62	中国华电集团有限公司	节能环保产业	519.48	电力生产
63	美团公司	相关服务业	502.86	互联网服务
64	恒申控股集团有限公司	新材料产业	501.13	化学纤维制造
65	宏旺控股集团有限公司	新材料产业	500.86	金属制品加工
66	广西北部湾国际港务集团有限公司	相关服务业	490.81	港口服务
67	海亮集团有限公司	新材料产业	484.82	一般有色
68	汇通达网络股份有限公司	新一代信息技术产业	473.49	软件和信息技术（IT）
69	深圳市信利康供应链管理有限公司	相关服务业	468.56	物流及供应链
70	中国建筑股份有限公司	相关服务业	466.28	土木工程建筑
71	宁波金田投资控股有限公司	新材料产业	453.83	一般有色
72	天合光能股份有限公司	新能源产业	444.80	风能、太阳能设备制造
73	新华三信息技术有限公司	新一代信息技术产业	439.73	通信设备制造
74	新疆金风科技股份有限公司	新能源产业	432.04	风能、太阳能设备制造

续表

名次	企业名称	战新业务领域	战新业务总收入/亿元	主业所属行业
75	广州工业投资控股集团有限公司	高端装备制造产业	422.02	工业机械及设备制造
76	北京金隅集团股份有限公司	新材料产业	416.00	水泥及玻璃制造
77	晶澳太阳能科技股份有限公司	新能源产业	413.02	风能、太阳能设备制造
78	创维集团有限公司	新一代信息技术产业	411.84	家用电器制造
79	TCL 实业控股股份有限公司	新能源产业	411.05	家用电器制造
80	国家电力投资集团有限公司	新能源产业	409.20	电力生产
81	江铃汽车集团有限公司	新能源汽车产业	407.04	汽车及零配件制造
82	晶科能源控股有限公司	新能源产业	405.70	风能、太阳能设备制造
83	福建百宏聚纤科技实业有限公司	新材料产业	399.88	化学纤维制造
84	深圳传音控股股份有限公司	新一代信息技术产业	392.98	通信设备制造
85	盛虹控股集团有限公司	新材料产业	377.60	石化及炼焦
86	广东省建筑工程集团控股有限公司	相关服务业	377.15	土木工程建筑
87	舜宇集团有限公司	新一代信息技术产业	374.97	通信设备制造
88	欣旺达电子股份有限公司	新能源汽车产业	373.59	汽车及零配件制造
89	国家开发投资集团有限公司	相关服务业	364.23	多元化投资
90	中国东方航空集团有限公司	相关服务业	362.94	航空运输
91	中国第一汽车集团有限公司	新能源汽车产业	361.53	汽车及零配件制造
92	正泰集团股份有限公司	新能源产业	359.62	电力电气设备制造
93	招商银行股份有限公司	相关服务业	358.59	商业银行
94	山东高速集团有限公司	相关服务业	356.78	公路运输
95	中国航天科工集团有限公司	高端装备制造产业	345.63	航空航天
96	云南省交通投资建设集团有限公司	相关服务业	336.72	土木工程建筑
97	鹏鼎控股（深圳）股份有限公司	新一代信息技术产业	333.15	通信设备制造
98	浙江大华技术股份有限公司	新一代信息技术产业	328.35	计算机及办公设备
99	厦门钨业股份有限公司	新材料产业	316.84	一般有色
100	新疆特变电工集团有限公司	新能源产业	307.49	电力电气设备制造

23 家企业战新业务收入超过千亿元，较上年 100 强增加 8 家。2022 中国战新企业 100 强中实现战新业务收入超千亿元的 23 家企业战新业务收入总计达到 5.04 万亿元，占 100 家企业战

新业务总收入的 54.00%，超过一半，头部效应明显。

战新业务经营效益低速增长。2022 中国战新企业 100 强共实现战新业务利润 7670.63 亿元（指按战新业务归口统计的营业利润，下同），较上年 100 强增长 3.41%。与自身相比，相关企业战新业务利润较上年增长 14.35%；98 家具有连续两年数据的企业中，75 家战新业务利润实现正增长，23 家企业战新业务利润同比下降。

战新业务经营利润率有所下滑。2022 中国战新企业 100 强战新业务平均利润率为 8.22%（按战新业务归口统计，98 家具有完整统计数据的企业），较上年 100 强下降 2.57 个百分点，利润率指标有一定程度下滑。尽管如此，这 100 家企业战新业务的利润率仍明显高于全部业务 6.63% 的利润率水平。近两年来，中国战新企业 100 强的营业利润增长速度均低于营业收入增长速度，导致企业战新业务经营利润率有所下降，这从侧面反映出我国战新产业发展仍受到一定的阻碍，需要引起应有的重视。需要看到的是，虽然传统产业发展战新业务客观上也有一定限度，但这 100 家企业中不少企业战新业务在全部业务中的占比仍然较低，继续发展还有较大空间。

国有、民营企业数量各占半壁江山。2022 中国战新企业 100 强中入围的国有企业为 50 家，民营企业为 50 家，国有企业较上年减少 1 家，民营企业较上年增加 1 家。近年来战新企业 100 强基本维持国有、民营企业数量各占半壁江山的局面。50 家国有企业共实现战新业务收入 5.04 万亿元，占全部 100 家企业战新业务总收入的 54.02%，其中有 13 家企业战新业务收入超千亿元；50 家民营企业共实现战新业务收入 4.29 万亿元，占全部 100 强企业战新业务总收入的 45.98%，其中有 10 家企业战新业务收入超千亿元，如表 6－2 所示。

国企、民企战新业务表现各有优势。从盈利能力来看，入围国有企业战新业务利润总额达到 4528.65 亿元，占全部企业战新利润总额的比重为 59.04%；入围民营企业战新业务利润总额达到 3142.00 亿元，占全部企业战新总利润的比重为 40.96%。从企业经营效率来看，入围国有企业战新业务平均利润率为 8.98%，人均实现战新业务收入 234.55 万元，人均实现战新业务利润 21.07 万元；入围民营企业战新业务平均利润率为 7.32%，人均实现战新业务收入 376.35 万元，人均实现战新业务利润 27.56 万元，如表 6－3 所示。

表 6－2　2022 中国战新企业 100 强国有、民营企业主要指标占比情况

企业性质	战新业务收入占比/%	战新利润总额占比/%	战新资产总额占比/%	员工数占比/%	入围数量占比/%
国有企业	54.02	59.04	68.35	65.34	50
民营企业	45.98	40.96	31.65	34.66	50

表 6－3　2022 中国战新企业 100 强国有、民营企业经营效率对比

企业性质	平均利润率/%	人均战新收入/万元	人均战新利润/万元
国有企业	8.98	234.55	21.07
民营企业	7.32	376.35	27.56

2. 入围企业领域特征分析

以新一代信息技术产业、新材料产业为主要战新业务的企业是榜单主体。从战略性新兴产业分类来看，2022 中国战新企业 100 强中以新一代信息技术产业作为主要战新业务的企业有 24 家入围，入围企业数量排名第一，其中有 5 家企业实现收入超千亿元；以新材料产业作为主要战新业务的企业有 21 家入围，入围企业数量排名第二，其中有 5 家企业实现收入超千亿元；以新能源产业作为主要战新业务的企业有 18 家入围，入围企业数量排名第三，其中有 3 家企业实现收入超千亿元；以相关服务业作为主要战新业务的企业共有 14 家入围，入围企业数排名第四；以高端装备制造产业作为主要战新业务的企业共有 11 家入围，入围企业数排名第五；新能源汽车产业、生物产业、节能环保产业、数字创意产业入围企业数量分别为 5 家、3 家、3 家、1 家，如图 6－1 所示。

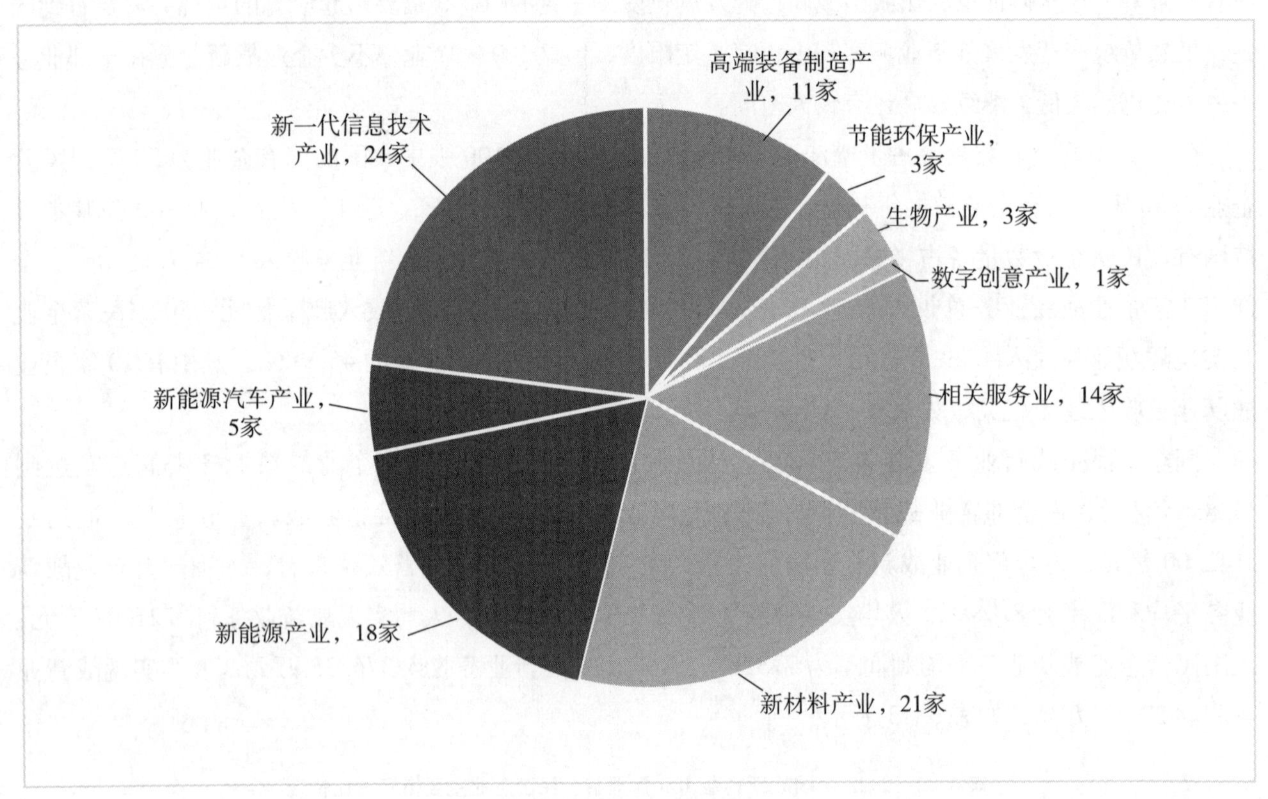

图 6－1　2022 中国战新企业 100 强各领域入围企业数量对比

新一代信息技术产业引领战新产业发展。战新业务收入方面，收入最高的是新一代信息技术产业，入围企业共实现战新业务收入 34236.06 亿元，占比超过入围企业战新业务总收入的 1/3，达到 36.71%；新材料产业、新能源产业和高端装备制造产业分别实现战新业务收入 16805.49 亿元、12562.71 亿元和 10494.23 亿元，占比达到 18.02%、13.47% 和 11.25%，战新业务收入排名分列第二、第三和第四；相关服务业、生物产业、新能源汽车产业、节能环保产业和数字创意产业战新业务收入相对较少，分别为 7907.33 亿元、4086.91 亿元、3584.16 亿元、2399.19 亿元、1241.96 亿元，分别占所有入围企业战新业务收入的 8.48%、4.38%、3.84%、2.57% 和 1.33%，相关产业尚待培育壮大，如图 6－2 所示。

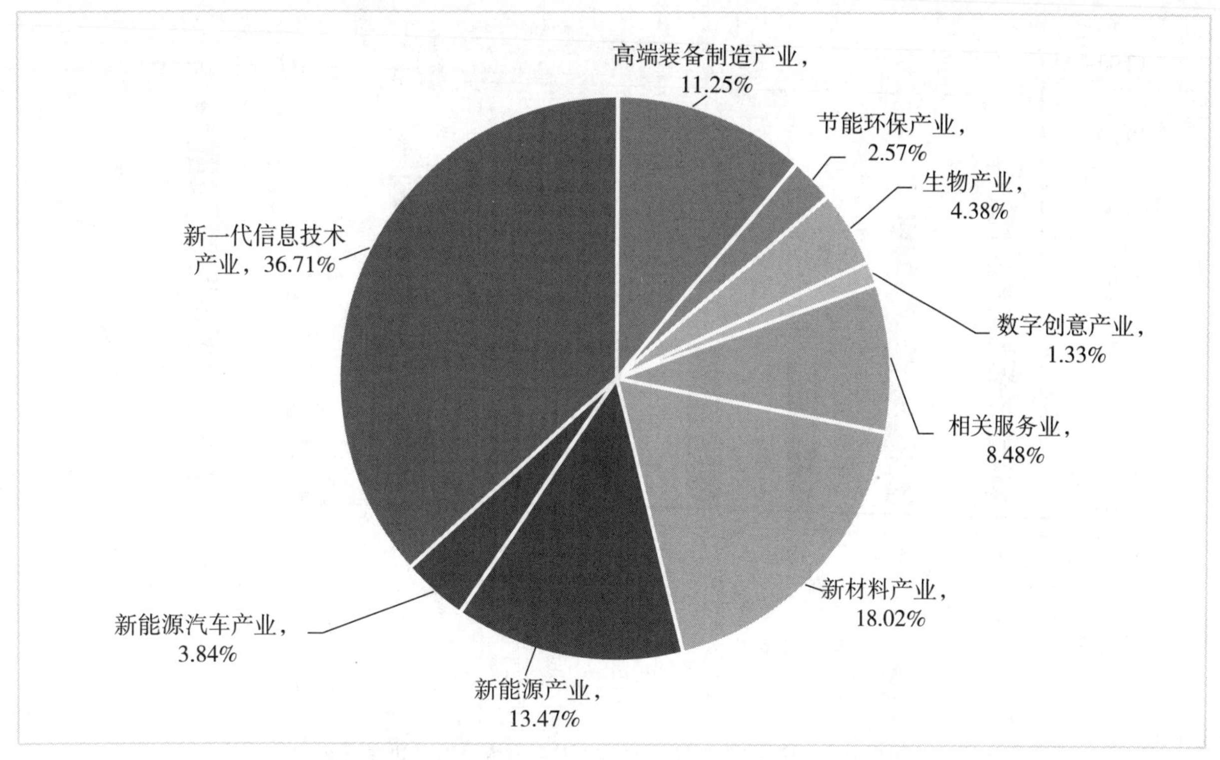

图 6-2 2022 中国战新产业 100 强企业入围企业分产业战新收入占比

从盈利能力来看，战新业务利润额最高的是新一代信息技术产业，入围企业共实现战新业务利润 3715.95 亿元，占 2022 中国战新企业 100 强战新业务利润总额的 48.44%。新材料产业、新能源产业和高端装备制造产业分别实现战新利润 1115.25 亿元、1047.62 亿元和 854.15 亿元，分列第二、第三和第四；相关服务业、生物产业、新能源汽车产业、节能环保产业和数字创意产业利润规模较小，分别实现战新利润 372.32 亿元、188.88 亿元、165.06 亿元、157.48 亿元和 53.94 亿元。

从企业经营效益来看，利润率最高的是新一代信息技术产业，平均利润率达到 10.85%，是入围企业平均利润率的 1.32 倍；紧随其后的是新能源产业，平均利润率达 8.88%；其次是高端装备制造产业、节能环保产业和新材料产业，平均利润率分别为 8.14%、7.87% 和 6.23%；利润率最低的是生物产业，平均利润率仅为 3.85%，为入围企业平均利润率的 46.85%，各领域入围企业经营效益尚有较大差距，如图 6-3 所示。

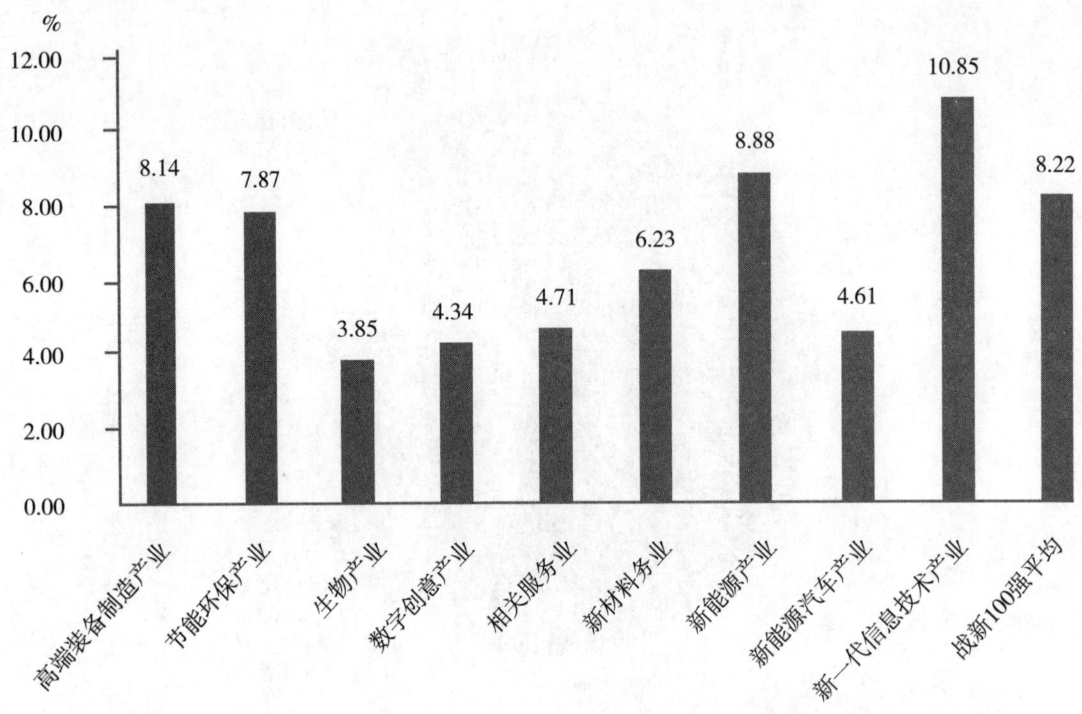

图 6-3　2022 中国战新企业 100 强各领域平均利润率对比

2022 中国战新企业 100 强中有 23 家战新业务出现利润下滑，利润下滑企业中占比最高的是新一代信息技术产业，有 7 家企业出现一定程度的利润下滑，占相关产业入围企业数量的 29.17%；其次是高端装备制造产业、新能源产业和新材料产业，各有 5 家、3 家、3 家企业出现一定程度的利润下滑，占相关产业入围企业数量的比重分别为 45.45%、16.67% 和 14.29%，如图 6-4 所示。

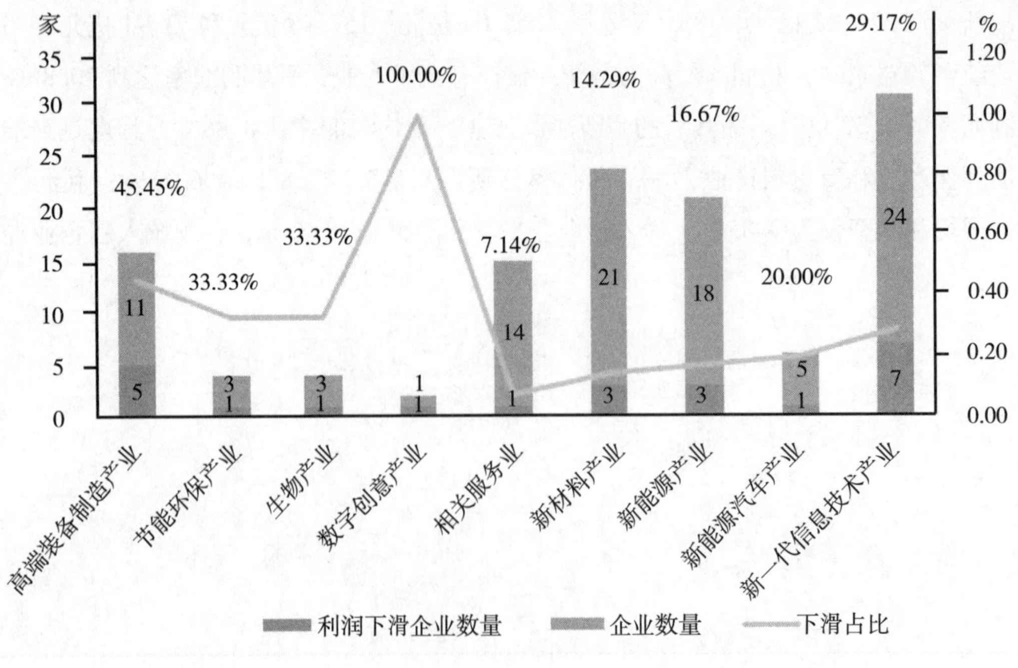

图 6-4　2022 中国战新企业 100 强各领域利润下滑企业占比情况

3. 入围企业研发投入分析

2022 中国战新企业 100 强研发强度较上年有所提升。对入围企业整体研发投入和拥有专利、标准制定情况进行分析，2022 中国战新企业 100 强研发费用总计 7942.99 亿元，同比增长 29.06%，平均每家企业研发费用投入达到 79.43 亿元，平均研发强度为 3.18%，较上一年上升 0.59 个百分点。97 家入围企业提供了拥有专利情况，共拥有 87.71 万项专利授权，其中，发明专利 39.91 万项，占专利授权总数的 45.51%，平均每家企业拥有 4115 项发明专利授权。86 家企业提供了标准参与情况，共参与制定标准 42898 项，平均每家企业参与制定 499 项标准。

2022 中国战新企业 100 强所涉及领域的研发投入差异明显。从产业分布来看，研发强度最高的是新一代信息技术产业，入围企业平均研发强度达到 5.23%，排名第一；高端装备制造产业入围企业平均研发强度达到 5.19%，排名第二；新能源汽车产业、数字创意产业、新能源产业和节能环保产业入围企业平均研发强度分别为 4.16%、3.17%、2.60% 和 2.30%，分别排第三至第六；相关服务业、新材料产业和生物产业入围企业平均研发强度偏低，分别为 1.70%、1.55% 和 0.45%。从增速来看，入围企业分属的 9 个领域，有 7 个领域平均研发强度较 2021 年有所提高，增速最快的是高端装备制造产业，该产业 2022 年入围企业平均研发强度较上一年提高 1.95 个百分点；其次是新能源产业、节能环保产业、新能源汽车产业、数字创意产业、相关服务业和新材料产业，入围企业平均研发强度分别较上一年提高 1.38、0.64、0.34、0.20、0.19 和 0.07 个百分点；新一代信息技术产业和生物产业入围企业平均研发强度分别较上一年下降 0.15 和 0.95 个百分点。从图 6-5 可以看出，战新产业各领域之间研发强度分层较为严重，新一代信息技术产业、高端装备制造产业和新能源汽车产业这 3 个领域入围企业平均研发强度均超过 4%，约为其余 6 个领域入围企业平均研发强度的 1.5 倍。

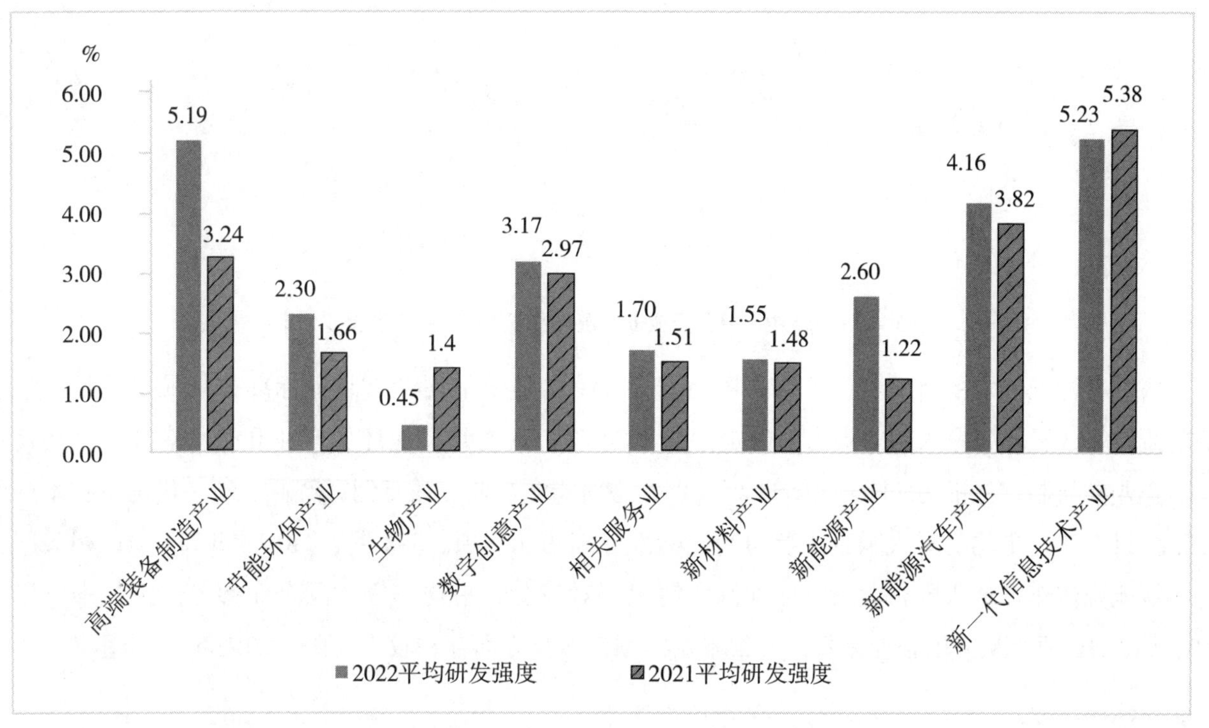

图 6-5　2021—2022 中国战新企业 100 强各领域入围企业平均研发强度对比

2022 中国战新企业 100 强所涉及领域的知识产权积累差距较大。从专利拥有情况来看，拥有发明专利授权最多的是高端装备制造产业，平均每家入围企业获得 10506 项发明专利授权；排名第二的是新一代信息技术产业，平均每家入围企业获得 7406 项发明专利授权；其次是数字创意产业、节能环保产业和新能源产业，平均每家入围企业获得 6855 项、5348 项和 3418 项发明专利授权；新能源汽车产业、新材料产业、生物产业和相关服务业入围企业获得的发明专利平均授权较少，平均每家入围企业分别获得 1226 项、1190 项、935 项和 691 项专利授权，与其他领域尚有较大差距。在专利授权中，发明专利占比最高的是新一代信息技术产业，入围企业获得的发明专利占比达 68.90%；其次是生物产业、数字创意产业、高端装备制造产业、新材料产业和新能源产业，入围企业获得的发明专利占比分别为 66.29%、49.37%、47.47%、37.64% 和 37.27%；节能环保产业、新能源汽车产业和相关服务业发明专利占比相对较低，平均入围企业发明专利占比分别为 25.98%、18.64% 和 15.20%，如图 6-6 所示。

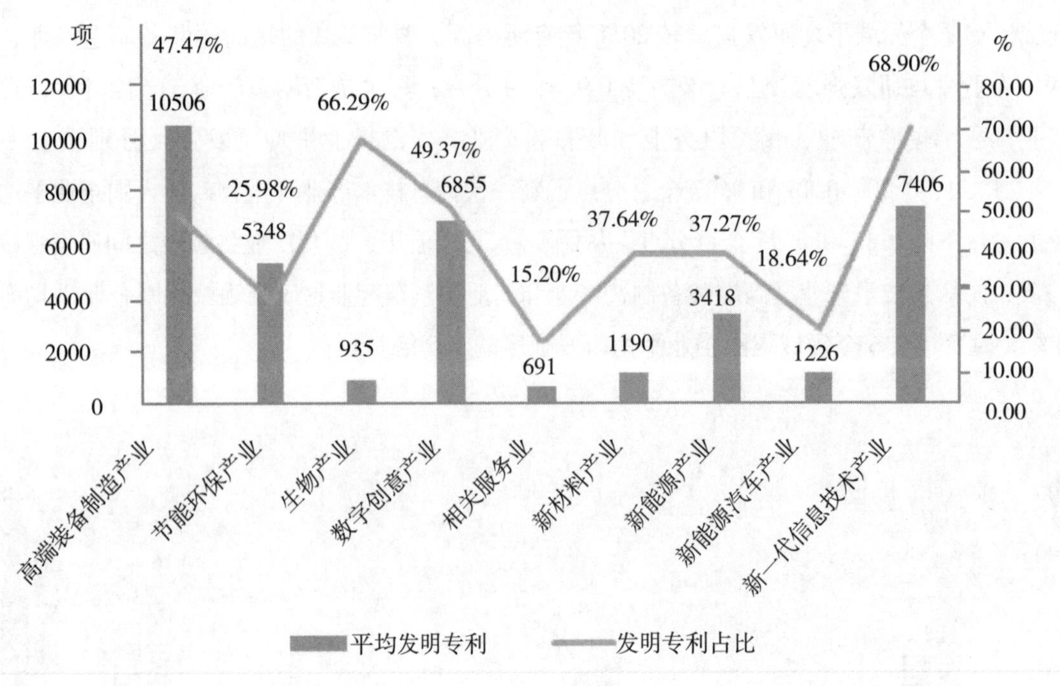

图 6-6　2022 中国战新企业 100 强各领域入围企业专利授权情况

从参与标准制定的情况看，2022 中国战新企业 100 强中平均参与制定标准数量最多的是高端装备制造产业，平均每家入围企业参与制定标准 1824 项；其次是节能环保产业和生物产业，平均每家入围企业参与制定标准为 741 项和 534 项；再次是新能源产业、数字创意产业、新一代信息技术产业和新材料产业，平均每家入围企业参与制定标准分别为 459 项、342 项、240 项和 233 项；相关服务业和新能源汽车产业入围企业参与标准制定情况相对较少，平均每家入围企业参与制定标准分别为 191 项和 116 项。从入围企业来看，各领域在标准化参与方面存在较大差距，如图 6-7 所示。

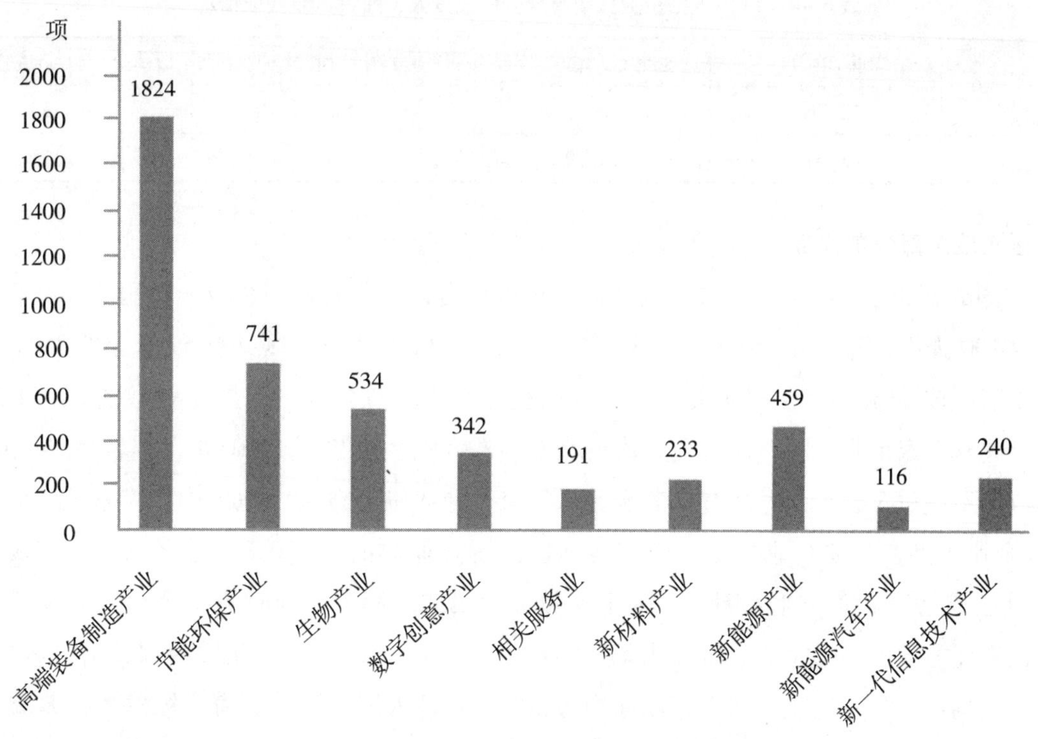

图 6－7　2022 中国战新企业 100 强各领域入围企业标准制定参与情况

2022 中国战新企业 100 强中民营企业研发强度普遍更高，国有企业知识产权积累更多。从所有制格局来看，2022 中国战新企业 100 强投入研发费用总计 7942.99 亿元，同比增长 29.06%，平均每家企业研发投入 79.43 亿元。入围国有企业投入研发费用总计 4704.99 亿元，同比上升 32.75%，平均每家企业研发投入 94.10 亿元。入围民营企业投入研发费用总计 3238.00 亿元，同比上升 24.06%，平均每家企业研发投入 64.76 亿元。入围国有企业平均研发强度为 2.76%，较上一年提高 0.30 个百分点；入围民营企业平均研发强度为 3.61%，较上一年下降 0.07 个百分点。可以看出，国有企业和民营企业在研发强度方面尚有较大差距，但差距有所缩小。49 家提供专利授权情况的国有企业，累计共获得 57.77 万项专利授权，其中，发明专利 22.01 万项，占专利授权总数的 38.11%，平均每家企业拥有 4492 项发明专利授权；48 家提供专利授权情况的民营企业，累计共获得 29.94 万项专利授权，其中，发明专利 17.90 万项，占专利授权总数的 59.79%，平均每家企业拥有 3729 项发明专利授权。48 家国有企业提供了参与标准制定情况，共参与制定标准 38330 项，平均每家企业参与制定 799 项标准；38 家民营企业提供了参与标准制定情况，共参与制定标准 4568 项，平均每家企业参与制定 120 项标准。国有企业在发明专利和标准积累上表现更佳，如表 6－4 所示。

表6-4　2022入围企业按所有制分研发投入、知识产权获取情况

	平均研发强度/%	发明专利占比/%	平均发明专利授权数/项	平均参与标准制定数/项
国有企业	2.76	38.11	4492	799
民营企业	3.61	59.79	3729	120

4. 入围企业总部分布分析

2022中国战新企业100强中南方入围企业分布更均衡，而北方入围企业分布更集中。在2022中国战新企业100强中，9个北方地区共有41家企业入围，11个南方地区共有59家企业入围。在北方地区中，北京一枝独秀，有24家企业入围，入围企业数占北方各地区入围企业数的58.54%，排名第一；山东共有7家企业入围，入围企业数占北方各省入围企业数的17.07%，排名第二；其余地区入围企业数均不超过3家，同时尚有2个地区无一家企业入围。在南方地区中，广东处于领先地位，共有19家企业入围，入围企业数量占南方各地区入围企业数的32.20%，排名第一；其次是浙江、江苏，分别有13家、7家企业入围，入围企业数分列第二、第三；同时有1个地区尚无企业入围。整体来看，南北方地区入围企业数量较为均衡，南方地区占比略多；南北方内部，南方各地区之间发展相对较为均衡，除了广东、浙江、江苏均有超7家企业入围以外，上海、福建各有5家、4家企业入围；北方各地区入围企业主要集中在北京和山东，合计入围企业数量达31家，占北方各地区入围企业数量的75.61%，同时有18.18%的北方省份无企业入围，如表6-5所示。

表6-5　南北方各省份（直辖市、自治区）入围2022中国战新企业100强数量对比

省份（直辖市、自治区）	入围企业数量/家	省份（直辖市、自治区）	入围企业数量/家
北方地区	41	南方地区	59
北京	24	福建	4
河北	2	广东	19
吉林	1	广西壮族自治区	1
辽宁	1	湖北	2
内蒙古自治区	1	湖南	2
山东	7	江苏	7
陕西	2	江西	2
天津	1	上海	5
新疆维吾尔自治区	2	四川	2
—	—	云南	2
—	—	浙江	13

2022中国战新企业100强中北方地区入围企业以国有企业为主，南方地区入围企业以民营企业为主，如图6-8所示。从所有制格局来看，在北方各地区41家入围企业中，国有企业占31家，民营企业占10家，国有企业占比达到75.61%。在南方各地区59家入围企业中，国有企业占19家，民营企业占40家，民营企业占比67.80%。

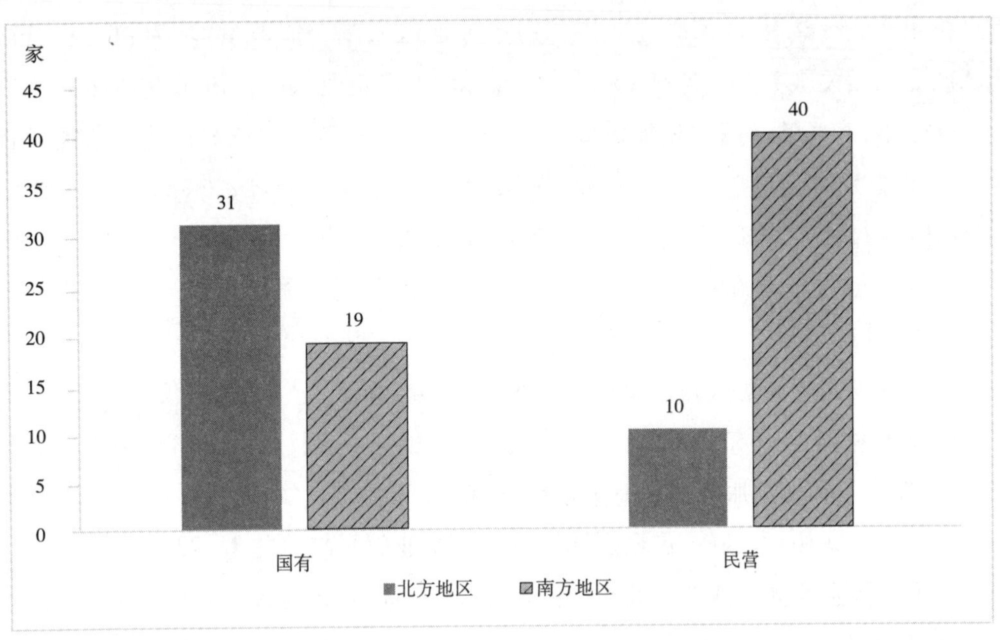

图 6－8　南北方地区入围企业所有制数量对比

东部地区是我国培育战新产业 100 强企业的重要摇篮。从四大区域分布来看（见图 6－9），东部地区入围企业数量达到 83 家，占比超过入围企业的八成，排名第一，其中北京战新产业发展最为突出，共有 24 家企业入围，占东部地区的 28.92%。西部地区共有 8 家企业入围，排名第二，其中陕西、四川、新疆、云南各有 2 家企业入围，各占西部地区入围企业数的 25%。中部地区共有 7 家企业入围，排名第三，湖南、湖北、江西各有 2 家企业入围，各占中部地区入围企业数的 28.57%。东北地区仅有 2 家企业入围，分别属于吉林和辽宁，战新产业发展较为薄弱。

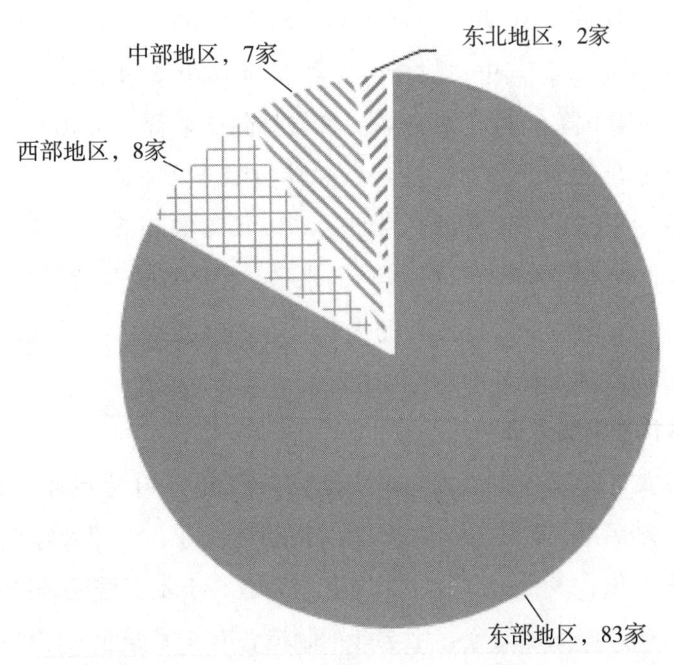

图 6－9　我国四大区域入围企业数量对比

东部地区 83 家入围企业涵盖战新产业 9 个领域，战新产业发展最为均衡。东部地区发展最好的是新一代信息技术产业，共有 23 家企业入围，占东部地区入围企业数量的 27.71%；其次是新材料产业、新能源产业和相关服务业，各有 16 家、14 家和 12 家企业入围，占东部地区入围企业数量的 19.28%、16.87% 和 14.46%；高端装备制造产业、生物产业、新能源汽车产业、节能环保产业和数字创意产业入围企业数量分别为 9 家、3 家、3 家、2 家、1 家，合计占东部地区入围企业数量的 21.69%。和其他区域相比，东部地区战新产业各领域入围企业数量均处于领先地位，优势最为突出的是生物产业、数字创意产业和新一代信息技术产业，占全国同领域入围企业数量之比分别达到 100.00%、100.00% 和 95.83%，均超过 90%。

西部地区 8 家入围企业涵盖战新产业 4 个产业分类，战新产业发展水平仅次于东部地区，其中，发展相对较好的是新材料产业和新能源产业，各有 3 家企业入围，各占西部地区入围企业数量的 37.50%；节能环保产业和相关服务业各有 1 家企业入围。和其他区域相比，西部地区尚无优势突出产业，节能环保产业发展相对较好，占全国同领域入围企业数量之比的 33.33%。

中部地区 7 家入围企业涵盖战新产业 6 个产业分类，高端装备制造产业有 2 家企业入围，占中部地区入围企业数量的 28.57%。与其他区域相比，中部地区尚无优势突出产业，新能源汽车产业发展相对较好，占该产业全国入围企业数量的 20.00%。

东北地区仅有 2 家企业入围，新材料产业和新能源汽车产业各有 1 家企业入围，战新产业发展与其他地区差距明显。

二、战略性新兴业务对企业经营发展贡献分析

1. 战新业务对企业经营总体贡献有所下降

2022 中国战新企业 100 强共实现营业收入 29.36 万亿元，其中，战新业务收入 9.33 万亿元，战新业务收入占全部营业收入的比重为 31.78%，较上年战新企业 100 强下降了 0.47 个百分点。100 家企业共实现营业利润 19466.16 亿元，其中，战新业务利润为 7670.63 亿元，战新业务利润占营业利润的比重为 39.40%，较上一年下降 6.86 个百分点。就自身同比来看，这 100 家企业战新业务收入和利润占比呈现下降趋势，显示出战新业务对企业经营总体贡献有所下降。但总的来看，2022 战新企业 100 强通过发展战新业务，以 31.78% 的收入带来了 39.40% 的利润，战新产业营业收入利润率（8.22%）明显高于整体营业收入利润率（6.63%）的水平，说明无论是战新产业相关企业的发展还是传统企业积极发展战新业务，对企业经济效益的提升都有明显效果。中国战新企业 100 强的实践，在推动企业产业转型升级方面起到了较好的示范作用。

2. 各行业战新业务发展情况简要分析

依据 500 强企业行业分类，2022 中国战新企业 100 强共涵盖了 40 个行业，其中，通信设备制造行业入围企业数达到 8 家，排名第一；风能、太阳能设备制造行业，汽车及零配件制造，一般有色，各有 6 家企业入围，并列第二位；多元化投资、家用电器制造、土木工程建筑并列第五位，各有 5 家企业入围；工业机械及设备制造、黑色冶金、化学纤维制造各有 4 家企业入围，并列第八位；电力生产、电信服务、计算机及办公设备行业各有 3 家企业入围，并列第十一位。中国战新企业 100 强的企

业行业分布比上年战新企业 100 强分布数量增加 4 个行业，新增了动力和储能电池、房屋建筑、工程机械及零部件、轨道交通设备及零部件制造、航空运输、机电商贸、医药及医疗器材零售 7 个行业，减少了锅炉及动力装备制造、摩托车及零配件制造、水务 3 个行业，如表 6－6 所示。

表 6－6　2022 中国战新企业 100 强主营业务行业分布情况

主业所属行业	入围企业数/家	战新业务总收入/亿元	战新业务利润总额/亿元
通信设备制造	8	9970.21	1464.16
风能、太阳能设备制造	6	3417.68	258.31
汽车及零配件制造	6	4194.01	197.05
一般有色	6	3497.33	128.88
多元化投资	5	7766.41	269.88
家用电器制造	5	3262.22	151.51
土木工程建筑	5	2440.56	93.08
工业机械及设备制造	4	2753.14	264.42
黑色冶金	4	5144.2	284.66
化学纤维制造	4	2279.49	174.06
电力生产	3	1876.98	381.98
电信服务	3	12640.64	1814.69
计算机及办公设备	3	1694.03	111.56
电力电气设备制造	2	667.11	97.46
电线电缆制造	2	1250.69	26.36
动力和储能电池	2	2837.89	39.77
多元化金融	2	1937.11	106.36
航空航天	2	2568.53	258.87
互联网服务	2	1160.61	4.53
金属制品加工	2	2604.34	37.74
煤炭采掘及采选业	2	1405.15	215.5
软件和信息技术（IT）	2	998.78	4.92
水泥及玻璃制造	2	1322.95	211
药品制造	2	2632.57	71.93
半导体、集成电路及面板制造	1	527.29	29.72
电网	1	971.35	62.31
房屋建筑	1	1058.86	22.57
港口服务	1	490.81	16.85
工程机械及零部件	1	729.91	63.29
公路运输	1	356.78	21.6
轨道交通设备及零部件制造	1	2257.32	159.91

续表

主业所属行业	入围企业数/家	战新业务总收入/亿元	战新业务利润总额/亿元
航空运输	1	362.94	72.39
化学原料及化学品制造	1	520.72	122.56
机电商贸	1	604.13	13.36
商业银行	1	358.59	73.55
石化及炼焦	1	377.6	66.15
石油、天然气开采及生产业	1	1205.92	121.1
物流及供应链	1	468.56	1.67
医药及医疗器材零售	1	1454.34	85.55
综合制造业	1	1250.29	69.39

通信设备制造行业战新业务发展势头强劲。在中国战新企业 100 强的企业行业中，通信设备制造行业不仅有最多的入围企业，也是在战新业务收入上贡献较多的行业之一，其战新业务收入占了所有 100 强企业战新业务收入的 10.68%；此外，虽然电信服务行业在战新企业百强名单中只有 3 家企业，却贡献了所有 100 强企业战新业务收入的 13.55%。

从各个行业的企业平均战新业务收入占比来看，总共有 16 个行业，其企业平均战新业务收入占比超过了 50%。剔除入围企业数量过少的行业（入围企业小于等于 2 家，下同）的干扰后，入围企业战新业务收入占营业收入比重最高的是通信设备制造行业，战新业务收入占比达到 98.33%；计算机及办公设备和风能、太阳能设备制造行业的战新业务收入占比也超过了 80%，分别达到了 89.07% 和 82.17%。

从研发强度看，剔除入围企业数量过少行业的干扰，通信设备制造行业明显领先，大部分行业研发投入低于平均水平。具体来看，研发强度最高的是通信设备制造行业，入围企业平均研发强度达到 8.31%，排名第一；计算机及办公设备行业企业平均研发强度均为 7.12%，排列第二；汽车及零配件制造行业入围企业平均研发强度为 3.90%，排名第三。此外，共有 27 个行业入围企业平均研发强度低于 2022 战新企业 100 强平均研发强度 3.18% 的水平。

在入围企业战新业务盈利方面，风能、太阳能设备制造，通信设备制造行业和电力生产行业入围企业盈利更高，共有 21 个行业的企业战新业务利润占其营业利润的比重达到了 50%，与 2021 年数量一致。在剔除入围企业数量过少的行业后，风能、太阳能设备制造，通信设备制造行业和电力生产行业入围企业战新业务利润占营业利润的比重最高，均在 90% 以上；此外，电信服务和计算机及办公设备行业的战新利润占比都超过了 85%。

通过对 2022 中国战新企业 100 强的行业统计与分析，可以看出，通信设备制造行业的战新业务发展势头最为强劲，表现最为突出，在入围企业数量、战新业务收入贡献及战新业务效益方面均处在领先地位。此外，风能、太阳能设备制造和电信服务等行业表现也十分突出，表现出了极大的潜力。

3. **制造业、服务业 500 强中战新企业贡献分析**

在2022 中国制造业企业500 强中，共有66 家企业入围2022 中国战新企业100 强榜单，与上一年制造业 500 强入围企业数一致。入围的 66 家企业均提供了完整的收入利润数据，共实现营业收入 12. 61 万亿元，占 2022 中国制造业 500 强总营业收入的比重为 26. 77%，较上一年上升 0. 94 个百分点；共实现营业利润 7474. 78 亿元，占 2022 中国制造业 500 强总营业利润的比重为 30. 03%，较上一年下降 2. 57 个百分点。对 2022 中国制造业企业 500 强中入围战新企业 100 强的企业进行分析可以看出，通过发展战新业务，66 家企业的数量占比为 13. 2%，实现的营业收入占比为 26. 77% 和利润占比为 30. 03%，制造业大企业转型升级取得扎实进展，展现出良好的发展潜力。

在2022 中国服务业企业500 强中，共有22 家企业入围2022 中国战新企业100 强榜单，与上一年服务业企业 500 强入围企业数一致。22 家企业均提供了完整的收入利润数据，共实现营业收入 8. 70 万亿元，占 2022 中国服务业企业 500 强总营业收入的比重为 18. 07%，较上一年上升了 1. 47 个百分点；共实现营业利润 7307. 67 亿元，占 2022 中国服务业企业 500 强总营业利润的比重为 21. 53%，较上一年大幅提升了 6. 84 个百分点。对 2022 中国服务业企业 500 强中入围战新企业 100 强的企业进行分析可以看出，通过发展战新业务，22 家企业以 4. 4% 的数量占比，实现了 18. 07% 的营业收入占比和 21. 53% 的利润占比，较上年取得了明显的进步，服务业发展势头迅猛，具有良好的示范意义。

三、我国企业发展战略性新兴业务面临的挑战与机遇

近年来，我国战略性新兴产业发展态势良好，在支撑经济增长、改善人民生活、引领创新驱动等方面发挥着重要作用。与此同时，我国经济由高速增长阶段进入高质量发展阶段所带来的创新模式、内需及政策着力点的变化，使战略性新兴产业发展迎来了新的历史机遇，也正在酝酿着新的发展和新的突破。

但是，面对复杂的国际形势，以及新冠肺炎疫情的反复，各类风险显著增多，世界经济衰退，也对我国战略性新兴产业的生产经营活动造成冲击。我国企业要强化形势分析研判，抓住并用好新形势下的新机遇，着力推进战略性新兴业务高质量发展。

（一）我国企业发展战新业务面临的挑战

1. **复杂国际形势影响产业发展**

一是中美关系摩擦加剧。2022 年 8 月美国总统拜登签署总额高达 2800 亿美元的《芯片和科学法案》，该法案向在美国的芯片制造企业提供巨额补贴的同时，要求这些企业必须同意“不在中国发展精密芯片的制造”。该法所谓“保护措施”，呈现出浓厚的地缘政治色彩，是美国大搞经济胁迫的又一例证。与此同时，中国政府针对佩洛西窜访台湾行为宣布采取八项反制措施，包含“三项取消，五项暂停”。二是中欧关系出现困难。2021 年 5 月欧洲议会就是否冻结《中欧贸易投资协定》一事展开了投票表决，最终以 599 票赞同冻结、30 票反对冻结、58 票弃权的结果通过了冻结投资协定批准程序的决议。2022 年 8 月，立陶宛交通与通讯部副部长率团窜访台湾。三是俄乌冲突使相关产业受到影响。俄乌冲突可能导致芯片生产成本上涨，动力电池原料镍产品价格将上涨，电视、液晶监视

器及笔电出货面临修正压力等，复杂的国际形势使相关产业发展受到影响。

2. 新冠肺炎疫情反复对产业造成冲击

一是劳动力短缺、贸易萎缩。受防控政策影响，新冠肺炎疫情风险区域内企业普遍面临用工荒和复工难等问题，对企业形成新的考验；部分企业受国外订单数量影响巨大，境外需求下降，导致贸易出现萎缩。二是需求受到冲击。疫情反复造成线下需求收缩，直接导致线下消费受到冲击。三是供应链不稳定导致连锁反应。供应链不稳定增加未来出口贸易的不确定性，导致我国制造业供给能力受到冲击，影响下游产品交易。下游销售受到冲击在供应链上引起连锁反应，影响上游中小企业。四是资金链紧张。受疫情影响，上下游企业复工复产情况参差不齐，供应链运转不畅，库存增加、流动负债增加等原因导致企业资金趋紧，成为企业后续发展的不确定因素。

3. 中小企业发展面临困境

2022 年 5 月中国中小企业发展指数（SMEDI）为 88.2，环比微降 0.1 点，降幅较 2022 年 4 月有所收窄。中小企业发展指数在过去的一年半内随着新冠肺炎疫情不断起伏，每一次疫情的反复均会对中小企业发展造成打压，特别是上海在疫情突袭而至后跌势明显，一路下探至近几年来的最低点 88.2，企业发展仍然面临困难。一是成本压力有所增加。复杂的国际环境持续推升国际能源、粮食价格，全球通胀高企；国内受疫情影响，要素保障难度加大、原材料成本上涨、员工成本增加，中小企业处于产业链末端，成本难以转嫁。二是资金紧张状况有待缓解。由于疫情影响，经济循环不畅，影响资金周转，企业间相互拖欠严重，应收账款增加。中小微企业经营困难，有效融资需求明显下降，有融资需求的小微企业由于资信不足、缺乏抵押物，融资依然困难。三是企业效益状况不佳。由于上游价格上升，终端需求偏弱，处于产业链下游的中小企业议价能力弱、成本传导能力差，利润受到双重挤压，收入受到较大影响。四是，企业投资意愿有待增强。疫情走势不确定，生产成本上升，市场预期不稳，企业信心不足，企业继续投资、进一步扩大再生产的意愿明显下降。

（二）我国战新产业发展面临的新机遇

1. 经济高质量发展需要大力发展战略性新兴产业

我国经济已由高速增长阶段进入高质量发展阶段。战略性新兴产业在整个经济体系中必将扮演更为重要的角色，是实现新旧动能转换的关键所在，是实现高质量发展的核心力量，是满足高品质生活的根本基石。推动经济高质量发展，使战略性新兴产业发展迎来了新的历史机遇。

一是国内大市场潜力加速释放为战新产业发展提供新空间。2021 年我国人均 GDP 已经突破 1.2 万美元，超过世界人均 GDP 水平，居民消费呈现明显的高端化、智能化、服务化、个性化、绿色化、健康化趋势，消费的重点转向提高生活品质的健康食品、新型消费电子、智能家居、汽车等物质产品和教育、文化、健康、旅游、互联网等现代服务，消费的层次不断提高，规模不断壮大，能够为我国前沿技术的商业化提供市场支持，有利于我国抓住新一轮科技革命和产业变革的机遇，加快战略性新兴产业和未来产业的培育壮大。

二是创新模式转型升级为战新产业发展提供新技术。在很长一段时间内，我国战略性新兴产业采用的是引进、消化、吸收、再创新的道路，如许多互联网企业的创新是在国外成熟技术基础上进

行的应用模式创新，生物医药产业中仿制药占比较高等。随着我国经济步入高质量发展阶段，产业技术水平不断提高，与国外技术差距快速缩小，我国战略性新兴产业创新必须向基础性创新、引领性创新转型，要加强前瞻性基础研究、应用基础研究，突出关键共性技术、前沿引领技术、现代工程技术和颠覆性技术创新。

三是国家政策为战新产业发展提供新支持。2020 年 9 月，国家发展改革委等相关部门发布《关于扩大战略性新兴产业投资培育壮大新增长点增长极的指导意见》，提出扩大战略性新兴产业投资、培育壮大新的增长点增长极的决策部署，发挥战略性新兴产业重要引擎作用。2021 年 2 月，《国务院反垄断委员会关于平台经济领域的反垄断指南》发布，要求加强和改进平台经济领域反垄断监管，保护市场公平竞争，维护消费者利益和社会公共利益，促进平台经济持续健康发展。这些政策都将引导和扩大战略性新兴产业投资，并为相关产业持续健康发展创造条件。

2. 新一轮科技革命引领战略性新兴产业发展

当前，新一轮科技革命和产业变革正处在实现重大突破的历史关口，全球科技创新进入空前密集活跃的时期，前沿技术呈现集中突破态势。众多颠覆性创新呈现几何级渗透扩散，引领战略性新兴产业众多领域实现加速发展，并对传统产业产生全面冲击。具体来说，新一轮科技革命带来以下变革。

一是科技创新的范式革命兴起，大数据研究成为新的科研范式。继实验科学、理论分析和计算机模拟之后，新一轮科技革命与产业变革不仅体现在新技术的种类、数量上，更体现在改变技术创新的范式中。

二是突破性创新向其他技术领域渗透扩散，对传统产业产生重要影响。随着技术不断进步，不同类型的产业将有条件实现交叉融合，产业间的边界逐渐模糊，由此激发新技术、新产品、新业态和新模式不断涌现，加速重构现代产业体系。

三是前沿技术领域多种技术相互支持和融合发展，形成链式变革。科技的发展要坚持“以人为本”，促进和保障人与自然和谐相处是科技创新的出发点。在各技术领域深化发展的同时，不同技术领域之间的交叉融合同样体现出重要的理论研究价值和实践价值。

四是“人、机、物”三元融合加快，实现“万物互联”。互联网的最终使命是让任何人和任何物品在任何时间和任何地点都能够形成联系，使所有人和所有物能够实现互联、互通和互动，这是“万物互联”的最终情景，也是新一轮科技革命与产业变革的重要任务。

3. 新基建、新消费助力战略性新兴产业加速发展

新需求是推动战略性新兴产业发展的重要动力。随着数字技术的不断兴起，以数字文化、数字教育、数字医疗等为代表的战略性新兴服务业在不断涌现，通过实现创新发展与跨界融合，促进社会服务数字化、网络化、智能化、多元化、协同化，更好满足美好生活的新需求。新需求作为战略性新兴产业发展的关键动力，主要从以下几个方面体现。

一是发挥新基建在需求提供方面的重要作用。注重信息基建对数字经济等的牵引、融合，基建对材料制造和能源动力等的牵引、创新，基建对创意服务等的牵引，为战略性新兴产业开辟广阔的国内市场提供战略需求。

二是围绕新冠肺炎疫情及其带来的新需求，推动健康及数字相关产业发展。支持在线教育、互联网医疗、线上办公、共享生活等新业态、新模式的创新发展，促进企业数字化转型，培育发展虚拟产业集群、无人经济和在线新经济。

三是充分利用政府采购等政策工具。在落实首台套、首批次、首版次的采购、保险补偿的同时，推进商业化前采购、创新定制化采购等新型采购方式，更具针对性地支持技术创新和高新技术企业。在促进国内大循环、国际国内双循环中，实现产业体系成熟完善、价值链优化提升，使战略性新兴产业在国民经济中占据更重要地位。

四、促进大企业发展战略性新兴产业的建议

战略性新兴产业以重大技术突破和重大发展需求为基础，对经济社会全局和长远发展具有重大引领带动作用。加快培育和发展战略性新兴产业对推进我国现代化建设具有重要战略意义，是全面建设小康社会、实现可持续发展的必然选择；是推进产业结构升级、加快经济发展方式转变的重大举措；是构建国际竞争新优势、掌握发展主动权的迫切需要。

当前，全球经济竞争格局正在发生深刻变革，科技发展正孕育着新的革命性突破，世界主要国家纷纷加快部署，推动节能环保、新能源、信息、生物等新兴产业快速发展。我国要在未来国际竞争中占据有利地位，必须加快培育和发展战略性新兴产业，支撑企业掌握关键核心技术，增强自主发展能力。

1. 增强重点产业链自主可控能力

一是龙头企业应充分发挥“链长”作用，引领行业关键共性技术创新。在政府财政支持之外，龙头企业应加大研发资金投入基础研究特别是应用基础研究的比例，并加强与相关研发机构合作，推行技术的“全生命周期”转化，将技术转化贯穿始终。国有企业应充分发挥自身政治资源、创新资源、土地资源、人才资源等优势，在重点行业、前沿领域加大研发投入，并加强与民营企业合作，进一步畅通创新链产业链。

二是加强企业间协调，强化产业网络韧性。龙头企业和大型国有企业应主导建立端到端供应链战略机制，集中资源破解重点产业链中的“堵点”，识别并优化产业链高风险点环节，提高供应链的协调性与韧性。同时，鼓励龙头企业和大型国有企业供应链上下游企业实施“大手牵小手”的供应链计划。

2. 积极推动产业技术标准化进程培育企业竞争新优势

一是推动国内国际产业标准化协同发展。龙头企业应积极同政府和研究机构合作，建立产学研联动的国际标准化工作机制，加快建设具有自主特色、国内领先、与国际接轨的产业标准体系，建设一批具有国际影响力的产业标准综合体。研制一批领先的国际标准，形成以标准与技术为核心的产业发展新优势。推进我国产业在智能化、绿色化、服务化等多学科交叉融合领域综合标准化工作，推动国内标准与国际标准项目同步提出、同步研制。

二是促进产业标准化广泛交流合作。企业应积极参与国际标准化交流合作，加大采用国际标准力度，大力推进中外标准互认，参与构建与国际标准兼容的标准体系。积极参与 ISO、IEC、国际电

信联盟（ITU）等国际标准化组织活动，继续强化重点领域国际标准化工作。

3. **强化供应链管理**

一是统一供应链和关键技术的定义。统一定义有助于企业供应链画像的绘制，确保整个企业在供应链管理工作上趋于一致。制定关键技术的统一清单有助于确定供应链发展的优先级，明确供应链面临的威胁和风险的迫切性，以及选择可用的应对措施。

二是明确供应链画像的要素。为关键技术绘制供应链画像，为后续工作提供有效模板，并为高技术成熟度（成熟、现有）的技术提供了供应链分析方法，为低技术成熟度（新兴）的技术提供了分析示例。供应链画像确定的原材料、零部件、设备供应商可以用于供应链风险评估。

三是开展供应链风险评估。对于关键技术供应链的不同环节，可通过定性或定量评估来衡量供应链面临的威胁、脆弱性和风险。特定的关键技术供应链风险评估模型可以确定国内供需关系、全球供需关系、净进口依赖、市场集中度、地缘政治敏感性、可替代性、环境合规性和工作场所安全条件、进入壁垒、多个行业是否会竞争相同的产品或原材料、确定新供应商所需的时间、技术成熟度、储备、报废或回收等。

四是供应链风险分类。供应链风险包括供应商集中度（单一或独家供应商）、地理集中度（在特定地区聚集）、关键基础设施故障、自然灾害、关键供应商的财务偿付能力、知识产权盗窃、产品篡改、网络安全、监管壁垒、假冒、劳动力、可替代性、地缘政治和征用等。对这些风险进行系统描述是确定风险严重程度和可用应对方案的关键举措。

五是通过双赢的供应链投资支持关键技术。企业应当寻找能够利用关键技术供应链市场的投资，提高特定产业供应链的弹性，以满足各类产品及其副产品的市场需求。

4. **大中小企业融通创新发展**

一是龙头引领，加强产业技术基础攻关。国有企业和有条件的民营企业应把准战略方向，坚持“四个面向”，在战略性新兴产业的前沿领域超前布局，加强基础研究和应用基础研究、产业共性关键技术研究，重点在新能源、高端装备制造、生物医药等领域加大重要产品和关键核心技术攻关力度，不断强化原创技术供给。中央企业应深入贯彻落实勇当现代产业链“链长”重要指示精神，主动担当产业链基础能力提升支撑者、发展方向引领者、协同合作组织者角色，在促进经济循环和产业畅通中发挥好战略支撑作用，主体支撑、融通带动，形成融通创新发展模式。

二是融合强链，探索协同创新生态圈，推进开放合作生态建设。加强整合企业内外、国内国际各种创新资源，形成自主创新和“借脑引智”两轮驱动格局，通过融合强链抢占技术制高点，形成技术引领，推进共建共享共赢创新生态建设。产业链上下游大中小企业加强合作，实现供需对接、优势互补和资源共享。

三是搭建平台，打造产业集群融通模式。龙头企业可采用数据联通融通模式，通过搭建工业互联网平台与行业内中小企业实现数据联通，实现供应商寄售管理及与供应商供需协同，提升产业链工作效率及保供能力。带动行业内中小企业“云上”融入产业链和大企业生产运营体系，提供统一平台购买产品，让服务更便捷，实现合作双赢。搭建产融服务平台、创新金融服务模式等方式，促进产业链集成整合和在线共享，定制更高质量、更高效率、更个性化的供应链金融服务，拓展深化大中小企业融通服务。

四是积极践行融通创新。龙头企业应积极践行生态圈融通、供应链融通、创新耦合融通、融资供给融通、基地孵化融通、平台赋能融通、数据联通融通、内部孵化融通、产业集群融通等大中小企业融通创新模式，围绕征集的典型模式，总结和传播中国企业、城市及园区多维度推动中国经济稳定增长的典型经验和典型案例。

第七章 2022 中外 500 强企业对比分析报告

2021 年，中国发展面临新的战略机遇和战略环境，世界 500 强营业收入和净利润大幅增长，行业结构发生变化，中国企业平稳发展。中国内地上榜企业连续三年位居全球首位，制造业保持连续增长态势，上榜企业地位不断攀升，行业和企业亮点呈现。面向未来，中央全面深化改革委员会第二十四次会议审议通过了《关于加快建设世界一流企业的指导意见》，中国大企业要深刻分析国际国内大势，科学把握应对未来的风险和挑战，遵循世界一流企业的成长规律，充分发挥中国特色社会主义市场经济制度优势，以高质量发展为方向，大力实施创新发展战略，培育发展新的竞争优势，加快建设世界一流企业。

一、2022 世界 500 强最新格局及中外上榜企业发展对比

1. 2022 世界 500 强最新格局

（1）营业收入实现历史最大涨幅，服务业远远领先。

2021 年，经济逐渐在疫情的影响下重启，部分国家和行业开启恢复。2022 世界 500 强的营业收入共计 377741. 55 亿美元，与上年相比增长了 19. 19%，实现自榜单发布以来的最大涨幅，恢复了疫情前的增长态势，如图 7 – 1 所示。2022 世界 500 强企业营业收入相当于全球 GDP 的 2/5，接近中国和美国的 GDP 之和，进入排行榜的门槛也从 240 亿美元跃升至 286 亿美元。

从上榜企业来看，沃尔玛连续第九年位居第一位，亚马逊上升到第二位，中国国家电网公司、中石油、中石化分别位居第三、第四和第五位。与沃尔玛同属“综合服务业”的上榜企业共 3 家，开市客（Costco）上升到第 26 位；与亚马逊同属“电信及互联网信息服务”的上榜企业共 27 家，Alphabet 公司位居第 17 位。“交通运输设备及零部件制造”上榜企业 33 家，大众公司（第 8 位）超过丰田汽车（第 13 位），夺回“全球最大汽车生产商”的头衔，中国大陆 6 家上榜企业排名多数有所下滑，但比亚迪首次上榜（第 436 位）令人关注。

从营业收入行业分布情况来看，服务业营业收入（197108. 59 亿美元）远超制造业（150084. 48 亿美元）。居于行业营业收入首位的金融业（70068. 57 亿美元）远超其他行业；随后依次为化学品制

造行业（42930. 53 亿美元）、电信及互联网信息服务行业（28859. 23 亿美元）、交通运输设备及零部件制造行业（28770. 96 亿美元）。

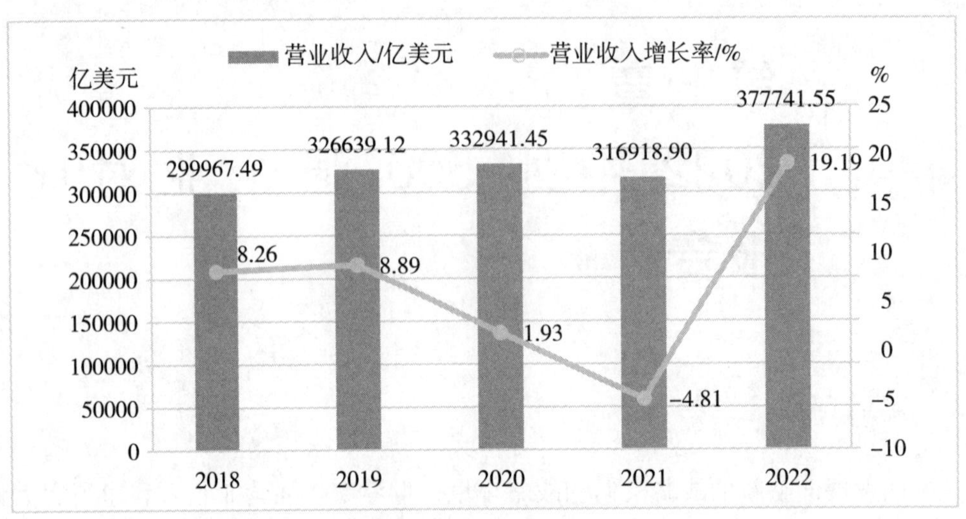

图 7－1　世界 500 强的营业收入总额及增长率（2018—2022）

从各行业营业收入变化情况看，营业收入增长最大的三个行业分别是交通运输业（96. 88%）、化学品制造（59. 26%）和采矿业（50. 94%），三个行业上榜企业数量分别增加了 60. 00%、22. 86% 和 11. 76%；营业收入下降最大的行业分别是房地产（17. 57%）和旅游、餐饮及文化娱乐（8. 08%），两个行业上榜企业数量分别减少 37. 50% 和 20. 00%。

（2）净利润增长创新高，金融业创利保持首位。

2022 世界 500 强的净利润为 30985. 60 亿美元，与上年相比增长了 87. 94%，是 2004 年以来最大的涨幅，如图 7－2 所示。世界 500 强企业净利润的大幅增长凸显了世界经济的复苏。从净利润榜单来看，采矿业巨头沙特阿美以约 1054 亿美元位居榜首，苹果公司以约 947 亿美元位居第二位，伯克希尔—哈撒韦以约 898 亿美元的利润位居第三位。谷歌母公司 Alphabet 和微软分列利润榜第四、第五位，利润均超过 600 亿美元。中国工商银行、建设银行和农业银行继续位列利润榜前十位，腾讯以约 349 亿美元位居第 11 位。净利润前十位公司中，金融业企业 5 家、电信及互联网信息服务业企业 3 家，行业特点突出。

从净利润行业分布情况来看，金融业仍为创利大户，显现了互联网相关行业的发展潜力。金融业以 9470 亿美元的净利润位居第一，为第二位的电信及互联网信息服务行业的两倍有余。第三、第四位行业分别为化学品制造行业，计算机、通信设备及其他电子设备制造行业。

从各行业净利润变化情况看，净利润增长最大的三个行业是旅游、餐饮及文化娱乐（480. 10%），批发贸易（450. 92%），防务（380. 72%），三个行业上榜企业数量分别减少了 20. 00%、6. 06% 和 5. 88%；净利润下降最大的三个行业是化学品制造（442. 29%）、交通运输业（411. 06%）和房地产（50. 22%），三个行业上榜企业数量有增有减，房地产企业数量减少了 37. 50%，而交通运输业和化学品制造企业数量分别增加了 60. 00% 和 22. 86%。由此表明，旅游、餐饮及文化娱乐行业结构重塑，竞争力强的大企业胜出；化学品制造和交通运输业行业规模快速扩大，

利润未能实现同步上升；房地产行业全面下滑。

图 7－2 世界 500 强的净利润总额及增长率（2018—2022）

（3）亏损情况明显改善，采矿业及与能源相关的公用事业服务行业表现欠佳。

2022 世界 500 强共有亏损企业 24 家，亏损总额共计 649. 85 亿美元，比上年减少了 45 家，亏损总额不到 2021 年亏损总额的 1/3，如图 7－3 所示，无论亏损企业数量和亏损总额都是近五年来的最低值。从亏损企业来看，排名第 234 位的日本软银集团亏损额最大（152 亿美元），美国通用电气位列第三，中国大陆企业亏损最多的大唐集团（约 29 亿美元）位居第七位，排名从 59 位跃升到 46 位的京东集团亦出现在亏损行列中。

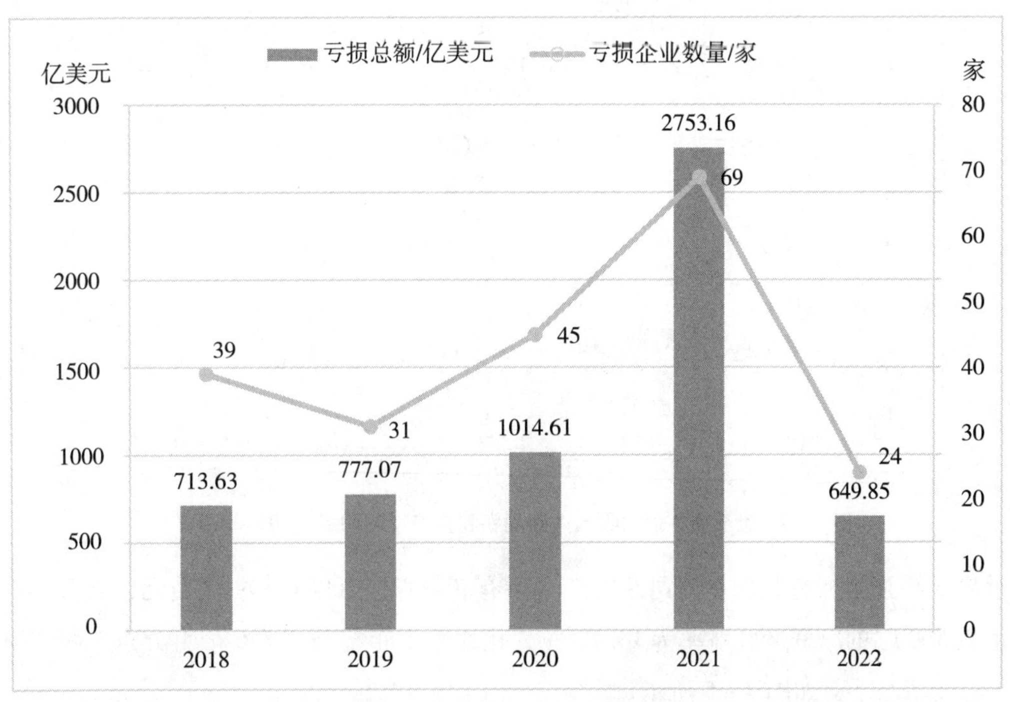

图 7－3 世界 500 强的亏损企业数量及亏损总额（2018—2022）

从亏损企业国家分布来看，中国 9 家（包括中国台湾 1 家），企业数量及其占比有所上升；美国和德国各 4 家；英国、法国、日本、韩国、瑞士、印度、墨西哥各 1 家。从亏损企业行业分布来讲，亏损企业主要集中在采矿业、公用事业服务行业，各有 4 家企业亏损，美国波音、美国航空、德国联邦铁路也出现在亏损行列中。

（4）经营效益逐渐恢复，互联网相关领域市场需求旺盛。

2022 世界 500 强经营效益大幅提高，收入净利润率和资产净利润率分别为 8.20% 和 1.94%，与上年相比均有明显增长，达到近五年来的最高水平，如图 7－4 所示。收入净利润率榜首是第一次上榜的瑞典瓦伦堡家族的 Investor 公司（Investor AB），收入净利润率高达 85.9%；诺华公司位居第二位，巴西淡水河谷公司位列第三位；腾讯以超过 40% 的收入净利润率位列第四位。

从收入净利润率的行业情况来看，计算机、通信设备及其他电子设备制造行业（17.63%）位于榜首，其次是药品和医疗设备制造行业（17.63%），电信及互联网信息服务行业位列第三位（13.65%）。显而易见，新冠肺炎疫情直接影响行业盈利水平及其发展，互联网相关领域、医药医疗的市场需求快速扩大，推动了数字技术、电子商务、网络教育、医药医疗等领域的发展。

从各行业收入净利润率变化情况看，收入净利润率上升幅度最大的三个行业是邮政和物流（87.24%）、建筑业（40.64%）和金属产品（26.18%），三个行业上榜企业数量分别增加了 50.00%、14.29% 和 22.73%；净收入利润率下降幅度最大的行业是房地产（33.26%）和食品饮料生产（6.10%），两个行业上榜企业的数量分别减少了 37.50% 和 5.56%。由此可见，邮政和物流、建筑业和金属产品的行业需求快速恢复，而房地产行业供给过剩。

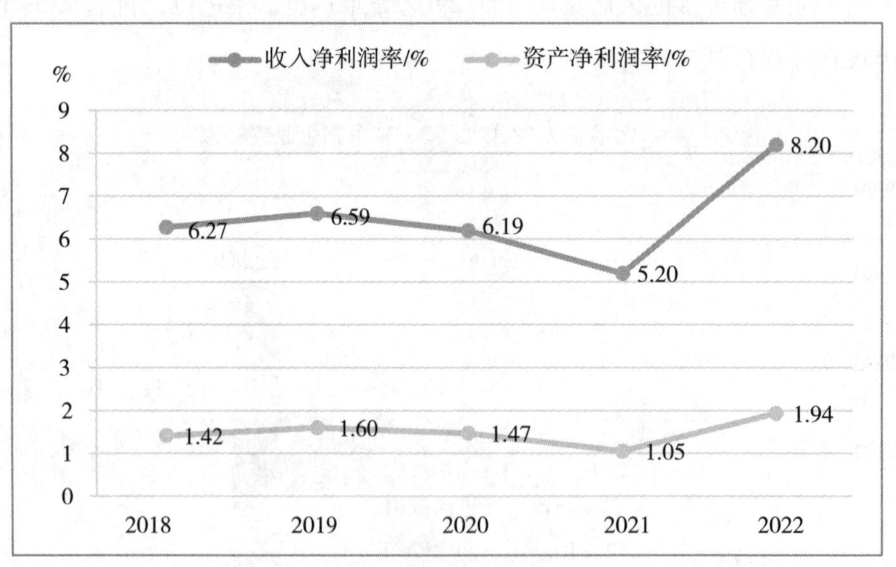

图 7－4　世界 500 强的收入净利润率和资产净利润率（2018—2022）

2022 世界 500 强共拥有归属母公司净资产（所有者权益）209812.99 亿美元，与上年相比有所增长；2022 世界 500 强的净资产收益率为 14.77 %，相比于上年上升了约 6 个百分点，两个财务指标都为近 5 年来的最高水平，如图 7－5 所示。

从净资产收益率的行业情况看，计算机、通信设备及其他电子设备制造行业净资产收益率最大

(42.69%)，其次为消费品生产行业（29.29%），再次为采矿业（25.01%）。由此表明，互联网相关领域经营效益表现优异，采矿业企业经营效益分化明显。

从各行业净资产收益率变化情况看，净资产收益率上升幅度最大的三个行业是旅游、餐饮及文化娱乐（477.60%），以及批发贸易（414.36%）和防务（298.38%），三个行业上榜企业数量分别减少了 20.00%、6.06% 和 5.88%；净资产收益率下降幅度最大的三个行业是化学品制造（401.11%）、交通运输业（372.82%）和房地产（25.42%），三个行业上榜企业数量有降有升，房地产企业数量减少了 37.50%，交通运输业和化学品制造企业数量分别增加了 60.00% 和 22.86%。这从一个角度反映了各行业投资价值的走向。

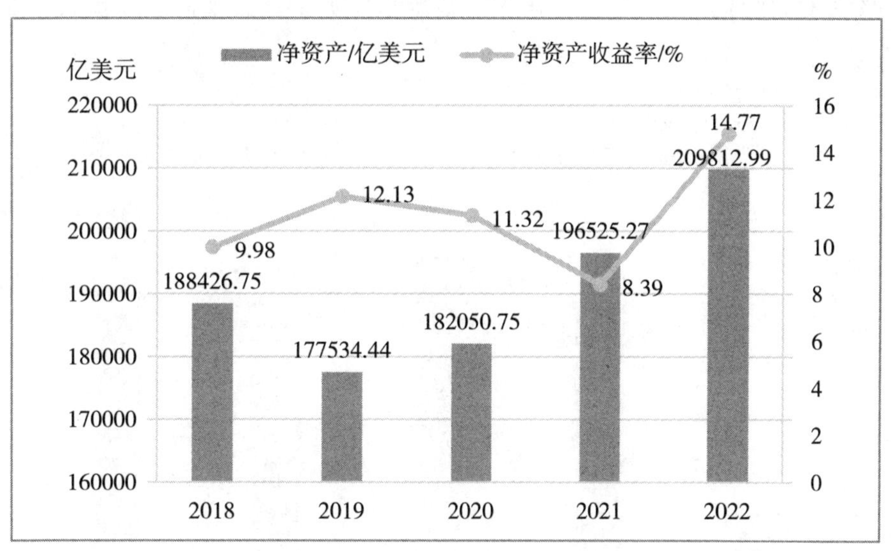

图 7－5 世界 500 强的净资产规模和净资产收益率（2018—2022）

（5）员工人数略有减少，人均营业收入达到新高。

2022 世界 500 强企业员工总计 6959.61 万人，较上年减少了 15.04 万人，世界 500 强的员工人数进一步减少，如图 7－6 所示。沃尔玛全球员工数为 230 万。中石油拥有 160 万名员工，是中国上榜企业中员工人数最多的企业。从员工人数的行业分布来看，金融业、电信及互联网信息服务、零售业位居员工人数前三，三个行业员工人数占世界 500 强的 33.37%，而上榜企业数量占比 32.40%，三个行业吸纳就业人数最多。

从员工人数增长的行业分布来看，相比于 2021 年，员工人数增加最多的三个行业为交通运输业（34.09%）、建筑业（29.72%）、金属产品（17.87%）；三个行业上榜企业数量分别增加了 60.00%、14.29% 和 22.73%。与此对应，上榜中国企业员工人数增加最多的行业分别是交通运输设备及零部件制造（38.19%）、邮政和物流（15.44%）和建筑业（11.76%），三个行业上榜企业数量分别增加了 16.67%、66.67% 和 20.00%。员工人数增加所显示的行业规模扩大表明，中国与其他国家的共同点是建筑行业快速增长；不同点是中国的重点仍然在制造业和物流业；其他国家是服务业。

从员工人数减少的行业分布来看，相比于 2021 年，房地产、旅游餐饮及文化娱乐和食品饮料生产员工人数减少最为明显，分别减少了 31.17%、11.24% 和 3.55%；三个行业上榜企业数量分别减少了 37.50%、20.00% 和 5.56%。与此对应，上榜中国企业员工人数减少最多的行业分别是零售业（100%）、食品饮料生产（47.17%）和房地产（32.01%），零售业企业数量减少到 0，食品饮料生产和房地产各减少 50.00% 和 37.50%。员工人数减少所显示的行业规模缩小表明，中国与其他国家的共同点是房地产和食品饮料行业受到较大影响；不同点是中国零售业受到影响较大，而其他国家的旅游业和餐饮业受到的影响更加突出。

2022 世界 500 强企业人均营业收入为 54.28 万美元，较上年增加了 8.81 个百分点，达到近五年的最大值，如图 7-6 所示。人均营业收入较上年有所增长，增长幅度最大的三个行业是化学品制造（53.92%）、采矿业（48.43%）和交通运输业（47.18%），三个行业上榜企业数量分别增加了 22.86%、11.76% 和 60.00%。由此可见，化学品制造和采矿业企业规模继续扩大，交通运输业企业经营普遍得以恢复。

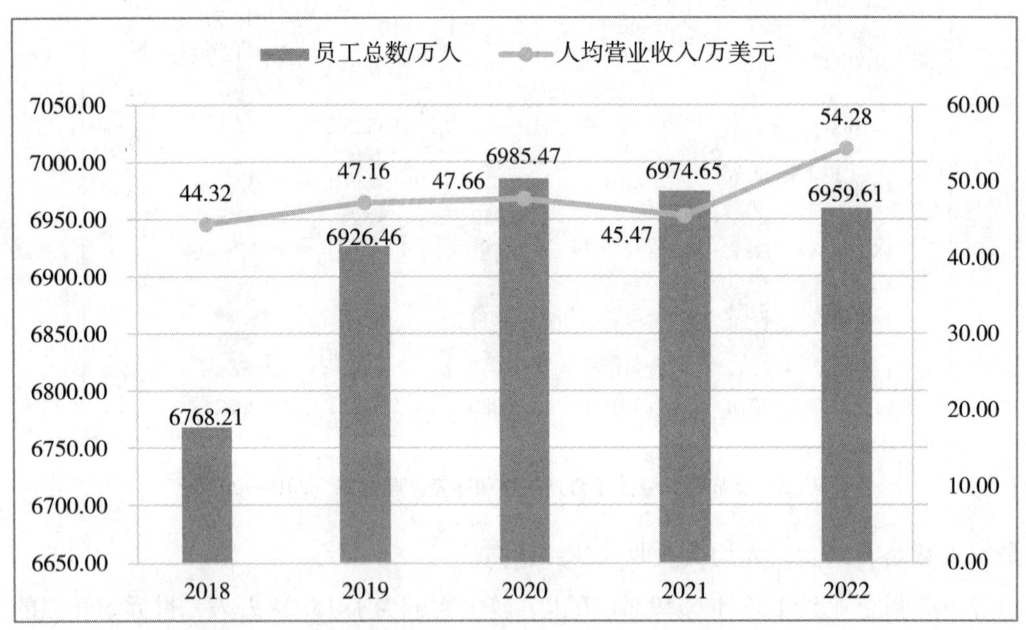

图 7-6　世界 500 强的员工总数及人均营业收入（2018—2022）

（6）服务业领先制造业，制造业发展态势良好。

2022 世界 500 强企业分布在 24 个行业，其中，制造业 207 家、服务业 258 家和其他行业 35 家，如表 7-1 所示。制造业主要盈利来源于计算机、通信设备及其他电子设备制造行业，以及药品和医疗设备制造行业；金融业主要盈利来源于电信及互联网信息服务行业、金融业。从整体上看，服务业上榜企业无论数量及财务指标都领先制造业。

从当前经营规模和盈利来看，无论是营业收入还是净利润，服务业高于制造业。从发展趋势来看，制造业呈现出良好的发展态势，近五年来，制造业营业收入增长了 25.58%，净利润增长了 61.22%，而同期服务业的营业收入和净利润分别增长了 21.03% 和 53.45%。特别是 2022 年，世界 500 强制造业的净利润较上年增长了 167%，服务业仅增长 50.40%。制造业发展速度整体快于服务业。

从当前经营效益来看，2022 世界 500 强制造业的收入净利润率低于服务业，而净资产收益率高于服务业。从发展趋势来看，制造业同样优于服务业，近五年制造业收入净利润率和净资产收益率分别增长了 28.38% 和 45.43%，均高于服务业。由此可见，制造业的发展潜力巨大。

表 7－1　2022 世界 500 强行业结构

行业	企业数量/家	营业收入/亿美元	净利润/亿美元	收入净利润率/%	净资产收益率/%
制造业总计	207	150084.48	11828.60	7.88	17.14
防务	16	9302.99	767.81	8.25	18.26
化学品制造	43	42930.53	2452.81	5.71	12.23
机械设备	25	16005.67	1036.18	6.47	13.07
计算机、通信设备及其他电子设备制造	16	11795.11	2079.10	17.63	42.69
建材生产	5	2166.71	105.86	4.89	11.50
交通运输设备及零部件制造	33	28770.96	1872.24	6.51	13.27
金属产品	27	15359.12	633.42	4.12	16.19
食品饮料生产	17	8714.81	809.44	9.29	20.58
消费品生产	7	4740.35	426.01	8.99	29.29
药品和医疗设备制造	18	10298.23	1645.75	15.98	21.63
服务业总计	258	197108.59	16967.84	8.61	13.00
电信及互联网信息服务	27	28859.23	3938.22	13.65	18.96
房地产	5	3393.80	143.37	4.22	11.99
公用事业服务	24	18890.01	713.63	3.78	6.17
交通运输业	8	3443.78	133.56	3.88	10.16
教育和医疗卫生服务	8	12045.84	500.50	4.15	17.05
金融业	106	70068.57	9469.88	13.52	11.69
零售业	29	17664.73	715.11	4.05	19.15
旅游、餐饮及文化娱乐	4	1557.55	158.54	10.18	13.05
批发贸易	31	24588.82	506.00	2.06	15.28
商务服务	1	291.27	9.08	3.12	16.29
邮政和物流	12	7558.11	423.70	5.61	18.71
综合服务业	3	8746.88	256.26	2.93	22.55
其他行业总计	35	30548.48	2189.16	7.17	21.27
采矿业	19	17064.68	1894.85	11.10	25.01
建筑业	16	13483.81	294.32	2.18	10.84

注：第六章行业比较以中国 500 强行业标准进行归类，制造业 11 个，服务业 12 个，其他行业 4 个，共计 27 个行业。

2. 2022 世界500强中外上榜企业对比

（1）中国上榜企业数量稳居第一，上榜企业地位进一步攀升。

2022 世界500强的上榜企业来自32个国家或地区，中国大陆（不含中国香港、中国澳门、中国台湾，下文分析均针对中国大陆数据）上榜企业数量上年首次超越美国，2022年榜单再增1家（共计133家），并保持全球第一。美国上榜企业124家，较上年增加了2家；德国上榜企业28家，略有增加；日本（47家）、英国（18家）、法国（25家）上榜企业数量均有不同程度的减少。

从近五年的发展趋势来看，中国上榜企业数量从107家上升到133家，而美国从126家下降到124家，可见，中国企业在世界500强排行榜中的地位不断加强，如图7－7所示。

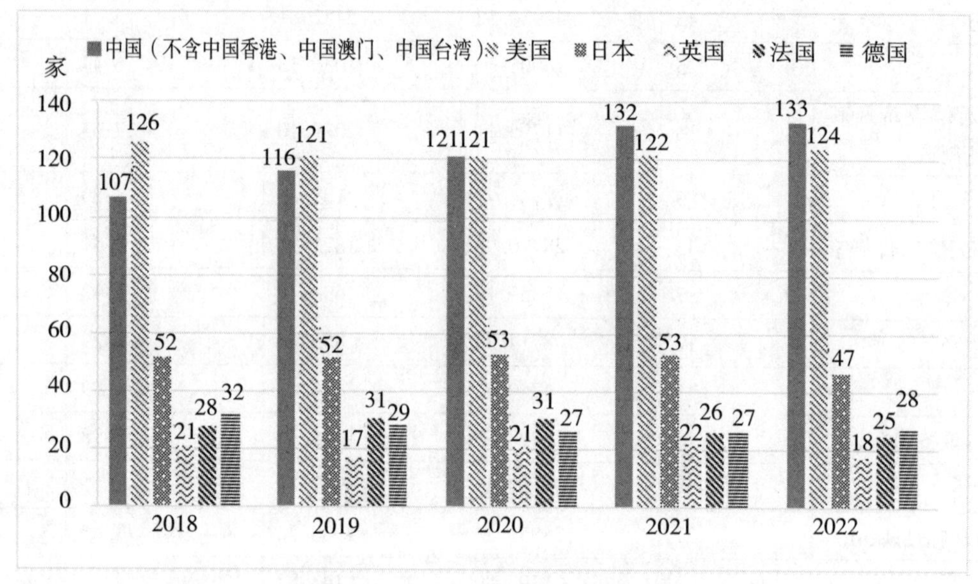

图7－7 世界500强主要国家上榜企业数量（2018—2022）

从上榜企业情况来看，2022 世界500强有44家新上榜和重新上榜企业，其中，有13家中国企业（占比29.55%），分别是中国中化控股有限责任公司、苏商建设集团有限公司、杭州钢铁集团有限公司、蜀道投资集团有限责任公司、中国航空油料集团有限公司、湖南钢铁集团有限公司、潞安化工集团有限公司、新疆中泰（集团）有限责任公司、比亚迪股份有限公司、顺丰控股股份有限公司、山东高速集团有限公司、成都兴城投资集团有限公司、上海德龙钢铁集团有限公司。其中，中国中化控股有限责任公司位列第31名。

从排行榜位次上看，中国企业的地位仍在上升。前10位企业榜单中，中国企业数量从2018年的3家增加到2022年的4家；前100位企业榜单中，中国企业数量从2021年的19家增加到2022年的34家。

从排行榜位次变化最快的企业看，2022 世界500强中排名上升最快的前10家企业中有3家来自中国，鞍钢集团有限公司位居榜首，跃升183位，位列第217位；法国达飞海运集团上升165名，位列第228位；中国中煤能源集团有限公司上升154位，位列第297位；特斯拉、辉瑞制药有限公司分别位居上升最快榜单的第四、第五位。上升超过100位的中国企业还有：浙江省交通投资集团有限公

司、中国电子科技集团、中国远洋海运集团和广州市建筑集团。在排名上升最快的前 10 家企业中，行业主要集中在能源领域，如采矿、原油生产，以及炼油等，如表 7-2 所示。

表 7-2 2022 世界 500 强中排名上升幅度最大的前 10 名企业

排名	较 2021 年上升位数	公司名称	国家	行业	营业收入/亿美元	净利润/亿美元
217	183	鞍钢集团有限公司	中国	金属产品	594.48	11.41
228	165	法国达飞海运集团	法国	船务	559.76	178.94
297	154	中国中煤能源集团有限公司	中国	采矿、原油生产	466.65	6.91
242	150	特斯拉	美国	车辆与零部件	538.23	55.19
137	144	辉瑞制药有限公司	美国	制药	812.88	219.79
305	133	利安德巴塞尔工业公司	荷兰	化学品	461.73	56.10
114	132	Equinor 公司	挪威	炼油	909.24	85.63
302	131	浙江省交通投资集团有限公司	中国	运输及物流	463.82	8.97
56	130	富腾公司	芬兰	能源	1328.94	8.74
251	130	雷普索尔公司	西班牙	炼油	523.35	29.55

（2）中国企业经营水平尚存差距，企业盈利与效率有待提高。

在 2022 世界 500 强主要国家中，中国企业营业收入共计 108931.88 亿美元，占 2022 世界 500 强总营业收入的 28.84%，略低于美国企业营业收入水平（112172.89 亿美元），远远超过日本、英国、法国和德国。中国企业的净利润虽远超日本、英国、法国和德国，但与美国还有一定差距，从 2021 年约为美国企业净利润的 75%，拉大到 2022 年约为美国企业净利润的 43.92%，如图 7-8 所示。由此表明，美国企业之前受疫情影响更严重，现已进入后疫情恢复阶段。

2022 世界 500 强主要国家上榜企业在经营效益方面，中国企业与美国企业仍然存在一定的差距。收入净利润率和净资产收益率两个指标，中国企业在六个主要国家中最低，美国企业最高，如图 7-9 所示。与上年相比，美国企业的收入净利润率约为中国企业的 2.21 倍（上年约为 1.22 倍）；美国企业净资产收益率约为中国的 2.38 倍（上年约为 1.33 倍）。

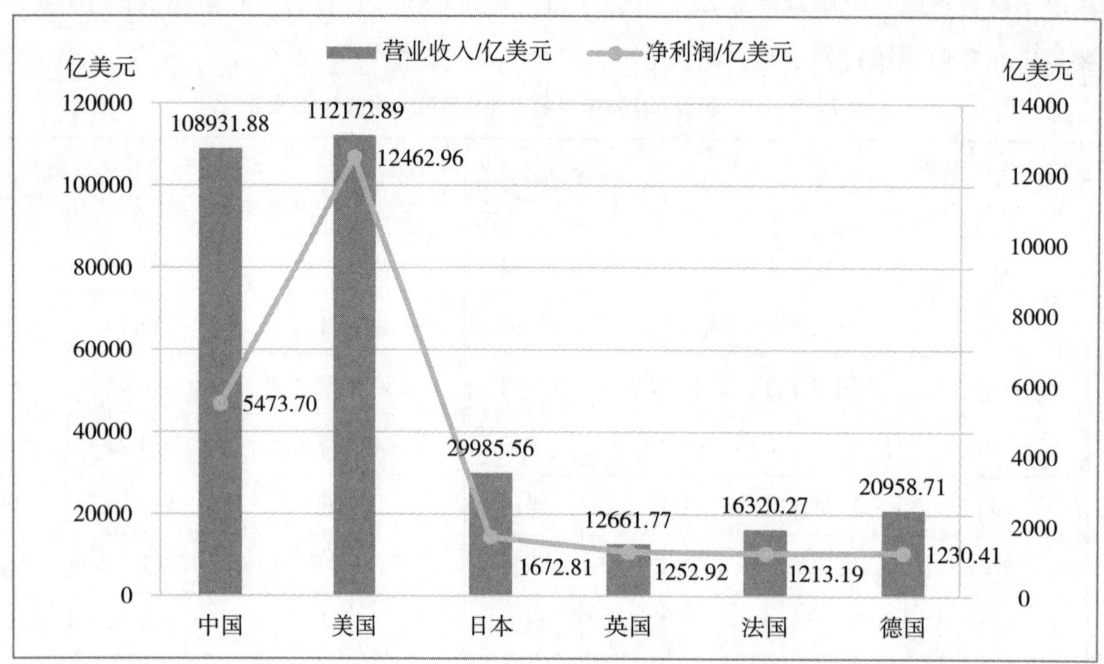

图 7-8　2022 世界 500 强主要国家上榜企业营业收入和净利润

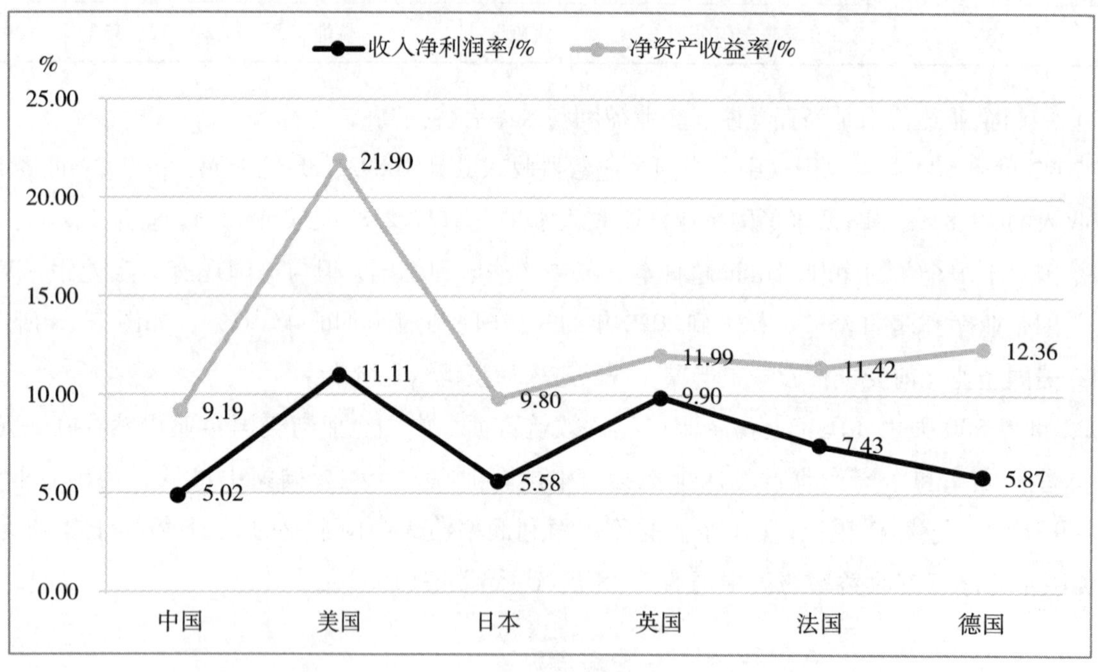

图 7-9　2022 世界 500 强主要国家上榜企业收入净利润率和净资产收益率

从企业经营人均水平来看，2022 世界 500 强中国企业人均营业收入为 50.28 万美元，低于英国、美国和日本，略高于德国和法国，如图 7-10 所示。美国企业人均营业收入是 59.93 万美元，约为中国企业的 1.19 倍（上年约为 1.28 倍）；中国企业人均净利润 2.53 万美元，在六个主要国家中仅略高于德国，美国企业人均净利润是 6.66 万美元，约为中国企业的 2.63 倍（上年约为 1.56 倍）。因为中国有效的疫情防控，2021 年世界 500 强中国企业财务指标与美国等主要国家的差距有所缩小，但随

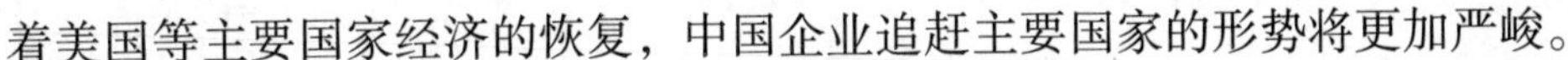
着美国等主要国家经济的恢复，中国企业追赶主要国家的形势将更加严峻。

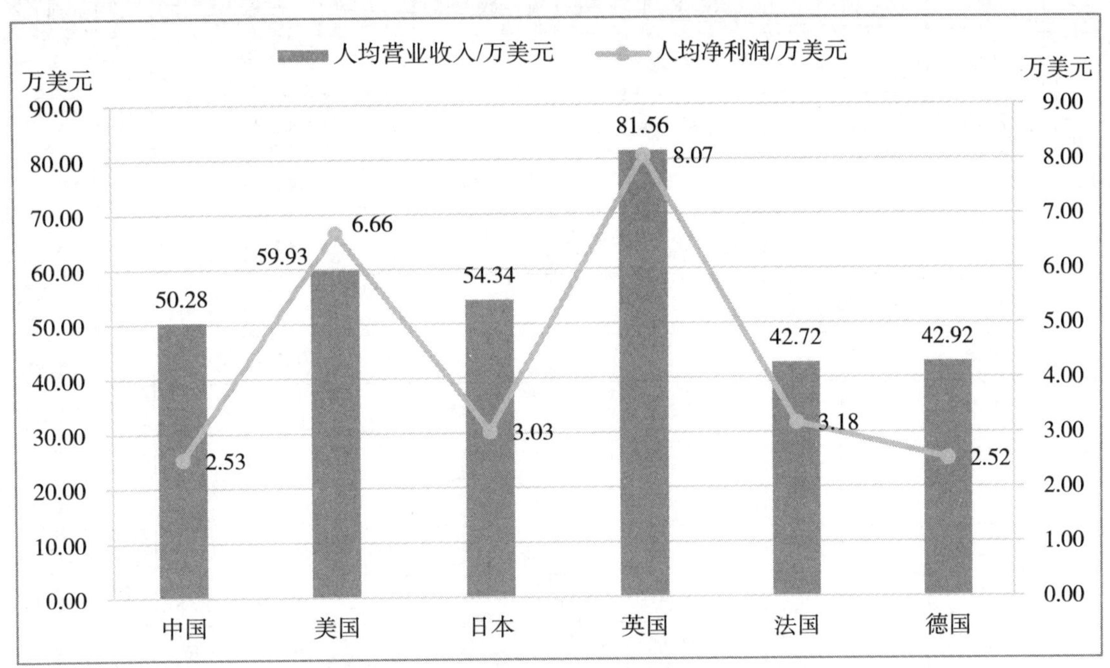

图 7-10 2022 世界 500 强主要国家上榜企业人均营业收入和人均净利润

（3）中国金融业处于前列，非金融业保持增长态势。

中国金融业处于前列，与美国尚存一定的差距。2022 世界 500 强金融业中，中国上榜企业有 21 家，少于美国的 26 家，多于日本、英国、法国和德国；中国金融企业收入利润率、净资产收益率仅低于美国，高于其他主要国家；人均净利润仅低于美国和英国，高于其他主要国家；人均营业收入则低于其他主要国家。近五年来，中国金融企业人均净利润持续上升，其他有关指标存在呈现波动变化，但是与美国之间的差距，除了上榜企业数量之外未见明显缩小，多数指标差距继续扩大，如表 7-3 所示。

表 7-3 2018—2022 世界 500 强主要国家上榜金融企业有关指标

国家/地区	年度	企业数量/家	收入净利润率/%	净资产收益率/%	人均营业收入/万美元	人均净利润/万美元
中国	2018	18	15.39	12.40	39.92	6.14
	2019	20	14.70	12.40	41.73	6.14
	2020	21	14.42	12.00	41.83	6.03
	2021	23	13.50	10.09	51.85	7.00
	2022	21	14.04	10.22	58.07	8.15

续表

国家/地区	年度	企业数量/家	收入净利润率/%	净资产收益率/%	人均营业收入/万美元	人均净利润/万美元
美国	2018	27	9.42	5.71	78.88	7.43
	2019	27	11.66	9.95	83.76	9.76
	2020	27	15.80	12.96	86.89	13.73
	2021	27	10.61	7.50	80.38	8.53
	2022	26	19.79	14.34	87.54	17.32
日本	2018	11	6.57	8.31	68.47	4.50
	2019	11	5.33	7.03	68.56	3.65
	2020	11	4.76	6.02	67.05	3.19
	2021	11	5.65	6.95	65.19	3.69
	2022	11	7.33	9.37	64.42	4.72
英国	2018	6	5.40	5.39	90.69	4.90
	2019	4	13.65	7.50	47.35	6.47
	2020	8	4.19	5.80	123.16	5.16
	2021	7	5.08	4.43	84.78	4.30
	2022	6	10.82	8.77	83.44	9.03
法国	2018	6	5.23	6.25	85.66	4.48
	2019	6	5.84	6.27	82.66	4.56
	2020	6	5.52	6.23	115.90	6.40
	2021	5	4.19	3.46	65.91	2.76
	2022	5	8.58	8.36	76.62	6.57
德国	2018	5	2.91	4.06	94.91	2.76
	2019	5	4.33	6.65	97.01	4.20
	2020	5	2.68	4.02	101.31	2.72
	2021	5	3.46	4.63	101.30	3.51
	2022	5	4.90	7.55	109.58	5.37

注：金融企业是指主营业务为财产与意外保险（股份）、财产与意外保险（互助）、多元化金融、人寿与健康保险（股份）、人寿与健康保险（互助）、银行：商业储蓄的企业，下同。

中国非金融业各项指标持续提高，但仍低于其他主要国家。2022 世界 500 强中国非金融企业有 112 家，超过美国等主要国家；除了人均营业收入高于德国和法国，其他各项指标均与其他国家有一定差距。近五年来，中国非金融企业各项指标都在上升，比 2018 年有明显的进步，其他主要国家各项指标大都呈现较大的波动，中国仍存在不容忽视的差距，如表 7－4 所示。

表 7-4 2018—2022 世界 500 强主要国家上榜非金融企业有关指标

国家	年度	企业数量/家	收入净利润率/%	净资产收益率/%	人均营业收入/万美元	人均净利润/万美元
中国	2018	89	2.49	6.27	32.70	0.81
	2019	96	2.76	7.80	37.09	1.02
	2020	100	2.91	7.89	38.74	1.13
	2021	109	3.24	7.74	39.24	1.27
	2022	112	3.06	8.35	48.85	1.49
美国	2018	99	6.93	17.82	49.59	3.44
	2019	94	6.88	18.93	51.92	3.57
	2020	94	7.02	20.18	52.43	3.68
	2021	95	5.59	15.17	49.21	2.75
	2022	98	9.47	27.64	56.56	5.36
日本	2018	41	5.99	12.11	48.44	2.90
	2019	41	5.15	11.02	52.30	2.69
	2020	42	2.36	4.93	50.86	1.20
	2021	42	5.08	10.56	48.45	2.81
	2022	36	5.16	9.95	52.38	2.70
英国	2018	15	10.84	20.79	40.72	4.41
	2019	13	6.34	12.91	44.08	2.79
	2020	13	4.77	8.16	43.53	6.68
	2021	15	4.25	6.78	38.28	1.67
	2022	12	9.57	14.08	80.91	7.74
法国	2018	22	4.83	9.51	30.75	1.49
	2019	25	4.46	9.48	32.48	1.45
	2020	25	4.02	8.86	31.56	1.81
	2021	21	1.81	3.41	30.01	0.54
	2022	20	7.01	13.73	36.64	2.57
德国	2018	27	5.37	12.72	34.83	1.87
	2019	24	4.35	11.28	34.89	1.52
	2020	22	3.96	9.62	33.22	1.32
	2021	22	2.14	4.70	32.25	0.69
	2022	23	6.07	13.84	38.08	2.31

注：非金融企业是指除去主营业务为财产与意外保险（股份）、财产与意外保险（互助）、多元化金融、人寿与健康保险（股份）、人寿与健康保险（互助）、银行：商业储蓄的企业，下同。

（4）中国与美国行业结构差异明显，优势产业及其发展迥异。

中国上榜企业制造业内分布相对集中。世界 500 强主要国家上榜企业的行业结构存在差异（见

表 7－5），美国上榜企业分布于 20 个行业，涉及行业数量最多；日本和德国均分布在 12 个行业中；法国 8 个行业。中国制造业上榜企业数量最多，几乎为日本的 3 倍，行业分布相对集中于金属产品（19 家），防务（8 家），机械设备（8 家），化学品制造（7 家），交通运输设备及零部件制造（7 家）等领域；美国上榜 45 家制造业企业相对集中的行业有食品饮料生产（8 家），计算机、通信设备及其他电子设备制造（8 家），化学品制造（7 家），药品和医疗设备制造（7 家）等领域。

中国上榜企业服务业分布相对集中，一半行业存在缺口。中国企业主要集中于金融业（21 家），批发贸易（9 家），公用事业服务（7 家）等领域，而在交通运输业，教育和医疗卫生服务，零售业，旅游、餐饮及文化娱乐，商务服务，综合服务业无上榜企业。美国 78 家服务业主要集中于金融业（26 家），电信及互联网信息服务（10 家），零售业（10 家），批发贸易（8 家），教育和医疗卫生服务（7 家）等领域。此外，中国采矿业和建筑业上榜企业数量突出。

总体上看，中国上榜企业与美国等主要国家行业分布差异显著，中国上榜企业相对集中于传统制造业和服务业领域，而在诸如计算机、通信设备及其他电子设备制造，药品和医疗设备制造，电信及互联网信息服务，教育和医疗卫生服务等现代制造业、服务业领域相对欠缺。与 5 年前比，美国上榜企业数量增加前三的行业是交通运输设备及零部件制造（50.00%）、计算机通信设备及其他电子设备制造（33.33%）和旅游餐饮及文化娱乐（33.33%）；减少前三的行业是公用事业服务（－33.33%）、综合服务业（－25.00%）和教育和医疗卫生服务（－22.22%）。与此截然不同，中国上榜企业数量增加前三的行业是邮政和物流（150.00%）、化学品制造（133.33%）和金属产品（111.11%）；减少前三的行业是零售业（－100.00%）、采矿业（－30.77%）和批发贸易（－10.00%）。中国与美国行业互补性显著，发展方向和趋势各有千秋。

表 7－5　2022 世界 500 强主要国家上榜企业行业分布

行业	中国	美国	日本	英国	法国	德国
制造业总计	59	45	21	7	9	11
防务	8	5	0	0	1	0
化学品制造	7	7	3	3	1	1
机械设备	8	4	6	0	1	1
计算机、通信设备及其他电子设备制造	2	8	1	0	0	0
建材生产	2	0	0	0	1	0
交通运输设备及零部件制造	7	3	8	0	1	6
金属产品	19	1	2	0	0	2
食品饮料生产	1	8	0	1	1	0
消费品生产	2	2	0	1	2	0
药品和医疗设备制造	3	7	1	2	1	1
服务业总计	53	78	25	9	14	17
电信及互联网信息服务	6	10	4	1	1	2

续表

行业	中国	美国	日本	英国	法国	德国
房地产	5	0	0	0	0	0
公用事业服务	7	2	1	0	3	4
交通运输业	0	5	0	0	1	1
教育和医疗卫生服务	0	7	0	0	0	1
金融业	21	26	11	6	5	5
零售业	0	10	2	2	3	0
旅游、餐饮及文化娱乐	0	4	0	0	0	0
批发贸易	9	8	7	0	0	3
商务服务	0	0	0	0	0	0
邮政和物流	5	3	0	0	1	1
综合服务业	0	3	0	0	0	0
其他行业总计	21	1	1	2	2	0
采矿业	9	1	0	2	0	0
建筑业	12	0	1	0	2	0

中美企业规模优势行业差异突出，中国企业规模优势行业占先。从各行业营业收入来看，中国企业在防务、化学品制造、机械设备、交通运输设备及零部件制造、金属产品、消费品生产、公用事业服务、金融业、邮政和物流、采矿业 10 个行业的营业收入超过美国；此外，中国在建材生产，房地产，建筑业全面领先，美国没有企业上榜。美国在计算机、通信设备及其他电子设备制造、食品饮料生产、药品和医疗设备制造 3 个制造行业，电信及互联网信息服、批发贸易 2 个服务行业的营业收入超过中国。而美国在交通运输业、教育和医疗卫生服务、零售业、旅游、餐饮及文化娱乐、综合服务业占据主导，中国没有企业上榜。中国企业在 13 个行业营业收入超过美国，美国有 10 个行业营业收入领先中国，如图 7 - 11 所示。

中美呈现各自规模优势行业不断强化的趋势。近五年，中国上榜企业营业收入增加前三行业是金属产品（176.09%）、邮政和物流（163.06%）和建材生产（132.92%），同期上榜企业数量分别增加 111.11%，150.00% 和 100.00%；营业收入减少的行业只有零售业，由于上榜企业落榜，营业收入减少 100.00%。近五年，美国上榜企业营业收入增加前三行业是电信及互联网信息服务（64.04%）、药品和医疗设备制造（60.02%）和计算机、通信设备及其他电子设备制造（53.57%），同期电信及互联网信息服务上榜企业数量减少 9.09%，药品和医疗设备制造、计算机、通信设备及其他电子设备制造企业数量分别增加 16.67%、33.33%。减少前三的行业是公用事业服务（-30.70%）、机械设备（-14.46%）和防务（-6.48%），同期公用事业服务和防务企业数量分别减少 33.33% 和 16.67%，机械设备企业数量没有变化。

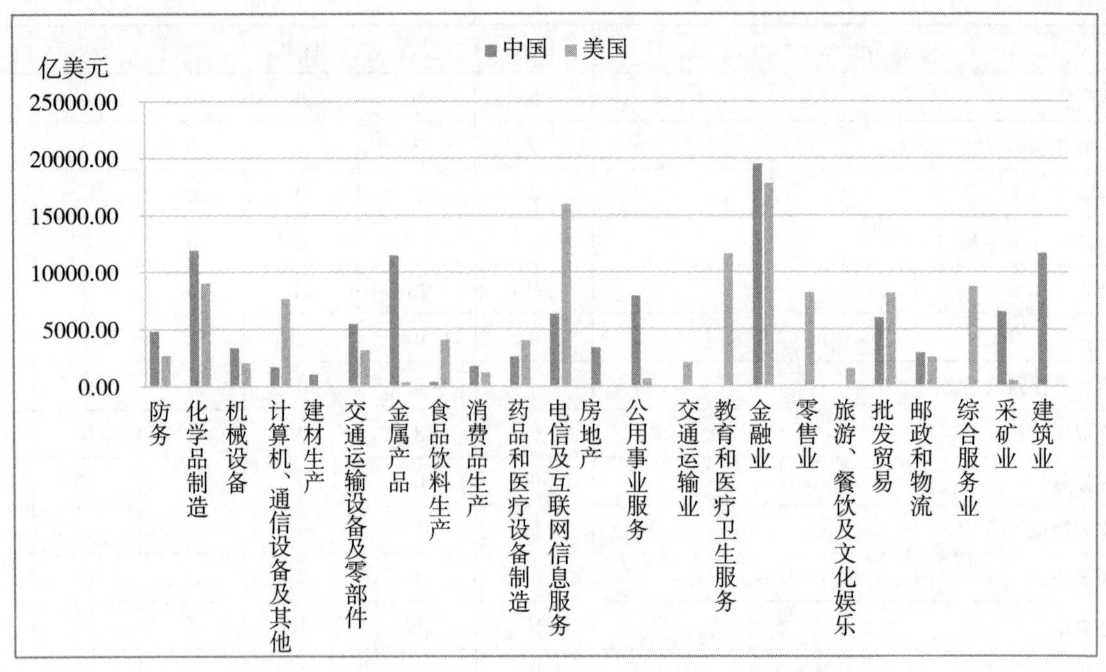

图 7－11　2022 世界 500 强中美上榜企业各行业营业收入

中美企业各行业盈利能力差距明显，美国盈利更高的行业居多。从各行业的净利润来看，中国企业在防务、机械设备、建材生产、金属产品、房地产、公用事业服务、邮政和物流、采矿业、建筑业 9 个行业高于美国（包括美国未有上榜企业行业），其他 14 个行业低于美国（见图 7－12），并且许多领域与美国企业存在明显的差距，如计算机、通信设备及其他电子设备制造的净利润仅为美国的 12.71%，药品和医疗设备制造的净利润仅为美国的 19.36%。

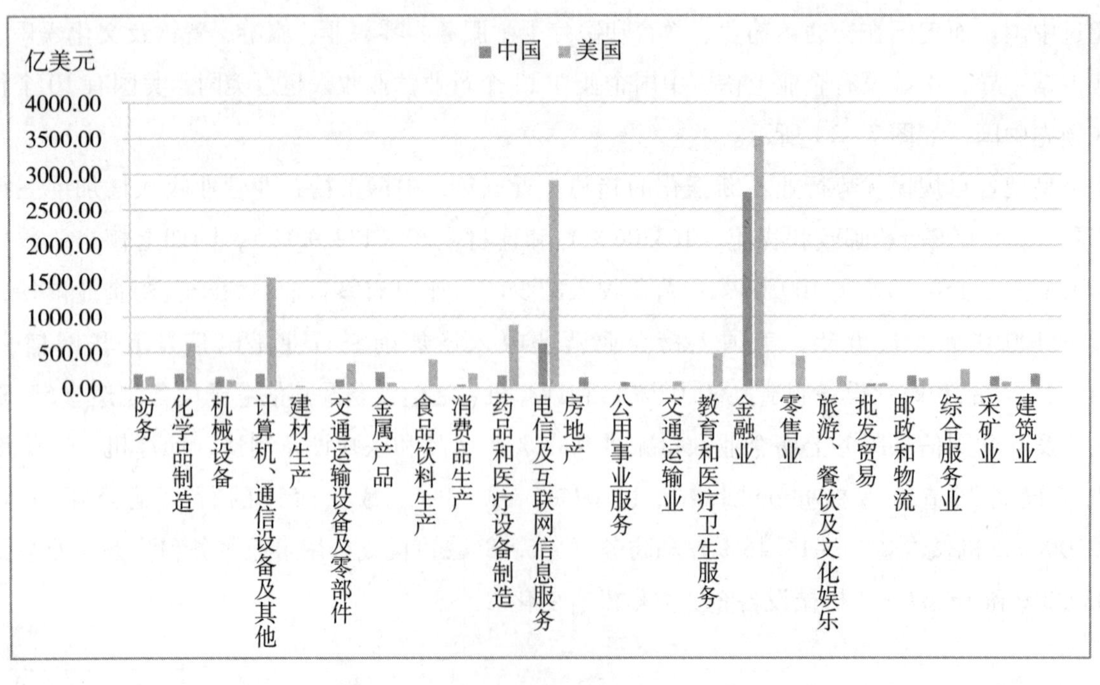

图 7－12　2022 世界 500 强中美上榜企业各行业净利润

中美各行业盈利能力变化趋势不一。近五年，中国上榜企业净利润增加前三的行业是化学品制造（18453.46%）、建材生产（16516.45%）和金属产品（821.47%），同期三个行业上榜企业数量分别增加 133.33%，100.00% 和 111.11%。净利润减少前三的行业是零售业（-100.00%）、公用事业服务（-39.53%）和交通运输设备及零部件制造（-14.57%），同期零售业企业数量减少 100.00%，公用事业服务和交通运输设备及零部件制造企业数量分别增加 16.67%、16.67%。近五年，美国上榜企业净利润增加前三的行业是交通运输设备及零部件制造（795.53%）、邮政和物流（155.39%）、药品和医疗设备制造（148.32%），交通运输设备及零部件制造、药品和医疗设备制造的企业数量分别增加 50.00% 和 16.67%，邮政和物流企业数量没有变化。净利润减少前三的行业是采矿业（-1044.91%）、机械设备（-1042.11%）、防务（-25.17%），采矿业和机械设备的企业数量没有变化，防务企业数量减少 16.67%。

中国某些规模优势行业的经营效益仍然有待提高。从收入净利润率来看，中国仅在建材生产、房地产、批发贸易、邮政和物流、建筑业 5 个行业高于美国（包括美国未有上榜企业行业），其他 18 个行业低于美国（见图 7-13），诸如食品饮料生产的收入净利润率仅为美国的 8.93%，金属产品的收入净利润率仅为美国的 10.17%。从近五年各行业收入净利润率变化看，中国上榜企业收入净利润率增加前三的行业是化学品制造（10960.53%）、建材生产（7034.10%）和金属产品（233.76%）；收入净利润率减少前三的行业是公用事业服务（-58.38%）、房地产（-41.68%）和交通运输设备及零部件制造（-29.26%）。美国上榜企业收入净利润率增加前三的行业是交通运输设备及零部件制造（786.83%）、金融业（110.13%）、邮政和物流（93.63%）；收入净利润率减少前三的行业是机械设备（-1201.42%），采矿业（-736.81%），旅游、餐饮及文化娱乐（-31.92%）。由此可见，近五年中美各行业收入净利润率变化难以预判各行业盈利能力对比的变化趋势。

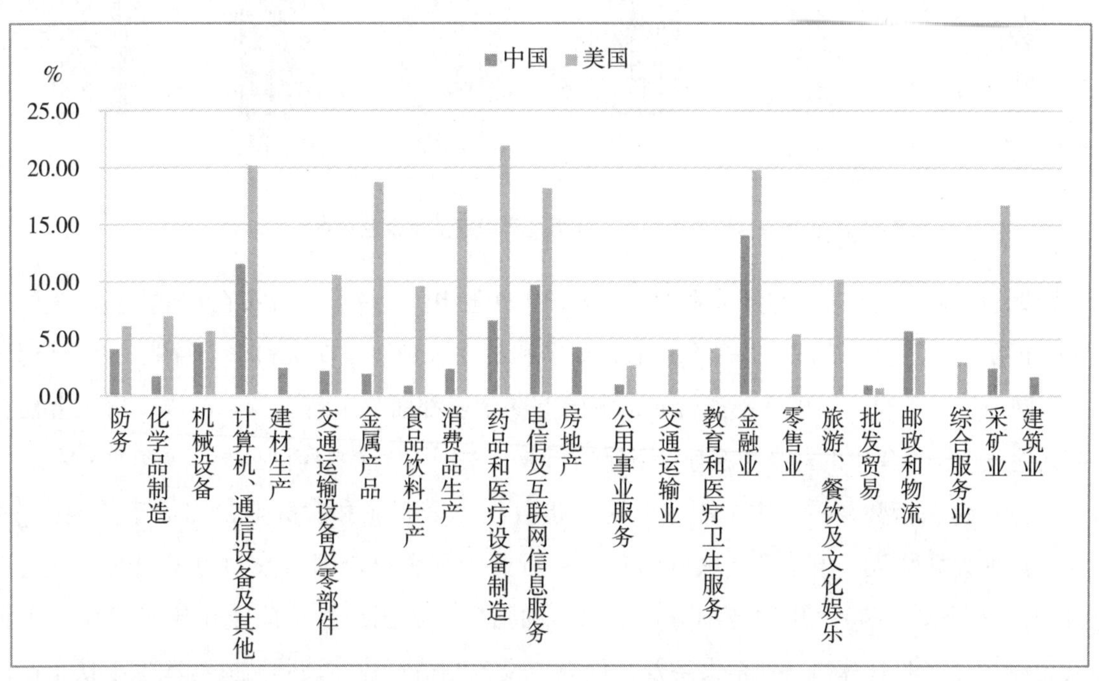

图 7-13 2022 世界 500 强中美上榜企业各行业收入净利润率

（5）中国企业国际化程度需提高，服务业比制造业更为紧迫。

中国企业走出国门、进入国际市场，国际化水平不断提升。联合国贸发会议发布的《2022 世界投资报告》显示，中国 10 家企业上榜世界非金融跨国公司 100 强。从数量上看，中国上榜企业数量超过日本，少于其他主要国家，仅为美国的二分之一。2018 年中国仅有 4 家企业上榜，上榜企业数量有了很大上升。

从衡量国际化程度的跨国指数看，中国企业跨国化指数明显低于其他主要国家，2022 年美国企业的跨国指数（38.56%）约为中国企业的 2 倍，日本、法国和德国约为中国的 3 倍，英国约为中国的 4 倍。从跨国指数具体指标来看，与国际化程度最高的英国相比，英国企业的海外资产占比（84.50%）约为中国企业的 2.85 倍；海外营业收入占比（85.53%）约为中国企业的 3.41 倍；企业海外员工占比（74.25%）约为中国企业的 7.58 倍。海外员工占比是中国企业国际化程度的最大瓶颈（见图 7 - 14）。2018 年中国上榜企业跨国指数为 44.80%，2021 中国上榜企业跨国指数为 23.43%，随着上榜企业数量增加，中国上榜企业跨国指数有所降低。

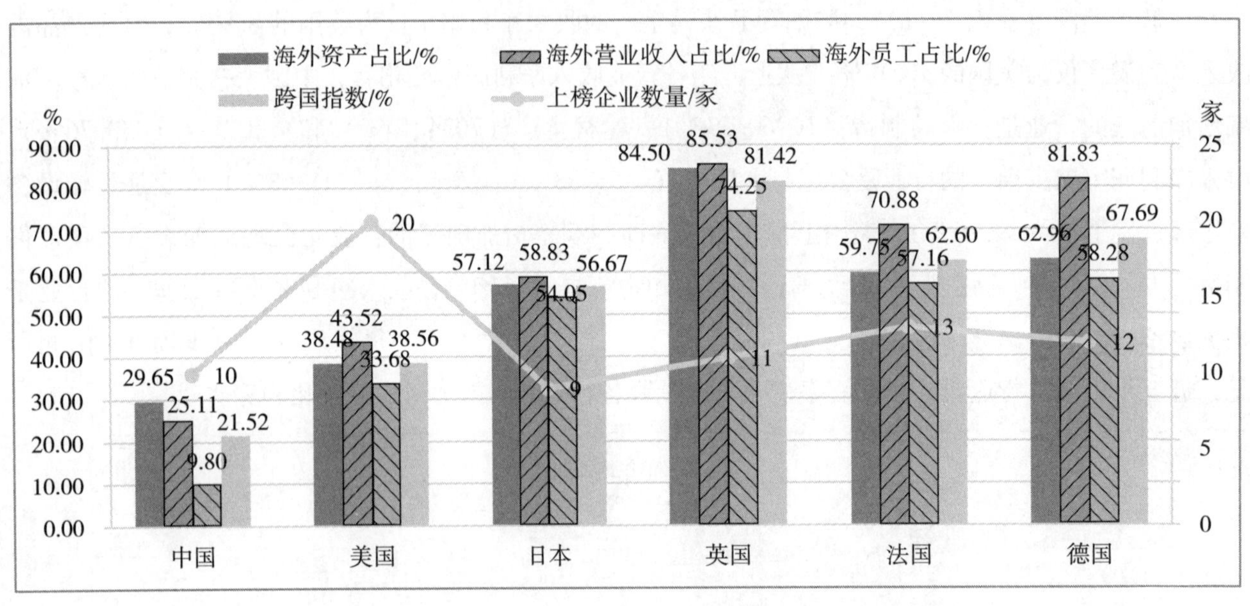

图 7 - 14　世界非金融跨国公司 100 强主要国家上榜企业数量和国际化水平

国家聚集的行业存在空缺。世界非金融跨国公司 100 强中国上榜企业分布在 6 个行业，美国和法国上榜企业分布在 9 个行业，德国涉及 8 个行业，英国和日本分别涉及 6 个和 5 个行业。在化学品制造、电信及互联网信息服务和公用事业服务行业，中国上榜企业都面临来自至少三个以上国家上榜企业竞争；而在其他五个国家集中的药品和医疗设备制造行业，中国尚无上榜跨国公司（见表 7 - 6）。

从各个行业跨国指数来看，中国制造业跨国指数高于采矿业和服务业，均低于其他五个国家，服务业比制造业差距更大，电信及互联网信息服务行业中国企业跨国指数约为美国的二分之一，英国的三分之一（见表 7 - 7）。中国各细分行业的跨国指数与美国等发达国家相比普遍存在明显的差距，令人关注的亮点是计算机、通信设备及其他电子设备制造行业，该领域共有 5 家上榜企业，分别是美国苹果（Apple Inc）、英特尔（Intel Corporation）、美光科技（Micron Technology）、中国华为和

联想，该领域中国企业跨国指数（48.08%）高于美国，意味着中国在个别领域国际化程度有所突破。

表 7-6 世界非金融跨国公司 100 强主要国家各行业企业数量

单位：家

行业	中国	美国	日本	英国	法国	德国
制造业总计	4	13	4	6	6	7
防务	0	0	0	0	1	0
化学品制造	2	2	0	2	2	1
机械设备	0	1	0	0	0	1
计算机、通信设备及其他电子设备制造	2	3	0	0	0	0
交通运输设备及零部件制造	0	2	3	0	0	4
食品饮料生产	0	2	0	2	1	0
消费品生产	0	1	0	0	1	0
药品和医疗设备制造	0	2	1	2	1	1
服务业总计	3	7	5	2	6	5
电信及互联网信息服务	1	6	1	1	1	2
房地产	0	0	0	0	1	0
公用事业服务	1	0	0	1	4	1
交通运输业	1	0	1	0	0	1
教育和医疗卫生服务	0	0	0	0	0	1
零售业	0	1	0	0	0	0
批发贸易	0	0	3	0	0	0
其他行业总计	3	0	0	3	1	0
采矿业	3	0	0	3	0	0
建筑业	0	0	0	0	1	0

表 7-7 世界非金融跨国公司 100 强主要国家各行业跨国指数

单位:%

行业	中国	美国	日本	英国	法国	德国
制造业总计	29.37	52.33	68.66	75.81	74.85	64.77
防务	0.00	0.00	0.00	0.00	57.02	0.00
化学品制造	19.62	55.81	0.00	60.95	76.13	69.82
机械设备	0.00	52.03	0.00	0.00	0.00	75.94
计算机、通信设备及其他电子设备制造	48.08	46.34	0.00	0.00	0.00	0.00
交通运输设备及零部件制造	0.00	31.85	66.79	0.00	0.00	61.37

续表

行业	中国	美国	日本	英国	法国	德国
食品饮料生产	0.00	76.60	0.00	85.46	92.37	0.00
消费品生产	0.00	61.06	0.00	0.00	78.25	0.00
药品和医疗设备制造	0.00	59.89	88.44	84.26	67.78	76.73
服务业总计	11.00	29.62	45.09	79.20	51.63	72.90
电信及互联网信息服务	15.44	33.00	34.12	89.21	48.22	76.04
房地产	0.00	0.00	0.00	0.00	76.55	0.00
公用事业服务	3.99	0.00	0.00	60.01	51.55	56.42
交通运输业	46.04	0.00	58.44	0.00	0.00	68.48
教育和医疗卫生服务	0.00	0.00	0.00	0.00	0.00	70.83
零售业	0.00	21.42	0.00	0.00	0.00	0.00
批发贸易	0.00	0.00	43.29	0.00	0.00	0.00
其他行业总计	26.41	0.00	0.00	91.21	50.23	0.00
采矿业	26.41	0.00	0.00	91.21	0.00	0.00
建筑业	0.00	0.00	0.00	0.00	50.23	0.00

二、2022 世界、美国、中国 500 强总体发展态势比较

1. 2022 美国 500 强最新格局

（1）营业收入大幅增长，服务行业率先复苏。

2022 美国 500 强营业收入增长至 160896.10 亿美元，较上年增长了 16.90%，是自 1975 年以来最大的增幅，上榜公司总营业收入相当于美国当年 GDP 的 70%，接近中国 2021 年的 GDP。摆脱新冠肺炎疫情影响后美国大企业逐渐恢复生产（见图 7－15）。从上榜企业来看，沃尔玛连续第十年蝉联榜首，营业收入进一步跃升至 5727 亿美元，近十年该公司共计创造了 5.1 万亿美元的营业收入。亚马逊和苹果公司分别保持在第二位和第三位。榜单前 10 名的公司总营业收入达 3.3 万亿美元。榜单前十名公司与去年的前十名一致，排名略有变化，其中扭亏为盈的埃克森美孚从第 10 位上升至第 6 位。排名上升幅度令人瞩目的公司有：跃升幅度最大的公司黑石集团营业收入暴涨 270%，从第 454 位跃升至第 159 位；特斯拉营业收入上涨 71%，从第 100 位上升至第 65 位，并且该公司 2011—2021 年阶段投资者平均年回报率位列上榜企业榜首。

从行业分布来看，榜单前三位的企业分别来自综合服务业，电信及互联网信息服务业，计算机、通信设备及其他电子设备制造业，反映疫情并未影响互联网软、硬件的发展。从各行业统计来看，营业收入前三位的行业是金融业、电信及互联网信息服务业、教育和医疗卫生服务业，美国服务业

疫情后恢复速度更快。其中，金融业作为传统盈利行业仍然占据重要地位，电信及互联网信息服务业，教育和医疗卫生服务业的高营业收入说明，互联网行业和医疗行业得到迅速发展。

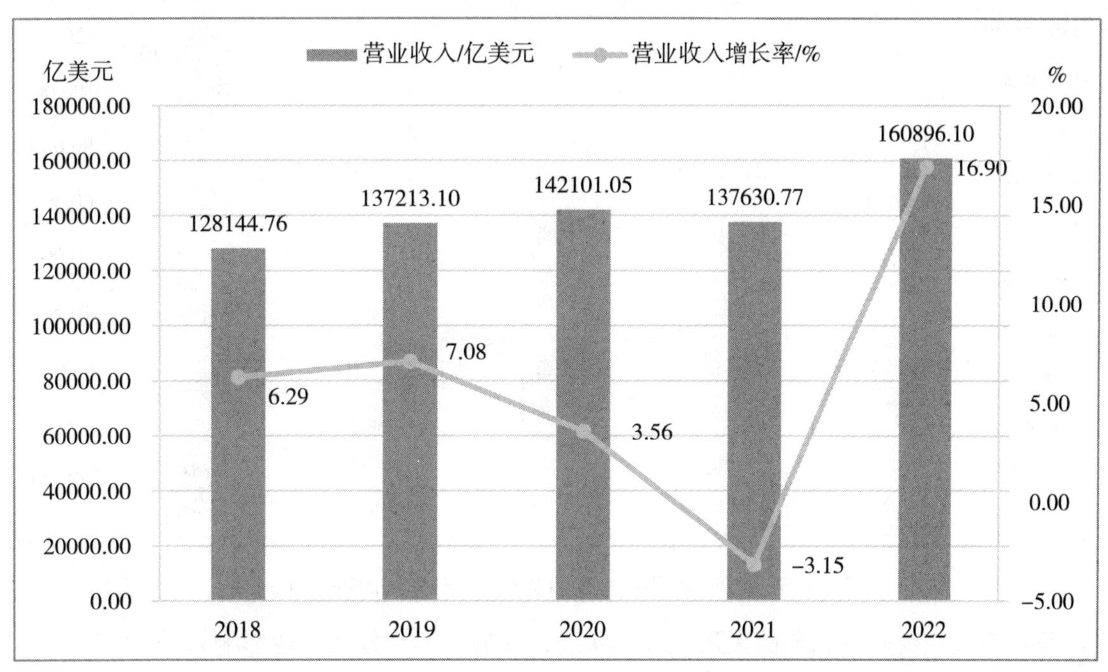

图 7－15　美国 500 强的营业收入总额及增长率（2018—2022）

（2）净利润倍增，互联网和医药相关行业当先。

2022 美国 500 强实现净利润 18354.95 亿美元，较上年美国企业 500 强净利润总额增加了 113.78%（见图 7－16），创下自 2010 年以来最大增幅，美国大企业初步摆脱新冠肺炎疫情的影响。从上榜企业来看，苹果公司盈利 946.8 亿美元，较上年大涨约 65%，蝉联利润榜榜首；而伯克希尔－哈撒韦盈利翻倍，重回第二。金融业和电信及互联网信息服务业仍是最赚钱的行业，在净利润最高的前十家企业中，有 8 家企业来自这两个行业。此外，全球石油天然气巨头埃克森美孚扭亏为盈，重回利润榜前十。除了金融业和电信及互联网信息服务业，2022 美国 500 强净利润前十的行业还有计算机、通信设备及其他电子设备制造，药品和医疗设备制造，化学品制造，零售业，食品饮料生产，教育和医疗卫生服务，消费品生产，商务服务。互联网和医药行业不仅在经营规模发展领先，盈利能力也尤为突出，疫情一定程度上推进了两个行业的发展。

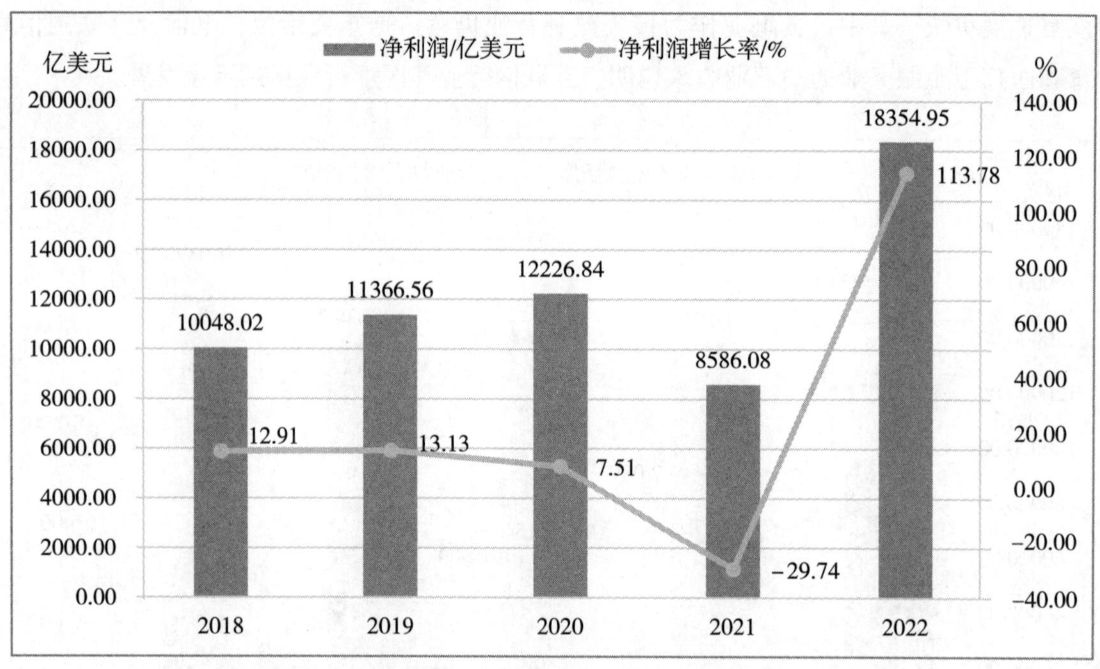

图 7-16 美国 500 强的净利润总额及增长率（2018—2022）

（3）摆脱新冠肺炎疫情影响的大面积亏损状况，交通运输和娱乐行业影响未消。

2022 美国 500 强企业中，有 37 家企业亏损，约为上年的 1/3，37 家企业亏损额为 351.65 亿美元，亏损企业数量及其亏损额均是近 5 年的最低值（见图 7-17），美国 500 强企业已摆脱疫情冲击产生的大面积亏损状况。其中，通用电气成为上榜企业最大亏损公司，亏损额超过 65 亿美元；麦克森公司位列亏损榜第二位，亏损额超过 45 亿美元。亏损额排在前 10 位的企业中有 3 家来自交通运输业，1 家来自旅游、餐饮及文化娱乐业，受新冠肺炎疫情影响较大的交通运输和休闲娱乐行业恢复相对滞后。

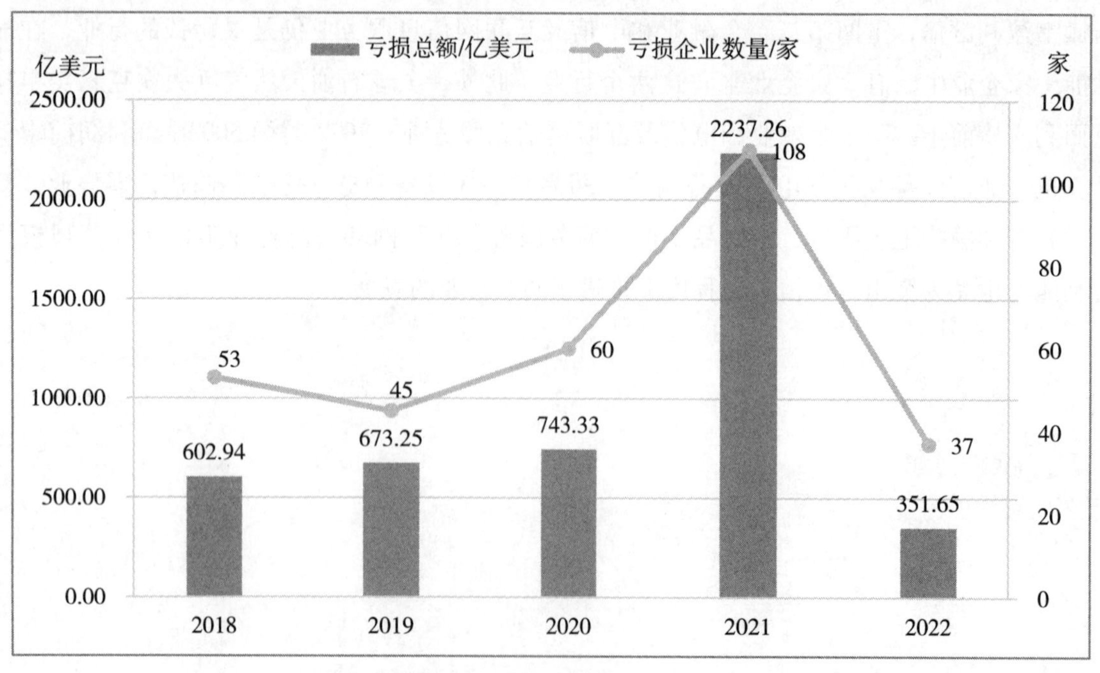

图 7-17 美国 500 强的亏损企业数量及亏损总额（2018—2022）

（4）盈利水平创近 5 年新高，药品和医疗设备制造业独占榜首。

2022 美国 500 强的收入净利润率和资产净利润率分别是 11. 41% 和 3. 34%，相比于上一年，分别上升了 5. 17 个百分点和 1. 66 个百分点。从近 5 年情况来看，2022 美国 500 强的盈利水平大幅提升，达到近 5 年的高峰值，如图 7 – 18 所示。

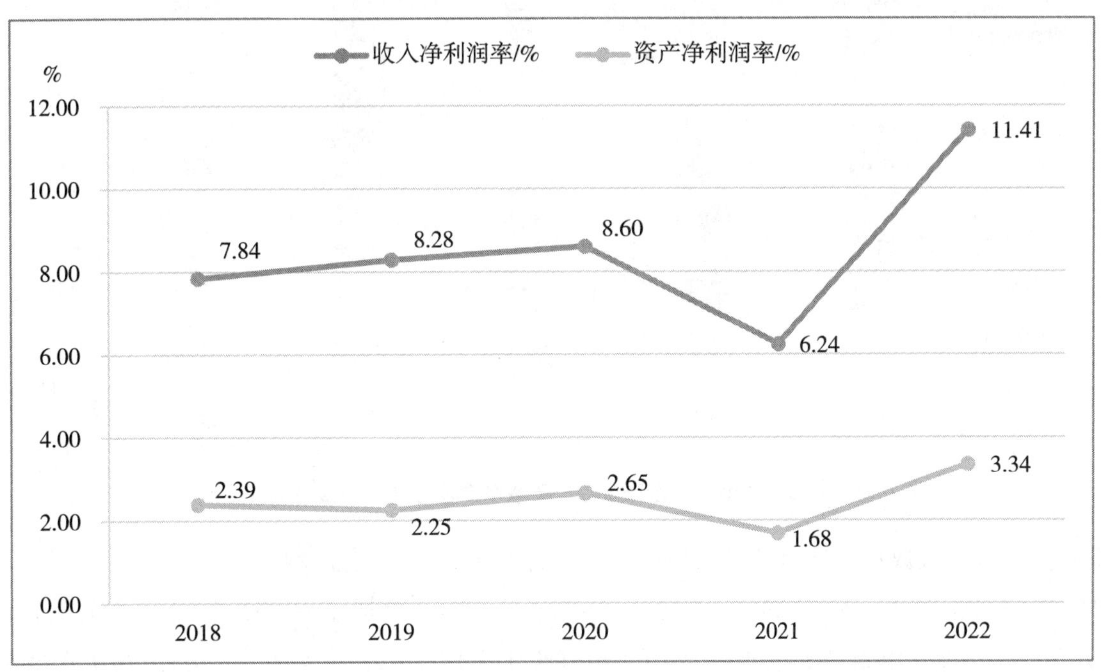

图 7 – 18　美国 500 强的收入净利润率和资产净利润率（2018—2022）

2022 美国 500 强企业行业统计显示：首先药品和医疗设备制造业（21. 75%）的收入净利润率最高，新冠肺炎疫情推进了医药行业发展；其次，计算机、通信设备及其他电子设备制造业（20. 06%），金融业（19. 36%）分别位于第二、第三位。资产净利润率以金属产品（17. 18%），计算机、通信设备及其他电子设备制造业（14. 98%），建材生产（13. 58%）等传统行业较为领先，药品和医疗设备制造业以 9. 85% 的资产净利润率排在第五位，仍表现出强劲的盈利能力。

2022 美国 500 强上榜企业共拥有归属母公司的所有者权益（净资产）91793. 69 亿美元，较上年增长了 9. 60%，突破了 9 万亿美元，继续保持了增长态势。2022 美国 500 强的净资产收益率为 20. 00 %，约为上一年的 2 倍，创近 5 年的新高，甚至远超新冠肺炎疫情之前的水平（见图 7 – 19）。从各行业净资产收益率来看，零售业（53. 98%），计算机、通信设备及其他电子设备制造业（43. 80%），邮政和物流业（41. 57%）领先其他行业，药品和医疗设备制造业的净资产收益率位列第七（26. 71%）。

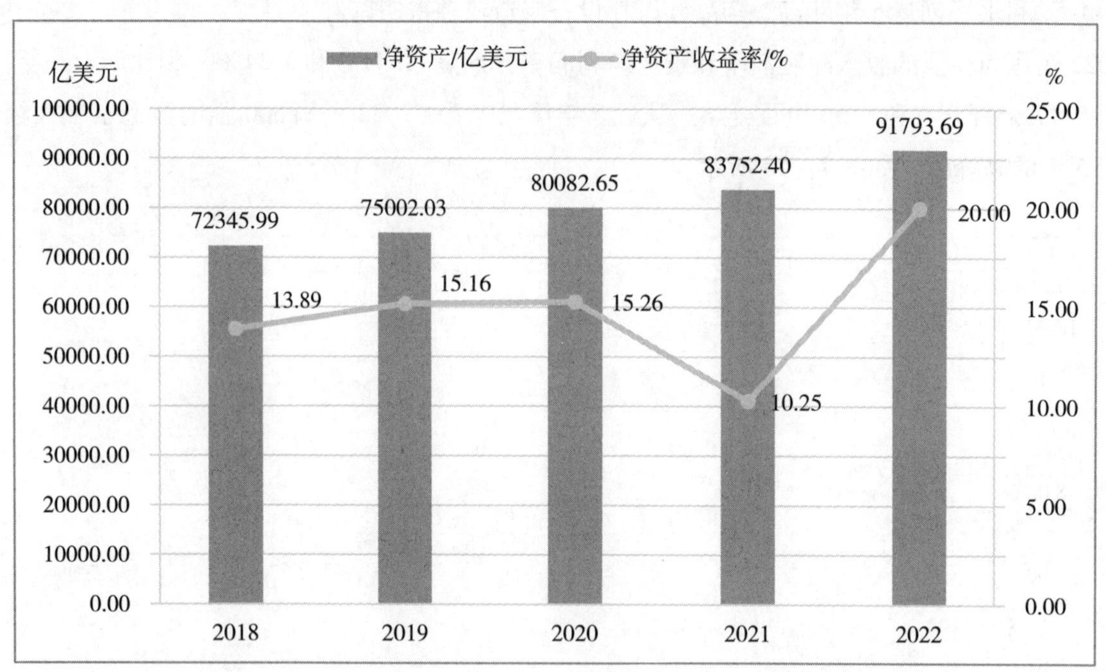

图 7－19　美国 500 强的净资产和净资产收益率（2018—2022）

（5）企业员工人数超过新冠肺炎疫情前水平，行业结构出现明显变化。

2022 美国 500 强共有员工 2969.03 万人，相比上一年，增加了 67.02 万人；人均营业收入为 54.19 万美元，员工人数和人均营业收入均达到近 5 年来最高水平（见图 7－20）。员工人数超过 20 万的上榜企业有 29 家，其中沃尔玛员工人数达 230 万人，仍是员工人数最多的企业；有 73 家上榜企业的员工总数少于 8000 人。员工人数前十位的行业均来自服务业，电信及互联网信息服务、零售业和综合服务业位居前三。

美国 500 强受新冠肺炎疫情影响行业结构发生变化。与上年相比，上榜企业员工人数增加前三的行业是建材生产（18000 人，40.00 %）、金属产品（31147 人，28.32 %）和采矿业（7360 人，10.99 %），同时三个行业上榜企业数量分别增长 50.00%、14.29% 和 71.43%；上榜企业员工人数减少前三的行业是批发贸易（－260569 人，－30.80%）、公用事业服务（－47702 人，－8.33%）和消费品生产（－65018 人，－6.71%），同时三个行业上榜企业数量分别减少了 11.11%、9.09% 和 11.11%。与上年相比，上榜企业人均营业收入增加前三的行业是采矿业（103.86%）、建材生产（69.39%）和化学品制造（64.89%），同时三个行业上榜企业数量分别增加 71.43%、50.00% 和 4.55%；上榜企业人均营业收入减少前三的行业是房地产（2.41%）、综合服务业（3.64%）和机械设备（5.10%），同时房地产和机械设备企业数量分别减少 16.67% 和 10.53%，综合服务业企业数量增长 14.29%。采矿业（2.60 万美元）、化学品制造（1.89 万美元）和批发贸易（1.70 万美元）人均营业收入领先，教育和医疗卫生服务业、药品和医疗设备制造业分别以 0.76 万美元和 0.66 万美元位居第八、第十位。

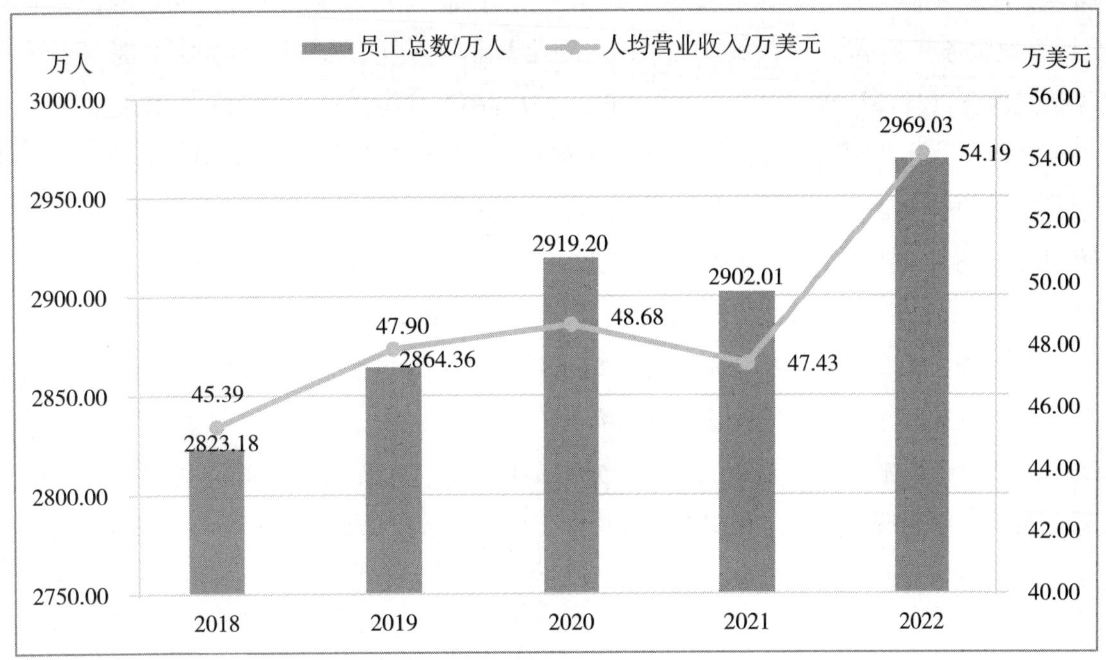

图 7－20 美国 500 强的员工总数及人均营业收入（2018—2022）

（6）服务业优势领先于制造业，医药和互联网相关领域成长性突出。

2022 美国 500 企业广泛分布在 24 个行业，行业门类丰富齐全，服务业占据主体。其中，制造业企业 167 家，营业收入和净利润分别为 50572.45 亿美元和 6448.70 亿美元；服务业企业 307 家，营业收入和净利润分别约为制造业的两倍；其他行业共计 26 家，分布在采矿业和建筑业，如表 7－8 所示。

2022 美国 500 强制造业企业主要集中在计算机、通信设备及其他电子设备制造（27 家），消费品生产（24 家），食品饮料生产（24 家），化学品制造（23 家），药品和医疗设备制造（21 家）领域。其中，化学品制造（11146.04 亿美元）和计算机、通信设备及其他电子设备制造（10433.93 亿美元）的营业收入领先。计算机、通信设备及其他电子设备制造的净利润十分突出（2093.29 亿美元），约占制造业的 1/3。药品和医疗设备制造，计算机、通信设备及其他电子设备制造的盈利能力领先，收入净利润率均超过 20%，计算机、通信设备及其他电子设备制造的净资产收益率高达 43.80%。美国 500 强制造业领域以计算机和医药制造行业为领军行业。

医药和数字技术相关领域成长性突出。从近 5 年变化情况看，计算机、通信设备及其他电子设备制造，消费品生产，食品饮料生产，化学品制造，药品和医疗设备制造 5 个行业营业收入和净利润都有所增长，药品和医疗设备制造，计算机、通信设备及其他电子设备制造的营业收入增长率为 50% 左右，净利润增长率分别达到 163.61% 和 129.40%。同期，两个行业上榜企业数量分别增加了 3 家和 5 家，消费品生产上榜企业数量减少了 3 家，化学品制造和食品饮料生产上榜企业数量未变。从收入净利润率和净资产收益率看，药品和医疗设备制造，计算机、通信设备及其他电子设备制造两个行业上升幅度领先，收入净利润率分别上升了 74.78% 和 53.15%，净资产收益率分别上升了 91.50% 和 109.93，食品饮料生产有所下降。

2022 美国 500 强服务业主要为金融业（89 家）、零售业（42 家）、电信及互联网信息服务（35 家）、公用事业服务（30 家）等领域。其中，金融业营业收入（25719.74 亿美元）遥遥领先，电信及互联网信息服务（19133.59 亿美元）紧随其后，教育和医疗卫生服务（12848.91 亿美元）表现突出。金融业、电信及互联网信息服务、零售业的净利润位于服务业前三，金融业、商务服务、电信及互联网信息服务的收入净利润率位于服务业前列，净资产收益率以零售业、邮政和物流为代表。与 2021 年相比，金融业和电信及互联网信息服务上榜企业数量分别增加了 6 家和 8 家，营业收入分别增长了 17.34% 和 69.57%，净利润分别增长了 122.39% 和 91.35%，收入净利润率分别上升了 89.43% 和 12.83%，净资产收益率分别上升了 76.01% 和 23.36%。总体来看，金融业长期占据绝对优势地位，电信及互联网信息服务成长性更为突出。

2022 美国 500 强采矿业和建筑业上榜企业分别为 12 家和 14 家，除了净资产收益率外，采矿业上榜企业营业收入、净利润、收入净利润率指标均好于建筑业。根据近 5 年两个行业各项指标变化情况来看，采矿业效益增长亦优于建筑业。

表 7-8　2022 美国 500 强行业结构

行业	企业数量/家	营业收入/亿美元	净利润/亿美元	收入净利润率/%	净资产收益率/%
制造业总计	167	50572.45	6448.70	12.75	25.87
防务	8	3075.74	193.75	6.30	15.09
化学品制造	23	11146.04	863.89	7.75	16.34
机械设备	17	3874.38	312.93	8.08	18.65
计算机、通信设备及其他电子设备制造	27	10433.93	2093.29	20.06	43.80
建材生产	3	370.28	32.56	8.79	29.39
交通运输设备及零部件制造	12	4480.49	388.23	8.66	22.15
金属产品	8	1360.91	190.62	14.01	38.57
食品饮料生产	24	5684.83	579.73	10.20	20.28
消费品生产	24	3829.70	419.69	10.96	27.35
药品和医疗设备制造	21	6316.17	1374.02	21.75	26.71
服务业总计	307	106522.74	11445.87	10.75	17.81
电信及互联网信息服务	35	19133.59	3229.76	16.88	26.19
房地产	5	710.88	62.09	8.73	18.89
公用事业服务	30	4569.23	361.93	7.92	7.78
交通运输业	17	3899.59	237.19	6.08	14.19
教育和医疗卫生服务	15	12848.91	570.11	4.44	18.76
金融业	89	25719.74	4979.66	19.36	14.38
零售业	42	12149.74	672.84	5.54	53.98
旅游、餐饮及文化娱乐	17	2994.67	351.63	11.74	17.95

续表

行业	企业数量/家	营业收入/亿美元	净利润/亿美元	收入净利润率/%	净资产收益率/%
批发贸易	24	9935.62	66.54	0.67	11.62
商务服务	16	2285.95	394.20	17.24	19.26
邮政和物流	9	2699.89	225.31	8.35	41.57
综合服务业	8	9574.94	294.61	3.08	23.64
其他行业总计	26	3800.91	460.38	12.11	17.68
采矿业	12	1933.12	305.73	15.82	16.94
建筑业	14	1867.79	154.65	8.28	19.33

2. 世界、美国和中国 500 强对比

（1）中国 500 强经营规模保持增长。

世界各国企业在新冠肺炎疫情后恢复迅速，2022 世界 500 强、2022 美国 500 强和 2022 中国 500 强上榜企业的营业收入都呈现大幅增长。2022 世界 500 强企业营业收入增长率最高为 19.19%，2022 中国 500 强企业营业收入增长率为 14.08% 与 2022 世界 500 强企业相比还有一定差距。从 2018—2022 年各榜单的营业收入增长率变化趋势来看，2020 年之前世界 500 强、美国 500 强和中国 500 强的营业收入增长水平相对稳定，中国 500 强增速快一些，特别是 2021 年明显高于世界 500 强和美国 500 强，中国企业受到疫情影响较小。2022 年世界各国企业恢复迅速，世界 500 强的增长程度最大，如图 7－21 所示。

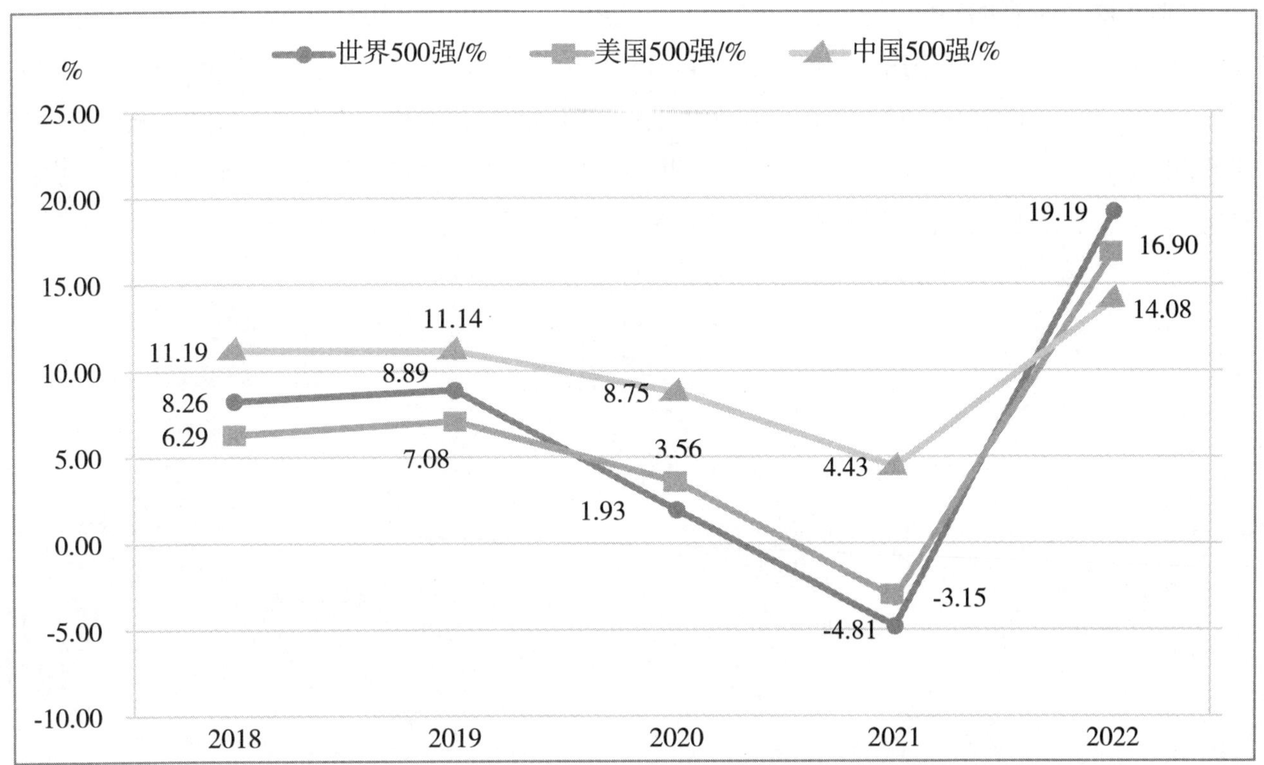

图 7－21　世界、美国和中国 500 强营业收入增长率（2018—2022）

2022 世界 500 强、2022 美国 500 强和 2022 中国 500 强的净利润都大幅提升。特别是 2022 美国 500 强的净利润增长率高达 113.78%，2022 中国 500 强为 9.63%。从 2018—2022 年各榜单显示的净利润增长率来看，世界 500 强、美国 500 强和中国 500 强均出现下滑到增长的变化，中国 500 强相对比较平稳，世界 500 强和美国 500 强波动明显，受到新冠肺炎疫情的冲击更大，如图 7－22 所示。

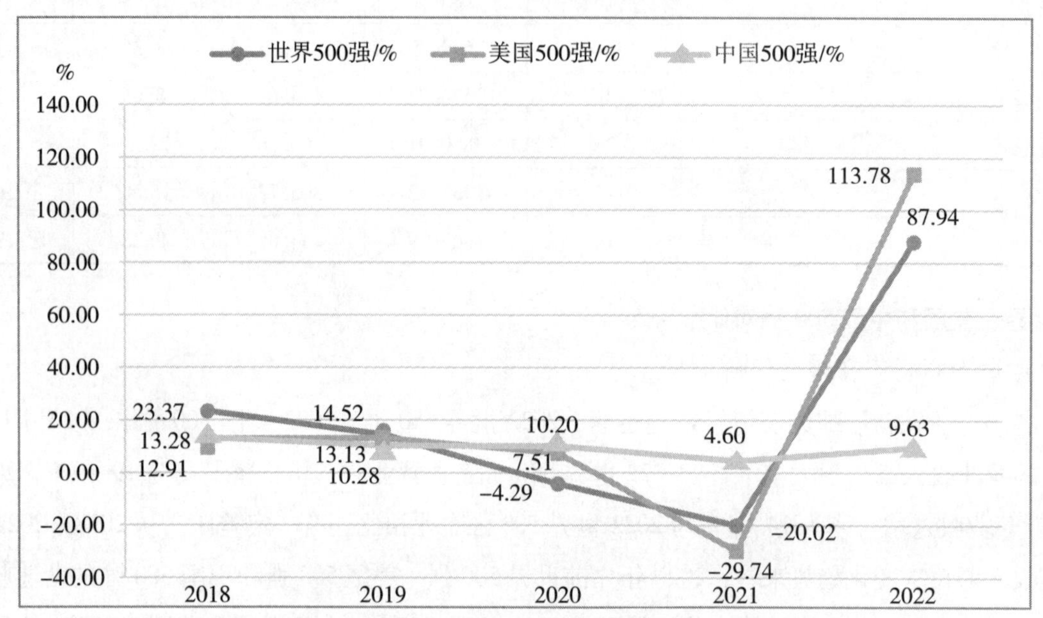

图 7－22　世界、美国和中国 500 强的净利润增长率（2018—2022）

（2）中国 500 强盈利水平提高需加快步伐。

从收入净利润率和净资产收益率（见图 7－23、图 7－24）来看，2022 美国 500 强最高，分别为 11.41% 和 20.00%，2022 中国 500 强分别是 4.36% 和 9.04%，与 2022 世界 500 强和 2022 美国 500 强仍有一定差距。从 2018—2022 年的发展变化来看，中国 500 强的盈利水平在新冠肺炎疫情期间保持了相对稳定，世界 500 强和美国 500 强波动明显，甚至 2021 年净资产收益率世界 500 强低于中国 500 强。从整体盈利水平看，中国 500 强与世界 500 强和美国 500 强的差距再次拉大。

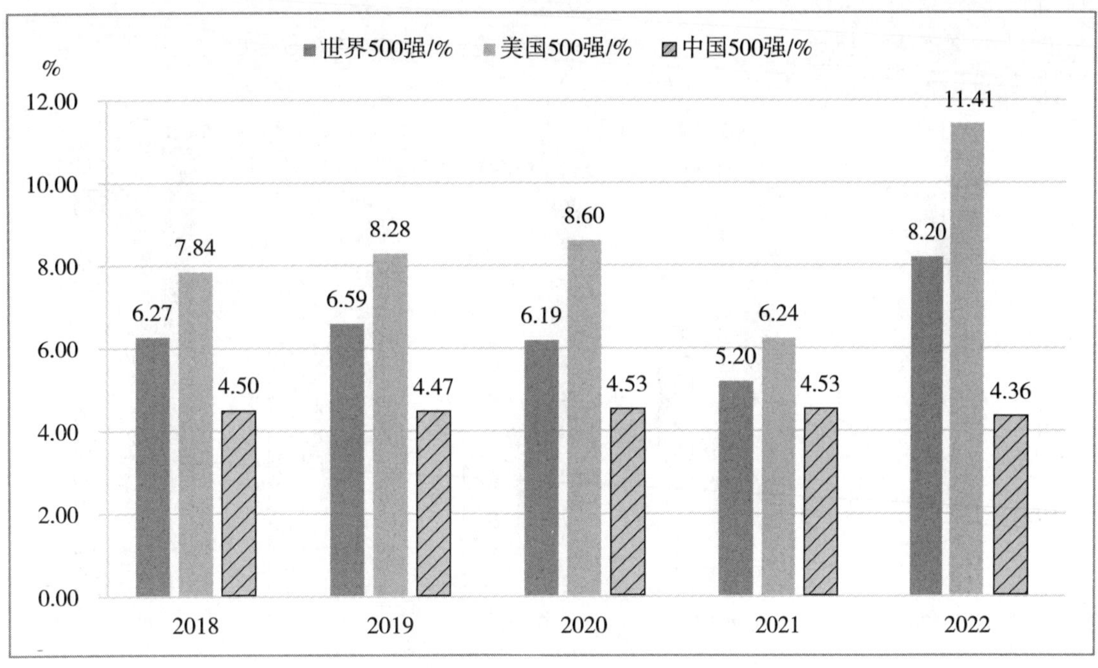

图 7－23 世界、美国和中国 500 强的收入净利润率（2018—2022）

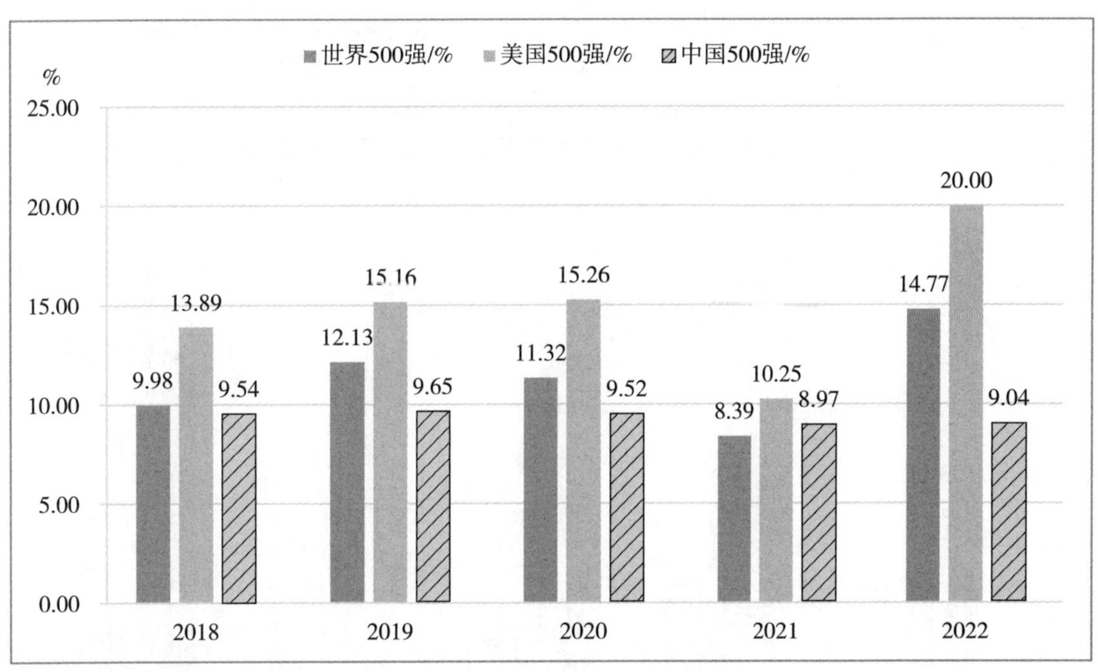

图 7－24 世界、美国和中国 500 强的净资产收益率（2018—2022）

从人均营业收入和人均净利润来看（见图 7－25、图 7－26），2022 年三个 500 强都有所上升，世界 500 强和美国 500 强仍然领先，特别是人均净利润，世界 500 强人均净利润为 4.45 万美元，美国 500 强为 6.18 万美元。近 5 年，中国 500 强的人均营业收入和人均净利润持续增长，尤其是人均营业收入的差距明显缩小，表现出一定的发展潜力。

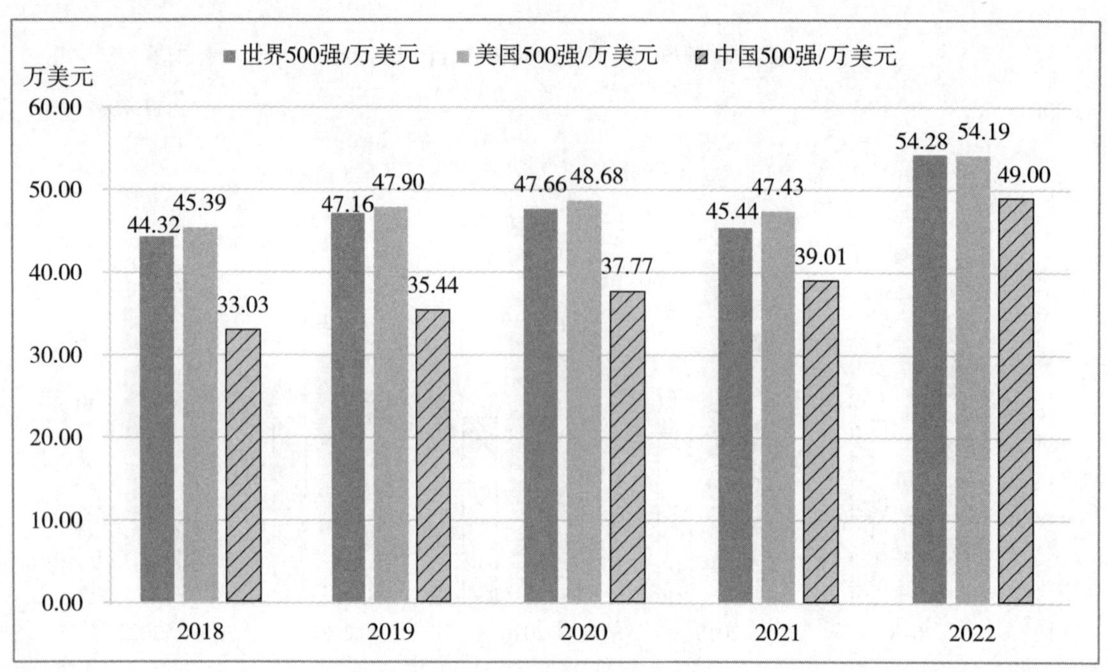

图 7－25　世界、美国和中国 500 强的人均营业收入（2018—2022）

注：中国 500 强的营业收入、净利润按年平均汇率换算，资产、所有者权益按年底汇率换算，下同。

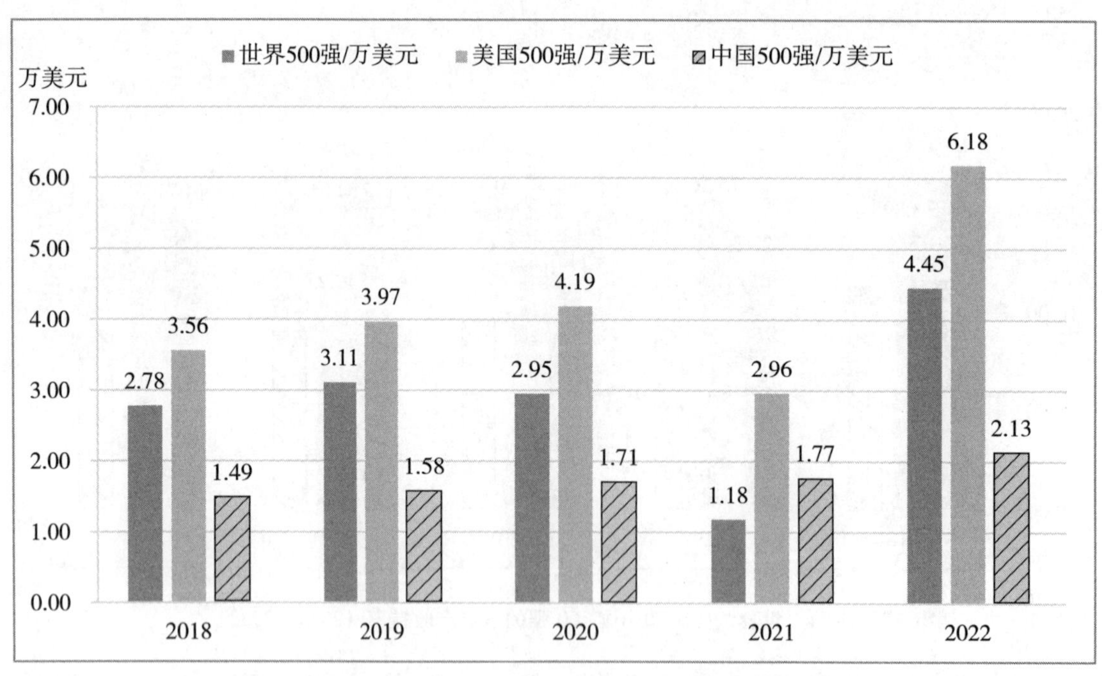

图 7－26　世界、美国和中国 500 强的人均净利润（2018—2022）

（3）中国 500 强需加快提高效益和效率。

从行业分布看，中国 500 强制造业企业占半壁江山，世界 500 强和美国 500 强均是服务业居多，2022 美国 500 强服务业企业数量占比约 3/5。近 5 年来，三个 500 强制造业、服务业和其他行业企业

数量分布变化不大，世界 500 强和美国 500 强的服务业企业数量略有减少，中国制造业企业数量略有增加。

从行业盈利情况来看，2022 中国 500 强在制造业、服务业和其他行业的收入净利润率、净资产收益率与世界 500 强和美国 500 强仍有一定的差距。从人均情况来看，2022 中国 500 强服务业的人均营业收入略高于美国 500 强，除此之外，其他指标与世界 500 强和美国 500 强仍有一定差距。

从近 5 年情况来看，中国 500 强制造业和其他行业的收入净利润率、净资产收益率、人均营业收入、人均净利润均表现为增长状态，但服务业在收入净利润率、净资产收益率呈现下降态势。中国制造业、服务业和其他行业盈利能力和效率提高任重道远，如表 7－9 所示。

表 7－9 世界、美国和中国 500 强制造业、服务业、其他行业有关指标（2018—2022）

行业		制造业					服务业					其他行业				
年份		2018	2019	2020	2021	2022	2018	2019	2020	2021	2022	2018	2019	2020	2021	2022
企业数量/家	世界 500 强	192	198	190	201	207	276	268	274	268	258	32	34	36	31	35
	美国 500 强	165	167	169	171	167	312	308	308	308	307	23	25	23	21	26
	中国 500 强	253	245	238	249	256	170	173	181	176	171	77	82	81	75	73
收入净利润率/%	世界 500 强	6.14	6.01	5.08	3.76	7.88	6.79	6.94	7.09	6.35	8.61	2.34	7.45	5.37	3.60	7.17
	美国 500 强	8.30	9.21	8.89	6.79	12.75	7.70	7.76	8.59	6.29	10.75	5.26	9.75	4.96	-4.65	12.11
	中国 500 强	2.31	2.59	2.50	2.69	2.89	7.98	7.47	7.55	7.32	6.88	1.37	1.70	1.87	1.94	1.99
净资产收益率/%	世界 500 强	11.79	12.96	10.85	7.05	17.14	9.16	10.96	11.25	8.96	13.00	7.48	20.94	15.75	9.79	21.27
	美国 500 强	15.70	19.66	18.58	12.73	25.87	13.31	13.34	14.36	9.87	17.81	7.83	14.74	6.61	-6.19	17.68
	中国 500 强	8.72	10.29	7.15	9.79	10.97	11.22	10.55	9.08	9.55	9.16	3.73	4.85	3.74	5.05	5.58
人均营业收入/万美元	世界 500 强	46.19	49.95	49.90	45.43	57.75	43.72	45.15	46.29	45.54	51.21	38.60	47.25	46.98	44.67	59.71
	美国 500 强	54.00	57.44	56.19	51.43	63.12	41.82	43.73	45.37	45.60	50.12	62.65	70.36	70.14	62.81	89.57
	中国 500 强	40.06	42.03	44.82	44.78	55.29	33.70	35.18	37.99	40.24	51.05	23.53	27.50	28.65	29.14	37.23
人均净利润/万美元	世界 500 强	2.84	3.00	2.53	1.71	4.55	2.97	3.13	3.28	2.89	4.41	0.90	3.52	2.52	1.61	4.28
	美国 500 强	4.48	5.29	4.99	3.49	8.05	3.22	3.39	3.90	2.87	5.39	3.29	6.86	3.48	-2.92	10.85
	中国 500 强	0.93	1.09	1.12	1.20	1.60	2.69	2.63	2.87	2.95	3.51	0.32	0.47	0.54	0.57	0.74

2022 中国 500 强与 2022 美国 500 强行业结构差异显著。从细分行业比较发现，2022 中国 500 强企业分布在 27 个行业，主要集中在金属产品（86 家）、建筑业（47 家）、化学品制造（46 家）、金融业（37 家）和机械制造（29 家）等领域。2022 美国 500 强企业分布在 24 个行业，综合制造业、电力生产、农林牧渔业无上榜企业，主要集中于金融业（89 家），零售业（42 家），电信及互联网信息服务（35 家），公用事业服务（30 家），计算机、通信设备及其他电子设备制造（27 家）等领域（见表 7－10）。2022 中国 500 强企业主要集中在工业机械制造、基础建设等制造业行业，2022 美国 500 强主要集中在现代科技金融服务领域。

表 7-10 2022 中国 500 强和 2022 美国 500 强行业企业数量和盈利能力比较

行业	企业数量/家		收入净利润率/%		净资产收益率/%	
	中国 500 强	美国 500 强	中国 500 强	美国 500 强	中国 500 强	美国 500 强
制造业总计	256	167	2.89	12.75	10.97	25.87
防务	6	8	3.24	6.30	6.51	15.09
化学品制造	46	23	2.54	7.75	11.53	16.34
机械设备	29	17	3.19	8.08	10.07	18.65
计算机、通信设备及其他电子设备制造	15	27	8.16	20.06	16.26	43.80
建材生产	5	3	2.73	8.79	10.62	29.39
交通运输设备及零部件制造	17	12	1.86	8.66	7.75	22.15
金属产品	86	8	2.35	14.01	11.86	38.57
食品饮料生产	18	24	2.96	10.20	8.71	20.28
消费品生产	21	24	4.26	10.96	16.36	27.35
药品和医疗设备制造	4	21	2.25	21.75	10.24	26.71
综合制造业	9	0	1.35	—	6.18	—
服务业总计	171	307	6.88	10.75	9.16	17.81
电信及互联网信息服务	14	35	8.21	16.88	9.42	26.19
房地产	18	5	3.57	8.73	8.84	18.89
公用事业服务	14	30	1.65	7.92	2.62	7.78
交通运输业	14	17	2.14	6.08	2.67	14.19
教育和医疗卫生服务	1	15	5.82	4.44	—	18.76
金融业	37	89	14.12	19.36	10.39	14.38
零售业	7	42	6.37	5.54	28.93	53.98
旅游、餐饮及文化娱乐	1	17	0.96	11.74	1.83	17.95
批发贸易	28	24	0.84	0.67	8.08	11.62
商务服务	16	16	2.70	17.24	8.19	19.26
邮政和物流	15	9	2.18	8.35	9.18	41.57
综合服务业	6	8	1.73	3.08	8.93	23.64
其他行业总计	73	26	1.99	12.11	5.58	17.68
采矿业	18	12	2.23	15.82	4.43	16.94
电力生产	7	0	0.05	—	0.10	—
建筑业	47	14	2.14	8.28	9.45	19.33
农林牧渔业	1	0	0.29	—	1.11	—

注：中国 500 强“教育和医疗卫生服务”企业由于归母所有者权益数据缺失，导致其净资产收益率数据缺失。

从各细分行业的盈利能力来看，中国 500 强各行业的盈利能力与美国 500 强仍有一定差距，尤其

是制造业领域，仅计算机、通信设备及其他电子设备制造的收入净利润率高于 5%；美国 500 强所有制造业的收入净利润率均高于 5%，计算机、通信设备及其他电子设备制造，药品和医疗设备制造的收入净利润率甚至高于 20%。

中国 500 强在制造业和其他行业所有细分行业的收入净利润率、净资产收益率与美国 500 强仍有一定差距，服务业里教育和医疗卫生服务（5.82%）、零售业（6.37%）的收入净利润率高于美国 500 强的 4.44% 和 5.54%，中国 500 强从事教育和医疗卫生服务、零售业的分别有 1 家、7 家上榜企业，美国 500 强有 15 家和 42 家上榜企业。总体上讲，中国 500 强各细分行业经营管理水平和竞争能力仍有待提升。

（4）中国 500 强制造业保持发展，现代制造业发展面临紧迫性。

从制造业细分行业的企业数量来看，2022 中国 500 强企业在化学品制造（46 家）、机械设备（29 家）、建材生产（5 家）、交通运输设备及零部件制造（17 家）、金属产品（86 家）和综合制造业（9 家）的企业数量多于美国 500 强；美国 500 强则主要集中于计算机、通信设备及其他电子设备制造（27 家），消费品生产（24 家），食品饮料生产（24 家），药品和医疗设备制造（21 家）等领域，企业数量多于中国 500 强，如表 7－11 所示。

表 7－11　2018—2022 中国 500 强和美国 500 强制造业企业数量变化趋势

单位：家

行业	2018		2019		2020		2021		2022	
	中国 500 强	美国 500 强	中国 500 强	美国 500 强	中国 500 强	美国 500 强	中国 500 强	美国 500 强	中国 500 强	美国 500 强
制造业总计	253	165	245	167	238	169	249	171	256	167
防务	8	13	7	13	6	11	7	8	6	8
化学品制造	42	23	43	20	39	21	38	22	46	23
机械设备	28	17	28	17	27	18	27	19	29	17
计算机、通信设备及其他电子设备制造	8	22	8	25	10	26	15	28	15	27
建材生产	7	2	7	2	6	2	6	2	5	3
交通运输设备及零部件制造	21	13	22	13	21	12	19	11	17	12
金属产品	77	6	73	6	74	7	83	7	86	8
食品饮料生产	17	24	17	25	17	26	18	26	18	24
消费品生产	28	27	24	27	20	28	23	27	21	24
药品和医疗设备制造	7	18	6	19	8	18	6	21	4	21
综合制造业	10	0	10	0	10	0	7	0	9	0

近五年，中国 500 强和美国 500 强制造业企业数量都略有增加。制造业各细分行业美国 500 强企业数量变化相对较小，中国 500 强细分行业结构变化更为明显，总体上各细分行业增减方向大致相同。中美企业数量均增加或不变的行业有化学品制造，机械制造，计算机、通信设备及其他电子设

备制造，金属产品，食品饮料生产；中美企业数量均减少的行业有防务、交通运输设备及零部件制造、消费品生产；中国减少而美国增加或未变的行业有建材生产、药品和医疗设备制造、综合制造业。引人瞩目的是，中国500强计算机、通信设备及其他电子设备制造领域快速发展，从2018年的8家发展到2022年的15家，同期美国500强从22家增加到27家；中国500强药品和医疗设备制造领域减量明显，从2018年的7家减少到2022年的4家，同期美国500强从18家增加到21家。

制造业细分行业营业收入比较表明，2022中国500强在防务、化学品制造、机械设备、建材生产、交通运输设备及零部件制造、金属产品、消费品生产七个行业的营业收入超过美国。特别是金属产品领域，营业收入约为美国500强的14倍；建材生产的营业收入约为美国500强的4倍。然而，在计算机、通信设备及其他电子设备制造，药品和医疗设备制造领域，中国500强的营业收入远不及美国500强，计算机、通信设备及其他电子设备制造的营业收入约为美国500强的1/3，药品和医疗设备制造的营业收入约为美国的1/7，如表7－12所示。

表7－12　2018—2022 中国500强和美国500强制造业营业收入变化趋势

单位：亿美元

行业	2018		2019		2020		2021		2022	
	中国500强	美国500强	中国500强	美国500强	中国500强	美国500强	中国500强	美国500强	中国500强	美国500强
制造业总计	41062.83	40836.47	45588.93	45026.19	46881.82	44581.49	50399.49	40806.05	62734.45	50572.45
防务	3170.77	3527.46	2965.73	3838.08	2447.92	3732.24	3027.05	2940.73	3451.57	3075.74
化学品制造	7331.14	8992.47	8928.75	10375.67	9300.62	10003.65	8550.95	7168.84	11556.55	11146.04
机械设备	2946.39	3964.09	3255.75	4287.94	3372.17	4109.07	3053.69	3761.88	4923.71	3874.38
计算机、通信设备及其他电子设备制造	1967.22	6966.03	2371.26	8259.75	2791.17	8249.80	3743.82	8661.29	3391.50	10433.93
建材生产	1001.36	134.18	1227.01	147.82	1291.71	144.40	1360.14	156.14	1474.52	370.28
交通运输设备及零部件制造	6525.70	4230.20	7110.49	4331.91	6845.95	4183.15	7082.14	3659.05	7715.99	4480.49
金属产品	10642.18	694.95	11722.09	828.23	12377.49	795.86	14657.86	687.32	19399.10	1360.91
食品饮料生产	1657.42	4645.78	2016.38	4786.28	2175.82	5108.25	2493.00	5090.96	2866.29	5684.83
消费品生产	3553.76	3493.55	3474.43	3635.79	3355.07	3741.36	3644.09	3627.15	4537.98	3829.70
药品和医疗设备制造	681.97	4187.76	732.87	4534.73	934.39	4513.70	820.40	5052.70	820.44	6316.17
综合制造业	1584.92	0.00	1784.16	0.00	1989.52	0.00	1966.34	0.00	2596.80	0.00

从2018—2022年各榜单的变化趋势来看，中国500强在多数行业的营业收入均有所增长，特别是金属产品和食品饮料生产领域，2022年营业收入较2018年均增长了70%以上；计算机、通信设备及其他电子设备制造也增长了约58%；而药品和医疗设备制造则增长了20%；美国500强计算机、通信设备及其他电子设备制造，药品和医疗设备制造的营业收入5年间均增长了50%左右。这说明中国500强与美国500强计算机制造领域的差距有所缩小，但药品和医疗设备制造领域的差距进一步扩大。

制造业各细分行业收入净利润率比较表明，中国 500 强企业的盈利能力与美国 500 强企业存在明显的差距，除了综合制造业美国 500 强没有上榜企业，2022 中国 500 强大部分制造业细分行业的收入净利润率远低于美国 500 强（见表 7－13），尤其是药品和医疗设备制造，计算机、通信设备及其他电子设备制造，即便中国 500 强行业营业收入远超美国的金属产品等行业，以及企业平均营业收入远超美国企业的建材生产等行业，收入净利润率都远低于美国。

近五年中国 500 强制造业收入净利润率有所提高，但与美国 500 强之间的差距仍旧很大。近五年制造业各细分行业收入净利润率比较表明，中国 500 强制造业多数细分行业的收入净利润率均有所增长，与美国差距缩小较明显的有机械设备、建材生产和金属产品；而计算机、通信设备及其他电子设备制造，药品和医疗设备制造等行业的差距在明显扩大。

表 7－13 2018—2022 中国 500 强和美国 500 强制造业收入净利润率变化趋势

单位：%

行业	2018		2019		2020		2021		2022	
	中国 500 强	美国 500 强	中国 500 强	美国 500 强	中国 500 强	美国 500 强	中国 500 强	美国 500 强	中国 500 强	美国 500 强
制造业总计	2.31	8.30	2.59	9.21	2.50	8.89	2.69	6.79	2.69	12.75
防务	2.35	1.29	2.62	9.47	3.27	6.40	3.45	－0.03	3.24	6.30
化学品制造	1.38	0.97	1.70	6.11	1.75	3.81	1.88	－4.82	2.54	7.75
机械设备	1.90	23.02	1.76	2.12	2.12	6.57	3.33	8.40	3.19	8.08
计算机、通信设备及其他电子设备制造	0.66	0.05	5.00	15.88	4.70	16.02	4.37	15.79	8.16	20.06
建材生产	2.13	40.65	2.82	5.08	2.61	4.34	2.69	－0.45	2.73	8.79
交通运输设备及零部件制造	2.72	9.16	2.45	3.56	1.95	1.78	1.80	1.16	1.86	8.66
金属产品	1.79	55.05	2.17	6.98	1.80	1.38	2.06	0.69	2.35	14.01
食品饮料生产	6.07	11.22	5.54	9.49	6.37	8.40	6.22	9.26	2.96	10.20
消费品生产	4.46	3.07	4.19	6.35	4.01	6.01	4.25	7.67	4.26	10.96
药品和医疗设备制造	3.83	4.31	3.33	18.64	3.39	22.25	3.15	12.64	2.25	21.75
综合制造业	2.00	0.00	1.71	0.00	1.69	0.00	1.16	0.00	1.35	0.00

（5）中国医药企业仍有差距，但赶超速度明显加快。

新冠肺炎疫情的突袭而至推动世界医药领域（药品和医疗设备制造、教育和医疗卫生服务，以及包括保健在内的批发贸易）迅速发展。2022 世界 500 强医药领域上榜企业 17 家，其中，美国占据 12 家，德国有 2 家，中国、日本、爱尔兰分别有 1 家。中国上榜企业为上海医药集团股份有限公司，在世界 500 强中排名第 430 位，8 家美国医药企业排名都在 100 名之内。

世界 500 强中国医药企业数量较少，从营业收入、净利润规模、收入净利润率和净资产收益率看（见图 7－27、图 7－28），美国领先其他主要国家，中国净资产收益率位居第二，其他指标仅高于日本。从人均营业收入和人均净利润分析，日本和美国领先，中国企业人均营业收入高于德国和爱尔兰；中国企业人均净利润高于德国。与 2018 年相比，世界 500 强上榜医药企业数量减少了 14 家，包括美国在内的各主要国家上榜企业数量普遍有所下降；但是，美国、日本和爱尔兰上榜企业营业收入有所增长，中国和德国下降。其他财务指标各国普遍下降，中国下降幅度相对更为明显。

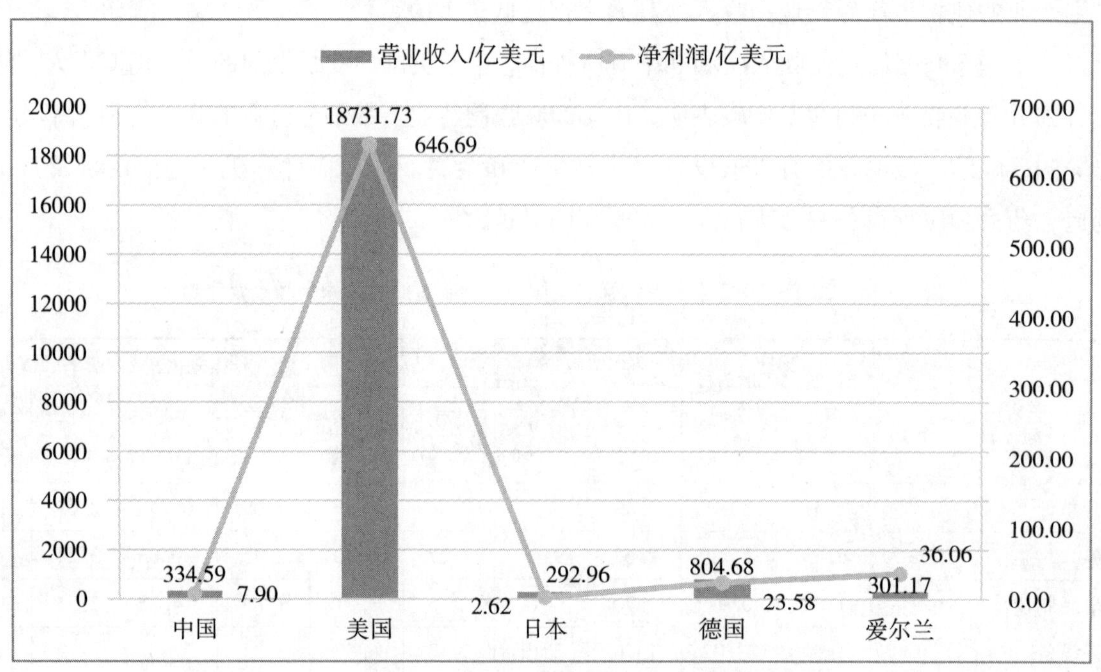

图 7－27　2022 世界 500 强医药企业营业收入和净利润

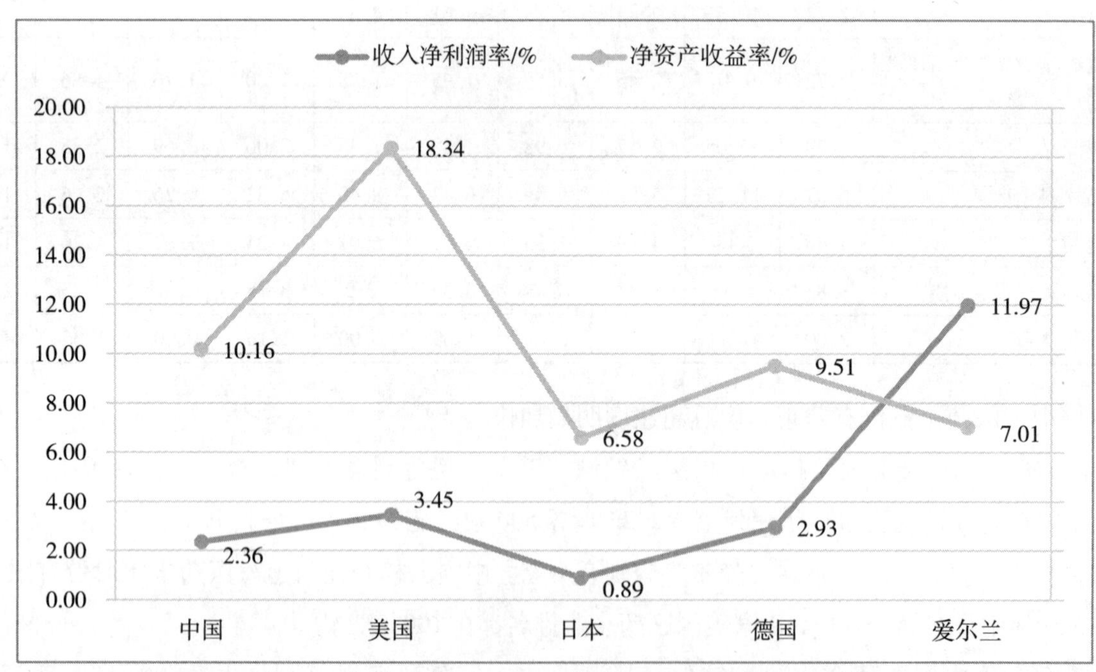

图 7－28　2022 世界 500 强医药企业收入净利润率和净资产收益率

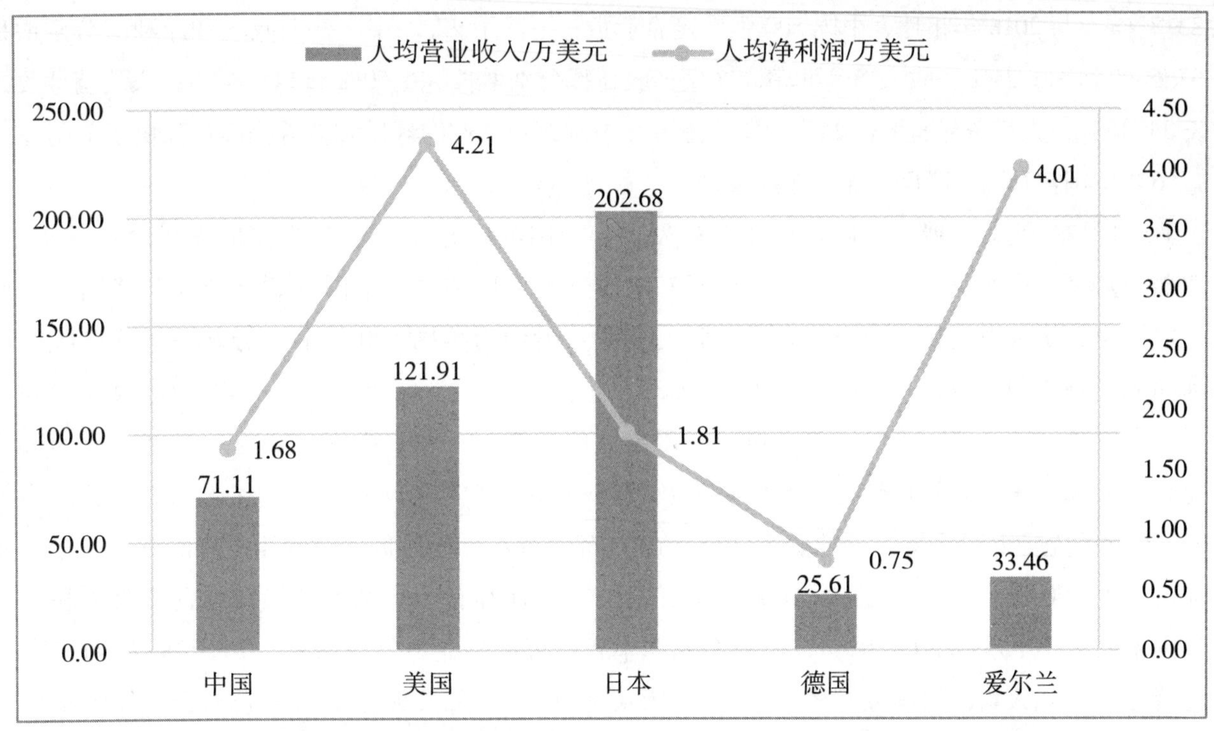

图 7-29 2022 世界 500 强医药企业人均营业收入和人均净利润

2022 中国 500 强医药企业有 7 家，数量远少于美国 500 强（41 家）。与中国相似，2022 美国 500 强的医药企业也主要分布在药品和医疗设备制造领域（21 家），占据其医药领域半席，医疗卫生服务（15 家），批发贸易（5 家）。从规模上讲，营业收入和净利润分别约为美国 500 强的 8.60% 和 7.54%。收入净利润率约为美国 500 强的 87.65%，净资产收益率超过美国，人均营业收入和人均净利润分别为美国 500 强的 63.90% 和 56.01%。中国医药企业规模与美国差距悬殊，经营效益也存在一定差距，如表 7-14 所示。

表 7-14 2022 中国 500 强和美国 500 强医药企业有关指标比较

	中国 500 强	美国 500 强
企业数量/家	7	41
营业收入/亿美元	2195.51	25533.78
净利润/亿美元	145.36	1928.78
收入净利润率/%	6.62	7.55
净资产收益率/%	31.30	23.39
人均营业收入/万美元	57.40	89.83
人均净利润/万美元	3.80	6.79

近五年美国 500 强中的医药企业虽数量减少，但经营效益大幅提高。与 2018 年相比，美国 500 强医药企业数量下降了 10.87%，营业收入和净利润分别增长了 32.87% 和 102.14%，收入净利润率、净资产收益率均翻了一番，分别增长 52.13% 和 49.71%，人均营业收入增长 20.84%，人均净利润增

长 83.83%。与 2018 年相比，中国 500 强医药企业数量下降了 22.22%，营业收入和净利润分别增长了 67.60% 和 313.31%，收入净利润率和净资产收益率分别增长 146.60% 和 145.81%，人均营业收入增长 34.46%，人均净利润增长 231.57%。近五年中国医药企业的规模和效益提高速度快于美国。

（6）中国需加强互联网产业链布局及创新。

随着科技的快速发展，互联网产业蓬勃发展，中国的一些互联网企业在世界舞台崭露头角。疫情期间互联网产业快速增长，更为突出了互联网未来发展前景。中国互联网企业与美国相比存在一定差距，从规模上看，中国 500 强互联网企业数量约为美国 500 强的二分之一，营业收入和净利润分别是美国的 36.70% 和 16.70%。从经营效益来看，美国 500 强互联网企业的收入净利润率和净资产收益率分别约为中国 500 强互联网企业的两倍和三倍；中国 500 强互联网企业的人均营业收入和人均净利润分别是美国 500 强的 70.23% 和 31.95%（见表 7－15）。与上年相比，中国 500 强互联网企业数量未变，营业收入、收入净利润率和人均净利润有所提升，其他财务指标有所下降。美国 500 强企业数量增加了 3 家，所有的财务指标都有一定幅度的提高，营业收入和净利润分别增长了 19.06% 和 64.04%；收入净利润率和净资产收益率分别提高了 37.72% 和 41.15%；人均营业收入和人均净利润分别增加了 4.54 万美元和 3.21 万美元，中国互联网企业经营规模和效益与美国的差距仍在加大。

表 7－15　2022 中国 500 强和美国 500 强互联网企业有关指标比较

	中国 500 强	美国 500 强
企业数量/家	29	62
营业收入/亿美元	10852.07	29567.51
净利润/亿美元	888.83	5323.04
收入净利润率/%	8.19	18.00
净资产收益率/%	10.84	31.11
人均营业收入/万美元	37.29	53.10
人均净利润/万美元	3.05	9.56

中国 500 强与美国 500 强互联网产业链比较，中国企业互联网产业链上存在缺口。互联网产业链既包括互联网软硬件开发制造企业，也包括互联网应用层面的零售、社交媒体、搜索引擎等领域诸多环节，以制造业的“计算机、通信设备及其他电子设备制造”和服务业的“电信及互联网信息服务”为主。美国 500 强企业覆盖半导体、集成电路及面板制造，计算机及办公设备，通信设备制造，科学、摄影和控制设备，软件和信息技术，互联网服务，电信服务，计算机软件 8 个领域；中国 500 强互联网产业链企业分布于其中的 6 个领域，与上年相同，存在两个领域缺口（见表 7－16）。

在计算机、通信设备及其他电子设备制造行业，与上年相比中国 500 强各项指标多数未有明显改善。与美国相比，中国 500 强企业在通信设备制造领域存在一定规模的优势，企业数量、营业收入和净利润均高于美国 500 强；但从经营效益来看仍不如美国 500 强，收入净利润率和净资产收益率均低于美国 500 强。在半导体、集成电路及面板制造和计算机及办公设备两个领域，无论是规模还是效

益，中国500强均与美国500强存在明显差距。在科学、摄影和控制设备领域，中国500强未有企业上榜。

在电信及互联网信息服务行业，与上年相比中国500强各项指标多数有所改善。与美国相比，中国500强在互联网产业各个环节的规模、收入净利润率和净资产收益率等指标均不及美国500强。令人瞩目的是，中国500强在软件和信息技术、互联网服务两个领域的人均营业收入均高于美国500强，软件和信息技术领域的人均净利润也略高于美国500强，数据分析表明，在这两个领域中国员工人数较少。

总体上讲，美国500强企业在互联网产业链具有一定优势，无论是硬件的生产制造方面，还是技术服务方面，中国500强企业都需要加强投入和创新。

表 7－16 2022 中国 500 强和美国 500 强互联网产业链比较

行业		计算机、通信设备及其他电子设备制造				电信及互联网信息服务			
财务指标	产业链	半导体、集成电路及面板制造	计算机及办公设备	通信设备制造	科学、摄影和控制设备	软件和信息技术	互联网服务	电信服务	计算机软件
企业数量/家	中国 500 强	2	4	9	0	4	7	3	0
	美国 500 强	14	7	4	2	8	13	8	6
营业收入/亿美元	中国 500 强	513.15	576.05	2302.30	0.00	443.47	4350.64	2666.47	0.00
	美国 500 强	3241.45	5951.99	774.52	465.97	1678.27	9540.25	5246.14	2668.93
净利润/亿美元	中国 500 强	2.47	27.21	246.98	0.00	2.95	438.56	170.65	0.00
	美国 500 强	774.31	1106.36	129.64	82.98	105.78	1615.07	663.93	844.98
收入净利润率/%	中国 500 强	0.48	4.72	10.73	0.00	0.67	10.08	6.40	0.00
	美国 500 强	23.89	18.59	16.74	17.81	6.30	16.93	12.66	31.66
净资产收益率/%	中国 500 强	1.58	15.99	17.95	0.00	9.95	11.67	6.29	0.00
	美国 500 强	26.71	114.50	27.36	18.86	23.47	29.00	17.05	34.98
人均营业收入/万美元	中国 500 强	23.03	17.33	48.04	0.00	183.18	58.01	24.21	0.00
	美国 500 强	47.78	113.31	35.50	32.70	18.99	47.90	77.28	59.42
人均净利润/万美元	中国 500 强	0.11	0.82	5.15	0.00	1.22	5.85	1.55	0.00
	美国 500 强	11.41	21.06	5.94	5.82	1.20	8.11	9.78	18.81

三、中国大企业要加快建设世界一流企业步伐

党的十九大报告中首次提出培育具有全球竞争力的世界一流企业，2022年2月中央全面深化改革委员会第二十四次会议审议通过了《关于加快建设世界一流企业的指导意见》，提出加快建设一批产品卓越、品牌卓著、创新领先、治理现代的世界一流企业，不仅为企业的发展指明了方向与目标，而且为建设世界一流企业指明方法与途径。从“培育”到“加快建设”，既说明中国大企业已经具备了较好的条件和基础，一批大企业综合实力达到全球同行业领先水平；又凸显了新形势下建设世界

一流企业的重要性和紧迫性，虽然近年来进入世界 500 强的企业数量可观，但不少大企业“大而不强”，发展主要依赖规模，创新引领力、国际竞争力等方面较世界一流企业仍有差距。世界一流企业是夯实双循环发展格局的微观基础，通过有效利用国内国外两个市场，促进供求高水平动态平衡，突破关键技术瓶颈制约，提升中国国际上的话语权和影响力。

加快建设世界一流企业首先需要确立目标和战略。辩证理解和把握“两个大局”，是谋划工作的基本出发点。“两个大局”深刻演变，不稳定不确定因素增多，乌卡时代（VUCA）是一个具有易变性、不确定性、复杂性、模糊性的世界，提高预见性和洞察力意义重大。近五年中美行业结构及其各项指标比较分析显示，中美行业变化并未呈现零和博弈结局，中国制造业多数细分行业持续增长，并未缩小各项指标差距。加快建设世界一流企业从宏观层面需要政府把握大局统筹规划部署，要支持引导行业领军企业和掌握关键核心技术的专精特新企业深化改革、强化创新，加大培育力度，实现重点行业和企业的突破。从微观层面需要企业对标一流，分析企业优势与劣势，找到差距及其成因，确定发展目标和战略，以正确的战略应变局、育新机、开新局。实现从追求规模化增长到高质量的内涵式发展转变，在政策、体制和操作层面多管齐下，探索出建设具有全球竞争力的世界一流企业的中国路径。

加快建设世界一流企业需要提高企业以动制变的应变能力。环境变化常态化、剧烈化、难以预测化，变化产生的风险或机遇眨眼即逝，企业权变管理适时适应环境变化则越来越重要。五年来，世界 500 强、美国 500 强和中国 500 强数据分析表明，突如其来的疫情对世界经济和企业经营产生了明显的冲击，上年各项指标显著下跌，而 2022 年各项指标均快速增长，甚至达到近五年新高，医药行业和互联网相关行业适应环境变化需求迅速发展。中国企业发展平稳，体现出一定的抗风险能力。面对“两个大局”，从宏观层面政府要推动有为政府和有效市场更好结合，充分发挥市场配置资源作用，调动各类市场主体积极性，保护和激发企业活力，提高政府监管和服务效能，注重维护好公平竞争的市场环境，推动更多优秀企业在市场竞争中脱颖而出。从微观层面中国企业不仅要强身健体抗风险，而且要增强应变能力，善于借用环境变化的“跳板”，乘势赶超一流。

加快建设世界一流企业需要在经营管理上下功夫。“大而不强”具体表征为各项盈利指标偏低，实质在于企业治理和经营管理不足。中国与美国等主要国家三个 500 强的财务指标比较分析显示，中国企业规模指标初步赶超，但是效益和效率指标一直未能明显缩小差距。加快建设世界一流企业，从宏观层面政府要以高质量发展相关要求为指引，做强做优实体经济作为主攻方向，促使优质生产要素的合理流动和优化组合；加大力度推动企业管理创新、商业模式创新；健全企业管理提升长效机制，完善一流对标数据，优化一流企业建设管理指标，形成闭环管理，以系统性制度沉淀巩固扩大一流创建成果效应。从微观层面企业全面优化企业目标管理体系，全方位提升企业全要素生产率；准确与世界一流企业的对标，找差距补短板；提质增效打造卓越产品，奉行专业主义、务实主义、长期主义，集中精力扎扎实实地做强做优主业；培养工匠和工匠精神，依靠人聚精会神把产品做好，打造品质卓越的产品服务；大力推进智能化的改造，降本增效提高作业的精准度，提升资产运营效率，增强盈利能力，保证经营业绩高质量增长。

加快建设世界一流企业需要坚持以创新为驱动力。创新是企业做强做优的基石，企业通过创新对生产要素、生产条件、生产组织进行重新组合，以建立效能更好、效率更高的新生产体系，以获得更大的经济社会效益。企业国际竞争力和应变能力都是以创新为根本的。世界 500 强上榜企业分析表明，无论是常青藤上榜企业，还是异军突起的新生代，都离不开创新的驱动。创新更是中国企业走出去的必要条件，创新榜首中国华为国际化程度与美国苹果、英特尔等著名企业比肩而立。加快建设世界一流企业，从宏观层面政府要坚持创新引领发展，支持引导国内行业领军企业和掌握关键核心技术的专精特新企业持续深化创新改革；聚焦世界一流技术，加大科研资源投入，提高自主研发的能力；强化企业创新核心地位，促进各类创新要素向企业集聚，推动企业主动开展各类创新，加快提升技术牵引和产业变革的创新力；大力加强技术开发和应用研究，突出抓好重大项目和重点工程，着力突破和掌握关键技术。从微观层面企业以创新引领企业发展，加大力度推动管理创新、生产组织创新、技术创新、市场创新，努力使企业成为充满生机活力的创新主体；通过创新提高产品质量和附加值，增强产品的溢价能力，以创新驱动技术升级，以科技驱动企业竞争能力；以创新驱动壮大新动能、打造新优势，抢占科技领跑地位。

加快建设世界一流企业需要加大国际化步伐。企业国际化是成为世界一流企业的必要条件。“一带一路”倡议为中国企业走出去提供了机遇，搭建了企业国际化平台。中国企业国际化意味着与世界最具竞争力企业同台竞技，既是全方位直接对标的学习提高机会，又是赶超竞争对手的商场实战。非金融跨国公司 100 强国际化程度分析显示，中国上榜企业跨国化指数明显低于英国等其他主要国家，尤其是海外员工占比是中国企业国际化程度的最大瓶颈。加快建设世界一流企业，从宏观层面政府要统筹发展和安全，引导企业积极稳妥开拓国际市场，专项政策支持企业走出去，充分利用国际国内两个市场、两种资源，支持企业开展国际化深度合作，实现属地化发展，增强面向全球的资源配置和整合能力，将我国超大规模市场优势转化为国际竞争优势。从微观层面企业应放眼世界，以全球化经营为目标，勇于开拓国际市场；灵活运用绿地投资、跨国并购、联合投资等方式“走出去”，深度参与全球市场竞争，补齐产业链和价值链“短板”，增强产业的影响力和话语权；在海外设立技术攻关、产品研发设计、规则标准制定、检验检测、产业创新发展等国际化开放共享平台或全球创新中心，集聚国际高端人才、开展关键核心技术攻关、推动共性技术突破进步、深度参与国际规则和标准制定，促进企业高质量走向世界。

加快建设世界一流企业需要强化产业链布局。价值链、企业链、供需链和空间链四个维度在相互对接的均衡过程中形成了产业链，本质上体现内在联系的企业群结构和价值。产业链关键环节直接决定整个产业链或细分行业的竞争力。三个 500 强报告分析表明，中国部分细分行业效益和发展受制于国外产业链关键环节，在以制造业的“计算机、通信设备及其他电子设备制造”和服务业的“电信及互联网信息服务”为主的互联网产业链上中国存在瓶颈。加快建设世界一流企业，从宏观层面政府要坚持壮大实体经济，推进产业基础高级化、产业链关键环节布局，打造具有全球竞争力的产业链；针对战略性新兴产业，重点引导龙头企业发挥带动作用，构建产学研一体化的创新链，大中小企业深度链接、协调耦合的产业链和供应链，突破一批“卡脖子”的核心关键技术；制定相关政策，统筹推进一批半导体、计算机、生物制药等战略性新兴产业发展；提升中国产业链现代化水平，推进产业链向高附加值延伸，实现中国企业在全球价值链的地位升级，带动和推进相关行业企业建设世界一流企业。从微观层面企业要强化主营业务，建立核心流程的专业化、精益化、数字化，加快企业整体数字化转型，拓展产业链相关业务，整合合作伙伴的能力与价值，调整和优化布局结构，向平台型企业转型，角逐产业链高附加值的关键环节，提高产业链核心竞争力。

第八章
2022 中国 500 强与世界 500 强行业领先企业主要经济指标对比

2022 中国 500 强与世界 500 强行业领先企业主要经济指标对比如表 8－1 至表 8－28 所示。

表 8－1　2022 中国 500 强与世界 500 强财产与意外保险（股份）业领先企业对比

对比指标	伯克希尔－哈撒韦公司(1)(美国)	中国人民保险集团股份有限公司(2)	[(2)/(1)]/%
营业收入/百万美元	276094	92182	33.39
净利润/百万美元	89795	3329	3.71
资产/百万美元	958784	216756	22.61
所有者权益/百万美元	506199	34517	6.82
员工人数/人	372000	184364	49.56
收入净利率/%	32.52	3.61	11.11
资产净利率/%	9.37	1.54	16.40
净资产收益率/%	17.74	9.65	54.38
劳动生产率/（万美元/人）	74.22	50.00	67.37
人均净利润/（万美元/人）	24.14	1.81	7.48

表 8－2　2022 中国 500 强与世界 500 强采矿、原油生产业领先企业对比

对比指标	沙特阿美公司(1)(沙特阿拉伯)	中国海洋石油集团有限公司(2)	[(2)/(1)]/%
营业收入/百万美元	400399	126920	31.70
净利润/百万美元	105369	9183	8.72
资产/百万美元	576134	209375	36.34
所有者权益/百万美元	296568	99710	33.62
员工人数/人	68493	80957	118.20
收入净利率/%	26.32	7.24	27.49
资产净利率/%	18.29	4.39	23.98
净资产收益率/%	35.53	9.21	25.92
劳动生产率/（万美元/人）	584.58	156.77	26.82
人均净利润/（万美元/人）	153.84	11.34	7.37

表 8－3　2022 中国 500 强与世界 500 强车辆与零部件业领先企业对比

对比指标	大众公司（1）（德国）	上海汽车集团股份有限公司（2）	[(2)/(1)]/%
营业收入/百万美元	295820	120900	40.87
净利润/百万美元	18187	3803	20.91
资产/百万美元	601028	144350	24.02
所有者权益/百万美元	164239	43100	26.24
员工人数/人	672789	146145	21.72
收入净利率/%	6.15	3.15	51.17
资产净利率/%	3.03	2.63	87.08
净资产收益率/%	11.07	8.82	79.69
劳动生产率/（万美元/人）	43.97	82.73	188.15
人均净利润/（万美元/人）	2.70	2.60	96.28

表 8－4 2022 中国 500 强与世界 500 强船务业领先企业对比

对比指标	马士基集团（1）（丹麦）	中国远洋海运集团有限公司（2）	[(2)/(1)]/%
营业收入/百万美元	61787	84130	136.16
净利润/百万美元	17942	6421	35.79
资产/百万美元	72271	153674	212.64
所有者权益/百万美元	44508	37212	83.61
员工人数/人	85375	107551	125.97
收入净利率/%	29.04	7.63	26.28
资产净利率/%	24.83	4.18	16.83
净资产收益率/%	40.31	17.25	42.80
劳动生产率/（万美元/人）	72.37	78.22	108.09
人均净利润/（万美元/人）	21.02	5.97	28.41

表 8－5 2022 中国 500 强与世界 500 强电信业领先企业对比

对比指标	美国电话电报公司(1)(美国)	中国移动通信集团有限公司(2)	[(2)/(1)]/%
营业收入/百万美元	168864	131913	78.12
净利润/百万美元	20081	14629	72.85
资产/百万美元	551622	337923	61.26
所有者权益/百万美元	166332	186106	111.89
员工人数/人	202600	451331	222.77
收入净利率/%	11.89	11.09	93.26
资产净利率/%	3.64	4.33	118.92
净资产收益率/%	12.07	7.86	65.11
劳动生产率/（万美元/人）	83.35	29.23	35.07
人均净利润/（万美元/人）	9.91	3.24	32.70

表 8－6 2022 中国 500 强与世界 500 强电子、电气设备业领先企业对比

对比指标	三星电子(1)(韩国)	美的集团股份有限公司(2)	[(2)/(1)]/%
营业收入/百万美元	244335	53232	21.79
净利润/百万美元	34294	4430	12.92
资产/百万美元	358982	61074	17.01
所有者权益/百万美元	249270	19658	7.89
员工人数/人	266673	165799	62.17
收入净利率/%	14.04	8.32	59.29
资产净利率/%	9.55	7.25	75.93
净资产收益率/%	13.76	22.53	163.80
劳动生产率/（万美元/人）	91.62	32.11	35.04
人均净利润/（万美元/人）	12.86	2.67	20.78

表 8-7　2022 中国 500 强与世界 500 强多元化金融业领先企业对比

对比指标	房利美（1）（美国）	中国中信集团有限公司（2）	[(2)/(1)]/%
营业收入/百万美元	101543	96126	94.67
净利润/百万美元	22176	4891	22.06
资产/百万美元	4229166	1386893	32.79
所有者权益/百万美元	47357	65842	139.03
员工人数/人	7400	148108	2001.46
收入净利率/%	21.84	5.09	23.30
资产净利率/%	0.52	0.35	67.26
净资产收益率/%	46.83	7.43	15.86
劳动生产率/（万美元/人）	1372.20	64.90	4.73
人均净利润/（万美元/人）	299.68	3.30	1.10

表 8-8　2022 中国 500 强与世界 500 强工程与建筑业领先企业对比

对比指标	万喜集团（1）（法国）	中国建筑集团有限公司（2）	[(2)/(1)]/%
营业收入/百万美元	59389	293712	494.56
净利润/百万美元	3071	4444	144.73
资产/百万美元	113725	378352	332.69
所有者权益/百万美元	26016	29710	114.20
员工人数/人	219299	368327	167.96
收入净利率/%	5.17	1.51	29.26
资产净利率/%	2.70	1.17	43.50
净资产收益率/%	11.80	14.96	126.73
劳动生产率/（万美元/人）	27.08	79.74	294.46
人均净利润/（万美元/人）	1.40	1.21	86.17

表 8-9　2022 中国 500 强与世界 500 强工业机械业领先企业对比

对比指标	西门子（1）（德国）	中国机械工业集团有限公司（2）	[(2)/(1)]/%
营业收入/百万美元	75516	57446	76.07
净利润/百万美元	7362	458	6.22
资产/百万美元	161610	57369	35.50
所有者权益/百万美元	51366	11417	22.23
员工人数/人	303000	132147	43.61
收入净利率/%	9.75	0.80	8.18
资产净利率/%	4.56	0.80	17.53
净资产收益率/%	14.33	4.01	28.00
劳动生产率/（万美元/人）	24.92	43.47	174.42
人均净利润/（万美元/人）	2.43	0.35	14.27

表8-10 2022中国500强与世界500强公用设施业领先企业对比

对比指标	意大利国家电力公司(1)(意大利)	国家电网有限公司(2)	[(2)/(1)]/%
营业收入/百万美元	104052	460617	442.68
净利润/百万美元	3771	7138	189.31
资产/百万美元	235291	735430	312.56
所有者权益/百万美元	33716	310243	920.18
员工人数/人	66279	871145	1314.36
收入净利率/%	3.62	1.55	42.76
资产净利率/%	1.60	0.97	60.57
净资产收益率/%	11.18	2.30	20.57
劳动生产率/(万美元/人)	156.99	52.87	33.68
人均净利润/(万美元/人)	5.69	0.82	14.40

表8-11 2022中国500强与世界500强航天与防务业领先企业对比

对比指标	洛克希德-马丁(1)(美国)	中国兵器工业集团有限公司(2)	[(2)/(1)]/%
营业收入/百万美元	67044	81785	121.99
净利润/百万美元	6315	1742	27.58
资产/百万美元	50873	76538	150.45
所有者权益/百万美元	10959	21193	193.39
员工人数/人	114000	213957	187.68
收入净利率/%	9.42	2.13	22.61
资产净利率/%	12.41	2.28	18.33
净资产收益率/%	57.62	8.22	14.26
劳动生产率/(万美元/人)	58.81	38.23	65.00
人均净利润/(万美元/人)	5.54	0.81	14.69

表8-12 2022中国500强与世界500强互联网服务和零售业领先企业对比

对比指标	亚马逊(1)(美国)	京东集团股份有限公司(2)	[(2)/(1)]/%
营业收入/百万美元	469822	147526	31.40
净利润/百万美元	33364	-552	—
资产/百万美元	420549	78164	18.59
所有者权益/百万美元	138245	32889	23.79
员工人数/人	1608000	385357	23.96
收入净利率/%	7.10	-0.37	—
资产净利率/%	7.93	-0.71	—
净资产收益率/%	24.13	-1.68	—
劳动生产率/(万美元/人)	29.22	38.28	131.03
人均净利润/(万美元/人)	2.07	-0.14	—

表 8－13　2022 中国 500 强与世界 500 强化学品业领先企业对比

对比指标	巴斯夫公司(1)(德国)	中国中化控股有限责任公司(2)	[(2)/(1)]/%
营业收入/百万美元	92929	172260	185.37
净利润/百万美元	6530	－198	—
资产/百万美元	99355	241750	243.32
所有者权益/百万美元	46381	3753	8.09
员工人数/人	111047	220760	198.80
收入净利率/%	7.03	－0.11	—
资产净利率/%	6.57	－0.08	—
净资产收益率/%	14.08	－5.27	—
劳动生产率/（万美元/人）	83.68	78.03	93.24
人均净利润/（万美元/人）	5.88	－0.09	—

表 8－14　2022 中国 500 强与世界 500 强计算机、办公设备业领先企业对比

对比指标	苹果公司（1）（美国）	联想集团有限公司（2）	[(2)/(1)]/%
营业收入/百万美元	365817	71618	19.58
净利润/百万美元	94680	2030	2.14
资产/百万美元	351002	44510	12.68
所有者权益/百万美元	63090	4991	7.91
员工人数/人	154000	75000	48.70
收入净利率/%	25.88	2.83	10.95
资产净利率/%	26.97	4.56	16.91
净资产收益率/%	150.07	40.67	27.10
劳动生产率/（万美元/人）	237.54	95.49	40.20
人均净利润/（万美元/人）	61.48	2.71	4.40

表 8－15　2022 中国 500 强与世界 500 强建材、玻璃业领先企业对比

对比指标	圣戈班集团（1）（法国）	中国建材集团有限公司（2）	[(2)/(1)]/%
营业收入/百万美元	52212	64417	123.38
净利润/百万美元	2981	604	20.25
资产/百万美元	58651	102682	175.07
所有者权益/百万美元	23553	6607	28.05
员工人数/人	167816	206910	123.30
收入净利率/%	5.71	0.94	16.41
资产净利率/%	5.08	0.59	11.56
净资产收益率/%	12.66	9.13	72.18
劳动生产率/（万美元/人）	31.11	31.13	100.06
人均净利润/（万美元/人）	1.78	0.29	16.42

表8-16 2022中国500强与世界500强金属产品业领先企业对比

对比指标	安赛乐米塔尔（1）（卢森堡）	中国宝武钢铁集团有限公司（2）	[(2)/(1)]/%
营业收入/百万美元	76571	150730	196.85
净利润/百万美元	14956	2995	20.02
资产/百万美元	90512	175861	194.30
所有者权益/百万美元	49106	48703	99.18
员工人数/人	157909	230884	146.21
收入净利率/%	19.53	1.99	10.17
资产净利率/%	16.52	1.70	10.31
净资产收益率/%	30.46	6.15	20.19
劳动生产率/（万美元/人）	48.49	65.28	134.63
人均净利润/（万美元/人）	9.47	1.30	13.70

表8-17 2022中国500强与世界500强炼油业领先企业对比

对比指标	埃克森美孚（1）（美国）	中国石油天然气集团有限公司（2）	[(2)/(1)]/%
营业收入/百万美元	285640	411693	144.13
净利润/百万美元	23040	9638	41.83
资产/百万美元	338923	660008	194.74
所有者权益/百万美元	168577	313309	185.85
员工人数/人	63000	1090345	1730.71
收入净利率/%	8.07	2.34	29.02
资产净利率/%	6.80	1.46	21.48
净资产收益率/%	13.67	3.08	22.51
劳动生产率/（万美元/人）	453.40	37.76	8.33
人均净利润/（万美元/人）	36.57	0.88	2.42

表8-18 2022中国500强与世界500强贸易业领先企业对比

对比指标	托克集团（1）（新加坡）	厦门建发集团有限公司（2）	[(2)/(1)]/%
营业收入/百万美元	231308	111557	48.23
净利润/百万美元	3100	1114	35.94
资产/百万美元	90066	103720	115.16
所有者权益/百万美元	10303	9703	94.17
员工人数/人	9031	36334	402.33
收入净利率/%	1.34	1.00	74.52
资产净利率/%	3.44	1.07	31.21
净资产收益率/%	30.09	11.48	38.16
劳动生产率/（万美元/人）	2561.27	307.03	11.99
人均净利润/（万美元/人）	34.33	3.07	8.93

表 8-19　2022 中国 500 强与世界 500 强能源业领先企业对比

对比指标	俄罗斯天然气工业股份公司（1）（俄罗斯）	中国华能集团有限公司（2）	[(2)/(1)]/%
营业收入/百万美元	137732	60049	43.60
净利润/百万美元	28405	682	2.40
资产/百万美元	360802	210935	58.46
所有者权益/百万美元	216790	19017	8.77
员工人数/人	468000	125365	26.79
收入净利率/%	20.62	1.13	5.50
资产净利率/%	7.87	0.32	4.10
净资产收益率/%	13.10	3.58	27.35
劳动生产率/（万美元/人）	29.43	47.90	162.76
人均净利润/（万美元/人）	6.07	0.54	8.96

表 8-20　2022 中国 500 强与世界 500 强保健品批发业领先企业对比

对比指标	麦克森公司（1）（美国）	上海医药集团股份有限公司（2）	[(2)/(1)]/%
营业收入/百万美元	263966	33459	12.68
净利润/百万美元	1114	790	70.88
资产/百万美元	63298	25729	40.65
所有者权益/百万美元	-2272	7771	—
员工人数/人	66500	47056	70.76
收入净利率/%	0.42	2.36	559.18
资产净利率/%	1.76	3.07	174.37
净资产收益率/%	-49.03	10.16	—
劳动生产率/（万美元/人）	396.94	71.11	17.91
人均净利润/（万美元/人）	1.68	1.68	100.17

表 8-21　2022 中国 500 强与世界 500 强人寿与健康保险（股份）业领先企业对比

对比指标	安联保险集团（1）（德国）	中国平安保险(集团)股份有限公司(2)	[(2)/(1)]/%
营业收入/百万美元	144517	199629	138.14
净利润/百万美元	7815	15754	201.58
资产/百万美元	1295531	1596641	123.24
所有者权益/百万美元	90905	127896	140.69
员工人数/人	155411	355982	229.06
收入净利率/%	5.41	7.89	145.93
资产净利率/%	0.60	0.99	163.56
净资产收益率/%	8.60	12.32	143.28
劳动生产率/（万美元/人）	92.99	56.08	60.31
人均净利润/（万美元/人）	5.03	4.43	88.00

表8-22 2022中国500强与世界500强人寿与健康保险（互助）业领先企业对比

对比指标	日本生命保险公司（1）（日本）	中国太平保险集团有限责任公司（2）	[(2)/(1)]/%
营业收入/百万美元	74392	41091	55.24
净利润/百万美元	3087	473	15.32
资产/百万美元	727963	177684	24.41
所有者权益/百万美元	18048	6006	33.28
员工人数/人	92737	68441	73.80
收入净利率/%	4.15	1.15	27.74
资产净利率/%	0.42	0.27	62.78
净资产收益率/%	17.10	7.88	46.05
劳动生产率/（万美元/人）	80.22	60.04	74.84
人均净利润/（万美元/人）	3.33	0.69	20.76

表8-23 2022中国500强与世界500强食品生产业领先企业对比

对比指标	ADM公司（1）（美国）	新希望控股集团有限公司（2）	[(2)/(1)]/%
营业收入/百万美元	85249	39169	45.95
净利润/百万美元	2709	336	12.40
资产/百万美元	56136	58947	105.01
所有者权益/百万美元	22477	4186	18.62
员工人数/人	39979	130887	327.39
收入净利率/%	3.18	0.86	26.98
资产净利率/%	4.83	0.57	11.80
净资产收益率/%	12.05	8.02	66.56
劳动生产率/（万美元/人）	213.23	29.93	14.03
人均净利润/（万美元/人）	6.78	0.26	3.79

表8-24 2022中国500强与世界500强网络、通信设备业领先企业对比

对比指标	思科公司（1）（美国）	华为投资控股有限公司（2）	[(2)/(1)]/%
营业收入/百万美元	49818	98725	198.17
净利润/百万美元	10591	17623	166.39
资产/百万美元	97497	154747	158.72
所有者权益/百万美元	41275	65263	158.12
员工人数/人	79500	195000	245.28
收入净利率/%	21.26	17.85	83.96
资产净利率/%	10.86	11.39	104.83
净资产收益率/%	25.66	27.00	105.23
劳动生产率/（万美元/人）	62.66	50.63	80.79
人均净利润/（万美元/人）	13.32	9.04	67.84

表 8－25　2022 中国 500 强与世界 500 强商业银行储蓄业领先企业对比

对比指标	摩根大通公司（1）（美国）	中国工商银行股份有限公司（2）	[（2）/（1）]/%
营业收入/百万美元	127202	209000	164.31
净利润/百万美元	48334	54003	111.73
资产/百万美元	3743567	5536969	147.91
所有者权益/百万美元	294127	512863	174.37
员工人数/人	271025	434089	160.17
收入净利率/%	38.00	25.84	68.00
资产净利率/%	1.29	0.98	75.54
净资产收益率/%	16.43	10.53	64.08
劳动生产率/（万美元/人）	46.93	48.15	102.58
人均净利润/（万美元/人）	17.83	12.44	69.76

表 8－26　2022 中国 500 强与世界 500 强邮件、包裹及货物包装运输业领先企业对比

对比指标	联合包裹速递服务公司（1）（美国）	中国邮政集团有限公司（2）	[（2）/（1）]/%
营业收入/百万美元	97287	108669	111.70
净利润/百万美元	12890	5983	46.42
资产/百万美元	69405	2073125	2987.00
所有者权益/百万美元	14253	75008	526.26
员工人数/人	400945	748920	186.79
收入净利率/%	13.25	5.51	41.55
资产净利率/%	18.57	0.29	1.55
净资产收益率/%	90.44	7.98	8.82
劳动生产率/（万美元/人）	24.26	14.51	59.80
人均净利润/（万美元/人）	3.21	0.80	24.85

表 8－27　2022 中国 500 强与世界 500 强运输及物流业领先企业对比

对比指标	德讯集团（1）（瑞士）	浙江省交通投资集团有限公司（2）	[（2）/（1）]/%
营业收入/百万美元	35891	46382	129.23
净利润/百万美元	2223	897	40.35
资产/百万美元	16085	117353	729.59
所有者权益/百万美元	3518	19846	564.16
员工人数/人	73516	40776	55.47
收入净利率/%	6.19	1.93	31.23
资产净利率/%	13.82	0.76	5.53
净资产收益率/%	63.20	4.52	7.15
劳动生产率/（万美元/人）	48.82	113.75	232.99
人均净利润/（万美元/人）	3.02	2.20	72.75

表 8 - 28 2022 中国 500 强与世界 500 强制药业领先企业对比

对比指标	强生（1）（美国）	中国华润有限公司（2）	[(2)/(1)]/%
营业收入/百万美元	93775	119601	127.54
净利润/百万美元	20878	4544	21.76
资产/百万美元	182018	318180	174.81
所有者权益/百万美元	74023	45139	60.98
员工人数/人	141700	362706	255.97
收入净利率/%	22.26	3.80	17.06
资产净利率/%	11.47	1.43	12.45
净资产收益率/%	28.20	10.07	35.69
劳动生产率/（万美元/人）	66.18	32.97	49.83
人均净利润/（万美元/人）	14.73	1.25	8.50

注：本章数据和行业分类依据美国《财富》网发布的 2022 世界 500 强排行榜。

第九章
2022 中国企业 500 强

2022 中国企业 500 强情况如表 9－1 至表 9－19 所示。

表 9－1 2022 中国企业 500 强

上年名次	名次	企业名称	地区	营业收入/万元	净利润/万元	资产/万元	所有者权益/万元	从业人数/人
1	1	国家电网有限公司	北京	297113025	4604112	467152425	197069429	969289
2	2	中国石油天然气集团有限公司	北京	265555424	6216526	419243418	199016690	1090345
3	3	中国石油化工集团有限公司	北京	258860343	5364137	241808347	84785275	542286
4	4	中国建筑股份有限公司	北京	189133897	5140766	238824913	34390009	368327
6	5	中国工商银行股份有限公司	北京	143000300	34833800	3517138300	325775500	434089
7	6	中国建设银行股份有限公司	北京	123376500	30251300	3025397900	258823100	375531
5	7	中国平安保险（集团）股份有限公司	广东	118044400	10161800	1014202600	81240500	355982
8	8	中国农业银行股份有限公司	北京	116833400	24118300	2906915500	241460500	455174
N. A.	9	中国中化控股有限责任公司	北京	112020873	－128564	153562145	2383689	220760
10	10	中国铁路工程集团有限公司	北京	107367038	1195379	137150260	12218186	309874
12	11	中国铁道建筑集团有限公司	北京	102046150	1099037	135586741	10560013	366833
9	12	中国人寿保险（集团）公司	北京	101331534	1991337	573651627	26088699	182646
11	13	中国银行股份有限公司	北京	98293200	21655900	2672240800	222515300	306322
25	14	中国宝武钢铁集团有限公司	上海	97225779	1931794	111708361	30936785	203781
15	15	京东集团股份有限公司	北京	95159200	－356000	49650700	20891100	385357
14	16	中国移动通信集团有限公司	北京	85088466	9436108	214651950	118216661	451331
19	17	中国五矿集团有限公司	北京	85015599	397887	100390805	6704470	201724
17	18	中国交通建设集团有限公司	北京	84282649	901314	224338606	15309718	220519
18	19	阿里巴巴（中国）有限公司	浙江	83640500	5778200	176056700	97429900	70000
31	20	中国海洋石油集团有限公司	北京	81867619	5923601	132996757	63336749	80957
16	21	上海汽车集团股份有限公司	上海	77984579	2453310	91692270	27377368	144787
23	22	中国华润有限公司	北京	77776660	2954963	202110927	28672427	362706
24	23	山东能源集团有限公司	山东	77411900	112016	75140248	11127866	243124
21	24	恒力集团有限公司	江苏	73234451	1531614	30536547	5790619	121430
22	25	正威国际集团有限公司	广东	72275382	1296964	21363794	12469061	22398
47	26	厦门建发集团有限公司	福建	71957617	718654	65883882	6163193	36334
20	27	中国第一汽车集团有限公司	吉林	70569611	2322386	60008812	22813252	122371
34	28	中国医药集团有限公司	北京	70166212	7846699	56402153	15129832	196568
26	29	中国邮政集团有限公司	北京	70095084	3859218	1316870009	47646084	748920
32	30	国家能源投资集团有限责任公司	北京	69079494	3516763	189759756	45883642	319033
30	31	中国南方电网有限责任公司	广东	67160048	841150	108223257	39910622	282440
35	32	中粮集团有限公司	北京	66494705	966171	68601206	10379337	107829
13	33	华为投资控股有限公司	广东	63069840	11354549	98283639	41445976	195000
33	34	中国电力建设集团有限公司	北京	62195161	438152	114551061	9529847	181330
36	35	中国中信集团有限公司	北京	62004272	3154971	880968219	41823175	148108

续表

上年名次	名次	企业名称	地区	营业收入/万元	净利润/万元	资产/万元	所有者权益/万元	从业人数/人
56	36	厦门国贸控股集团有限公司	福建	60498494	247215	24590672	2622762	31689
28	37	中国人民保险集团股份有限公司	北京	59769100	2163800	137640200	21913200	669683
N. A.	38	物产中大集团股份有限公司	浙江	56713118	401755	12944945	3037892	21012
41	39	腾讯控股有限公司	广东	56011800	22482200	161236400	80629900	112771
27	40	东风汽车集团有限公司	湖北	55551521	929446	55134798	11715984	141681
46	41	绿地控股集团股份有限公司	上海	54428636	617903	146909791	8997250	79999
69	42	中国远洋海运集团有限公司	上海	54266305	4141597	97615126	23637244	107551
39	43	中国电信集团有限公司	北京	53922328	1248156	98976966	38211746	394600
40	44	中国兵器工业集团有限公司	北京	52754166	1123400	48617366	13462102	219320
45	45	碧桂园控股有限公司	广东	52306400	2679700	194836500	19873600	100705
42	46	中国航空工业集团有限公司	北京	51903589	551610	123832280	22122502	380000
63	47	中国铝业集团有限公司	北京	51864838	902344	62444306	10267418	145917
48	48	太平洋建设集团有限公司	新疆维吾尔自治区	50120507	3637778	33459941	17195706	310719
55	49	招商局集团有限公司	北京	49517181	5499226	250876457	44146405	264161
43	50	交通银行股份有限公司	上海	49005500	8758100	1166575700	96464700	90238
53	51	联想控股股份有限公司	北京	48987168	575489	68068617	6126989	88000
60	52	厦门象屿集团有限公司	福建	48438283	264136	20984014	1885602	14372
38	53	北京汽车集团有限公司	北京	48175754	205136	50026416	7493926	100000
44	54	晋能控股集团有限公司	山西	48111841	-219921	106119653	7647440	506364
51	55	招商银行股份有限公司	广东	46226100	11992200	924902100	85874500	103669
68	56	江西铜业集团有限公司	江西	45741836	299714	19783051	3368826	31595
52	57	万科企业股份有限公司	广东	45279778	2252403	193863813	23595313	139494
57	58	中国保利集团有限公司	北京	44875187	1323230	174015716	11020766	110785
76	59	浙江荣盛控股集团有限公司	浙江	44831822	772437	36066971	3090346	22750
50	60	中国太平洋保险（集团）股份有限公司	上海	44064337	2683445	194616377	22674120	114108
58	61	广州汽车工业集团有限公司	广东	43188274	391760	36432279	5170179	112113
64	62	河钢集团有限公司	河北	42668707	141849	50855841	6839170	103637
59	63	中国建材集团有限公司	北京	41550846	389268	65224429	4196797	206910
81	64	山东魏桥创业集团有限公司	山东	41113475	1133995	25504593	8534472	96782
61	65	中国光大集团股份公司	北京	39794328	2411442	652807985	26043102	95000
62	66	兴业银行股份有限公司	福建	39560200	8268000	860302400	68411100	62540
66	67	陕西煤业化工集团有限责任公司	陕西	39539854	384746	66164153	7124802	151159
74	68	中国华能集团有限公司	北京	38553240	439598	133987744	12079512	125916
111	69	鞍钢集团有限公司	辽宁	38345695	735704	49197644	8602171	164704
83	70	中国机械工业集团有限公司	北京	37054529	295579	36441119	7251965	133424
65	71	上海浦东发展银行股份有限公司	上海	36643000	5300300	813675700	67000700	63361

续表

上年名次	名次	企业名称	地区	营业收入/万元	净利润/万元	资产/万元	所有者权益/万元	从业人数/人
72	72	浙江吉利控股集团有限公司	浙江	36031587	948839	51822877	9346032	128928
101	73	中国电子科技集团有限公司	北京	35771735	1388072	54505051	19344834	202561
80	74	青山控股集团有限公司	浙江	35201779	1538971	11515953	4468941	85553
73	75	中国船舶集团有限公司	北京	34902186	1698063	88394553	26126378	213849
89	76	盛虹控股集团有限公司	江苏	34797926	607114	17292018	3569906	35788
82	77	美的集团股份有限公司	广东	34123321	2857365	38794610	12486812	165799
71	78	陕西延长石油（集团）有限责任公司	陕西	33421334	352039	46572532	15216204	130850
79	79	海尔集团公司	山东	33273670	1070417	47129095	6859095	109441
84	80	国家电力投资集团有限公司	北京	33230900	-119253	149111898	16256990	121470
78	81	中国联合网络通信集团有限公司	北京	32912229	318788	62701575	18461028	255413
88	82	浙江恒逸集团有限公司	浙江	32879978	114468	12758389	1320128	23222
95	83	小米集团	北京	32830915	1933932	29289187	13721291	33427
67	84	中国民生银行股份有限公司	北京	32627700	3438100	695278600	57428000	60232
85	85	中国能源建设集团有限公司	北京	32473970	387020	54261563	4362479	119574
77	86	潍柴控股集团有限公司	山东	30559777	189315	31679385	1182024	93991
87	87	江苏沙钢集团有限公司	江苏	30363121	1466463	32482912	7805325	45398
N. A.	88	苏商建设集团有限公司	上海	30224708	1075791	21895244	9620192	153242
120	89	浙江省交通投资集团有限公司	浙江	30161954	583449	74543672	12606441	40776
126	90	中国中煤能源集团有限公司	北京	30100349	445915	44355740	8078357	149898
99	91	中国兵器装备集团有限公司	北京	28622955	475056	39231532	8425264	162498
103	92	上海建工集团股份有限公司	上海	28102546	376877	35376589	4096156	56494
86	93	中国航天科技集团有限公司	北京	28007020	1998943	60861741	23781499	180521
93	94	中国电子信息产业集团有限公司	北京	27812805	-101993	39442929	6679534	191126
100	95	中国华电集团有限公司	北京	27643100	241486	94805300	11376453	92217
114	96	首钢集团有限公司	北京	27149655	135780	51856071	12222708	96432
97	97	中国太平保险集团有限责任公司	上海	26721347	307592	112866654	3814881	68441
108	98	山东钢铁集团有限公司	山东	26651911	549488	26153155	1341711	57628
149	99	杭州钢铁集团有限公司	浙江	26538950	229676	9283046	2910147	13819
94	100	金川集团股份有限公司	甘肃	26419154	622408	12074816	4339077	29100
91	101	中国航天科工集团有限公司	北京	26353542	1359836	50718529	16723371	141678
96	102	泰康保险集团股份有限公司	北京	26193348	2468118	132977846	12135133	58853
70	103	中南控股集团有限公司	江苏	26025762	-208374	38899985	1020111	100000
90	104	安徽海螺集团有限责任公司	安徽	25607469	1239871	28232081	7177204	59739
109	105	新希望控股集团有限公司	四川	25265247	216575	37443425	2658893	138136
153	106	TCL 实业控股股份有限公司	广东	25235035	1073421	39525356	4683043	124133

续表

上年名次	名次	企业名称	地区	营业收入/万元	净利润/万元	资产/万元	所有者权益/万元	从业人数/人
128	107	广州市建筑集团有限公司	广东	24913759	93443	17889211	1629222	51918
119	108	北京建龙重工集团有限公司	北京	24741240	359041	16801018	3490591	57568
105	109	中国核工业集团有限公司	北京	24722520	765143	102508000	17282730	181100
110	110	深圳市投资控股有限公司	广东	24252788	1063772	93477161	18968899	86030
98	111	中国中车集团有限公司	北京	23842915	573344	47827825	8357573	175802
106	112	敬业集团有限公司	河北	23790148	574692	7743682	3870538	31000
113	113	铜陵有色金属集团控股有限公司	安徽	22905863	32200	9287182	772913	20164
134	114	紫金矿业集团股份有限公司	福建	22510249	1567287	20859468	7103437	43876
N. A.	115	蜀道投资集团有限责任公司	四川	22467475	278523	100306900	23620347	49493
121	116	中国大唐集团有限公司	北京	22382479	-1873140	83016416	8169191	91005
127	117	龙湖集团控股有限公司	重庆	22337547	2385369	87565111	12494925	44065
156	118	中国航空油料集团有限公司	北京	22262035	277580	6890977	2861756	14246
115	119	新华人寿保险股份有限公司	北京	22238000	1495100	112772100	10851400	34434
155	120	湖南钢铁集团有限公司	湖南	21970605	818253	13723112	3566163	33764
143	121	潞安化工集团有限公司	山西	21959023	-175688	29491966	3469339	99132
147	122	比亚迪股份有限公司	广东	21614239	304519	29578015	9506967	288186
122	123	上海医药集团股份有限公司	上海	21582426	509347	16343551	4935948	47056
112	124	山西焦煤集团有限责任公司	山西	21531205	-275235	45419840	5762491	175211
202	125	新疆中泰（集团）有限责任公司	新疆维吾尔自治区	21215265	31061	12558283	529338	48067
150	126	顺丰控股股份有限公司	广东	20718665	426910	20989998	8294323	177129
124	127	多弗国际控股集团有限公司	浙江	20686568	262926	14363606	7490521	22500
123	128	广西投资集团有限公司	广西壮族自治区	20616624	50891	66904771	3201332	35369
130	129	云南省投资控股集团有限公司	云南	20566014	177587	53729114	9814167	52077
125	130	新疆广汇实业投资（集团）有限责任公司	新疆维吾尔自治区	20322327	42222	27211903	3816131	73109
165	131	山东高速集团有限公司	山东	20083604	442269	113918465	16498240	52407
117	132	海亮集团有限公司	浙江	20027392	82504	6677017	2091884	23854
288	133	成都兴城投资集团有限公司	四川	19707423	220467	94199134	6216417	38076
129	134	广州医药集团有限公司	广东	19651802	206420	7209340	1252246	34730
193	135	上海德龙钢铁集团有限公司	上海	19572224	508187	12395905	2201790	46054
152	136	国家开发投资集团有限公司	北京	19445388	3412071	76637289	12635047	52810
N. A.	137	中国物流集团有限公司	北京	19435133	162568	11511062	1856602	22225
164	138	河北新华联合冶金控股集团有限公司	河北	19039289	189782	12593385	1016978	20570
166	139	中天钢铁集团有限公司	江苏	19038174	306601	5323179	1615566	13307
135	140	珠海格力电器股份有限公司	广东	18965403	2306373	31959818	10365165	81884
145	141	南京钢铁集团有限公司	江苏	18749509	380055	6897834	2006471	10324

续表

上年名次	名次	企业名称	地区	营业收入/万元	净利润/万元	资产/万元	所有者权益/万元	从业人数/人
176	142	河北津西钢铁集团股份有限公司	河北	18725325	225421	7470092	2436152	8055
133	143	华阳新材料科技集团有限公司	山西	18682697	-302969	27214263	2910107	59259
107	144	重庆市金科投资控股（集团）有限责任公司	重庆	18563651	123842	38090188	1982889	24806
146	145	北京首农食品集团有限公司	北京	18309244	272694	16485622	4264125	53472
163	146	陕西建工控股集团有限公司	陕西	18288042	225668	29750570	1237580	40286
267	147	广州工业投资控股集团有限公司	广东	18209575	329434	16507092	3413723	83933
154	148	杭州市实业投资集团有限公司	浙江	18105521	228951	7544066	1631436	4491
140	149	天能控股集团有限公司	浙江	17925186	135076	7363892	1235898	25618
195	150	美团公司	上海	17912800	-2353838	24065327	12561344	100033
131	151	万洲国际有限公司	河南	17597435	688604	12375871	5577462	107000
198	152	洛阳栾川钼业集团股份有限公司	河南	17386258	510601	13744977	3984528	11472
141	153	华夏银行股份有限公司	北京	17324200	2353500	367628700	29829200	39200
118	154	中国通用技术（集团）控股有限责任公司	北京	17205778	-133201	24801692	4309593	70698
136	155	中国平煤神马能源化工集团有限责任公司	河南	17066921	338243	23019693	2770442	121921
167	156	北大荒农垦集团有限公司	黑龙江	17037506	49763	23191114	4505193	504701
171	157	海信集团控股股份有限公司	山东	16955274	321469	16823472	1945712	97839
132	158	中国重型汽车集团有限公司	山东	16838201	253276	12740534	2110324	37115
159	159	华侨城集团有限公司	广东	16680925	159841	67982672	8713499	53127
137	160	中国再保险（集团）股份有限公司	北京	16397362	636300	50043900	9311742	55407
231	161	中国国际海运集装箱（集团）股份有限公司	广东	16369598	666532	15432250	4511863	51746
160	162	甘肃省公路航空旅游投资集团有限公司	甘肃	16365155	28364	68103091	21833651	55048
144	163	上海电气控股集团有限公司	上海	16349526	-745084	38155572	2997118	67335
157	164	云南省建设投资控股集团有限公司	云南	16316886	301182	69512208	15716922	58405
180	165	万向集团公司	浙江	16284367	182361	10908538	3106580	35978
170	166	复星国际有限公司	上海	16129120	1008990	80637210	13106991	96000
161	167	陕西有色金属控股集团有限责任公司	陕西	16116923	93175	14083995	3684237	42278
178	168	西安迈科金属国际集团有限公司	陕西	15987799	37747	2447425	572164	1195
174	169	北京金隅集团股份有限公司	北京	15590180	293302	28635681	6371749	46447
182	170	三一集团有限公司	湖南	15456008	509474	24473736	4499012	36954
239	171	立讯精密工业股份有限公司	广东	15394610	707052	12057210	3528855	228152
162	172	四川长虹电子控股集团有限公司	四川	15235605	10084	9366219	217949	63730
185	173	中国化学工程集团有限公司	北京	15201607	284423	20766658	2741330	51178
148	174	光明食品（集团）有限公司	上海	15083030	123825	28330567	6908289	104259
177	175	浙江省兴合集团有限责任公司	浙江	14920459	67979	8069030	580696	18083

续表

上年名次	名次	企业名称	地区	营业收入/万元	净利润/万元	资产/万元	所有者权益/万元	从业人数/人
189	176	中国国际技术智力合作集团有限公司	北京	14665554	93799	1879186	724038	5185
168	177	冀南钢铁集团有限公司	河北	14603294	1308451	4609750	4294045	20278
169	178	无锡产业发展集团有限公司	江苏	14577969	63893	12075743	1225153	28079
287	179	万华化学集团股份有限公司	山东	14553782	2464875	19030958	6849853	19692
172	180	中国有色矿业集团有限公司	北京	14446669	165185	11084521	1842948	43425
199	181	传化集团有限公司	浙江	14444414	391115	7851269	1197310	12702
210	182	雅戈尔集团股份有限公司	浙江	14393756	519398	9397383	2979675	19591
203	183	珠海华发集团有限公司	广东	14194254	212286	57742333	6079291	51526
183	184	北京城建集团有限责任公司	北京	14059343	234838	33981867	3080774	33553
184	185	四川省宜宾五粮液集团有限公司	四川	14002354	651888	24519331	4471919	43506
175	186	云南省能源投资集团有限公司	云南	13999577	283722	23142724	6266440	28419
190	187	上海均和集团有限公司	上海	13695715	32019	3469461	1358653	5000
206	188	浙江省能源集团有限公司	浙江	13686276	373897	29793982	8786238	23500
212	189	长城汽车股份有限公司	河北	13640466	672609	17540802	5734185	77934
138	190	南通三建控股有限公司	江苏	13593220	1399939	4420652	1886302	78331
214	191	辽宁方大集团实业有限公司	辽宁	13370261	550082	15884140	3408952	59610
187	192	东岭集团股份有限公司	陕西	13276579	28705	4890515	1086217	10208
191	193	广西柳州钢铁集团有限公司	广西壮族自治区	13253262	630151	12094540	3530654	33954
186	194	中天控股集团有限公司	浙江	13121409	371162	13761597	2499267	20711
192	195	亨通集团有限公司	江苏	13100290	32424	8191155	794856	18592
387	196	宁德时代新能源科技股份有限公司	福建	13035580	1593131	30766686	8451327	83601
222	197	协鑫集团有限公司	江苏	13000528	252211	16444557	4130294	26009
204	198	中国黄金集团有限公司	北京	12996121	55238	11293988	1830093	40411
179	199	超威电源集团有限公司	浙江	12967239	79470	1874198	780121	17000
181	200	北京银行股份有限公司	北京	12956100	2222600	305895900	29505400	16526
216	201	山东东明石化集团有限公司	山东	12861179	237822	5142971	2277439	8393
213	202	卓尔控股有限公司	湖北	12803758	116690	10091836	5052015	15891
250	203	包头钢铁（集团）有限责任公司	内蒙古自治区	12603574	305127	20941671	3127459	40940
205	204	百度网络技术有限公司	北京	12449300	1022600	38003400	21145900	45500
N. A.	205	江苏银行股份有限公司	江苏	12386344	1969437	261887426	19222708	15553
211	206	宁波金田投资控股有限公司	浙江	12285695	26258	2268213	235930	8015
201	207	九州通医药集团股份有限公司	湖北	12240743	244833	8593587	2340861	29338
241	208	神州数码集团股份有限公司	北京	12238487	23809	3895338	608088	5210
200	209	中国广核集团有限公司	广东	12139857	850883	84798195	14800267	41276
223	210	湖南建工控股集团有限公司	湖南	12133777	185090	10036471	1733854	32587

续表

上年名次	名次	企业名称	地区	营业收入/万元	净利润/万元	资产/万元	所有者权益/万元	从业人数/人
220	211	江苏永钢集团有限公司	江苏	12056078	520433	5235104	2724303	9275
217	212	北京外企人力资源服务有限公司	北京	12055107	61502	1271011	308940	4713
194	213	阳光保险集团股份有限公司	广东	12006759	590513	44162388	5800821	60950
208	214	北京建工集团有限责任公司	北京	11933285	128405	20340122	2093347	37850
259	215	山西建设投资集团有限公司	山西	11725364	179495	15012277	2705518	32462
215	216	唯品会控股有限公司	广东	11705968	468107	6228754	3263290	10675
196	217	酒泉钢铁（集团）有限责任公司	甘肃	11693741	421600	11314757	2745589	34592
209	218	海澜集团有限公司	江苏	11685025	450947	11310337	8219571	16408
N. A.	219	徐工集团工程机械有限公司	江苏	11679619	472712	16703220	2923144	27418
247	220	新奥天然气股份有限公司	河北	11591963	410165	12793392	1483322	39474
197	221	南山集团有限公司	山东	11582816	407787	13537490	6797695	46582
218	222	中兴通讯股份有限公司	广东	11452164	681294	16876343	5148209	72584
293	223	桐昆控股集团有限公司	浙江	11090509	196135	7962100	1076416	25111
139	224	河南能源集团有限公司	河南	11031388	-252632	25548222	389616	121427
228	225	内蒙古伊利实业集团股份有限公司	内蒙古自治区	11014398	840439	10196233	4770831	61598
269	226	中基宁波集团股份有限公司	浙江	10954361	33928	1485861	164963	2470
225	227	贵州茅台酒股份有限公司	贵州	10946428	5246014	25516820	18953937	30001
219	228	北京控股集团有限公司	北京	10923283	164160	41074964	4283259	75416
224	229	上海银行股份有限公司	上海	10880979	2204245	265319868	2052036	13661
265	230	新余钢铁集团有限公司	江西	10861089	227797	6632626	1458737	20444
237	231	通威集团有限公司	四川	10827165	348967	10212639	2239957	33231
229	232	利华益集团股份有限公司	山东	10806670	277023	4901485	2418785	6000
291	233	旭辉控股（集团）有限公司	上海	10783474	761292	43274953	4199015	25532
346	234	江苏新长江实业集团有限公司	江苏	10700190	121537	4911330	1538667	6923
244	235	正泰集团股份有限公司	浙江	10668987	212966	10752402	1980496	38065
235	236	万达控股集团有限公司	山东	10616853	140671	5321341	1614649	13115
258	237	奇瑞控股集团有限公司	安徽	10611251	81458	21158194	1705757	33595
280	238	广东省广晟控股集团有限公司	广东	10595462	200594	15512729	1543621	57490
230	239	江铃汽车集团有限公司	江西	10444263	40158	8088421	994783	35322
173	240	广东鼎龙实业集团有限公司	广东	10258384	24201	3371739	904738	4205
234	241	中国南方航空集团有限公司	广东	10248525	-623877	34864015	5614550	114779
246	242	福建大东海实业集团有限公司	福建	10123439	511597	6438813	4004681	20430
243	243	广西北部湾国际港务集团有限公司	广西壮族自治区	10045755	5326	14588285	2747133	31907
268	244	河北普阳钢铁有限公司	河北	10045300	482694	4923745	2886578	8200
N. A.	245	金地（集团）股份有限公司	广东	9923222	940952	46280951	6298117	47985

续表

上年名次	名次	企业名称	地区	营业收入/万元	净利润/万元	资产/万元	所有者权益/万元	从业人数/人
242	246	晨鸣控股有限公司	山东	9890022	32752	8489380	247696	12296
304	247	兰州新区商贸物流投资集团有限公司	甘肃	9766850	10623	1748997	764174	2087
253	248	山东省国有资产投资控股有限公司	山东	9653160	50288	18393326	1640599	39381
248	249	开滦（集团）有限责任公司	河北	9649389	17757	9101541	1258075	47325
261	250	振烨国际产业控股集团（深圳）有限公司	广东	9601924	771429	1807594	702908	1966
240	251	东方国际（集团）有限公司	上海	9571260	43589	6462775	1734244	71960
266	252	浙江省建设投资集团股份有限公司	浙江	9533495	104640	9924578	669578	20992
321	253	深圳市爱施德股份有限公司	广东	9516565	92209	1533856	578072	2949
238	254	江苏悦达集团有限公司	江苏	9391858	65428	7303172	1098951	42551
256	255	内蒙古电力（集团）有限责任公司	内蒙古自治区	9324739	36776	10704134	4850518	36087
257	256	天津荣程祥泰投资控股集团有限公司	天津	9231865	167994	3320217	1477576	8956
233	257	永辉超市股份有限公司	福建	9106189	－394387	7131164	1065879	123797
226	258	弘阳集团有限公司	江苏	8809122	194234	15456555	2596007	7906
301	259	北京能源集团有限责任公司	北京	8798832	238560	40014870	8961183	33620
284	260	网易公司	北京	8760603	1685684	15364392	9532808	32064
273	261	玖龙纸业（控股）有限公司	广东	8731040	587388	9639108	4715611	20000
299	262	广州越秀集团股份有限公司	广东	8716181	444580	78247953	5472077	37453
260	263	中国铁塔股份有限公司	北京	8658469	732937	32325987	18935656	23300
354	264	山西鹏飞集团有限公司	山西	8619669	453505	9502448	5681598	13355
251	265	双胞胎（集团）股份有限公司	江西	8606501	31240	3191090	1388851	18000
340	266	广东海大集团股份有限公司	广东	8599855	159604	3564857	1446113	31535
252	267	天津泰达投资控股有限公司	天津	8594907	131417	43206447	10880478	22530
271	268	永锋集团有限公司	山东	8512520	294772	6518527	1533058	11803
289	269	浙江省国际贸易集团有限公司	浙江	8426493	161565	14344221	1777162	21767
282	270	中国东方航空集团有限公司	上海	8409619	－176219	36946557	7797234	99207
277	271	陕西投资集团有限公司	陕西	8407668	273119	24165771	4261765	24627
N. A.	272	山东省港口集团有限公司	山东	8398272	182475	23192871	6155245	56792
N. A.	273	华勤技术股份有限公司	上海	8375852	189284	4523086	956184	33141
207	274	云南省交通投资建设集团有限公司	云南	8353636	243818	63795712	9947419	18570
352	275	厦门路桥工程物资有限公司	福建	8342169	39941	2028658	217394	562
302	276	广东省建筑工程集团控股有限公司	广东	8341643	152625	11685239	2016588	22836
341	277	牧原实业集团有限公司	河南	8327574	35827	19151727	1120985	140517
292	278	广东省广新控股集团有限公司	广东	8321410	205935	8568433	1613708	29623
338	279	重庆化医控股（集团）公司	重庆	8251818	－44588	9414523	450955	27260
286	280	云天化集团有限责任公司	云南	8201422	143544	9393748	935546	22560
236	281	陕西汽车控股集团有限公司	陕西	8200301	17903	7314833	611575	28654
306	282	四川华西集团有限公司	四川	8190738	113185	9570905	1314573	22897

续表

上年名次	名次	企业名称	地区	营业收入/万元	净利润/万元	资产/万元	所有者权益/万元	从业人数/人
262	283	重庆华宇集团有限公司	重庆	8165839	936320	14098553	5789317	5486
290	284	中天科技集团有限公司	江苏	8154688	96538	5360409	982288	15336
312	285	旭阳控股有限公司	北京	8101247	282400	5604800	1712778	12052
232	286	前海人寿保险股份有限公司	广东	8099748	11558	37205569	2614256	2965
255	287	江苏南通二建集团有限公司	江苏	8094712	375045	4164768	2248046	101955
365	288	隆基绿能科技股份有限公司	陕西	8093225	908588	9773488	4744775	49967
270	289	杭州锦江集团有限公司	浙江	8056432	169863	5726998	1217887	9938
297	290	恒信汽车集团股份有限公司	湖北	8021367	257199	2313995	1320251	21987
295	291	甘肃省建设投资（控股）集团有限公司	甘肃	8013850	73585	11892698	2181514	68969
276	292	武安市裕华钢铁有限公司	河北	8007969	670498	4007477	3011916	11525
343	293	四川公路桥梁建设集团有限公司	四川	7979586	556919	12949743	2125822	10140
349	294	绿城房地产集团有限公司	浙江	7947746	312531	52047285	4320008	8674
342	295	浙江富冶集团有限公司	浙江	7937051	89114	1520336	426415	3200
N. A.	296	荣耀终端有限公司	广东	7936172	725439	8221762	3940885	14842
N. A.	297	青岛海发国有资本投资运营集团有限公司	山东	7920021	39558	12059311	1702856	5628
382	298	研祥高科技控股集团有限公司	广东	7914163	422930	4952964	3144265	5190
227	299	日照钢铁控股集团有限公司	山东	7914145	505440	13777181	4722902	15976
337	300	泸州老窖集团有限责任公司	四川	7901442	326743	32051614	1597463	14193
344	301	远大物产集团有限公司	浙江	7893602	27610	649824	218903	421
281	302	金鼎钢铁集团有限公司	河北	7865285	217704	2647178	1228285	3838
300	303	南京银行股份有限公司	江苏	7848214	1585676	174894675	12135979	13592
272	304	南通四建集团有限公司	江苏	7830509	436312	3702793	2293819	126000
307	305	上海城建（集团）有限公司	上海	7823400	88788	16679151	1180026	21571
351	306	歌尔股份有限公司	山东	7822142	383242	6106657	2732774	95780
376	307	北京首都开发控股（集团）有限公司	北京	7717636	1805	35520003	1916450	14153
434	308	水发集团有限公司	山东	7703756	23739	16798577	1841815	25610
278	309	红豆集团有限公司	江苏	7695139	24252	5019330	1759313	21132
275	310	华泰集团有限公司	山东	7683349	142076	3664748	1260996	8392
327	311	安徽建工集团控股有限公司	安徽	7671462	62741	13783185	428704	19755
389	312	安阳钢铁集团有限责任公司	河南	7630760	113041	6322761	975186	24754
336	313	新疆特变电工集团有限公司	新疆维吾尔自治区	7569536	847747	15762605	5702790	22732
380	314	新凤鸣控股集团有限公司	浙江	7498901	224089	3794716	1654241	12581
347	315	广西盛隆冶金有限公司	广西壮族自治区	7487931	516429	6123604	2333129	13851
283	316	中国国际航空股份有限公司	北京	7453167	-1664231	29841515	6140252	88395
339	317	四川省能源投资集团有限责任公司	四川	7420699	53799	19930501	3952745	20942

续表

上年名次	名次	企业名称	地区	营业收入/万元	净利润/万元	资产/万元	所有者权益/万元	从业人数/人
305	318	唐山港陆钢铁有限公司	河北	7395652	101541	2165114	1200639	8464
294	319	蓝润集团有限公司	四川	7336458	118076	9636408	3899805	20175
372	320	广西北部湾投资集团有限公司	广西壮族自治区	7302806	237968	29182921	8841160	19747
N. A.	321	内蒙古鄂尔多斯投资控股集团有限公司	内蒙古自治区	7276763	180139	5639904	690484	23883
313	322	四川省川威集团有限公司	四川	7234391	132421	4536745	704053	14206
333	323	白银有色集团股份有限公司	甘肃	7227998	8174	4564961	1423237	14853
315	324	淮北矿业（集团）有限责任公司	安徽	7208606	180707	9783806	1721068	52294
296	325	奥克斯集团有限公司	浙江	7200722	71053	6663887	1297733	30000
316	326	山东京博控股集团有限公司	山东	7093386	127597	4685415	646224	12106
317	327	山东海科控股有限公司	山东	7013162	146171	2540915	890279	3917
325	328	三房巷集团有限公司	江苏	6875277	81339	2559887	1091854	6500
329	329	晶科能源控股有限公司	江西	6861378	114141	7771858	2400340	31017
309	330	渤海银行股份有限公司	天津	6818724	862972	158270760	10656408	11387
308	331	青建集团	山东	6807658	144892	4804357	1274056	15256
362	332	江苏国泰国际集团股份有限公司	江苏	6785254	123617	3457513	1050094	16082
366	333	大汉控股集团有限公司	湖南	6753204	86439	2428113	878131	6381
318	334	河北新金钢铁有限公司	河北	6730180	105220	2253395	1208472	5558
319	335	中联重科股份有限公司	湖南	6713063	626977	12201816	5686785	26036
310	336	浙江前程投资股份有限公司	浙江	6707005	2937	615153	101128	406
385	337	广东省广物控股集团有限公司	广东	6691949	98427	5064053	1490383	11595
406	338	天津友发钢管集团股份有限公司	天津	6686602	61409	1586851	623033	14389
330	339	河北新武安钢铁集团文安钢铁有限公司	河北	6638938	183325	1430723	1308679	3300
326	340	德力西集团有限公司	浙江	6630622	126053	2438247	638721	19674
322	341	宁夏天元锰业集团有限公司	宁夏回族自治区	6627373	-111873	18974320	7131639	20312
334	342	云南锡业集团（控股）有限责任公司	云南	6616607	17719	6042401	377400	18937
402	343	广东省能源集团有限公司	广东	6603161	-216159	19517493	5491339	15183
335	344	河北省物流产业集团有限公司	河北	6595601	1069	2399058	252232	2426
356	345	恒申控股集团有限公司	福建	6592748	849396	5139727	2952070	8580
345	346	上海钢联电子商务股份有限公司	上海	6577462	17798	1419430	155441	4211
396	347	汇通达网络股份有限公司	江苏	6576317	32761	2436100	595199	4545
364	348	红狮控股集团有限公司	浙江	6553593	504130	6686805	2878086	17349
324	349	深圳海王集团股份有限公司	广东	6553541	32822	6014785	1131856	30112
357	350	永荣控股集团有限公司	福建	6505855	28855	3059267	1049852	4727
397	351	福建省港口集团有限责任公司	福建	6504841	44594	9057002	2036040	32799
279	352	温氏食品集团股份有限公司	广东	6496459	-1340436	9678837	3244768	43965
447	353	福建省能源石化集团有限责任公司	福建	6472824	237477	14742231	2275521	19962
N. A.	354	湖北联投集团有限公司	湖北	6470681	38466	28397388	1725291	20848

续表

上年名次	名次	企业名称	地区	营业收入/万元	净利润/万元	资产/万元	所有者权益/万元	从业人数/人
N. A.	355	深圳市立业集团有限公司	广东	6440882	234281	7522464	4997367	11412
371	356	福建省三钢（集团）有限责任公司	福建	6419696	330647	5623259	1886185	16780
375	357	北京首都创业集团有限公司	北京	6414277	62087	42347271	2467582	36650
435	358	重庆医药（集团）股份有限公司	重庆	6252045	92621	4846819	860937	13683
373	359	杉杉控股有限公司	上海	6221670	53586	7399592	1817345	6551
359	360	湖南博长控股集团有限公司	湖南	6215798	21019	1220672	406859	6857
384	361	河南豫光金铅集团有限责任公司	河南	6203224	18889	2347301	124006	6035
360	362	物美科技集团有限公司	北京	6184575	269741	11383621	2659999	100000
428	363	远景能源有限公司	江苏	6156902	1111978	9960145	3179382	2851
350	364	天元建设集团有限公司	山东	6136215	109578	8960027	1625895	15669
461	365	山东金诚石化集团有限公司	山东	6118951	97703	1366306	615114	2492
320	366	贵州磷化（集团）有限责任公司	贵州	6086689	124146	9118886	1271300	17634
355	367	山东如意时尚投资控股有限公司	山东	6050769	262833	7102590	1867680	40576
368	368	山东太阳控股集团有限公司	山东	6038744	409590	5220280	2243531	17227
381	369	富通集团有限公司	浙江	6018029	166284	3455238	1303107	5116
430	370	心里程控股集团有限公司	广东	6010437	241384	2460899	1565545	3190
383	371	兴华财富集团有限公司	河北	5963044	323596	2066567	1633756	6683
465	372	淮河能源控股集团有限责任公司	安徽	5959275	227089	13988637	1619531	62589
415	373	广西交通投资集团有限公司	广西壮族自治区	5925008	50217	53533965	14889511	15861
N. A.	374	新疆天业（集团）有限公司	新疆维吾尔自治区	5924896	102498	4476655	753767	15127
429	375	山东创新金属科技有限公司	山东	5895479	112738	1554497	487332	8857
403	376	上海闽路润贸易有限公司	上海	5873227	16157	1025108	30279	145
379	377	老凤祥股份有限公司	上海	5869077	187631	2227486	919114	3537
361	378	重庆建工投资控股有限责任公司	重庆	5857418	27623	8141522	584945	15499
386	379	稻花香集团	湖北	5850313	32939	1667465	360785	10013
303	380	广厦控股集团有限公司	浙江	5806410	78374	4666432	1190623	111568
453	381	富海集团新能源控股有限公司	山东	5802489	178208	2300752	1063346	5870
456	382	上海华谊（集团）公司	上海	5776529	199823	9597761	2330000	19346
390	383	天瑞集团股份有限公司	河南	5769273	167770	7777171	3814256	13978
N. A.	384	华峰集团有限公司	浙江	5751071	638961	6384669	2092981	14990
422	385	明阳新能源投资控股集团有限公司	广东	5697358	495279	10303689	3197696	10089
497	386	鲁丽集团有限公司	山东	5696215	119989	1632954	773457	7407
374	387	辽宁嘉晨控股集团有限公司	辽宁	5691190	287959	5387625	4378238	11150
369	388	中华联合保险集团股份有限公司	北京	5677652	44272	9049341	1785309	42919
392	389	重庆农村商业银行股份有限公司	重庆	5653390	955971	126585107	10451265	14905
274	390	山东黄金集团有限公司	山东	5633929	-87521	13198905	1076993	24664

续表

上年名次	名次	企业名称	地区	营业收入/万元	净利润/万元	资产/万元	所有者权益/万元	从业人数/人
367	391	南昌市政公用集团有限公司	江西	5630743	60269	15829405	3830159	32116
493	392	杭州市城市建设投资集团有限公司	浙江	5618319	154642	16727920	4871026	34328
323	393	江苏省苏中建设集团股份有限公司	江苏	5607178	106983	2622381	1030254	156058
433	394	福建省电子信息（集团）有限责任公司	福建	5598398	-127651	10681415	475499	51901
441	395	申能（集团）有限公司	上海	5588972	500870	21547735	10354595	18722
413	396	中国信息通信科技集团有限公司	湖北	5580308	44112	10062007	2693874	38978
431	397	东方润安集团有限公司	江苏	5579145	108355	1284295	654520	4545
353	398	建业控股有限公司	河南	5573276	117303	16702721	1530688	29352
412	399	天津渤海化工集团有限责任公司	天津	5525046	47218	11828224	4450982	24517
405	400	南京新工投资集团有限责任公司	江苏	5493549	137185	8560316	2805045	35510
393	401	郑州瑞茂通供应链有限公司	河南	5397086	35594	5223999	2389248	930
475	402	广东省交通集团有限公司	广东	5394085	307919	44930543	10107464	55373
391	403	龙信建设集团有限公司	江苏	5391451	113703	1382638	712215	52700
N. A.	404	新兴铸管股份有限公司	河北	5330111	200670	5338074	2352797	15570
423	405	重庆中昂投资集团有限公司	重庆	5318296	666837	10352679	4355307	12003
N. A.	406	浙江卫星控股股份有限公司	浙江	5307401	238593	5142174	758303	4075
446	407	中铁集装箱运输有限责任公司	北京	5296277	178302	2892890	1678620	972
N. A.	408	闻泰科技股份有限公司	湖北	5272864	261154	7257588	3369871	31658
N. A.	409	武汉金融控股（集团）有限公司	湖北	5267463	152329	16300318	1885667	17191
N. A.	410	厦门港务控股集团有限公司	福建	5260428	6477	4599493	774317	9700
469	411	云账户技术（天津）有限公司	天津	5252892	4125	200353	14370	598
N. A.	412	湖北交通投资集团有限公司	湖北	5222435	472745	55016591	16121236	22452
N. A.	413	山东恒源石油化工股份有限公司	山东	5221658	27746	1333223	523705	1450
408	414	三河汇福粮油集团有限公司	河北	5209218	51547	1520568	608188	1626
N. A.	415	浙江升华控股集团有限公司	浙江	5206469	52818	897809	350003	3184
470	416	西部矿业集团有限公司	青海	5182186	2738	6727680	463276	7695
N. A.	417	六安钢铁控股集团有限公司	安徽	5181186	170169	2167531	816603	5300
N. A.	418	山西建邦集团有限公司	山西	5158684	340753	1954902	1238687	3517
473	419	深圳金雅福控股集团有限公司	广东	5152153	23739	229959	158897	1933
498	420	石横特钢集团有限公司	山东	5143733	398490	3660504	2124758	11627
263	421	荣盛控股股份有限公司	河北	5128906	-330961	31416792	2074350	24551
401	422	帝海投资控股集团有限公司	北京	5113496	4233	5389856	4231855	1200
394	423	威高集团有限公司	山东	5110981	439914	7214381	4290442	30989
488	424	创维集团有限公司	广东	5092800	163400	6088100	1804500	34000
425	425	东营齐润化工有限公司	山东	5088430	157478	2325630	1300163	1380
416	426	人民控股集团有限公司	浙江	5081712	197697	1406761	1095592	22050
395	427	山东泰山钢铁集团有限公司	山东	5063679	89888	2252753	1273206	7757

续表

上年名次	名次	企业名称	地区	营业收入/万元	净利润/万元	资产/万元	所有者权益/万元	从业人数/人
443	428	山东齐成石油化工有限公司	山东	5062223	18062	2526451	78150	1011
358	429	新疆金风科技股份有限公司	新疆维吾尔自治区	5057072	345695	11936019	3554178	10781
409	430	江西省建工集团有限责任公司	江西	5035864	41647	7269629	499581	3868
N. A.	431	山西晋南钢铁集团有限公司	山西	5019198	54459	2711307	870697	7298
400	432	山东九羊集团有限公司	山东	5017646	98711	1824627	1401782	7377
418	433	通州建总集团有限公司	江苏	5012489	162873	696977	300055	75000
N. A.	434	武汉城市建设集团有限公司	湖北	5009178	182646	35651442	8732934	8192
451	435	宏旺控股集团有限公司	广东	5008617	42249	1136264	378517	2473
245	436	奥园集团有限公司	广东	5006709	-1002730	29092301	709456	18350
458	437	贵州盘江煤电集团有限责任公司	贵州	5001796	-57906	8113277	963704	58644
N. A.	438	张家港市沃丰贸易有限公司	江苏	4974122	38683	1095043	1505	20
285	439	山东招金集团有限公司	山东	4962691	-1966	6266183	401337	14415
440	440	恒丰银行股份有限公司	山东	4952800	638100	121725900	11714500	11697
N. A.	441	深圳传音控股股份有限公司	广东	4941190	390922	3145925	1402265	16095
N. A.	442	中国东方电气集团有限公司	四川	4926439	154827	10596279	1953282	18385
419	443	河北文丰钢铁有限公司	河北	4917505	404735	2219554	2016688	4943
328	444	百联集团有限公司	上海	4916028	74014	17202260	2494733	47945
499	445	广州产业投资控股集团有限公司	广东	4908951	116834	13639329	2859919	21048
N. A.	446	浙江元立金属制品集团有限公司	浙江	4903178	273016	3266274	910294	12411
420	447	重庆机电控股（集团）公司	重庆	4881225	91149	6237826	1399916	25678
N. A.	448	重庆新鸥鹏企业（集团）有限公司	重庆	4860485	282828	7589632	—	8678
426	449	江苏省华建建设股份有限公司	江苏	4857132	141322	1903723	353793	71602
N. A.	450	福州中景石化集团有限公司	福建	4832141	140809	3849477	2102087	3546
477	451	重庆千信集团有限公司	重庆	4823765	61260	1526181	492341	526
437	452	四川省商业投资集团有限责任公司	四川	4795431	10732	2617143	166495	3663
N. A.	453	深圳前海微众银行股份有限公司	广东	4795005	688376	43874781	2772353	3262
421	454	河北建工集团有限责任公司	河北	4788857	16180	2086709	150258	7571
N. A.	455	彬县煤炭有限责任公司	陕西	4785908	37282	2981375	986939	5058
414	456	广西玉柴机器集团有限公司	广西壮族自治区	4784480	53968	4293974	1320023	14179
487	457	河北建设集团股份有限公司	河北	4782827	-34598	6694725	569369	9064
399	458	江西正邦科技股份有限公司	江西	4767022	-1881882	4656700	203824	22088
448	459	远东控股集团有限公司	江苏	4766858	3206	2471774	380187	8385
432	460	浙江中成控股集团有限公司	浙江	4756583	94691	1775260	987490	52110
455	461	西王集团有限公司	山东	4751260	-156666	5121906	756333	16000
472	462	徐州矿务集团有限公司	江苏	4748054	83552	5283175	1706718	23813
484	463	深圳市中农网有限公司	广东	4744903	1150	1447605	86728	587

续表

上年名次	名次	企业名称	地区	营业收入/万元	净利润/万元	资产/万元	所有者权益/万元	从业人数/人
445	464	山东渤海实业集团有限公司	山东	4742756	52073	2104486	535359	2571
492	465	北京江南投资集团有限公司	北京	4738720	671835	15073202	3002581	463
N. A.	466	深圳市信利康供应链管理有限公司	广东	4717206	9166	1154325	148980	603
436	467	四川德胜集团钒钛有限公司	四川	4706501	231872	2799667	1024286	10018
454	468	中科电力装备集团有限公司	安徽	4695763	29167	1921096	703761	3366
476	469	广州农村商业银行股份有限公司	广东	4678330	317521	116162863	8002730	14168
462	470	新疆生产建设兵团建设工程（集团）有限责任公司	新疆维吾尔自治区	4663186	42326	7042285	1140494	20538
N. A.	471	江苏三木集团有限公司	江苏	4651957	321769	1681721	1108115	7018
N. A.	472	江苏大明工业科技集团有限公司	江苏	4633540	44944	1229569	230156	6494
483	473	伊电控股集团有限公司	河南	4631719	21464	8595182	1249803	6100
467	474	上海农村商业银行股份有限公司	上海	4613696	969787	115837626	9376810	7705
478	475	宜昌兴发集团有限责任公司	湖北	4596421	64637	5005304	505808	12993
N. A.	476	华勤橡胶工业集团有限公司	山东	4596324	93286	2158373	1036691	8500
489	477	双良集团有限公司	江苏	4594200	49902	3094647	848291	8371
457	478	金澳科技（湖北）化工有限公司	湖北	4586743	55041	1145404	597265	4689
452	479	沂州集团有限公司	山东	4580892	110567	1826668	700012	3050
474	480	法尔胜泓昇集团有限公司	江苏	4580599	31374	1634895	477305	8120
424	481	江苏华西集团有限公司	江苏	4578757	-42253	4259421	1350452	11187
N. A.	482	振石控股集团有限公司	浙江	4578462	560352	3454541	1497577	7263
411	483	宁波均胜电子股份有限公司	浙江	4567003	-375329	5132668	1137327	43110
N. A.	484	昆明市交通投资有限责任公司	云南	4561721	127046	17621256	6150573	3040
N. A.	485	安踏体育用品集团有限公司	福建	4559564	537454	3228995	1734121	13177
491	486	江苏华宏实业集团有限公司	江苏	4555556	20057	865737	48044	2663
444	487	山东汇丰石化集团有限公司	山东	4533838	84906	1517413	228172	2103
N. A.	488	山东寿光鲁清石化有限公司	山东	4531349	74892	2625198	980079	2654
N. A.	489	江苏汇鸿国际集团股份有限公司	江苏	4527842	24865	2500229	556156	3612
439	490	通鼎集团有限公司	江苏	4525414	129508	2515227	694091	13857
500	491	盛屯矿业集团股份有限公司	福建	4523673	103145	2734576	1192986	6472
N. A.	492	河北鑫海控股集团有限公司	河北	4520731	59998	1446770	307111	2200
495	493	江苏阳光集团有限公司	江苏	4516216	229181	2209057	1174475	12168
460	494	宁波富邦控股集团有限公司	浙江	4512756	68727	5282111	1133389	12007
N. A.	495	安徽省交通控股集团有限公司	安徽	4512248	543148	30201836	9268926	25680
449	496	山东金岭集团有限公司	山东	4512214	1752931	2036687	1752931	4896
N. A.	497	广东宏川集团有限公司	广东	4492966	49496	1124678	268566	1755
N. A.	498	金龙精密铜管集团股份有限公司	重庆	4474123	17378	1556018	146814	6329
N. A.	499	济钢集团有限公司	山东	4470999	30674	3565843	609655	7482
438	500	盛京银行股份有限公司	辽宁	4462523	40196	100612625	7987940	8099

续表

上年名次	名次	企业名称	地区	营业收入/万元	净利润/万元	资产/万元	所有者权益/万元	从业人数/人
		合计	—	10247742400	446346839	37253079413	4938877182	32433502

说 明

1. 2022 中国企业 500 强是中国企业联合会、中国企业家协会参照国际惯例，组织企业自愿申报，并经专家审定确认后产生的。申报企业包括在中国境内注册、2021 年实现营业收入达到 300 亿元的企业（不包括在华外资、港澳台独资、控股企业，也不包括行政性公司、政企合一的单位及各类资产经营公司、烟草公司，但包括在境外注册、投资主体为中国自然人或法人、主要业务在境内的企业），都有资格申报参加排序。属于集团公司的控股子公司或相对控股子公司，由于其财务报表最后能被合并到集团母公司的财务会计报表中去，因此只允许其母公司申报。

2. 表中所列数据由企业自愿申报或属于上市公司公开数据，并经会计师事务所或审计师事务所等单位认可。

3. 营业收入是 2021 年不含增值税的收入，包括企业的所有收入，即主营业务和非主营业务、境内和境外的收入。商业银行的营业收入为 2021 年利息收入和非利息营业收入之和（不减掉对应的支出）。保险公司的营业收入是 2021 年保险费和年金收入扣除储蓄的资本收益或损失。净利润是 2021 年上交所得税的净利润扣除少数股东权益后的归属母公司所有者的净利润。资产是 2021 年度末的资产总额。所有者权益是 2021 年年末所有者权益总额扣除少数股东权益后的归属于母公司所有者权益。研究开发费用是 2021 年企业投入研究开发的所有费用。从业人数是 2021 年度的平均人数（含所有被合并报表企业的人数）。

4. 行业分类参照了国家统计局的分类方法，依据其主营业务收入所在行业来划分；地区分类是按企业总部所在地划分。

表 9－2　2022 中国企业 500 强重新上榜和新上榜名单

名次	企业名称	地区	营业收入/万元	净利润/万元	资产/万元	所有者权益/万元	从业人数/人
9	中国中化控股有限责任公司	北京	112020873	－128564	153562145	2383689	220760
38	物产中大集团股份有限公司	浙江	56713118	401755	12944945	3037892	21012
88	苏商建设集团有限公司	上海	30224708	1075791	21895244	9620192	153242
115	蜀道投资集团有限责任公司	四川	22467475	278523	100306900	23620347	49493
137	中国物流集团有限公司	北京	19435133	162568	11511062	1856602	22225
205	江苏银行股份有限公司	江苏	12386344	1969437	261887426	19222708	15553
219	徐工集团工程机械有限公司	江苏	11679619	472712	16703220	2923144	27418
245	金地（集团）股份有限公司	广东	9923222	940952	46280951	6298117	47985
272	山东省港口集团有限公司	山东	8398272	182475	23192871	6155245	56792
273	华勤技术股份有限公司	上海	8375852	189284	4523086	956184	33141
296	荣耀终端有限公司	广东	7936172	725439	8221762	3940885	14842
297	青岛海发国有资本投资运营集团有限公司	山东	7920021	39558	12059311	1702856	5628
321	内蒙古鄂尔多斯投资控股集团有限公司	内蒙古自治区	7276763	180139	5639904	690484	23883
354	湖北联投集团有限公司	湖北	6470681	38466	28397388	1725291	20848
355	深圳市立业集团有限公司	广东	6440882	234281	7522464	4997367	11412
374	新疆天业（集团）有限公司	新疆维吾尔自治区	5924896	102498	4476655	753767	15127
384	华峰集团有限公司	浙江	5751071	638961	6384669	2092981	14990
404	新兴铸管股份有限公司	河北	5330111	200670	5338074	2352797	15570
406	浙江卫星控股股份有限公司	浙江	5307401	238593	5142174	758303	4075
408	闻泰科技股份有限公司	湖北	5272864	261154	7257588	3369871	31658
409	武汉金融控股（集团）有限公司	湖北	5267463	152329	16300318	1885667	17191
410	厦门港务控股集团有限公司	福建	5260428	6477	4599493	774317	9700
412	湖北交通投资集团有限公司	湖北	5222435	472745	55016591	16121236	22452
413	山东恒源石油化工股份有限公司	山东	5221658	27746	1333223	523705	1450
415	浙江升华控股集团有限公司	浙江	5206469	52818	897809	350003	3184
417	六安钢铁控股集团有限公司	安徽	5181186	170169	2167531	816603	5300
418	山西建邦集团有限公司	山西	5158684	340753	1954902	1238687	3517
431	山西晋南钢铁集团有限公司	山西	5019198	54459	2711307	870697	7298
434	武汉城市建设集团有限公司	湖北	5009178	182646	35651442	8732934	8192
438	张家港市沃丰贸易有限公司	江苏	4974122	38683	1095043	1505	20
441	深圳传音控股股份有限公司	广东	4941190	390922	3145925	1402265	16095
442	中国东方电气集团有限公司	四川	4926439	154827	10596279	1953282	18385
446	浙江元立金属制品集团有限公司	浙江	4903178	273016	3266274	910294	12411
448	重庆新鸥鹏企业（集团）有限公司	重庆	4860485	282828	7589632	—	8678
450	福州中景石化集团有限公司	福建	4832141	140809	3849477	2102087	3546
453	深圳前海微众银行股份有限公司	广东	4795005	688376	43874781	2772353	3262

续表

名次	企业名称	地区	营业收入/万元	净利润/万元	资产/万元	所有者权益/万元	从业人数/人
455	彬县煤炭有限责任公司	陕西	4785908	37282	2981375	986939	5058
466	深圳市信利康供应链管理有限公司	广东	4717206	9166	1154325	148980	603
471	江苏三木集团有限公司	江苏	4651957	321769	1681721	1108115	7018
472	江苏大明工业科技集团有限公司	江苏	4633540	44944	1229569	230156	6494
476	华勤橡胶工业集团有限公司	山东	4596324	93286	2158373	1036691	8500
482	振石控股集团有限公司	浙江	4578462	560352	3454541	1497577	7263
484	昆明市交通投资有限责任公司	云南	4561721	127046	17621256	6150573	3040
485	安踏体育用品集团有限公司	福建	4559564	537454	3228995	1734121	13177
488	山东寿光鲁清石化有限公司	山东	4531349	74892	2625198	980079	2654
489	江苏汇鸿国际集团股份有限公司	江苏	4527842	24865	2500229	556156	3612
492	河北鑫海控股集团有限公司	河北	4520731	59998	1446770	307111	2200
495	安徽省交通控股集团有限公司	安徽	4512248	543148	30201836	9268926	25680
497	广东宏川集团有限公司	广东	4492966	49496	1124678	268566	1755
498	金龙精密铜管集团股份有限公司	重庆	4474123	17378	1556018	146814	6329
499	济钢集团有限公司	山东	4470999	30674	3565843	609655	7482

表9－3　2022中国企业500强各行业企业分布

排名	企业名称	总排名	营业收入/万元
农林牧渔业			
1	北大荒农垦集团有限公司	156	17037506
	合计		17037506
煤炭采掘及采选业			
1	山东能源集团有限公司	23	77411900
2	国家能源投资集团有限责任公司	30	69079494
3	晋能控股集团有限公司	54	48111841
4	陕西煤业化工集团有限责任公司	67	39539854
5	中国中煤能源集团有限公司	90	30100349
6	山西焦煤集团有限责任公司	124	21531205
7	华阳新材料科技集团有限公司	143	18682697
8	中国平煤神马能源化工集团有限责任公司	155	17066921
9	河南能源集团有限公司	224	11031388
10	开滦（集团）有限责任公司	249	9649389
11	淮北矿业（集团）有限责任公司	324	7208606
12	淮河能源控股集团有限责任公司	372	5959275
13	贵州盘江煤电集团有限责任公司	437	5001796
14	彬县煤炭有限责任公司	455	4785908
15	徐州矿务集团有限公司	462	4748054
	合计		369908677
石油、天然气开采及生产业			
1	中国石油天然气集团有限公司	2	265555424
2	中国海洋石油集团有限公司	20	81867619
3	陕西延长石油（集团）有限责任公司	78	33421334
	合计		380844377
电力生产			
1	中国华能集团有限公司	68	38553240
2	国家电力投资集团有限公司	80	33230900
3	中国华电集团有限公司	95	27643100
4	中国核工业集团有限公司	109	24722520
5	中国大唐集团有限公司	116	22382479
6	中国广核集团有限公司	209	12139857
7	广东省能源集团有限公司	343	6603161
	合计		165275257
农副食品			
1	新希望控股集团有限公司	105	25265247
2	双胞胎（集团）股份有限公司	265	8606501
3	广东海大集团股份有限公司	266	8599855
4	牧原实业集团有限公司	277	8327574
5	蓝润集团有限公司	319	7336458
6	温氏食品集团股份有限公司	352	6496459
7	三河汇福粮油集团有限公司	414	5209218
8	江西正邦科技股份有限公司	458	4767022
9	西王集团有限公司	461	4751260
	合计		79359594
食品			
1	北京首农食品集团有限公司	145	18309244
2	万洲国际有限公司	151	17597435
3	光明食品（集团）有限公司	174	15083030
4	山东渤海实业集团有限公司	464	4742756
	合计		55732465
饮料			
1	内蒙古伊利实业集团股份有限公司	225	11014398
	合计		11014398
酒类			
1	四川省宜宾五粮液集团有限公司	185	14002354
2	贵州茅台酒股份有限公司	227	10946428
3	泸州老窖集团有限责任公司	300	7901442
4	稻花香集团	379	5850313
	合计		38700537
纺织印染			
1	山东魏桥创业集团有限公司	64	41113475
2	三房巷集团有限公司	328	6875277
3	山东如意时尚投资控股有限公司	367	6050769
	合计		54039521
服装及其他纺织品			
1	雅戈尔集团股份有限公司	182	14393756

续表

排名	企业名称	总排名	营业收入/万元
2	海澜集团有限公司	218	11685025
3	红豆集团有限公司	309	7695139
4	内蒙古鄂尔多斯投资控股集团有限公司	321	7276763
5	安踏体育用品集团有限公司	485	4559564
6	江苏阳光集团有限公司	493	4516216
	合计		50126463
家用电器制造			
1	美的集团股份有限公司	77	34123321
2	海尔集团公司	79	33273670
3	TCL 实业控股股份有限公司	106	25235035
4	珠海格力电器股份有限公司	140	18965403
5	海信集团控股股份有限公司	157	16955274
6	四川长虹电子控股集团有限公司	172	15235605
7	奥克斯集团有限公司	325	7200722
8	创维集团有限公司	424	5092800
	合计		156081830
造纸及包装			
1	晨鸣控股有限公司	246	9890022
2	玖龙纸业（控股）有限公司	261	8731040
3	华泰集团有限公司	310	7683349
4	山东太阳控股集团有限公司	368	6038744
	合计		32343155
石化及炼焦			
1	中国石油化工集团有限公司	3	258860343
2	恒力集团有限公司	24	73234451
3	盛虹控股集团有限公司	76	34797926
4	山东东明石化集团有限公司	201	12861179
5	利华益集团股份有限公司	232	10806670
6	万达控股集团有限公司	236	10616853
7	山西鹏飞集团有限公司	264	8619669
8	旭阳控股有限公司	285	8101247
9	山东京博控股集团有限公司	326	7093386
10	山东海科控股有限公司	327	7013162
11	福建省能源石化集团有限责任公司	353	6472824
12	山东金诚石化集团有限公司	365	6118951

排名	企业名称	总排名	营业收入/万元
13	富海集团新能源控股有限公司	381	5802489
14	辽宁嘉晨控股集团有限公司	387	5691190
15	山东恒源石油化工股份有限公司	413	5221658
16	东营齐润化工有限公司	425	5088430
17	山东齐成石油化工有限公司	428	5062223
18	福州中景石化集团有限公司	450	4832141
19	金澳科技（湖北）化工有限公司	478	4586743
20	沂州集团有限公司	479	4580892
21	山东汇丰石化集团有限公司	487	4533838
22	山东寿光鲁清石化有限公司	488	4531349
23	河北鑫海控股集团有限公司	492	4520731
	合计		499048345
轮胎及橡胶制品			
1	华勤橡胶工业集团有限公司	476	4596324
	合计		4596324
化学原料及化学品制造			
1	浙江荣盛控股集团有限公司	59	44831822
2	潞安化工集团有限公司	121	21959023
3	新疆中泰（集团）有限责任公司	125	21215265
4	万华化学集团股份有限公司	179	14553782
5	重庆化医控股（集团）公司	279	8251818
6	云天化集团有限责任公司	280	8201422
7	贵州磷化（集团）有限责任公司	366	6086689
8	新疆天业（集团）有限公司	374	5924896
9	上海华谊（集团）公司	382	5776529
10	华峰集团有限公司	384	5751071
11	天津渤海化工集团有限责任公司	399	5525046
12	浙江卫星控股股份有限公司	406	5307401
13	浙江升华控股集团有限公司	415	5206469
14	江苏三木集团有限公司	471	4651957
15	宜昌兴发集团有限责任公司	475	4596421
16	山东金岭集团有限公司	496	4512214
	合计		172351825
化学纤维制造			
1	浙江恒逸集团有限公司	82	32879978

续表

排名	企业名称	总排名	营业收入/万元
2	桐昆控股集团有限公司	223	11090509
3	新凤鸣控股集团有限公司	314	7498901
4	恒申控股集团有限公司	345	6592748
5	永荣控股集团有限公司	350	6505855
6	江苏华宏实业集团有限公司	486	4555556
	合计		69123547
药品制造			
1	上海医药集团股份有限公司	123	21582426
2	广州医药集团有限公司	134	19651802
3	深圳海王集团股份有限公司	349	6553541
4	威高集团有限公司	423	5110981
	合计		52898750
水泥及玻璃制造			
1	中国建材集团有限公司	63	41550846
2	安徽海螺集团有限责任公司	104	25607469
3	北京金隅集团股份有限公司	169	15590180
4	红狮控股集团有限公司	348	6553593
5	天瑞集团股份有限公司	383	5769273
	合计		95071361
黑色冶金			
1	中国宝武钢铁集团有限公司	14	97225779
2	河钢集团有限公司	62	42668707
3	鞍钢集团有限公司	69	38345695
4	青山控股集团有限公司	74	35201779
5	江苏沙钢集团有限公司	87	30363121
6	首钢集团有限公司	96	27149655
7	山东钢铁集团有限公司	98	26651911
8	杭州钢铁集团有限公司	99	26538950
9	北京建龙重工集团有限公司	108	24741240
10	敬业集团有限公司	112	23790148
11	湖南钢铁集团有限公司	120	21970605
12	上海德龙钢铁集团有限公司	135	19572224
13	河北新华联合冶金控股集团有限公司	138	19039289
14	中天钢铁集团有限公司	139	19038174
15	南京钢铁集团有限公司	141	18749509
16	河北津西钢铁集团股份有限公司	142	18725325
17	冀南钢铁集团有限公司	177	14603294
18	辽宁方大集团实业有限公司	191	13370261
19	广西柳州钢铁集团有限公司	193	13253262
20	包头钢铁（集团）有限责任公司	203	12603574
21	江苏永钢集团有限公司	211	12056078
22	酒泉钢铁（集团）有限责任公司	217	11693741
23	新余钢铁集团有限公司	230	10861089
24	江苏新长江实业集团有限公司	234	10700190
25	福建大东海实业集团有限公司	242	10123439
26	河北普阳钢铁有限公司	244	10045300
27	天津荣程祥泰投资控股集团有限公司	256	9231865
28	永锋集团有限公司	268	8512520
29	武安市裕华钢铁有限公司	292	8007969
30	日照钢铁控股集团有限公司	299	7914145
31	金鼎钢铁集团有限公司	302	7865285
32	安阳钢铁集团有限责任公司	312	7630760
33	广西盛隆冶金有限公司	315	7487931
34	唐山港陆钢铁有限公司	318	7395652
35	四川省川威集团有限公司	322	7234391
36	河北新金钢铁有限公司	334	6730180
37	河北新武安钢铁集团文安钢铁有限公司	339	6638938
38	福建省三钢（集团）有限责任公司	356	6419696
39	兴华财富集团有限公司	371	5963044
40	鲁丽集团有限公司	386	5696215
41	东方润安集团有限公司	397	5579145
42	六安钢铁控股集团有限公司	417	5181186
43	石横特钢集团有限公司	420	5143733
44	山东泰山钢铁集团有限公司	427	5063679
45	山西晋南钢铁集团有限公司	431	5019198
46	山东九羊集团有限公司	432	5017646
47	河北文丰钢铁有限公司	443	4917505
48	四川德胜集团钒钛有限公司	467	4706501
49	振石控股集团有限公司	482	4578462
50	济钢集团有限公司	499	4470999
	合计		761488984
一般有色			

续表

排名	企业名称	总排名	营业收入/万元
1	中国铝业集团有限公司	47	51864838
2	江西铜业集团有限公司	56	45741836
3	金川集团股份有限公司	100	26419154
4	铜陵有色金属集团控股有限公司	113	22905863
5	海亮集团有限公司	132	20027392
6	洛阳栾川钼业集团股份有限公司	152	17386258
7	陕西有色金属控股集团有限责任公司	167	16116923
8	中国有色矿业集团有限公司	180	14446669
9	宁波金田投资控股有限公司	206	12285695
10	南山集团有限公司	221	11582816
11	杭州锦江集团有限公司	289	8056432
12	浙江富冶集团有限公司	295	7937051
13	白银有色集团股份有限公司	323	7227998
14	宁夏天元锰业集团有限公司	341	6627373
15	云南锡业集团（控股）有限责任公司	342	6616607
16	河南豫光金铅集团有限责任公司	361	6203224
17	西部矿业集团有限公司	416	5182186
18	伊电控股集团有限公司	473	4631719
19	盛屯矿业集团股份有限公司	491	4523673
20	金龙精密铜管集团股份有限公司	498	4474123
	合计		300257830

排名	企业名称	总排名	营业收入/万元
贵金属			
1	紫金矿业集团股份有限公司	114	22510249
2	中国黄金集团有限公司	198	12996121
3	老凤祥股份有限公司	377	5869077
4	山东黄金集团有限公司	390	5633929
5	山东招金集团有限公司	439	4962691
	合计		51972067

排名	企业名称	总排名	营业收入/万元
金属制品加工			
1	正威国际集团有限公司	25	72275382
2	中国国际海运集装箱（集团）股份有限公司	161	16369598
3	天津友发钢管集团股份有限公司	338	6686602
4	湖南博长控股集团有限公司	360	6215798
5	山东创新金属科技有限公司	375	5895479
6	新兴铸管股份有限公司	404	5330111
7	山西建邦集团有限公司	418	5158684
8	宏旺控股集团有限公司	435	5008617
9	浙江元立金属制品集团有限公司	446	4903178
10	江苏大明工业科技集团有限公司	472	4633540
11	法尔胜泓昇集团有限公司	480	4580599
	合计		137057588

排名	企业名称	总排名	营业收入/万元
锅炉及动力装备制造			
1	广西玉柴机器集团有限公司	456	4784480
	合计		4784480

排名	企业名称	总排名	营业收入/万元
工程机械及零部件			
1	徐工集团工程机械有限公司	219	11679619
	合计		11679619

排名	企业名称	总排名	营业收入/万元
工业机械及设备制造			
1	中国机械工业集团有限公司	70	37054529
2	广州工业投资控股集团有限公司	147	18209575
3	三一集团有限公司	170	15456008
4	中联重科股份有限公司	335	6713063
5	双良集团有限公司	477	4594200
	合计		82027375

排名	企业名称	总排名	营业收入/万元
电力电气设备制造			
1	中国电子科技集团有限公司	73	35771735
2	上海电气控股集团有限公司	163	16349526
3	正泰集团股份有限公司	235	10668987
4	新疆特变电工集团有限公司	313	7569536
5	德力西集团有限公司	340	6630622
6	人民控股集团有限公司	426	5081712
7	中国东方电气集团有限公司	442	4926439
8	中科电力装备集团有限公司	468	4695763
	合计		91694320

排名	企业名称	总排名	营业收入/万元
电线电缆制造			
1	亨通集团有限公司	195	13100290
2	中天科技集团有限公司	284	8154688
3	富通集团有限公司	369	6018029
4	远东控股集团有限公司	459	4766858

续表

排名	企业名称	总排名	营业收入/万元
	合计		32039865
风能、太阳能设备制造			
1	协鑫集团有限公司	197	13000528
2	隆基绿能科技股份有限公司	288	8093225
3	晶科能源控股有限公司	329	6861378
4	深圳市立业集团有限公司	355	6440882
5	远景能源有限公司	363	6156902
6	明阳新能源投资控股集团有限公司	385	5697358
7	新疆金风科技股份有限公司	429	5057072
	合计		51307345
动力和储能电池			
1	天能控股集团有限公司	149	17925186
2	宁德时代新能源科技股份有限公司	196	13035580
3	超威电源集团有限公司	199	12967239
	合计		43928005
计算机及办公设备			
1	立讯精密工业股份有限公司	171	15394610
2	研祥高科技控股集团有限公司	298	7914163
3	歌尔股份有限公司	306	7822142
4	心里程控股集团有限公司	370	6010437
	合计		37141352
通信设备制造			
1	华为投资控股有限公司	33	63069840
2	小米集团	83	32830915
3	中兴通讯股份有限公司	222	11452164
4	中国铁塔股份有限公司	263	8658469
5	华勤技术股份有限公司	273	8375852
6	荣耀终端有限公司	296	7936172
7	福建省电子信息（集团）有限责任公司	394	5598398
8	中国信息通信科技集团有限公司	396	5580308
9	深圳传音控股股份有限公司	441	4941190
	合计		148443308
半导体、集成电路及面板制造			

排名	企业名称	总排名	营业收入/万元
1	中国电子信息产业集团有限公司	94	27812805
2	闻泰科技股份有限公司	408	5272864
	合计		33085669
汽车及零配件制造			
1	上海汽车集团股份有限公司	21	77984579
2	中国第一汽车集团有限公司	27	70569611
3	东风汽车集团有限公司	40	55551521
4	北京汽车集团有限公司	53	48175754
5	广州汽车工业集团有限公司	61	43188274
6	浙江吉利控股集团有限公司	72	36031587
7	潍柴控股集团有限公司	86	30559777
8	比亚迪股份有限公司	122	21614239
9	中国重型汽车集团有限公司	158	16838201
10	万向集团公司	165	16284367
11	长城汽车股份有限公司	189	13640466
12	奇瑞控股集团有限公司	237	10611251
13	江铃汽车集团有限公司	239	10444263
14	江苏悦达集团有限公司	254	9391858
15	陕西汽车控股集团有限公司	281	8200301
16	宁波均胜电子股份有限公司	483	4567003
	合计		473653052
轨道交通设备及零部件制造			
1	中国中车集团有限公司	111	23842915
	合计		23842915
航空航天			
1	中国航空工业集团有限公司	46	51903589
2	中国航天科技集团有限公司	93	28007020
3	中国航天科工集团有限公司	101	26353542
	合计		106264151
兵器制造			
1	中国兵器工业集团有限公司	44	52754166
2	中国兵器装备集团有限公司	91	28622955
	合计		81377121

续表

排名	企业名称	总排名	营业收入/万元
船舶制造			
1	中国船舶集团有限公司	75	34902186
	合计		34902186
综合制造业			
1	中国五矿集团有限公司	17	85015599
2	多弗国际控股集团有限公司	127	20686568
3	复星国际有限公司	166	16129120
4	无锡产业发展集团有限公司	178	14577969
5	通威集团有限公司	231	10827165
6	杉杉控股有限公司	359	6221670
7	重庆机电控股（集团）公司	447	4881225
8	江苏华西集团有限公司	481	4578757
9	宁波富邦控股集团有限公司	494	4512756
	合计		167430829
房屋建筑			
1	太平洋建设集团有限公司	48	50120507
2	苏商建设集团有限公司	88	30224708
3	上海建工集团股份有限公司	92	28102546
4	广州市建筑集团有限公司	107	24913759
5	蜀道投资集团有限责任公司	115	22467475
6	成都兴城投资集团有限公司	133	19707423
7	陕西建工控股集团有限公司	146	18288042
8	云南省建设投资控股集团有限公司	164	16316886
9	北京城建集团有限责任公司	184	14059343
10	南通三建控股有限公司	190	13593220
11	中天控股集团有限公司	194	13121409
12	湖南建工控股集团有限公司	210	12133777
13	北京建工集团有限责任公司	214	11933285
14	旭辉控股（集团）有限公司	233	10783474
15	浙江省建设投资集团股份有限公司	252	9533495
16	江苏南通二建集团有限公司	287	8094712
17	甘肃省建设投资（控股）集团有限公司	291	8013850
18	南通四建集团有限公司	304	7830509
19	上海城建（集团）有限公司	305	7823400
20	安徽建工集团控股有限公司	311	7671462
21	青建集团	331	6807658
22	重庆建工投资控股有限责任公司	378	5857418
23	广厦控股集团有限公司	380	5806410
24	江苏省苏中建设集团股份有限公司	393	5607178
25	龙信建设集团有限公司	403	5391451
26	江西省建工集团有限责任公司	430	5035864
27	通州建总集团有限公司	433	5012489
28	江苏省华建建设股份有限公司	449	4857132
29	河北建工集团有限责任公司	454	4788857
30	浙江中成控股集团有限公司	460	4756583
	合计		388654322
土木工程建筑			
1	中国建筑股份有限公司	4	189133897
2	中国铁路工程集团有限公司	10	107367038
3	中国铁道建筑集团有限公司	11	102046150
4	中国交通建设集团有限公司	18	84282649
5	中国电力建设集团有限公司	34	62195161
6	中国能源建设集团有限公司	85	32473970
7	中国化学工程集团有限公司	173	15201607
8	山西建设投资集团有限公司	215	11725364
9	云南省交通投资建设集团有限公司	274	8353636
10	广东省建筑工程集团控股有限公司	276	8341643
11	四川华西集团有限公司	282	8190738
12	四川公路桥梁建设集团有限公司	293	7979586
13	广西北部湾投资集团有限公司	320	7302806
14	天元建设集团有限公司	364	6136215
15	武汉城市建设集团有限公司	434	5009178
16	河北建设集团股份有限公司	457	4782827
17	新疆生产建设兵团建设工程(集团)有限责任公司	470	4663186
	合计		665185651
电网			
1	国家电网有限公司	1	297113025
2	中国南方电网有限责任公司	31	67160048
3	内蒙古电力（集团）有限责任公司	255	9324739
	合计		373597812
水务			

续表

排名	企业名称	总排名	营业收入/万元
1	水发集团有限公司	308	7703756
2	北京首都创业集团有限公司	357	6414277
	合计		14118033
综合能源供应			
1	云南省能源投资集团有限公司	186	13999577
2	浙江省能源集团有限公司	188	13686276
3	新奥天然气股份有限公司	220	11591963
4	北京控股集团有限公司	228	10923283
5	北京能源集团有限责任公司	259	8798832
6	四川省能源投资集团有限责任公司	317	7420699
7	南昌市政公用集团有限公司	391	5630743
8	申能（集团）有限公司	395	5588972
9	广州产业投资控股集团有限公司	445	4908951
	合计		82549296
铁路运输			
1	中铁集装箱运输有限责任公司	407	5296277
	合计		5296277
公路运输			
1	山东高速集团有限公司	131	20083604
2	甘肃省公路航空旅游投资集团有限公司	162	16365155
3	广西交通投资集团有限公司	373	5925008
4	广东省交通集团有限公司	402	5394085
5	昆明市交通投资有限责任公司	484	4561721
6	安徽省交通控股集团有限公司	495	4512248
	合计		56841821
水上运输			
1	中国远洋海运集团有限公司	42	54266305
	合计		54266305
港口服务			
1	广西北部湾国际港务集团有限公司	243	10045755
2	山东省港口集团有限公司	272	8398272
3	福建省港口集团有限责任公司	351	6504841
	合计		24948868

排名	企业名称	总排名	营业收入/万元
航空运输			
1	中国南方航空集团有限公司	241	10248525
2	中国东方航空集团有限公司	270	8409619
3	中国国际航空股份有限公司	316	7453167
	合计		26111311
邮政			
1	中国邮政集团有限公司	29	70095084
	合计		70095084
物流及供应链			
1	厦门建发集团有限公司	26	71957617
2	厦门象屿集团有限公司	52	48438283
3	顺丰控股股份有限公司	126	20718665
4	中国物流集团有限公司	137	19435133
5	传化集团有限公司	181	14444414
6	东岭集团股份有限公司	192	13276579
7	兰州新区商贸物流投资集团有限公司	247	9766850
8	振烨国际产业控股集团（深圳）有限公司	250	9601924
9	河北省物流产业集团有限公司	344	6595601
10	郑州瑞茂通供应链有限公司	401	5397086
11	厦门港务控股集团有限公司	410	5260428
12	深圳金雅福控股集团有限公司	419	5152153
13	深圳市信利康供应链管理有限公司	466	4717206
14	广东宏川集团有限公司	497	4492966
	合计		239254905
电信服务			
1	中国移动通信集团有限公司	16	85088466
2	中国电信集团有限公司	43	53922328
3	中国联合网络通信集团有限公司	81	32912229
	合计		171923023
软件和信息技术（IT）			
1	神州数码集团股份有限公司	208	12238487
2	汇通达网络股份有限公司	347	6576317
3	云账户技术（天津）有限公司	411	5252892

续表

排名	企业名称	总排名	营业收入/万元
4	通鼎集团有限公司	490	4525414
	合计		28593110
互联网服务			
1	京东集团股份有限公司	15	95159200
2	阿里巴巴（中国）有限公司	19	83640500
3	腾讯控股有限公司	39	56011800
4	美团公司	150	17912800
5	百度网络技术有限公司	204	12449300
6	网易公司	260	8760603
7	上海钢联电子商务股份有限公司	346	6577462
	合计		280511665
能源矿产商贸			
1	中国航空油料集团有限公司	118	22262035
2	重庆千信集团有限公司	451	4823765
	合计		27085800
化工医药商贸			
1	浙江前程投资股份有限公司	336	6707005
2	重庆医药（集团）股份有限公司	358	6252045
3	南京新工投资集团有限责任公司	400	5493549
	合计		18452599
机电商贸			
1	中国通用技术（集团）控股有限责任公司	154	17205778
	合计		17205778
生活消费品商贸			
1	唯品会控股有限公司	216	11705968
2	深圳市爱施德股份有限公司	253	9516565
	合计		21222533
农产品及食品批发			
1	中粮集团有限公司	32	66494705
2	深圳市中农网有限公司	463	4744903
	合计		71239608
生产资料商贸			
1	物产中大集团股份有限公司	38	56713118
2	广东鼎龙实业集团有限公司	240	10258384
	合计		66971502
金属品商贸			
1	西安迈科金属国际集团有限公司	168	15987799
2	上海均和集团有限公司	187	13695715
3	厦门路桥工程物资有限公司	275	8342169
4	大汉控股集团有限公司	333	6753204
5	上海闽路润贸易有限公司	376	5873227
6	张家港市沃丰贸易有限公司	438	4974122
	合计		55626236
综合商贸			
1	厦门国贸控股集团有限公司	36	60498494
2	浙江省兴合集团有限责任公司	175	14920459
3	中基宁波集团股份有限公司	226	10954361
4	东方国际（集团）有限公司	251	9571260
5	浙江省国际贸易集团有限公司	269	8426493
6	远大物产集团有限公司	301	7893602
7	江苏国泰国际集团股份有限公司	332	6785254
8	广东省广物控股集团有限公司	337	6691949
9	四川省商业投资集团有限责任公司	452	4795431
10	江苏汇鸿国际集团股份有限公司	489	4527842
	合计		135065145
连锁超市及百货			
1	永辉超市股份有限公司	257	9106189
2	物美科技集团有限公司	362	6184575
3	百联集团有限公司	444	4916028
	合计		20206792
汽车摩托车零售			
1	新疆广汇实业投资（集团）有限责任公司	130	20322327
2	恒信汽车集团股份有限公司	290	8021367
	合计		28343694

续表

排名	企业名称	总排名	营业收入/万元
医药及医疗器材零售			
1	中国医药集团有限公司	28	70166212
2	九州通医药集团股份有限公司	207	12240743
	合计		82406955
商业银行			
1	中国工商银行股份有限公司	5	143000300
2	中国建设银行股份有限公司	6	123376500
3	中国农业银行股份有限公司	8	116833400
4	中国银行股份有限公司	13	98293200
5	交通银行股份有限公司	50	49005500
6	招商银行股份有限公司	55	46226100
7	兴业银行股份有限公司	66	39560200
8	上海浦东发展银行股份有限公司	71	36643000
9	中国民生银行股份有限公司	84	32627700
10	华夏银行股份有限公司	153	17324200
11	北京银行股份有限公司	200	12956100
12	江苏银行股份有限公司	205	12386344
13	上海银行股份有限公司	229	10880979
14	南京银行股份有限公司	303	7848214
15	渤海银行股份有限公司	330	6818724
16	重庆农村商业银行股份有限公司	389	5653390
17	恒丰银行股份有限公司	440	4952800
18	深圳前海微众银行股份有限公司	453	4795005
19	广州农村商业银行股份有限公司	469	4678330
20	上海农村商业银行股份有限公司	474	4613696
21	盛京银行股份有限公司	500	4462523
	合计		782936205
保险业			
1	中国人寿保险（集团）公司	12	101331534
2	中国人民保险集团股份有限公司	37	59769100
3	中国太平洋保险（集团）股份有限公司	60	44064337
4	中国太平保险集团有限责任公司	97	26721347
5	泰康保险集团股份有限公司	102	26193348
6	新华人寿保险股份有限公司	119	22238000
7	中国再保险（集团）股份有限公司	160	16397362
8	阳光保险集团股份有限公司	213	12006759

排名	企业名称	总排名	营业收入/万元
9	前海人寿保险股份有限公司	286	8099748
10	中华联合保险集团股份有限公司	388	5677652
	合计		322499187
多元化金融			
1	中国平安保险（集团）股份有限公司	7	118044400
2	中国中信集团有限公司	35	62004272
3	招商局集团有限公司	49	49517181
4	中国光大集团股份公司	65	39794328
5	深圳市投资控股有限公司	110	24252788
6	武汉金融控股（集团）有限公司	409	5267463
	合计		298880432
住宅地产			
1	绿地控股集团股份有限公司	41	54428636
2	碧桂园控股有限公司	45	52306400
3	万科企业股份有限公司	57	45279778
4	中南控股集团有限公司	103	26025762
5	龙湖集团控股有限公司	117	22337547
6	珠海华发集团有限公司	183	14194254
7	金地（集团）股份有限公司	245	9923222
8	弘阳集团有限公司	258	8809122
9	天津泰达投资控股有限公司	267	8594907
10	重庆华宇集团有限公司	283	8165839
11	绿城房地产集团有限公司	294	7947746
12	北京首都开发控股（集团）有限公司	307	7717636
13	建业控股有限公司	398	5573276
14	重庆中昂投资集团有限公司	405	5318296
15	荣盛控股股份有限公司	421	5128906
16	奥园集团有限公司	436	5006709
17	北京江南投资集团有限公司	465	4738720
	合计		291496756
商业地产			
1	帝海投资控股集团有限公司	422	5113496
	合计		5113496
多元化投资			

续表

排名	企业名称	总排名	营业收入/万元
1	联想控股股份有限公司	51	48987168
2	浙江省交通投资集团有限公司	89	30161954
3	云南省投资控股集团有限公司	129	20566014
4	国家开发投资集团有限公司	136	19445388
5	重庆市金科投资控股（集团）有限责任公司	144	18563651
6	杭州市实业投资集团有限公司	148	18105521
7	卓尔控股有限公司	202	12803758
8	广东省广晟控股集团有限公司	238	10595462
9	山东省国有资产投资控股有限公司	248	9653160
10	陕西投资集团有限公司	271	8407668
11	广东省广新控股集团有限公司	278	8321410
12	青岛海发国有资本投资运营集团有限公司	297	7920021
13	杭州市城市建设投资集团有限公司	392	5618319
14	湖北交通投资集团有限公司	412	5222435
	合计		224371929
人力资源服务			
1	中国国际技术智力合作集团有限公司	176	14665554
2	北京外企人力资源服务有限公司	212	12055107
	合计		26720661
文化娱乐			
1	华侨城集团有限公司	159	16680925
	合计		16680925
教育服务			
1	重庆新鸥鹏企业（集团）有限公司	448	4860485
	合计		4860485
综合服务业			
1	中国中化控股有限责任公司	9	112020873
2	中国华润有限公司	22	77776660
3	中国保利集团有限公司	58	44875187
4	广西投资集团有限公司	128	20616624
5	广州越秀集团股份有限公司	262	8716181
6	湖北联投集团有限公司	354	6470681
	合计		270476206

表 9－4 2022 中国企业 500 强各地区分布

排名	企业名称	总排名	营业收入/万元	排名	企业名称	总排名	营业收入/万元
北京				35	中国光大集团股份公司	65	39794328
1	国家电网有限公司	1	297113025	36	中国华能集团有限公司	68	38553240
2	中国石油天然气集团有限公司	2	265555424	37	中国机械工业集团有限公司	70	37054529
3	中国石油化工集团有限公司	3	258860343	38	中国电子科技集团有限公司	73	35771735
4	中国建筑股份有限公司	4	189133897	39	中国船舶集团有限公司	75	34902186
5	中国工商银行股份有限公司	5	143000300	40	国家电力投资集团有限公司	80	33230900
6	中国建设银行股份有限公司	6	123376500	41	中国联合网络通信集团有限公司	81	32912229
7	中国农业银行股份有限公司	8	116833400	42	小米集团	83	32830915
8	中国中化控股有限责任公司	9	112020873	43	中国民生银行股份有限公司	84	32627700
9	中国铁路工程集团有限公司	10	107367038	44	中国能源建设集团有限公司	85	32473970
10	中国铁道建筑集团有限公司	11	102046150	45	中国中煤能源集团有限公司	90	30100349
11	中国人寿保险（集团）公司	12	101331534	46	中国兵器装备集团有限公司	91	28622955
12	中国银行股份有限公司	13	98293200	47	中国航天科技集团有限公司	93	28007020
13	京东集团股份有限公司	15	95159200	48	中国电子信息产业集团有限公司	94	27812805
14	中国移动通信集团有限公司	16	85088466	49	中国华电集团有限公司	95	27643100
15	中国五矿集团有限公司	17	85015599	50	首钢集团有限公司	96	27149655
16	中国交通建设集团有限公司	18	84282649	51	中国航天科工集团有限公司	101	26353542
17	中国海洋石油集团有限公司	20	81867619	52	泰康保险集团股份有限公司	102	26193348
18	中国华润有限公司	22	77776660	53	北京建龙重工集团有限公司	108	24741240
19	中国医药集团有限公司	28	70166212	54	中国核工业集团有限公司	109	24722520
20	中国邮政集团有限公司	29	70095084	55	中国中车集团有限公司	111	23842915
21	国家能源投资集团有限责任公司	30	69079494	56	中国大唐集团有限公司	116	22382479
22	中粮集团有限公司	32	66494705	57	中国航空油料集团有限公司	118	22262035
23	中国电力建设集团有限公司	34	62195161	58	新华人寿保险股份有限公司	119	22238000
24	中国中信集团有限公司	35	62004272	59	国家开发投资集团有限公司	136	19445388
25	中国人民保险集团股份有限公司	37	59769100	60	中国物流集团有限公司	137	19435133
26	中国电信集团有限公司	43	53922328	61	北京首农食品集团有限公司	145	18309244
27	中国兵器工业集团有限公司	44	52754166	62	华夏银行股份有限公司	153	17324200
28	中国航空工业集团有限公司	46	51903589	63	中国通用技术（集团）控股有限责任公司	154	17205778
29	中国铝业集团有限公司	47	51864838	64	中国再保险（集团）股份有限公司	160	16397362
30	招商局集团有限公司	49	49517181	65	北京金隅集团股份有限公司	169	15590180
31	联想控股股份有限公司	51	48987168	66	中国化学工程集团有限公司	173	15201607
32	北京汽车集团有限公司	53	48175754	67	中国国际技术智力合作集团有限公司	176	14665554
33	中国保利集团有限公司	58	44875187	68	中国有色矿业集团有限公司	180	14446669
34	中国建材集团有限公司	63	41550846	69	北京城建集团有限责任公司	184	14059343

续表

排名	企业名称	总排名	营业收入/万元
70	中国黄金集团有限公司	198	12996121
71	北京银行股份有限公司	200	12956100
72	百度网络技术有限公司	204	12449300
73	神州数码集团股份有限公司	208	12238487
74	北京外企人力资源服务有限公司	212	12055107
75	北京建工集团有限责任公司	214	11933285
76	北京控股集团有限公司	228	10923283
77	北京能源集团有限责任公司	259	8798832
78	网易公司	260	8760603
79	中国铁塔股份有限公司	263	8658469
80	旭阳控股有限公司	285	8101247
81	北京首都开发控股（集团）有限公司	307	7717636
82	中国国际航空股份有限公司	316	7453167
83	北京首都创业集团有限公司	357	6414277
84	物美科技集团有限公司	362	6184575
85	中华联合保险集团股份有限公司	388	5677652
86	中铁集装箱运输有限责任公司	407	5296277
87	帝海投资控股集团有限公司	422	5113496
88	北京江南投资集团有限公司	465	4738720
	合计		4390247749
上海			
1	中国宝武钢铁集团有限公司	14	97225779
2	上海汽车集团股份有限公司	21	77984579
3	绿地控股集团股份有限公司	41	54428636
4	中国远洋海运集团有限公司	42	54266305
5	交通银行股份有限公司	50	49005500
6	中国太平洋保险（集团）股份有限公司	60	44064337
7	上海浦东发展银行股份有限公司	71	36643000
8	苏商建设集团有限公司	88	30224708
9	上海建工集团股份有限公司	92	28102546
10	中国太平保险集团有限责任公司	97	26721347
11	上海医药集团股份有限公司	123	21582426
12	上海德龙钢铁集团有限公司	135	19572224
13	美团公司	150	17912800
14	上海电气控股集团有限公司	163	16349526
15	复星国际有限公司	166	16129120
16	光明食品（集团）有限公司	174	15083030
17	上海均和集团有限公司	187	13695715
18	上海银行股份有限公司	229	10880979
19	旭辉控股（集团）有限公司	233	10783474
20	东方国际（集团）有限公司	251	9571260
21	中国东方航空集团有限公司	270	8409619
22	华勤技术股份有限公司	273	8375852
23	上海城建（集团）有限公司	305	7823400
24	上海钢联电子商务股份有限公司	346	6577462
25	杉杉控股有限公司	359	6221670
26	上海闽路润贸易有限公司	376	5873227
27	老凤祥股份有限公司	377	5869077
28	上海华谊（集团）公司	382	5776529
29	申能（集团）有限公司	395	5588972
30	百联集团有限公司	444	4916028
31	上海农村商业银行股份有限公司	474	4613696
	合计		720272823
天津			
1	天津荣程祥泰投资控股集团有限公司	256	9231865
2	天津泰达投资控股有限公司	267	8594907
3	渤海银行股份有限公司	330	6818724
4	天津友发钢管集团股份有限公司	338	6686602
5	天津渤海化工集团有限责任公司	399	5525046
6	云账户技术（天津）有限公司	411	5252892
	合计		42110036
重庆			
1	龙湖集团控股有限公司	117	22337547
2	重庆市金科投资控股（集团）有限责任公司	144	18563651
3	重庆化医控股（集团）公司	279	8251818
4	重庆华宇集团有限公司	283	8165839
5	重庆医药（集团）股份有限公司	358	6252045
6	重庆建工投资控股有限责任公司	378	5857418
7	重庆农村商业银行股份有限公司	389	5653390
8	重庆中昂投资集团有限公司	405	5318296
9	重庆机电控股（集团）公司	447	4881225
10	重庆新鸥鹏企业（集团）有限公司	448	4860485
11	重庆千信集团有限公司	451	4823765

续表

排名	企业名称	总排名	营业收入/万元	排名	企业名称	总排名	营业收入/万元
12	金龙精密铜管集团股份有限公司	498	4474123	18	三河汇福粮油集团有限公司	414	5209218
	合计		99439602	19	荣盛控股股份有限公司	421	5128906
				20	河北文丰钢铁有限公司	443	4917505
黑龙江				21	河北建工集团有限责任公司	454	4788857
1	北大荒农垦集团有限公司	156	17037506	22	河北建设集团股份有限公司	457	4782827
	合计		17037506	23	河北鑫海控股集团有限公司	492	4520731
					合计		247628705
吉林							
1	中国第一汽车集团有限公司	27	70569611	河南			
	合计		70569611	1	万洲国际有限公司	151	17597435
				2	洛阳栾川钼业集团股份有限公司	152	17386258
辽宁				3	中国平煤神马能源化工集团有限责任公司	155	17066921
1	鞍钢集团有限公司	69	38345695	4	河南能源集团有限公司	224	11031388
2	辽宁方大集团实业有限公司	191	13370261	5	牧原实业集团有限公司	277	8327574
3	辽宁嘉晨控股集团有限公司	387	5691190	6	安阳钢铁集团有限责任公司	312	7630760
4	盛京银行股份有限公司	500	4462523	7	河南豫光金铅集团有限责任公司	361	6203224
	合计		61869669	8	天瑞集团股份有限公司	383	5769273
				9	建业控股有限公司	398	5573276
河北				10	郑州瑞茂通供应链有限公司	401	5397086
1	河钢集团有限公司	62	42668707	11	伊电控股集团有限公司	473	4631719
2	敬业集团有限公司	112	23790148		合计		106614914
3	河北新华联合冶金控股集团有限公司	138	19039289				
4	河北津西钢铁集团股份有限公司	142	18725325	山东			
5	冀南钢铁集团有限公司	177	14603294	1	山东能源集团有限公司	23	77411900
6	长城汽车股份有限公司	189	13640466	2	山东魏桥创业集团有限公司	64	41113475
7	新奥天然气股份有限公司	220	11591963	3	海尔集团公司	79	33273670
8	河北普阳钢铁有限公司	244	10045300	4	潍柴控股集团有限公司	86	30559777
9	开滦（集团）有限责任公司	249	9649389	5	山东钢铁集团有限公司	98	26651911
10	武安市裕华钢铁有限公司	292	8007969	6	山东高速集团有限公司	131	20083604
11	金鼎钢铁集团有限公司	302	7865285	7	海信集团控股股份有限公司	157	16955274
12	唐山港陆钢铁有限公司	318	7395652	8	中国重型汽车集团有限公司	158	16838201
13	河北新金钢铁有限公司	334	6730180	9	万华化学集团股份有限公司	179	14553782
14	河北新武安钢铁集团文安钢铁有限公司	339	6638938	10	山东东明石化集团有限公司	201	12861179
15	河北省物流产业集团有限公司	344	6595601	11	南山集团有限公司	221	11582816
16	兴华财富集团有限公司	371	5963044	12	利华益集团股份有限公司	232	10806670
17	新兴铸管股份有限公司	404	5330111	13	万达控股集团有限公司	236	10616853

续表

排名	企业名称	总排名	营业收入/万元	排名	企业名称	总排名	营业收入/万元
14	晨鸣控股有限公司	246	9890022	50	济钢集团有限公司	499	4470999
15	山东省国有资产投资控股有限公司	248	9653160		合计		549436969
16	永锋集团有限公司	268	8512520				
17	山东省港口集团有限公司	272	8398272	山西			
18	青岛海发国有资本投资运营集团有限公司	297	7920021	1	晋能控股集团有限公司	54	48111841
19	日照钢铁控股集团有限公司	299	7914145	2	潞安化工集团有限公司	121	21959023
20	歌尔股份有限公司	306	7822142	3	山西焦煤集团有限责任公司	124	21531205
21	水发集团有限公司	308	7703756	4	华阳新材料科技集团有限公司	143	18682697
22	华泰集团有限公司	310	7683349	5	山西建设投资集团有限公司	215	11725364
23	山东京博控股集团有限公司	326	7093386	6	山西鹏飞集团有限公司	264	8619669
24	山东海科控股有限公司	327	7013162	7	山西建邦集团有限公司	418	5158684
25	青建集团	331	6807658	8	山西晋南钢铁集团有限公司	431	5019198
26	天元建设集团有限公司	364	6136215		合计		140807681
27	山东金诚石化集团有限公司	365	6118951				
28	山东如意时尚投资控股有限公司	367	6050769	陕西			
29	山东太阳控股集团有限公司	368	6038744	1	陕西煤业化工集团有限责任公司	67	39539854
30	山东创新金属科技有限公司	375	5895479	2	陕西延长石油（集团）有限责任公司	78	33421334
31	富海集团新能源控股有限公司	381	5802489	3	陕西建工控股集团有限公司	146	18288042
32	鲁丽集团有限公司	386	5696215	4	陕西有色金属控股集团有限责任公司	167	16116923
33	山东黄金集团有限公司	390	5633929	5	西安迈科金属国际集团有限公司	168	15987799
34	山东恒源石油化工股份有限公司	413	5221658	6	东岭集团股份有限公司	192	13276579
35	石横特钢集团有限公司	420	5143733	7	陕西投资集团有限公司	271	8407668
36	威高集团有限公司	423	5110981	8	陕西汽车控股集团有限公司	281	8200301
37	东营齐润化工有限公司	425	5088430	9	隆基绿能科技股份有限公司	288	8093225
38	山东泰山钢铁集团有限公司	427	5063679	10	彬县煤炭有限责任公司	455	4785908
39	山东齐成石油化工有限公司	428	5062223		合计		166117633
40	山东九羊集团有限公司	432	5017646				
41	山东招金集团有限公司	439	4962691	安徽			
42	恒丰银行股份有限公司	440	4952800	1	安徽海螺集团有限责任公司	104	25607469
43	西王集团有限公司	461	4751260	2	铜陵有色金属集团控股有限公司	113	22905863
44	山东渤海实业集团有限公司	464	4742756	3	奇瑞控股集团有限公司	237	10611251
45	华勤橡胶工业集团有限公司	476	4596324	4	安徽建工集团控股有限公司	311	7671462
46	沂州集团有限公司	479	4580892	5	淮北矿业（集团）有限责任公司	324	7208606
47	山东汇丰石化集团有限公司	487	4533838	6	淮河能源控股集团有限责任公司	372	5959275
48	山东寿光鲁清石化有限公司	488	4531349	7	六安钢铁控股集团有限公司	417	5181186
49	山东金岭集团有限公司	496	4512214	8	中科电力装备集团有限公司	468	4695763

续表

排名	企业名称	总排名	营业收入/万元
9	安徽省交通控股集团有限公司	495	4512248
	合计		94353123
江苏			
1	恒力集团有限公司	24	73234451
2	盛虹控股集团有限公司	76	34797926
3	江苏沙钢集团有限公司	87	30363121
4	中南控股集团有限公司	103	26025762
5	中天钢铁集团有限公司	139	19038174
6	南京钢铁集团有限公司	141	18749509
7	无锡产业发展集团有限公司	178	14577969
8	南通三建控股有限公司	190	13593220
9	亨通集团有限公司	195	13100290
10	协鑫集团有限公司	197	13000528
11	江苏银行股份有限公司	205	12386344
12	江苏永钢集团有限公司	211	12056078
13	海澜集团有限公司	218	11685025
14	徐工集团工程机械有限公司	219	11679619
15	江苏新长江实业集团有限公司	234	10700190
16	江苏悦达集团有限公司	254	9391858
17	弘阳集团有限公司	258	8809122
18	中天科技集团有限公司	284	8154688
19	江苏南通二建集团有限公司	287	8094712
20	南京银行股份有限公司	303	7848214
21	南通四建集团有限公司	304	7830509
22	红豆集团有限公司	309	7695139
23	三房巷集团有限公司	328	6875277
24	江苏国泰国际集团股份有限公司	332	6785254
25	汇通达网络股份有限公司	347	6576317
26	远景能源有限公司	363	6156902
27	江苏省苏中建设集团股份有限公司	393	5607178
28	东方润安集团有限公司	397	5579145
29	南京新工投资集团有限责任公司	400	5493549
30	龙信建设集团有限公司	403	5391451
31	通州建总集团有限公司	433	5012489
32	张家港市沃丰贸易有限公司	438	4974122
33	江苏省华建建设股份有限公司	449	4857132
34	远东控股集团有限公司	459	4766858
35	徐州矿务集团有限公司	462	4748054
36	江苏三木集团有限公司	471	4651957
37	江苏大明工业科技集团有限公司	472	4633540
38	双良集团有限公司	477	4594200
39	法尔胜泓昇集团有限公司	480	4580599
40	江苏华西集团有限公司	481	4578757
41	江苏华宏实业集团有限公司	486	4555556
42	江苏汇鸿国际集团股份有限公司	489	4527842
43	通鼎集团有限公司	490	4525414
44	江苏阳光集团有限公司	493	4516216
	合计		486800257
湖南			
1	湖南钢铁集团有限公司	120	21970605
2	三一集团有限公司	170	15456008
3	湖南建工控股集团有限公司	210	12133777
4	大汉控股集团有限公司	333	6753204
5	中联重科股份有限公司	335	6713063
6	湖南博长控股集团有限公司	360	6215798
	合计		69242455
湖北			
1	东风汽车集团有限公司	40	55551521
2	卓尔控股有限公司	202	12803758
3	九州通医药集团股份有限公司	207	12240743
4	恒信汽车集团股份有限公司	290	8021367
5	湖北联投集团有限公司	354	6470681
6	稻花香集团	379	5850313
7	中国信息通信科技集团有限公司	396	5580308
8	闻泰科技股份有限公司	408	5272864
9	武汉金融控股（集团）有限公司	409	5267463
10	湖北交通投资集团有限公司	412	5222435
11	武汉城市建设集团有限公司	434	5009178
12	宜昌兴发集团有限责任公司	475	4596421

续表

排名	企业名称	总排名	营业收入/万元
13	金澳科技（湖北）化工有限公司	478	4586743
	合计		136473795
江西			
1	江西铜业集团有限公司	56	45741836
2	新余钢铁集团有限公司	230	10861089
3	江铃汽车集团有限公司	239	10444263
4	双胞胎（集团）股份有限公司	265	8606501
5	晶科能源控股有限公司	329	6861378
6	南昌市政公用集团有限公司	391	5630743
7	江西省建工集团有限责任公司	430	5035864
8	江西正邦科技股份有限公司	458	4767022
	合计		97948696
浙江			
1	阿里巴巴（中国）有限公司	19	83640500
2	物产中大集团股份有限公司	38	56713118
3	浙江荣盛控股集团有限公司	59	44831822
4	浙江吉利控股集团有限公司	72	36031587
5	青山控股集团有限公司	74	35201779
6	浙江恒逸集团有限公司	82	32879978
7	浙江省交通投资集团有限公司	89	30161954
8	杭州钢铁集团有限公司	99	26538950
9	多弗国际控股集团有限公司	127	20686568
10	海亮集团有限公司	132	20027392
11	杭州市实业投资集团有限公司	148	18105521
12	天能控股集团有限公司	149	17925186
13	万向集团公司	165	16284367
14	浙江省兴合集团有限责任公司	175	14920459
15	传化集团有限公司	181	14444414
16	雅戈尔集团股份有限公司	182	14393756
17	浙江省能源集团有限公司	188	13686276
18	中天控股集团有限公司	194	13121409
19	超威电源集团有限公司	199	12967239
20	宁波金田投资控股有限公司	206	12285695
21	桐昆控股集团有限公司	223	11090509
22	中基宁波集团股份有限公司	226	10954361
23	正泰集团股份有限公司	235	10668987
24	浙江省建设投资集团股份有限公司	252	9533495
25	浙江省国际贸易集团有限公司	269	8426493
26	杭州锦江集团有限公司	289	8056432
27	绿城房地产集团有限公司	294	7947746
28	浙江富冶集团有限公司	295	7937051
29	远大物产集团有限公司	301	7893602
30	新凤鸣控股集团有限公司	314	7498901
31	奥克斯集团有限公司	325	7200722
32	浙江前程投资股份有限公司	336	6707005
33	德力西集团有限公司	340	6630622
34	红狮控股集团有限公司	348	6553593
35	富通集团有限公司	369	6018029
36	广厦控股集团有限公司	380	5806410
37	华峰集团有限公司	384	5751071
38	杭州市城市建设投资集团有限公司	392	5618319
39	浙江卫星控股股份有限公司	406	5307401
40	浙江升华控股集团有限公司	415	5206469
41	人民控股集团有限公司	426	5081712
42	浙江元立金属制品集团有限公司	446	4903178
43	浙江中成控股集团有限公司	460	4756583
44	振石控股集团有限公司	482	4578462
45	宁波均胜电子股份有限公司	483	4567003
46	宁波富邦控股集团有限公司	494	4512756
	合计		714054882
广东			
1	中国平安保险（集团）股份有限公司	7	118044400
2	正威国际集团有限公司	25	72275382
3	中国南方电网有限责任公司	31	67160048
4	华为投资控股有限公司	33	63069840
5	腾讯控股有限公司	39	56011800
6	碧桂园控股有限公司	45	52306400
7	招商银行股份有限公司	55	46226100
8	万科企业股份有限公司	57	45279778

续表

排名	企业名称	总排名	营业收入/万元	排名	企业名称	总排名	营业收入/万元
9	广州汽车工业集团有限公司	61	43188274	45	深圳市立业集团有限公司	355	6440882
10	美的集团股份有限公司	77	34123321	46	心里程控股集团有限公司	370	6010437
11	TCL 实业控股股份有限公司	106	25235035	47	明阳新能源投资控股集团有限公司	385	5697358
12	广州市建筑集团有限公司	107	24913759	48	广东省交通集团有限公司	402	5394085
13	深圳市投资控股有限公司	110	24252788	49	深圳金雅福控股集团有限公司	419	5152153
14	比亚迪股份有限公司	122	21614239	50	创维集团有限公司	424	5092800
15	顺丰控股股份有限公司	126	20718665	51	宏旺控股集团有限公司	435	5008617
16	广州医药集团有限公司	134	19651802	52	奥园集团有限公司	436	5006709
17	珠海格力电器股份有限公司	140	18965403	53	深圳传音控股股份有限公司	441	4941190
18	广州工业投资控股集团有限公司	147	18209575	54	广州产业投资控股集团有限公司	445	4908951
19	华侨城集团有限公司	159	16680925	55	深圳前海微众银行股份有限公司	453	4795005
20	中国国际海运集装箱（集团）股份有限公司	161	16369598	56	深圳市中农网有限公司	463	4744903
21	立讯精密工业股份有限公司	171	15394610	57	深圳市信利康供应链管理有限公司	466	4717206
22	珠海华发集团有限公司	183	14194254	58	广州农村商业银行股份有限公司	469	4678330
23	中国广核集团有限公司	209	12139857	59	广东宏川集团有限公司	497	4492966
24	阳光保险集团股份有限公司	213	12006759		合计		1111421740
25	唯品会控股有限公司	216	11705968				
26	中兴通讯股份有限公司	222	11452164	四川			
27	广东省广晟控股集团有限公司	238	10595462	1	新希望控股集团有限公司	105	25265247
28	广东鼎龙实业集团有限公司	240	10258384	2	蜀道投资集团有限责任公司	115	22467475
29	中国南方航空集团有限公司	241	10248525	3	成都兴城投资集团有限公司	133	19707423
30	金地（集团）股份有限公司	245	9923222	4	四川长虹电子控股集团有限公司	172	15235605
31	振烨国际产业控股集团（深圳）有限公司	250	9601924	5	四川省宜宾五粮液集团有限公司	185	14002354
32	深圳市爱施德股份有限公司	253	9516565	6	通威集团有限公司	231	10827165
33	玖龙纸业（控股）有限公司	261	8731040	7	四川华西集团有限公司	282	8190738
34	广州越秀集团股份有限公司	262	8716181	8	四川公路桥梁建设集团有限公司	293	7979586
35	广东海大集团股份有限公司	266	8599855	9	泸州老窖集团有限责任公司	300	7901442
36	广东省建筑工程集团控股有限公司	276	8341643	10	四川省能源投资集团有限责任公司	317	7420699
37	广东省广新控股集团有限公司	278	8321410	11	蓝润集团有限公司	319	7336458
38	前海人寿保险股份有限公司	286	8099748	12	四川省川威集团有限公司	322	7234391
39	荣耀终端有限公司	296	7936172	13	中国东方电气集团有限公司	442	4926439
40	研祥高科技控股集团有限公司	298	7914163	14	四川省商业投资集团有限责任公司	452	4795431
41	广东省广物控股集团有限公司	337	6691949	15	四川德胜集团钒钛有限公司	467	4706501
42	广东省能源集团有限公司	343	6603161		合计		167996954
43	深圳海王集团股份有限公司	349	6553541				
44	温氏食品集团股份有限公司	352	6496459	福建			

续表

排名	企业名称	总排名	营业收入/万元	排名	企业名称	总排名	营业收入/万元
1	厦门建发集团有限公司	26	71957617				
2	厦门国贸控股集团有限公司	36	60498494	云南			
3	厦门象屿集团有限公司	52	48438283	1	云南省投资控股集团有限公司	129	20566014
4	兴业银行股份有限公司	66	39560200	2	云南省建设投资控股集团有限公司	164	16316886
5	紫金矿业集团股份有限公司	114	22510249	3	云南省能源投资集团有限公司	186	13999577
6	宁德时代新能源科技股份有限公司	196	13035580	4	云南省交通投资建设集团有限公司	274	8353636
7	福建大东海实业集团有限公司	242	10123439	5	云天化集团有限责任公司	280	8201422
8	永辉超市股份有限公司	257	9106189	6	云南锡业集团（控股）有限责任公司	342	6616607
9	厦门路桥工程物资有限公司	275	8342169	7	昆明市交通投资有限责任公司	484	4561721
10	恒申控股集团有限公司	345	6592748		合计		78615863
11	永荣控股集团有限公司	350	6505855				
12	福建省港口集团有限责任公司	351	6504841	甘肃			
13	福建省能源石化集团有限责任公司	353	6472824	1	金川集团股份有限公司	100	26419154
14	福建省三钢（集团）有限责任公司	356	6419696	2	甘肃省公路航空旅游投资集团有限公司	162	16365155
15	福建省电子信息（集团）有限责任公司	394	5598398	3	酒泉钢铁（集团）有限责任公司	217	11693741
16	厦门港务控股集团有限公司	410	5260428	4	兰州新区商贸物流投资集团有限公司	247	9766850
17	福州中景石化集团有限公司	450	4832141	5	甘肃省建设投资（控股）集团有限公司	291	8013850
18	安踏体育用品集团有限公司	485	4559564	6	白银有色集团股份有限公司	323	7227998
19	盛屯矿业集团股份有限公司	491	4523673		合计		79486748
	合计		340842388				
				青海			
广西壮族自治区				1	西部矿业集团有限公司	416	5182186
1	广西投资集团有限公司	128	20616624		合计		5182186
2	广西柳州钢铁集团有限公司	193	13253262				
3	广西北部湾国际港务集团有限公司	243	10045755	宁夏回族自治区			
4	广西盛隆冶金有限公司	315	7487931	1	宁夏天元锰业集团有限公司	341	6627373
5	广西北部湾投资集团有限公司	320	7302806		合计		6627373
6	广西交通投资集团有限公司	373	5925008				
7	广西玉柴机器集团有限公司	456	4784480	新疆维吾尔自治区			
	合计		69415866	1	太平洋建设集团有限公司	48	50120507
				2	新疆中泰（集团）有限责任公司	125	21215265
贵州				3	新疆广汇实业投资（集团）有限责任公司	130	20322327
1	贵州茅台酒股份有限公司	227	10946428	4	新疆特变电工集团有限公司	313	7569536
2	贵州磷化（集团）有限责任公司	366	6086689	5	新疆天业（集团）有限公司	374	5924896
3	贵州盘江煤电集团有限责任公司	437	5001796	6	新疆金风科技股份有限公司	429	5057072
	合计		22034913	7	新疆生产建设兵团建设工程(集团)有限责任公司	470	4663186

续表

排名	企业名称	总排名	营业收入/万元	排名	企业名称	总排名	营业收入/万元
	合计		114872789	2	内蒙古伊利实业集团股份有限公司	225	11014398
				3	内蒙古电力（集团）有限责任公司	255	9324739
内蒙古自治区				4	内蒙古鄂尔多斯投资控股集团有限公司	321	7276763
1	包头钢铁（集团）有限责任公司	203	12603574		合计		40219474

表 9－5 2022 中国企业 500 强净利润排序前 100 名企业

排名	企业名称	净利润/万元	排名	企业名称	净利润/万元
1	中国工商银行股份有限公司	34833800	51	中国船舶集团有限公司	1698063
2	中国建设银行股份有限公司	30251300	52	网易公司	1685684
3	中国农业银行股份有限公司	24118300	53	宁德时代新能源科技股份有限公司	1593131
4	腾讯控股有限公司	22482200	54	南京银行股份有限公司	1585676
5	中国银行股份有限公司	21655900	55	紫金矿业集团股份有限公司	1567287
6	招商银行股份有限公司	11992200	56	青山控股集团有限公司	1538971
7	华为投资控股有限公司	11354549	57	恒力集团有限公司	1531614
8	中国平安保险（集团）股份有限公司	10161800	58	新华人寿保险股份有限公司	1495100
9	中国移动通信集团有限公司	9436108	59	江苏沙钢集团有限公司	1466463
10	交通银行股份有限公司	8758100	60	南通三建控股有限公司	1399939
11	兴业银行股份有限公司	8268000	61	中国电子科技集团有限公司	1388072
12	中国医药集团有限公司	7846699	62	中国航天科工集团有限公司	1359836
13	中国石油天然气集团有限公司	6216526	63	中国保利集团有限公司	1323230
14	中国海洋石油集团有限公司	5923601	64	冀南钢铁集团有限公司	1308451
15	阿里巴巴（中国）有限公司	5778200	65	正威国际集团有限公司	1296964
16	招商局集团有限公司	5499226	66	中国电信集团有限公司	1248156
17	中国石油化工集团有限公司	5364137	67	安徽海螺集团有限责任公司	1239871
18	上海浦东发展银行股份有限公司	5300300	68	中国铁路工程集团有限公司	1195379
19	贵州茅台酒股份有限公司	5246014	69	山东魏桥创业集团有限公司	1133995
20	中国建筑股份有限公司	5140766	70	中国兵器工业集团有限公司	1123400
21	国家电网有限公司	4604112	71	远景能源有限公司	1111978
22	中国远洋海运集团有限公司	4141597	72	中国铁道建筑集团有限公司	1099037
23	中国邮政集团有限公司	3859218	73	苏商建设集团有限公司	1075791
24	太平洋建设集团有限公司	3637778	74	TCL 实业控股股份有限公司	1073421
25	国家能源投资集团有限责任公司	3516763	75	海尔集团公司	1070417
26	中国民生银行股份有限公司	3438100	76	深圳市投资控股有限公司	1063772
27	国家开发投资集团有限公司	3412071	77	百度网络技术有限公司	1022600
28	中国中信集团有限公司	3154971	78	复星国际有限公司	1008990
29	中国华润有限公司	2954963	79	上海农村商业银行股份有限公司	969787
30	美的集团股份有限公司	2857365	80	中粮集团有限公司	966171
31	中国太平洋保险（集团）股份有限公司	2683445	81	重庆农村商业银行股份有限公司	955971
32	碧桂园控股有限公司	2679700	82	浙江吉利控股集团有限公司	948839
33	泰康保险集团股份有限公司	2468118	83	金地（集团）股份有限公司	940952
34	万华化学集团股份有限公司	2464875	84	重庆华宇集团有限公司	936320
35	上海汽车集团股份有限公司	2453310	85	东风汽车集团有限公司	929446
36	中国光大集团股份公司	2411442	86	隆基绿能科技股份有限公司	908588
37	龙湖集团控股有限公司	2385369	87	中国铝业集团有限公司	902344
38	华夏银行股份有限公司	2353500	88	中国交通建设集团有限公司	901314
39	中国第一汽车集团有限公司	2322386	89	渤海银行股份有限公司	862972
40	珠海格力电器股份有限公司	2306373	90	中国广核集团有限公司	850883
41	万科企业股份有限公司	2252403	91	恒申控股集团有限公司	849396
42	北京银行股份有限公司	2222600	92	新疆特变电工集团有限公司	847747
43	上海银行股份有限公司	2204245	93	中国南方电网有限责任公司	841150
44	中国人民保险集团股份有限公司	2163800	94	内蒙古伊利实业集团股份有限公司	840439
45	中国航天科技集团有限公司	1998943	95	湖南钢铁集团有限公司	818253
46	中国人寿保险（集团）公司	1991337	96	浙江荣盛控股集团有限公司	772437
47	江苏银行股份有限公司	1969437	97	振烨国际产业控股集团（深圳）有限公司	771429
48	小米集团	1933932	98	中国核工业集团有限公司	765143
49	中国宝武钢铁集团有限公司	1931794	99	旭辉控股（集团）有限公司	761292
50	山东金岭集团有限公司	1752931	100	鞍钢集团有限公司	735704
				中国企业 500 强平均数	892694

表 9－6 2022 中国企业 500 强资产排序前 100 名企业

排名	企业名称	资产/万元	排名	企业名称	资产/万元
1	中国工商银行股份有限公司	3517138300	51	山东高速集团有限公司	113918465
2	中国建设银行股份有限公司	3025397900	52	中国太平保险集团有限责任公司	112866654
3	中国农业银行股份有限公司	2906915500	53	新华人寿保险股份有限公司	112772100
4	中国银行股份有限公司	2672240800	54	中国宝武钢铁集团有限公司	111708361
5	中国邮政集团有限公司	1316870009	55	中国南方电网有限责任公司	108223257
6	交通银行股份有限公司	1166575700	56	晋能控股集团有限公司	106119653
7	中国平安保险（集团）股份有限公司	1014202600	57	中国核工业集团有限公司	102508000
8	招商银行股份有限公司	924902100	58	盛京银行股份有限公司	100612625
9	中国中信集团有限公司	880968219	59	中国五矿集团有限公司	100390805
10	兴业银行股份有限公司	860302400	60	蜀道投资集团有限责任公司	100306900
11	上海浦东发展银行股份有限公司	813675700	61	中国电信集团有限公司	98976966
12	中国民生银行股份有限公司	695278600	62	华为投资控股有限公司	98283639
13	中国光大集团股份公司	652807985	63	中国远洋海运集团有限公司	97615126
14	中国人寿保险（集团）公司	573651627	64	中国华电集团有限公司	94805300
15	国家电网有限公司	467152425	65	成都兴城投资集团有限公司	94199134
16	中国石油天然气集团有限公司	419243418	66	深圳市投资控股有限公司	93477161
17	华夏银行股份有限公司	367628700	67	上海汽车集团股份有限公司	91692270
18	北京银行股份有限公司	305895900	68	中国船舶集团有限公司	88394553
19	上海银行股份有限公司	265319868	69	龙湖集团控股有限公司	87565111
20	江苏银行股份有限公司	261887426	70	中国广核集团有限公司	84798195
21	招商局集团有限公司	250876457	71	中国大唐集团有限公司	83016416
22	中国石油化工集团有限公司	241808347	72	复星国际有限公司	80637210
23	中国建筑股份有限公司	238824913	73	广州越秀集团股份有限公司	78247953
24	中国交通建设集团有限公司	224338606	74	国家开发投资集团有限公司	76637289
25	中国移动通信集团有限公司	214651950	75	山东能源集团有限公司	75140248
26	中国华润有限公司	202110927	76	浙江省交通投资集团有限公司	74543672
27	碧桂园控股有限公司	194836500	77	云南省建设投资控股集团有限公司	69512208
28	中国太平洋保险（集团）股份有限公司	194616377	78	中粮集团有限公司	68601206
29	万科企业股份有限公司	193863813	79	甘肃省公路航空旅游投资集团有限公司	68103091
30	国家能源投资集团有限责任公司	189759756	80	联想控股股份有限公司	68068617
31	阿里巴巴（中国）有限公司	176056700	81	华侨城集团有限公司	67982672
32	南京银行股份有限公司	174894675	82	广西投资集团有限公司	66904771
33	中国保利集团有限公司	174015716	83	陕西煤业化工集团有限责任公司	66164153
34	腾讯控股有限公司	161236400	84	厦门建发集团有限公司	65883882
35	渤海银行股份有限公司	158270760	85	中国建材集团有限公司	65224429
36	中国中化控股有限责任公司	153562145	86	云南省交通投资建设集团有限公司	63795712
37	国家电力投资集团有限公司	149111898	87	中国联合网络通信集团有限公司	62701575
38	绿地控股集团股份有限公司	146909791	88	中国铝业集团有限公司	62444306
39	中国人民保险集团股份有限公司	137640200	89	中国航天科技集团有限公司	60861741
40	中国铁路工程集团有限公司	137150260	90	中国第一汽车集团有限公司	60008812
41	中国铁道建筑集团有限公司	135586741	91	珠海华发集团有限公司	57742333
42	中国华能集团有限公司	133987744	92	中国医药集团有限公司	56402153
43	中国海洋石油集团有限公司	132996757	93	东风汽车集团有限公司	55134798
44	泰康保险集团股份有限公司	132977846	94	湖北交通投资集团有限公司	55016591
45	重庆农村商业银行股份有限公司	126585107	95	中国电子科技集团有限公司	54505051
46	中国航空工业集团有限公司	123832280	96	中国能源建设集团有限公司	54261563
47	恒丰银行股份有限公司	121725900	97	云南省投资控股集团有限公司	53729114
48	广州农村商业银行股份有限公司	116162863	98	广西交通投资集团有限公司	53533965
49	上海农村商业银行股份有限公司	115837626	99	绿城房地产集团有限公司	52047285
50	中国电力建设集团有限公司	114551061	100	首钢集团有限公司	51856071
				中国企业 500 强平均数	74506159

表 9－7　2022 中国企业 500 强从业人数排序前 100 名企业

排名	企业名称	从业人数/人	排名	企业名称	从业人数/人
1	中国石油天然气集团有限公司	1090345	51	苏商建设集团有限公司	153242
2	国家电网有限公司	969289	52	陕西煤业化工集团有限责任公司	151159
3	中国邮政集团有限公司	748920	53	中国中煤能源集团有限公司	149898
4	中国人民保险集团股份有限公司	669683	54	中国中信集团有限公司	148108
5	中国石油化工集团有限公司	542286	55	中国铝业集团有限公司	145917
6	晋能控股集团有限公司	506364	56	上海汽车集团股份有限公司	144787
7	北大荒农垦集团有限公司	504701	57	东风汽车集团有限公司	141681
8	中国农业银行股份有限公司	455174	58	中国航天科工集团有限公司	141678
9	中国移动通信集团有限公司	451331	59	牧原实业集团有限公司	140517
10	中国工商银行股份有限公司	434089	60	万科企业股份有限公司	139494
11	中国电信集团有限公司	394600	61	新希望控股集团有限公司	138136
12	京东集团股份有限公司	385357	62	中国机械工业集团有限公司	133424
13	中国航空工业集团有限公司	380000	63	陕西延长石油（集团）有限责任公司	130850
14	中国建设银行股份有限公司	375531	64	浙江吉利控股集团有限公司	128928
15	中国建筑股份有限公司	368327	65	南通四建集团有限公司	126000
16	中国铁道建筑集团有限公司	366833	66	中国华能集团有限公司	125916
17	中国华润有限公司	362706	67	TCL 实业控股股份有限公司	124133
18	中国平安保险（集团）股份有限公司	355982	68	永辉超市股份有限公司	123797
19	国家能源投资集团有限责任公司	319033	69	中国第一汽车集团有限公司	122371
20	太平洋建设集团有限公司	310719	70	中国平煤神马能源化工集团有限责任公司	121921
21	中国铁路工程集团有限公司	309874	71	国家电力投资集团有限公司	121470
22	中国银行股份有限公司	306322	72	恒力集团有限公司	121430
23	比亚迪股份有限公司	288186	73	河南能源集团有限公司	121427
24	中国南方电网有限责任公司	282440	74	中国能源建设集团有限公司	119574
25	招商局集团有限公司	264161	75	中国南方航空集团有限公司	114779
26	中国联合网络通信集团有限公司	255413	76	中国太平洋保险（集团）股份有限公司	114108
27	山东能源集团有限公司	243124	77	腾讯控股有限公司	112771
28	立讯精密工业股份有限公司	228152	78	广州汽车工业集团有限公司	112113
29	中国中化控股有限责任公司	220760	79	广厦控股集团有限公司	111568
30	中国交通建设集团有限公司	220519	80	中国保利集团有限公司	110785
31	中国兵器工业集团有限公司	219320	81	海尔集团公司	109441
32	中国船舶集团有限公司	213849	82	中粮集团有限公司	107829
33	中国建材集团有限公司	206910	83	中国远洋海运集团有限公司	107551
34	中国宝武钢铁集团有限公司	203781	84	万洲国际有限公司	107000
35	中国电子科技集团有限公司	202561	85	光明食品（集团）有限公司	104259
36	中国五矿集团有限公司	201724	86	招商银行股份有限公司	103669
37	中国医药集团有限公司	196568	87	河钢集团有限公司	103637
38	华为投资控股有限公司	195000	88	江苏南通二建集团有限公司	101955
39	中国电子信息产业集团有限公司	191126	89	碧桂园控股有限公司	100705
40	中国人寿保险（集团）公司	182646	90	美团公司	100033
41	中国电力建设集团有限公司	181330	91	北京汽车集团有限公司	100000
42	中国核工业集团有限公司	181100	92	物美科技集团有限公司	100000
43	中国航天科技集团有限公司	180521	93	中南控股集团有限公司	100000
44	顺丰控股股份有限公司	177129	94	中国东方航空集团有限公司	99207
45	中国中车集团有限公司	175802	95	潞安化工集团有限公司	99132
46	山西焦煤集团有限责任公司	175211	96	海信集团控股股份有限公司	97839
47	美的集团股份有限公司	165799	97	山东魏桥创业集团有限公司	96782
48	鞍钢集团有限公司	164704	98	首钢集团有限公司	96432
49	中国兵器装备集团有限公司	162498	99	复星国际有限公司	96000
50	江苏省苏中建设集团股份有限公司	156058	100	歌尔股份有限公司	95780
				中国企业 500 强平均数	64867

表9－8　2022 中国企业500 强研发费用排序前100 名企业

排名	企业名称	研发费用/万元	排名	企业名称	研发费用/万元
1	华为投资控股有限公司	14266600	51	湖南钢铁集团有限公司	664952
2	阿里巴巴（中国）有限公司	5782300	52	上海电气控股集团有限公司	646143
3	中国航天科技集团有限公司	4262576	53	河钢集团有限公司	637522
4	中国建筑股份有限公司	3992738	54	珠海格力电器股份有限公司	629672
5	中国航天科工集团有限公司	3393604	55	国家能源投资集团有限责任公司	623280
6	中国石油天然气集团有限公司	3352373	56	中国中信集团有限公司	607384
7	中国移动通信集团有限公司	3072090	57	中国医药集团有限公司	601064
8	中国宝武钢铁集团有限公司	2718619	58	北京建龙重工集团有限公司	600150
9	中国铁路工程集团有限公司	2475605	59	中国机械工业集团有限公司	564076
10	中国交通建设集团有限公司	2436192	60	海信集团控股股份有限公司	538084
11	浙江吉利控股集团有限公司	2261746	61	中国铝业集团有限公司	535643
12	中国第一汽车集团有限公司	2195036	62	中国化学工程集团有限公司	533184
13	中国五矿集团有限公司	2119822	63	山东钢铁集团有限公司	529295
14	中国电力建设集团有限公司	2102446	64	山东省国有资产投资控股有限公司	518633
15	中国铁道建筑集团有限公司	2025395	65	山东能源集团有限公司	500484
16	中国兵器工业集团有限公司	2008735	66	山西建设投资集团有限公司	487084
17	上海汽车集团股份有限公司	1966850	67	中国联合网络通信集团有限公司	477842
18	中兴通讯股份有限公司	1880401	68	河北新华联合冶金控股集团有限公司	454906
19	中国电信集团有限公司	1824529	69	上海德龙钢铁集团有限公司	453404
20	美团公司	1667560	70	隆基绿能科技股份有限公司	439384
21	国家电网有限公司	1632964	71	陕西建工控股集团有限公司	436944
22	中国石油化工集团有限公司	1625119	72	万向集团公司	434064
23	山东魏桥创业集团有限公司	1529421	73	歌尔股份有限公司	430134
24	中国中车集团有限公司	1521014	74	研祥高科技控股集团有限公司	423522
25	招商银行股份有限公司	1329100	75	中联重科股份有限公司	422971
26	小米集团	1316700	76	包头钢铁（集团）有限责任公司	420091
27	联想控股股份有限公司	1265566	77	徐工集团工程机械有限公司	402910
28	美的集团股份有限公司	1201491	78	浙江荣盛控股集团有限公司	395700
29	鞍钢集团有限公司	1187823	79	亨通集团有限公司	384679
30	TCL 实业控股股份有限公司	1073128	80	安徽海螺集团有限责任公司	382668
31	比亚迪股份有限公司	1062658	81	湖南建工控股集团有限公司	378282
32	中国华能集团有限公司	1010000	82	江苏永钢集团有限公司	374462
33	海尔集团公司	993468	83	中国重型汽车集团有限公司	372239
34	上海建工集团股份有限公司	989281	84	闻泰科技股份有限公司	370032
35	东风汽车集团有限公司	979154	85	北京建工集团有限责任公司	369571
36	中国建材集团有限公司	897451	86	广州市建筑集团有限公司	365387
37	中国能源建设集团有限公司	885990	87	华勤技术股份有限公司	361656
38	北京汽车集团有限公司	869809	88	中国中煤能源集团有限公司	356257
39	广州汽车工业集团有限公司	865409	89	奇瑞控股集团有限公司	351985
40	三一集团有限公司	849616	90	铜陵有色金属集团控股有限公司	350866
41	中国海洋石油集团有限公司	837118	91	北京城建集团有限责任公司	343105
42	潍柴控股集团有限公司	796719	92	山东高速集团有限公司	342476
43	陕西煤业化工集团有限责任公司	789900	93	晋能控股集团有限公司	340771
44	江苏沙钢集团有限公司	778400	94	新疆特变电工集团有限公司	332657
45	宁德时代新能源科技股份有限公司	769143	95	福建省电子信息（集团）有限责任公司	329475
46	中国华电集团有限公司	760769	96	利华益集团股份有限公司	324210
47	荣耀终端有限公司	749292	97	万华化学集团股份有限公司	316807
48	国家电力投资集团有限公司	740268	98	中国南方电网有限责任公司	316631
49	中国信息通信科技集团有限公司	733317	99	广州工业投资控股集团有限公司	315251
50	首钢集团有限公司	696029	100	中国平煤神马能源化工集团有限责任公司	315000
				中国企业500 强平均数	332751

表 9－9 2022 中国企业 500 强研发强度排序前 100 名企业

排名	企业名称	研发强度/%	排名	企业名称	研发强度/%
1	华为投资控股有限公司	22.62	51	上海城建（集团）有限公司	3.23
2	中兴通讯股份有限公司	16.42	52	人民控股集团有限公司	3.21
3	中国航天科技集团有限公司	15.22	53	石横特钢集团有限公司	3.20
4	中国信息通信科技集团有限公司	13.14	54	海信集团控股股份有限公司	3.17
5	中国航天科工集团有限公司	12.88	55	新疆金风科技股份有限公司	3.13
6	荣耀终端有限公司	9.44	56	湖南建工控股集团有限公司	3.12
7	美团公司	9.31	57	中国第一汽车集团有限公司	3.11
8	闻泰科技股份有限公司	7.02	58	江苏永钢集团有限公司	3.11
9	阿里巴巴（中国）有限公司	6.91	59	鞍钢集团有限公司	3.10
10	中国中车集团有限公司	6.38	60	北京建工集团有限责任公司	3.10
11	中联重科股份有限公司	6.30	61	山东寿光鲁清石化有限公司	3.09
12	浙江吉利控股集团有限公司	6.28	62	深圳传音控股股份有限公司	3.06
13	宁德时代新能源科技股份有限公司	5.90	63	山西晋南钢铁集团有限公司	3.05
14	福建省电子信息（集团）有限责任公司	5.89	64	远景能源有限公司	3.04
15	歌尔股份有限公司	5.50	65	广西北部湾投资集团有限公司	3.04
16	三一集团有限公司	5.50	66	广东省建筑工程集团控股有限公司	3.03
17	隆基绿能科技股份有限公司	5.43	67	湖南钢铁集团有限公司	3.03
18	山东省国有资产投资控股有限公司	5.37	68	利华益集团股份有限公司	3.00
19	研祥高科技控股集团有限公司	5.35	69	金鼎钢铁集团有限公司	3.00
20	宁波均胜电子股份有限公司	5.14	70	山东金岭集团有限公司	3.00
21	深圳前海微众银行股份有限公司	5.05	71	海尔集团公司	2.99
22	比亚迪股份有限公司	4.92	72	亨通集团有限公司	2.94
23	中国东方电气集团有限公司	4.46	73	山东如意时尚投资控股有限公司	2.93
24	新疆特变电工集团有限公司	4.39	74	重庆机电控股（集团）公司	2.90
25	华勤技术股份有限公司	4.32	75	中国交通建设集团有限公司	2.89
26	恒丰银行股份有限公司	4.26	76	广西玉柴机器集团有限公司	2.89
27	TCL 实业控股股份有限公司	4.25	77	招商银行股份有限公司	2.88
28	山西建设投资集团有限公司	4.15	78	广东省广新控股集团有限公司	2.82
29	创维集团有限公司	4.12	79	中国宝武钢铁集团有限公司	2.80
30	山西建邦集团有限公司	4.05	80	中国华电集团有限公司	2.75
31	小米集团	4.01	81	中国能源建设集团有限公司	2.73
32	山东泰山钢铁集团有限公司	3.97	82	淮北矿业（集团）有限责任公司	2.71
33	上海电气控股集团有限公司	3.95	83	上海华谊（集团）公司	2.70
34	晶科能源控股有限公司	3.84	84	心里程控股集团有限公司	2.69
35	中国兵器工业集团有限公司	3.81	85	北京能源集团有限责任公司	2.67
36	山东魏桥创业集团有限公司	3.72	86	万向集团公司	2.67
37	中国移动通信集团有限公司	3.61	87	中国华能集团有限公司	2.62
38	四川公路桥梁建设集团有限公司	3.54	88	正泰集团股份有限公司	2.61
39	美的集团股份有限公司	3.52	89	潍柴控股集团有限公司	2.61
40	上海建工集团股份有限公司	3.52	90	淮河能源控股集团有限责任公司	2.60
41	中国化学工程集团有限公司	3.51	91	联想控股股份有限公司	2.58
42	中科电力装备集团有限公司	3.49	92	中天科技集团有限公司	2.57
43	徐工集团工程机械有限公司	3.45	93	首钢集团有限公司	2.56
44	华峰集团有限公司	3.44	94	江苏沙钢集团有限公司	2.56
45	华泰集团有限公司	3.43	95	上海汽车集团股份有限公司	2.52
46	中国电信集团有限公司	3.38	96	江铃汽车集团有限公司	2.51
47	中国电力建设集团有限公司	3.38	97	中国五矿集团有限公司	2.49
48	包头钢铁（集团）有限责任公司	3.33	98	北京城建集团有限责任公司	2.44
49	珠海格力电器股份有限公司	3.32	99	北京建龙重工集团有限公司	2.43
50	奇瑞控股集团有限公司	3.32	100	玖龙纸业（控股）有限公司	2.40
				中国企业 500 强平均数	1.81

表 9－10　2022 中国企业 500 强净资产利润率排序前 100 名企业

排名	企业名称	净资产利润率/%	排名	企业名称	净资产利润率/%
1	张家港市沃丰贸易有限公司	2570.30	51	浙江富冶集团有限公司	20.90
2	振烨国际产业控股集团（深圳）有限公司	109.75	52	六安钢铁控股集团有限公司	20.84
3	上海银行股份有限公司	107.42	53	中基宁波集团股份有限公司	20.57
4	山东金岭集团有限公司	100.00	54	泸州老窖集团有限责任公司	20.45
5	南通三建控股有限公司	74.22	55	老凤祥股份有限公司	20.41
6	通州建总集团有限公司	54.28	56	泰康保险集团股份有限公司	20.34
7	上海闽路润贸易有限公司	53.36	57	河北文丰钢铁有限公司	20.07
8	中国医药集团有限公司	51.86	58	立讯精密工业股份有限公司	20.04
9	江苏华宏实业集团有限公司	41.75	59	北京外企人力资源服务有限公司	19.91
10	山东钢铁集团有限公司	40.95	60	兴华财富集团有限公司	19.81
11	江苏省华建建设股份有限公司	39.94	61	华勤技术股份有限公司	19.80
12	振石控股集团有限公司	37.42	62	山东京博控股集团有限公司	19.75
13	山东汇丰石化集团有限公司	37.21	63	德力西集团有限公司	19.74
14	万华化学集团股份有限公司	35.98	64	河北鑫海控股集团有限公司	19.54
15	远景能源有限公司	34.97	65	江苏大明工业科技集团有限公司	19.53
16	青山控股集团有限公司	34.44	66	江苏阳光集团有限公司	19.51
17	传化集团有限公司	32.67	67	恒信汽车集团股份有限公司	19.48
18	浙江卫星控股股份有限公司	31.46	68	永锋集团有限公司	19.23
19	安踏体育用品集团有限公司	30.99	69	隆基绿能科技股份有限公司	19.15
20	华峰集团有限公司	30.53	70	江苏永钢集团有限公司	19.10
21	冀南钢铁集团有限公司	30.47	71	龙湖集团控股有限公司	19.09
22	浙江元立金属制品集团有限公司	29.99	72	南通四建集团有限公司	19.02
23	江苏三木集团有限公司	29.04	73	中天钢铁集团有限公司	18.98
24	恒申控股集团有限公司	28.77	74	南京钢铁集团有限公司	18.94
25	云账户技术（天津）有限公司	28.71	75	宁德时代新能源科技股份有限公司	18.85
26	腾讯控股有限公司	27.88	76	四川省川威集团有限公司	18.81
27	深圳传音控股股份有限公司	27.88	77	江苏沙钢集团有限公司	18.79
28	贵州茅台酒股份有限公司	27.68	78	石横特钢集团有限公司	18.75
29	新奥天然气股份有限公司	27.65	79	河北新华联合冶金控股集团有限公司	18.66
30	山西建邦集团有限公司	27.51	80	通鼎集团有限公司	18.66
31	华为投资控股有限公司	27.40	81	广东宏川集团有限公司	18.43
32	国家开发投资集团有限公司	27.00	82	荣耀终端有限公司	18.41
33	恒力集团有限公司	26.45	83	厦门路桥工程物资有限公司	18.37
34	四川公路桥梁建设集团有限公司	26.20	84	山东太阳控股集团有限公司	18.26
35	内蒙古鄂尔多斯投资控股集团有限公司	26.09	85	陕西建工控股集团有限公司	18.23
36	浙江荣盛控股集团有限公司	25.00	86	桐昆控股集团有限公司	18.22
37	深圳前海微众银行股份有限公司	24.83	87	旭辉控股（集团）有限公司	18.13
38	山东创新金属科技有限公司	23.13	88	人民控股集团有限公司	18.04
39	山东齐成石油化工有限公司	23.11	89	广西柳州钢铁集团有限公司	17.85
40	上海德龙钢铁集团有限公司	23.08	90	金鼎钢铁集团有限公司	17.72
41	湖南钢铁集团有限公司	22.94	91	网易公司	17.68
42	TCL 实业控股股份有限公司	22.92	92	内蒙古伊利实业集团股份有限公司	17.62
43	美的集团股份有限公司	22.88	93	福建省三钢（集团）有限责任公司	17.53
44	四川德胜集团钒钛有限公司	22.64	94	中国远洋海运集团有限公司	17.52
45	北京江南投资集团有限公司	22.38	95	红狮控股集团有限公司	17.52
46	武安市裕华钢铁有限公司	22.26	96	雅戈尔集团股份有限公司	17.43
47	珠海格力电器股份有限公司	22.25	97	安徽海螺集团有限责任公司	17.28
48	广西盛隆冶金有限公司	22.13	98	盛虹控股集团有限公司	17.01
49	紫金矿业集团股份有限公司	22.06	99	富海集团新能源控股有限公司	16.76
50	太平洋建设集团有限公司	21.16	100	河北普阳钢铁有限公司	16.72
				中国企业 500 强平均数	9.03

表 9－11 2022 中国企业 500 强资产利润率排序前 100 名企业

排名	企业名称	资产利润率/%	排名	企业名称	资产利润率/%
1	山东金岭集团有限公司	86.07	51	红狮控股集团有限公司	7.54
2	振烨国际产业控股集团（深圳）有限公司	42.68	52	唯品会控股有限公司	7.52
3	南通三建控股有限公司	31.67	53	紫金矿业集团股份有限公司	7.51
4	冀南钢铁集团有限公司	28.38	54	敬业集团有限公司	7.42
5	通州建总集团有限公司	23.37	55	江苏省华建建设股份有限公司	7.42
6	贵州茅台酒股份有限公司	20.56	56	美的集团股份有限公司	7.37
7	江苏三木集团有限公司	19.13	57	鲁丽集团有限公司	7.35
8	河北文丰钢铁有限公司	18.23	58	山东创新金属科技有限公司	7.25
9	山西建邦集团有限公司	17.43	59	珠海格力电器股份有限公司	7.22
10	武安市裕华钢铁有限公司	16.73	60	山东金诚石化集团有限公司	7.15
11	安踏体育用品集团有限公司	16.64	61	东营齐润化工有限公司	6.77
12	恒申控股集团有限公司	16.53	62	重庆华宇集团有限公司	6.64
13	振石控股集团有限公司	16.22	63	小米集团	6.60
14	兴华财富集团有限公司	15.66	64	重庆中昂投资集团有限公司	6.44
15	人民控股集团有限公司	14.05	65	歌尔股份有限公司	6.28
16	腾讯控股有限公司	13.94	66	中铁集装箱运输有限责任公司	6.16
17	中国医药集团有限公司	13.91	67	威高集团有限公司	6.10
18	青山控股集团有限公司	13.36	68	玖龙纸业（控股）有限公司	6.09
19	万华化学集团股份有限公司	12.95	69	正威国际集团有限公司	6.07
20	河北新武安钢铁集团文安钢铁有限公司	12.81	70	沂州集团有限公司	6.05
21	深圳传音控股股份有限公司	12.43	71	深圳市爱施德股份有限公司	6.01
22	南通四建集团有限公司	11.78	72	湖南钢铁集团有限公司	5.96
23	华为投资控股有限公司	11.55	73	新凤鸣控股集团有限公司	5.91
24	远景能源有限公司	11.16	74	福建省三钢（集团）有限责任公司	5.88
25	恒信汽车集团股份有限公司	11.11	75	浙江升华控股集团有限公司	5.88
26	网易公司	10.97	76	立讯精密工业股份有限公司	5.86
27	石横特钢集团有限公司	10.89	77	浙江富冶集团有限公司	5.86
28	太平洋建设集团有限公司	10.87	78	中天钢铁集团有限公司	5.76
29	江苏阳光集团有限公司	10.37	79	山东海科控股有限公司	5.75
30	深圳金雅福控股集团有限公司	10.32	80	利华益集团股份有限公司	5.65
31	华峰集团有限公司	10.01	81	山东汇丰石化集团有限公司	5.60
32	江苏永钢集团有限公司	9.94	82	万洲国际有限公司	5.56
33	心里程控股集团有限公司	9.81	83	雅戈尔集团股份有限公司	5.53
34	河北普阳钢铁有限公司	9.80	84	南京钢铁集团有限公司	5.51
35	隆基绿能科技股份有限公司	9.30	85	山东九羊集团有限公司	5.41
36	江苏南通二建集团有限公司	9.01	86	新疆特变电工集团有限公司	5.38
37	荣耀终端有限公司	8.82	87	辽宁嘉晨控股集团有限公司	5.34
38	研祥高科技控股集团有限公司	8.54	88	浙江中成控股集团有限公司	5.33
39	东方润安集团有限公司	8.44	89	广西柳州钢铁集团有限公司	5.21
40	广西盛隆冶金有限公司	8.43	90	宁德时代新能源科技股份有限公司	5.18
41	老凤祥股份有限公司	8.42	91	德力西集团有限公司	5.17
42	浙江元立金属制品集团有限公司	8.36	92	金川集团股份有限公司	5.15
43	四川德胜集团钒钛有限公司	8.28	93	通鼎集团有限公司	5.15
44	内蒙古伊利实业集团股份有限公司	8.24	94	中联重科股份有限公司	5.14
45	金鼎钢铁集团有限公司	8.22	95	天津荣程祥泰投资控股集团有限公司	5.06
46	龙信建设集团有限公司	8.22	96	旭阳控股有限公司	5.04
47	福建大东海实业集团有限公司	7.95	97	恒力集团有限公司	5.02
48	山东太阳控股集团有限公司	7.85	98	中国国际技术智力合作集团有限公司	4.99
49	六安钢铁控股集团有限公司	7.85	99	传化集团有限公司	4.98
50	富海集团新能源控股有限公司	7.75	100	苏商建设集团有限公司	4.91
				中国企业 500 强平均数	1.20

表9－12 2022中国企业500强收入利润率排序前100名企业

排名	企业名称	收入利润率/%	排名	企业名称	收入利润率/%
1	贵州茅台酒股份有限公司	47.92	51	申能（集团）有限公司	8.96
2	腾讯控股有限公司	40.14	52	明阳新能源投资控股集团有限公司	8.69
3	山东金岭集团有限公司	38.85	53	中国平安保险（集团）股份有限公司	8.61
4	招商银行股份有限公司	25.94	54	威高集团有限公司	8.61
5	中国建设银行股份有限公司	24.52	55	中国铁塔股份有限公司	8.46
6	中国工商银行股份有限公司	24.36	56	美的集团股份有限公司	8.37
7	中国银行股份有限公司	22.03	57	武安市裕华钢铁有限公司	8.37
8	上海农村商业银行股份有限公司	21.02	58	河北文丰钢铁有限公司	8.23
9	兴业银行股份有限公司	20.90	59	百度网络技术有限公司	8.21
10	中国农业银行股份有限公司	20.64	60	振烨国际产业控股集团（深圳）有限公司	8.03
11	上海银行股份有限公司	20.26	61	深圳传音控股股份有限公司	7.91
12	南京银行股份有限公司	20.20	62	石横特钢集团有限公司	7.75
13	网易公司	19.24	63	红狮控股集团有限公司	7.69
14	远景能源有限公司	18.06	64	中国远洋海运集团有限公司	7.63
15	华为投资控股有限公司	18.00	65	内蒙古伊利实业集团股份有限公司	7.63
16	交通银行股份有限公司	17.87	66	太平洋建设集团有限公司	7.26
17	国家开发投资集团有限公司	17.55	67	中国海洋石油集团有限公司	7.24
18	北京银行股份有限公司	17.15	68	中国航天科技集团有限公司	7.14
19	万华化学集团股份有限公司	16.94	69	旭辉控股（集团）有限公司	7.06
20	重庆农村商业银行股份有限公司	16.91	70	中国广核集团有限公司	7.01
21	江苏银行股份有限公司	15.90	71	四川公路桥梁建设集团有限公司	6.98
22	上海浦东发展银行股份有限公司	14.46	72	紫金矿业集团股份有限公司	6.96
23	深圳前海微众银行股份有限公司	14.36	73	江苏三木集团有限公司	6.92
24	北京江南投资集团有限公司	14.18	74	阿里巴巴（中国）有限公司	6.91
25	华夏银行股份有限公司	13.59	75	广西盛隆冶金有限公司	6.90
26	恒申控股集团有限公司	12.88	76	新疆金风科技股份有限公司	6.84
27	恒丰银行股份有限公司	12.88	77	广州农村商业银行股份有限公司	6.79
28	渤海银行股份有限公司	12.66	78	山东太阳控股集团有限公司	6.78
29	重庆中昂投资集团有限公司	12.54	79	玖龙纸业（控股）有限公司	6.73
30	振石控股集团有限公司	12.24	80	新华人寿保险股份有限公司	6.72
31	宁德时代新能源科技股份有限公司	12.22	81	山西建邦集团有限公司	6.61
32	珠海格力电器股份有限公司	12.16	82	日照钢铁控股集团有限公司	6.39
33	安徽省交通控股集团有限公司	12.04	83	复星国际有限公司	6.26
34	安踏体育用品集团有限公司	11.79	84	中国太平洋保险（集团）股份有限公司	6.09
35	重庆华宇集团有限公司	11.47	85	中国光大集团股份公司	6.06
36	隆基绿能科技股份有限公司	11.23	86	中兴通讯股份有限公司	5.95
37	新疆特变电工集团有限公司	11.20	87	小米集团	5.89
38	中国医药集团有限公司	11.18	88	重庆新鸥鹏企业（集团）有限公司	5.82
39	招商局集团有限公司	11.11	89	广东省交通集团有限公司	5.71
40	华峰集团有限公司	11.11	90	南通四建集团有限公司	5.57
41	中国移动通信集团有限公司	11.09	91	浙江元立金属制品集团有限公司	5.57
42	龙湖集团控股有限公司	10.68	92	中国邮政集团有限公司	5.51
43	中国民生银行股份有限公司	10.54	93	兴华财富集团有限公司	5.43
44	南通三建控股有限公司	10.30	94	研祥高科技控股集团有限公司	5.34
45	金地（集团）股份有限公司	9.48	95	山西鹏飞集团有限公司	5.26
46	泰康保险集团股份有限公司	9.42	96	中国航天科工集团有限公司	5.16
47	中联重科股份有限公司	9.34	97	福建省三钢（集团）有限责任公司	5.15
48	荣耀终端有限公司	9.14	98	碧桂园控股有限公司	5.12
49	湖北交通投资集团有限公司	9.05	99	广州越秀集团股份有限公司	5.10
50	冀南钢铁集团有限公司	8.96	100	国家能源投资集团有限责任公司	5.09
				中国企业500强平均数	4.36

表 9-13 2022 中国企业 500 强人均营业收入排序前 100 名企业

排名	企业名称	人均营业收入/万元	排名	企业名称	人均营业收入/万元
1	张家港市沃丰贸易有限公司	248706.10	51	南京钢铁集团有限公司	1816.11
2	上海闽路润贸易有限公司	40505.01	52	利华益集团股份有限公司	1801.11
3	远大物产集团有限公司	18749.65	53	山东海科控股有限公司	1790.44
4	浙江前程投资股份有限公司	16519.72	54	江苏华宏实业集团有限公司	1710.69
5	厦门路桥工程物资有限公司	14843.72	55	山东寿光鲁清石化有限公司	1707.37
6	西安迈科金属国际集团有限公司	13378.91	56	老凤祥股份有限公司	1659.34
7	北京江南投资集团有限公司	10234.82	57	浙江升华控股集团有限公司	1635.20
8	重庆千信集团有限公司	9170.66	58	中国航空油料集团有限公司	1562.69
9	云账户技术（天津）有限公司	8784.10	59	上海钢联电子商务股份有限公司	1561.97
10	深圳市中农网有限公司	8083.31	60	江苏新长江实业集团有限公司	1545.60
11	深圳市信利康供应链管理有限公司	7822.90	61	宁波金田投资控股有限公司	1532.84
12	郑州瑞茂通供应链有限公司	5803.32	62	山东东明石化集团有限公司	1532.37
13	中铁集装箱运输有限责任公司	5448.84	63	研祥高科技控股集团有限公司	1524.89
14	山东齐成石油化工有限公司	5007.14	64	洛阳栾川钼业集团股份有限公司	1515.54
15	振烨国际产业控股集团（深圳）有限公司	4883.99	65	沂州集团有限公司	1501.93
16	兰州新区商贸物流投资集团有限公司	4679.85	66	昆明市交通投资有限责任公司	1500.57
17	中基宁波集团股份有限公司	4434.96	67	重庆华宇集团有限公司	1488.49
18	帝海投资控股集团有限公司	4261.25	68	深圳前海微众银行股份有限公司	1469.96
19	杭州市实业投资集团有限公司	4031.51	69	山西建邦集团有限公司	1466.79
20	东营齐润化工有限公司	3687.27	70	江西铜业集团有限公司	1447.76
21	山东恒源石油化工股份有限公司	3601.14	71	汇通达网络股份有限公司	1446.93
22	厦门象屿集团有限公司	3370.32	72	中天钢铁集团有限公司	1430.69
23	深圳市爱施德股份有限公司	3227.05	73	浙江恒逸集团有限公司	1415.90
24	正威国际集团有限公司	3226.87	74	青岛海发国有资本投资运营集团有限公司	1407.25
25	三河汇福粮油集团有限公司	3203.70	75	中科电力装备集团有限公司	1395.06
26	中国国际技术智力合作集团有限公司	2828.46	76	永荣控股集团有限公司	1376.32
27	上海均和集团有限公司	2739.14	77	福州中景石化集团有限公司	1362.70
28	前海人寿保险股份有限公司	2731.79	78	四川省商业投资集团有限责任公司	1309.15
29	河北省物流产业集团有限公司	2718.71	79	浙江卫星控股股份有限公司	1302.43
30	物产中大集团股份有限公司	2699.08	80	江西省建工集团有限责任公司	1301.93
31	深圳金雅福控股集团有限公司	2665.37	81	东岭集团股份有限公司	1300.61
32	广东宏川集团有限公司	2560.09	82	江苏永钢集团有限公司	1299.85
33	北京外企人力资源服务有限公司	2557.84	83	江苏汇鸿国际集团股份有限公司	1253.56
34	浙江富冶集团有限公司	2480.33	84	东方润安集团有限公司	1227.53
35	山东金诚石化集团有限公司	2455.44	85	河北普阳钢铁有限公司	1225.04
36	广东鼎龙实业集团有限公司	2439.57	86	河北新金钢铁有限公司	1210.90
37	神州数码集团股份有限公司	2349.04	87	阿里巴巴（中国）有限公司	1194.86
38	河北津西钢铁集团股份有限公司	2324.68	88	富通集团有限公司	1176.32
39	远景能源有限公司	2159.56	89	传化集团有限公司	1137.18
40	山东汇丰石化集团有限公司	2155.89	90	铜陵有色金属集团控股有限公司	1135.98
41	河北鑫海控股集团有限公司	2054.88	91	弘阳集团有限公司	1114.23
42	金鼎钢铁集团有限公司	2049.32	92	唯品会控股有限公司	1096.58
43	宏旺控股集团有限公司	2025.32	93	大汉控股集团有限公司	1058.33
44	河北新武安钢铁集团文安钢铁有限公司	2011.80	94	三房巷集团有限公司	1057.73
45	厦门建发集团有限公司	1980.45	95	天津荣程祥泰投资控股集团有限公司	1030.80
46	浙江荣盛控股集团有限公司	1970.63	96	河南豫光金铅集团有限责任公司	1027.87
47	杭州钢铁集团有限公司	1920.47	97	中国海洋石油集团有限公司	1011.25
48	厦门国贸控股集团有限公司	1909.13	98	河北文丰钢铁有限公司	994.84
49	心里程控股集团有限公司	1884.15	99	富海集团新能源控股有限公司	988.50
50	山东渤海实业集团有限公司	1844.71	100	小米集团	982.17
				中国企业 500 强平均数	315.96

表9－14 2022中国企业500强人均净利润排序前100名企业

排名	企业名称	人均净利润/万元	排名	企业名称	人均净利润/万元
1	张家港市沃丰贸易有限公司	1934.15	51	重庆中昂投资集团有限公司	55.56
2	北京江南投资集团有限公司	1451.05	52	河北新武安钢铁集团文安钢铁有限公司	55.55
3	振烨国际产业控股集团（深圳）有限公司	392.39	53	四川公路桥梁建设集团有限公司	54.92
4	远景能源有限公司	390.03	54	恒丰银行股份有限公司	54.55
5	山东金岭集团有限公司	358.03	55	龙湖集团控股有限公司	54.13
6	深圳前海微众银行股份有限公司	211.03	56	老凤祥股份有限公司	53.05
7	腾讯控股有限公司	199.36	57	中国农业银行股份有限公司	52.99
8	中铁集装箱运输有限责任公司	183.44	58	网易公司	52.57
9	贵州茅台酒股份有限公司	174.86	59	杭州市实业投资集团有限公司	50.98
10	重庆华宇集团有限公司	170.67	60	明阳新能源投资控股集团有限公司	49.09
11	上海银行股份有限公司	161.35	61	荣耀终端有限公司	48.88
12	北京银行股份有限公司	134.49	62	兴华财富集团有限公司	48.42
13	兴业银行股份有限公司	132.20	63	利华益集团股份有限公司	46.17
14	江苏银行股份有限公司	126.63	64	江苏三木集团有限公司	45.85
15	上海农村商业银行股份有限公司	125.86	65	洛阳栾川钼业集团股份有限公司	44.51
16	万华化学集团股份有限公司	125.17	66	唯品会控股有限公司	43.85
17	南京银行股份有限公司	116.66	67	新华人寿保险股份有限公司	43.42
18	重庆千信集团有限公司	116.46	68	华峰集团有限公司	42.63
19	招商银行股份有限公司	115.68	69	泰康保险集团股份有限公司	41.94
20	东营齐润化工有限公司	114.11	70	昆明市交通投资有限责任公司	41.79
21	上海闽路润贸易有限公司	111.43	71	安踏体育用品集团有限公司	40.79
22	恒申控股集团有限公司	99.00	72	山东汇丰石化集团有限公司	40.37
23	交通银行股份有限公司	97.06	73	中国医药集团有限公司	39.92
24	山西建邦集团有限公司	96.89	74	福州中景石化集团有限公司	39.71
25	上海浦东发展银行股份有限公司	83.65	75	山东金诚石化集团有限公司	39.21
26	阿里巴巴（中国）有限公司	82.55	76	中国远洋海运集团有限公司	38.51
27	河北文丰钢铁有限公司	81.88	77	郑州瑞茂通供应链有限公司	38.27
28	研祥高科技控股集团有限公司	81.49	78	山东海科控股有限公司	37.32
29	中国建设银行股份有限公司	80.56	79	新疆特变电工集团有限公司	37.29
30	中国工商银行股份有限公司	80.25	80	广西盛隆冶金有限公司	37.28
31	振石控股集团有限公司	77.15	81	南京钢铁集团有限公司	36.81
32	渤海银行股份有限公司	75.79	82	沂州集团有限公司	36.25
33	心里程控股集团有限公司	75.67	83	绿城房地产集团有限公司	36.03
34	中国海洋石油集团有限公司	73.17	84	紫金矿业集团股份有限公司	35.72
35	厦门路桥工程物资有限公司	71.07	85	石横特钢集团有限公司	34.27
36	中国银行股份有限公司	70.70	86	山西鹏飞集团有限公司	33.96
37	远大物产集团有限公司	65.58	87	浙江荣盛控股集团有限公司	33.95
38	国家开发投资集团有限公司	64.61	88	重庆新鸥鹏企业（集团）有限公司	32.59
39	冀南钢铁集团有限公司	64.53	89	富通集团有限公司	32.50
40	重庆农村商业银行股份有限公司	64.14	90	江苏沙钢集团有限公司	32.30
41	华夏银行股份有限公司	60.04	91	六安钢铁控股集团有限公司	32.11
42	河北普阳钢铁有限公司	58.87	92	新疆金风科技股份有限公司	32.07
43	浙江卫星控股股份有限公司	58.55	93	三河汇福粮油集团有限公司	31.70
44	华为投资控股有限公司	58.23	94	日照钢铁控股集团有限公司	31.64
45	武安市裕华钢铁有限公司	58.18	95	西安迈科金属国际集团有限公司	31.59
46	正威国际集团有限公司	57.91	96	中国铁塔股份有限公司	31.46
47	小米集团	57.86	97	深圳市爱施德股份有限公司	31.27
48	中国民生银行股份有限公司	57.08	98	传化集团有限公司	30.79
49	金鼎钢铁集团有限公司	56.72	99	富海集团新能源控股有限公司	30.36
50	江苏永钢集团有限公司	56.11	100	旭辉控股（集团）有限公司	29.82
				中国企业500强平均数	13.76

表 9-15　2022 中国企业 500 强人均资产排序前 100 名企业

排名	企业名称	人均资产/万元	排名	企业名称	人均资产/万元
1	张家港市沃丰贸易有限公司	54752.15	51	山东高速集团有限公司	2173.73
2	北京江南投资集团有限公司	32555.51	52	青岛海发国有资本投资运营集团有限公司	2142.73
3	上海银行股份有限公司	19421.70	53	广州越秀集团股份有限公司	2089.23
4	北京银行股份有限公司	18509.98	54	中国广核集团有限公司	2054.42
5	江苏银行股份有限公司	16838.39	55	西安迈科金属国际集团有限公司	2048.05
6	上海农村商业银行股份有限公司	15034.09	56	蜀道投资集团有限责任公司	2026.69
7	渤海银行股份有限公司	13899.25	57	龙湖集团控股有限公司	1987.18
8	兴业银行股份有限公司	13756.03	58	弘阳集团有限公司	1955.04
9	深圳前海微众银行股份有限公司	13450.27	59	碧桂园控股有限公司	1934.73
10	交通银行股份有限公司	12927.77	60	天津泰达投资控股有限公司	1917.73
11	南京银行股份有限公司	12867.47	61	深圳市信利康供应链管理有限公司	1914.30
12	上海浦东发展银行股份有限公司	12841.90	62	广西投资集团有限公司	1891.62
13	前海人寿保险股份有限公司	12548.25	63	江西省建工集团有限责任公司	1879.43
14	盛京银行股份有限公司	12422.85	64	绿地控股集团股份有限公司	1836.40
15	中国民生银行股份有限公司	11543.34	65	浙江省交通投资集团有限公司	1828.13
16	恒丰银行股份有限公司	10406.59	66	厦门建发集团有限公司	1813.28
17	华夏银行股份有限公司	9378.28	67	中国邮政集团有限公司	1758.36
18	招商银行股份有限公司	8921.68	68	中国太平洋保险（集团）股份有限公司	1705.55
19	中国银行股份有限公司	8723.63	69	旭辉控股（集团）有限公司	1694.93
20	重庆农村商业银行股份有限公司	8492.79	70	东营齐润化工有限公司	1685.24
21	广州农村商业银行股份有限公司	8198.96	71	杭州市实业投资集团有限公司	1679.82
22	中国工商银行股份有限公司	8102.34	72	中国太平保险集团有限责任公司	1649.11
23	中国建设银行股份有限公司	8056.32	73	中国海洋石油集团有限公司	1642.81
24	上海闽路润贸易有限公司	7069.71	74	奥园集团有限公司	1585.41
25	中国光大集团股份公司	6871.66	75	浙江荣盛控股集团有限公司	1585.36
26	中国农业银行股份有限公司	6386.38	76	中国保利集团有限公司	1570.75
27	绿城房地产集团有限公司	6000.38	77	远大物产集团有限公司	1543.52
28	中国中信集团有限公司	5948.15	78	重庆市金科投资控股（集团）有限责任公司	1535.52
29	昆明市交通投资有限责任公司	5796.47	79	浙江前程投资股份有限公司	1515.16
30	郑州瑞茂通供应链有限公司	5617.20	80	广西北部湾投资集团有限公司	1477.84
31	帝海投资控股集团有限公司	4491.55	81	厦门象屿集团有限公司	1460.06
32	武汉城市建设集团有限公司	4351.98	82	国家开发投资集团有限公司	1451.19
33	厦门路桥工程物资有限公司	3609.71	83	腾讯控股有限公司	1429.77
34	远景能源有限公司	3493.56	84	伊电控股集团有限公司	1409.05
35	云南省交通投资建设集团有限公司	3435.42	85	万科企业股份有限公司	1389.76
36	广西交通投资集团有限公司	3375.19	86	中国铁塔股份有限公司	1387.38
37	新华人寿保险股份有限公司	3275.02	87	湖北联投集团有限公司	1362.12
38	中国人寿保险（集团）公司	3140.78	88	广东省能源集团有限公司	1285.48
39	中铁集装箱运输有限责任公司	2976.22	89	荣盛控股股份有限公司	1279.65
40	重庆千信集团有限公司	2901.48	90	华侨城集团有限公司	1279.63
41	中国平安保险（集团）股份有限公司	2849.03	91	四川公路桥梁建设集团有限公司	1277.09
42	重庆华宇集团有限公司	2569.91	92	浙江省能源集团有限公司	1267.83
43	阿里巴巴（中国）有限公司	2515.10	93	浙江卫星控股股份有限公司	1261.88
44	北京首都开发控股（集团）有限公司	2509.72	94	甘肃省公路航空旅游投资集团有限公司	1237.16
45	山东齐成石油化工有限公司	2498.96	95	国家电力投资集团有限公司	1227.56
46	成都兴城投资集团有限公司	2473.98	96	洛阳栾川钼业集团股份有限公司	1198.13
47	深圳市中农网有限公司	2466.11	97	北京能源集团有限责任公司	1190.21
48	湖北交通投资集团有限公司	2450.41	98	云南省建设投资控股集团有限公司	1190.18
49	泰康保险集团股份有限公司	2259.49	99	安徽省交通控股集团有限公司	1176.08
50	泸州老窖集团有限责任公司	2258.27	100	北京首都创业集团有限公司	1155.45
				中国企业 500 强平均数	1148.60

表9-16 2022中国企业500强收入增长率排序前100名企业

排名	企业名称	收入增长率/%	排名	企业名称	收入增长率/%
1	荣耀终端有限公司	469.06	51	厦门路桥工程物资有限公司	45.57
2	青岛海发国有资本投资运营集团有限公司	264.46	52	包头钢铁（集团）有限责任公司	45.41
3	深圳市立业集团有限公司	236.00	53	山东金诚石化集团有限公司	45.33
4	成都兴城投资集团有限公司	169.97	54	浙江荣盛控股集团有限公司	45.27
5	浙江卫星控股股份有限公司	160.56	55	湖南钢铁集团有限公司	44.52
6	宁德时代新能源科技股份有限公司	159.06	56	山西建设投资集团有限公司	44.37
7	张家港市沃丰贸易有限公司	157.53	57	中国宝武钢铁集团有限公司	44.31
8	广州工业投资控股集团有限公司	129.70	58	济钢集团有限公司	44.17
9	万华化学集团股份有限公司	98.19	59	鲁丽集团有限公司	43.93
10	新疆中泰（集团）有限责任公司	91.99	60	河北津西钢铁集团股份有限公司	43.63
11	江苏三木集团有限公司	88.59	61	山西晋南钢铁集团有限公司	43.34
12	武汉城市建设集团有限公司	87.94	62	兰州新区商贸物流投资集团有限公司	43.31
13	江苏新长江实业集团有限公司	82.96	63	淮河能源控股集团有限责任公司	42.71
14	鞍钢集团有限公司	79.93	64	广东海大集团股份有限公司	42.56
15	中国国际海运集装箱（集团）股份有限公司	73.85	65	中国物流集团有限公司	42.48
16	杭州钢铁集团有限公司	71.46	66	中国海洋石油集团有限公司	42.44
17	华峰集团有限公司	71.03	67	山东魏桥创业集团有限公司	42.28
18	水发集团有限公司	70.33	68	广东省广晟控股集团有限公司	41.95
19	上海德龙钢铁集团有限公司	69.28	69	山东高速集团有限公司	41.54
20	山东省港口集团有限公司	67.31	70	杭州市城市建设投资集团有限公司	41.43
21	立讯精密工业股份有限公司	66.43	71	中国铝业集团有限公司	41.31
22	TCL 实业控股股份有限公司	65.05	72	安踏体育用品集团有限公司	40.82
23	中国远洋海运集团有限公司	63.85	73	物产中大集团股份有限公司	40.39
24	厦门建发集团有限公司	62.66	74	湖北联投集团有限公司	40.31
25	中国中煤能源集团有限公司	60.94	75	牧原实业集团有限公司	40.13
26	金龙精密铜管集团股份有限公司	60.45	76	华勤技术股份有限公司	39.91
27	福州中景石化集团有限公司	58.73	77	中基宁波集团股份有限公司	38.43
28	湖北交通投资集团有限公司	57.07	78	重庆医药（集团）股份有限公司	38.26
29	桐昆控股集团有限公司	56.18	79	天津友发钢管集团股份有限公司	38.10
30	美团公司	56.04	80	比亚迪股份有限公司	38.02
31	浙江元立金属制品集团有限公司	55.67	81	雅戈尔集团股份有限公司	37.33
32	研祥高科技控股集团有限公司	55.31	82	绿城房地产集团有限公司	36.95
33	浙江省交通投资集团有限公司	55.19	83	广东宏川集团有限公司	36.93
34	新疆天业（集团）有限公司	55.08	84	广西北部湾投资集团有限公司	36.72
35	深圳市信利康供应链管理有限公司	54.95	85	上海华谊（集团）公司	36.23
36	洛阳栾川钼业集团股份有限公司	53.89	86	重庆化医控股（集团）公司	36.12
37	山西鹏飞集团有限公司	51.80	87	新余钢铁集团有限公司	36.09
38	安阳钢铁集团有限责任公司	51.71	88	中天钢铁集团有限公司	35.95
39	厦门国贸控股集团有限公司	50.45	89	山东恒源石油化工股份有限公司	35.85
40	浙江升华控股集团有限公司	50.38	90	潞安化工集团有限公司	35.79
41	旭辉控股（集团）有限公司	50.19	91	江西铜业集团有限公司	35.79
42	彬县煤炭有限责任公司	48.78	92	中国石油天然气集团有限公司	35.54
43	福建省能源石化集团有限责任公司	48.52	93	歌尔股份有限公司	35.47
44	隆基绿能科技股份有限公司	48.27	94	富海集团新能源控股有限公司	35.40
45	深圳市爱施德股份有限公司	48.26	95	广州市建筑集团有限公司	35.32
46	山西建邦集团有限公司	48.23	96	武汉金融控股（集团）有限公司	35.18
47	厦门港务控股集团有限公司	48.02	97	远景能源有限公司	35.16
48	中国航空油料集团有限公司	47.12	98	广东省能源集团有限公司	34.82
49	北京首都开发控股（集团）有限公司	47.06	99	远大物产集团有限公司	34.70
50	新凤鸣控股集团有限公司	45.65	100	振石控股集团有限公司	34.57
				中国企业500强平均数	16.63

表 9－17 2022 中国企业 500 强净利润增长率排序前 100 名企业

排名	企业名称	净利润增长率/%	排名	企业名称	净利润增长率/%
1	包头钢铁（集团）有限责任公司	7047.51	51	太平洋建设集团有限公司	137.69
2	厦门港务控股集团有限公司	6250.00	52	彬县煤炭有限责任公司	125.16
3	河钢集团有限公司	3537.15	53	江西铜业集团有限公司	123.00
4	云账户技术（天津）有限公司	1845.75	54	洛阳栾川钼业集团股份有限公司	119.26
5	盛屯矿业集团股份有限公司	1645.56	55	徐工集团工程机械有限公司	114.68
6	杭州锦江集团有限公司	1335.87	56	恒申控股集团有限公司	111.56
7	酒泉钢铁（集团）有限责任公司	985.65	57	广西北部湾国际港务集团有限公司	111.43
8	中国医药集团有限公司	803.45	58	福州中景石化集团有限公司	106.71
9	贵州磷化（集团）有限责任公司	766.64	59	中国华能集团有限公司	103.94
10	山东钢铁集团有限公司	515.37	60	内蒙古鄂尔多斯投资控股集团有限公司	102.06
11	中国建材集团有限公司	447.95	61	福建省港口集团有限责任公司	100.82
12	国家开发投资集团有限公司	443.05	62	晨鸣控股有限公司	100.80
13	百联集团有限公司	414.63	63	青山控股集团有限公司	97.50
14	广东省交通集团有限公司	394.20	64	上海华谊（集团）公司	97.45
15	云南省交通投资建设集团有限公司	372.23	65	中国石油天然气集团有限公司	96.92
16	振烨国际产业控股集团（深圳）有限公司	368.46	66	传化集团有限公司	94.73
17	首钢集团有限公司	363.19	67	新奥天然气股份有限公司	94.67
18	陕西煤业化工集团有限责任公司	361.44	68	TCL 实业控股股份有限公司	91.49
19	鞍钢集团有限公司	312.49	69	杭州钢铁集团有限公司	88.11
20	中国远洋海运集团有限公司	307.98	70	江苏沙钢集团有限公司	85.70
21	中国铝业集团有限公司	307.55	71	山东省港口集团有限公司	84.79
22	安阳钢铁集团有限责任公司	294.15	72	徐州矿务集团有限公司	82.81
23	甘肃省公路航空旅游投资集团有限公司	272.67	73	四川长虹电子控股集团有限公司	81.66
24	新凤鸣控股集团有限公司	262.52	74	浙江荣盛控股集团有限公司	80.73
25	浙江卫星控股股份有限公司	255.02	75	福建省三钢（集团）有限责任公司	80.63
26	开滦（集团）有限责任公司	253.58	76	中国海洋石油集团有限公司	78.76
27	远景能源有限公司	248.82	77	广西投资集团有限公司	78.67
28	湖北交通投资集团有限公司	243.67	78	浙江富冶集团有限公司	77.97
29	广州工业投资控股集团有限公司	236.38	79	华为投资控股有限公司	75.96
30	华峰集团有限公司	233.59	80	四川公路桥梁建设集团有限公司	75.68
31	四川德胜集团钒钛有限公司	233.51	81	深圳金雅福控股集团有限公司	74.99
32	宜昌兴发集团有限责任公司	233.32	82	深圳市中农网有限公司	72.16
33	江苏三木集团有限公司	226.18	83	广东省广晟控股集团有限公司	71.90
34	陕西延长石油（集团）有限责任公司	217.48	84	重庆千信集团有限公司	69.85
35	安徽省交通控股集团有限公司	200.16	85	盛虹控股集团有限公司	69.28
36	双良集团有限公司	194.74	86	浙江升华控股集团有限公司	68.63
37	无锡产业发展集团有限公司	192.36	87	天津泰达投资控股有限公司	67.48
38	广西盛隆冶金有限公司	185.81	88	东方润安集团有限公司	66.44
39	宁德时代新能源科技股份有限公司	185.34	89	汇通达网络股份有限公司	66.43
40	振石控股集团有限公司	182.25	90	山西鹏飞集团有限公司	66.22
41	郑州瑞茂通供应链有限公司	180.71	91	明阳新能源投资控股集团有限公司	66.11
42	张家港市沃丰贸易有限公司	179.87	92	上海闽路润贸易有限公司	65.32
43	新疆特变电工集团有限公司	159.43	93	物美科技集团有限公司	63.32
44	天津荣程祥泰投资控股集团有限公司	156.49	94	石横特钢集团有限公司	62.68
45	山西建邦集团有限公司	151.53	95	中国电子科技集团有限公司	61.23
46	六安钢铁控股集团有限公司	150.76	96	福建省能源石化集团有限责任公司	60.18
47	金川集团股份有限公司	150.26	97	中兴通讯股份有限公司	59.94
48	浙江前程投资股份有限公司	149.11	98	南京钢铁集团有限公司	59.01
49	万华化学集团股份有限公司	145.47	99	安徽建工集团控股有限公司	58.52
50	紫金矿业集团股份有限公司	140.80	100	永锋集团有限公司	58.29
				中国企业 500 强平均数	9.73

表 9-18　2022 中国企业 500 强资产增长率排序前 100 名企业

排序	企业名称	资产增长率/%	排序	企业名称	资产增长率/%
1	荣耀终端有限公司	1340.21	51	广东海大集团股份有限公司	29.50
2	张家港市沃丰贸易有限公司	141.73	52	江苏永钢集团有限公司	29.04
3	广州工业投资控股集团有限公司	102.91	53	中国化学工程集团有限公司	28.77
4	宁德时代新能源科技股份有限公司	96.44	54	广东省广新控股集团有限公司	28.38
5	顺丰控股股份有限公司	88.83	55	中国医药集团有限公司	28.15
6	山西鹏飞集团有限公司	85.83	56	广西盛隆冶金有限公司	28.01
7	百联集团有限公司	79.33	57	山东东明石化集团有限公司	27.68
8	立讯精密工业股份有限公司	72.21	58	杉杉控股有限公司	27.27
9	金鼎钢铁集团有限公司	70.91	59	明阳新能源投资控股集团有限公司	27.11
10	天津荣程祥泰投资控股集团有限公司	66.38	60	广东省能源集团有限公司	27.01
11	青岛海发国有资本投资运营集团有限公司	62.47	61	永辉超市股份有限公司	26.98
12	厦门国贸控股集团有限公司	60.14	62	山西建邦集团有限公司	26.98
13	四川省宜宾五粮液集团有限公司	58.65	63	神州数码集团股份有限公司	26.93
14	河北普阳钢铁有限公司	57.49	64	四川华西集团有限公司	26.71
15	浙江卫星控股股份有限公司	50.94	65	深圳前海微众银行股份有限公司	26.65
16	厦门建发集团有限公司	50.78	66	浙江省兴合集团有限责任公司	26.22
17	盛虹控股集团有限公司	50.25	67	天元建设集团有限公司	25.60
18	比亚迪股份有限公司	47.14	68	浙江省交通投资集团有限公司	25.31
19	鞍钢集团有限公司	44.62	69	广东省建筑工程集团控股有限公司	25.29
20	美团公司	44.47	70	牧原实业集团有限公司	24.62
21	内蒙古伊利实业集团股份有限公司	43.30	71	江苏三木集团有限公司	24.61
22	云账户技术（天津）有限公司	43.06	72	宁夏天元锰业集团有限公司	24.39
23	万华化学集团股份有限公司	42.28	73	六安钢铁控股集团有限公司	24.39
24	安踏体育用品集团有限公司	42.15	74	歌尔股份有限公司	24.33
25	华勤技术股份有限公司	40.73	75	山东太阳控股集团有限公司	24.01
26	浙江元立金属制品集团有限公司	40.70	76	厦门象屿集团有限公司	23.42
27	桐昆控股集团有限公司	40.22	77	中国第一汽车集团有限公司	22.73
28	广州产业投资控股集团有限公司	37.87	78	甘肃省建设投资（控股）集团有限公司	21.94
29	金澳科技（湖北）化工有限公司	37.30	79	上海华谊（集团）公司	21.74
30	华峰集团有限公司	37.29	80	包头钢铁（集团）有限责任公司	21.69
31	宁波金田投资控股有限公司	36.93	81	恒信汽车集团股份有限公司	21.62
32	武安市裕华钢铁有限公司	35.84	82	安徽建工集团控股有限公司	21.59
33	深圳市爱施德股份有限公司	35.65	83	广西交通投资集团有限公司	21.48
34	通威集团有限公司	35.00	84	物产中大集团股份有限公司	21.38
35	天津友发钢管集团股份有限公司	34.02	85	正泰集团股份有限公司	21.31
36	青山控股集团有限公司	33.66	86	闻泰科技股份有限公司	21.18
37	旭阳控股有限公司	33.66	87	TCL 实业控股股份有限公司	21.13
38	江苏国泰国际集团股份有限公司	33.51	88	永锋集团有限公司	21.13
39	浙江荣盛控股集团有限公司	33.27	89	深圳传音控股股份有限公司	21.04
40	新凤鸣控股集团有限公司	33.08	90	浙江富冶集团有限公司	21.02
41	远景能源有限公司	32.86	91	湖南钢铁集团有限公司	20.98
42	天能控股集团有限公司	32.68	92	广州医药集团有限公司	20.98
43	绿城房地产集团有限公司	31.55	93	腾讯控股有限公司	20.92
44	日照钢铁控股集团有限公司	31.54	94	成都兴城投资集团有限公司	20.91
45	上海均和集团有限公司	31.28	95	上海德龙钢铁集团有限公司	20.83
46	辽宁方大集团实业有限公司	31.15	96	云南省交通投资建设集团有限公司	20.56
47	广西北部湾投资集团有限公司	30.61	97	南京钢铁集团有限公司	20.29
48	中国航天科工集团有限公司	30.21	98	温氏食品集团股份有限公司	20.23
49	深圳市信利康供应链管理有限公司	30.15	99	河北文丰钢铁有限公司	19.87
50	陕西建工控股集团有限公司	30.03	100	武汉城市建设集团有限公司	19.71
				中国企业 500 强平均数	8.54

表 9－19 2022 中国企业 500 强研发费用增长率排序前 100 名企业

排序	企业名称	研发费用增长率/%	排序	企业名称	研发费用增长率/%
1	宁夏天元锰业集团有限公司	2388.41	51	青山控股集团有限公司	103.63
2	山东汇丰石化集团有限公司	1740.44	52	新疆广汇实业投资（集团）有限责任公司	104.45
3	河北津西钢铁集团股份有限公司	1142.56	53	山西建邦集团有限公司	100.11
4	荣耀终端有限公司	1093.58	54	西部矿业集团有限公司	99.12
5	六安钢铁控股集团有限公司	1091.19	55	牧原实业集团有限公司	96.73
6	青岛海发国有资本投资运营集团有限公司	966.28	56	广西交通投资集团有限公司	97.14
7	广东省广物控股集团有限公司	837.87	57	广州农村商业银行股份有限公司	97.39
8	深圳市立业集团有限公司	681.14	58	淮河能源控股集团有限责任公司	95.37
9	红狮控股集团有限公司	566.00	59	陕西建工控股集团有限公司	93.07
10	厦门建发集团有限公司	498.74	60	中国大唐集团有限公司	92.33
11	武汉金融控股（集团）有限公司	436.02	61	中国东方航空集团有限公司	91.16
12	天津友发钢管集团股份有限公司	308.63	62	奥园集团有限公司	91.21
13	河北新武安钢铁集团文安钢铁有限公司	300.00	63	金川集团股份有限公司	89.86
14	日照钢铁控股集团有限公司	289.01	64	天元建设集团有限公司	89.73
15	重庆医药（集团）股份有限公司	276.03	65	中国平煤神马能源化工集团有限责任公司	89.19
16	山西鹏飞集团有限公司	265.94	66	成都兴城投资集团有限公司	87.57
17	广州工业投资控股集团有限公司	259.88	67	水发集团有限公司	88.43
18	中国航空油料集团有限公司	243.54	68	武汉城市建设集团有限公司	83.89
19	恒丰银行股份有限公司	233.49	69	江苏三木集团有限公司	82.88
20	蓝润集团有限公司	226.80	70	杉杉控股有限公司	82.26
21	四川省能源投资集团有限责任公司	218.67	71	北京建龙重工集团有限公司	81.41
22	山东省港口集团有限公司	204.38	72	北大荒农垦集团有限公司	80.85
23	中铁集装箱运输有限责任公司	192.77	73	中天控股集团有限公司	81.43
24	福建大东海实业集团有限公司	177.12	74	鞍钢集团有限公司	79.84
25	山东高速集团有限公司	174.32	75	彬县煤炭有限责任公司	79.83
26	中国邮政集团有限公司	170.85	76	广东省能源集团有限公司	79.48
27	广东省交通集团有限公司	164.65	77	山东泰山钢铁集团有限公司	77.51
28	福建省能源石化集团有限责任公司	163.24	78	万向集团公司	76.69
29	山东创新金属科技有限公司	152.20	79	山东钢铁集团有限公司	75.72
30	厦门港务控股集团有限公司	140.98	80	中国医药集团有限公司	74.99
31	江苏沙钢集团有限公司	138.28	81	山西焦煤集团有限责任公司	74.11
32	四川华西集团有限公司	136.75	82	云天化集团有限责任公司	72.96
33	金地（集团）股份有限公司	134.06	83	安徽省交通控股集团有限公司	71.96
34	石横特钢集团有限公司	134.02	84	安阳钢铁集团有限责任公司	71.06
35	中国太平洋保险（集团）股份有限公司	132.07	85	中国铝业集团有限公司	70.47
36	旭辉控股（集团）有限公司	129.82	86	新奥天然气股份有限公司	69.70
37	甘肃省建设投资（控股）集团有限公司	128.82	87	隆基绿能科技股份有限公司	69.55
38	宜昌兴发集团有限责任公司	129.22	88	安徽建工集团控股有限公司	70.49
39	内蒙古电力（集团）有限责任公司	127.54	89	华峰集团有限公司	70.44
40	浙江卫星控股股份有限公司	126.97	90	晶科能源控股有限公司	68.56
41	厦门国贸控股集团有限公司	123.92	91	荣盛控股股份有限公司	68.95
42	中南控股集团有限公司	117.04	92	四川公路桥梁建设集团有限公司	68.30
43	江苏新长江实业集团有限公司	116.24	93	福建省港口集团有限责任公司	67.19
44	中国物流集团有限公司	115.02	94	山东齐成石油化工有限公司	66.67
45	宁德时代新能源科技股份有限公司	115.48	95	永荣控股集团有限公司	65.28
46	江苏国泰国际集团股份有限公司	113.53	96	云南省能源投资集团有限公司	64.16
47	富海集团新能源控股有限公司	111.81	97	中国远洋海运集团有限公司	62.10
48	浙江荣盛控股集团有限公司	107.26	98	潞安化工集团有限公司	61.61
49	新疆中泰（集团）有限责任公司	105.67	99	中国联合网络通信集团有限公司	60.67
50	河南能源集团有限公司	104.90	100	龙湖集团控股有限公司	60.20
				中国企业 500 强平均数	21.73

第十章
2022 中国制造业企业 500 强

2022 中国制造业企业 500 强情况如表 10－1 至表 10－29 所示。

表 10－1 2022 中国制造业企业 500 强

名次	企业名称	地区	营业收入/万元	净利润/万元	资产/万元	所有者权益/万元	从业人数/人
1	中国石油化工集团有限公司	北京	258860343	5364137	241808347	84785275	542286
2	中国宝武钢铁集团有限公司	上海	97225779	1931794	111708361	30936785	203781
3	中国五矿集团有限公司	北京	85015599	397887	100390805	6704470	201724
4	上海汽车集团股份有限公司	上海	77984579	2453310	91692270	27377368	144787
5	恒力集团有限公司	江苏	73234451	1531614	30536547	5790619	121430
6	正威国际集团有限公司	广东	72275382	1296964	21363794	12469061	22398
7	中国第一汽车集团有限公司	吉林	70569611	2322386	60008812	22813252	122371
8	华为投资控股有限公司	广东	63069840	11354549	98283639	41445976	195000
9	东风汽车集团有限公司	湖北	55551521	929446	55134798	11715984	141681
10	中国兵器工业集团有限公司	北京	52754166	1123400	48617366	13462102	219320
11	中国航空工业集团有限公司	北京	51903589	551610	123832280	22122502	380000
12	中国铝业集团有限公司	北京	51864838	902344	62444306	10267418	145917
13	北京汽车集团有限公司	北京	48175754	205136	50026416	7493926	100000
14	江西铜业集团有限公司	江西	45741836	299714	19783051	3368826	31595
15	浙江荣盛控股集团有限公司	浙江	44831822	772437	36066971	3090346	22750
16	广州汽车工业集团有限公司	广东	43188274	391760	36432279	5170179	112113
17	河钢集团有限公司	河北	42668707	141849	50855841	6839170	103637
18	中国建材集团有限公司	北京	41550846	389268	65224429	4196797	206910
19	山东魏桥创业集团有限公司	山东	41113475	1133995	25504593	8534472	96782
20	鞍钢集团有限公司	辽宁	38345695	735704	49197644	8602171	164704
21	中国机械工业集团有限公司	北京	37054529	295579	36441119	7251965	133424
22	浙江吉利控股集团有限公司	浙江	36031587	948839	51822877	9346032	128928
23	中国电子科技集团有限公司	北京	35771735	1388072	54505051	19344834	202561
24	青山控股集团有限公司	浙江	35201779	1538971	11515953	4468941	85553
25	中国船舶集团有限公司	北京	34902186	1698063	88394553	26126378	213849
26	盛虹控股集团有限公司	江苏	34797926	607114	17292018	3569906	35788
27	美的集团股份有限公司	广东	34123321	2857365	38794610	12486812	165799
28	海尔集团公司	山东	33273670	1070417	47129095	6859095	109441
29	浙江恒逸集团有限公司	浙江	32879978	114468	12758389	1320128	23222
30	小米集团	北京	32830915	1933932	29289187	13721291	33427
31	潍柴控股集团有限公司	山东	30559777	189315	31679385	1182024	93991
32	江苏沙钢集团有限公司	江苏	30363121	1466463	32482912	7805325	45398
33	中国兵器装备集团有限公司	北京	28622955	475056	39231532	8425264	162498
34	中国航天科技集团有限公司	北京	28007020	1998943	60861741	23781499	180521

续表

名次	企业名称	地区	营业收入/万元	净利润/万元	资产/万元	所有者权益/万元	从业人数/人
35	中国电子信息产业集团有限公司	北京	27812805	-101993	39442929	6679534	191126
36	首钢集团有限公司	北京	27149655	135780	51856071	12222708	96432
37	山东钢铁集团有限公司	山东	26651911	549488	26153155	1341711	57628
38	杭州钢铁集团有限公司	浙江	26538950	229676	9283046	2910147	13819
39	金川集团股份有限公司	甘肃	26419154	622408	12074816	4339077	29100
40	中国航天科工集团有限公司	北京	26353542	1359836	50718529	16723371	141678
41	安徽海螺集团有限责任公司	安徽	25607469	1239871	28232081	7177204	59739
42	新希望控股集团有限公司	四川	25265247	216575	37443425	2658893	138136
43	TCL 实业控股股份有限公司	广东	25235035	1073421	39525356	4683043	124133
44	北京建龙重工集团有限公司	北京	24741240	359041	16801018	3490591	57568
45	中国中车集团有限公司	北京	23842915	573344	47827825	8357573	175802
46	敬业集团有限公司	河北	23790148	574692	7743682	3870538	31000
47	铜陵有色金属集团控股有限公司	安徽	22905863	32200	9287182	772913	20164
48	紫金矿业集团股份有限公司	福建	22510249	1567287	20859468	7103437	43876
49	湖南钢铁集团有限公司	湖南	21970605	818253	13723112	3566163	33764
50	潞安化工集团有限公司	山西	21959023	-175688	29491966	3469339	99132
51	比亚迪股份有限公司	广东	21614239	304519	29578015	9506967	288186
52	上海医药集团股份有限公司	上海	21582426	509347	16343551	4935948	47056
53	新疆中泰（集团）有限责任公司	新疆维吾尔自治区	21215265	31061	12558283	529338	48067
54	多弗国际控股集团有限公司	浙江	20686568	262926	14363606	7490521	22500
55	海亮集团有限公司	浙江	20027392	82504	6677017	2091884	23854
56	广州医药集团有限公司	广东	19651802	206420	7209340	1252246	34730
57	上海德龙钢铁集团有限公司	上海	19572224	508187	12395905	2201790	46054
58	河北新华联合冶金控股集团有限公司	河北	19039289	189782	12593385	1016978	20570
59	中天钢铁集团有限公司	江苏	19038174	306601	5323179	1615566	13307
60	珠海格力电器股份有限公司	广东	18965403	2306373	31959818	10365165	81884
61	南京钢铁集团有限公司	江苏	18749509	380055	6897834	2006471	10324
62	河北津西钢铁集团股份有限公司	河北	18725325	225421	7470092	2436152	8055
63	北京首农食品集团有限公司	北京	18309244	272694	16485622	4264125	53472
64	广州工业投资控股集团有限公司	广东	18209575	329434	16507092	3413723	83933
65	天能控股集团有限公司	浙江	17925186	135076	7363892	1235898	25618
66	万洲国际有限公司	河南	17597435	688604	12375871	5577462	107000
67	洛阳栾川钼业集团股份有限公司	河南	17386258	510601	13744977	3984528	11472
68	海信集团控股股份有限公司	山东	16955274	321469	16823472	1945712	97839

续表

名次	企业名称	地区	营业收入/万元	净利润/万元	资产/万元	所有者权益/万元	从业人数/人
69	中国重型汽车集团有限公司	山东	16838201	253276	12740534	2110324	37115
70	中国国际海运集装箱（集团）股份有限公司	广东	16369598	666532	15432250	4511863	51746
71	上海电气控股集团有限公司	上海	16349526	-745084	38155572	2997118	67335
72	万向集团公司	浙江	16284367	182361	10908538	3106580	35978
73	复星国际有限公司	上海	16129120	1008990	80637210	13106991	96000
74	陕西有色金属控股集团有限责任公司	陕西	16116923	93175	14083995	3684237	42278
75	北京金隅集团股份有限公司	北京	15590180	293302	28635681	6371749	46447
76	三一集团有限公司	湖南	15456008	509474	24473736	4499012	36954
77	立讯精密工业股份有限公司	广东	15394610	707052	12057210	3528855	228152
78	四川长虹电子控股集团有限公司	四川	15235605	10084	9366219	217949	63730
79	光明食品（集团）有限公司	上海	15083030	123825	28330567	6908289	104259
80	冀南钢铁集团有限公司	河北	14603294	1308451	4609750	4294045	20278
81	无锡产业发展集团有限公司	江苏	14577969	63893	12075743	1225153	28079
82	万华化学集团股份有限公司	山东	14553782	2464875	19030958	6849853	19692
83	中国有色矿业集团有限公司	北京	14446669	165185	11084521	1842948	43425
84	雅戈尔集团股份有限公司	浙江	14393756	519398	9397383	2979675	19591
85	四川省宜宾五粮液集团有限公司	四川	14002354	651888	24519331	4471919	43506
86	长城汽车股份有限公司	河北	13640466	672609	17540802	5734185	77934
87	辽宁方大集团实业有限公司	辽宁	13370261	550082	15884140	3408952	59610
88	广西柳州钢铁集团有限公司	广西壮族自治区	13253262	630151	12094540	3530654	33954
89	亨通集团有限公司	江苏	13100290	32424	8191155	794856	18592
90	宁德时代新能源科技股份有限公司	福建	13035580	1593131	30766686	8451327	83601
91	协鑫集团有限公司	江苏	13000528	252211	16444557	4130294	26009
92	中国黄金集团有限公司	北京	12996121	55238	11293988	1830093	40411
93	超威电源集团有限公司	浙江	12967239	79470	1874198	780121	17000
94	山东东明石化集团有限公司	山东	12861179	237822	5142971	2277439	8393
95	包头钢铁（集团）有限责任公司	内蒙古自治区	12603574	305127	20941671	3127459	40940
96	宁波金田投资控股有限公司	浙江	12285695	26258	2268213	235930	8015
97	江苏永钢集团有限公司	江苏	12056078	520433	5235104	2724303	9275
98	酒泉钢铁（集团）有限责任公司	甘肃	11693741	421600	11314757	2745589	34592
99	海澜集团有限公司	江苏	11685025	450947	11310337	8219571	16408
100	徐工集团工程机械有限公司	江苏	11679619	472712	16703220	2923144	27418
101	南山集团有限公司	山东	11582816	407787	13537490	6797695	46582

续表

名次	企业名称	地区	营业收入/万元	净利润/万元	资产/万元	所有者权益/万元	从业人数/人
102	中兴通讯股份有限公司	广东	11452164	681294	16876343	5148209	72584
103	桐昆控股集团有限公司	浙江	11090509	196135	7962100	1076416	25111
104	内蒙古伊利实业集团股份有限公司	内蒙古自治区	11014398	840439	10196233	4770831	61598
105	贵州茅台酒股份有限公司	贵州	10946428	5246014	25516820	18953937	30001
106	新余钢铁集团有限公司	江西	10861089	227797	6632626	1458737	20444
107	通威集团有限公司	四川	10827165	348967	10212639	2239957	33231
108	利华益集团股份有限公司	山东	10806670	277023	4901485	2418785	6000
109	江苏新长江实业集团有限公司	江苏	10700190	121537	4911330	1538667	6923
110	正泰集团股份有限公司	浙江	10668987	212966	10752402	1980496	38065
111	万达控股集团有限公司	山东	10616853	140671	5321341	1614649	13115
112	奇瑞控股集团有限公司	安徽	10611251	81458	21158194	1705757	33595
113	江铃汽车集团有限公司	江西	10444263	40158	8088421	994783	35322
114	福建大东海实业集团有限公司	福建	10123439	511597	6438813	4004681	20430
115	河北普阳钢铁有限公司	河北	10045300	482694	4923745	2886578	8200
116	晨鸣控股有限公司	山东	9890022	32752	8489380	247696	12296
117	江苏悦达集团有限公司	江苏	9391858	65428	7303172	1098951	42551
118	天津荣程祥泰投资控股集团有限公司	天津	9231865	167994	3320217	1477576	8956
119	玖龙纸业（控股）有限公司	广东	8731040	587388	9639108	4715611	20000
120	中国铁塔股份有限公司	北京	8658469	732937	32325987	18935656	23300
121	山西鹏飞集团有限公司	山西	8619669	453505	9502448	5681598	13355
122	双胞胎（集团）股份有限公司	江西	8606501	31240	3191090	1388851	18000
123	广东海大集团股份有限公司	广东	8599855	159604	3564857	1446113	31535
124	永锋集团有限公司	山东	8512520	294772	6518527	1533058	11803
125	华勤技术股份有限公司	上海	8375852	189284	4523086	956184	33141
126	牧原实业集团有限公司	河南	8327574	35827	19151727	1120985	140517
127	重庆化医控股（集团）公司	重庆	8251818	-44588	9414523	450955	27260
128	云天化集团有限责任公司	云南	8201422	143544	9393748	935546	22560
129	陕西汽车控股集团有限公司	陕西	8200301	17903	7314833	611575	28654
130	中天科技集团有限公司	江苏	8154688	96538	5360409	982288	15336
131	旭阳控股有限公司	北京	8101247	282400	5604800	1712778	12052
132	隆基绿能科技股份有限公司	陕西	8093225	908588	9773488	4744775	49967
133	杭州锦江集团有限公司	浙江	8056432	169863	5726998	1217887	9938
134	武安市裕华钢铁有限公司	河北	8007969	670498	4007477	3011916	11525
135	浙江富冶集团有限公司	浙江	7937051	89114	1520336	426415	3200

续表

名次	企业名称	地区	营业收入/万元	净利润/万元	资产/万元	所有者权益/万元	从业人数/人
136	荣耀终端有限公司	广东	7936172	725439	8221762	3940885	14842
137	研祥高科技控股集团有限公司	广东	7914163	422930	4952964	3144265	5190
138	日照钢铁控股集团有限公司	山东	7914145	505440	13777181	4722902	15976
139	泸州老窖集团有限责任公司	四川	7901442	326743	32051614	1597463	14193
140	金鼎钢铁集团有限公司	河北	7865285	217704	2647178	1228285	3838
141	歌尔股份有限公司	山东	7822142	383242	6106657	2732774	95780
142	红豆集团有限公司	江苏	7695139	24252	5019330	1759313	21132
143	华泰集团有限公司	山东	7683349	142076	3664748	1260996	8392
144	安阳钢铁集团有限责任公司	河南	7630760	113041	6322761	975186	24754
145	新疆特变电工集团有限公司	新疆维吾尔自治区	7569536	847747	15762605	5702790	22732
146	新凤鸣控股集团有限公司	浙江	7498901	224089	3794716	1654241	12581
147	广西盛隆冶金有限公司	广西壮族自治区	7487931	516429	6123604	2333129	13851
148	唐山港陆钢铁有限公司	河北	7395652	101541	2165114	1200639	8464
149	蓝润集团有限公司	四川	7336458	118076	9636408	3899805	20175
150	内蒙古鄂尔多斯投资控股集团有限公司	内蒙古自治区	7276763	180139	5639904	690484	23883
151	四川省川威集团有限公司	四川	7234391	132421	4536745	704053	14206
152	白银有色集团股份有限公司	甘肃	7227998	8174	4564961	1423237	14853
153	奥克斯集团有限公司	浙江	7200722	71053	6663887	1297733	30000
154	山东京博控股集团有限公司	山东	7093386	127597	4685415	646224	12106
155	山东海科控股有限公司	山东	7013162	146171	2540915	890279	3917
156	三房巷集团有限公司	江苏	6875277	81339	2559887	1091854	6500
157	晶科能源控股有限公司	江西	6861378	114141	7771858	2400340	31017
158	河北新金钢铁有限公司	河北	6730180	105220	2253395	1208472	5558
159	中联重科股份有限公司	湖南	6713063	626977	12201816	5686785	26036
160	天津友发钢管集团股份有限公司	天津	6686602	61409	1586851	623033	14389
161	河北新武安钢铁集团文安钢铁有限公司	河北	6638938	183325	1430723	1308679	3300
162	德力西集团有限公司	浙江	6630622	126053	2438247	638721	19674
163	宁夏天元锰业集团有限公司	宁夏回族自治区	6627373	-111873	18974320	7131639	20312
164	云南锡业集团（控股）有限责任公司	云南	6616607	17719	6042401	377400	18937
165	恒申控股集团有限公司	福建	6592748	849396	5139727	2952070	8580
166	红狮控股集团有限公司	浙江	6553593	504130	6686805	2878086	17349
167	深圳海王集团股份有限公司	广东	6553541	32822	6014785	1131856	30112
168	永荣控股集团有限公司	福建	6505855	28855	3059267	1049852	4727
169	温氏食品集团股份有限公司	广东	6496459	-1340436	9678837	3244768	43965

续表

名次	企业名称	地区	营业收入/万元	净利润/万元	资产/万元	所有者权益/万元	从业人数/人
170	福建省能源石化集团有限责任公司	福建	6472824	237477	14742231	2275521	19962
171	深圳市立业集团有限公司	广东	6440882	234281	7522464	4997367	11412
172	福建省三钢（集团）有限责任公司	福建	6419696	330647	5623259	1886185	16780
173	杉杉控股有限公司	上海	6221670	53586	7399592	1817345	6551
174	湖南博长控股集团有限公司	湖南	6215798	21019	1220672	406859	6857
175	河南豫光金铅集团有限责任公司	河南	6203224	18889	2347301	124006	6035
176	远景能源有限公司	江苏	6156902	1111978	9960145	3179382	2851
177	山东金诚石化集团有限公司	山东	6118951	97703	1366306	615114	2492
178	贵州磷化（集团）有限责任公司	贵州	6086689	124146	9118886	1271300	17634
179	山东如意时尚投资控股有限公司	山东	6050769	262833	7102590	1867680	40576
180	山东太阳控股集团有限公司	山东	6038744	409590	5220280	2243531	17227
181	富通集团有限公司	浙江	6018029	166284	3455238	1303107	5116
182	心里程控股集团有限公司	广东	6010437	241384	2460899	1565545	3190
183	兴华财富集团有限公司	河北	5963044	323596	2066567	1633756	6683
184	新疆天业（集团）有限公司	新疆维吾尔自治区	5924896	102498	4476655	753767	15127
185	山东创新金属科技有限公司	山东	5895479	112738	1554497	487332	8857
186	老凤祥股份有限公司	上海	5869077	187631	2227486	919114	3537
187	稻花香集团	湖北	5850313	32939	1667465	360785	10013
188	富海集团新能源控股有限公司	山东	5802489	178208	2300752	1063346	5870
189	上海华谊（集团）公司	上海	5776529	199823	9597761	2330000	19346
190	天瑞集团股份有限公司	河南	5769273	167770	7777171	3814256	13978
191	华峰集团有限公司	浙江	5751071	638961	6384669	2092981	14990
192	明阳新能源投资控股集团有限公司	广东	5697358	495279	10303689	3197696	10089
193	鲁丽集团有限公司	山东	5696215	119989	1632954	773457	7407
194	辽宁嘉晨控股集团有限公司	辽宁	5691190	287959	5387625	4378238	11150
195	山东黄金集团有限公司	山东	5633929	-87521	13198905	1076993	24664
196	福建省电子信息（集团）有限责任公司	福建	5598398	-127651	10681415	475499	51901
197	中国信息通信科技集团有限公司	湖北	5580308	44112	10062007	2693874	38978
198	东方润安集团有限公司	江苏	5579145	108355	1284295	654520	4545
199	天津渤海化工集团有限责任公司	天津	5525046	47218	11828224	4450982	24517
200	新兴铸管股份有限公司	河北	5330111	200670	5338074	2352797	15570
201	浙江卫星控股股份有限公司	浙江	5307401	238593	5142174	758303	4075
202	闻泰科技股份有限公司	湖北	5272864	261154	7257588	3369871	31658
203	山东恒源石油化工股份有限公司	山东	5221658	27746	1333223	523705	1450

续表

名次	企业名称	地区	营业收入/万元	净利润/万元	资产/万元	所有者权益/万元	从业人数/人
204	三河汇福粮油集团有限公司	河北	5209218	51547	1520568	608188	1626
205	浙江升华控股集团有限公司	浙江	5206469	52818	897809	350003	3184
206	西部矿业集团有限公司	青海	5182186	2738	6727680	463276	7695
207	六安钢铁控股集团有限公司	安徽	5181186	170169	2167531	816603	5300
208	山西建邦集团有限公司	山西	5158684	340753	1954902	1238687	3517
209	石横特钢集团有限公司	山东	5143733	398490	3660504	2124758	11627
210	威高集团有限公司	山东	5110981	439914	7214381	4290442	30989
211	创维集团有限公司	广东	5092800	163400	6088100	1804500	34000
212	东营齐润化工有限公司	山东	5088430	157478	2325630	1300163	1380
213	人民控股集团有限公司	浙江	5081712	197697	1406761	1095592	22050
214	山东泰山钢铁集团有限公司	山东	5063679	89888	2252753	1273206	7757
215	山东齐成石油化工有限公司	山东	5062223	18062	2526451	78150	1011
216	新疆金风科技股份有限公司	新疆维吾尔自治区	5057072	345695	11936019	3554178	10781
217	山西晋南钢铁集团有限公司	山西	5019198	54459	2711307	870697	7298
218	山东九羊集团有限公司	山东	5017646	98711	1824627	1401782	7377
219	宏旺控股集团有限公司	广东	5008617	42249	1136264	378517	2473
220	山东招金集团有限公司	山东	4962691	-1966	6266183	401337	14415
221	深圳传音控股股份有限公司	广东	4941190	390922	3145925	1402265	16095
222	中国东方电气集团有限公司	四川	4926439	154827	10596279	1953282	18385
223	河北文丰钢铁有限公司	河北	4917505	404735	2219554	2016688	4943
224	浙江元立金属制品集团有限公司	浙江	4903178	273016	3266274	910294	12411
225	重庆机电控股（集团）公司	重庆	4881225	91149	6237826	1399916	25678
226	福州中景石化集团有限公司	福建	4832141	140809	3849477	2102087	3546
227	广西玉柴机器集团有限公司	广西壮族自治区	4784480	53968	4293974	1320023	14179
228	江西正邦科技股份有限公司	江西	4767022	-1881882	4656700	203824	22088
229	远东控股集团有限公司	江苏	4766858	3206	2471774	380187	8385
230	西王集团有限公司	山东	4751260	-156666	5121906	756333	16000
231	山东渤海实业集团有限公司	山东	4742756	52073	2104486	535359	2571
232	四川德胜集团钒钛有限公司	四川	4706501	231872	2799667	1024286	10018
233	中科电力装备集团有限公司	安徽	4695763	29167	1921096	703761	3366
234	江苏三木集团有限公司	江苏	4651957	321769	1681721	1108115	7018
235	江苏大明工业科技集团有限公司	江苏	4633540	44944	1229569	230156	6494
236	伊电控股集团有限公司	河南	4631719	21464	8595182	1249803	6100
237	宜昌兴发集团有限责任公司	湖北	4596421	64637	5005304	505808	12993

续表

名次	企业名称	地区	营业收入/万元	净利润/万元	资产/万元	所有者权益/万元	从业人数/人
238	华勤橡胶工业集团有限公司	山东	4596324	93286	2158373	1036691	8500
239	双良集团有限公司	江苏	4594200	49902	3094647	848291	8371
240	金澳科技（湖北）化工有限公司	湖北	4586743	55041	1145404	597265	4689
241	沂州集团有限公司	山东	4580892	110567	1826668	700012	3050
242	法尔胜泓昇集团有限公司	江苏	4580599	31374	1634895	477305	8120
243	江苏华西集团有限公司	江苏	4578757	-42253	4259421	1350452	11187
244	振石控股集团有限公司	浙江	4578462	560352	3454541	1497577	7263
245	宁波均胜电子股份有限公司	浙江	4567003	-375329	5132668	1137327	43110
246	安踏体育用品集团有限公司	福建	4559564	537454	3228995	1734121	13177
247	江苏华宏实业集团有限公司	江苏	4555556	20057	865737	48044	2663
248	山东汇丰石化集团有限公司	山东	4533838	84906	1517413	228172	2103
249	山东寿光鲁清石化有限公司	山东	4531349	74892	2625198	980079	2654
250	盛屯矿业集团股份有限公司	福建	4523673	103145	2734576	1192986	6472
251	河北鑫海控股集团有限公司	河北	4520731	59998	1446770	307111	2200
252	江苏阳光集团有限公司	江苏	4516216	229181	2209057	1174475	12168
253	宁波富邦控股集团有限公司	浙江	4512756	68727	5282111	1133389	12007
254	山东金岭集团有限公司	山东	4512214	1752931	2036687	1752931	4896
255	金龙精密铜管集团股份有限公司	重庆	4474123	17378	1556018	146814	6329
256	济钢集团有限公司	山东	4470999	30674	3565843	609655	7482
257	天合光能股份有限公司	江苏	4448039	180423	6353988	1711193	17586
258	深圳市中金岭南有色金属股份有限公司	广东	4444922	117169	2760413	1324959	9664
259	河北安丰钢铁有限公司	河北	4443015	589394	2559772	2024699	7200
260	江苏扬子江船业集团	江苏	4432530	309871	13857802	3669052	29734
261	新华三信息技术有限公司	浙江	4397298	356234	3148879	356234	10494
262	万基控股集团有限公司	河南	4370043	94440	2514798	330055	11419
263	山东清源集团有限公司	山东	4356677	33371	2983202	1016606	4031
264	浙江东南网架集团有限公司	浙江	4345631	34844	3398139	608200	9372
265	金浦投资控股集团有限公司	江苏	4345099	45606	2430357	695820	9450
266	江苏金峰水泥集团有限公司	江苏	4321168	244232	2569141	1497713	5200
267	卧龙控股集团有限公司	浙江	4304584	99065	3584933	1120680	18076
268	山东鲁花集团有限公司	山东	4299033	283055	3843113	1624294	21276
269	河南中原黄金冶炼厂有限责任公司	河南	4216952	52819	1833519	797424	1565
270	森马集团有限公司	浙江	4216782	33483	3263308	1130617	4028
271	山西晋城钢铁控股集团有限公司	山西	4206209	224977	3359664	1823727	9021

续表

名次	企业名称	地区	营业收入/万元	净利润/万元	资产/万元	所有者权益/万元	从业人数/人
272	重庆市博赛矿业（集团）有限公司	重庆	4203879	198058	1599960	837544	8450
273	四川科伦实业集团有限公司	四川	4196763	110255	3690093	1385682	19604
274	中国一重集团有限公司	黑龙江	4185701	22068	5380425	1172316	14989
275	五得利面粉集团有限公司	河北	4157239	227444	2065638	1491187	5900
276	石药控股集团有限公司	河北	4139416	673111	5874388	3073089	25765
277	晶澳太阳能科技股份有限公司	河北	4130175	203863	5696745	1649426	29638
278	广西南丹南方金属有限公司	广西壮族自治区	4087530	93878	2163855	834980	5066
279	河北新武安钢铁集团烘熔钢铁有限公司	河北	4082879	121032	732532	587498	2982
280	建华建材（中国）有限公司	江苏	4073487	114191	2681006	905860	28730
281	郑州宇通企业集团	河南	4063870	90625	10393147	2021002	31773
282	安徽江淮汽车集团控股有限公司	安徽	4031356	6145	4681797	481557	26531
283	得力集团有限公司	浙江	4028383	265053	3948788	1463681	17940
284	三宝集团股份有限公司	福建	4024038	127883	1356317	634894	4909
285	金发科技股份有限公司	广东	4019862	166149	4830002	1498695	9728
286	三花控股集团有限公司	浙江	4017496	141766	3207330	1140110	23000
287	福建百宏聚纤科技实业有限公司	福建	3998798	246909	6309450	1645298	11260
288	重庆小康控股有限公司	重庆	3996873	-129801	3607455	383778	20037
289	重庆钢铁股份有限公司	重庆	3984941	227439	4299595	2237520	6734
290	华鲁控股集团有限公司	山东	3954981	248848	5071262	1148943	18445
291	天津亿联控股集团有限公司	天津	3926125	—	10314248	—	13679
292	江苏沃得机电集团有限公司	江苏	3903607	354375	4918868	1142220	21254
293	山东垦利石化集团有限公司	山东	3899385	113563	1807072	1085563	2559
294	江苏江润铜业有限公司	江苏	3869516	9525	397151	188410	723
295	太平鸟集团有限公司	浙江	3856591	56586	1951642	319241	12733
296	道恩集团有限公司	山东	3850687	91253	1500466	237586	3657
297	舜宇集团有限公司	浙江	3749685	498801	3877384	2058807	24664
298	浙江龙盛控股有限公司	浙江	3740550	360736	6940217	3193935	7801
299	欣旺达电子股份有限公司	广东	3735872	91565	4262843	1303007	36127
300	安徽楚江科技新材料股份有限公司	安徽	3734960	56709	1326247	616627	6426
301	常熟市龙腾特种钢有限公司	江苏	3722933	194295	3215565	934820	5190
302	重庆轻纺控股（集团）公司	重庆	3719682	40903	2816733	613706	24965
303	湖南五江控股集团有限公司	湖南	3698745	321984	6579947	4303159	28576
304	天津华北集团有限公司	天津	3685794	22936	1483926	635444	1130
305	河南豫联能源集团有限责任公司	河南	3663388	94766	2189519	-231103	7550

续表

名次	企业名称	地区	营业收入/万元	净利润/万元	资产/万元	所有者权益/万元	从业人数/人
306	巨化集团有限公司	浙江	3628904	471098	4485916	1403389	11368
307	河南金利金铅集团有限公司	河南	3627977	68974	802811	298742	3114
308	利时集团股份有限公司	浙江	3622781	88542	1886729	997870	6612
309	深圳市理士新能源发展有限公司	广东	3581956	35210	3009589	953271	15000
310	河南神火集团有限公司	河南	3558638	104131	5854844	117622	25203
311	浙江华友钴业股份有限公司	浙江	3531654	389750	5798905	1938359	14643
312	波司登股份有限公司	江苏	3494721	560414	3897972	2361025	24009
313	浙江省机电集团有限公司	浙江	3491870	27474	3162277	412404	5375
314	淄博齐翔腾达化工股份有限公司	山东	3489207	239264	2607051	1278977	3255
315	西子联合控股有限公司	浙江	3484743	282865	5216979	1504092	16873
316	河北天柱钢铁集团有限公司	河北	3454496	93676	2040163	863971	6085
317	花园集团有限公司	浙江	3427103	65352	2794983	1257672	14165
318	天津天士力大健康产业投资集团有限公司	天津	3376987	121110	7841153	3761690	19349
319	山东中海化工集团有限公司	山东	3352127	117301	1305519	880424	2356
320	河北兴华钢铁有限公司	河北	3335216	143478	946067	683430	5637
321	鹏鼎控股（深圳）股份有限公司	广东	3331485	331727	3554146	2155803	39387
322	广西贵港钢铁集团有限公司	广西壮族自治区	3324459	45277	1087555	286667	2970
323	万丰奥特控股集团有限公司	浙江	3310508	204881	2855718	594199	12339
324	山东东方华龙工贸集团有限公司	山东	3309618	9888	1148102	546351	1528
325	山鹰国际控股股份公司	安徽	3303280	151567	5199449	1651743	15109
326	浙江大华技术股份有限公司	浙江	3283548	337841	4405587	2361760	22864
327	万通海欣控股集团股份有限公司	山东	3263679	153059	3661336	1791898	3500
328	邯郸正大制管集团股份有限公司	河北	3250672	5208	493872	99631	5966
329	华新水泥股份有限公司	湖北	3246408	536353	5254962	352723	16283
330	青岛啤酒集团有限公司	山东	3244830	112954	5362099	859503	34472
331	福建福海创石油化工有限公司	福建	3217793	-166192	4134536	1349637	1502
332	华芳集团有限公司	江苏	3207857	33644	745725	481766	6223
333	中国联塑集团控股有限公司	广东	3205758	304415	5448318	2077114	20400
334	香驰控股有限公司	山东	3202221	88019	1668459	882633	2152
335	北京顺鑫控股集团有限公司	北京	3201898	531	3381893	340037	7806
336	厦门钨业股份有限公司	福建	3185220	118053	3242089	896094	14508
337	华立集团股份有限公司	浙江	3171703	37276	2555330	283194	11496
338	浙江甬金金属科技股份有限公司	浙江	3136597	59109	986814	374239	2590
339	桂林力源粮油食品集团有限公司	广西壮族自治区	3125462	60912	1100610	361201	13000

续表

名次	企业名称	地区	营业收入/万元	净利润/万元	资产/万元	所有者权益/万元	从业人数/人
340	山西安泰控股集团有限公司	山西	3124597	61338	1710894	425116	6782
341	济源市万洋冶炼（集团）有限公司	河南	3102041	40390	786364	289436	3184
342	浙江富春江通信集团有限公司	浙江	3091784	42528	2168626	517651	4270
343	重庆智飞生物制品股份有限公司	重庆	3065242	1020855	3004732	1765721	4800
344	久立集团股份有限公司	浙江	3057705	45791	1198166	289146	4338
345	江苏长电科技股份有限公司	江苏	3050241	295871	3709861	2099113	23266
346	浙江协和集团有限公司	浙江	3032000	27559	782601	213158	1426
347	中策橡胶集团股份有限公司	浙江	3028569	160380	3233050	1112505	22479
348	广东德赛集团有限公司	广东	2984275	41653	2219024	284986	18243
349	大亚科技集团有限公司	江苏	2983612	105247	1780771	415739	13891
350	中建信控股集团有限公司	上海	2982540	34970	3119043	292228	12263
351	天洁集团有限公司	浙江	2976362	159053	1636466	1029842	1343
352	农夫山泉股份有限公司	浙江	2969641	716179	3289620	2074163	22155
353	宁波博洋控股集团有限公司	浙江	2960734	50212	807050	186703	7700
354	兴惠化纤集团有限公司	浙江	2960233	37000	781010	495445	2626
355	江苏上上电缆集团有限公司	江苏	2953127	62920	983509	725826	5557
356	郑州煤矿机械集团股份有限公司	河南	2929352	194778	3664800	1479549	16774
357	广西柳工集团有限公司	广西壮族自治区	2891578	32433	4218915	474119	17581
358	广东格兰仕集团有限公司	广东	2889700	32461	2716702	692832	24423
359	江苏中超投资集团有限公司	江苏	2886250	5807	1395840	250400	5470
360	胜达集团有限公司	浙江	2882662	100249	1464118	967286	2879
361	淄博鑫泰石化有限公司	山东	2873668	62651	2201293	268545	1636
362	江苏中利控股集团有限公司	江苏	2873238	12006	3786024	1435598	6203
363	江苏新海石化有限公司	江苏	2867981	7477	668540	294569	1411
364	兴达投资集团有限公司	江苏	2857844	72329	899337	892194	926
365	江苏西城三联控股集团有限公司	江苏	2852191	12336	604424	-235956	2829
366	河南济源钢铁（集团）有限公司	河南	2838426	147850	2211066	885743	7369
367	金东纸业（江苏）股份有限公司	江苏	2829358	142298	7149003	2186654	5321
368	山东神驰控股有限公司	山东	2808578	51758	1121267	534134	1368
369	山东博汇集团有限公司	山东	2800665	-52394	2724608	2427	7096
370	陕西鼓风机（集团）有限公司	陕西	2778201	28087	4026800	774391	6543
371	洛阳炼化宏达实业有限责任公司	河南	2759055	15382	675505	119836	1519
372	安徽天大企业（集团）有限公司	安徽	2747690	32936	2115056	304018	1757
373	山东永鑫能源集团有限公司	山东	2715192	54270	1209626	48817	1996

续表

名次	企业名称	地区	营业收入/万元	净利润/万元	资产/万元	所有者权益/万元	从业人数/人
374	雅迪科技集团有限公司	江苏	2705159	145275	1936964	447710	9174
375	广州立白凯晟控股有限公司	广东	2704185	67169	3096262	1359200	9061
376	成都蛟龙投资有限责任公司	四川	2697738	183517	1078972	821576	53978
377	东岳氟硅科技集团有限公司	山东	2695773	241584	2127474	398	6513
378	连云港兴鑫钢铁有限公司	江苏	2680620	131404	821168	646892	3305
379	精工控股集团有限公司	浙江	2655537	29517	2769659	344387	12200
380	红太阳集团有限公司	江苏	2636022	29903	3239845	810442	4601
381	苏州创元投资发展（集团）有限公司	江苏	2617127	56998	3765408	873036	13546
382	宗申产业集团有限公司	重庆	2605048	26668	2617814	470095	16862
383	天津源泰德润钢管制造集团有限公司	天津	2600892	30811	366427	251242	1800
384	江苏恒瑞医药股份有限公司	江苏	2590553	453022	3926622	3500296	24491
385	纳爱斯集团有限公司	浙江	2565911	84706	2430058	2177676	11425
386	凌源钢铁集团有限责任公司	辽宁	2563828	89403	2752674	385559	9750
387	江苏洋河酒厂股份有限公司	江苏	2535018	750768	6779870	4248621	17956
388	奥康集团有限公司	浙江	2526971	157458	1629054	826080	9753
389	深圳市大疆创新科技有限公司	广东	2522200	732398	3774274	2781041	11404
390	哈尔滨电气集团有限公司	黑龙江	2479802	-275953	6855289	1191922	14776
391	无锡新三洲特钢有限公司	江苏	2466131	9163	414863	128121	2418
392	河南明泰铝业股份有限公司	河南	2461262	185201	1892886	1067406	6063
393	上海龙旗科技股份有限公司	上海	2459677	55624	1491644	294312	11487
394	滨化集团	山东	2436171	136797	2604276	1318452	4941
395	阳光电源股份有限公司	安徽	2413660	158271	4284013	1565506	6726
396	上海韦尔半导体股份有限公司	上海	2410351	447619	3207993	1619831	4493
397	宁波申洲针织有限公司	浙江	2384501	337170	4213191	2777058	95820
398	诸城外贸有限责任公司	山东	2384007	76685	2261576	1112345	7346
399	山东寿光巨能控股集团有限公司	山东	2372081	15663	1395474	732833	8275
400	无棣鑫岳化工集团有限公司	山东	2351410	125386	1545964	937253	3880
401	回音必集团有限公司	浙江	2350653	67535	727412	501723	2132
402	天津市宝来工贸有限公司	天津	2325503	60168	322396	275905	2230
403	顾家集团有限公司	浙江	2308775	-7660	2637416	632383	19669
404	欧菲光集团股份有限公司	广东	2284394	-262497	2463718	843353	17973
405	黑龙江飞鹤乳业有限公司	黑龙江	2277626	687104	3148142	2092130	7924
406	重庆万达薄板有限公司	重庆	2250079	44085	1405220	358339	1675
407	潍坊特钢集团有限公司	山东	2229621	27072	1052177	390803	5852

续表

名次	企业名称	地区	营业收入/万元	净利润/万元	资产/万元	所有者权益/万元	从业人数/人
408	鹰潭胜华金属有限责任公司	江西	2216055	4928	95762	28938	106
409	正大天晴药业集团股份有限公司	江苏	2183704	397924	2346076	1398652	14284
410	攀枝花钢城集团有限公司	四川	2175599	7199	1057981	-80425	13066
411	唐人神集团股份有限公司	湖南	2174219	-114741	1454462	551176	10963
412	腾龙芳烃（漳州）有限公司	福建	2166324	-101885	2961556	300557	641
413	人本集团有限公司	浙江	2157066	76082	1529123	351459	23055
414	中哲控股集团有限公司	浙江	2154351	26718	542355	116007	5216
415	上海华虹（集团）有限公司	上海	2145194	-11307	11831983	3362700	11479
416	广州视源电子科技股份有限公司	广东	2122571	169899	1550776	835559	5422
417	广西汽车集团有限公司	广西壮族自治区	2121435	9882	1973084	632311	14474
418	重庆攀华板材有限公司	重庆	2115794	24279	372432	124025	236
419	广东小鹏汽车科技有限公司	广东	2098813	-486310	6565130	4214658	15059
420	山东联盟化工集团有限公司	山东	2074719	136229	1264483	729761	6308
421	龙佰集团股份有限公司	河南	2056578	467642	4533117	1891778	11520
422	长春一汽富维汽车零部件股份有限公司	吉林	2053740	65885	1949602	678510	10293
423	上海源耀农业股份有限公司	上海	2047892	12834	143914	59017	774
424	冠捷电子科技（福建）有限公司	福建	2047485	48821	1109865	413679	8961
425	欧派家居集团股份有限公司	广东	2044160	266558	2339273	1440895	24660
426	人福医药集团股份公司	湖北	2044104	138954	3450143	1314698	15746
427	利欧集团股份有限公司	浙江	2028091	-101212	1984495	1187156	5192
428	广西农垦集团有限责任公司	广西壮族自治区	2023837	40838	9000618	5144750	45804
429	天津纺织集团（控股）有限公司	天津	2022526	14421	2026648	456344	2869
430	青岛澳柯玛控股集团有限公司	山东	2017170	53141	2418763	496508	7272
431	湖南黄金集团有限责任公司	湖南	2010631	6717	1146805	167344	6518
432	中伟新材料股份有限公司	贵州	2007249	93895	2819976	983249	7127
433	山西杏花村汾酒集团有限责任公司	山西	2001756	270519	3394053	1048315	15950
434	浙江天圣控股集团有限公司	浙江	1993436	430733	1416014	870660	3652
435	玲珑集团有限公司	山东	1979388	3005	4247121	960019	20652
436	吉林亚泰（集团）股份有限公司	吉林	1965321	-125422	5637663	1307836	18589
437	上海仪电（集团）有限公司	上海	1960298	10169	9274546	1445922	13569
438	安徽鸿路钢结构（集团）股份有限公司	安徽	1951481	115011	1957616	727079	19398
439	格林美股份有限公司	广东	1930102	92328	3438782	1422848	7011
440	江南集团有限公司	江苏	1917355	24569	1569070	590704	3467
441	河南黄河实业集团股份有限公司	河南	1907230	66140	2135405	638331	10418

续表

名次	企业名称	地区	营业收入/万元	净利润/万元	资产/万元	所有者权益/万元	从业人数/人
442	浙江新安化工集团股份有限公司	浙江	1897666	265448	1719934	894345	5959
443	上海起帆电缆股份有限公司	上海	1887754	68388	924092	369014	3597
444	东方日升新能源股份有限公司	浙江	1883072	-4232	2956138	847963	10760
445	杭州鼎胜实业集团有限公司	浙江	1874750	26372	1871406	442435	1966
446	正和集团股份有限公司	山东	1871612	-183840	613551	116037	1330
447	福建福日电子股份有限公司	福建	1863373	-23380	1225964	291011	5538
448	山东临工工程机械有限公司	山东	1842195	109026	1833921	701272	3820
449	铜陵精达特种电磁线股份有限公司	安徽	1832978	54914	1013033	446157	3450
450	泰开集团有限公司	山东	1809596	80442	1622164	361516	13330
451	福建傲农生物科技集团股份有限公司	福建	1803816	-151987	1710053	130347	12386
452	赛轮集团股份有限公司	山东	1799843	131297	2617294	1073047	13723
453	秦皇岛宏兴钢铁有限公司	河北	1795038	188036	1368916	1138988	4527
454	深圳市汇川技术股份有限公司	广东	1794325	357340	2730271	1588326	16938
455	林州凤宝管业有限公司	河南	1788477	28937	1270554	422035	4201
456	金猴集团有限公司	山东	1786189	38993	562900	376126	2910
457	瑞声科技（控股）有限公司	广东	1766697	131628	4202207	2181067	37591
458	上海晨光文具股份有限公司	上海	1760740	151787	1142439	619489	5527
459	山东电工电气集团有限公司	山东	1760716	8159	2651713	648400	8864
460	宁波华翔电子股份有限公司	浙江	1758782	126457	2179557	1085637	17193
461	厦门合兴包装印刷股份有限公司	福建	1754878	21835	957215	340019	11215
462	迪尚集团有限公司	山东	1750622	115915	1238399	609618	25268
463	普联技术有限公司	广东	1733951	326132	2137769	1933880	10974
464	三环集团有限公司	湖北	1726473	21900	2424631	741680	14973
465	闽源钢铁集团有限公司	河南	1724285	31150	652615	374738	4986
466	致达控股集团有限公司	上海	1715810	24738	2731593	515770	5492
467	广博控股集团有限公司	浙江	1715619	21059	1756561	390683	3500
468	青岛海湾集团有限公司	山东	1714241	205892	2374009	1259825	3821
469	淮海控股集团有限公司	江苏	1713206	81839	1291016	1028752	8102
470	铜陵化学工业集团有限公司	安徽	1688248	68547	1520560	306001	5454
471	宁波继峰汽车零部件股份有限公司	浙江	1683199	12637	1620914	464482	17368
472	广东省永道生态集团有限公司	广东	1670862	294762	1085230	400261	820
473	安徽天康（集团）股份有限公司	安徽	1669253	37113	573527	426105	4587
474	万向三农集团有限公司	浙江	1666916	162086	2626011	802101	2012
475	山东胜星化工有限公司	山东	1666069	61228	2434463	360170	1300

续表

名次	企业名称	地区	营业收入/万元	净利润/万元	资产/万元	所有者权益/万元	从业人数/人
476	浙江中财管道科技股份有限公司	浙江	1648759	189131	1138259	858622	6326
477	天津市新宇彩板有限公司	天津	1638922	28006	564174	135778	1890
478	卫华集团有限公司	河南	1633448	46022	1140730	459950	5980
479	河南心连心化学工业集团股份有限公司	河南	1632456	156172	2414935	694739	7878
480	英科医疗科技股份有限公司	山东	1624009	743007	2062464	1587119	9115
481	广西百色工业投资发展集团有限公司	广西壮族自治区	1607194	9330	1175555	431227	1557
482	健康元药业集团股份有限公司	广东	1590369	132850	3110390	1182029	13234
483	通富微电子股份有限公司	江苏	1581223	95669	2710107	1044199	16737
484	无锡华东重机科技集团有限公司	江苏	1573963	-140764	620215	241404	910
485	滁州惠科光电科技有限公司	安徽	1565980	400120	2756075	1483502	3022
486	广东兴发铝业有限公司	广东	1557662	94989	1137100	459850	9419
487	泰豪集团有限公司	江西	1553103	46723	2479932	818797	7652
488	宁波方太厨具有限公司	浙江	1548640	182406	1735531	1021602	14692
489	上海爱旭新能源股份有限公司	上海	1547050	-12555	1790024	508169	6796
490	厦门金龙汽车集团股份有限公司	福建	1541842	-59522	2608465	405390	11477
491	爱玛科技集团股份有限公司	天津	1539871	66399	1339694	497482	7288
492	安徽叉车集团有限责任公司	安徽	1536494	30636	1440438	354508	8675
493	天津市医药集团有限公司	天津	1535031	50037	3639475	886751	8784
494	江阴江东集团公司	江苏	1523668	93267	600409	482674	6525
495	浙江航民实业集团有限公司	浙江	1519666	37388	1122654	301800	10025
496	翔鹭石化（漳州）有限公司	福建	1518298	-5387	1696616	675250	310
497	今飞控股集团有限公司	浙江	1512924	80932	778651	143255	4250
498	景德镇黑猫集团有限责任公司	江西	1507178	32798	2515028	426567	9679
499	太原重型机械集团有限公司	山西	1505271	-29653	6522198	655727	11055
500	青海盐湖工业股份有限公司	青海	1477833	447839	2526736	933513	6157
	合计		4711191118	146831498	4764692238	1298816360	13999427

说 明

1. 2022 中国制造业企业 500 强是中国企业联合会、中国企业家协会参照国际惯例，组织企业自愿申报，并经专家审定确认后产生的。申报企业包括在中国境内注册、2021 年实现营业收入达到 80 亿元的企业（不包括在华外资、港澳台独资、控股企业，也不包括行政性公司、政企合一的单位，以及各类资产经营公司、烟草公司，但包括在境外注册、投资主体为中国自然人或法人、主要业务在境内的企业），都有资格申报参加排序。属于集团公司的控股子公司或相对控股子公司，由于其财务报表最后能被合并到集团母公司的财务会计报表中去，因此只允许其母公司申报。

2. 表中所列数据由企业自愿申报或属于上市公司公开数据，并经会计师事务所或审计师事务所等单位认可。

3. 营业收入是2021年不含增值税的收入，包括企业的所有收入，即主营业务和非主营业务、境内和境外的收入。净利润是2021年上交所得税的净利润扣除少数股东权益后的归属母公司所有者的净利润。资产是2021年度末的资产总额。所有者权益是2021年年末所有者权益总额扣除少数股东权益后的归属于母公司所有者权益。研究开发费用是2021年企业投入研究开发的所有费用。从业人数是2021年度的平均人数（含所有被合并报表企业的人数）。

4. 行业分类参照了国家统计局的分类方法，依据其主营业务收入所在行业来划分；地区分类是按企业总部所在地划分。

表 10－2 2022 中国制造业企业 500 强各行业企业分布

排名	企业名称	营业收入/万元
农副食品		
1	新希望控股集团有限公司	25265247
2	双胞胎（集团）股份有限公司	8606501
3	广东海大集团股份有限公司	8599855
4	牧原实业集团有限公司	8327574
5	蓝润集团有限公司	7336458
6	温氏食品集团股份有限公司	6496459
7	三河汇福粮油集团有限公司	5209218
8	江西正邦科技股份有限公司	4767022
9	西王集团有限公司	4751260
10	五得利面粉集团有限公司	4157239
11	香驰控股有限公司	3202221
12	诸城外贸有限责任公司	2384007
13	唐人神集团股份有限公司	2174219
14	上海源耀农业股份有限公司	2047892
15	广西农垦集团有限责任公司	2023837
16	福建傲农生物科技集团股份有限公司	1803816
17	广东省永道生态集团有限公司	1670862
18	万向三农集团有限公司	1666916
	合计	100490603
食品		
1	北京首农食品集团有限公司	18309244
2	万洲国际有限公司	17597435
3	光明食品（集团）有限公司	15083030
4	山东渤海实业集团有限公司	4742756
5	山东鲁花集团有限公司	4299033
6	北京顺鑫控股集团有限公司	3201898
7	桂林力源粮油食品集团有限公司	3125462
	合计	66358858
饮料		
1	内蒙古伊利实业集团股份有限公司	11014398
2	农夫山泉股份有限公司	2969641
3	黑龙江飞鹤乳业有限公司	2277626
	合计	16261665
酒类		
1	四川省宜宾五粮液集团有限公司	14002354
2	贵州茅台酒股份有限公司	10946428
3	泸州老窖集团有限责任公司	7901442
4	稻花香集团	5850313
5	青岛啤酒集团有限公司	3244830
6	江苏洋河酒厂股份有限公司	2535018
7	山西杏花村汾酒集团有限责任公司	2001756
	合计	46482141
轻工百货生产		
1	重庆轻纺控股（集团）公司	3719682
2	大亚科技集团有限公司	2983612
3	奥康集团有限公司	2526971
4	欧派家居集团股份有限公司	2044160
5	上海晨光文具股份有限公司	1760740
6	广博控股集团有限公司	1715619
	合计	14750784
纺织印染		
1	山东魏桥创业集团有限公司	41113475
2	三房巷集团有限公司	6875277
3	山东如意时尚投资控股有限公司	6050769
4	华芳集团有限公司	3207857
5	天津纺织集团（控股）有限公司	2022526
6	浙江航民实业集团有限公司	1519666
	合计	60789570
服装及其他纺织品		
1	雅戈尔集团股份有限公司	14393756
2	海澜集团有限公司	11685025

续表

排名	企业名称	营业收入/万元
3	红豆集团有限公司	7695139
4	内蒙古鄂尔多斯投资控股集团有限公司	7276763
5	安踏体育用品集团有限公司	4559564
6	江苏阳光集团有限公司	4516216
7	森马集团有限公司	4216782
8	太平鸟集团有限公司	3856591
9	波司登股份有限公司	3494721
10	宁波博洋控股集团有限公司	2960734
11	宁波申洲针织有限公司	2384501
12	中哲控股集团有限公司	2154351
13	金猴集团有限公司	1786189
14	迪尚集团有限公司	1750622
	合计	72730954
家用电器制造		
1	美的集团股份有限公司	34123321
2	海尔集团公司	33273670
3	TCL 实业控股股份有限公司	25235035
4	珠海格力电器股份有限公司	18965403
5	海信集团控股股份有限公司	16955274
6	四川长虹电子控股集团有限公司	15235605
7	奥克斯集团有限公司	7200722
8	创维集团有限公司	5092800
9	广东格兰仕集团有限公司	2889700
10	青岛澳柯玛控股集团有限公司	2017170
11	宁波方太厨具有限公司	1548640
	合计	162537340
造纸及包装		
1	晨鸣控股有限公司	9890022
2	玖龙纸业（控股）有限公司	8731040
3	华泰集团有限公司	7683349
4	山东太阳控股集团有限公司	6038744
5	山鹰国际控股股份公司	3303280
6	胜达集团有限公司	2882662
7	金东纸业（江苏）股份有限公司	2829358
8	山东博汇集团有限公司	2800665
9	厦门合兴包装印刷股份有限公司	1754878
	合计	45913998
石化及炼焦		
1	中国石油化工集团有限公司	258860343
2	恒力集团有限公司	73234451
3	盛虹控股集团有限公司	34797926
4	山东东明石化集团有限公司	12861179
5	利华益集团股份有限公司	10806670
6	万达控股集团有限公司	10616853
7	山西鹏飞集团有限公司	8619669
8	旭阳控股有限公司	8101247
9	山东京博控股集团有限公司	7093386
10	山东海科控股有限公司	7013162
11	福建省能源石化集团有限责任公司	6472824
12	山东金诚石化集团有限公司	6118951
13	富海集团新能源控股有限公司	5802489
14	辽宁嘉晨控股集团有限公司	5691190
15	山东恒源石油化工股份有限公司	5221658
16	东营齐润化工有限公司	5088430
17	山东齐成石油化工有限公司	5062223
18	福州中景石化集团有限公司	4832141
19	金澳科技（湖北）化工有限公司	4586743
20	沂州集团有限公司	4580892
21	山东汇丰石化集团有限公司	4533838
22	山东寿光鲁清石化有限公司	4531349
23	河北鑫海控股集团有限公司	4520731
24	山东清源集团有限公司	4356677
25	山东垦利石化集团有限公司	3899385
26	山东中海化工集团有限公司	3352127
27	山东东方华龙工贸集团有限公司	3309618

续表

排名	企业名称	营业收入/万元
28	万通海欣控股集团股份有限公司	3263679
29	福建福海创石油化工有限公司	3217793
30	山西安泰控股集团有限公司	3124597
31	淄博鑫泰石化有限公司	2873668
32	江苏新海石化有限公司	2867981
33	山东神驰控股有限公司	2808578
34	洛阳炼化宏达实业有限责任公司	2759055
35	山东永鑫能源集团有限公司	2715192
36	腾龙芳烃（漳州）有限公司	2166324
37	正和集团股份有限公司	1871612
	合计	541634631

轮胎及橡胶制品		
1	华勤橡胶工业集团有限公司	4596324
2	利时集团股份有限公司	3622781
3	中策橡胶集团股份有限公司	3028569
4	玲珑集团有限公司	1979388
5	英科医疗科技股份有限公司	1624009
	合计	14851071

化学原料及化学品制造		
1	浙江荣盛控股集团有限公司	44831822
2	潞安化工集团有限公司	21959023
3	新疆中泰（集团）有限责任公司	21215265
4	万华化学集团股份有限公司	14553782
5	重庆化医控股（集团）公司	8251818
6	云天化集团有限责任公司	8201422
7	贵州磷化（集团）有限责任公司	6086689
8	新疆天业（集团）有限公司	5924896
9	上海华谊（集团）公司	5776529
10	华峰集团有限公司	5751071
11	天津渤海化工集团有限责任公司	5525046
12	浙江卫星控股股份有限公司	5307401
13	浙江升华控股集团有限公司	5206469
14	江苏三木集团有限公司	4651957
15	宜昌兴发集团有限责任公司	4596421
16	山东金岭集团有限公司	4512214
17	金浦投资控股集团有限公司	4345099
18	金发科技股份有限公司	4019862
19	华鲁控股集团有限公司	3954981
20	道恩集团有限公司	3850687
21	浙江龙盛控股有限公司	3740550
22	巨化集团有限公司	3628904
23	淄博齐翔腾达化工股份有限公司	3489207
24	兴达投资集团有限公司	2857844
25	广州立白凯晟控股有限公司	2704185
26	东岳氟硅科技集团有限公司	2695773
27	红太阳集团有限公司	2636022
28	纳爱斯集团有限公司	2565911
29	滨化集团	2436171
30	无棣鑫岳化工集团有限公司	2351410
31	山东联盟化工集团有限公司	2074719
32	龙佰集团股份有限公司	2056578
33	浙江新安化工集团股份有限公司	1897666
34	青岛海湾集团有限公司	1714241
35	铜陵化学工业集团有限公司	1688248
36	山东胜星化工有限公司	1666069
37	河南心连心化学工业集团股份有限公司	1632456
38	翔鹭石化（漳州）有限公司	1518298
39	景德镇黑猫集团有限责任公司	1507178
40	青海盐湖工业股份有限公司	1477833
	合计	234861717

化学纤维制造		
1	浙江恒逸集团有限公司	32879978
2	桐昆控股集团有限公司	11090509
3	新凤鸣控股集团有限公司	7498901
4	恒申控股集团有限公司	6592748

续表

排名	企业名称	营业收入/万元	排名	企业名称	营业收入/万
5	永荣控股集团有限公司	6505855			
6	江苏华宏实业集团有限公司	4555556	其他建材制造		
7	福建百宏聚纤科技实业有限公司	3998798	1	建华建材（中国）有限公司	4073487
8	兴惠化纤集团有限公司	2960233	2	中国联塑集团控股有限公司	3205758
9	浙江天圣控股集团有限公司	1993436	3	浙江中财管道科技股份有限公司	1648759
	合计	78076014		合计	8928004
药品制造			黑色冶金		
1	上海医药集团股份有限公司	21582426	1	中国宝武钢铁集团有限公司	97225779
2	广州医药集团有限公司	19651802	2	河钢集团有限公司	42668707
3	深圳海王集团股份有限公司	6553541	3	鞍钢集团有限公司	38345695
4	威高集团有限公司	5110981	4	青山控股集团有限公司	35201779
5	四川科伦实业集团有限公司	4196763	5	江苏沙钢集团有限公司	30363121
6	石药控股集团有限公司	4139416	6	首钢集团有限公司	27149655
7	天津天士力大健康产业投资集团有限公司	3376987	7	山东钢铁集团有限公司	26651911
8	重庆智飞生物制品股份有限公司	3065242	8	杭州钢铁集团有限公司	26538950
9	江苏恒瑞医药股份有限公司	2590553	9	北京建龙重工集团有限公司	24741240
10	回音必集团有限公司	2350653	10	敬业集团有限公司	23790148
11	正大天晴药业集团股份有限公司	2183704	11	湖南钢铁集团有限公司	21970605
12	人福医药集团股份公司	2044104	12	上海德龙钢铁集团有限公司	19572224
13	健康元药业集团股份有限公司	1590369	13	河北新华联合冶金控股集团有限公司	19039289
14	天津市医药集团有限公司	1535031	14	中天钢铁集团有限公司	19038174
	合计	79971572	15	南京钢铁集团有限公司	18749509
			16	河北津西钢铁集团股份有限公司	18725325
水泥及玻璃制造			17	冀南钢铁集团有限公司	14603294
1	中国建材集团有限公司	41550846	18	辽宁方大集团实业有限公司	13370261
2	安徽海螺集团有限责任公司	25607469	19	广西柳州钢铁集团有限公司	13253262
3	北京金隅集团股份有限公司	15590180	20	包头钢铁（集团）有限责任公司	12603574
4	红狮控股集团有限公司	6553593	21	江苏永钢集团有限公司	12056078
5	天瑞集团股份有限公司	5769273	22	酒泉钢铁（集团）有限责任公司	11693741
6	江苏金峰水泥集团有限公司	4321168	23	新余钢铁集团有限公司	10861089
7	华新水泥股份有限公司	3246408	24	江苏新长江实业集团有限公司	10700190
8	吉林亚泰（集团）股份有限公司	1965321	25	福建大东海实业集团有限公司	10123439
	合计	104604258	26	河北普阳钢铁有限公司	10045300

续表

排名	企业名称	营业收入/万元	排名	企业名称	营业收入/万元
27	天津荣程祥泰投资控股集团有限公司	9231865	61	河南济源钢铁（集团）有限公司	2838426
28	永锋集团有限公司	8512520	62	连云港兴鑫钢铁有限公司	2680620
29	武安市裕华钢铁有限公司	8007969	63	凌源钢铁集团有限责任公司	2563828
30	日照钢铁控股集团有限公司	7914145	64	无锡新三洲特钢有限公司	2466131
31	金鼎钢铁集团有限公司	7865285	65	潍坊特钢集团有限公司	2229621
32	安阳钢铁集团有限责任公司	7630760	66	秦皇岛宏兴钢铁有限公司	1795038
33	广西盛隆冶金有限公司	7487931	67	闽源钢铁集团有限公司	1724285
34	唐山港陆钢铁有限公司	7395652		合计	815347659
35	四川省川威集团有限公司	7234391			
36	河北新金钢铁有限公司	6730180	一般有色		
37	河北新武安钢铁集团文安钢铁有限公司	6638938	1	中国铝业集团有限公司	51864838
38	福建省三钢（集团）有限责任公司	6419696	2	江西铜业集团有限公司	45741836
39	兴华财富集团有限公司	5963044	3	金川集团股份有限公司	26419154
40	鲁丽集团有限公司	5696215	4	铜陵有色金属集团控股有限公司	22905863
41	东方润安集团有限公司	5579145	5	海亮集团有限公司	20027392
42	六安钢铁控股集团有限公司	5181186	6	洛阳栾川钼业集团股份有限公司	17386258
43	石横特钢集团有限公司	5143733	7	陕西有色金属控股集团有限责任公司	16116923
44	山东泰山钢铁集团有限公司	5063679	8	中国有色矿业集团有限公司	14446669
45	山西晋南钢铁集团有限公司	5019198	9	宁波金田投资控股有限公司	12285695
46	山东九羊集团有限公司	5017646	10	南山集团有限公司	11582816
47	河北文丰钢铁有限公司	4917505	11	杭州锦江集团有限公司	8056432
48	四川德胜集团钒钛有限公司	4706501	12	浙江富冶集团有限公司	7937051
49	振石控股集团有限公司	4578462	13	白银有色集团股份有限公司	7227998
50	济钢集团有限公司	4470999	14	宁夏天元锰业集团有限公司	6627373
51	河北安丰钢铁有限公司	4443015	15	云南锡业集团（控股）有限责任公司	6616607
52	山西晋城钢铁控股集团有限公司	4206209	16	河南豫光金铅集团有限责任公司	6203224
53	河北新武安钢铁集团烘熔钢铁有限公司	4082879	17	西部矿业集团有限公司	5182186
54	三宝集团股份有限公司	4024038	18	伊电控股集团有限公司	4631719
55	重庆钢铁股份有限公司	3984941	19	盛屯矿业集团股份有限公司	4523673
56	常熟市龙腾特种钢有限公司	3722933	20	金龙精密铜管集团股份有限公司	4474123
57	河北天柱钢铁集团有限公司	3454496	21	深圳市中金岭南有色金属股份有限公司	4444922
58	河北兴华钢铁有限公司	3335216	22	万基控股集团有限公司	4370043
59	广西贵港钢铁集团有限公司	3324459	23	重庆市博赛矿业（集团）有限公司	4203879
60	中建信控股集团有限公司	2982540	24	广西南丹南方金属有限公司	4087530

续表

排名	企业名称	营业收入/万元
25	安徽楚江科技新材料股份有限公司	3734960
26	河南豫联能源集团有限责任公司	3663388
27	河南金利金铅集团有限公司	3627977
28	河南神火集团有限公司	3558638
29	浙江华友钴业股份有限公司	3531654
30	厦门钨业股份有限公司	3185220
31	济源市万洋冶炼（集团）有限公司	3102041
32	河南明泰铝业股份有限公司	2461262
33	攀枝花钢城集团有限公司	2175599
34	格林美股份有限公司	1930102
35	杭州鼎胜实业集团有限公司	1874750
	合计	350209795

贵金属

排名	企业名称	营业收入/万元
1	紫金矿业集团股份有限公司	22510249
2	中国黄金集团有限公司	12996121
3	老凤祥股份有限公司	5869077
4	山东黄金集团有限公司	5633929
5	山东招金集团有限公司	4962691
6	河南中原黄金冶炼厂有限责任公司	4216952
7	湖南五江控股集团有限公司	3698745
8	湖南黄金集团有限责任公司	2010631
	合计	61898395

金属制品加工

排名	企业名称	营业收入/万元
1	正威国际集团有限公司	72275382
2	中国国际海运集装箱（集团）股份有限公司	16369598
3	天津友发钢管集团股份有限公司	6686602
4	湖南博长控股集团有限公司	6215798
5	山东创新金属科技有限公司	5895479
6	新兴铸管股份有限公司	5330111
7	山西建邦集团有限公司	5158684
8	宏旺控股集团有限公司	5008617
9	浙江元立金属制品集团有限公司	4903178
10	江苏大明工业科技集团有限公司	4633540
11	法尔胜泓昇集团有限公司	4580599
12	浙江东南网架集团有限公司	4345631
13	江苏江润铜业有限公司	3869516
14	邯郸正大制管集团股份有限公司	3250672
15	浙江甬金金属科技股份有限公司	3136597
16	久立集团股份有限公司	3057705
17	浙江协和集团有限公司	3032000
18	江苏西城三联控股集团有限公司	2852191
19	安徽天大企业（集团）有限公司	2747690
20	天津源泰德润钢管制造集团有限公司	2600892
21	山东寿光巨能控股集团有限公司	2372081
22	天津市宝来工贸有限公司	2325503
23	重庆万达薄板有限公司	2250079
24	鹰潭胜华金属有限责任公司	2216055
25	重庆攀华板材有限公司	2115794
26	安徽鸿路钢结构（集团）股份有限公司	1951481
27	林州凤宝管业有限公司	1788477
28	天津市新宇彩板有限公司	1638922
29	广东兴发铝业有限公司	1557662
30	今飞控股集团有限公司	1512924
	合计	185679460

锅炉及动力装备制造

排名	企业名称	营业收入/万元
1	广西玉柴机器集团有限公司	4784480
	合计	4784480

物料搬运设备制造

排名	企业名称	营业收入/万元
1	卫华集团有限公司	1633448
2	无锡华东重机科技集团有限公司	1573963
	合计	3207411

工程机械及零部件

排名	企业名称	营业收入/万元
1	徐工集团工程机械有限公司	11679619

续表

排名	企业名称	营业收入/万元
2	广西柳工集团有限公司	2891578
3	山东临工工程机械有限公司	1842195
4	安徽叉车集团有限责任公司	1536494
5	太原重型机械集团有限公司	1505271
	合计	19455157

工业机械及设备制造		
1	中国机械工业集团有限公司	37054529
2	广州工业投资控股集团有限公司	18209575
3	三一集团有限公司	15456008
4	中联重科股份有限公司	6713063
5	双良集团有限公司	4594200
6	中国一重集团有限公司	4185701
7	西子联合控股有限公司	3484743
8	天洁集团有限公司	2976362
9	郑州煤矿机械集团股份有限公司	2929352
10	陕西鼓风机（集团）有限公司	2778201
11	人本集团有限公司	2157066
12	利欧集团股份有限公司	2028091
13	江阴江东集团公司	1523668
	合计	104090559

电力电气设备制造		
1	中国电子科技集团有限公司	35771735
2	上海电气控股集团有限公司	16349526
3	正泰集团股份有限公司	10668987
4	新疆特变电工集团有限公司	7569536
5	德力西集团有限公司	6630622
6	人民控股集团有限公司	5081712
7	中国东方电气集团有限公司	4926439
8	中科电力装备集团有限公司	4695763
9	卧龙控股集团有限公司	4304584
10	三花控股集团有限公司	4017496
11	深圳市理士新能源发展有限公司	3581956
12	哈尔滨电气集团有限公司	2479802
13	上海仪电（集团）有限公司	1960298
14	东方日升新能源股份有限公司	1883072
15	泰开集团有限公司	1809596
16	深圳市汇川技术股份有限公司	1794325
17	山东电工电气集团有限公司	1760716
18	泰豪集团有限公司	1553103
19	上海爱旭新能源股份有限公司	1547050
	合计	118386318

电线电缆制造		
1	亨通集团有限公司	13100290
2	中天科技集团有限公司	8154688
3	富通集团有限公司	6018029
4	远东控股集团有限公司	4766858
5	天津华北集团有限公司	3685794
6	浙江富春江通信集团有限公司	3091784
7	江苏上上电缆集团有限公司	2953127
8	江苏中超投资集团有限公司	2886250
9	江苏中利控股集团有限公司	2873238
10	江南集团有限公司	1917355
11	上海起帆电缆股份有限公司	1887754
12	铜陵精达特种电磁线股份有限公司	1832978
13	安徽天康（集团）股份有限公司	1669253
	合计	54837398

风能、太阳能设备制造		
1	协鑫集团有限公司	13000528
2	隆基绿能科技股份有限公司	8093225
3	晶科能源控股有限公司	6861378
4	深圳市立业集团有限公司	6440882
5	远景能源有限公司	6156902
6	明阳新能源投资控股集团有限公司	5697358
7	新疆金风科技股份有限公司	5057072

续表

排名	企业名称	营业收入/万元
8	天合光能股份有限公司	4448039
9	晶澳太阳能科技股份有限公司	4130175
10	浙江省机电集团有限公司	3491870
11	阳光电源股份有限公司	2413660
	合计	65791089
动力和储能电池		
1	天能控股集团有限公司	17925186
2	宁德时代新能源科技股份有限公司	13035580
3	超威电源集团有限公司	12967239
	合计	43928005
计算机及办公设备		
1	立讯精密工业股份有限公司	15394610
2	研祥高科技控股集团有限公司	7914163
3	歌尔股份有限公司	7822142
4	心里程控股集团有限公司	6010437
5	得力集团有限公司	4028383
6	浙江大华技术股份有限公司	3283548
7	广州视源电子科技股份有限公司	2122571
8	冠捷电子科技（福建）有限公司	2047485
	合计	48623339
通信设备制造		
1	华为投资控股有限公司	63069840
2	小米集团	32830915
3	中兴通讯股份有限公司	11452164
4	中国铁塔股份有限公司	8658469
5	华勤技术股份有限公司	8375852
6	荣耀终端有限公司	7936172
7	福建省电子信息（集团）有限责任公司	5598398
8	中国信息通信科技集团有限公司	5580308
9	深圳传音控股股份有限公司	4941190
10	新华三信息技术有限公司	4397298
11	舜宇集团有限公司	3749685
12	鹏鼎控股（深圳）股份有限公司	3331485
13	上海龙旗科技股份有限公司	2459677
14	欧菲光集团股份有限公司	2284394
15	福建福日电子股份有限公司	1863373
16	瑞声科技（控股）有限公司	1766697
17	普联技术有限公司	1733951
	合计	170029868
半导体、集成电路及面板制造		
1	中国电子信息产业集团有限公司	27812805
2	闻泰科技股份有限公司	5272864
3	江苏长电科技股份有限公司	3050241
4	上海韦尔半导体股份有限公司	2410351
5	上海华虹（集团）有限公司	2145194
6	通富微电子股份有限公司	1581223
7	滁州惠科光电科技有限公司	1565980
	合计	43838658
汽车及零配件制造		
1	上海汽车集团股份有限公司	77984579
2	中国第一汽车集团有限公司	70569611
3	东风汽车集团有限公司	55551521
4	北京汽车集团有限公司	48175754
5	广州汽车工业集团有限公司	43188274
6	浙江吉利控股集团有限公司	36031587
7	潍柴控股集团有限公司	30559777
8	比亚迪股份有限公司	21614239
9	中国重型汽车集团有限公司	16838201
10	万向集团公司	16284367
11	长城汽车股份有限公司	13640466
12	奇瑞控股集团有限公司	10611251
13	江铃汽车集团有限公司	10444263
14	江苏悦达集团有限公司	9391858

续表

排名	企业名称	营业收入/万元
15	陕西汽车控股集团有限公司	8200301
16	宁波均胜电子股份有限公司	4567003
17	郑州宇通企业集团	4063870
18	安徽江淮汽车集团控股有限公司	4031356
19	重庆小康控股有限公司	3996873
20	江苏沃得机电集团有限公司	3903607
21	欣旺达电子股份有限公司	3735872
22	万丰奥特控股集团有限公司	3310508
23	广东德赛集团有限公司	2984275
24	苏州创元投资发展（集团）有限公司	2617127
25	广西汽车集团有限公司	2121435
26	广东小鹏汽车科技有限公司	2098813
27	长春一汽富维汽车零部件股份有限公司	2053740
28	赛轮集团股份有限公司	1799843
29	宁波华翔电子股份有限公司	1758782
30	三环集团有限公司	1726473
31	宁波继峰汽车零部件股份有限公司	1683199
32	厦门金龙汽车集团股份有限公司	1541842
	合计	517080667
摩托车及零配件制造		
1	雅迪科技集团有限公司	2705159
2	宗申产业集团有限公司	2605048
3	淮海控股集团有限公司	1713206
4	爱玛科技集团股份有限公司	1539871
	合计	8563284
轨道交通设备及零部件制造		
1	中国中车集团有限公司	23842915
	合计	23842915
航空航天		
1	中国航空工业集团有限公司	51903589
2	中国航天科技集团有限公司	28007020
3	中国航天科工集团有限公司	26353542
4	深圳市大疆创新科技有限公司	2522200
	合计	108786351
兵器制造		
1	中国兵器工业集团有限公司	52754166
2	中国兵器装备集团有限公司	28622955
	合计	81377121
船舶制造		
1	中国船舶集团有限公司	34902186
2	江苏扬子江船业集团	4432530
	合计	39334716
综合制造业		
1	中国五矿集团有限公司	85015599
2	多弗国际控股集团有限公司	20686568
3	复星国际有限公司	16129120
4	无锡产业发展集团有限公司	14577969
5	通威集团有限公司	10827165
6	杉杉控股有限公司	6221670
7	重庆机电控股（集团）公司	4881225
8	江苏华西集团有限公司	4578757
9	宁波富邦控股集团有限公司	4512756
10	天津亿联控股集团有限公司	3926125
11	花园集团有限公司	3427103
12	华立集团股份有限公司	3171703
13	成都蛟龙投资有限责任公司	2697738
14	精工控股集团有限公司	2655537
15	顾家集团有限公司	2308775
16	中伟新材料股份有限公司	2007249
17	河南黄河实业集团股份有限公司	1907230
18	致达控股集团有限公司	1715810
19	广西百色工业投资发展集团有限公司	1607194
	合计	192855293

表 10－3　2022 中国制造业企业 500 强各地区分布

排名	企业名称	营业收入/万元
北京		
1	中国石油化工集团有限公司	258860343
2	中国五矿集团有限公司	85015599
3	中国兵器工业集团有限公司	52754166
4	中国航空工业集团有限公司	51903589
5	中国铝业集团有限公司	51864838
6	北京汽车集团有限公司	48175754
7	中国建材集团有限公司	41550846
8	中国机械工业集团有限公司	37054529
9	中国电子科技集团有限公司	35771735
10	中国船舶集团有限公司	34902186
11	小米集团	32830915
12	中国兵器装备集团有限公司	28622955
13	中国航天科技集团有限公司	28007020
14	中国电子信息产业集团有限公司	27812805
15	首钢集团有限公司	27149655
16	中国航天科工集团有限公司	26353542
17	北京建龙重工集团有限公司	24741240
18	中国中车集团有限公司	23842915
19	北京首农食品集团有限公司	18309244
20	北京金隅集团股份有限公司	15590180
21	中国有色矿业集团有限公司	14446669
22	中国黄金集团有限公司	12996121
23	中国铁塔股份有限公司	8658469
24	旭阳控股有限公司	8101247
25	北京顺鑫控股集团有限公司	3201898
	合计	998518460
上海		
1	中国宝武钢铁集团有限公司	97225779
2	上海汽车集团股份有限公司	77984579
3	上海医药集团股份有限公司	21582426
4	上海德龙钢铁集团有限公司	19572224
5	上海电气控股集团有限公司	16349526
6	复星国际有限公司	16129120
7	光明食品（集团）有限公司	15083030
8	华勤技术股份有限公司	8375852
9	杉杉控股有限公司	6221670
10	老凤祥股份有限公司	5869077
11	上海华谊（集团）公司	5776529
12	中建信控股集团有限公司	2982540
13	上海龙旗科技股份有限公司	2459677
14	上海韦尔半导体股份有限公司	2410351
15	上海华虹（集团）有限公司	2145194
16	上海源耀农业股份有限公司	2047892
17	上海仪电（集团）有限公司	1960298
18	上海起帆电缆股份有限公司	1887754
19	上海晨光文具股份有限公司	1760740
20	致达控股集团有限公司	1715810
21	上海爱旭新能源股份有限公司	1547050
	合计	311087118
天津		
1	天津荣程祥泰投资控股集团有限公司	9231865
2	天津友发钢管集团股份有限公司	6686602
3	天津渤海化工集团有限责任公司	5525046
4	天津亿联控股集团有限公司	3926125
5	天津华北集团有限公司	3685794
6	天津天士力大健康产业投资集团有限公司	3376987
7	天津源泰德润钢管制造集团有限公司	2600892
8	天津市宝来工贸有限公司	2325503
9	天津纺织集团（控股）有限公司	2022526
10	天津市新宇彩板有限公司	1638922
11	爱玛科技集团股份有限公司	1539871
12	天津市医药集团有限公司	1535031
	合计	44095164
重庆		

续表

排名	企业名称	营业收入/万元
1	重庆化医控股（集团）公司	8251818
2	重庆机电控股（集团）公司	4881225
3	金龙精密铜管集团股份有限公司	4474123
4	重庆市博赛矿业（集团）有限公司	4203879
5	重庆小康控股有限公司	3996873
6	重庆钢铁股份有限公司	3984941
7	重庆轻纺控股（集团）公司	3719682
8	重庆智飞生物制品股份有限公司	3065242
9	宗申产业集团有限公司	2605048
10	重庆万达薄板有限公司	2250079
11	重庆攀华板材有限公司	2115794
	合计	43548704
黑龙江		
1	中国一重集团有限公司	4185701
2	哈尔滨电气集团有限公司	2479802
3	黑龙江飞鹤乳业有限公司	2277626
	合计	8943129
吉林		
1	中国第一汽车集团有限公司	70569611
2	长春一汽富维汽车零部件股份有限公司	2053740
3	吉林亚泰（集团）股份有限公司	1965321
	合计	74588672
辽宁		
1	鞍钢集团有限公司	38345695
2	辽宁方大集团实业有限公司	13370261
3	辽宁嘉晨控股集团有限公司	5691190
4	凌源钢铁集团有限责任公司	2563828
	合计	59970974
河北		
1	河钢集团有限公司	42668707
2	敬业集团有限公司	23790148
3	河北新华联合冶金控股集团有限公司	19039289
4	河北津西钢铁集团股份有限公司	18725325
5	冀南钢铁集团有限公司	14603294
6	长城汽车股份有限公司	13640466
7	河北普阳钢铁有限公司	10045300
8	武安市裕华钢铁有限公司	8007969
9	金鼎钢铁集团有限公司	7865285
10	唐山港陆钢铁有限公司	7395652
11	河北新金钢铁有限公司	6730180
12	河北新武安钢铁集团文安钢铁有限公司	6638938
13	兴华财富集团有限公司	5963044
14	新兴铸管股份有限公司	5330111
15	三河汇福粮油集团有限公司	5209218
16	河北文丰钢铁有限公司	4917505
17	河北鑫海控股集团有限公司	4520731
18	河北安丰钢铁有限公司	4443015
19	五得利面粉集团有限公司	4157239
20	石药控股集团有限公司	4139416
21	晶澳太阳能科技股份有限公司	4130175
22	河北新武安钢铁集团烘熔钢铁有限公司	4082879
23	河北天柱钢铁集团有限公司	3454496
24	河北兴华钢铁有限公司	3335216
25	邯郸正大制管集团股份有限公司	3250672
26	秦皇岛宏兴钢铁有限公司	1795038
	合计	237879308
河南		
1	万洲国际有限公司	17597435
2	洛阳栾川钼业集团股份有限公司	17386258
3	牧原实业集团有限公司	8327574
4	安阳钢铁集团有限责任公司	7630760
5	河南豫光金铅集团有限责任公司	6203224

续表

排名	企业名称	营业收入/万元
6	天瑞集团股份有限公司	5769273
7	伊电控股集团有限公司	4631719
8	万基控股集团有限公司	4370043
9	河南中原黄金冶炼厂有限责任公司	4216952
10	郑州宇通企业集团	4063870
11	河南豫联能源集团有限责任公司	3663388
12	河南金利金铅集团有限公司	3627977
13	河南神火集团有限公司	3558638
14	济源市万洋冶炼（集团）有限公司	3102041
15	郑州煤矿机械集团股份有限公司	2929352
16	河南济源钢铁（集团）有限公司	2838426
17	洛阳炼化宏达实业有限责任公司	2759055
18	河南明泰铝业股份有限公司	2461262
19	龙佰集团股份有限公司	2056578
20	河南黄河实业集团股份有限公司	1907230
21	林州凤宝管业有限公司	1788477
22	闽源钢铁集团有限公司	1724285
23	卫华集团有限公司	1633448
24	河南心连心化学工业集团股份有限公司	1632456
	合计	115879721
山东		
1	山东魏桥创业集团有限公司	41113475
2	海尔集团公司	33273670
3	潍柴控股集团有限公司	30559777
4	山东钢铁集团有限公司	26651911
5	海信集团控股股份有限公司	16955274
6	中国重型汽车集团有限公司	16838201
7	万华化学集团股份有限公司	14553782
8	山东东明石化集团有限公司	12861179
9	南山集团有限公司	11582816
10	利华益集团股份有限公司	10806670
11	万达控股集团有限公司	10616853
12	晨鸣控股有限公司	9890022
13	永锋集团有限公司	8512520
14	日照钢铁控股集团有限公司	7914145
15	歌尔股份有限公司	7822142
16	华泰集团有限公司	7683349
17	山东京博控股集团有限公司	7093386
18	山东海科控股有限公司	7013162
19	山东金诚石化集团有限公司	6118951
20	山东如意时尚投资控股有限公司	6050769
21	山东太阳控股集团有限公司	6038744
22	山东创新金属科技有限公司	5895479
23	富海集团新能源控股有限公司	5802489
24	鲁丽集团有限公司	5696215
25	山东黄金集团有限公司	5633929
26	山东恒源石油化工股份有限公司	5221658
27	石横特钢集团有限公司	5143733
28	威高集团有限公司	5110981
29	东营齐润化工有限公司	5088430
30	山东泰山钢铁集团有限公司	5063679
31	山东齐成石油化工有限公司	5062223
32	山东九羊集团有限公司	5017646
33	山东招金集团有限公司	4962691
34	西王集团有限公司	4751260
35	山东渤海实业集团有限公司	4742756
36	华勤橡胶工业集团有限公司	4596324
37	沂州集团有限公司	4580892
38	山东汇丰石化集团有限公司	4533838
39	山东寿光鲁清石化有限公司	4531349
40	山东金岭集团有限公司	4512214
41	济钢集团有限公司	4470999
42	山东清源集团有限公司	4356677
43	山东鲁花集团有限公司	4299033
44	华鲁控股集团有限公司	3954981
45	山东垦利石化集团有限公司	3899385
46	道恩集团有限公司	3850687

续表

排名	企业名称	营业收入/万元
47	淄博齐翔腾达化工股份有限公司	3489207
48	山东中海化工集团有限公司	3352127
49	山东东方华龙工贸集团有限公司	3309618
50	万通海欣控股集团股份有限公司	3263679
51	青岛啤酒集团有限公司	3244830
52	香驰控股有限公司	3202221
53	淄博鑫泰石化有限公司	2873668
54	山东神驰控股有限公司	2808578
55	山东博汇集团有限公司	2800665
56	山东永鑫能源集团有限公司	2715192
57	东岳氟硅科技集团有限公司	2695773
58	滨化集团	2436171
59	诸城外贸有限责任公司	2384007
60	山东寿光巨能控股集团有限公司	2372081
61	无棣鑫岳化工集团有限公司	2351410
62	潍坊特钢集团有限公司	2229621
63	山东联盟化工集团有限公司	2074719
64	青岛澳柯玛控股集团有限公司	2017170
65	玲珑集团有限公司	1979388
66	正和集团股份有限公司	1871612
67	山东临工工程机械有限公司	1842195
68	泰开集团有限公司	1809596
69	赛轮集团股份有限公司	1799843
70	金猴集团有限公司	1786189
71	山东电工电气集团有限公司	1760716
72	迪尚集团有限公司	1750622
73	青岛海湾集团有限公司	1714241
74	山东胜星化工有限公司	1666069
75	英科医疗科技股份有限公司	1624009
	合计	489955563
山西		
1	潞安化工集团有限公司	21959023
2	山西鹏飞集团有限公司	8619669
3	山西建邦集团有限公司	5158684
4	山西晋南钢铁集团有限公司	5019198
5	山西晋城钢铁控股集团有限公司	4206209
6	山西安泰控股集团有限公司	3124597
7	山西杏花村汾酒集团有限责任公司	2001756
8	太原重型机械集团有限公司	1505271
	合计	51594407
陕西		
1	陕西有色金属控股集团有限责任公司	16116923
2	陕西汽车控股集团有限公司	8200301
3	隆基绿能科技股份有限公司	8093225
4	陕西鼓风机（集团）有限公司	2778201
	合计	35188650
安徽		
1	安徽海螺集团有限责任公司	25607469
2	铜陵有色金属集团控股有限公司	22905863
3	奇瑞控股集团有限公司	10611251
4	六安钢铁控股集团有限公司	5181186
5	中科电力装备集团有限公司	4695763
6	安徽江淮汽车集团控股有限公司	4031356
7	安徽楚江科技新材料股份有限公司	3734960
8	山鹰国际控股股份公司	3303280
9	安徽天大企业（集团）有限公司	2747690
10	阳光电源股份有限公司	2413660
11	安徽鸿路钢结构（集团）股份有限公司	1951481
12	铜陵精达特种电磁线股份有限公司	1832978
13	铜陵化学工业集团有限公司	1688248
14	安徽天康（集团）股份有限公司	1669253
15	滁州惠科光电科技有限公司	1565980
16	安徽叉车集团有限责任公司	1536494
	合计	95476912

续表

排名	企业名称	营业收入/万元
江苏		
1	恒力集团有限公司	73234451
2	盛虹控股集团有限公司	34797926
3	江苏沙钢集团有限公司	30363121
4	中天钢铁集团有限公司	19038174
5	南京钢铁集团有限公司	18749509
6	无锡产业发展集团有限公司	14577969
7	亨通集团有限公司	13100290
8	协鑫集团有限公司	13000528
9	江苏永钢集团有限公司	12056078
10	海澜集团有限公司	11685025
11	徐工集团工程机械有限公司	11679619
12	江苏新长江实业集团有限公司	10700190
13	江苏悦达集团有限公司	9391858
14	中天科技集团有限公司	8154688
15	红豆集团有限公司	7695139
16	三房巷集团有限公司	6875277
17	远景能源有限公司	6156902
18	东方润安集团有限公司	5579145
19	远东控股集团有限公司	4766858
20	江苏三木集团有限公司	4651957
21	江苏大明工业科技集团有限公司	4633540
22	双良集团有限公司	4594200
23	法尔胜泓昇集团有限公司	4580599
24	江苏华西集团有限公司	4578757
25	江苏华宏实业集团有限公司	4555556
26	江苏阳光集团有限公司	4516216
27	天合光能股份有限公司	4448039
28	江苏扬子江船业集团	4432530
29	金浦投资控股集团有限公司	4345099
30	江苏金峰水泥集团有限公司	4321168
31	建华建材（中国）有限公司	4073487
32	江苏沃得机电集团有限公司	3903607
33	江苏江润铜业有限公司	3869516
34	常熟市龙腾特种钢有限公司	3722933
35	波司登股份有限公司	3494721
36	华芳集团有限公司	3207857
37	江苏长电科技股份有限公司	3050241
38	大亚科技集团有限公司	2983612
39	江苏上上电缆集团有限公司	2953127
40	江苏中超投资集团有限公司	2886250
41	江苏中利控股集团有限公司	2873238
42	江苏新海石化有限公司	2867981
43	兴达投资集团有限公司	2857844
44	江苏西城三联控股集团有限公司	2852191
45	金东纸业（江苏）股份有限公司	2829358
46	雅迪科技集团有限公司	2705159
47	连云港兴鑫钢铁有限公司	2680620
48	红太阳集团有限公司	2636022
49	苏州创元投资发展（集团）有限公司	2617127
50	江苏恒瑞医药股份有限公司	2590553
51	江苏洋河酒厂股份有限公司	2535018
52	无锡新三洲特钢有限公司	2466131
53	正大天晴药业集团股份有限公司	2183704
54	江南集团有限公司	1917355
55	淮海控股集团有限公司	1713206
56	通富微电子股份有限公司	1581223
57	无锡华东重机科技集团有限公司	1573963
58	江阴江东集团公司	1523668
	合计	438410120
湖南		
1	湖南钢铁集团有限公司	21970605
2	三一集团有限公司	15456008
3	中联重科股份有限公司	6713063
4	湖南博长控股集团有限公司	6215798
5	湖南五江控股集团有限公司	3698745
6	唐人神集团股份有限公司	2174219

续表

排名	企业名称	营业收入/万元
7	湖南黄金集团有限责任公司	2010631
	合计	58239069
湖北		
1	东风汽车集团有限公司	55551521
2	稻花香集团	5850313
3	中国信息通信科技集团有限公司	5580308
4	闻泰科技股份有限公司	5272864
5	宜昌兴发集团有限责任公司	4596421
6	金澳科技（湖北）化工有限公司	4586743
7	华新水泥股份有限公司	3246408
8	人福医药集团股份公司	2044104
9	三环集团有限公司	1726473
	合计	88455155
江西		
1	江西铜业集团有限公司	45741836
2	新余钢铁集团有限公司	10861089
3	江铃汽车集团有限公司	10444263
4	双胞胎（集团）股份有限公司	8606501
5	晶科能源控股有限公司	6861378
6	江西正邦科技股份有限公司	4767022
7	鹰潭胜华金属有限责任公司	2216055
8	泰豪集团有限公司	1553103
9	景德镇黑猫集团有限责任公司	1507178
	合计	92558425
浙江		
1	浙江荣盛控股集团有限公司	44831822
2	浙江吉利控股集团有限公司	36031587
3	青山控股集团有限公司	35201779
4	浙江恒逸集团有限公司	32879978
5	杭州钢铁集团有限公司	26538950
6	多弗国际控股集团有限公司	20686568

排名	企业名称	营业收入/万元
7	海亮集团有限公司	20027392
8	天能控股集团有限公司	17925186
9	万向集团公司	16284367
10	雅戈尔集团股份有限公司	14393756
11	超威电源集团有限公司	12967239
12	宁波金田投资控股有限公司	12285695
13	桐昆控股集团有限公司	11090509
14	正泰集团股份有限公司	10668987
15	杭州锦江集团有限公司	8056432
16	浙江富冶集团有限公司	7937051
17	新凤鸣控股集团有限公司	7498901
18	奥克斯集团有限公司	7200722
19	德力西集团有限公司	6630622
20	红狮控股集团有限公司	6553593
21	富通集团有限公司	6018029
22	华峰集团有限公司	5751071
23	浙江卫星控股股份有限公司	5307401
24	浙江升华控股集团有限公司	5206469
25	人民控股集团有限公司	5081712
26	浙江元立金属制品集团有限公司	4903178
27	振石控股集团有限公司	4578462
28	宁波均胜电子股份有限公司	4567003
29	宁波富邦控股集团有限公司	4512756
30	新华三信息技术有限公司	4397298
31	浙江东南网架集团有限公司	4345631
32	卧龙控股集团有限公司	4304584
33	森马集团有限公司	4216782
34	得力集团有限公司	4028383
35	三花控股集团有限公司	4017496
36	太平鸟集团有限公司	3856591
37	舜宇集团有限公司	3749685
38	浙江龙盛控股有限公司	3740550
39	巨化集团有限公司	3628904
40	利时集团股份有限公司	3622781

续表

排名	企业名称	营业收入/万元	排名	企业名称	营业收入/万元
41	浙江华友钴业股份有限公司	3531654	75	浙江中财管道科技股份有限公司	1648759
42	浙江省机电集团有限公司	3491870	76	宁波方太厨具有限公司	1548640
43	西子联合控股有限公司	3484743	77	浙江航民实业集团有限公司	1519666
44	花园集团有限公司	3427103	78	今飞控股集团有限公司	1512924
45	万丰奥特控股集团有限公司	3310508		合计	541158603
46	浙江大华技术股份有限公司	3283548			
47	华立集团股份有限公司	3171703	广东		
48	浙江甬金金属科技股份有限公司	3136597	1	正威国际集团有限公司	72275382
49	浙江富春江通信集团有限公司	3091784	2	华为投资控股有限公司	63069840
50	久立集团股份有限公司	3057705	3	广州汽车工业集团有限公司	43188274
51	浙江协和集团有限公司	3032000	4	美的集团股份有限公司	34123321
52	中策橡胶集团股份有限公司	3028569	5	TCL 实业控股股份有限公司	25235035
53	天洁集团有限公司	2976362	6	比亚迪股份有限公司	21614239
54	农夫山泉股份有限公司	2969641	7	广州医药集团有限公司	19651802
55	宁波博洋控股集团有限公司	2960734	8	珠海格力电器股份有限公司	18965403
56	兴惠化纤集团有限公司	2960233	9	广州工业投资控股集团有限公司	18209575
57	胜达集团有限公司	2882662	10	中国国际海运集装箱（集团）股份有限公司	16369598
58	精工控股集团有限公司	2655537	11	立讯精密工业股份有限公司	15394610
59	纳爱斯集团有限公司	2565911	12	中兴通讯股份有限公司	11452164
60	奥康集团有限公司	2526971	13	玖龙纸业（控股）有限公司	8731040
61	宁波申洲针织有限公司	2384501	14	广东海大集团股份有限公司	8599855
62	回音必集团有限公司	2350653	15	荣耀终端有限公司	7936172
63	顾家集团有限公司	2308775	16	研祥高科技控股集团有限公司	7914163
64	人本集团有限公司	2157066	17	深圳海王集团股份有限公司	6553541
65	中哲控股集团有限公司	2154351	18	温氏食品集团股份有限公司	6496459
66	利欧集团股份有限公司	2028091	19	深圳市立业集团有限公司	6440882
67	浙江天圣控股集团有限公司	1993436	20	心里程控股集团有限公司	6010437
68	浙江新安化工集团股份有限公司	1897666	21	明阳新能源投资控股集团有限公司	5697358
69	东方日升新能源股份有限公司	1883072	22	创维集团有限公司	5092800
70	杭州鼎胜实业集团有限公司	1874750	23	宏旺控股集团有限公司	5008617
71	宁波华翔电子股份有限公司	1758782	24	深圳传音控股股份有限公司	4941190
72	广博控股集团有限公司	1715619	25	深圳市中金岭南有色金属股份有限公司	4444922
73	宁波继峰汽车零部件股份有限公司	1683199	26	金发科技股份有限公司	4019862
74	万向三农集团有限公司	1666916	27	欣旺达电子股份有限公司	3735872

续表

排名	企业名称	营业收入/万元	排名	企业名称	营业收入/万元
28	深圳市理士新能源发展有限公司	3581956			
29	鹏鼎控股（深圳）股份有限公司	3331485	福建		
30	中国联塑集团控股有限公司	3205758	1	紫金矿业集团股份有限公司	22510249
31	广东德赛集团有限公司	2984275	2	宁德时代新能源科技股份有限公司	13035580
32	广东格兰仕集团有限公司	2889700	3	福建大东海实业集团有限公司	10123439
33	广州立白凯晟控股有限公司	2704185	4	恒申控股集团有限公司	6592748
34	深圳市大疆创新科技有限公司	2522200	5	永荣控股集团有限公司	6505855
35	欧菲光集团股份有限公司	2284394	6	福建省能源石化集团有限责任公司	6472824
36	广州视源电子科技股份有限公司	2122571	7	福建省三钢（集团）有限责任公司	6419696
37	广东小鹏汽车科技有限公司	2098813	8	福建省电子信息（集团）有限责任公司	5598398
38	欧派家居集团股份有限公司	2044160	9	福州中景石化集团有限公司	4832141
39	格林美股份有限公司	1930102	10	安踏体育用品集团有限公司	4559564
40	深圳市汇川技术股份有限公司	1794325	11	盛屯矿业集团股份有限公司	4523673
41	瑞声科技（控股）有限公司	1766697	12	三宝集团股份有限公司	4024038
42	普联技术有限公司	1733951	13	福建百宏聚纤科技实业有限公司	3998798
43	广东省永道生态集团有限公司	1670862	14	福建福海创石油化工有限公司	3217793
44	健康元药业集团股份有限公司	1590369	15	厦门钨业股份有限公司	3185220
45	广东兴发铝业有限公司	1557662	16	腾龙芳烃（漳州）有限公司	2166324
	合计	492985878	17	冠捷电子科技（福建）有限公司	2047485
			18	福建福日电子股份有限公司	1863373
四川			19	福建傲农生物科技集团股份有限公司	1803816
1	新希望控股集团有限公司	25265247	20	厦门合兴包装印刷股份有限公司	1754878
2	四川长虹电子控股集团有限公司	15235605	21	厦门金龙汽车集团股份有限公司	1541842
3	四川省宜宾五粮液集团有限公司	14002354	22	翔鹭石化（漳州）有限公司	1518298
4	通威集团有限公司	10827165		合计	118296032
5	泸州老窖集团有限责任公司	7901442			
6	蓝润集团有限公司	7336458	广西壮族自治区		
7	四川省川威集团有限公司	7234391	1	广西柳州钢铁集团有限公司	13253262
8	中国东方电气集团有限公司	4926439	2	广西盛隆冶金有限公司	7487931
9	四川德胜集团钒钛有限公司	4706501	3	广西玉柴机器集团有限公司	4784480
10	四川科伦实业集团有限公司	4196763	4	广西南丹南方金属有限公司	4087530
11	成都蛟龙投资有限责任公司	2697738	5	广西贵港钢铁集团有限公司	3324459
12	攀枝花钢城集团有限公司	2175599	6	桂林力源粮油食品集团有限公司	3125462
	合计	106505702	7	广西柳工集团有限公司	2891578

续表

排名	企业名称	营业收入/万元	排名	企业名称	营业收入/万元
8	广西汽车集团有限公司	2121435	青海		
9	广西农垦集团有限责任公司	2023837	1	西部矿业集团有限公司	5182186
10	广西百色工业投资发展集团有限公司	1607194	2	青海盐湖工业股份有限公司	1477833
	合计	44707168		合计	6660019
贵州			宁夏回族自治区		
1	贵州茅台酒股份有限公司	10946428	1	宁夏天元锰业集团有限公司	6627373
2	贵州磷化（集团）有限责任公司	6086689		合计	6627373
3	中伟新材料股份有限公司	2007249			
	合计	19040366	新疆维吾尔自治区		
			1	新疆中泰（集团）有限责任公司	21215265
云南			2	新疆特变电工集团有限公司	7569536
1	云天化集团有限责任公司	8201422	3	新疆天业（集团）有限公司	5924896
2	云南锡业集团（控股）有限责任公司	6616607	4	新疆金风科技股份有限公司	5057072
	合计	14818029		合计	39766769
甘肃			内蒙古自治区		
1	金川集团股份有限公司	26419154	1	包头钢铁（集团）有限责任公司	12603574
2	酒泉钢铁（集团）有限责任公司	11693741	2	内蒙古伊利实业集团股份有限公司	11014398
3	白银有色集团股份有限公司	7227998	3	内蒙古鄂尔多斯投资控股集团有限公司	7276763
	合计	45340893		合计	30894735

表 10－4 2022 中国制造业企业 500 强净利润排序前 100 名企业

排名	公司名称	净利润/万元	排名	公司名称	净利润/万元
1	华为投资控股有限公司	11354549	51	石药控股集团有限公司	673111
2	中国石油化工集团有限公司	5364137	52	长城汽车股份有限公司	672609
3	贵州茅台酒股份有限公司	5246014	53	武安市裕华钢铁有限公司	670498
4	美的集团股份有限公司	2857365	54	中国国际海运集装箱（集团）股份有限公司	666532
5	万华化学集团股份有限公司	2464875	55	四川省宜宾五粮液集团有限公司	651888
6	上海汽车集团股份有限公司	2453310	56	华峰集团有限公司	638961
7	中国第一汽车集团有限公司	2322386	57	广西柳州钢铁集团有限公司	630151
8	珠海格力电器股份有限公司	2306373	58	中联重科股份有限公司	626977
9	中国航天科技集团有限公司	1998943	59	金川集团股份有限公司	622408
10	小米集团	1933932	60	盛虹控股集团有限公司	607114
11	中国宝武钢铁集团有限公司	1931794	61	河北安丰钢铁有限公司	589394
12	山东金岭集团有限公司	1752931	62	玖龙纸业（控股）有限公司	587388
13	中国船舶集团有限公司	1698063	63	敬业集团有限公司	574692
14	宁德时代新能源科技股份有限公司	1593131	64	中国中车集团有限公司	573344
15	紫金矿业集团股份有限公司	1567287	65	波司登股份有限公司	560414
16	青山控股集团有限公司	1538971	66	振石控股集团有限公司	560352
17	恒力集团有限公司	1531614	67	中国航空工业集团有限公司	551610
18	江苏沙钢集团有限公司	1466463	68	辽宁方大集团实业有限公司	550082
19	中国电子科技集团有限公司	1388072	69	山东钢铁集团有限公司	549488
20	中国航天科工集团有限公司	1359836	70	安踏体育用品集团有限公司	537454
21	冀南钢铁集团有限公司	1308451	71	华新水泥股份有限公司	536353
22	正威国际集团有限公司	1296964	72	江苏永钢集团有限公司	520433
23	安徽海螺集团有限责任公司	1239871	73	雅戈尔集团股份有限公司	519398
24	山东魏桥创业集团有限公司	1133995	74	广西盛隆冶金有限公司	516429
25	中国兵器工业集团有限公司	1123400	75	福建大东海实业集团有限公司	511597
26	远景能源有限公司	1111978	76	洛阳栾川钼业集团股份有限公司	510601
27	TCL 实业控股股份有限公司	1073421	77	三一集团有限公司	509474
28	海尔集团公司	1070417	78	上海医药集团股份有限公司	509347
29	重庆智飞生物制品股份有限公司	1020855	79	上海德龙钢铁集团有限公司	508187
30	复星国际有限公司	1008990	80	日照钢铁控股集团有限公司	505440
31	浙江吉利控股集团有限公司	948839	81	红狮控股集团有限公司	504130
32	东风汽车集团有限公司	929446	82	舜宇集团有限公司	498801
33	隆基绿能科技股份有限公司	908588	83	明阳新能源投资控股集团有限公司	495279
34	中国铝业集团有限公司	902344	84	河北普阳钢铁有限公司	482694
35	恒申控股集团有限公司	849396	85	中国兵器装备集团有限公司	475056
36	新疆特变电工集团有限公司	847747	86	徐工集团工程机械有限公司	472712
37	内蒙古伊利实业集团股份有限公司	840439	87	巨化集团有限公司	471098
38	湖南钢铁集团有限公司	818253	88	龙佰集团股份有限公司	467642
39	浙江荣盛控股集团有限公司	772437	89	山西鹏飞集团有限公司	453505
40	江苏洋河酒厂股份有限公司	750768	90	江苏恒瑞医药股份有限公司	453022
41	英科医疗科技股份有限公司	743007	91	海澜集团有限公司	450947
42	鞍钢集团有限公司	735704	92	青海盐湖工业股份有限公司	447839
43	中国铁塔股份有限公司	732937	93	上海韦尔半导体股份有限公司	447619
44	深圳市大疆创新科技有限公司	732398	94	威高集团有限公司	439914
45	荣耀终端有限公司	725439	95	浙江天圣控股集团有限公司	430733
46	农夫山泉股份有限公司	716179	96	研祥高科技控股集团有限公司	422930
47	立讯精密工业股份有限公司	707052	97	酒泉钢铁（集团）有限责任公司	421600
48	万洲国际有限公司	688604	98	山东太阳控股集团有限公司	409590
49	黑龙江飞鹤乳业有限公司	687104	99	南山集团有限公司	407787
50	中兴通讯股份有限公司	681294	100	河北文丰钢铁有限公司	404735
				中国制造业企业 500 强平均数	294251

表 10－5　2022 中国制造业企业 500 强资产排序前 100 名企业

排名	公司名称	资产/万元	排名	公司名称	资产/万元
1	中国石油化工集团有限公司	241808347	51	正威国际集团有限公司	21363794
2	中国航空工业集团有限公司	123832280	52	奇瑞控股集团有限公司	21158194
3	中国宝武钢铁集团有限公司	111708361	53	包头钢铁（集团）有限责任公司	20941671
4	中国五矿集团有限公司	100390805	54	紫金矿业集团股份有限公司	20859468
5	华为投资控股有限公司	98283639	55	江西铜业集团有限公司	19783051
6	上海汽车集团股份有限公司	91692270	56	牧原实业集团有限公司	19151727
7	中国船舶集团有限公司	88394553	57	万华化学集团股份有限公司	19030958
8	复星国际有限公司	80637210	58	宁夏天元锰业集团有限公司	18974320
9	中国建材集团有限公司	65224429	59	长城汽车股份有限公司	17540802
10	中国铝业集团有限公司	62444306	60	盛虹控股集团有限公司	17292018
11	中国航天科技集团有限公司	60861741	61	中兴通讯股份有限公司	16876343
12	中国第一汽车集团有限公司	60008812	62	海信集团控股股份有限公司	16823472
13	东风汽车集团有限公司	55134798	63	北京建龙重工集团有限公司	16801018
14	中国电子科技集团有限公司	54505051	64	徐工集团工程机械有限公司	16703220
15	首钢集团有限公司	51856071	65	广州工业投资控股集团有限公司	16507092
16	浙江吉利控股集团有限公司	51822877	66	北京首农食品集团有限公司	16485622
17	河钢集团有限公司	50855841	67	协鑫集团有限公司	16444557
18	中国航天科工集团有限公司	50718529	68	上海医药集团股份有限公司	16343551
19	北京汽车集团有限公司	50026416	69	辽宁方大集团实业有限公司	15884140
20	鞍钢集团有限公司	49197644	70	新疆特变电工集团有限公司	15762605
21	中国兵器工业集团有限公司	48617366	71	中国国际海运集装箱（集团）股份有限公司	15432250
22	中国中车集团有限公司	47827825	72	福建省能源石化集团有限责任公司	14742231
23	海尔集团公司	47129095	73	多弗国际控股集团有限公司	14363606
24	TCL 实业控股股份有限公司	39525356	74	陕西有色金属控股集团有限责任公司	14083995
25	中国电子信息产业集团有限公司	39442929	75	江苏扬子江船业集团	13857802
26	中国兵器装备集团有限公司	39231532	76	日照钢铁控股集团有限公司	13777181
27	美的集团股份有限公司	38794610	77	洛阳栾川钼业集团股份有限公司	13744977
28	上海电气控股集团有限公司	38155572	78	湖南钢铁集团有限公司	13723112
29	新希望控股集团有限公司	37443425	79	南山集团有限公司	13537490
30	中国机械工业集团有限公司	36441119	80	山东黄金集团有限公司	13198905
31	广州汽车工业集团有限公司	36432279	81	浙江恒逸集团有限公司	12758389
32	浙江荣盛控股集团有限公司	36066971	82	中国重型汽车集团有限公司	12740534
33	江苏沙钢集团有限公司	32482912	83	河北新华联合冶金控股集团有限公司	12593385
34	中国铁塔股份有限公司	32325987	84	新疆中泰（集团）有限责任公司	12558283
35	泸州老窖集团有限责任公司	32051614	85	上海德龙钢铁集团有限公司	12395905
36	珠海格力电器股份有限公司	31959818	86	万洲国际有限公司	12375871
37	潍柴控股集团有限公司	31679385	87	中联重科股份有限公司	12201816
38	宁德时代新能源科技股份有限公司	30766686	88	广西柳州钢铁集团有限公司	12094540
39	恒力集团有限公司	30536547	89	无锡产业发展集团有限公司	12075743
40	比亚迪股份有限公司	29578015	90	金川集团股份有限公司	12074816
41	潞安化工集团有限公司	29491966	91	立讯精密工业股份有限公司	12057210
42	小米集团	29289187	92	新疆金风科技股份有限公司	11936019
43	北京金隅集团股份有限公司	28635681	93	上海华虹（集团）有限公司	11831983
44	光明食品（集团）有限公司	28330567	94	天津渤海化工集团有限责任公司	11828224
45	安徽海螺集团有限责任公司	28232081	95	青山控股集团有限公司	11515953
46	山东钢铁集团有限公司	26153155	96	酒泉钢铁（集团）有限责任公司	11314757
47	贵州茅台酒股份有限公司	25516820	97	海澜集团有限公司	11310337
48	山东魏桥创业集团有限公司	25504593	98	中国黄金集团有限公司	11293988
49	四川省宜宾五粮液集团有限公司	24519331	99	中国有色矿业集团有限公司	11084521
50	三一集团有限公司	24473736	100	万向集团公司	10908538
				中国制造业企业 500 强平均数	9529384

表 10－6 2022 中国制造业企业 500 强从业人数排序前 100 名企业

排名	公司名称	从业人数/人	排名	公司名称	从业人数/人
1	中国石油化工集团有限公司	542286	51	内蒙古伊利实业集团股份有限公司	61598
2	中国航空工业集团有限公司	380000	52	安徽海螺集团有限责任公司	59739
3	比亚迪股份有限公司	288186	53	辽宁方大集团实业有限公司	59610
4	立讯精密工业股份有限公司	228152	54	山东钢铁集团有限公司	57628
5	中国兵器工业集团有限公司	219320	55	北京建龙重工集团有限公司	57568
6	中国船舶集团有限公司	213849	56	成都蛟龙投资有限责任公司	53978
7	中国建材集团有限公司	206910	57	北京首农食品集团有限公司	53472
8	中国宝武钢铁集团有限公司	203781	58	福建省电子信息（集团）有限责任公司	51901
9	中国电子科技集团有限公司	202561	59	中国国际海运集装箱（集团）股份有限公司	51746
10	中国五矿集团有限公司	201724	60	隆基绿能科技股份有限公司	49967
11	华为投资控股有限公司	195000	61	新疆中泰（集团）有限责任公司	48067
12	中国电子信息产业集团有限公司	191126	62	上海医药集团股份有限公司	47056
13	中国航天科技集团有限公司	180521	63	南山集团有限公司	46582
14	中国中车集团有限公司	175802	64	北京金隅集团股份有限公司	46447
15	美的集团股份有限公司	165799	65	上海德龙钢铁集团有限公司	46054
16	鞍钢集团有限公司	164704	66	广西农垦集团有限责任公司	45804
17	中国兵器装备集团有限公司	162498	67	江苏沙钢集团有限公司	45398
18	中国铝业集团有限公司	145917	68	温氏食品集团股份有限公司	43965
19	上海汽车集团股份有限公司	144787	69	紫金矿业集团股份有限公司	43876
20	东风汽车集团有限公司	141681	70	四川省宜宾五粮液集团有限公司	43506
21	中国航天科工集团有限公司	141678	71	中国有色矿业集团有限公司	43425
22	牧原实业集团有限公司	140517	72	宁波均胜电子股份有限公司	43110
23	新希望控股集团有限公司	138136	73	江苏悦达集团有限公司	42551
24	中国机械工业集团有限公司	133424	74	陕西有色金属控股集团有限责任公司	42278
25	浙江吉利控股集团有限公司	128928	75	包头钢铁（集团）有限责任公司	40940
26	TCL 实业控股股份有限公司	124133	76	山东如意时尚投资控股有限公司	40576
27	中国第一汽车集团有限公司	122371	77	中国黄金集团有限公司	40411
28	恒力集团有限公司	121430	78	鹏鼎控股（深圳）股份有限公司	39387
29	广州汽车工业集团有限公司	112113	79	中国信息通信科技集团有限公司	38978
30	海尔集团公司	109441	80	正泰集团股份有限公司	38065
31	万洲国际有限公司	107000	81	瑞声科技（控股）有限公司	37591
32	光明食品（集团）有限公司	104259	82	中国重型汽车集团有限公司	37115
33	河钢集团有限公司	103637	83	三一集团有限公司	36954
34	北京汽车集团有限公司	100000	84	欣旺达电子股份有限公司	36127
35	潞安化工集团有限公司	99132	85	万向集团公司	35978
36	海信集团控股股份有限公司	97839	86	盛虹控股集团有限公司	35788
37	山东魏桥创业集团有限公司	96782	87	江铃汽车集团有限公司	35322
38	首钢集团有限公司	96432	88	广州医药集团有限公司	34730
39	复星国际有限公司	96000	89	酒泉钢铁（集团）有限责任公司	34592
40	宁波申洲针织有限公司	95820	90	青岛啤酒集团有限公司	34472
41	歌尔股份有限公司	95780	91	创维集团有限公司	34000
42	潍柴控股集团有限公司	93991	92	广西柳州钢铁集团有限公司	33954
43	青山控股集团有限公司	85553	93	湖南钢铁集团有限公司	33764
44	广州工业投资控股集团有限公司	83933	94	奇瑞控股集团有限公司	33595
45	宁德时代新能源科技股份有限公司	83601	95	小米集团	33427
46	珠海格力电器股份有限公司	81884	96	通威集团有限公司	33231
47	长城汽车股份有限公司	77934	97	华勤技术股份有限公司	33141
48	中兴通讯股份有限公司	72584	98	郑州宇通企业集团	31773
49	上海电气控股集团有限公司	67335	99	闻泰科技股份有限公司	31658
50	四川长虹电子控股集团有限公司	63730	100	江西铜业集团有限公司	31595
				中国制造业企业 500 强平均数	27999

表10-7 2022中国制造业企业500强研发费用排序前100名企业

排名	公司名称	研发费用/万元	排名	公司名称	研发费用/万元
1	华为投资控股有限公司	14266600	51	广东小鹏汽车科技有限公司	411427
2	中国航天科技集团有限公司	4262576	52	徐工集团工程机械有限公司	402910
3	中国航天科工集团有限公司	3393604	53	浙江荣盛控股集团有限公司	395700
4	中国宝武钢铁集团有限公司	2718619	54	亨通集团有限公司	384679
5	浙江吉利控股集团有限公司	2261746	55	安徽海螺集团有限责任公司	382668
6	中国第一汽车集团有限公司	2195036	56	江苏永钢集团有限公司	374462
7	中国五矿集团有限公司	2119822	57	中国重型汽车集团有限公司	372239
8	中国兵器工业集团有限公司	2008735	58	闻泰科技股份有限公司	370032
9	上海汽车集团股份有限公司	1966850	59	华勤技术股份有限公司	361656
10	中兴通讯股份有限公司	1880401	60	深圳市大疆创新科技有限公司	360595
11	中国石油化工集团有限公司	1625119	61	奇瑞控股集团有限公司	351985
12	山东魏桥创业集团有限公司	1529421	62	铜陵有色金属集团控股有限公司	350866
13	中国中车集团有限公司	1521014	63	浙江大华技术股份有限公司	345198
14	小米集团	1316700	64	石药控股集团有限公司	345195
15	美的集团股份有限公司	1201491	65	新疆特变电工集团有限公司	332657
16	鞍钢集团有限公司	1187823	66	福建省电子信息（集团）有限责任公司	329475
17	TCL 实业控股股份有限公司	1073128	67	正大天晴药业集团股份有限公司	325259
18	比亚迪股份有限公司	1062658	68	利华益集团股份有限公司	324210
19	海尔集团公司	993468	69	万华化学集团股份有限公司	316807
20	东风汽车集团有限公司	979154	70	广州工业投资控股集团有限公司	315251
21	中国建材集团有限公司	897451	71	敬业集团有限公司	314023
22	北京汽车集团有限公司	869809	72	中天钢铁集团有限公司	282837
23	广州汽车工业集团有限公司	865409	73	正泰集团股份有限公司	278461
24	三一集团有限公司	849616	74	舜宇集团有限公司	264220
25	潍柴控股集团有限公司	796719	75	晶科能源控股有限公司	263708
26	江苏沙钢集团有限公司	778400	76	华泰集团有限公司	263540
27	宁德时代新能源科技股份有限公司	769143	77	江铃汽车集团有限公司	262453
28	荣耀终端有限公司	749292	78	天合光能股份有限公司	255496
29	中国信息通信科技集团有限公司	733317	79	四川长虹电子控股集团有限公司	253008
30	首钢集团有限公司	696029	80	通威集团有限公司	252201
31	湖南钢铁集团有限公司	664952	81	金鼎钢铁集团有限公司	235958
32	上海电气控股集团有限公司	646143	82	宁波均胜电子股份有限公司	234668
33	河钢集团有限公司	637522	83	欣旺达电子股份有限公司	232667
34	珠海格力电器股份有限公司	629672	84	中国国际海运集装箱（集团）股份有限公司	225236
35	北京建龙重工集团有限公司	600150	85	南京钢铁集团有限公司	223100
36	江苏恒瑞医药股份有限公司	594331	86	广西柳州钢铁集团有限公司	220249
37	中国机械工业集团有限公司	564076	87	中国东方电气集团有限公司	219778
38	海信集团控股股份有限公司	538084	88	上海韦尔半导体股份有限公司	211022
39	中国铝业集团有限公司	535643	89	创维集团有限公司	209700
40	山东钢铁集团有限公司	529295	90	玖龙纸业（控股）有限公司	209598
41	上海华虹（集团）有限公司	486134	91	中天科技集团有限公司	209578
42	河北新华联合冶金控股集团有限公司	454906	92	山西建邦集团有限公司	208926
43	上海德龙钢铁集团有限公司	453404	93	新希望控股集团有限公司	205000
44	隆基绿能科技股份有限公司	439384	94	郑州宇通企业集团	204371
45	万向集团公司	434064	95	潞安化工集团有限公司	202499
46	歌尔股份有限公司	430134	96	河北普阳钢铁有限公司	201422
47	研祥高科技控股集团有限公司	423522	97	山东泰山钢铁集团有限公司	200790
48	中联重科股份有限公司	422971	98	上海医药集团股份有限公司	198728
49	包头钢铁（集团）有限责任公司	420091	99	华峰集团有限公司	197947
50	新华三信息技术有限公司	412982	100	新余钢铁集团有限公司	196911
				中国制造业企业500强平均数	217681

表 10－8 2022 中国制造业企业 500 强研发强度排序前 100 名企业

排名	公司名称	研发强度/%	排名	公司名称	研发强度/%
1	江苏恒瑞医药股份有限公司	22.94	51	东方日升新能源股份有限公司	4.57
2	上海华虹（集团）有限公司	22.66	52	广东兴发铝业有限公司	4.56
3	华为投资控股有限公司	22.62	53	泰豪集团有限公司	4.55
4	广东小鹏汽车科技有限公司	19.60	54	泰开集团有限公司	4.55
5	中兴通讯股份有限公司	16.42	55	中国东方电气集团有限公司	4.46
6	中国航天科技集团有限公司	15.22	56	安徽江淮汽车集团控股有限公司	4.45
7	正大天晴药业集团股份有限公司	14.89	57	欧派家居集团股份有限公司	4.44
8	深圳市大疆创新科技有限公司	14.30	58	上海仪电（集团）有限公司	4.42
9	中国信息通信科技集团有限公司	13.14	59	卫华集团有限公司	4.42
10	中国航天科工集团有限公司	12.88	60	新疆特变电工集团有限公司	4.39
11	健康元药业集团股份有限公司	11.63	61	上海龙旗科技股份有限公司	4.35
12	浙江大华技术股份有限公司	10.51	62	华勤技术股份有限公司	4.32
13	瑞声科技（控股）有限公司	9.77	63	四川科伦实业集团有限公司	4.29
14	荣耀终端有限公司	9.44	64	TCL 实业控股股份有限公司	4.25
15	深圳市汇川技术股份有限公司	9.39	65	厦门金龙汽车集团股份有限公司	4.17
16	新华三信息技术有限公司	9.39	66	格林美股份有限公司	4.17
17	上海韦尔半导体股份有限公司	8.75	67	华鲁控股集团有限公司	4.15
18	石药控股集团有限公司	8.34	68	万丰奥特控股集团有限公司	4.12
19	欧菲光集团股份有限公司	7.81	69	创维集团有限公司	4.12
20	普联技术有限公司	7.34	70	山西建邦集团有限公司	4.05
21	舜宇集团有限公司	7.05	71	宁波方太厨具有限公司	4.04
22	闻泰科技股份有限公司	7.02	72	山东临工工程机械有限公司	4.04
23	通富微电子股份有限公司	6.72	73	小米集团	4.01
24	中国中车集团有限公司	6.38	74	太原重型机械集团有限公司	4.01
25	福建傲农生物科技集团股份有限公司	6.31	75	厦门钨业股份有限公司	4.01
26	中联重科股份有限公司	6.30	76	陕西鼓风机（集团）有限公司	3.99
27	浙江吉利控股集团有限公司	6.28	77	山东泰山钢铁集团有限公司	3.97
28	欣旺达电子股份有限公司	6.23	78	上海电气控股集团有限公司	3.95
29	宁德时代新能源科技股份有限公司	5.90	79	人福医药集团股份公司	3.94
30	福建省电子信息（集团）有限责任公司	5.89	80	江苏长电科技股份有限公司	3.89
31	天合光能股份有限公司	5.74	81	河南明泰铝业股份有限公司	3.87
32	歌尔股份有限公司	5.50	82	晶科能源控股有限公司	3.84
33	三一集团有限公司	5.50	83	中伟新材料股份有限公司	3.83
34	广州视源电子科技股份有限公司	5.48	84	中国兵器工业集团有限公司	3.81
35	隆基绿能科技股份有限公司	5.43	85	中国联塑集团控股有限公司	3.79
36	安徽叉车集团有限责任公司	5.36	86	浙江中财管道科技股份有限公司	3.73
37	研祥高科技控股集团有限公司	5.35	87	山东魏桥创业集团有限公司	3.72
38	宁波均胜电子股份有限公司	5.14	88	大亚科技集团有限公司	3.70
39	郑州宇通企业集团	5.03	89	宁波华翔电子股份有限公司	3.64
40	比亚迪股份有限公司	4.92	90	金发科技股份有限公司	3.62
41	龙佰集团股份有限公司	4.91	91	天津市新宇彩板有限公司	3.52
42	重庆小康控股有限公司	4.90	92	美的集团股份有限公司	3.52
43	郑州煤矿机械集团股份有限公司	4.89	93	河南心连心化学工业集团股份有限公司	3.52
44	哈尔滨电气集团有限公司	4.85	94	中科电力装备集团有限公司	3.49
45	广东德赛集团有限公司	4.85	95	波司登股份有限公司	3.46
46	阳光电源股份有限公司	4.81	96	徐工集团工程机械有限公司	3.45
47	玲珑集团有限公司	4.72	97	华峰集团有限公司	3.44
48	鹏鼎控股（深圳）股份有限公司	4.72	98	华泰集团有限公司	3.43
49	河南黄河实业集团股份有限公司	4.67	99	金东纸业（江苏）股份有限公司	3.43
50	中策橡胶集团股份有限公司	4.63	100	包头钢铁（集团）有限责任公司	3.33
				中国制造业企业 500 强平均数	2.37

表 10－9　2022 中国制造业企业 500 强净资产利润率排序前 100 名企业

排名	公司名称	净资产利润率/%	排名	公司名称	净资产利润率/%
1	东岳氟硅科技集团有限公司	60699.50	51	龙佰集团股份有限公司	24.72
2	华新水泥股份有限公司	152.06	52	上海晨光文具股份有限公司	24.50
3	山东永鑫能源集团有限公司	111.17	53	舜宇集团有限公司	24.23
4	山东金岭集团有限公司	100.00	54	波司登股份有限公司	23.74
5	新华三信息技术有限公司	100.00	55	重庆市博赛矿业（集团）有限公司	23.65
6	河南神火集团有限公司	88.53	56	淄博鑫泰石化有限公司	23.33
7	广东省永道生态集团有限公司	73.64	57	凌源钢铁集团有限责任公司	23.19
8	重庆智飞生物制品股份有限公司	57.82	58	山东创新金属科技有限公司	23.13
9	今飞控股集团有限公司	56.50	59	山东齐成石油化工有限公司	23.11
10	浙江天圣控股集团有限公司	49.47	60	河南金利金铅集团有限公司	23.09
11	青海盐湖工业股份有限公司	47.97	61	上海德龙钢铁集团有限公司	23.08
12	英科医疗科技股份有限公司	46.81	62	中哲控股集团有限公司	23.03
13	江苏华宏实业集团有限公司	41.75	63	湖南钢铁集团有限公司	22.94
14	山东钢铁集团有限公司	40.95	64	TCL 实业控股股份有限公司	22.92
15	道恩集团有限公司	38.41	65	美的集团股份有限公司	22.88
16	振石控股集团有限公司	37.42	66	四川德胜集团钒钛有限公司	22.64
17	山东汇丰石化集团有限公司	37.21	67	深圳市汇川技术股份有限公司	22.50
18	万华化学集团股份有限公司	35.98	68	河南心连心化学工业集团股份有限公司	22.48
19	远景能源有限公司	34.97	69	铜陵化学工业集团有限公司	22.40
20	农夫山泉股份有限公司	34.53	70	成都蛟龙投资有限责任公司	22.34
21	万丰奥特控股集团有限公司	34.48	71	武安市裕华钢铁有限公司	22.26
22	青山控股集团有限公司	34.44	72	泰开集团有限公司	22.25
23	巨化集团有限公司	33.57	73	珠海格力电器股份有限公司	22.25
24	黑龙江飞鹤乳业有限公司	32.84	74	广西盛隆冶金有限公司	22.13
25	雅迪科技集团有限公司	32.45	75	紫金矿业集团股份有限公司	22.06
26	浙江卫星控股股份有限公司	31.46	76	浙江中财管道科技股份有限公司	22.03
27	江苏沃得机电集团有限公司	31.03	77	石药控股集团有限公司	21.90
28	安踏体育用品集团有限公司	30.99	78	天津市宝来工贸有限公司	21.81
29	华峰集团有限公司	30.53	79	上海源耀农业股份有限公司	21.75
30	冀南钢铁集团有限公司	30.47	80	华鲁控股集团有限公司	21.66
31	浙江元立金属制品集团有限公司	29.99	81	人本集团有限公司	21.65
32	浙江新安化工集团股份有限公司	29.68	82	河北兴华钢铁有限公司	20.99
33	河北安丰钢铁有限公司	29.11	83	浙江富冶集团有限公司	20.90
34	江苏三木集团有限公司	29.04	84	六安钢铁控股集团有限公司	20.84
35	恒申控股集团有限公司	28.77	85	常熟市龙腾特种钢有限公司	20.78
36	万基控股集团有限公司	28.61	86	广东兴发铝业有限公司	20.66
37	正大天晴药业集团股份有限公司	28.45	87	天津市新宇彩板有限公司	20.63
38	深圳传音控股股份有限公司	27.88	88	河北新武安钢铁集团烘熔钢铁有限公司	20.60
39	贵州茅台酒股份有限公司	27.68	89	泸州老窖集团有限责任公司	20.45
40	上海韦尔半导体股份有限公司	27.63	90	老凤祥股份有限公司	20.41
41	山西建邦集团有限公司	27.51	91	广州视源电子科技股份有限公司	20.33
42	华为投资控股有限公司	27.40	92	连云港兴鑫钢铁有限公司	20.31
43	滁州惠科光电科技有限公司	26.97	93	万向三农集团有限公司	20.21
44	宁波博洋控股集团有限公司	26.89	94	三宝集团股份有限公司	20.14
45	恒力集团有限公司	26.45	95	浙江华友钴业股份有限公司	20.11
46	深圳市大疆创新科技有限公司	26.34	96	河北文丰钢铁有限公司	20.07
47	内蒙古鄂尔多斯投资控股集团有限公司	26.09	97	立讯精密工业股份有限公司	20.04
48	山西杏花村汾酒集团有限责任公司	25.81	98	兴华财富集团有限公司	19.81
49	大亚科技集团有限公司	25.32	99	华勤技术股份有限公司	19.80
50	浙江荣盛控股集团有限公司	25.00	100	山东京博控股集团有限公司	19.75
				中国制造业企业 500 强平均数	11.31

表 10－10 2022 中国制造业企业 500 强资产利润率排序前 100 名企业

排名	公司名称	资产利润率/%	排名	公司名称	资产利润率/%
1	山东金岭集团有限公司	86.07	51	江苏洋河酒厂股份有限公司	11.07
2	英科医疗科技股份有限公司	36.03	52	五得利面粉集团有限公司	11.01
3	重庆智飞生物制品股份有限公司	33.97	53	广州视源电子科技股份有限公司	10.96
4	浙江天圣控股集团有限公司	30.42	54	石横特钢集团有限公司	10.89
5	冀南钢铁集团有限公司	28.38	55	山东联盟化工集团有限公司	10.77
6	广东省永道生态集团有限公司	27.16	56	宁波方太厨具有限公司	10.51
7	河北安丰钢铁有限公司	23.03	57	巨化集团有限公司	10.50
8	黑龙江飞鹤乳业有限公司	21.83	58	今飞控股集团有限公司	10.39
9	农夫山泉股份有限公司	21.77	59	江苏阳光集团有限公司	10.37
10	贵州茅台酒股份有限公司	20.56	60	龙佰集团股份有限公司	10.32
11	深圳市大疆创新科技有限公司	19.41	61	华新水泥股份有限公司	10.21
12	江苏三木集团有限公司	19.13	62	华峰集团有限公司	10.01
13	天津市宝来工贸有限公司	18.66	63	江苏永钢集团有限公司	9.94
14	河北文丰钢铁有限公司	18.23	64	心里程控股集团有限公司	9.81
15	青海盐湖工业股份有限公司	17.72	65	河北普阳钢铁有限公司	9.80
16	山西建邦集团有限公司	17.43	66	河南明泰铝业股份有限公司	9.78
17	成都蛟龙投资有限责任公司	17.01	67	天洁集团有限公司	9.72
18	正大天晴药业集团股份有限公司	16.96	68	奥康集团有限公司	9.67
19	武安市裕华钢铁有限公司	16.73	69	江苏金峰水泥集团有限公司	9.51
20	安踏体育用品集团有限公司	16.64	70	三宝集团股份有限公司	9.43
21	浙江中财管道科技股份有限公司	16.62	71	迪尚集团有限公司	9.36
22	恒申控股集团有限公司	16.53	72	鹏鼎控股（深圳）股份有限公司	9.33
23	河北新武安钢铁集团烘熔钢铁有限公司	16.52	73	隆基绿能科技股份有限公司	9.30
24	振石控股集团有限公司	16.22	74	回音必集团有限公司	9.28
25	连云港兴鑫钢铁有限公司	16.00	75	淄博齐翔腾达化工股份有限公司	9.18
26	兴华财富集团有限公司	15.66	76	山东中海化工集团有限公司	8.99
27	江阴江东集团公司	15.53	77	上海源耀农业股份有限公司	8.92
28	浙江新安化工集团股份有限公司	15.43	78	荣耀终端有限公司	8.82
29	普联技术有限公司	15.26	79	青岛海湾集团有限公司	8.67
30	河北兴华钢铁有限公司	15.17	80	河南金利金铅集团有限公司	8.59
31	滁州惠科光电科技有限公司	14.52	81	研祥高科技控股集团有限公司	8.54
32	波司登股份有限公司	14.38	82	东方润安集团有限公司	8.44
33	人民控股集团有限公司	14.05	83	广西盛隆冶金有限公司	8.43
34	上海韦尔半导体股份有限公司	13.95	84	老凤祥股份有限公司	8.42
35	秦皇岛宏兴钢铁有限公司	13.74	85	天津源泰德润钢管制造集团有限公司	8.41
36	青山控股集团有限公司	13.36	86	浙江元立金属制品集团有限公司	8.36
37	上海晨光文具股份有限公司	13.29	87	广东兴发铝业有限公司	8.35
38	深圳市汇川技术股份有限公司	13.09	88	四川德胜集团钒钛有限公司	8.28
39	万华化学集团股份有限公司	12.95	89	内蒙古伊利实业集团股份有限公司	8.24
40	舜宇集团有限公司	12.86	90	金鼎钢铁集团有限公司	8.22
41	河北新武安钢铁集团文安钢铁有限公司	12.81	91	无棣鑫岳化工集团有限公司	8.11
42	深圳传音控股股份有限公司	12.43	92	兴达投资集团有限公司	8.04
43	重庆市博赛矿业（集团）有限公司	12.38	93	宁波申洲针织有限公司	8.00
44	华为投资控股有限公司	11.55	94	江苏长电科技股份有限公司	7.98
45	江苏恒瑞医药股份有限公司	11.54	95	山西杏花村汾酒集团有限责任公司	7.97
46	石药控股集团有限公司	11.46	96	福建大东海实业集团有限公司	7.95
47	欧派家居集团股份有限公司	11.39	97	六安钢铁控股集团有限公司	7.85
48	东岳氟硅科技集团有限公司	11.36	98	山东太阳控股集团有限公司	7.85
49	新华三信息技术有限公司	11.31	99	富海集团新能源控股有限公司	7.75
50	远景能源有限公司	11.16	100	浙江大华技术股份有限公司	7.67
				中国制造业企业 500 强平均数	3.09

表 10－11 2022 中国制造业企业 500 强收入利润率排序前 100 名企业

排名	公司名称	收入利润率/%	排名	公司名称	收入利润率/%
1	贵州茅台酒股份有限公司	47.92	51	中国联塑集团控股有限公司	9.50
2	英科医疗科技股份有限公司	45.75	52	中联重科股份有限公司	9.34
3	山东金岭集团有限公司	38.85	53	荣耀终端有限公司	9.14
4	重庆智飞生物制品股份有限公司	33.30	54	江苏沃得机电集团有限公司	9.08
5	青海盐湖工业股份有限公司	30.30	55	东岳氟硅科技集团有限公司	8.96
6	黑龙江飞鹤乳业有限公司	30.17	56	冀南钢铁集团有限公司	8.96
7	江苏洋河酒厂股份有限公司	29.62	57	湖南五江控股集团有限公司	8.71
8	深圳市大疆创新科技有限公司	29.04	58	明阳新能源投资控股集团有限公司	8.69
9	滁州惠科光电科技有限公司	25.55	59	上海晨光文具股份有限公司	8.62
10	农夫山泉股份有限公司	24.12	60	威高集团有限公司	8.61
11	龙佰集团股份有限公司	22.74	61	中国铁塔股份有限公司	8.46
12	浙江天圣控股集团有限公司	21.61	62	美的集团股份有限公司	8.37
13	深圳市汇川技术股份有限公司	19.92	63	武安市裕华钢铁有限公司	8.37
14	普联技术有限公司	18.81	64	健康元药业集团股份有限公司	8.35
15	上海韦尔半导体股份有限公司	18.57	65	河北文丰钢铁有限公司	8.23
16	正大天晴药业集团股份有限公司	18.22	66	西子联合控股有限公司	8.12
17	远景能源有限公司	18.06	67	新华三信息技术有限公司	8.10
18	华为投资控股有限公司	18.00	68	广州视源电子科技股份有限公司	8.00
19	广东省永道生态集团有限公司	17.64	69	深圳传音控股股份有限公司	7.91
20	江苏恒瑞医药股份有限公司	17.49	70	石横特钢集团有限公司	7.75
21	万华化学集团股份有限公司	16.94	71	红狮控股集团有限公司	7.69
22	华新水泥股份有限公司	16.52	72	内蒙古伊利实业集团股份有限公司	7.63
23	石药控股集团有限公司	16.26	73	河南明泰铝业股份有限公司	7.52
24	波司登股份有限公司	16.04	74	瑞声科技（控股）有限公司	7.45
25	宁波申洲针织有限公司	14.14	75	赛轮集团股份有限公司	7.29
26	浙江新安化工集团股份有限公司	13.99	76	宁波华翔电子股份有限公司	7.19
27	山西杏花村汾酒集团有限责任公司	13.51	77	中国航天科技集团有限公司	7.14
28	舜宇集团有限公司	13.30	78	江苏扬子江船业集团	6.99
29	河北安丰钢铁有限公司	13.27	79	紫金矿业集团股份有限公司	6.96
30	欧派家居集团股份有限公司	13.04	80	江苏三木集团有限公司	6.92
31	巨化集团有限公司	12.98	81	广西盛隆冶金有限公司	6.90
32	恒申控股集团有限公司	12.88	82	淄博齐翔腾达化工股份有限公司	6.86
33	振石控股集团有限公司	12.24	83	新疆金风科技股份有限公司	6.84
34	宁德时代新能源科技股份有限公司	12.22	84	成都蛟龙投资有限责任公司	6.80
35	珠海格力电器股份有限公司	12.16	85	人福医药集团股份公司	6.80
36	青岛海湾集团有限公司	12.01	86	山东太阳控股集团有限公司	6.78
37	安踏体育用品集团有限公司	11.79	87	玖龙纸业（控股）有限公司	6.73
38	宁波方太厨具有限公司	11.78	88	郑州煤矿机械集团股份有限公司	6.65
39	浙江中财管道科技股份有限公司	11.47	89	迪尚集团有限公司	6.62
40	隆基绿能科技股份有限公司	11.23	90	山西建邦集团有限公司	6.61
41	新疆特变电工集团有限公司	11.20	91	山东鲁花集团有限公司	6.58
42	华峰集团有限公司	11.11	92	得力集团有限公司	6.58
43	浙江华友钴业股份有限公司	11.04	93	山东联盟化工集团有限公司	6.57
44	秦皇岛宏兴钢铁有限公司	10.48	94	阳光电源股份有限公司	6.56
45	浙江大华技术股份有限公司	10.29	95	日照钢铁控股集团有限公司	6.39
46	鹏鼎控股（深圳）股份有限公司	9.96	96	华鲁控股集团有限公司	6.29
47	万向三农集团有限公司	9.72	97	复星国际有限公司	6.26
48	江苏长电科技股份有限公司	9.70	98	奥康集团有限公司	6.23
49	浙江龙盛控股有限公司	9.64	99	万丰奥特控股集团有限公司	6.19
50	河南心连心化学工业集团股份有限公司	9.57	100	福建百宏聚纤科技实业有限公司	6.17
				中国制造业企业 500 强平均数	3.12

表 10－12 2022 中国制造业企业 500 强人均营业收入排序前 100 名企业

排名	公司名称	人均营业收入/万元	排名	公司名称	人均营业收入/万元
1	鹰潭胜华金属有限责任公司	20906.18	51	洛阳栾川钼业集团股份有限公司	1515.54
2	重庆攀华板材有限公司	8965.23	52	沂州集团有限公司	1501.93
3	江苏江润铜业有限公司	5352.03	53	香驰控股有限公司	1488.02
4	山东齐成石油化工有限公司	5007.14	54	山西建邦集团有限公司	1466.79
5	翔鹭石化（漳州）有限公司	4897.74	55	江西铜业集团有限公司	1447.76
6	东营齐润化工有限公司	3687.27	56	天津源泰德润钢管制造集团有限公司	1444.94
7	山东恒源石油化工股份有限公司	3601.14	57	中天钢铁集团有限公司	1430.69
8	腾龙芳烃（漳州）有限公司	3379.60	58	山东中海化工集团有限公司	1422.80
9	天津华北集团有限公司	3261.76	59	浙江恒逸集团有限公司	1415.90
10	正威国际集团有限公司	3226.87	60	正和集团股份有限公司	1407.23
11	三河汇福粮油集团有限公司	3203.70	61	中科电力装备集团有限公司	1395.06
12	兴达投资集团有限公司	3086.22	62	永荣控股集团有限公司	1376.32
13	河南中原黄金冶炼厂有限责任公司	2694.54	63	河北新武安钢铁集团烘熔钢铁有限公司	1369.17
14	上海源耀农业股份有限公司	2645.86	64	福州中景石化集团有限公司	1362.70
15	浙江富冶集团有限公司	2480.33	65	山东永鑫能源集团有限公司	1360.32
16	山东金诚石化集团有限公司	2455.44	66	重庆万达薄板有限公司	1343.33
17	河北津西钢铁集团股份有限公司	2324.68	67	浙江卫星控股股份有限公司	1302.43
18	天洁集团有限公司	2216.20	68	江苏永钢集团有限公司	1299.85
19	山东东方华龙工贸集团有限公司	2165.98	69	山东胜星化工有限公司	1281.59
20	远景能源有限公司	2159.56	70	东方润安集团有限公司	1227.53
21	山东汇丰石化集团有限公司	2155.89	71	河北普阳钢铁有限公司	1225.04
22	福建福海创石油化工有限公司	2142.34	72	浙江甬金金属科技股份有限公司	1211.04
23	浙江协和集团有限公司	2126.23	73	河北新金钢铁有限公司	1210.90
24	河北鑫海控股集团有限公司	2054.88	74	富通集团有限公司	1176.32
25	山东神驰控股有限公司	2053.05	75	河南金利金铅集团有限公司	1165.05
26	金鼎钢铁集团有限公司	2049.32	76	铜陵有色金属集团控股有限公司	1135.98
27	广东省永道生态集团有限公司	2037.64	77	兴惠化纤集团有限公司	1127.28
28	江苏新海石化有限公司	2032.59	78	广西贵港钢铁集团有限公司	1119.35
29	宏旺控股集团有限公司	2025.32	79	回音必集团有限公司	1102.56
30	河北新武安钢铁集团文安钢铁有限公司	2011.80	80	山东清源集团有限公司	1080.79
31	浙江荣盛控股集团有限公司	1970.63	81	淄博齐翔腾达化工股份有限公司	1071.95
32	杭州钢铁集团有限公司	1920.47	82	三房巷集团有限公司	1057.73
33	心里程控股集团有限公司	1884.15	83	道恩集团有限公司	1052.96
34	山东渤海实业集团有限公司	1844.71	84	森马集团有限公司	1046.87
35	洛阳炼化宏达实业有限责任公司	1816.36	85	天津市宝来工贸有限公司	1042.83
36	南京钢铁集团有限公司	1816.11	86	广西百色工业投资发展集团有限公司	1032.24
37	利华益集团股份有限公司	1801.11	87	天津荣程祥泰投资控股集团有限公司	1030.80
38	山东海科控股有限公司	1790.44	88	河南豫光金铅集团有限责任公司	1027.87
39	淄博鑫泰石化有限公司	1756.52	89	无锡新三洲特钢有限公司	1019.91
40	无锡华东重机科技集团有限公司	1729.63	90	江苏西城三联控股集团有限公司	1008.20
41	江苏华宏实业集团有限公司	1710.69	91	胜达集团有限公司	1001.27
42	山东寿光鲁清石化有限公司	1707.37	92	河北文丰钢铁有限公司	994.84
43	老凤祥股份有限公司	1659.34	93	富海集团新能源控股有限公司	988.50
44	浙江升华控股集团有限公司	1635.20	94	小米集团	982.17
45	安徽天大企业（集团）有限公司	1563.85	95	金澳科技（湖北）化工有限公司	978.19
46	江苏新长江实业集团有限公司	1545.60	96	六安钢铁控股集团有限公司	977.58
47	宁波金田投资控股有限公司	1532.84	97	济源市万洋冶炼（集团）有限公司	974.26
48	山东东明石化集团有限公司	1532.37	98	盛虹控股集团有限公司	972.34
49	研祥高科技控股集团有限公司	1524.89	99	杭州鼎胜实业集团有限公司	953.59
50	山东垦利石化集团有限公司	1523.79	100	杉杉控股有限公司	949.73
				中国制造业企业 500 强平均数	336.53

表 10－13　2022 中国制造业企业 500 强人均净利润排序前 100 名企业

排名	公司名称	人均净利润/万元	排名	公司名称	人均净利润/万元
1	远景能源有限公司	390.03	51	山东垦利石化集团有限公司	44.38
2	广东省永道生态集团有限公司	359.47	52	万通海欣控股集团股份有限公司	43.73
3	山东金岭集团有限公司	358.03	53	华峰集团有限公司	42.63
4	重庆智飞生物制品股份有限公司	212.68	54	江苏洋河酒厂股份有限公司	41.81
5	贵州茅台酒股份有限公司	174.86	55	秦皇岛宏兴钢铁有限公司	41.54
6	滁州惠科光电科技有限公司	132.40	56	巨化集团有限公司	41.44
7	万华化学集团股份有限公司	125.17	57	香驰控股有限公司	40.90
8	天洁集团有限公司	118.43	58	安踏体育用品集团有限公司	40.79
9	浙江天圣控股集团有限公司	117.94	59	龙佰集团股份有限公司	40.59
10	东营齐润化工有限公司	114.11	60	河北新武安钢铁集团烘熔钢铁有限公司	40.59
11	重庆攀华板材有限公司	102.88	61	山东汇丰石化集团有限公司	40.37
12	上海韦尔半导体股份有限公司	99.63	62	连云港兴鑫钢铁有限公司	39.76
13	恒申控股集团有限公司	99.00	63	福州中景石化集团有限公司	39.71
14	山西建邦集团有限公司	96.89	64	山东金诚石化集团有限公司	39.21
15	黑龙江飞鹤乳业有限公司	86.71	65	五得利面粉集团有限公司	38.55
16	河北文丰钢铁有限公司	81.88	66	淄博鑫泰石化有限公司	38.30
17	河北安丰钢铁有限公司	81.86	67	山东神驰控股有限公司	37.83
18	英科医疗科技股份有限公司	81.51	68	常熟市龙腾特种钢有限公司	37.44
19	研祥高科技控股集团有限公司	81.49	69	山东海科控股有限公司	37.32
20	万向三农集团有限公司	80.56	70	新疆特变电工集团有限公司	37.29
21	兴达投资集团有限公司	78.11	71	广西盛隆冶金有限公司	37.28
22	振石控股集团有限公司	77.15	72	东岳氟硅科技集团有限公司	37.09
23	心里程控股集团有限公司	75.67	73	南京钢铁集团有限公司	36.81
24	淄博齐翔腾达化工股份有限公司	73.51	74	沂州集团有限公司	36.25
25	青海盐湖工业股份有限公司	72.74	75	紫金矿业集团股份有限公司	35.72
26	冀南钢铁集团有限公司	64.53	76	胜达集团有限公司	34.82
27	深圳市大疆创新科技有限公司	64.22	77	石横特钢集团有限公司	34.27
28	河北普阳钢铁有限公司	58.87	78	山西鹏飞集团有限公司	33.96
29	浙江卫星控股股份有限公司	58.55	79	浙江荣盛控股集团有限公司	33.95
30	华为投资控股有限公司	58.23	80	新华三信息技术有限公司	33.95
31	武安市裕华钢铁有限公司	58.18	81	重庆钢铁股份有限公司	33.77
32	正威国际集团有限公司	57.91	82	河南中原黄金冶炼厂有限责任公司	33.75
33	小米集团	57.86	83	华新水泥股份有限公司	32.94
34	金鼎钢铁集团有限公司	56.72	84	富通集团有限公司	32.50
35	江苏永钢集团有限公司	56.11	85	农夫山泉股份有限公司	32.33
36	河北新武安钢铁集团文安钢铁有限公司	55.55	86	无棣鑫岳化工集团有限公司	32.32
37	青岛海湾集团有限公司	53.88	87	江苏沙钢集团有限公司	32.30
38	老凤祥股份有限公司	53.05	88	六安钢铁控股集团有限公司	32.11
39	山东中海化工集团有限公司	49.79	89	新疆金风科技股份有限公司	32.07
40	明阳新能源投资控股集团有限公司	49.09	90	三河汇福粮油集团有限公司	31.70
41	荣耀终端有限公司	48.88	91	回音必集团有限公司	31.68
42	兴华财富集团有限公司	48.42	92	日照钢铁控股集团有限公司	31.64
43	山东胜星化工有限公司	47.10	93	中国铁塔股份有限公司	31.46
44	江苏金峰水泥集团有限公司	46.97	94	广州视源电子科技股份有限公司	31.34
45	鹰潭胜华金属有限责任公司	46.49	95	河南明泰铝业股份有限公司	30.55
46	浙江龙盛控股有限公司	46.24	96	富海集团新能源控股有限公司	30.36
47	利华益集团股份有限公司	46.17	97	浙江中财管道科技股份有限公司	29.90
48	江苏三木集团有限公司	45.85	98	普联技术有限公司	29.72
49	浙江新安化工集团股份有限公司	44.55	99	玖龙纸业（控股）有限公司	29.37
50	洛阳栾川钼业集团股份有限公司	44.51	100	红狮控股集团有限公司	29.06
				中国制造业企业 500 强平均数	10.50

表 10－14 2022 中国制造业企业 500 强人均资产排序前 100 名企业

排名	公司名称	人均资产/万元	排名	公司名称	人均资产/万元
1	翔鹭石化（漳州）有限公司	5472.95	51	森马集团有限公司	810.16
2	腾龙芳烃（漳州）有限公司	4620.21	52	淄博齐翔腾达化工股份有限公司	800.94
3	远景能源有限公司	3493.56	53	香驰控股有限公司	775.31
4	福建福海创石油化工有限公司	2752.69	54	心里程控股集团有限公司	771.44
5	山东齐成石油化工有限公司	2498.96	55	广西百色工业投资发展集团有限公司	755.01
6	泸州老窖集团有限责任公司	2258.27	56	天津亿联控股集团有限公司	754.02
7	山东胜星化工有限公司	1872.66	57	山东东方华龙工贸集团有限公司	751.38
8	东营齐润化工有限公司	1685.24	58	山东清源集团有限公司	740.06
9	浙江荣盛控股集团有限公司	1585.36	59	福建省能源石化集团有限责任公司	738.51
10	重庆攀华板材有限公司	1578.10	60	山东汇丰石化集团有限公司	721.55
11	伊电控股集团有限公司	1409.05	61	江苏沙钢集团有限公司	715.51
12	中国铁塔股份有限公司	1387.38	62	上海韦尔半导体股份有限公司	714.00
13	淄博鑫泰石化有限公司	1345.53	63	山西鹏飞集团有限公司	711.53
14	金东纸业（江苏）股份有限公司	1343.55	64	江苏新长江实业集团有限公司	709.42
15	广东省永道生态集团有限公司	1323.45	65	天津纺织集团（控股）有限公司	706.40
16	天津华北集团有限公司	1313.21	66	山东垦利石化集团有限公司	706.16
17	万向三农集团有限公司	1305.17	67	红太阳集团有限公司	704.16
18	浙江卫星控股股份有限公司	1261.88	68	新疆特变电工集团有限公司	693.41
19	天洁集团有限公司	1218.52	69	晨鸣控股有限公司	690.42
20	安徽天大企业（集团）有限公司	1203.79	70	金鼎钢铁集团有限公司	689.73
21	洛阳栾川钼业集团股份有限公司	1198.13	71	海澜集团有限公司	689.32
22	河南中原黄金冶炼厂有限责任公司	1171.58	72	上海仪电（集团）有限公司	683.51
23	杉杉控股有限公司	1129.54	73	无锡华东重机科技集团有限公司	681.55
24	新疆金风科技股份有限公司	1107.13	74	富通集团有限公司	675.38
25	福州中景石化集团有限公司	1085.58	75	杭州钢铁集团有限公司	671.76
26	万通海欣控股集团股份有限公司	1046.10	76	南京钢铁集团有限公司	668.14
27	上海华虹（集团）有限公司	1030.75	77	三一集团有限公司	662.28
28	明阳新能源投资控股集团有限公司	1021.28	78	深圳市立业集团有限公司	659.17
29	山东寿光鲁清石化有限公司	989.15	79	河北鑫海控股集团有限公司	657.62
30	兴达投资集团有限公司	971.21	80	山东海科控股有限公司	648.69
31	万华化学集团股份有限公司	966.43	81	永荣控股集团有限公司	647.19
32	研祥高科技控股集团有限公司	954.33	82	重庆钢铁股份有限公司	638.49
33	正威国际集团有限公司	953.83	83	多弗国际控股集团有限公司	638.38
34	杭州鼎胜实业集团有限公司	951.89	84	阳光电源股份有限公司	636.93
35	三河汇福粮油集团有限公司	935.16	85	上海汽车集团股份有限公司	633.29
36	宁夏天元锰业集团有限公司	934.14	86	协鑫集团有限公司	632.26
37	河北津西钢铁集团股份有限公司	927.39	87	奇瑞控股集团有限公司	629.80
38	山东恒源石油化工股份有限公司	919.46	88	老凤祥股份有限公司	629.77
39	滁州惠科光电科技有限公司	912.00	89	江西铜业集团有限公司	626.14
40	鹰潭胜华金属有限责任公司	903.42	90	重庆智飞生物制品股份有限公司	625.99
41	浙江龙盛控股有限公司	889.66	91	青岛海湾集团有限公司	621.31
42	小米集团	876.21	92	常熟市龙腾特种钢有限公司	619.57
43	西部矿业集团有限公司	874.29	93	北京金隅集团股份有限公司	616.52
44	日照钢铁控股集团有限公司	862.37	94	陕西鼓风机（集团）有限公司	615.44
45	贵州茅台酒股份有限公司	850.53	95	山东东明石化集团有限公司	612.77
46	复星国际有限公司	839.97	96	河北新华联合冶金控股集团有限公司	612.22
47	重庆万达薄板有限公司	838.94	97	江苏中利控股集团有限公司	610.35
48	山东神驰控股有限公司	819.64	98	徐工集团工程机械有限公司	609.21
49	山东渤海实业集团有限公司	818.55	99	山东永鑫能源集团有限公司	606.03
50	利华益集团股份有限公司	816.91	100	河北普阳钢铁有限公司	600.46
				中国制造业企业 500 强平均数	340.35

表 10－15 2022 中国制造业企业 500 强收入增长率排序前 100 名企业

排名	公司名称	收入增长率/%	排名	公司名称	收入增长率/%
1	重庆攀华板材有限公司	779.06	51	深圳市汇川技术股份有限公司	55.87
2	荣耀终端有限公司	469.06	52	浙江元立金属制品集团有限公司	55.67
3	广东小鹏汽车科技有限公司	259.12	53	河南黄河实业集团股份有限公司	55.48
4	深圳市立业集团有限公司	236.00	54	研祥高科技控股集团有限公司	55.31
5	广东省永道生态集团有限公司	211.20	55	新疆天业（集团）有限公司	55.08
6	淄博鑫泰石化有限公司	171.50	56	格林美股份有限公司	54.83
7	中伟新材料股份有限公司	169.81	57	洛阳栾川钼业集团股份有限公司	53.89
8	浙江卫星控股股份有限公司	160.56	58	中哲控股集团有限公司	53.74
9	宁德时代新能源科技股份有限公司	159.06	59	浙江甬金金属科技股份有限公司	53.43
10	腾龙芳烃（漳州）有限公司	142.02	60	山西鹏飞集团有限公司	51.80
11	福建百宏聚纤科技实业有限公司	132.18	61	安阳钢铁集团有限责任公司	51.71
12	广州工业投资控股集团有限公司	129.70	62	浙江新安化工集团股份有限公司	51.45
13	重庆智飞生物制品股份有限公司	101.79	63	天合光能股份有限公司	51.20
14	万向三农集团有限公司	101.57	64	河南明泰铝业股份有限公司	50.69
15	万华化学集团股份有限公司	98.19	65	浙江升华控股集团有限公司	50.38
16	上海起帆电缆股份有限公司	93.90	66	上海龙旗科技股份有限公司	50.13
17	新疆中泰（集团）有限责任公司	91.99	67	江苏上上电缆集团有限公司	49.47
18	江苏三木集团有限公司	88.59	68	福建省能源石化集团有限责任公司	48.52
19	滁州惠科光电科技有限公司	87.40	69	河南豫联能源集团有限责任公司	48.49
20	陕西鼓风机（集团）有限公司	84.76	70	隆基绿能科技股份有限公司	48.27
21	江苏新长江实业集团有限公司	82.96	71	山西建邦集团有限公司	48.23
22	鞍钢集团有限公司	79.93	72	铜陵精达特种电磁线股份有限公司	47.26
23	回音必集团有限公司	79.92	73	杭州鼎胜实业集团有限公司	47.18
24	河南神火集团有限公司	77.78	74	深圳市中金岭南有色金属股份有限公司	47.06
25	中国国际海运集装箱（集团）股份有限公司	73.85	75	通富微电子股份有限公司	46.84
26	福建福海创石油化工有限公司	73.11	76	厦门合兴包装印刷股份有限公司	46.16
27	杭州钢铁集团有限公司	71.46	77	龙佰集团股份有限公司	45.77
28	青岛海湾集团有限公司	71.14	78	新凤鸣控股集团有限公司	45.65
29	华峰集团有限公司	71.03	79	安徽天大企业（集团）有限公司	45.60
30	上海德龙钢铁集团有限公司	69.28	80	包头钢铁（集团）有限责任公司	45.41
31	厦门钨业股份有限公司	67.96	81	山东金诚石化集团有限公司	45.33
32	浙江华友钴业股份有限公司	66.69	82	浙江荣盛控股集团有限公司	45.27
33	立讯精密工业股份有限公司	66.43	83	桂林力源粮油食品集团有限公司	45.12
34	TCL 实业控股股份有限公司	65.05	84	安徽鸿路钢结构（集团）股份有限公司	45.08
35	山西晋城钢铁控股集团有限公司	64.63	85	湖南钢铁集团有限公司	44.52
36	重庆钢铁股份有限公司	62.72	86	中国宝武钢铁集团有限公司	44.31
37	安徽楚江科技新材料股份有限公司	62.57	87	济钢集团有限公司	44.17
38	华鲁控股集团有限公司	62.45	88	鲁丽集团有限公司	43.93
39	深圳市理士新能源发展有限公司	61.28	89	潍坊特钢集团有限公司	43.86
40	金龙精密铜管集团股份有限公司	60.45	90	江南集团有限公司	43.78
41	上海爱旭新能源股份有限公司	60.09	91	河北津西钢铁集团股份有限公司	43.63
42	晶澳太阳能科技股份有限公司	59.80	92	山西晋南钢铁集团有限公司	43.34
43	东岳氟硅科技集团有限公司	59.01	93	浙江航民实业集团有限公司	43.16
44	河南心连心化学工业集团股份有限公司	58.79	94	福建福日电子股份有限公司	42.96
45	福州中景石化集团有限公司	58.73	95	山西杏花村汾酒集团有限责任公司	42.79
46	精工控股集团有限公司	58.40	96	江苏西城三联控股集团有限公司	42.70
47	三宝集团股份有限公司	57.81	97	广东海大集团股份有限公司	42.56
48	铜陵化学工业集团有限公司	57.34	98	正和集团股份有限公司	42.43
49	福建傲农生物科技集团股份有限公司	56.62	99	浙江省机电集团有限公司	42.42
50	桐昆控股集团有限公司	56.18	100	山东魏桥创业集团有限公司	42.28
				中国制造业企业 500 强平均数	18.38

表 10-16 2022 中国制造业企业500强净利润增长率排序前100名企业

排名	公司名称	净利润增长率/%	排名	公司名称	净利润增长率/%
1	包头钢铁（集团）有限责任公司	7047.51	51	东岳氟硅科技集团有限公司	177.85
2	湖南黄金集团有限责任公司	4500.68	52	新疆特变电工集团有限公司	159.43
3	河钢集团有限公司	3537.15	53	天津荣程祥泰投资控股集团有限公司	156.49
4	重庆攀华板材有限公司	3281.48	54	浙江省机电集团有限公司	152.63
5	盛屯矿业集团股份有限公司	1645.56	55	山西建邦集团有限公司	151.53
6	杭州锦江集团有限公司	1335.87	56	六安钢铁控股集团有限公司	150.76
7	万向三农集团有限公司	989.87	57	金川集团股份有限公司	150.26
8	酒泉钢铁（集团）有限责任公司	985.65	58	万华化学集团股份有限公司	145.47
9	贵州磷化（集团）有限责任公司	766.64	59	淄博齐翔腾达化工股份有限公司	145.22
10	浙江天圣控股集团有限公司	562.69	60	滨化集团	140.84
11	山东钢铁集团有限公司	515.37	61	紫金矿业集团股份有限公司	140.80
12	滁州惠科光电科技有限公司	490.41	62	广西汽车集团有限公司	137.95
13	中国建材集团有限公司	447.95	63	广东德赛集团有限公司	129.78
14	铜陵化学工业集团有限公司	435.57	64	凌源钢铁集团有限责任公司	127.18
15	首钢集团有限公司	363.19	65	江苏长电科技股份有限公司	126.83
16	广东省永道生态集团有限公司	361.26	66	广西贵港钢铁集团有限公司	124.93
17	浙江新安化工集团股份有限公司	354.56	67	格林美股份有限公司	123.83
18	鞍钢集团有限公司	312.49	68	中伟新材料股份有限公司	123.47
19	天津天士力大健康产业投资集团有限公司	309.27	69	江西铜业集团有限公司	123.00
20	中国铝业集团有限公司	307.55	70	青海盐湖工业股份有限公司	119.58
21	安阳钢铁集团有限责任公司	294.15	71	洛阳栾川钼业集团股份有限公司	119.26
22	河南心连心化学工业集团股份有限公司	271.63	72	河南金利金铅集团有限公司	116.90
23	新凤鸣控股集团有限公司	262.52	73	徐工集团工程机械有限公司	114.68
24	重庆钢铁股份有限公司	256.23	74	鹰潭胜华金属有限责任公司	111.96
25	浙江卫星控股股份有限公司	255.02	75	恒申控股集团有限公司	111.56
26	远景能源有限公司	248.82	76	巨化集团有限公司	110.67
27	北京顺鑫控股集团有限公司	244.81	77	上海龙旗科技股份有限公司	110.21
28	淄博鑫泰石化有限公司	244.77	78	安徽楚江科技新材料股份有限公司	106.79
29	广州工业投资控股集团有限公司	236.38	79	福州中景石化集团有限公司	106.71
30	浙江华友钴业股份有限公司	234.60	80	龙佰集团股份有限公司	104.33
31	华鲁控股集团有限公司	234.44	81	内蒙古鄂尔多斯投资控股集团有限公司	102.06
32	华峰集团有限公司	233.59	82	晨鸣控股有限公司	100.80
33	四川德胜集团钒钛有限公司	233.51	83	冠捷电子科技（福建）有限公司	99.95
34	宜昌兴发集团有限责任公司	233.32	84	广西柳工集团有限公司	99.80
35	福建百宏聚纤科技实业有限公司	229.28	85	青山控股集团有限公司	97.50
36	江苏三木集团有限公司	226.18	86	上海华谊（集团）公司	97.45
37	重庆智飞生物制品股份有限公司	209.23	87	厦门钨业股份有限公司	92.23
38	万基控股集团有限公司	200.80	88	TCL 实业控股股份有限公司	91.49
39	上海源耀农业股份有限公司	197.50	89	山西晋城钢铁控股集团有限公司	90.60
40	青岛海湾集团有限公司	196.35	90	天津纺织集团（控股）有限公司	88.41
41	双良集团有限公司	194.74	91	杭州钢铁集团有限公司	88.11
42	无锡产业发展集团有限公司	192.36	92	江苏沙钢集团有限公司	85.70
43	红太阳集团有限公司	187.50	93	四川长虹电子控股集团有限公司	81.66
44	广西盛隆冶金有限公司	185.81	94	浙江荣盛控股集团有限公司	80.73
45	宁德时代新能源科技股份有限公司	185.34	95	福建省三钢（集团）有限责任公司	80.63
46	河南神火集团有限公司	183.67	96	潍坊特钢集团有限公司	79.46
47	通富微电子股份有限公司	182.68	97	浙江富冶集团有限公司	77.97
48	振石控股集团有限公司	182.25	98	山西安泰控股集团有限公司	77.62
49	重庆市博赛矿业（集团）有限公司	180.49	99	华为投资控股有限公司	75.96
50	山东联盟化工集团有限公司	178.80	100	河南明泰铝业股份有限公司	73.08
				中国制造业企业500强平均数	21.11

表 10－17　2022 中国制造业企业 500 强资产增长率排序前 100 名企业

排名	公司名称	资产增长率/%	排名	公司名称	资产增长率/%
1	荣耀终端有限公司	1340.21	51	华峰集团有限公司	37.29
2	广东省永道生态集团有限公司	327.28	52	宁波金田投资控股有限公司	36.93
3	中伟新材料股份有限公司	185.88	53	武安市裕华钢铁有限公司	35.84
4	浙江华友钴业股份有限公司	115.21	54	无锡新三洲特钢有限公司	35.75
5	福建百宏聚纤科技实业有限公司	106.11	55	广东兴发铝业有限公司	35.74
6	广州工业投资控股集团有限公司	102.91	56	迪尚集团有限公司	35.63
7	重庆攀华板材有限公司	102.77	57	河北天柱钢铁集团有限公司	35.36
8	淄博鑫泰石化有限公司	98.78	58	通威集团有限公司	35.00
9	重庆智飞生物制品股份有限公司	97.48	59	天津友发钢管集团股份有限公司	34.02
10	宁德时代新能源科技股份有限公司	96.44	60	新华三信息技术有限公司	33.69
11	山西鹏飞集团有限公司	85.83	61	青山控股集团有限公司	33.66
12	立讯精密工业股份有限公司	72.21	62	旭阳控股有限公司	33.66
13	金鼎钢铁集团有限公司	70.91	63	浙江荣盛控股集团有限公司	33.27
14	天津荣程祥泰投资控股集团有限公司	66.38	64	新凤鸣控股集团有限公司	33.08
15	上海起帆电缆股份有限公司	59.85	65	远景能源有限公司	32.86
16	英科医疗科技股份有限公司	59.45	66	浙江中财管道科技股份有限公司	32.78
17	浙江甬金金属科技股份有限公司	59.00	67	天津源泰德润钢管制造集团有限公司	32.76
18	四川省宜宾五粮液集团有限公司	58.65	68	天能控股集团有限公司	32.68
19	河北普阳钢铁有限公司	57.49	69	济源市万洋冶炼（集团）有限公司	32.28
20	山西杏花村汾酒集团有限责任公司	53.14	70	安徽天大企业（集团）有限公司	32.08
21	阳光电源股份有限公司	52.98	71	深圳市大疆创新科技有限公司	31.72
22	上海华虹（集团）有限公司	52.95	72	日照钢铁控股集团有限公司	31.54
23	晶澳太阳能科技股份有限公司	52.74	73	辽宁方大集团实业有限公司	31.15
24	浙江卫星控股股份有限公司	50.94	74	龙佰集团股份有限公司	30.37
25	得力集团有限公司	50.79	75	中国航天科工集团有限公司	30.21
26	盛虹控股集团有限公司	50.25	76	广东海大集团股份有限公司	29.50
27	山西晋城钢铁控股集团有限公司	49.99	77	广西贵港钢铁集团有限公司	29.17
28	福建福日电子股份有限公司	49.24	78	厦门钨业股份有限公司	29.15
29	金发科技股份有限公司	48.82	79	江苏永钢集团有限公司	29.04
30	河南明泰铝业股份有限公司	48.19	80	广西盛隆冶金有限公司	28.01
31	比亚迪股份有限公司	47.14	81	天津市宝来工贸有限公司	27.96
32	广东小鹏汽车科技有限公司	46.85	82	山东东明石化集团有限公司	27.68
33	深圳市汇川技术股份有限公司	46.41	83	通富微电子股份有限公司	27.65
34	鞍钢集团有限公司	44.62	84	杉杉控股有限公司	27.27
35	内蒙古伊利实业集团股份有限公司	43.30	85	农夫山泉股份有限公司	27.21
36	万华化学集团股份有限公司	42.28	86	明阳新能源投资控股集团有限公司	27.11
37	福建傲农生物科技集团股份有限公司	42.28	87	山西建邦集团有限公司	26.98
38	安踏体育用品集团有限公司	42.15	88	正大天晴药业集团股份有限公司	26.94
39	上海韦尔半导体股份有限公司	41.65	89	淄博齐翔腾达化工股份有限公司	26.31
40	唐人神集团股份有限公司	41.48	90	五得利面粉集团有限公司	26.11
41	上海爱旭新能源股份有限公司	40.93	91	陕西鼓风机（集团）有限公司	26.09
42	华勤技术股份有限公司	40.73	92	华鲁控股集团有限公司	26.01
43	浙江元立金属制品集团有限公司	40.70	93	江苏洋河酒厂股份有限公司	25.86
44	桐昆控股集团有限公司	40.22	94	青海盐湖工业股份有限公司	25.65
45	爱玛科技集团股份有限公司	40.16	95	广东德赛集团有限公司	25.09
46	天合光能股份有限公司	39.36	96	重庆市博赛矿业（集团）有限公司	25.00
47	欣旺达电子股份有限公司	38.98	97	牧原实业集团有限公司	24.62
48	浙江省机电集团有限公司	38.89	98	江苏三木集团有限公司	24.61
49	浙江新安化工集团股份有限公司	38.03	99	宁夏天元锰业集团有限公司	24.39
50	金澳科技（湖北）化工有限公司	37.30	100	六安钢铁控股集团有限公司	24.39
				中国制造业企业 500 强平均数	10.90

表 10－18 2022 中国制造业企业 500 强研发费用增长率排序前 100 名企业

排名	公司名称	研发费用增长率/%	排名	公司名称	研发费用增长率/%
1	宁夏天元锰业集团有限公司	2388.41	51	广西农垦集团有限责任公司	94.78
2	山西晋城钢铁控股集团有限公司	2346.91	52	深圳市理士新能源发展有限公司	92.37
3	山东汇丰石化集团有限公司	1740.44	53	花园集团有限公司	90.96
4	福建傲农生物科技集团股份有限公司	1642.30	54	金川集团股份有限公司	89.86
5	洛阳炼化宏达实业有限责任公司	1379.71	55	中哲控股集团有限公司	89.55
6	河北津西钢铁集团股份有限公司	1142.56	56	龙佰集团股份有限公司	87.53
7	荣耀终端有限公司	1093.58	57	无棣鑫岳化工集团有限公司	84.21
8	六安钢铁控股集团有限公司	1091.19	58	河南明泰铝业股份有限公司	84.21
9	深圳市立业集团有限公司	681.14	59	河南金利金铅集团有限公司	83.66
10	红狮控股集团有限公司	566.00	60	江苏三木集团有限公司	82.88
11	广西贵港钢铁集团有限公司	389.03	61	杉杉控股有限公司	82.26
12	天津友发钢管集团股份有限公司	308.63	62	邯郸正大制管集团股份有限公司	81.75
13	河北新武安钢铁集团文安钢铁有限公司	300.00	63	北京建龙重工集团有限公司	81.41
14	日照钢铁控股集团有限公司	289.01	64	今飞控股集团有限公司	80.59
15	山西鹏飞集团有限公司	265.94	65	鞍钢集团有限公司	79.84
16	广州工业投资控股集团有限公司	259.88	66	五得利面粉集团有限公司	78.67
17	万基控股集团有限公司	247.47	67	山东泰山钢铁集团有限公司	77.51
18	广东省永道生态集团有限公司	239.82	68	万向集团公司	76.69
19	蓝润集团有限公司	226.80	69	山东钢铁集团有限公司	75.72
20	浙江天圣控股集团有限公司	218.65	70	云天化集团有限责任公司	72.96
21	江苏中超投资集团有限公司	213.97	71	安阳钢铁集团有限责任公司	71.06
22	腾龙芳烃（漳州）有限公司	198.87	72	中国铝业集团有限公司	70.47
23	山东寿光巨能控股集团有限公司	195.37	73	华峰集团有限公司	70.44
24	林州凤宝管业有限公司	190.05	74	隆基绿能科技股份有限公司	69.55
25	中伟新材料股份有限公司	184.77	75	晶澳太阳能科技股份有限公司	69.42
26	福建大东海实业集团有限公司	177.12	76	重庆智飞生物制品股份有限公司	69.38
27	福建省能源石化集团有限责任公司	163.24	77	爱玛科技集团股份有限公司	68.76
28	青海盐湖工业股份有限公司	155.52	78	晶科能源控股有限公司	68.56
29	浙江甬金金属科技股份有限公司	154.73	79	山东齐成石油化工有限公司	66.67
30	山东创新金属科技有限公司	152.20	80	河南心连心化学工业集团股份有限公司	66.32
31	山东博汇集团有限公司	138.38	81	兴达投资集团有限公司	66.02
32	广东小鹏汽车科技有限公司	138.38	82	永荣控股集团有限公司	65.28
33	江苏沙钢集团有限公司	138.28	83	山鹰国际控股股份公司	64.95
34	石横特钢集团有限公司	134.02	84	格林美股份有限公司	64.75
35	福建百宏聚纤科技实业有限公司	133.68	85	深圳市汇川技术股份有限公司	64.72
36	宜昌兴发集团有限责任公司	129.22	86	浙江新安化工集团股份有限公司	61.92
37	浙江卫星控股股份有限公司	126.97	87	潞安化工集团有限公司	61.61
38	浙江华友钴业股份有限公司	120.15	88	山东电工电气集团有限公司	60.73
39	江苏新长江实业集团有限公司	116.24	89	上海华谊（集团）公司	59.53
40	宁德时代新能源科技股份有限公司	115.48	90	三环集团有限公司	59.01
41	淄博鑫泰石化有限公司	115.36	91	福州中景石化集团有限公司	58.74
42	淄博齐翔腾达化工股份有限公司	113.33	92	太原重型机械集团有限公司	58.16
43	富海集团新能源控股有限公司	111.81	93	洛阳栾川钼业集团股份有限公司	56.92
44	浙江荣盛控股集团有限公司	107.26	94	天合光能股份有限公司	56.89
45	新疆中泰（集团）有限责任公司	105.67	95	厦门合兴包装印刷股份有限公司	56.76
46	青山控股集团有限公司	103.63	96	杭州鼎胜实业集团有限公司	56.44
47	山西建邦集团有限公司	100.11	97	河北普阳钢铁有限公司	56.38
48	西部矿业集团有限公司	99.12	98	安徽楚江科技新材料股份有限公司	55.84
49	牧原实业集团有限公司	96.73	99	万华化学集团股份有限公司	55.07
50	河南豫联能源集团有限责任公司	94.89	100	酒泉钢铁（集团）有限责任公司	54.55
				中国制造业企业 500 强平均数	20.80

表10－19　2022中国制造业企业500强行业平均净利润

名次	行业名称	平均净利润/亿元	名次	行业名称	平均净利润/亿元
1	航空航天	116.07	20	化学纤维制造	23.86
2	酒类	105.60	21	服装及其他纺织品	22.58
3	通信设备制造	101.99	22	轮胎及橡胶制品	21.76
4	船舶制造	100.40	23	食品	21.17
5	兵器制造	79.92	24	其他建材制造	20.26
6	饮料	74.79	25	半导体、集成电路及面板制造	19.82
7	家用电器制造	74.01	26	工业机械及设备制造	19.74
8	动力和储能电池	60.26	27	造纸及包装	17.06
9	轨道交通设备及零部件制造	57.33	28	综合制造业	15.31
10	水泥及玻璃制造	40.62	29	一般有色	14.76
11	风能、太阳能设备制造	36.66	30	电力电气设备制造	14.20
12	黑色冶金	35.12	31	金属制品加工	12.82
13	计算机及办公设备	32.20	32	轻工百货生产	12.38
14	药品制造	31.10	33	工程机械及零部件	12.30
15	石化及炼焦	29.53	34	摩托车及零配件制造	8.00
16	汽车及零配件制造	28.82	35	锅炉及动力装备制造	5.40
17	化学原料及化学品制造	27.38	36	电线电缆制造	4.84
18	贵金属	26.28	37	物料搬运设备制造	-4.74
19	纺织印染	26.06	38	农副食品	-11.83

表 10－20 2022 中国制造业企业 500 强行业平均营业收入

名次	行业名称	平均营业收入/亿元	名次	行业名称	平均营业收入/亿元
1	兵器制造	4068.86	20	半导体、集成电路及面板制造	626.27
2	航空航天	2719.66	21	电力电气设备制造	623.09
3	轨道交通设备及零部件制造	2384.29	22	金属制品加工	618.93
4	船舶制造	1966.74	23	计算机及办公设备	607.79
5	汽车及零配件制造	1615.88	24	风能、太阳能设备制造	598.10
6	家用电器制造	1477.61	25	化学原料及化学品制造	587.15
7	动力和储能电池	1464.27	26	药品制造	571.23
8	石化及炼焦	1463.88	27	农副食品	558.28
9	水泥及玻璃制造	1307.55	28	饮料	542.06
10	黑色冶金	1216.94	29	服装及其他纺织品	519.51
11	综合制造业	1015.03	30	造纸及包装	510.16
12	纺织印染	1013.16	31	锅炉及动力装备制造	478.45
13	一般有色	1000.60	32	电线电缆制造	421.83
14	通信设备制造	1000.18	33	工程机械及零部件	389.10
15	食品	947.98	34	其他建材制造	297.60
16	化学纤维制造	867.51	35	轮胎及橡胶制品	297.02
17	工业机械及设备制造	800.70	36	轻工百货生产	245.85
18	贵金属	773.73	37	摩托车及零配件制造	214.08
19	酒类	664.03	38	物料搬运设备制造	160.37

表10－21　2022中国制造业企业500强行业平均资产

名次	行业名称	平均资产/亿元	名次	行业名称	平均资产/亿元
1	航空航天	5979.67	20	一般有色	745.93
2	船舶制造	5112.62	21	纺织印染	651.03
3	轨道交通设备及零部件制造	4782.78	22	农副食品	644.34
4	兵器制造	4392.44	23	工程机械及零部件	614.37
5	水泥及玻璃制造	1875.22	24	化学原料及化学品制造	597.34
6	家用电器制造	1847.47	25	饮料	554.47
7	汽车及零配件制造	1735.02	26	药品制造	531.38
8	综合制造业	1430.91	27	造纸及包装	494.53
9	酒类	1418.45	28	化学纤维制造	467.63
10	通信设备制造	1385.36	29	计算机及办公设备	457.41
11	动力和储能电池	1333.49	30	锅炉及动力装备制造	429.40
12	石化及炼焦	1070.08	31	服装及其他纺织品	380.58
13	半导体、集成电路及面板制造	1013.09	32	其他建材制造	308.92
14	食品	966.03	33	轮胎及橡胶制品	271.75
15	黑色冶金	954.24	34	电线电缆制造	256.74
16	电力电气设备制造	924.74	35	金属制品加工	251.20
17	工业机械及设备制造	898.14	36	轻工百货生产	191.08
18	风能、太阳能设备制造	847.36	37	摩托车及零配件制造	179.64
19	贵金属	792.58	38	物料搬运设备制造	88.05

表 10－22 2022 中国制造业企业 500 强行业平均纳税总额

名次	行业名称	平均纳税总额/亿元	名次	行业名称	平均纳税总额/亿元
1	酒类	148.50	20	造纸及包装	16.68
2	轨道交通设备及零部件制造	123.40	21	服装及其他纺织品	16.43
3	石化及炼焦	123.08	22	船舶制造	16.03
4	兵器制造	109.72	23	电力电气设备制造	15.65
5	汽车及零配件制造	107.79	24	风能、太阳能设备制造	15.60
6	水泥及玻璃制造	92.60	25	工程机械及零部件	15.04
7	家用电器制造	71.82	26	通信设备制造	14.61
8	饮料	45.44	27	计算机及办公设备	10.94
9	航空航天	44.97	28	轻工百货生产	10.48
10	黑色冶金	35.42	29	锅炉及动力装备制造	10.27
11	食品	33.70	30	其他建材制造	9.99
12	纺织印染	32.15	31	农副食品	9.64
13	化学原料及化学品制造	27.47	32	化学纤维制造	8.52
14	动力和储能电池	26.35	33	轮胎及橡胶制品	7.52
15	工业机械及设备制造	26.09	34	金属制品加工	6.94
16	药品制造	24.79	35	半导体、集成电路及面板制造	6.55
17	综合制造业	23.36	36	电线电缆制造	6.34
18	贵金属	20.61	37	摩托车及零配件制造	5.08
19	一般有色	20.21	38	物料搬运设备制造	3.22

表 10－23　2022 中国制造业企业 500 强行业平均研发费用

名次	行业名称	平均研发费用/亿元	名次	行业名称	平均研发费用/亿元
1	航空航天	267.23	20	造纸及包装	11.84
2	兵器制造	200.87	21	石化及炼焦	9.95
3	轨道交通设备及零部件制造	152.10	22	电线电缆制造	8.94
4	通信设备制造	132.74	23	化学原料及化学品制造	7.89
5	汽车及零配件制造	48.15	24	一般有色	7.69
6	家用电器制造	46.45	25	化学纤维制造	7.59
7	动力和储能电池	32.72	26	其他建材制造	7.02
8	纺织印染	28.97	27	轮胎及橡胶制品	6.79
9	半导体、集成电路及面板制造	22.06	28	金属制品加工	5.64
10	计算机及办公设备	21.89	29	贵金属	5.61
11	黑色冶金	21.84	30	船舶制造	5.25
12	工业机械及设备制造	21.10	31	摩托车及零配件制造	5.24
13	水泥及玻璃制造	19.28	32	轻工百货生产	4.80
14	综合制造业	18.05	33	服装及其他纺织品	4.59
15	风能、太阳能设备制造	16.52	34	农副食品	4.50
16	药品制造	16.24	35	物料搬运设备制造	3.83
17	电力电气设备制造	15.34	36	饮料	3.63
18	工程机械及零部件	14.25	37	食品	3.25
19	锅炉及动力装备制造	13.81	38	酒类	2.08

表 10-24 2022 中国制造业企业 500 强行业人均净利润

名次	行业名称	人均净利润/万元	名次	行业名称	人均净利润/万元
1	酒类	44.50	20	工程机械及零部件	8.97
2	通信设备制造	27.20	21	水泥及玻璃制造	8.45
3	饮料	24.47	22	船舶制造	8.24
4	化学纤维制造	22.75	23	一般有色	8.08
5	化学原料及化学品制造	20.80	24	摩托车及零配件制造	7.73
6	风能、太阳能设备制造	20.02	25	电线电缆制造	7.39
7	金属制品加工	16.35	26	工业机械及设备制造	6.75
8	轮胎及橡胶制品	16.16	27	计算机及办公设备	6.65
9	造纸及包装	15.43	28	航空航天	6.51
10	药品制造	14.96	29	汽车及零配件制造	5.24
11	黑色冶金	14.95	30	电力电气设备制造	4.97
12	动力和储能电池	14.32	31	半导体、集成电路及面板制造	4.92
13	贵金属	12.85	32	综合制造业	4.81
14	石化及炼焦	12.67	33	食品	4.79
15	服装及其他纺织品	11.13	34	兵器制造	4.19
16	其他建材制造	10.96	35	锅炉及动力装备制造	3.81
17	家用电器制造	10.81	36	轨道交通设备及零部件制造	3.26
18	纺织印染	9.59	37	农副食品	-4.09
19	轻工百货生产	9.03	38	物料搬运设备制造	-13.75

表 10－25　2022 中国制造业企业 500 强行业人均营业收入

名次	行业名称	人均营业收入/万元	名次	行业名称	人均营业收入/万元
1	化学纤维制造	826.88	20	工业机械及设备制造	273.91
2	金属制品加工	789.07	21	水泥及玻璃制造	272.06
3	电线电缆制造	643.93	22	通信设备制造	266.77
4	石化及炼焦	628.23	23	服装及其他纺织品	256.06
5	一般有色	547.54	24	轮胎及橡胶制品	220.48
6	黑色冶金	517.96	25	电力电气设备制造	218.05
7	物料搬运设备制造	465.52	26	家用电器制造	215.79
8	造纸及包装	461.28	27	食品	214.49
9	化学原料及化学品制造	445.93	28	兵器制造	213.13
10	贵金属	378.44	29	摩托车及零配件制造	206.71
11	纺织印染	373.00	30	农副食品	193.18
12	动力和储能电池	348.03	31	轻工百货生产	179.24
13	锅炉及动力装备制造	337.43	32	饮料	177.38
14	综合制造业	328.69	33	船舶制造	161.48
15	风能、太阳能设备制造	326.59	34	其他建材制造	160.99
16	汽车及零配件制造	293.67	35	半导体、集成电路及面板制造	155.58
17	工程机械及零部件	283.81	36	航空航天	152.45
18	酒类	279.86	37	轨道交通设备及零部件制造	135.62
19	药品制造	274.74	38	计算机及办公设备	125.48

表 10 - 26 2022 中国制造业企业 500 强行业人均资产

名次	行业名称	人均资产/万元	名次	行业名称	人均资产/万元
1	酒类	597. 81	20	汽车及零配件制造	315. 33
2	综合制造业	463. 36	21	工业机械及设备制造	307. 25
3	风能、太阳能设备制造	462. 69	22	锅炉及动力装备制造	302. 84
4	石化及炼焦	459. 23	23	轨道交通设备及零部件制造	272. 06
5	化学原料及化学品制造	453. 66	24	家用电器制造	269. 81
6	工程机械及零部件	448. 13	25	物料搬运设备制造	255. 58
7	造纸及包装	447. 16	26	药品制造	255. 58
8	化学纤维制造	445. 73	27	半导体、集成电路及面板制造	251. 67
9	船舶制造	419. 78	28	纺织印染	239. 68
10	一般有色	408. 18	29	兵器制造	230. 08
11	黑色冶金	406. 15	30	农副食品	222. 96
12	电线电缆制造	391. 92	31	食品	218. 57
13	水泥及玻璃制造	390. 17	32	轮胎及橡胶制品	201. 72
14	贵金属	387. 66	33	服装及其他纺织品	187. 58
15	通信设备制造	369. 50	34	饮料	181. 44
16	航空航天	335. 18	35	摩托车及零配件制造	173. 45
17	电力电气设备制造	323. 61	36	其他建材制造	167. 12
18	金属制品加工	320. 25	37	轻工百货生产	139. 31
19	动力和储能电池	316. 95	38	计算机及办公设备	94. 43

表 10-27　2022 中国制造业企业 500 强行业人均纳税额

名次	行业名称	人均纳税额/万元	名次	行业名称	人均纳税额/万元
1	酒类	62.59	20	风能、太阳能设备制造	8.52
2	石化及炼焦	52.82	21	电力电气设备制造	8.28
3	化学原料及化学品制造	20.86	22	化学纤维制造	8.12
4	汽车及零配件制造	19.86	23	服装及其他纺织品	8.10
5	水泥及玻璃制造	19.27	24	轻工百货生产	7.64
6	造纸及包装	15.08	25	食品	7.62
7	黑色冶金	15.07	26	锅炉及动力装备制造	7.24
8	药品制造	11.92	27	轨道交通设备及零部件制造	7.02
9	纺织印染	11.84	28	动力和储能电池	6.26
10	一般有色	11.59	29	轮胎及橡胶制品	5.58
11	工程机械及零部件	10.97	30	其他建材制造	5.40
12	饮料	10.85	31	船舶制造	5.39
13	家用电器制造	10.49	32	通信设备制造	5.30
14	贵金属	10.08	33	兵器制造	5.00
15	电线电缆制造	9.68	34	摩托车及零配件制造	4.90
16	金属制品加工	9.46	35	计算机及办公设备	4.81
17	物料搬运设备制造	9.36	36	半导体、集成电路及面板制造	4.33
18	工业机械及设备制造	8.93	37	航空航天	4.04
19	综合制造业	8.57	38	农副食品	3.34

表 10 – 28 2022 中国制造业企业 500 强行业人均研发费用

名次	行业名称	人均研发费用/万元	名次	行业名称	人均研发费用/万元
1	通信设备制造	34.59	20	工业机械及设备制造	7.22
2	航空航天	24.03	21	金属制品加工	7.03
3	半导体、集成电路及面板制造	14.60	22	家用电器制造	6.78
4	电线电缆制造	13.65	23	综合制造业	6.62
5	物料搬运设备制造	11.11	24	化学原料及化学品制造	6.00
6	造纸及包装	10.70	25	摩托车及零配件制造	5.06
7	纺织印染	10.67	26	轮胎及橡胶制品	5.04
8	工程机械及零部件	10.39	27	一般有色	4.21
9	锅炉及动力装备制造	9.74	28	石化及炼焦	4.05
10	计算机及办公设备	9.62	29	水泥及玻璃制造	4.01
11	黑色冶金	9.30	30	其他建材制造	3.80
12	兵器制造	9.16	31	轻工百货生产	3.50
13	风能、太阳能设备制造	9.02	32	贵金属	2.74
14	汽车及零配件制造	8.87	33	服装及其他纺织品	2.17
15	轨道交通设备及零部件制造	8.65	34	船舶制造	1.77
16	电力电气设备制造	8.11	35	农副食品	1.56
17	药品制造	7.81	36	酒类	0.88
18	动力和储能电池	7.78	37	饮料	0.87
19	化学纤维制造	7.23	38	食品	0.73

表 10－29　2022 中国制造业企业 500 强行业平均资产利润率

名次	行业名称	平均资产利润率/%	名次	行业名称	平均资产利润率/%
1	饮料	17. 28	20	工业机械及设备制造	3. 74
2	轮胎及橡胶制品	10. 01	21	家用电器制造	3. 57
3	其他建材制造	8. 82	22	造纸及包装	3. 37
4	药品制造	7. 86	23	纺织印染	3. 31
5	化学原料及化学品制造	7. 67	24	食品	3. 29
6	化学纤维制造	7. 57	25	一般有色	3. 09
7	计算机及办公设备	7. 53	26	贵金属	3. 01
8	轻工百货生产	7. 15	27	电线电缆制造	2. 97
9	黑色冶金	6. 92	28	电力电气设备制造	2. 84
10	酒类	6. 77	29	石化及炼焦	2. 80
11	服装及其他纺织品	6. 71	30	工程机械及零部件	2. 24
12	航空航天	6. 45	31	综合制造业	2. 20
13	半导体、集成电路及面板制造	6. 17	32	船舶制造	2. 08
14	通信设备制造	5. 42	33	兵器制造	1. 76
15	金属制品加工	5. 28	34	锅炉及动力装备制造	1. 26
16	摩托车及零配件制造	4. 95	35	汽车及零配件制造	1. 23
17	水泥及玻璃制造	4. 15	36	轨道交通设备及零部件制造	1. 20
18	风能、太阳能设备制造	4. 11	37	农副食品	-0. 05
19	动力和储能电池	3. 75	38	物料搬运设备制造	-9. 33

第十一章
2022 中国服务业企业 500 强

2022 中国服务业企业 500 强情况如表 11－1 至表 11－29 所示。

表 11 – 1　2022 中国服务业企业 500 强

名次	企业名称	地区	营业收入/万元	净利润/万元	资产/万元	所有者权益/万元	从业人数/人
1	国家电网有限公司	北京	297113025	4604112	467152425	197069429	969289
2	中国工商银行股份有限公司	北京	143000300	34833800	3517138300	325775500	434089
3	中国建设银行股份有限公司	北京	123376500	30251300	3025397900	258823100	375531
4	中国平安保险（集团）股份有限公司	广东	118044400	10161800	1014202600	81240500	355982
5	中国农业银行股份有限公司	北京	116833400	24118300	2906915500	241460500	455174
6	中国中化控股有限责任公司	北京	112020873	–128564	153562145	2383689	220760
7	中国人寿保险（集团）公司	北京	101331534	1991337	573651627	26088699	182646
8	中国银行股份有限公司	北京	98293200	21655900	2672240800	222515300	306322
9	京东集团股份有限公司	北京	95159200	–356000	49650700	20891100	385357
10	中国移动通信集团有限公司	北京	85088466	9436108	214651950	118216661	451331
11	阿里巴巴（中国）有限公司	浙江	83640500	5778200	176056700	97429900	70000
12	中国华润有限公司	北京	77776660	2954963	202110927	28672427	362706
13	厦门建发集团有限公司	福建	71957617	718654	65883882	6163193	36334
14	中国医药集团有限公司	北京	70166212	7846699	56402153	15129832	196568
15	中国邮政集团有限公司	北京	70095084	3859218	1316870009	47646084	748920
16	中国南方电网有限责任公司	广东	67160048	841150	108223257	39910622	282440
17	中粮集团有限公司	北京	66494705	966171	68601206	10379337	107829
18	中国中信集团有限公司	北京	62004272	3154971	880968219	41823175	148108
19	厦门国贸控股集团有限公司	福建	60498494	247215	24590672	2622762	31689
20	中国人民保险集团股份有限公司	北京	59769100	2163800	137640200	21913200	669683
21	物产中大集团股份有限公司	浙江	56713118	401755	12944945	3037892	21012
22	腾讯控股有限公司	广东	56011800	22482200	161236400	80629900	112771
23	绿地控股集团股份有限公司	上海	54428636	617903	146909791	8997250	79999
24	中国远洋海运集团有限公司	上海	54266305	4141597	97615126	23637244	107551
25	中国电信集团有限公司	北京	53922328	1248156	98976966	38211746	394600
26	碧桂园控股有限公司	广东	52306400	2679700	194836500	19873600	100705
27	招商局集团有限公司	北京	49517181	5499226	250876457	44146405	264161
28	交通银行股份有限公司	上海	49005500	8758100	1166575700	96464700	90238
29	联想控股股份有限公司	北京	48987168	575489	68068617	6126989	88000
30	厦门象屿集团有限公司	福建	48438283	264136	20984014	1885602	14372
31	招商银行股份有限公司	广东	46226100	11992200	924902100	85874500	103669
32	万科企业股份有限公司	广东	45279778	2252403	193863813	23595313	139494
33	中国保利集团有限公司	北京	44875187	1323230	174015716	11020766	110785
34	中国太平洋保险（集团）股份有限公司	上海	44064337	2683445	194616377	22674120	114108

续表

名次	企业名称	地区	营业收入/万元	净利润/万元	资产/万元	所有者权益/万元	从业人数/人
35	中国光大集团股份公司	北京	39794328	2411442	652807985	26043102	95000
36	兴业银行股份有限公司	福建	39560200	8268000	860302400	68411100	62540
37	上海浦东发展银行股份有限公司	上海	36643000	5300300	813675700	67000700	63361
38	中国联合网络通信集团有限公司	北京	32912229	318788	62701575	18461028	255413
39	中国民生银行股份有限公司	北京	32627700	3438100	695278600	57428000	60232
40	浙江省交通投资集团有限公司	浙江	30161954	583449	74543672	12606441	40776
41	中国太平保险集团有限责任公司	上海	26721347	307592	112866654	3814881	68441
42	泰康保险集团股份有限公司	北京	26193348	2468118	132977846	12135133	58853
43	中南控股集团有限公司	江苏	26025762	-208374	38899985	1020111	100000
44	深圳市投资控股有限公司	广东	24252788	1063772	93477161	18968899	86030
45	龙湖集团控股有限公司	重庆	22337547	2385369	87565111	12494925	44065
46	中国航空油料集团有限公司	北京	22262035	277580	6890977	2861756	14246
47	新华人寿保险股份有限公司	北京	22238000	1495100	112772100	10851400	34434
48	顺丰控股股份有限公司	广东	20718665	426910	20989998	8294323	177129
49	广西投资集团有限公司	广西壮族自治区	20616624	50891	66904771	3201332	35369
50	云南省投资控股集团有限公司	云南	20566014	177587	53729114	9814167	52077
51	新疆广汇实业投资（集团）有限责任公司	新疆维吾尔自治区	20322327	42222	27211903	3816131	73109
52	山东高速集团有限公司	山东	20083604	442269	113918465	16498240	52407
53	国家开发投资集团有限公司	北京	19445388	3412071	76637289	12635047	52810
54	中国物流集团有限公司	北京	19435133	162568	11511062	1856602	22225
55	重庆市金科投资控股（集团）有限责任公司	重庆	18563651	123842	38090188	1982889	24806
56	杭州市实业投资集团有限公司	浙江	18105521	228951	7544066	1631436	4491
57	美团公司	上海	17912800	-2353838	24065327	12561344	100033
58	华夏银行股份有限公司	北京	17324200	2353500	367628700	29829200	39200
59	中国通用技术（集团）控股有限责任公司	北京	17205778	-133201	24801692	4309593	70698
60	华侨城集团有限公司	广东	16680925	159841	67982672	8713499	53127
61	中国再保险（集团）股份有限公司	北京	16397362	636300	50043900	9311742	55407
62	甘肃省公路航空旅游投资集团有限公司	甘肃	16365155	28364	68103091	21833651	55048
63	西安迈科金属国际集团有限公司	陕西	15987799	37747	2447425	572164	1195
64	浙江省兴合集团有限责任公司	浙江	14920459	67979	8069030	580696	18083
65	中国国际技术智力合作集团有限公司	北京	14665554	93799	1879186	724038	5185
66	传化集团有限公司	浙江	14444414	391115	7851269	1197310	12702
67	珠海华发集团有限公司	广东	14194254	212286	57742333	6079291	51526
68	云南省能源投资集团有限公司	云南	13999577	283722	23142724	6266440	28419

续表

名次	企业名称	地区	营业收入/万元	净利润/万元	资产/万元	所有者权益/万元	从业人数/人
69	上海均和集团有限公司	上海	13695715	32019	3469461	1358653	5000
70	浙江省能源集团有限公司	浙江	13686276	373897	29793982	8786238	23500
71	东岭集团股份有限公司	陕西	13276579	28705	4890515	1086217	10208
72	北京银行股份有限公司	北京	12956100	2222600	305895900	29505400	16526
73	卓尔控股有限公司	湖北	12803758	116690	10091836	5052015	15891
74	百度网络技术有限公司	北京	12449300	1022600	38003400	21145900	45500
75	江苏银行股份有限公司	江苏	12386344	1969437	261887426	19222708	15553
76	九州通医药集团股份有限公司	湖北	12240743	244833	8593587	2340861	29338
77	神州数码集团股份有限公司	北京	12238487	23809	3895338	608088	5210
78	北京外企人力资源服务有限公司	北京	12055107	61502	1271011	308940	4713
79	阳光保险集团股份有限公司	广东	12006759	590513	44162388	5800821	60950
80	唯品会控股有限公司	广东	11705968	468107	6228754	3263290	10675
81	新奥天然气股份有限公司	河北	11591963	410165	12793392	1483322	39474
82	中基宁波集团股份有限公司	浙江	10954361	33928	1485861	164963	2470
83	北京控股集团有限公司	北京	10923283	164160	41074964	4283259	75416
84	上海银行股份有限公司	上海	10880979	2204245	265319868	2052036	13661
85	广东省广晟控股集团有限公司	广东	10595462	200594	15512729	1543621	57490
86	广东鼎龙实业集团有限公司	广东	10258384	24201	3371739	904738	4205
87	中国南方航空集团有限公司	广东	10248525	－623877	34864015	5614550	114779
88	广西北部湾国际港务集团有限公司	广西壮族自治区	10045755	5326	14588285	2747133	31907
89	金地（集团）股份有限公司	广东	9923222	940952	46280951	6298117	47985
90	兰州新区商贸物流投资集团有限公司	甘肃	9766850	10623	1748997	764174	2087
91	山东省国有资产投资控股有限公司	山东	9653160	50288	18393326	1640599	39381
92	振烨国际产业控股集团（深圳）有限公司	广东	9601924	771429	1807594	702908	1966
93	东方国际（集团）有限公司	上海	9571260	43589	6462775	1734244	71960
94	深圳市爱施德股份有限公司	广东	9516565	92209	1533856	578072	2949
95	内蒙古电力（集团）有限责任公司	内蒙古自治区	9324739	36776	10704134	4850518	36087
96	永辉超市股份有限公司	福建	9106189	－394387	7131164	1065879	123797
97	弘阳集团有限公司	江苏	8809122	194234	15456555	2596007	7906
98	北京能源集团有限责任公司	北京	8798832	238560	40014870	8961183	33620
99	网易公司	北京	8760603	1685684	15364392	9532808	32064
100	广州越秀集团股份有限公司	广东	8716181	444580	78247953	5472077	37453
101	天津泰达投资控股有限公司	天津	8594907	131417	43206447	10880478	22530
102	浙江省国际贸易集团有限公司	浙江	8426493	161565	14344221	1777162	21767

续表

名次	企业名称	地区	营业收入/万元	净利润/万元	资产/万元	所有者权益/万元	从业人数/人
103	中国东方航空集团有限公司	上海	8409619	-176219	36946557	7797234	99207
104	陕西投资集团有限公司	陕西	8407668	273119	24165771	4261765	24627
105	山东省港口集团有限公司	山东	8398272	182475	23192871	6155245	56792
106	厦门路桥工程物资有限公司	福建	8342169	39941	2028658	217394	562
107	广东省广新控股集团有限公司	广东	8321410	205935	8568433	1613708	29623
108	重庆华宇集团有限公司	重庆	8165839	936320	14098553	5789317	5486
109	前海人寿保险股份有限公司	广东	8099748	11558	37205569	2614256	2965
110	恒信汽车集团股份有限公司	湖北	8021367	257199	2313995	1320251	21987
111	绿城房地产集团有限公司	浙江	7947746	312531	52047285	4320008	8674
112	青岛海发国有资本投资运营集团有限公司	山东	7920021	39558	12059311	1702856	5628
113	远大物产集团有限公司	浙江	7893602	27610	649824	218903	421
114	南京银行股份有限公司	江苏	7848214	1585676	174894675	12135979	13592
115	北京首都开发控股（集团）有限公司	北京	7717636	1805	35520003	1916450	14153
116	水发集团有限公司	山东	7703756	23739	16798577	1841815	25610
117	中国国际航空股份有限公司	北京	7453167	-1664231	29841515	6140252	88395
118	四川省能源投资集团有限责任公司	四川	7420699	53799	19930501	3952745	20942
119	渤海银行股份有限公司	天津	6818724	862972	158270760	10656408	11387
120	江苏国泰国际集团股份有限公司	江苏	6785254	123617	3457513	1050094	16082
121	大汉控股集团有限公司	湖南	6753204	86439	2428113	878131	6381
122	浙江前程投资股份有限公司	浙江	6707005	2937	615153	101128	406
123	广东省广物控股集团有限公司	广东	6691949	98427	5064053	1490383	11595
124	河北省物流产业集团有限公司	河北	6595601	1069	2399058	252232	2426
125	上海钢联电子商务股份有限公司	上海	6577462	17798	1419430	155441	4211
126	汇通达网络股份有限公司	江苏	6576317	32761	2436100	595199	4545
127	福建省港口集团有限责任公司	福建	6504841	44594	9057002	2036040	32799
128	湖北联投集团有限公司	湖北	6470681	38466	28397388	1725291	20848
129	北京首都创业集团有限公司	北京	6414277	62087	42347271	2467582	36650
130	重庆医药（集团）股份有限公司	重庆	6252045	92621	4846819	860937	13683
131	物美科技集团有限公司	北京	6184575	269741	11383621	2659999	100000
132	广西交通投资集团有限公司	广西壮族自治区	5925008	50217	53533965	14889511	15861
133	上海闽路润贸易有限公司	上海	5873227	16157	1025108	30279	145
134	中华联合保险集团股份有限公司	北京	5677652	44272	9049341	1785309	42919
135	重庆农村商业银行股份有限公司	重庆	5653390	955971	126585107	10451265	14905
136	南昌市政公用集团有限公司	江西	5630743	60269	15829405	3830159	32116

续表

名次	企业名称	地区	营业收入/万元	净利润/万元	资产/万元	所有者权益/万元	从业人数/人
137	杭州市城市建设投资集团有限公司	浙江	5618319	154642	16727920	4871026	34328
138	申能（集团）有限公司	上海	5588972	500870	21547735	10354595	18722
139	建业控股有限公司	河南	5573276	117303	16702721	1530688	29352
140	南京新工投资集团有限责任公司	江苏	5493549	137185	8560316	2805045	35510
141	郑州瑞茂通供应链有限公司	河南	5397086	35594	5223999	2389248	930
142	广东省交通集团有限公司	广东	5394085	307919	44930543	10107464	55373
143	重庆中昂投资集团有限公司	重庆	5318296	666837	10352679	4355307	12003
144	中铁集装箱运输有限责任公司	北京	5296277	178302	2892890	1678620	972
145	武汉金融控股（集团）有限公司	湖北	5267463	152329	16300318	1885667	17191
146	厦门港务控股集团有限公司	福建	5260428	6477	4599493	774317	9700
147	云账户技术（天津）有限公司	天津	5252892	4125	200353	14370	598
148	湖北交通投资集团有限公司	湖北	5222435	472745	55016591	16121236	22452
149	深圳金雅福控股集团有限公司	广东	5152153	23739	229959	158897	1933
150	荣盛控股股份有限公司	河北	5128906	-330961	31416792	2074350	24551
151	帝海投资控股集团有限公司	北京	5113496	4233	5389856	4231855	1200
152	奥园集团有限公司	广东	5006709	-1002730	29092301	709456	18350
153	张家港市沃丰贸易有限公司	江苏	4974122	38683	1095043	1505	20
154	恒丰银行股份有限公司	山东	4952800	638100	121725900	11714500	11697
155	百联集团有限公司	上海	4916028	74014	17202260	2494733	47945
156	广州产业投资控股集团有限公司	广东	4908951	116834	13639329	2859919	21048
157	重庆新鸥鹏企业（集团）有限公司	重庆	4860485	282828	7589632	—	8678
158	重庆千信集团有限公司	重庆	4823765	61260	1526181	492341	526
159	四川省商业投资集团有限责任公司	四川	4795431	10732	2617143	166495	3663
160	深圳前海微众银行股份有限公司	广东	4795005	688376	43874781	2772353	3262
161	深圳市中农网有限公司	广东	4744903	1150	1447605	86728	587
162	北京江南投资集团有限公司	北京	4738720	671835	15073202	3002581	463
163	深圳市信利康供应链管理有限公司	广东	4717206	9166	1154325	148980	603
164	广州农村商业银行股份有限公司	广东	4678330	317521	116162863	8002730	14168
165	上海农村商业银行股份有限公司	上海	4613696	969787	115837626	9376810	7705
166	昆明市交通投资有限责任公司	云南	4561721	127046	17621256	6150573	3040
167	江苏汇鸿国际集团股份有限公司	江苏	4527842	24865	2500229	556156	3612
168	通鼎集团有限公司	江苏	4525414	129508	2515227	694091	13857
169	安徽省交通控股集团有限公司	安徽	4512248	543148	30201836	9268926	25680
170	广东宏川集团有限公司	广东	4492966	49496	1124678	268566	1755

续表

名次	企业名称	地区	营业收入/万元	净利润/万元	资产/万元	所有者权益/万元	从业人数/人
171	盛京银行股份有限公司	辽宁	4462523	40196	100612625	7987940	8099
172	祥生地产集团有限公司	浙江	4371903	-21536	14574313	771771	2966
173	海通证券股份有限公司	上海	4320547	1282652	74492515	16313796	11457
174	陕西交通控股集团有限公司	陕西	4234116	111467	54579176	16133421	33316
175	河北省国和投资集团有限公司	河北	4184608	3714	605563	131465	2378
176	步步高投资集团股份有限公司	湖南	4086796	10135	2518719	726316	28615
177	江西省交通投资集团有限责任公司	江西	4048122	186460	33921384	12640241	20402
178	上海中骏置业有限公司	上海	4033480	332429	19872556	2388070	9770
179	厦门中骏集团有限公司	福建	4033480	332429	19872556	2388070	9770
180	青岛城市建设投资（集团）有限责任公司	山东	4024649	54539	44689665	13366134	21731
181	杭州东恒石油有限公司	浙江	4020492	43124	957829	402731	533
182	源山投资控股有限公司	上海	3996747	3157	705097	315623	170
183	宝龙地产控股有限公司	上海	3990246	599210	24505645	4069366	13212
184	华南物资集团有限公司	重庆	3977493	12923	532336	84736	679
185	江阴长三角钢铁集团有限公司	江苏	3968749	1781	46682	12557	331
186	新华锦集团	山东	3951846	17310	1356288	308901	9200
187	湖南省高速公路集团有限公司	湖南	3949046	85206	63621407	20203882	15236
188	广东粤海控股集团有限公司	广东	3939653	371489	20640158	4384419	19560
189	北京金融街投资（集团）有限公司	北京	3814806	82646	26273865	3668043	12282
190	东浩兰生（集团）有限公司	上海	3802800	70633	4276859	1722878	6075
191	杭州滨江房产集团股份有限公司	浙江	3797636	302733	21172580	2057930	1644
192	长沙银行股份有限公司	湖南	3787604	630438	79615032	5502197	7978
193	广州市城市建设投资集团有限公司	广东	3682715	91914	33936468	14235815	31739
194	浙江永安资本管理有限公司	浙江	3579359	44690	930696	231692	211
195	天津银行股份有限公司	天津	3554260	319603	71990393	5670479	6589
196	福州城市建设投资集团有限公司	福建	3525495	149637	20740610	8777646	8293
197	奥德集团有限公司	山东	3519453	407237	5384402	3048522	14890
198	北京中能昊龙投资控股集团有限公司	北京	3484627	388616	2796621	1997416	8600
199	武汉商贸集团有限公司	湖北	3463580	81721	9633070	1181147	39376
200	华东医药股份有限公司	浙江	3456330	230163	2699640	1657937	12427
201	漳州市九龙江集团有限公司	福建	3447274	160915	10076772	2578409	6137
202	上海国际港务（集团）股份有限公司	上海	3428870	1468205	17078748	9979080	13546
203	广发证券股份有限公司	广东	3424999	1085412	53585532	10662451	13174
204	海南航空控股股份有限公司	海南	3400202	472093	14325458	848982	36892

续表

名次	企业名称	地区	营业收入/万元	净利润/万元	资产/万元	所有者权益/万元	从业人数/人
205	上海均瑶（集团）有限公司	上海	3380991	13082	10223125	1046275	19562
206	金鹏控股集团有限公司	安徽	3365794	81787	3337894	696793	6200
207	合肥维天运通信息科技股份有限公司	安徽	3363800	5298	225518	53730	1100
208	张家港保税区彬鹏贸易有限公司	江苏	3355652	92454	321233	312242	20
209	江苏满运软件科技有限公司	江苏	3325607	5461	357451	-17209	877
210	文一投资控股有限公司	安徽	3308002	69634	5327812	2907918	22500
211	浙江省海港投资运营集团有限公司	浙江	3288687	316219	14725226	6727766	19754
212	青岛西海岸新区海洋控股集团有限公司	山东	3249642	25135	13183313	2613044	8608
213	山东省商业集团有限公司	山东	3199109	339	13430513	856371	36130
214	深圳华强集团有限公司	广东	3147902	30944	7458816	1619012	26397
215	月星集团有限公司	上海	3127700	277883	5958546	2404741	10911
216	青岛西海岸新区融合控股集团有限公司	山东	3089412	13953	17192193	4140380	2347
217	武汉联杰能源有限公司	湖北	3085003	2887	391760	188537	31
218	张家港保税区立信投资有限公司	江苏	3079310	23750	118266	85223	20
219	厦门海沧投资集团有限公司	福建	3076013	85748	3919951	787144	6109
220	重庆银行股份有限公司	重庆	3046392	466374	61895362	4727319	4714
221	中通快递股份有限公司	上海	3040584	475483	6277234	4863725	23865
222	青岛世纪瑞丰集团有限公司	山东	3023553	2061	915818	62727	97
223	江苏无锡朝阳集团股份有限公司	江苏	3005431	21284	212921	152485	1472
224	广西现代物流集团有限公司	广西壮族自治区	2986300	14186	2475733	667896	3465
225	洛阳国宏投资控股集团有限公司	河南	2958899	110772	3419300	1310870	4100
226	福建漳龙集团有限公司	福建	2937123	41192	6439387	1666635	3072
227	西安高科集团有限公司	陕西	2918943	20843	18361131	1580360	14281
228	利群集团股份有限公司	山东	2875035	29237	2649564	692724	9190
229	河南交通投资集团有限公司	河南	2867493	163132	21493308	5171030	19176
230	庞大汽贸集团股份有限公司	河北	2863304	89819	2309339	1171724	11414
231	郑州银行股份有限公司	河南	2858395	322619	57497966	5776618	5526
232	浙江建华集团有限公司	浙江	2816509	9191	288533	96654	3055
233	重庆高速公路集团有限公司	重庆	2788012	40518	21777636	5950227	12336
234	浙江宝利德股份有限公司	浙江	2753124	22437	705773	261854	2532
235	苏州金螳螂企业（集团）有限公司	江苏	2730375	-135146	4470727	352883	15832
236	联发集团有限公司	福建	2729983	85141	12964866	1250394	5262
237	张家港保税区昌荣贸易有限公司	江苏	2720199	7427	338502	48706	59
238	无锡市不锈钢电子交易中心有限公司	江苏	2715163	3906	19218	17423	98

续表

名次	企业名称	地区	营业收入/万元	净利润/万元	资产/万元	所有者权益/万元	从业人数/人
239	优合集团有限公司	广东	2711633	15816	335899	68345	288
240	厦门禹洲集团股份有限公司	福建	2707124	128299	17438091	4139464	7295
241	南京新华海科技产业集团有限公司	江苏	2676520	50784	1277287	599432	1871
242	浙江英特药业有限责任公司	浙江	2672835	35899	1164505	252987	3985
243	东华能源股份有限公司	江苏	2636707	113994	3594739	1084200	1985
244	大华（集团）有限公司	上海	2615874	316512	20726882	3502658	3018
245	重庆对外经贸（集团）有限公司	重庆	2575704	6797	2127123	566197	15666
246	利泰集团有限公司	广东	2532785	13711	481066	169189	10000
247	中国万向控股有限公司	上海	2531768	43213	16238226	936736	16154
248	张家港保税区旭江贸易有限公司	江苏	2528587	62011	767418	289297	20
249	申通快递股份有限公司	浙江	2525477	-90933	1876691	782796	9146
250	奥山集团有限公司	湖北	2524143	867503	2479049	1172549	1247
251	山西云时代技术有限公司	山西	2519289	10489	1922875	4775245	12710
252	江阴市金桥化工有限公司	江苏	2465531	1524	145312	28513	90
253	上海协通（集团）有限公司	上海	2442419	88747	734175	282930	1977
254	兴业证券股份有限公司	福建	2407294	474307	21746334	4118944	10200
255	贵州现代物流产业（集团）有限责任公司	贵州	2405717	9746	1688107	385998	3251
256	武汉市城市建设投资开发集团有限公司	湖北	2390114	62783	36950935	10636071	14672
257	无锡市交通产业集团有限公司	江苏	2381138	8995	6758360	2098713	13580
258	广州金融控股集团有限公司	广东	2370120	247300	80442230	2999491	8365
259	贵州银行股份有限公司	贵州	2350469	370570	50388016	3898782	5488
260	江苏华地国际控股集团有限公司	江苏	2325686	63193	1421453	474123	6612
261	无锡市国联发展（集团）有限公司	江苏	2293211	120547	15969825	2815997	12730
262	中原出版传媒投资控股集团有限公司	河南	2267558	72040	2204311	1026531	15079
263	河北高速公路集团有限公司	河北	2263296	11596	28843282	9498544	25613
264	河北港口集团有限公司	河北	2254281	70376	7583535	3199940	12546
265	重庆市能源投资集团有限公司	重庆	2248252	-2621007	4285191	-1157331	20499
266	江西银行股份有限公司	江西	2245959	207031	50855981	4091732	5708
267	深圳市宝德投资控股有限公司	广东	2223667	-13579	1721653	441203	3257
268	青岛银行股份有限公司	山东	2191956	292266	52224961	3263550	4451
269	山东远通汽车贸易集团有限公司	山东	2186599	24852	657347	392738	5261
270	江苏省粮食集团有限责任公司	江苏	2150293	10059	913457	209269	1238
271	华融湘江银行股份有限公司	湖南	2149514	307552	42598368	3301652	4729
272	九江银行股份有限公司	江西	2130656	172851	46150298	3468394	4624

续表

名次	企业名称	地区	营业收入/万元	净利润/万元	资产/万元	所有者权益/万元	从业人数/人
273	瑞康医药集团股份有限公司	山东	2105972	26130	2639697	643593	8000
274	桂林银行股份有限公司	广西壮族自治区	2094202	134147	44255790	2509262	7514
275	常州市化工轻工材料总公司	江苏	2093618	3483	295875	19440	158
276	广州轻工工贸集团有限公司	广东	2064149	89669	2075954	1022211	7054
277	重庆市迪马实业股份有限公司	重庆	2046321	-205361	8587334	861793	8304
278	青岛经济技术开发区投资控股集团有限公司	山东	2020358	35552	7275391	2113343	1827
279	江苏省苏豪控股集团有限公司	江苏	2019002	49641	3233950	885120	7702
280	淄博商厦股份有限公司	山东	2010827	15847	580149	282953	9530
281	天津港（集团）有限公司	天津	2003920	-73921	14351132	2627180	19617
282	携程计算机（上海）有限公司	上海	2002900	-55000	19185900	10967700	33732
283	广微控股有限公司	上海	1970043	39304	2432598	1180977	9210
284	中国江苏国际经济技术合作集团有限公司	江苏	1954557	21865	2745513	519034	8537
285	四川航空股份有限公司	四川	1948107	-244922	6285743	32634	18237
286	张家港保税区日祥贸易有限公司	江苏	1944913	30579	267048	55860	20
287	曹妃甸国控投资集团有限公司	河北	1934524	143896	15367812	7258571	4506
288	安徽辉隆投资集团有限公司	安徽	1926794	18040	1202550	123560	3659
289	广州珠江实业集团有限公司	广东	1922264	46185	14003110	1816359	24713
290	润华集团股份有限公司	山东	1908924	48919	1515514	760860	5690
291	青岛农村商业银行股份有限公司	山东	1902779	306555	43043809	3416441	5125
292	马上消费金融股份有限公司	重庆	1890966	138216	6109087	830423	2258
293	宁波君安控股有限公司	浙江	1889899	11834	351403	79059	89
294	浙江中外运有限公司	浙江	1887103	19076	385462	70785	2201
295	江苏大经供应链股份有限公司	江苏	1879463	2072	182567	32689	470
296	砂之船商业管理集团有限公司	重庆	1861917	43859	1926211	850464	32148
297	天津现代集团有限公司	天津	1796302	68257	2899321	1156635	465
298	广州华多网络科技有限公司	广东	1790445	-53592	5814646	3524696	7000
299	天津城市基础设施建设投资集团有限公司	天津	1787672	175927	87297864	26070507	13737
300	厦门翔业集团有限公司	福建	1783558	29379	4296502	1295966	12505
301	上海塑来信息技术有限公司	上海	1780280	643	66436	17356	206
302	重庆交通运输控股（集团）有限公司	重庆	1767256	20432	2658779	964149	37815
303	信誉楼百货集团有限公司	河北	1764906	91119	860404	339928	32771
304	西安城市基础设施建设投资集团有限公司	陕西	1757056	20666	19431778	7373976	30246
305	鹭燕医药股份有限公司	福建	1754540	30587	999270	249166	5165
306	安徽出版集团有限责任公司	安徽	1750324	13522	2499071	801112	4337

续表

名次	企业名称	地区	营业收入/万元	净利润/万元	资产/万元	所有者权益/万元	从业人数/人
307	西安曲江文化产业投资（集团）有限公司	陕西	1742424	33592	10101103	1331874	14489
308	河北省国有资产控股运营有限公司	河北	1733906	842	2316496	737741	3196
309	广西北部湾银行股份有限公司	广西壮族自治区	1733341	202055	36053184	2328819	4074
310	四川邦泰投资有限责任公司	四川	1716251	144472	3125978	290280	5800
311	湖南永通集团有限公司	湖南	1716001	23958	856384	390259	4811
312	四川特驱农牧科技集团有限公司	四川	1713946	21003	484415	139531	2680
313	广西柳药集团股份有限公司	广西壮族自治区	1713482	56382	1587475	546009	4751
314	湖南博深实业集团有限公司	湖南	1692297	53636	825596	614305	1133
315	厦门夏商集团有限公司	福建	1685442	36830	1693541	458174	5991
316	福建纵腾网络有限公司	福建	1682561	34466	470728	217042	4587
317	深圳市九立供应链股份有限公司	广东	1682454	6021	416702	27482	205
318	浙江省农村发展集团有限公司	浙江	1680896	18131	1802756	190482	2360
319	大参林药业集团股份有限公司	广东	1675933	85560	1733568	547858	32337
320	软通动力信息技术（集团）股份有限公司	北京	1662321	94478	1052312	507841	90000
321	安徽新华发行（集团）控股有限公司	安徽	1649730	29096	3584585	942707	6561
322	日出实业集团有限公司	浙江	1641484	8792	273777	39334	266
323	广州无线电集团有限公司	广东	1639085	58379	4941584	1073869	51401
324	天津农村商业银行股份有限公司	天津	1630512	253015	37275380	3012893	5633
325	三七互娱网络科技集团股份有限公司	安徽	1621649	287557	1443718	1077371	3996
326	现代投资股份有限公司	湖南	1609893	62405	5702939	1082102	3766
327	一柏集团有限公司	福建	1595117	209	21243	20232	32
328	深圳市华富洋供应链有限公司	广东	1591335	14250	1405522	98305	222
329	吉旗物联科技（天津）有限公司	天津	1580274	-7984	246471	-2920	56
330	武汉农村商业银行股份有限公司	湖北	1572035	106248	37275790	2325500	7727
331	老百姓大药房连锁股份有限公司	湖南	1569566	66924	1695809	435758	29164
332	徐州东方物流集团有限公司	江苏	1568931	36371	389315	154515	1178
333	内蒙古公路交通投资发展有限公司	内蒙古自治区	1560215	-6746	22344820	7844246	9932
334	欧龙汽车贸易集团有限公司	浙江	1560052	60752	553158	276088	3087
335	芒果超媒股份有限公司	湖南	1535586	211409	2611075	1696640	4010
336	益丰大药房连锁股份有限公司	湖南	1532631	88788	1705204	748131	33749
337	苏州裕景泰控股有限公司	江苏	1523180	26943	316131	49567	115
338	青岛军民融合发展集团有限公司	山东	1521006	35473	6563162	1848869	1664
339	江苏省煤炭运销有限公司	江苏	1504439	3538	140542	38712	45
340	深圳市博科供应链管理有限公司	广东	1500527	140	141779	7262	150

续表

名次	企业名称	地区	营业收入/万元	净利润/万元	资产/万元	所有者权益/万元	从业人数/人
341	爱尔眼科医院集团股份有限公司	湖南	1500081	232334	2184901	1130974	26970
342	广东乐居商贸集团有限公司	广东	1497243	8399	503130	18192	162
343	山东新天保智慧供应链有限公司	山东	1497054	-2179	119063	22253	192
344	成都建国汽车贸易有限公司	四川	1490147	46939	794483	286955	8154
345	金帝联合控股集团有限公司	浙江	1479371	9568	1305786	333901	652
346	黑龙江倍丰农业生产资料集团有限公司	黑龙江	1453244	4995	2116373	197678	1520
347	四川众心乐旅游资源开发有限公司	四川	1444427	7484	763106	106352	1738
348	广州酷狗计算机科技有限公司	广东	1421191	12914	1162923	726479	125
349	杭州联华华商集团有限公司	浙江	1408695	23113	1439364	57635	12371
350	厦门恒兴集团有限公司	福建	1402383	7972	1631557	686435	2120
351	玖隆钢铁物流有限公司	江苏	1399587	8733	524572	157083	280
352	四川华油集团有限责任公司	四川	1396534	41052	1046601	355093	3364
353	浙江世纪华通集团股份有限公司	浙江	1392901	232671	4064256	3108229	7330
354	万友汽车投资有限公司	重庆	1390580	2797	682563	111908	6136
355	安徽华源医药集团股份有限公司	安徽	1384754	11344	1110413	224953	9150
356	广东鸿粤汽车销售集团有限公司	广东	1370882	26256	604637	69062	2847
357	安徽灵通集团控股有限公司	安徽	1363132	4869	139468	34922	181
358	佛燃能源集团股份有限公司	广东	1353118	59474	1393699	445961	2199
359	湖南兰天集团有限公司	湖南	1352616	5552	281187	89142	3026
360	浙江出版联合集团有限公司	浙江	1352331	135235	2974878	1810474	7349
361	广州港集团有限公司	广东	1348378	163496	5088898	1827529	12119
362	广州地铁集团有限公司	广东	1345938	26529	52693511	26147401	29893
363	郑州公用事业投资发展集团有限公司	河南	1341601	68984	7349442	1544659	7332
364	汇金钢铁（天津）集团有限公司	天津	1338405	-13672	123874	22789	230
365	中国(福建)对外贸易中心集团 有限责任公司	福建	1337471	5387	885315	385741	780
366	邦芒服务外包有限公司	浙江	1332796	975	116214	6118	1610
367	杭州市商贸旅游集团有限公司	浙江	1329735	100241	3359948	1126146	17659
368	黑龙江省农业投资集团有限公司	黑龙江	1315732	4038	1698472	98110	1550
369	中泰证券股份有限公司	山东	1314967	320001	20468976	3578992	8059
370	东莞农村商业银行股份有限公司	广东	1311769	558970	59336109	4737863	8014
371	东方财富信息股份有限公司	上海	1309432	855293	18502025	4404024	5696
372	居然之家新零售集团股份有限公司	北京	1307104	232504	5621038	1919798	11845
373	湖北港口集团有限公司	湖北	1297230	3963	4969029	1265131	9488
374	福建省旅游发展集团有限公司	福建	1288613	6442	1067027	315331	3177

续表

名次	企业名称	地区	营业收入/万元	净利润/万元	资产/万元	所有者权益/万元	从业人数/人
375	深圳市英捷迅实业发展有限公司	广东	1287238	4665	111586	26444	139
376	广州元亨能源有限公司	广东	1286128	3259	849205	210500	29
377	天晖（河北）供应链管理集团有限公司	河北	1284688	457	118539	8132	275
378	广州岭南商旅投资集团有限公司	广东	1268412	68858	3215489	1332818	15633
379	安克创新科技股份有限公司	湖南	1257420	98173	847423	604942	3532
380	厦门市嘉晟对外贸易有限公司	福建	1257006	2741	572125	69111	180
381	绿城物业服务集团有限公司	浙江	1256613	84627	1437475	701931	37639
382	甘肃国通大宗商品供应链管理股份有限公司	甘肃	1252375	50	111886	17476	80
383	上海环世物流（集团）有限公司	上海	1244342	75676	380965	94898	1200
384	中创物流股份有限公司	山东	1241383	20789	389976	208502	1402
385	安徽天星医药集团有限公司	安徽	1240010	19967	796536	82284	1199
386	宁波港东南物流集团有限公司	浙江	1237525	10095	163766	18012	1100
387	海程邦达供应链管理股份有限公司	山东	1191308	47898	429993	211706	2411
388	无锡市市政公用产业集团有限公司	江苏	1189416	29204	4101843	1388144	10587
389	渤海人寿保险股份有限公司	天津	1188510	-4955	5008207	875930	346
390	上海临港经济发展（集团）有限公司	上海	1185137	190717	15697422	2812254	3355
391	华茂集团股份有限公司	浙江	1184452	86000	1922229	984779	3070
392	上海春秋国际旅行社（集团）有限公司	上海	1159514	-10042	3973011	665427	10788
393	绿滋肴控股集团有限公司	江西	1159154	68003	577210	327835	10312
394	重庆三峡银行股份有限公司	重庆	1158174	149735	24036550	2042529	2168
395	天津捷通达汽车投资集团有限公司	天津	1157341	11329	437379	78625	4712
396	宁波滕头集团有限公司	浙江	1156790	35498	568196	138651	8920
397	广州交通投资集团有限公司	广东	1153417	38016	13699035	3799051	7232
398	厦门鑫东森控股有限公司	福建	1152518	3648	350604	76840	3280
399	仕邦控股有限公司	广东	1138125	576	57723	2675	506
400	深圳乐信控股有限公司	广东	1138052	233392	2102619	806780	3896
401	广东澳康达二手车经销有限公司	广东	1137958	98346	921881	424443	1300
402	福建漳州城投集团有限公司	福建	1136117	28558	4892489	1453620	19398
403	中南出版传媒集团股份有限公司	湖南	1133144	151539	2406156	1440049	12695
404	嘉悦物产集团有限公司	浙江	1133047	15853	174703	39810	103
405	四川新华出版发行集团有限公司	四川	1121179	69416	2289001	891385	8640
406	福州锦泽石化有限公司	福建	1108618	14130	219934	81870	88
407	吉林银行股份有限公司	吉林	1108494	198099	48833473	3806371	9788

续表

名次	企业名称	地区	营业收入/万元	净利润/万元	资产/万元	所有者权益/万元	从业人数/人
408	厦门火炬集团有限公司	福建	1088554	30247	2388844	991706	842
409	鑫荣懋果业科技集团股份有限公司	广东	1083546	27842	509517	249031	3900
410	广西自贸区钦州港片区开发投资集团有限责任公司	广西壮族自治区	1075204	316	860259	257231	523
411	湖北文化旅游集团有限公司	湖北	1066121	50857	6528770	1414477	8582
412	厦门市明穗粮油贸易有限公司	福建	1062011	14252	402425	49272	62
413	广州纺织工贸企业集团有限公司	广东	1061986	5402	568372	267435	1642
414	南京红太阳跨境供应链有限公司	江苏	1057436	-60	11997	3690	12
415	厦门经济特区房地产开发集团有限公司	福建	1056231	22862	3892953	709712	10235
416	宁波海田控股集团有限公司	浙江	1042445	3619	416498	12181	235
417	浙江凯喜雅国际股份有限公司	浙江	1042359	2624	623357	91712	5600
418	国任财产保险股份有限公司	广东	1037320	7485	1636907	439759	2077
419	广西农村投资集团有限公司	广西壮族自治区	1034402	-30912	3534059	507058	13494
420	四川盛世元亨国际贸易有限公司	四川	1033951	852	94789	3022	23
421	青海省物产集团有限公司	青海	1029500	8011	475960	107877	1234
422	广东南海农村商业银行股份有限公司	广东	1025980	304329	24857247	2331383	3469
423	安徽省众城集团	安徽	1023620	28754	895400	91599	881
424	广州市水务投资集团有限公司	广东	1016566	16546	6384059	2797305	12970
425	无锡城建发展集团有限公司	江苏	1014217	70879	21543601	5389916	1167
426	深圳市深粮控股股份有限公司	广东	1013956	42872	766962	463029	1278
427	湖北银丰实业集团有限责任公司	湖北	1004560	4513	982324	242553	1032
428	天津水务集团有限公司	天津	1002536	-11543	5422720	1041332	6389
429	四川德康农牧食品集团股份有限公司	四川	990433	21745	1637702	518176	8127
430	湖南佳惠百货有限责任公司	湖南	983701	15059	275107	134601	15780
431	江苏易汇聚软件科技有限公司	江苏	976611	1193	61098	1665	71
432	福建省人力资源服务有限公司	福建	964092	2190	78294	12398	279
433	盐城市国有资产投资集团有限公司	江苏	962090	24479	6589559	1649550	3435
434	天津滨海农村商业银行股份有限公司	天津	960978	36669	20887528	1243809	2499
435	河南中钢网科技集团股份有限公司	河南	936987	1908	75887	16880	371
436	浙江绍兴苏泊尔家居用品有限公司	浙江	934196	14319	282117	6849	267
437	良品铺子股份有限公司	湖北	932361	28153	542979	214565	12145
438	石家庄北国人百集团有限责任公司	河北	929285	31664	1233618	275190	15066
439	龙岩文旅汇金发展集团有限公司	福建	928908	20401	2470278	1072350	953
440	广州南方投资集团有限公司	广东	928438	44186	1277149	128423	7181

续表

名次	企业名称	地区	营业收入/万元	净利润/万元	资产/万元	所有者权益/万元	从业人数/人
441	卓正控股集团有限公司	河北	927011	44596	853370	445956	1650
442	厦门金圆投资集团有限公司	福建	922931	103476	5951575	2835844	1215
443	江苏嘉奕和铜业科技发展有限公司	江苏	920121	14	187807	-2532	13
444	河南蓝天集团股份有限公司	河南	918968	29111	1121153	228081	1923
445	山西美特好连锁超市股份有限公司	山西	909771	119	471467	—	4272
446	东营道阳石油贸易有限公司	山东	907895	594	284608	3059	7
447	东方明珠新媒体股份有限公司	上海	906918	186031	4368082	3004756	7565
448	孩子王儿童用品股份有限公司	江苏	904888	20122	812626	284823	13996
449	长江设计集团有限公司	湖北	890882	16996	769429	235727	2978
450	福建省华荣建设集团有限公司	福建	889594	12112	101867	75727	1260
451	蓝池集团有限公司	河北	883960	8376	461128	252567	3768
452	南宁威宁投资集团有限责任公司	广西壮族自治区	870617	8932	4570291	1730362	4529
453	浙江华瑞集团有限公司	浙江	868093	13618	625881	289623	596
454	无锡农村商业银行股份有限公司	江苏	867178	158004	20176986	1579516	1612
455	方正证券股份有限公司	湖南	862120	182228	17261288	4135804	8115
456	福建三木集团股份有限公司	福建	860048	2553	993167	141950	570
457	无锡安井食品营销有限公司	江苏	859163	5114	264916	41176	4047
458	柳州银行股份有限公司	广西壮族自治区	857951	64635	17412814	1448205	3381
459	高金富恒集团有限公司	广东	840408	40946	1232949	188910	7184
460	长春欧亚集团股份有限公司	吉林	835200	2830	2202569	259911	10842
461	上海天地汇供应链科技有限公司	上海	830057	-16718	149019	-1366	745
462	山西大昌汽车集团有限公司	山西	830007	7568	304613	216661	3054
463	海越能源集团股份有限公司	浙江	828195	7651	424289	321580	524
464	江苏张家港农村商业银行股份有限公司	江苏	827527	130385	16457872	1441730	2282
465	新大陆科技集团有限公司	福建	826479	28491	1276912	216372	7311
466	广西云星集团有限公司	广西壮族自治区	815075	52320	1933448	882924	2760
467	广州开发区控股集团有限公司	广东	811368	36474	12169255	2477630	4798
468	浙北大厦集团有限公司	浙江	807529	5536	595817	184119	9335
469	无锡市宝金石油化工有限公司	江苏	802656	1728	150189	15442	58
470	上海龙宇燃油股份有限公司	上海	797576	-14910	425388	355669	148
471	东莞市水务集团有限公司	广东	795558	73807	5348939	1828426	3790
472	江阴达赛贸易有限公司	江苏	790682	-79	109579	449	17
473	江苏采木工业互联网科技有限公司	江苏	783854	2855	39716	4830	255
474	欧菲斯集团股份有限公司	重庆	778968	15055	321741	76613	2415

续表

名次	企业名称	地区	营业收入/万元	净利润/万元	资产/万元	所有者权益/万元	从业人数/人
475	重庆国际信托股份有限公司	重庆	774165	205189	26788269	2829320	193
476	江苏新三中国际贸易有限公司	江苏	773393	6589	53763	53618	4
477	唐山港口实业集团有限公司	河北	772432	25576	4361702	1246620	5208
478	重庆百事达汽车有限公司	重庆	771820	3327	200818	47290	1808
479	浙江东海长城石化股份有限公司	浙江	767156	6164	103549	54113	105
480	万马联合控股集团有限公司	浙江	765317	14195	628823	175844	387
481	新疆农资（集团）有限责任公司	新疆维吾尔自治区	764829	868	734855	117638	873
482	绍兴银行股份有限公司	浙江	759522	118021	18480160	1171278	2500
483	江阴市凯竹贸易有限公司	江苏	758638	-112	178125	50	18
484	合肥城建发展股份有限公司	安徽	755730	87692	2255733	615972	571
485	广东省中山丝绸进出口集团有限公司	广东	751898	3502	272362	50926	257
486	中原大易科技有限公司	河南	746561	504	145580	40764	307
487	江阴宝靖有色金属材料有限公司	江苏	741747	20	80779	119	13
488	宝裕发展有限公司	广东	737976	8118	323892	19431	48
489	深圳市酷动数码有限公司	广东	736443	9154	129340	33986	1189
490	福建发展集团有限公司	福建	732553	10381	54160	49368	19947
491	张家港银贝贸易有限公司	江苏	731963	11620	73493	-5699	8
492	厦门安居控股集团有限公司	福建	714437	65771	3874815	780157	4131
493	天津拾起卖科技集团有限公司	天津	707099	-13011	44834	9001	364
494	青岛百洋医药股份有限公司	山东	705157	42281	459803	215634	2396
495	福建网龙计算机网络信息技术有限公司	福建	703550	106206	1088484	731440	4834
496	宁波宁兴控股股份有限公司	浙江	701077	1247	401903	37379	2200
497	株洲市城市建设发展集团有限公司	湖南	699198	36168	13174099	3973806	1743
498	江苏锡鹿国际贸易有限公司	江苏	698209	229	3916	1474	9
499	广州南菱汽车股份有限公司	广东	693012	3939	293921	60304	2768
500	齐商银行股份有限公司	山东	690918	63856	19147418	1602402	3240
	合计		4815264073	315026577	32255285476	3727294519	15209514

说　明

1. 2022 中国服务业企业 500 强是中国企业联合会、中国企业家协会参照国际惯例，组织企业自愿申报，并经专家审定确认后产生的。申报企业包括在中国境内注册、2021 年实现营业收入达到 40 亿元的企业（不包括在华外资、港澳台独资、控股企业，也不包括行政性公司、政企合一的单位，以及各类资产经营公司，但包括在境外注册、投资主体为中国自然人或法人、主要业务在境内的企

业)，都有资格申报参加排序。属于集团公司的控股子公司或相对控股子公司，由于其财务报表最后能被合并到集团母公司的财务会计报表中去，因此只允许其母公司申报。

2. 表中所列数据由企业自愿申报或属于上市公司公开数据，并经会计师事务所或审计师事务所等单位认可。

3. 营业收入是 2021 年不含增值税的收入，包括企业的所有收入，即主营业务和非主营业务、境内和境外的收入。商业银行的营业收入为 2021 年利息收入和非利息营业收入与之和（不减掉对应的支出)。保险公司的营业收入是 2021 年保险费和年金收入扣除储蓄的资本收益或损失。净利润是 2021 年上交所得税的净利润扣除少数股东权益后的归属母公司所有者的净利润。资产是 2021 年度末的资产总额。所有者权益是 2021 年年末所有者权益总额扣除少数股东权益后的归属于母公司所有者权益。研究开发费用是 2021 年企业投入研究开发的所有费用。从业人数是 2021 年度的平均人数（含所有被合并报表企业的人数)。

表 11 - 2　2022 中国服务业企业 500 强各行业企业分布

排名	企业名称	营业收入/万元
电网		
1	国家电网有限公司	297113025
2	中国南方电网有限责任公司	67160048
3	内蒙古电力（集团）有限责任公司	9324739
	合计	373597812
水务		
1	水发集团有限公司	7703756
2	北京首都创业集团有限公司	6414277
3	广东粤海控股集团有限公司	3939653
4	天津城市基础设施建设投资集团有限公司	1787672
5	无锡市市政公用产业集团有限公司	1189416
6	广州市水务投资集团有限公司	1016566
7	天津水务集团有限公司	1002536
8	东莞市水务集团有限公司	795558
	合计	23849434
综合能源供应		
1	云南省能源投资集团有限公司	13999577
2	浙江省能源集团有限公司	13686276
3	新奥天然气股份有限公司	11591963
4	北京控股集团有限公司	10923283
5	北京能源集团有限责任公司	8798832
6	四川省能源投资集团有限责任公司	7420699
7	南昌市政公用集团有限公司	5630743
8	申能（集团）有限公司	5588972
9	广州产业投资控股集团有限公司	4908951
10	奥德集团有限公司	3519453
11	无锡市国联发展（集团）有限公司	2293211
12	重庆市能源投资集团有限公司	2248252
13	四川华油集团有限责任公司	1396534
14	佛燃能源集团股份有限公司	1353118
15	广州元亨能源有限公司	1286128
16	河南蓝天集团股份有限公司	918968
17	海越能源集团股份有限公司	828195
	合计	96393155
铁路运输		
1	中铁集装箱运输有限责任公司	5296277
2	广州地铁集团有限公司	1345938
	合计	6642215
公路运输		
1	山东高速集团有限公司	20083604
2	甘肃省公路航空旅游投资集团有限公司	16365155
3	广西交通投资集团有限公司	5925008
4	广东省交通集团有限公司	5394085
5	昆明市交通投资有限责任公司	4561721
6	安徽省交通控股集团有限公司	4512248
7	陕西交通控股集团有限公司	4234116
8	江西省交通投资集团有限责任公司	4048122
9	湖南省高速公路集团有限公司	3949046
10	河南交通投资集团有限公司	2867493
11	重庆高速公路集团有限公司	2788012
12	无锡市交通产业集团有限公司	2381138
13	河北高速公路集团有限公司	2263296
14	重庆交通运输控股（集团）有限公司	1767256
15	现代投资股份有限公司	1609893
16	内蒙古公路交通投资发展有限公司	1560215
	合计	84310408
水上运输		
1	中国远洋海运集团有限公司	54266305
2	宁波港东南物流集团有限公司	1237525
	合计	55503830
港口服务		
1	广西北部湾国际港务集团有限公司	10045755

续表

排名	企业名称	营业收入/万元
2	山东省港口集团有限公司	8398272
3	福建省港口集团有限责任公司	6504841
4	上海国际港务（集团）股份有限公司	3428870
5	浙江省海港投资运营集团有限公司	3288687
6	东华能源股份有限公司	2636707
7	河北港口集团有限公司	2254281
8	天津港（集团）有限公司	2003920
9	广州港集团有限公司	1348378
10	湖北港口集团有限公司	1297230
11	唐山港口实业集团有限公司	772432
	合计	41979373
航空运输		
1	中国南方航空集团有限公司	10248525
2	中国东方航空集团有限公司	8409619
3	中国国际航空股份有限公司	7453167
4	海南航空控股股份有限公司	3400202
5	四川航空股份有限公司	1948107
6	上海春秋国际旅行社（集团）有限公司	1159514
	合计	32619134
航空港及相关服务业		
1	厦门翔业集团有限公司	1783558
	合计	1783558
邮政		
1	中国邮政集团有限公司	70095084
	合计	70095084
物流及供应链		
1	厦门建发集团有限公司	71957617
2	厦门象屿集团有限公司	48438283
3	顺丰控股股份有限公司	20718665
4	中国物流集团有限公司	19435133
5	传化集团有限公司	14444414
6	东岭集团股份有限公司	13276579
7	兰州新区商贸物流投资集团有限公司	9766850
8	振烨国际产业控股集团（深圳）有限公司	9601924
9	河北省物流产业集团有限公司	6595601
10	郑州瑞茂通供应链有限公司	5397086
11	厦门港务控股集团有限公司	5260428
12	深圳金雅福控股集团有限公司	5152153
13	深圳市信利康供应链管理有限公司	4717206
14	广东宏川集团有限公司	4492966
15	河北省国和投资集团有限公司	4184608
16	合肥维天运通信息科技股份有限公司	3363800
17	中通快递股份有限公司	3040584
18	申通快递股份有限公司	2525477
19	贵州现代物流产业（集团）有限责任公司	2405717
20	浙江中外运有限公司	1887103
21	江苏大经供应链股份有限公司	1879463
22	福建纵腾网络有限公司	1682561
23	深圳市九立供应链股份有限公司	1682454
24	深圳市华富洋供应链有限公司	1591335
25	吉旗物联科技（天津）有限公司	1580274
26	徐州东方物流集团有限公司	1568931
27	江苏省煤炭运销有限公司	1504439
28	深圳市博科供应链管理有限公司	1500527
29	山东新天保智慧供应链有限公司	1497054
30	玖隆钢铁物流有限公司	1399587
31	安徽华源医药集团股份有限公司	1384754
32	深圳市英捷迅实业发展有限公司	1287238
33	甘肃国通大宗商品供应链管理股份有限公司	1252375
34	上海环世物流（集团）有限公司	1244342
35	中创物流股份有限公司	1241383
36	海程邦达供应链管理股份有限公司	1191308
37	鑫荣懋果业科技集团股份有限公司	1083546
38	广西自贸区钦州港片区开发投资集团有限责任公司	1075204

续表

排名	企业名称	营业收入/万元
39	南京红太阳跨境供应链有限公司	1057436
40	青海省物产集团有限公司	1029500
41	上海天地汇供应链科技有限公司	830057
42	中原大易科技有限公司	746561
	合计	285972523
电信服务		
1	中国移动通信集团有限公司	85088466
2	中国电信集团有限公司	53922328
3	中国联合网络通信集团有限公司	32912229
	合计	171923023
软件和信息技术（IT）		
1	神州数码集团股份有限公司	12238487
2	汇通达网络股份有限公司	6576317
3	云账户技术（天津）有限公司	5252892
4	通鼎集团有限公司	4525414
5	江苏满运软件科技有限公司	3325607
6	深圳华强集团有限公司	3147902
7	深圳市宝德投资控股有限公司	2223667
8	广州华多网络科技有限公司	1790445
9	上海塑来信息技术有限公司	1780280
10	软通动力信息技术（集团）股份有限公司	1662321
11	广州无线电集团有限公司	1639085
12	深圳乐信控股有限公司	1138052
13	新大陆科技集团有限公司	826479
14	福建网龙计算机网络信息技术有限公司	703550
	合计	46830498
互联网服务		
1	京东集团股份有限公司	95159200
2	阿里巴巴（中国）有限公司	83640500
3	腾讯控股有限公司	56011800
4	美团公司	17912800
5	百度网络技术有限公司	12449300
6	网易公司	8760603
7	上海钢联电子商务股份有限公司	6577462
8	无锡市不锈钢电子交易中心有限公司	2715163
9	山西云时代技术有限公司	2519289
10	携程计算机（上海）有限公司	2002900
11	三七互娱网络科技集团股份有限公司	1621649
12	芒果超媒股份有限公司	1535586
13	广州酷狗计算机科技有限公司	1421191
14	浙江世纪华通集团股份有限公司	1392901
15	安克创新科技股份有限公司	1257420
16	河南中钢网科技集团股份有限公司	936987
17	东方明珠新媒体股份有限公司	906918
18	江苏采木工业互联网科技有限公司	783854
19	欧菲斯集团股份有限公司	778968
	合计	298384491
能源矿产商贸		
1	中国航空油料集团有限公司	22262035
2	重庆千信集团有限公司	4823765
3	杭州东恒石油有限公司	4020492
4	武汉联杰能源有限公司	3085003
5	青岛世纪瑞丰集团有限公司	3023553
6	张家港保税区昌荣贸易有限公司	2720199
7	张家港保税区旭江贸易有限公司	2528587
8	张家港保税区日祥贸易有限公司	1944913
9	安徽灵通集团控股有限公司	1363132
10	东营道阳石油贸易有限公司	907895
11	上海龙宇燃油股份有限公司	797576
	合计	47477150
化工医药商贸		
1	浙江前程投资股份有限公司	6707005
2	重庆医药（集团）股份有限公司	6252045

续表

排名	企业名称	营业收入/万元
3	南京新工投资集团有限责任公司	5493549
4	漳州市九龙江集团有限公司	3447274
5	江阴市金桥化工有限公司	2465531
6	瑞康医药集团股份有限公司	2105972
7	常州市化工轻工材料总公司	2093618
8	大参林药业集团股份有限公司	1675933
9	日出实业集团有限公司	1641484
10	天晖（河北）供应链管理集团有限公司	1284688
11	嘉悦物产集团有限公司	1133047
12	福州锦泽石化有限公司	1108618
13	四川盛世元亨国际贸易有限公司	1033951
14	张家港银贝贸易有限公司	731963
	合计	37174678
机电商贸		
1	中国通用技术（集团）控股有限责任公司	17205778
	合计	17205778
生活消费品商贸		
1	唯品会控股有限公司	11705968
2	深圳市爱施德股份有限公司	9516565
3	浙江建华集团有限公司	2816509
4	润华集团股份有限公司	1908924
5	居然之家新零售集团股份有限公司	1307104
6	湖北银丰实业集团有限责任公司	1004560
7	孩子王儿童用品股份有限公司	904888
	合计	29164518
农产品及食品批发		
1	中粮集团有限公司	66494705
2	深圳市中农网有限公司	4744903
3	北京中能昊龙投资控股集团有限公司	3484627
4	江苏无锡朝阳集团股份有限公司	3005431
5	优合集团有限公司	2711633
6	江苏省粮食集团有限责任公司	2150293
7	四川特驱农牧科技集团有限公司	1713946
8	浙江省农村发展集团有限公司	1680896
9	黑龙江省农业投资集团有限公司	1315732
10	厦门市明穗粮油贸易有限公司	1062011
11	深圳市深粮控股股份有限公司	1013956
12	四川德康农牧食品集团股份有限公司	990433
13	江苏易汇聚软件科技有限公司	976611
14	良品铺子股份有限公司	932361
15	无锡安井食品营销有限公司	859163
	合计	93136701
生产资料商贸		
1	物产中大集团股份有限公司	56713118
2	广东鼎龙实业集团有限公司	10258384
3	广西现代物流集团有限公司	2986300
4	安徽辉隆投资集团有限公司	1926794
5	黑龙江倍丰农业生产资料集团有限公司	1453244
6	江苏嘉奕和铜业科技发展有限公司	920121
7	江阴达赛贸易有限公司	790682
8	新疆农资（集团）有限责任公司	764829
9	江阴市凯竹贸易有限公司	758638
	合计	76572110
金属品商贸		
1	西安迈科金属国际集团有限公司	15987799
2	上海均和集团有限公司	13695715
3	厦门路桥工程物资有限公司	8342169
4	大汉控股集团有限公司	6753204
5	上海闽路润贸易有限公司	5873227
6	张家港市沃丰贸易有限公司	4974122
7	华南物资集团有限公司	3977493
8	江阴长三角钢铁集团有限公司	3968749
9	张家港保税区彬鹏贸易有限公司	3355652

续表

排名	企业名称	营业收入/万元
10	张家港保税区立信投资有限公司	3079310
11	苏州裕景泰控股有限公司	1523180
12	广东乐居商贸集团有限公司	1497243
13	汇金钢铁（天津）集团有限公司	1338405
14	江苏新三中国际贸易有限公司	773393
15	万马联合控股集团有限公司	765317
16	江阴宝靖有色金属材料有限公司	741747
17	宝裕发展有限公司	737976
18	江苏锡鹿国际贸易有限公司	698209
	合计	78082910

综合商贸

排名	企业名称	营业收入/万元
1	厦门国贸控股集团有限公司	60498494
2	浙江省兴合集团有限责任公司	14920459
3	中基宁波集团股份有限公司	10954361
4	东方国际（集团）有限公司	9571260
5	浙江省国际贸易集团有限公司	8426493
6	远大物产集团有限公司	7893602
7	江苏国泰国际集团股份有限公司	6785254
8	广东省广物控股集团有限公司	6691949
9	四川省商业投资集团有限责任公司	4795431
10	江苏汇鸿国际集团股份有限公司	4527842
11	新华锦集团	3951846
12	福建漳龙集团有限公司	2937123
13	重庆对外经贸（集团）有限公司	2575704
14	广州轻工工贸集团有限公司	2064149
15	江苏省苏豪控股集团有限公司	2019002
16	宁波君安控股有限公司	1889899
17	湖南博深实业集团有限公司	1692297
18	厦门夏商集团有限公司	1685442
19	一柏集团有限公司	1595117
20	中国（福建）对外贸易中心集团有限责任公司	1337471
21	厦门市嘉晟对外贸易有限公司	1257006
22	厦门鑫东森控股有限公司	1152518

排名	企业名称	营业收入/万元
23	广州纺织工贸企业集团有限公司	1061986
24	宁波海田控股集团有限公司	1042445
25	浙江凯喜雅国际股份有限公司	1042359
26	盐城市国有资产投资集团有限公司	962090
27	浙江华瑞集团有限公司	868093
28	浙北大厦集团有限公司	807529
29	无锡市宝金石油化工有限公司	802656
30	浙江东海长城石化股份有限公司	767156
31	宁波宁兴控股股份有限公司	701077
	合计	167278110

连锁超市及百货

排名	企业名称	营业收入/万元
1	永辉超市股份有限公司	9106189
2	物美科技集团有限公司	6184575
3	百联集团有限公司	4916028
4	步步高投资集团股份有限公司	4086796
5	山东省商业集团有限公司	3199109
6	月星集团有限公司	3127700
7	利群集团股份有限公司	2875035
8	江苏华地国际控股集团有限公司	2325686
9	淄博商厦股份有限公司	2010827
10	砂之船商业管理集团有限公司	1861917
11	信誉楼百货集团有限公司	1764906
12	杭州联华华商集团有限公司	1408695
13	广州岭南商旅投资集团有限公司	1268412
14	绿滋肴控股集团有限公司	1159154
15	湖南佳惠百货有限责任公司	983701
16	石家庄北国人百集团有限责任公司	929285
17	山西美特好连锁超市股份有限公司	909771
18	长春欧亚集团股份有限公司	835200
	合计	48952986

汽车摩托车零售

排名	企业名称	营业收入/万元
1	新疆广汇实业投资（集团）有限责任公司	20322327

续表

排名	企业名称	营业收入/万元
2	恒信汽车集团股份有限公司	8021367
3	庞大汽贸集团股份有限公司	2863304
4	浙江宝利德股份有限公司	2753124
5	利泰集团有限公司	2532785
6	山东远通汽车贸易集团有限公司	2186599
7	广微控股有限公司	1970043
8	湖南永通集团有限公司	1716001
9	欧龙汽车贸易集团有限公司	1560052
10	成都建国汽车贸易有限公司	1490147
11	万友汽车投资有限公司	1390580
12	广东鸿粤汽车销售集团有限公司	1370882
13	湖南兰天集团有限公司	1352616
14	天津捷通达汽车投资集团有限公司	1157341
15	广东澳康达二手车经销有限公司	1137958
16	蓝池集团有限公司	883960
17	山西大昌汽车集团有限公司	830007
18	重庆百事达汽车有限公司	771820
19	广州南菱汽车股份有限公司	693012
	合计	55003925
家电及电子产品零售		
1	南京新华海科技产业集团有限公司	2676520
2	浙江绍兴苏泊尔家居用品有限公司	934196
3	深圳市酷动数码有限公司	736443
	合计	4347159
医药及医疗器材零售		
1	中国医药集团有限公司	70166212
2	九州通医药集团股份有限公司	12240743
3	浙江英特药业有限责任公司	2672835
4	鹭燕医药股份有限公司	1754540
5	广西柳药集团股份有限公司	1713482
6	老百姓大药房连锁股份有限公司	1569566
7	益丰大药房连锁股份有限公司	1532631
8	安徽天星医药集团有限公司	1240010
9	青岛百洋医药股份有限公司	705157
	合计	93595176
商业银行		
1	中国工商银行股份有限公司	143000300
2	中国建设银行股份有限公司	123376500
3	中国农业银行股份有限公司	116833400
4	中国银行股份有限公司	98293200
5	交通银行股份有限公司	49005500
6	招商银行股份有限公司	46226100
7	兴业银行股份有限公司	39560200
8	上海浦东发展银行股份有限公司	36643000
9	中国民生银行股份有限公司	32627700
10	华夏银行股份有限公司	17324200
11	北京银行股份有限公司	12956100
12	江苏银行股份有限公司	12386344
13	上海银行股份有限公司	10880979
14	南京银行股份有限公司	7848214
15	渤海银行股份有限公司	6818724
16	重庆农村商业银行股份有限公司	5653390
17	恒丰银行股份有限公司	4952800
18	深圳前海微众银行股份有限公司	4795005
19	广州农村商业银行股份有限公司	4678330
20	上海农村商业银行股份有限公司	4613696
21	盛京银行股份有限公司	4462523
22	长沙银行股份有限公司	3787604
23	天津银行股份有限公司	3554260
24	重庆银行股份有限公司	3046392
25	郑州银行股份有限公司	2858395
26	贵州银行股份有限公司	2350469
27	江西银行股份有限公司	2245959
28	青岛银行股份有限公司	2191956
29	华融湘江银行股份有限公司	2149514

续表

排名	企业名称	营业收入/万元
30	九江银行股份有限公司	2130656
31	桂林银行股份有限公司	2094202
32	青岛农村商业银行股份有限公司	1902779
33	广西北部湾银行股份有限公司	1733341
34	天津农村商业银行股份有限公司	1630512
35	武汉农村商业银行股份有限公司	1572035
36	东莞农村商业银行股份有限公司	1311769
37	重庆三峡银行股份有限公司	1158174
38	吉林银行股份有限公司	1108494
39	广东南海农村商业银行股份有限公司	1025980
40	天津滨海农村商业银行股份有限公司	960978
41	无锡农村商业银行股份有限公司	867178
42	柳州银行股份有限公司	857951
43	江苏张家港农村商业银行股份有限公司	827527
44	绍兴银行股份有限公司	759522
45	齐商银行股份有限公司	690918
	合计	825752770
保险业		
1	中国人寿保险（集团）公司	101331534
2	中国人民保险集团股份有限公司	59769100
3	中国太平洋保险（集团）股份有限公司	44064337
4	中国太平保险集团有限责任公司	26721347
5	泰康保险集团股份有限公司	26193348
6	新华人寿保险股份有限公司	22238000
7	中国再保险（集团）股份有限公司	16397362
8	阳光保险集团股份有限公司	12006759
9	前海人寿保险股份有限公司	8099748
10	中华联合保险集团股份有限公司	5677652
11	渤海人寿保险股份有限公司	1188510
12	国任财产保险股份有限公司	1037320
	合计	324725017
证券业		
1	海通证券股份有限公司	4320547
2	广发证券股份有限公司	3424999
3	兴业证券股份有限公司	2407294
4	中泰证券股份有限公司	1314967
5	东方财富信息股份有限公司	1309432
6	方正证券股份有限公司	862120
	合计	13639359
基金、信托及其他金融服务		
1	浙江永安资本管理有限公司	3579359
2	马上消费金融股份有限公司	1890966
3	重庆国际信托股份有限公司	774165
	合计	6244490
多元化金融		
1	中国平安保险（集团）股份有限公司	118044400
2	中国中信集团有限公司	62004272
3	招商局集团有限公司	49517181
4	中国光大集团股份公司	39794328
5	深圳市投资控股有限公司	24252788
6	武汉金融控股（集团）有限公司	5267463
7	中国万向控股有限公司	2531768
8	广州金融控股集团有限公司	2370120
9	青岛经济技术开发区投资控股集团有限公司	2020358
	合计	305802678
住宅地产		
1	绿地控股集团股份有限公司	54428636
2	碧桂园控股有限公司	52306400
3	万科企业股份有限公司	45279778
4	中南控股集团有限公司	26025762
5	龙湖集团控股有限公司	22337547
6	珠海华发集团有限公司	14194254
7	金地（集团）股份有限公司	9923222

续表

排名	企业名称	营业收入/万元
8	弘阳集团有限公司	8809122
9	天津泰达投资控股有限公司	8594907
10	重庆华宇集团有限公司	8165839
11	绿城房地产集团有限公司	7947746
12	北京首都开发控股（集团）有限公司	7717636
13	建业控股有限公司	5573276
14	重庆中昂投资集团有限公司	5318296
15	荣盛控股股份有限公司	5128906
16	奥园集团有限公司	5006709
17	北京江南投资集团有限公司	4738720
18	祥生地产集团有限公司	4371903
19	厦门中骏集团有限公司	4033480
20	上海中骏置业有限公司	4033480
21	北京金融街投资（集团）有限公司	3814806
22	杭州滨江房产集团股份有限公司	3797636
23	福州城市建设投资集团有限公司	3525495
24	文一投资控股有限公司	3308002
25	厦门海沧投资集团有限公司	3076013
26	苏州金螳螂企业（集团）有限公司	2730375
27	联发集团有限公司	2729983
28	厦门禹洲集团股份有限公司	2707124
29	大华（集团）有限公司	2615874
30	奥山集团有限公司	2524143
31	重庆市迪马实业股份有限公司	2046321
32	广州珠江实业集团有限公司	1922264
33	四川邦泰投资有限责任公司	1716251
34	绿城物业服务集团有限公司	1256613
35	厦门经济特区房地产开发集团有限公司	1056231
36	安徽省众城集团	1023620
37	无锡城建发展集团有限公司	1014217
38	卓正控股集团有限公司	927011
39	福建省华荣建设集团有限公司	889594
40	福建三木集团股份有限公司	860048
41	广西云星集团有限公司	815075
42	合肥城建发展股份有限公司	755730
43	福建发展集团有限公司	732553
44	厦门安居控股集团有限公司	714437
	合计	350495035
商业地产		
1	帝海投资控股集团有限公司	5113496
2	宝龙地产控股有限公司	3990246
3	天津现代集团有限公司	1796302
4	金帝联合控股集团有限公司	1479371
5	株洲市城市建设发展集团有限公司	699198
	合计	13078613
园区地产		
1	上海临港经济发展（集团）有限公司	1185137
	合计	1185137
多元化投资		
1	联想控股股份有限公司	48987168
2	浙江省交通投资集团有限公司	30161954
3	云南省投资控股集团有限公司	20566014
4	国家开发投资集团有限公司	19445388
5	重庆市金科投资控股（集团）有限责任公司	18563651
6	杭州市实业投资集团有限公司	18105521
7	卓尔控股有限公司	12803758
8	广东省广晟控股集团有限公司	10595462
9	山东省国有资产投资控股有限公司	9653160
10	陕西投资集团有限公司	8407668
11	广东省广新控股集团有限公司	8321410
12	青岛海发国有资本投资运营集团有限公司	7920021
13	杭州市城市建设投资集团有限公司	5618319
14	湖北交通投资集团有限公司	5222435
15	青岛城市建设投资（集团）有限责任公司	4024649
16	源山投资控股有限公司	3996747

续表

排名	企业名称	营业收入/万元
17	广州市城市建设投资集团有限公司	3682715
18	青岛西海岸新区海洋控股集团有限公司	3249642
19	青岛西海岸新区融合控股集团有限公司	3089412
20	洛阳国宏投资控股集团有限公司	2958899
21	武汉市城市建设投资开发集团有限公司	2390114
22	曹妃甸国控投资集团有限公司	1934524
23	西安城市基础设施建设投资集团有限公司	1757056
24	河北省国有资产控股运营有限公司	1733906
25	厦门恒兴集团有限公司	1402383
26	广州交通投资集团有限公司	1153417
27	福建漳州城投集团有限公司	1136117
28	厦门火炬集团有限公司	1088554
29	广西农村投资集团有限公司	1034402
30	广州南方投资集团有限公司	928438
31	厦门金圆投资集团有限公司	922931
32	南宁威宁投资集团有限责任公司	870617
33	高金富恒集团有限公司	840408
34	广州开发区控股集团有限公司	811368
	合计	263378228
人力资源服务		
1	中国国际技术智力合作集团有限公司	14665554
2	北京外企人力资源服务有限公司	12055107
3	邦芒服务外包有限公司	1332796
4	仕邦控股有限公司	1138125
5	福建省人力资源服务有限公司	964092
	合计	30155674
科技研发、规划设计		
1	长江设计集团有限公司	890882
	合计	890882
国际经济合作（工程承包）		
1	中国江苏国际经济技术合作集团有限公司	1954557

排名	企业名称	营业收入/万元
	合计	1954557
旅游和餐饮		
1	四川众心乐旅游资源开发有限公司	1444427
2	杭州市商贸旅游集团有限公司	1329735
3	福建省旅游发展集团有限公司	1288613
4	湖北文化旅游集团有限公司	1066121
5	龙岩文旅汇金发展集团有限公司	928908
	合计	6057804
文化娱乐		
1	华侨城集团有限公司	16680925
2	中原出版传媒投资控股集团有限公司	2267558
3	安徽出版集团有限责任公司	1750324
4	西安曲江文化产业投资（集团）有限公司	1742424
5	安徽新华发行（集团）控股有限公司	1649730
6	浙江出版联合集团有限公司	1352331
7	中南出版传媒集团股份有限公司	1133144
8	四川新华出版发行集团有限公司	1121179
	合计	27697615
教育服务		
1	重庆新鸥鹏企业（集团）有限公司	4860485
	合计	4860485
医疗卫生健康服务		
1	华东医药股份有限公司	3456330
2	爱尔眼科医院集团股份有限公司	1500081
	合计	4956411
综合服务业		
1	中国中化控股有限责任公司	112020873
2	中国华润有限公司	77776660
3	中国保利集团有限公司	44875187

续表

排名	企业名称	营业收入/万元	排名	企业名称	营业收入/万元
4	广西投资集团有限公司	20616624	12	上海协通（集团）有限公司	2442419
5	广州越秀集团股份有限公司	8716181	13	青岛军民融合发展集团有限公司	1521006
6	湖北联投集团有限公司	6470681	14	郑州公用事业投资发展集团有限公司	1341601
7	东浩兰生（集团）有限公司	3802800	15	华茂集团股份有限公司	1184452
8	武汉商贸集团有限公司	3463580	16	宁波滕头集团有限公司	1156790
9	上海均瑶（集团）有限公司	3380991	17	广东省中山丝绸进出口集团有限公司	751898
10	金鹏控股集团有限公司	3365794	18	天津拾起卖科技集团有限公司	707099
11	西安高科集团有限公司	2918943		合计	296513579

表 11－3　2022 中国服务业企业 500 强各地区分布

排名	企业名称	营业收入/万元	排名	企业名称	营业收入/万元
北京			34	神州数码集团股份有限公司	12238487
1	国家电网有限公司	297113025	35	北京外企人力资源服务有限公司	12055107
2	中国工商银行股份有限公司	143000300	36	北京控股集团有限公司	10923283
3	中国建设银行股份有限公司	123376500	37	北京能源集团有限责任公司	8798832
4	中国农业银行股份有限公司	116833400	38	网易公司	8760603
5	中国中化控股有限责任公司	112020873	39	北京首都开发控股（集团）有限公司	7717636
6	中国人寿保险（集团）公司	101331534	40	中国国际航空股份有限公司	7453167
7	中国银行股份有限公司	98293200	41	北京首都创业集团有限公司	6414277
8	京东集团股份有限公司	95159200	42	物美科技集团有限公司	6184575
9	中国移动通信集团有限公司	85088466	43	中华联合保险集团股份有限公司	5677652
10	中国华润有限公司	77776660	44	中铁集装箱运输有限责任公司	5296277
11	中国医药集团有限公司	70166212	45	帝海投资控股集团有限公司	5113496
12	中国邮政集团有限公司	70095084	46	北京江南投资集团有限公司	4738720
13	中粮集团有限公司	66494705	47	北京金融街投资（集团）有限公司	3814806
14	中国中信集团有限公司	62004272	48	北京中能昊龙投资控股集团有限公司	3484627
15	中国人民保险集团股份有限公司	59769100	49	软通动力信息技术（集团）股份有限公司	1662321
16	中国电信集团有限公司	53922328	50	居然之家新零售集团股份有限公司	1307104
17	招商局集团有限公司	49517181		合计	2193371820
18	联想控股股份有限公司	48987168			
19	中国保利集团有限公司	44875187	上海		
20	中国光大集团股份公司	39794328	1	绿地控股集团股份有限公司	54428636
21	中国联合网络通信集团有限公司	32912229	2	中国远洋海运集团有限公司	54266305
22	中国民生银行股份有限公司	32627700	3	交通银行股份有限公司	49005500
23	泰康保险集团股份有限公司	26193348	4	中国太平洋保险（集团）股份有限公司	44064337
24	中国航空油料集团有限公司	22262035	5	上海浦东发展银行股份有限公司	36643000
25	新华人寿保险股份有限公司	22238000	6	中国太平保险集团有限责任公司	26721347
26	国家开发投资集团有限公司	19445388	7	美团公司	17912800
27	中国物流集团有限公司	19435133	8	上海均和集团有限公司	13695715
28	华夏银行股份有限公司	17324200	9	上海银行股份有限公司	10880979
29	中国通用技术（集团）控股有限责任公司	17205778	10	东方国际（集团）有限公司	9571260
30	中国再保险（集团）股份有限公司	16397362	11	中国东方航空集团有限公司	8409619
31	中国国际技术智力合作集团有限公司	14665554	12	上海钢联电子商务股份有限公司	6577462
32	北京银行股份有限公司	12956100	13	上海闽路润贸易有限公司	5873227
33	百度网络技术有限公司	12449300	14	申能（集团）有限公司	5588972

续表

排名	企业名称	营业收入/万元
15	百联集团有限公司	4916028
16	上海农村商业银行股份有限公司	4613696
17	海通证券股份有限公司	4320547
18	上海中骏置业有限公司	4033480
19	源山投资控股有限公司	3996747
20	宝龙地产控股有限公司	3990246
21	东浩兰生（集团）有限公司	3802800
22	上海国际港务（集团）股份有限公司	3428870
23	上海均瑶（集团）有限公司	3380991
24	月星集团有限公司	3127700
25	中通快递股份有限公司	3040584
26	大华（集团）有限公司	2615874
27	中国万向控股有限公司	2531768
28	上海协通（集团）有限公司	2442419
29	携程计算机（上海）有限公司	2002900
30	广微控股有限公司	1970043
31	上海塑来信息技术有限公司	1780280
32	东方财富信息股份有限公司	1309432
33	上海环世物流（集团）有限公司	1244342
34	上海临港经济发展（集团）有限公司	1185137
35	上海春秋国际旅行社（集团）有限公司	1159514
36	东方明珠新媒体股份有限公司	906918
37	上海天地汇供应链科技有限公司	830057
38	上海龙宇燃油股份有限公司	797576
	合计	407067108
天津		
1	天津泰达投资控股有限公司	8594907
2	渤海银行股份有限公司	6818724
3	云账户技术（天津）有限公司	5252892
4	天津银行股份有限公司	3554260
5	天津港（集团）有限公司	2003920
6	天津现代集团有限公司	1796302
7	天津城市基础设施建设投资集团有限公司	1787672
8	天津农村商业银行股份有限公司	1630512
9	吉旗物联科技（天津）有限公司	1580274
10	汇金钢铁（天津）集团有限公司	1338405
11	渤海人寿保险股份有限公司	1188510
12	天津捷通达汽车投资集团有限公司	1157341
13	天津水务集团有限公司	1002536
14	天津滨海农村商业银行股份有限公司	960978
15	天津拾起卖科技集团有限公司	707099
	合计	39374332
重庆		
1	龙湖集团控股有限公司	22337547
2	重庆市金科投资控股（集团）有限责任公司	18563651
3	重庆华宇集团有限公司	8165839
4	重庆医药（集团）股份有限公司	6252045
5	重庆农村商业银行股份有限公司	5653390
6	重庆中昂投资集团有限公司	5318296
7	重庆新鸥鹏企业（集团）有限公司	4860485
8	重庆千信集团有限公司	4823765
9	华南物资集团有限公司	3977493
10	重庆银行股份有限公司	3046392
11	重庆高速公路集团有限公司	2788012
12	重庆对外经贸（集团）有限公司	2575704
13	重庆市能源投资集团有限公司	2248252
14	重庆市迪马实业股份有限公司	2046321
15	马上消费金融股份有限公司	1890966
16	砂之船商业管理集团有限公司	1861917
17	重庆交通运输控股（集团）有限公司	1767256
18	万友汽车投资有限公司	1390580
19	重庆三峡银行股份有限公司	1158174
20	欧菲斯集团股份有限公司	778968
21	重庆国际信托股份有限公司	774165
22	重庆百事达汽车有限公司	771820
	合计	103051038

续表

排名	企业名称	营业收入/万元
黑龙江		
1	黑龙江倍丰农业生产资料集团有限公司	1453244
2	黑龙江省农业投资集团有限公司	1315732
	合计	2768976
吉林		
1	吉林银行股份有限公司	1108494
2	长春欧亚集团股份有限公司	835200
	合计	1943694
辽宁		
1	盛京银行股份有限公司	4462523
	合计	4462523
河北		
1	新奥天然气股份有限公司	11591963
2	河北省物流产业集团有限公司	6595601
3	荣盛控股股份有限公司	5128906
4	河北省国和投资集团有限公司	4184608
5	庞大汽贸集团股份有限公司	2863304
6	河北高速公路集团有限公司	2263296
7	河北港口集团有限公司	2254281
8	曹妃甸国控投资集团有限公司	1934524
9	信誉楼百货集团有限公司	1764906
10	河北省国有资产控股运营有限公司	1733906
11	天晖（河北）供应链管理集团有限公司	1284688
12	石家庄北国人百集团有限责任公司	929285
13	卓正控股集团有限公司	927011
14	蓝池集团有限公司	883960
15	唐山港口实业集团有限公司	772432
	合计	45112671
河南		
1	建业控股有限公司	5573276
2	郑州瑞茂通供应链有限公司	5397086
3	洛阳国宏投资控股集团有限公司	2958899
4	河南交通投资集团有限公司	2867493
5	郑州银行股份有限公司	2858395
6	中原出版传媒投资控股集团有限公司	2267558
7	郑州公用事业投资发展集团有限公司	1341601
8	河南中钢网科技集团股份有限公司	936987
9	河南蓝天集团股份有限公司	918968
10	中原大易科技有限公司	746561
	合计	25866824
山东		
1	山东高速集团有限公司	20083604
2	山东省国有资产投资控股有限公司	9653160
3	山东省港口集团有限公司	8398272
4	青岛海发国有资本投资运营集团有限公司	7920021
5	水发集团有限公司	7703756
6	恒丰银行股份有限公司	4952800
7	青岛城市建设投资（集团）有限责任公司	4024649
8	新华锦集团	3951846
9	奥德集团有限公司	3519453
10	青岛西海岸新区海洋控股集团有限公司	3249642
11	山东省商业集团有限公司	3199109
12	青岛西海岸新区融合控股集团有限公司	3089412
13	青岛世纪瑞丰集团有限公司	3023553
14	利群集团股份有限公司	2875035
15	青岛银行股份有限公司	2191956
16	山东远通汽车贸易集团有限公司	2186599
17	瑞康医药集团股份有限公司	2105972
18	青岛经济技术开发区投资控股集团有限公司	2020358
19	淄博商厦股份有限公司	2010827
20	润华集团股份有限公司	1908924
21	青岛农村商业银行股份有限公司	1902779

续表

排名	企业名称	营业收入/万元
22	青岛军民融合发展集团有限公司	1521006
23	山东新天保智慧供应链有限公司	1497054
24	中泰证券股份有限公司	1314967
25	中创物流股份有限公司	1241383
26	海程邦达供应链管理股份有限公司	1191308
27	东营道阳石油贸易有限公司	907895
28	青岛百洋医药股份有限公司	705157
29	齐商银行股份有限公司	690918
	合计	109041415
山西		
1	山西云时代技术有限公司	2519289
2	山西美特好连锁超市股份有限公司	909771
3	山西大昌汽车集团有限公司	830007
	合计	4259067
陕西		
1	西安迈科金属国际集团有限公司	15987799
2	东岭集团股份有限公司	13276579
3	陕西投资集团有限公司	8407668
4	陕西交通控股集团有限公司	4234116
5	西安高科集团有限公司	2918943
6	西安城市基础设施建设投资集团有限公司	1757056
7	西安曲江文化产业投资（集团）有限公司	1742424
	合计	48324585
安徽		
1	安徽省交通控股集团有限公司	4512248
2	金鹏控股集团有限公司	3365794
3	合肥维天运通信息科技股份有限公司	3363800
4	文一投资控股有限公司	3308002
5	安徽辉隆投资集团有限公司	1926794
6	安徽出版集团有限责任公司	1750324
7	安徽新华发行（集团）控股有限公司	1649730

排名	企业名称	营业收入/万元
8	三七互娱网络科技集团股份有限公司	1621649
9	安徽华源医药集团股份有限公司	1384754
10	安徽灵通集团控股有限公司	1363132
11	安徽天星医药集团有限公司	1240010
12	安徽省众城集团	1023620
13	合肥城建发展股份有限公司	755730
	合计	27265587
江苏		
1	中南控股集团有限公司	26025762
2	江苏银行股份有限公司	12386344
3	弘阳集团有限公司	8809122
4	南京银行股份有限公司	7848214
5	江苏国泰国际集团股份有限公司	6785254
6	汇通达网络股份有限公司	6576317
7	南京新工投资集团有限责任公司	5493549
8	张家港市沃丰贸易有限公司	4974122
9	江苏汇鸿国际集团股份有限公司	4527842
10	通鼎集团有限公司	4525414
11	江阴长三角钢铁集团有限公司	3968749
12	张家港保税区彬鹏贸易有限公司	3355652
13	江苏满运软件科技有限公司	3325607
14	张家港保税区立信投资有限公司	3079310
15	江苏无锡朝阳集团股份有限公司	3005431
16	苏州金螳螂企业（集团）有限公司	2730375
17	张家港保税区昌荣贸易有限公司	2720199
18	无锡市不锈钢电子交易中心有限公司	2715163
19	南京新华海科技产业集团有限公司	2676520
20	东华能源股份有限公司	2636707
21	张家港保税区旭江贸易有限公司	2528587
22	江阴市金桥化工有限公司	2465531
23	无锡市交通产业集团有限公司	2381138
24	江苏华地国际控股集团有限公司	2325686
25	无锡市国联发展（集团）有限公司	2293211

续表

排名	企业名称	营业收入/万元	排名	企业名称	营业收入/万元
26	江苏省粮食集团有限责任公司	2150293	4	长沙银行股份有限公司	3787604
27	常州市化工轻工材料总公司	2093618	5	华融湘江银行股份有限公司	2149514
28	江苏省苏豪控股集团有限公司	2019002	6	湖南永通集团有限公司	1716001
29	中国江苏国际经济技术合作集团有限公司	1954557	7	湖南博深实业集团有限公司	1692297
30	张家港保税区日祥贸易有限公司	1944913	8	现代投资股份有限公司	1609893
31	江苏大经供应链股份有限公司	1879463	9	老百姓大药房连锁股份有限公司	1569566
32	徐州东方物流集团有限公司	1568931	10	芒果超媒股份有限公司	1535586
33	苏州裕景泰控股有限公司	1523180	11	益丰大药房连锁股份有限公司	1532631
34	江苏省煤炭运销有限公司	1504439	12	爱尔眼科医院集团股份有限公司	1500081
35	玖隆钢铁物流有限公司	1399587	13	湖南兰天集团有限公司	1352616
36	无锡市市政公用产业集团有限公司	1189416	14	安克创新科技股份有限公司	1257420
37	南京红太阳跨境供应链有限公司	1057436	15	中南出版传媒集团股份有限公司	1133144
38	无锡城建发展集团有限公司	1014217	16	湖南佳惠百货有限责任公司	983701
39	江苏易汇聚软件科技有限公司	976611	17	方正证券股份有限公司	862120
40	盐城市国有资产投资集团有限公司	962090	18	株洲市城市建设发展集团有限公司	699198
41	江苏嘉奕和铜业科技发展有限公司	920121		合计	38170418
42	孩子王儿童用品股份有限公司	904888			
43	无锡农村商业银行股份有限公司	867178	湖北		
44	无锡安井食品营销有限公司	859163	1	卓尔控股有限公司	12803758
45	江苏张家港农村商业银行股份有限公司	827527	2	九州通医药集团股份有限公司	12240743
46	无锡市宝金石油化工有限公司	802656	3	恒信汽车集团股份有限公司	8021367
47	江阴达赛贸易有限公司	790682	4	湖北联投集团有限公司	6470681
48	江苏采木工业互联网科技有限公司	783854	5	武汉金融控股（集团）有限公司	5267463
49	江苏新三中国际贸易有限公司	773393	6	湖北交通投资集团有限公司	5222435
50	江阴市凯竹贸易有限公司	758638	7	武汉商贸集团有限公司	3463580
51	江阴宝靖有色金属材料有限公司	741747	8	武汉联杰能源有限公司	3085003
52	张家港银贝贸易有限公司	731963	9	奥山集团有限公司	2524143
53	江苏锡鹿国际贸易有限公司	698209	10	武汉市城市建设投资开发集团有限公司	2390114
	合计	163857578	11	武汉农村商业银行股份有限公司	1572035
			12	湖北港口集团有限公司	1297230
湖南			13	湖北文化旅游集团有限公司	1066121
1	大汉控股集团有限公司	6753204	14	湖北银丰实业集团有限责任公司	1004560
2	步步高投资集团股份有限公司	4086796	15	良品铺子股份有限公司	932361
3	湖南省高速公路集团有限公司	3949046	16	长江设计集团有限公司	890882

续表

排名	企业名称	营业收入/万元
	合计	68252476
江西		
1	南昌市政公用集团有限公司	5630743
2	江西省交通投资集团有限责任公司	4048122
3	江西银行股份有限公司	2245959
4	九江银行股份有限公司	2130656
5	绿滋肴控股集团有限公司	1159154
	合计	15214634
浙江		
1	阿里巴巴（中国）有限公司	83640500
2	物产中大集团股份有限公司	56713118
3	浙江省交通投资集团有限公司	30161954
4	杭州市实业投资集团有限公司	18105521
5	浙江省兴合集团有限责任公司	14920459
6	传化集团有限公司	14444414
7	浙江省能源集团有限公司	13686276
8	中基宁波集团股份有限公司	10954361
9	浙江省国际贸易集团有限公司	8426493
10	绿城房地产集团有限公司	7947746
11	远大物产集团有限公司	7893602
12	浙江前程投资股份有限公司	6707005
13	杭州市城市建设投资集团有限公司	5618319
14	祥生地产集团有限公司	4371903
15	杭州东恒石油有限公司	4020492
16	杭州滨江房产集团股份有限公司	3797636
17	浙江永安资本管理有限公司	3579359
18	华东医药股份有限公司	3456330
19	浙江省海港投资运营集团有限公司	3288687
20	浙江建华集团有限公司	2816509
21	浙江宝利德股份有限公司	2753124
22	浙江英特药业有限责任公司	2672835
23	申通快递股份有限公司	2525477
24	宁波君安控股有限公司	1889899
25	浙江中外运有限公司	1887103
26	浙江省农村发展集团有限公司	1680896
27	日出实业集团有限公司	1641484
28	欧龙汽车贸易集团有限公司	1560052
29	金帝联合控股集团有限公司	1479371
30	杭州联华华商集团有限公司	1408695
31	浙江世纪华通集团股份有限公司	1392901
32	浙江出版联合集团有限公司	1352331
33	邦芒服务外包有限公司	1332796
34	杭州市商贸旅游集团有限公司	1329735
35	绿城物业服务集团有限公司	1256613
36	宁波港东南物流集团有限公司	1237525
37	华茂集团股份有限公司	1184452
38	宁波滕头集团有限公司	1156790
39	嘉悦物产集团有限公司	1133047
40	宁波海田控股集团有限公司	1042445
41	浙江凯喜雅国际股份有限公司	1042359
42	浙江绍兴苏泊尔家居用品有限公司	934196
43	浙江华瑞集团有限公司	868093
44	海越能源集团股份有限公司	828195
45	浙北大厦集团有限公司	807529
46	浙江东海长城石化股份有限公司	767156
47	万马联合控股集团有限公司	765317
48	绍兴银行股份有限公司	759522
49	宁波宁兴控股股份有限公司	701077
	合计	343941699
广东		
1	中国平安保险（集团）股份有限公司	118044400
2	中国南方电网有限责任公司	67160048
3	腾讯控股有限公司	56011800
4	碧桂园控股有限公司	52306400
5	招商银行股份有限公司	46226100

续表

排名	企业名称	营业收入/万元	排名	企业名称	营业收入/万元
6	万科企业股份有限公司	45279778	40	广州轻工工贸集团有限公司	2064149
7	深圳市投资控股有限公司	24252788	41	广州珠江实业集团有限公司	1922264
8	顺丰控股股份有限公司	20718665	42	广州华多网络科技有限公司	1790445
9	华侨城集团有限公司	16680925	43	深圳市九立供应链股份有限公司	1682454
10	珠海华发集团有限公司	14194254	44	大参林药业集团股份有限公司	1675933
11	阳光保险集团股份有限公司	12006759	45	广州无线电集团有限公司	1639085
12	唯品会控股有限公司	11705968	46	深圳市华富洋供应链有限公司	1591335
13	广东省广晟控股集团有限公司	10595462	47	深圳市博科供应链管理有限公司	1500527
14	广东鼎龙实业集团有限公司	10258384	48	广东乐居商贸集团有限公司	1497243
15	中国南方航空集团有限公司	10248525	49	广州酷狗计算机科技有限公司	1421191
16	金地（集团）股份有限公司	9923222	50	广东鸿粤汽车销售集团有限公司	1370882
17	振烨国际产业控股集团（深圳）有限公司	9601924	51	佛燃能源集团股份有限公司	1353118
18	深圳市爱施德股份有限公司	9516565	52	广州港集团有限公司	1348378
19	广州越秀集团股份有限公司	8716181	53	广州地铁集团有限公司	1345938
20	广东省广新控股集团有限公司	8321410	54	东莞农村商业银行股份有限公司	1311769
21	前海人寿保险股份有限公司	8099748	55	深圳市英捷迅实业发展有限公司	1287238
22	广东省广物控股集团有限公司	6691949	56	广州元亨能源有限公司	1286128
23	广东省交通集团有限公司	5394085	57	广州岭南商旅投资集团有限公司	1268412
24	深圳金雅福控股集团有限公司	5152153	58	广州交通投资集团有限公司	1153417
25	奥园集团有限公司	5006709	59	仕邦控股有限公司	1138125
26	广州产业投资控股集团有限公司	4908951	60	深圳乐信控股有限公司	1138052
27	深圳前海微众银行股份有限公司	4795005	61	广东澳康达二手车经销有限公司	1137958
28	深圳市中农网有限公司	4744903	62	鑫荣懋果业科技集团股份有限公司	1083546
29	深圳市信利康供应链管理有限公司	4717206	63	广州纺织工贸企业集团有限公司	1061986
30	广州农村商业银行股份有限公司	4678330	64	国任财产保险股份有限公司	1037320
31	广东宏川集团有限公司	4492966	65	广东南海农村商业银行股份有限公司	1025980
32	广东粤海控股集团有限公司	3939653	66	广州市水务投资集团有限公司	1016566
33	广州市城市建设投资集团有限公司	3682715	67	深圳市深粮控股股份有限公司	1013956
34	广发证券股份有限公司	3424999	68	广州南方投资集团有限公司	928438
35	深圳华强集团有限公司	3147902	69	高金富恒集团有限公司	840408
36	优合集团有限公司	2711633	70	广州开发区控股集团有限公司	811368
37	利泰集团有限公司	2532785	71	东莞市水务集团有限公司	795558
38	广州金融控股集团有限公司	2370120	72	广东省中山丝绸进出口集团有限公司	751898
39	深圳市宝德投资控股有限公司	2223667	73	宝裕发展有限公司	737976

续表

排名	企业名称	营业收入/万元	排名	企业名称	营业收入/万元
74	深圳市酷动数码有限公司	736443	16	兴业证券股份有限公司	2407294
75	广州南菱汽车股份有限公司	693012	17	厦门翔业集团有限公司	1783558
	合计	688943533	18	鹭燕医药股份有限公司	1754540
			19	厦门夏商集团有限公司	1685442
四川			20	福建纵腾网络有限公司	1682561
1	四川省能源投资集团有限责任公司	7420699	21	一柏集团有限公司	1595117
2	四川省商业投资集团有限责任公司	4795431	22	厦门恒兴集团有限公司	1402383
3	四川航空股份有限公司	1948107	23	中国（福建）对外贸易中心集团有限责任公司	1337471
4	四川邦泰投资有限责任公司	1716251			
5	四川特驱农牧科技集团有限公司	1713946	24	福建省旅游发展集团有限公司	1288613
6	成都建国汽车贸易有限公司	1490147	25	厦门市嘉晟对外贸易有限公司	1257006
7	四川众心乐旅游资源开发有限公司	1444427	26	厦门鑫东森控股有限公司	1152518
8	四川华油集团有限责任公司	1396534	27	福建漳州城投集团有限公司	1136117
9	四川新华出版发行集团有限公司	1121179	28	福州锦泽石化有限公司	1108618
10	四川盛世元亨国际贸易有限公司	1033951	29	厦门火炬集团有限公司	1088554
11	四川德康农牧食品集团股份有限公司	990433	30	厦门市明穗粮油贸易有限公司	1062011
	合计	25071105	31	厦门经济特区房地产开发集团有限公司	1056231
			32	福建省人力资源服务有限公司	964092
福建			33	龙岩文旅汇金发展集团有限公司	928908
1	厦门建发集团有限公司	71957617	34	厦门金圆投资集团有限公司	922931
2	厦门国贸控股集团有限公司	60498494	35	福建省华荣建设集团有限公司	889594
3	厦门象屿集团有限公司	48438283	36	福建三木集团股份有限公司	860048
4	兴业银行股份有限公司	39560200	37	新大陆科技集团有限公司	826479
5	永辉超市股份有限公司	9106189	38	福建发展集团有限公司	732553
6	厦门路桥工程物资有限公司	8342169	39	厦门安居控股集团有限公司	714437
7	福建省港口集团有限责任公司	6504841	40	福建网龙计算机网络信息技术有限公司	703550
8	厦门港务控股集团有限公司	5260428		合计	302465339
9	厦门中骏集团有限公司	4033480			
10	福州城市建设投资集团有限公司	3525495	广西壮族自治区		
11	漳州市九龙江集团有限公司	3447274	1	广西投资集团有限公司	20616624
12	厦门海沧投资集团有限公司	3076013	2	广西北部湾国际港务集团有限公司	10045755
13	福建漳龙集团有限公司	2937123	3	广西交通投资集团有限公司	5925008
14	联发集团有限公司	2729983	4	广西现代物流集团有限公司	2986300
15	厦门禹洲集团股份有限公司	2707124	5	桂林银行股份有限公司	2094202

续表

排名	企业名称	营业收入/万元
6	广西北部湾银行股份有限公司	1733341
7	广西柳药集团股份有限公司	1713482
8	广西自贸区钦州港片区开发投资集团有限责任公司	1075204
9	广西农村投资集团有限公司	1034402
10	南宁威宁投资集团有限责任公司	870617
11	柳州银行股份有限公司	857951
12	广西云星集团有限公司	815075
	合计	49767961
贵州		
1	贵州现代物流产业（集团）有限责任公司	2405717
2	贵州银行股份有限公司	2350469
	合计	4756186
云南		
1	云南省投资控股集团有限公司	20566014
2	云南省能源投资集团有限公司	13999577
3	昆明市交通投资有限责任公司	4561721
	合计	39127312
甘肃		
1	甘肃省公路航空旅游投资集团有限公司	16365155
2	兰州新区商贸物流投资集团有限公司	9766850
3	甘肃国通大宗商品供应链管理股份有限公司	1252375
	合计	27384380
青海		
1	青海省物产集团有限公司	1029500
	合计	1029500
新疆维吾尔自治区		
1	新疆广汇实业投资（集团）有限责任公司	20322327
2	新疆农资（集团）有限责任公司	764829
	合计	21087156
内蒙古自治区		
1	内蒙古电力（集团）有限责任公司	9324739
2	内蒙古公路交通投资发展有限公司	1560215
	合计	10884954
海南		
1	海南航空控股股份有限公司	3400202
	合计	3400202

表 11－4 2022 中国服务业企业 500 强净利润排序前 100 名企业

排名	公司名称	净利润/万元	排名	公司名称	净利润/万元
1	中国工商银行股份有限公司	34833800	51	东方财富信息股份有限公司	855293
2	中国建设银行股份有限公司	30251300	52	中国南方电网有限责任公司	841150
3	中国农业银行股份有限公司	24118300	53	振烨国际产业控股集团（深圳）有限公司	771429
4	腾讯控股有限公司	22482200	54	厦门建发集团有限公司	718654
5	中国银行股份有限公司	21655900	55	深圳前海微众银行股份有限公司	688376
6	招商银行股份有限公司	11992200	56	北京江南投资集团有限公司	671835
7	中国平安保险（集团）股份有限公司	10161800	57	重庆中昂投资集团有限公司	666837
8	中国移动通信集团有限公司	9436108	58	恒丰银行股份有限公司	638100
9	交通银行股份有限公司	8758100	59	中国再保险（集团）股份有限公司	636300
10	兴业银行股份有限公司	8268000	60	长沙银行股份有限公司	630438
11	中国医药集团有限公司	7846699	61	绿地控股集团股份有限公司	617903
12	阿里巴巴（中国）有限公司	5778200	62	宝龙地产控股有限公司	599210
13	招商局集团有限公司	5499226	63	阳光保险集团股份有限公司	590513
14	上海浦东发展银行股份有限公司	5300300	64	浙江省交通投资集团有限公司	583449
15	国家电网有限公司	4604112	65	联想控股股份有限公司	575489
16	中国远洋海运集团有限公司	4141597	66	东莞农村商业银行股份有限公司	558970
17	中国邮政集团有限公司	3859218	67	安徽省交通控股集团有限公司	543148
18	中国民生银行股份有限公司	3438100	68	申能（集团）有限公司	500870
19	国家开发投资集团有限公司	3412071	69	中通快递股份有限公司	475483
20	中国中信集团有限公司	3154971	70	兴业证券股份有限公司	474307
21	中国华润有限公司	2954963	71	湖北交通投资集团有限公司	472745
22	中国太平洋保险（集团）股份有限公司	2683445	72	海南航空控股股份有限公司	472093
23	碧桂园控股有限公司	2679700	73	唯品会控股有限公司	468107
24	泰康保险集团股份有限公司	2468118	74	重庆银行股份有限公司	466374
25	中国光大集团股份公司	2411442	75	广州越秀集团股份有限公司	444580
26	龙湖集团控股有限公司	2385369	76	山东高速集团有限公司	442269
27	华夏银行股份有限公司	2353500	77	顺丰控股股份有限公司	426910
28	万科企业股份有限公司	2252403	78	新奥天然气股份有限公司	410165
29	北京银行股份有限公司	2222600	79	奥德集团有限公司	407237
30	上海银行股份有限公司	2204245	80	物产中大集团股份有限公司	401755
31	中国人民保险集团股份有限公司	2163800	81	传化集团有限公司	391115
32	中国人寿保险（集团）公司	1991337	82	北京中能昊龙投资控股集团有限公司	388616
33	江苏银行股份有限公司	1969437	83	浙江省能源集团有限公司	373897
34	网易公司	1685684	84	广东粤海控股集团有限公司	371489
35	南京银行股份有限公司	1585676	85	贵州银行股份有限公司	370570
36	新华人寿保险股份有限公司	1495100	86	上海中骏置业有限公司	332429
37	上海国际港务（集团）股份有限公司	1468205	87	厦门中骏集团有限公司	332429
38	中国保利集团有限公司	1323230	88	郑州银行股份有限公司	322619
39	海通证券股份有限公司	1282652	89	中泰证券股份有限公司	320001
40	中国电信集团有限公司	1248156	90	天津银行股份有限公司	319603
41	广发证券股份有限公司	1085412	91	中国联合网络通信集团有限公司	318788
42	深圳市投资控股有限公司	1063772	92	广州农村商业银行股份有限公司	317521
43	百度网络技术有限公司	1022600	93	大华（集团）有限公司	316512
44	上海农村商业银行股份有限公司	969787	94	浙江省海港投资运营集团有限公司	316219
45	中粮集团有限公司	966171	95	绿城房地产集团有限公司	312531
46	重庆农村商业银行股份有限公司	955971	96	广东省交通集团有限公司	307919
47	金地（集团）股份有限公司	940952	97	中国太平保险集团有限责任公司	307592
48	重庆华宇集团有限公司	936320	98	华融湘江银行股份有限公司	307552
49	奥山集团有限公司	867503	99	青岛农村商业银行股份有限公司	306555
50	渤海银行股份有限公司	862972	100	广东南海农村商业银行股份有限公司	304329
				中国服务业企业 500 强平均数	631316

表11－5　2022中国服务业企业500强资产排序前100名企业

排名	公司名称	资产/万元	排名	公司名称	资产/万元
1	中国工商银行股份有限公司	3517138300	51	广州越秀集团股份有限公司	78247953
2	中国建设银行股份有限公司	3025397900	52	国家开发投资集团有限公司	76637289
3	中国农业银行股份有限公司	2906915500	53	浙江省交通投资集团有限公司	74543672
4	中国银行股份有限公司	2672240800	54	海通证券股份有限公司	74492515
5	中国邮政集团有限公司	1316870009	55	天津银行股份有限公司	71990393
6	交通银行股份有限公司	1166575700	56	中粮集团有限公司	68601206
7	中国平安保险（集团）股份有限公司	1014202600	57	甘肃省公路航空旅游投资集团有限公司	68103091
8	招商银行股份有限公司	924902100	58	联想控股股份有限公司	68068617
9	中国中信集团有限公司	880968219	59	华侨城集团有限公司	67982672
10	兴业银行股份有限公司	860302400	60	广西投资集团有限公司	66904771
11	上海浦东发展银行股份有限公司	813675700	61	厦门建发集团有限公司	65883882
12	中国民生银行股份有限公司	695278600	62	湖南省高速公路集团有限公司	63621407
13	中国光大集团股份公司	652807985	63	中国联合网络通信集团有限公司	62701575
14	中国人寿保险（集团）公司	573651627	64	重庆银行股份有限公司	61895362
15	国家电网有限公司	467152425	65	东莞农村商业银行股份有限公司	59336109
16	华夏银行股份有限公司	367628700	66	珠海华发集团有限公司	57742333
17	北京银行股份有限公司	305895900	67	郑州银行股份有限公司	57497966
18	上海银行股份有限公司	265319868	68	中国医药集团有限公司	56402153
19	江苏银行股份有限公司	261887426	69	湖北交通投资集团有限公司	55016591
20	招商局集团有限公司	250876457	70	陕西交通控股集团有限公司	54579176
21	中国移动通信集团有限公司	214651950	71	云南省投资控股集团有限公司	53729114
22	中国华润有限公司	202110927	72	广发证券股份有限公司	53585532
23	碧桂园控股有限公司	194836500	73	广西交通投资集团有限公司	53533965
24	中国太平洋保险（集团）股份有限公司	194616377	74	广州地铁集团有限公司	52693511
25	万科企业股份有限公司	193863813	75	青岛银行股份有限公司	52224961
26	阿里巴巴（中国）有限公司	176056700	76	绿城房地产集团有限公司	52047285
27	南京银行股份有限公司	174894675	77	江西银行股份有限公司	50855981
28	中国保利集团有限公司	174015716	78	贵州银行股份有限公司	50388016
29	腾讯控股有限公司	161236400	79	中国再保险（集团）股份有限公司	50043900
30	渤海银行股份有限公司	158270760	80	京东集团股份有限公司	49650700
31	中国中化控股有限责任公司	153562145	81	吉林银行股份有限公司	48833473
32	绿地控股集团股份有限公司	146909791	82	金地（集团）股份有限公司	46280951
33	中国人民保险集团股份有限公司	137640200	83	九江银行股份有限公司	46150298
34	泰康保险集团股份有限公司	132977846	84	广东省交通集团有限公司	44930543
35	重庆农村商业银行股份有限公司	126585107	85	青岛城市建设投资（集团）有限责任公司	44689665
36	恒丰银行股份有限公司	121725900	86	桂林银行股份有限公司	44255790
37	广州农村商业银行股份有限公司	116162863	87	阳光保险集团股份有限公司	44162388
38	上海农村商业银行股份有限公司	115837626	88	深圳前海微众银行股份有限公司	43874781
39	山东高速集团有限公司	113918465	89	天津泰达投资控股有限公司	43206447
40	中国太平保险集团有限责任公司	112866654	90	青岛农村商业银行股份有限公司	43043809
41	新华人寿保险股份有限公司	112772100	91	华融湘江银行股份有限公司	42598368
42	中国南方电网有限责任公司	108223257	92	北京首都创业集团有限公司	42347271
43	盛京银行股份有限公司	100612625	93	北京控股集团有限公司	41074964
44	中国电信集团有限公司	98976966	94	北京能源集团有限责任公司	40014870
45	中国远洋海运集团有限公司	97615126	95	中南控股集团有限公司	38899985
46	深圳市投资控股有限公司	93477161	96	重庆市金科投资控股（集团）有限责任公司	38090188
47	龙湖集团控股有限公司	87565111	97	百度网络技术有限公司	38003400
48	天津城市基础设施建设投资集团有限公司	87297864	98	武汉农村商业银行股份有限公司	37275790
49	广州金融控股集团有限公司	80442230	99	天津农村商业银行股份有限公司	37275380
50	长沙银行股份有限公司	79615032	100	前海人寿保险股份有限公司	37205569
				中国服务业企业500强平均数	64510571

表11－6 2022中国服务业企业500强从业人数排序前100名企业

排名	公司名称	从业人数/人	排名	公司名称	从业人数/人
1	国家电网有限公司	969289	51	中国民生银行股份有限公司	60232
2	中国邮政集团有限公司	748920	52	泰康保险集团股份有限公司	58853
3	中国人民保险集团股份有限公司	669683	53	广东省广晟控股集团有限公司	57490
4	中国农业银行股份有限公司	455174	54	山东省港口集团有限公司	56792
5	中国移动通信集团有限公司	451331	55	中国再保险（集团）股份有限公司	55407
6	中国工商银行股份有限公司	434089	56	广东省交通集团有限公司	55373
7	中国电信集团有限公司	394600	57	甘肃省公路航空旅游投资集团有限公司	55048
8	京东集团股份有限公司	385357	58	华侨城集团有限公司	53127
9	中国建设银行股份有限公司	375531	59	国家开发投资集团有限公司	52810
10	中国华润有限公司	362706	60	山东高速集团有限公司	52407
11	中国平安保险（集团）股份有限公司	355982	61	云南省投资控股集团有限公司	52077
12	中国银行股份有限公司	306322	62	珠海华发集团有限公司	51526
13	中国南方电网有限责任公司	282440	63	广州无线电集团有限公司	51401
14	招商局集团有限公司	264161	64	金地（集团）股份有限公司	47985
15	中国联合网络通信集团有限公司	255413	65	百联集团有限公司	47945
16	中国中化控股有限责任公司	220760	66	百度网络技术有限公司	45500
17	中国医药集团有限公司	196568	67	龙湖集团控股有限公司	44065
18	中国人寿保险（集团）公司	182646	68	中华联合保险集团股份有限公司	42919
19	顺丰控股股份有限公司	177129	69	浙江省交通投资集团有限公司	40776
20	中国中信集团有限公司	148108	70	新奥天然气股份有限公司	39474
21	万科企业股份有限公司	139494	71	山东省国有资产投资控股有限公司	39381
22	永辉超市股份有限公司	123797	72	武汉商贸集团有限公司	39376
23	中国南方航空集团有限公司	114779	73	华夏银行股份有限公司	39200
24	中国太平洋保险（集团）股份有限公司	114108	74	重庆交通运输控股（集团）有限公司	37815
25	腾讯控股有限公司	112771	75	绿城物业服务集团有限公司	37639
26	中国保利集团有限公司	110785	76	广州越秀集团股份有限公司	37453
27	中粮集团有限公司	107829	77	海南航空控股股份有限公司	36892
28	中国远洋海运集团有限公司	107551	78	北京首都创业集团有限公司	36650
29	招商银行股份有限公司	103669	79	厦门建发集团有限公司	36334
30	碧桂园控股有限公司	100705	80	山东省商业集团有限公司	36130
31	美团公司	100033	81	内蒙古电力（集团）有限责任公司	36087
32	物美科技集团有限公司	100000	82	南京新工投资集团有限责任公司	35510
33	中南控股集团有限公司	100000	83	广西投资集团有限公司	35369
34	中国东方航空集团有限公司	99207	84	新华人寿保险股份有限公司	34434
35	中国光大集团股份公司	95000	85	杭州市城市建设投资集团有限公司	34328
36	交通银行股份有限公司	90238	86	益丰大药房连锁股份有限公司	33749
37	软通动力信息技术（集团）股份有限公司	90000	87	携程计算机（上海）有限公司	33732
38	中国国际航空股份有限公司	88395	88	北京能源集团有限责任公司	33620
39	联想控股股份有限公司	88000	89	陕西交通控股集团有限公司	33316
40	深圳市投资控股有限公司	86030	90	福建省港口集团有限责任公司	32799
41	绿地控股集团股份有限公司	79999	91	信誉楼百货集团有限公司	32771
42	北京控股集团有限公司	75416	92	大参林药业集团股份有限公司	32337
43	新疆广汇实业投资（集团）有限责任公司	73109	93	砂之船商业管理集团有限公司	32148
44	东方国际（集团）有限公司	71960	94	南昌市政公用集团有限公司	32116
45	中国通用技术（集团）控股有限责任公司	70698	95	网易公司	32064
46	阿里巴巴（中国）有限公司	70000	96	广西北部湾国际港务集团有限公司	31907
47	中国太平保险集团有限责任公司	68441	97	广州市城市建设投资集团有限公司	31739
48	上海浦东发展银行股份有限公司	63361	98	厦门国贸控股集团有限公司	31689
49	兴业银行股份有限公司	62540	99	西安城市基础设施建设投资集团有限公司	30246
50	阳光保险集团股份有限公司	60950	100	广州地铁集团有限公司	29893
				中国服务业企业500强平均数	30419

表 11－7　2022 中国服务业企业 500 强研发费用排序前 100 名企业

排名	公司名称	研发费用/万元	排名	公司名称	研发费用/万元
1	阿里巴巴（中国）有限公司	5782300	51	青岛城市建设投资（集团）有限责任公司	75118
2	中国移动通信集团有限公司	3072090	52	华侨城集团有限公司	74673
3	中国电信集团有限公司	1824529	53	新华人寿保险股份有限公司	72921
4	美团公司	1667560	54	东方财富信息股份有限公司	72397
5	国家电网有限公司	1632964	55	新大陆科技集团有限公司	71943
6	招商银行股份有限公司	1329100	56	云南省投资控股集团有限公司	70905
7	联想控股股份有限公司	1265566	57	奥德集团有限公司	70741
8	携程计算机（上海）有限公司	899200	58	水发集团有限公司	70546
9	中国中信集团有限公司	607384	59	江苏银行股份有限公司	68377
10	中国医药集团有限公司	601064	60	广东省交通集团有限公司	63859
11	山东省国有资产投资控股有限公司	518633	61	广西投资集团有限公司	58117
12	中国联合网络通信集团有限公司	477842	62	深圳乐信控股有限公司	54928
13	山东高速集团有限公司	342476	63	广州市城市建设投资集团有限公司	52981
14	中国南方电网有限责任公司	316631	64	马上消费金融股份有限公司	52180
15	中国远洋海运集团有限公司	263669	65	江西省交通投资集团有限责任公司	51981
16	深圳前海微众银行股份有限公司	242256	66	天津泰达投资控股有限公司	50205
17	北京能源集团有限责任公司	234985	67	青岛西海岸新区海洋控股集团有限公司	48977
18	广东省广新控股集团有限公司	234739	68	广西北部湾银行股份有限公司	47172
19	北京控股集团有限公司	232178	69	陕西投资集团有限公司	47079
20	中南控股集团有限公司	228915	70	广西北部湾国际港务集团有限公司	46809
21	顺丰控股股份有限公司	215484	71	中国邮政集团有限公司	45746
22	恒丰银行股份有限公司	211100	72	唯品会控股有限公司	44474
23	浙江世纪华通集团股份有限公司	196633	73	永辉超市股份有限公司	42810
24	龙湖集团控股有限公司	190758	74	广州交通投资集团有限公司	38942
25	广州无线电集团有限公司	187082	75	广州珠江实业集团有限公司	38300
26	海通证券股份有限公司	185483	76	无锡市国联发展（集团）有限公司	38023
27	广州华多网络科技有限公司	184937	77	长沙银行股份有限公司	37673
28	绿地控股集团股份有限公司	174090	78	长江设计集团有限公司	37300
29	中国通用技术（集团）控股有限责任公司	160222	79	天津银行股份有限公司	36730
30	国家开发投资集团有限公司	158913	80	云南省能源投资集团有限公司	36103
31	深圳华强集团有限公司	155938	81	广州地铁集团有限公司	35354
32	交通银行股份有限公司	146851	82	中国东方航空集团有限公司	34906
33	广东省广晟控股集团有限公司	141426	83	浙江省国际贸易集团有限公司	34881
34	三七互娱网络科技集团股份有限公司	125023	84	武汉商贸集团有限公司	34395
35	新奥天然气股份有限公司	116240	85	新疆广汇实业投资（集团）有限责任公司	34358
36	福建网龙计算机网络信息技术有限公司	115934	86	无锡市市政公用产业集团有限公司	33678
37	中国万向控股有限公司	113635	87	高金富恒集团有限公司	33532
38	广州产业投资控股集团有限公司	104009	88	天津港（集团）有限公司	33487
39	珠海华发集团有限公司	101844	89	青岛海发国有资本投资运营集团有限公司	33300
40	软通动力信息技术（集团）股份有限公司	100105	90	江西银行股份有限公司	33100
41	传化集团有限公司	99429	91	广东粤海控股集团有限公司	33097
42	华东医药股份有限公司	97964	92	卓尔控股有限公司	31908
43	泰康保险集团股份有限公司	94396	93	贵州银行股份有限公司	31819
44	深圳市投资控股有限公司	91998	94	西安曲江文化产业投资（集团）有限公司	31364
45	中国南方航空集团有限公司	91089	95	山东省商业集团有限公司	30841
46	浙江省能源集团有限公司	88489	96	漳州市九龙江集团有限公司	30825
47	中通快递股份有限公司	88100	97	佛燃能源集团股份有限公司	30097
48	苏州金螳螂企业（集团）有限公司	86521	98	湖北交通投资集团有限公司	29839
49	安克创新科技股份有限公司	77843	99	东方明珠新媒体股份有限公司	28449
50	通鼎集团有限公司	77811	100	东方国际（集团）有限公司	27365
				中国服务业企业 500 强平均数	89443

表 11－8 2022 中国服务业企业 500 强研发强度排序前 100 名企业

排名	公司名称	研发强度/%	排名	公司名称	研发强度/%
1	携程计算机（上海）有限公司	44.89	51	天津港（集团）有限公司	1.67
2	福建网龙计算机网络信息技术有限公司	16.48	52	无锡市国联发展（集团）有限公司	1.66
3	浙江世纪华通集团股份有限公司	14.12	53	天津滨海农村商业银行股份有限公司	1.55
4	广州无线电集团有限公司	11.41	54	青岛西海岸新区海洋控股集团有限公司	1.51
5	广州华多网络科技有限公司	10.33	55	江西银行股份有限公司	1.47
6	美团公司	9.31	56	中国联合网络通信集团有限公司	1.45
7	新大陆科技集团有限公司	8.70	57	广州市城市建设投资集团有限公司	1.44
8	三七互娱网络科技集团股份有限公司	7.71	58	广州南方投资集团有限公司	1.41
9	阿里巴巴（中国）有限公司	6.91	59	天津水务集团有限公司	1.36
10	安克创新科技股份有限公司	6.19	60	贵州银行股份有限公司	1.35
11	软通动力信息技术（集团）股份有限公司	6.02	61	广东省广晟控股集团有限公司	1.33
12	东方财富信息股份有限公司	5.53	62	江西省交通投资集团有限责任公司	1.28
13	山东省国有资产投资控股有限公司	5.37	63	广州开发区控股集团有限公司	1.26
14	深圳前海微众银行股份有限公司	5.05	64	郑州公用事业投资发展集团有限公司	1.21
15	深圳华强集团有限公司	4.95	65	广东省交通集团有限公司	1.18
16	深圳乐信控股有限公司	4.83	66	中泰证券股份有限公司	1.18
17	中国万向控股有限公司	4.49	67	九江银行股份有限公司	1.16
18	海通证券股份有限公司	4.29	68	孩子王儿童用品股份有限公司	1.12
19	恒丰银行股份有限公司	4.26	69	顺丰控股股份有限公司	1.04
20	长江设计集团有限公司	4.19	70	广州轻工工贸集团有限公司	1.04
21	高金富恒集团有限公司	3.99	71	天津银行股份有限公司	1.03
22	中国移动通信集团有限公司	3.61	72	上海春秋国际旅行社（集团）有限公司	1.03
23	中国电信集团有限公司	3.38	73	新奥天然气股份有限公司	1.00
24	广州交通投资集团有限公司	3.38	74	长沙银行股份有限公司	0.99
25	苏州金螳螂企业（集团）有限公司	3.17	75	武汉商贸集团有限公司	0.99
26	东方明珠新媒体股份有限公司	3.14	76	中国中信集团有限公司	0.98
27	中通快递股份有限公司	2.90	77	山东省商业集团有限公司	0.96
28	招商银行股份有限公司	2.88	78	株洲市城市建设发展集团有限公司	0.94
29	华东医药股份有限公司	2.83	79	中国通用技术（集团）控股有限责任公司	0.93
30	无锡市市政公用产业集团有限公司	2.83	80	水发集团有限公司	0.92
31	广东省广新控股集团有限公司	2.82	81	漳州市九龙江集团有限公司	0.89
32	马上消费金融股份有限公司	2.76	82	中国南方航空集团有限公司	0.89
33	广西北部湾银行股份有限公司	2.72	83	中南控股集团有限公司	0.88
34	北京能源集团有限责任公司	2.67	84	深圳市宝德投资控股有限公司	0.87
35	广州地铁集团有限公司	2.63	85	中国医药集团有限公司	0.86
36	广州市水务投资集团有限公司	2.60	86	龙湖集团控股有限公司	0.85
37	联想控股股份有限公司	2.58	87	广东粤海控股集团有限公司	0.84
38	中原大易科技有限公司	2.32	88	国家开发投资集团有限公司	0.82
39	佛燃能源集团股份有限公司	2.22	89	安徽辉隆投资集团有限公司	0.79
40	北京控股集团有限公司	2.13	90	江苏满运软件科技有限公司	0.75
41	广州产业投资控股集团有限公司	2.12	91	福建纵腾网络有限公司	0.73
42	奥德集团有限公司	2.01	92	上海天地汇供应链科技有限公司	0.73
43	齐商银行股份有限公司	2.00	93	唐山港口实业集团有限公司	0.72
44	广州珠江实业集团有限公司	1.99	94	珠海华发集团有限公司	0.72
45	广州酷狗计算机科技有限公司	1.88	95	华茂集团股份有限公司	0.72
46	青岛城市建设投资（集团）有限责任公司	1.87	96	上海均瑶（集团）有限公司	0.71
47	西安曲江文化产业投资（集团）有限公司	1.80	97	郑州银行股份有限公司	0.69
48	芒果超媒股份有限公司	1.77	98	传化集团有限公司	0.69
49	通鼎集团有限公司	1.72	99	无锡市交通产业集团有限公司	0.67
50	山东高速集团有限公司	1.71	100	盐城市国有资产投资集团有限公司	0.66
				中国服务业企业 500 强平均数	1.08

表11－9　2022中国服务业企业500强净资产利润率排序前100名企业

排名	公司名称	净资产利润率/%	排名	公司名称	净资产利润率/%
1	张家港市沃丰贸易有限公司	2570.30	51	高金富恒集团有限公司	21.67
2	浙江绍兴苏泊尔家居用品有限公司	209.07	52	仕邦控股有限公司	21.53
3	振烨国际产业控股集团（深圳）有限公司	109.75	53	福建发展集团有限公司	21.03
4	上海银行股份有限公司	107.42	54	绿滋肴控股集团有限公司	20.74
5	上海环世物流（集团）有限公司	79.74	55	中基宁波集团股份有限公司	20.57
6	奥山集团有限公司	73.98	56	爱尔眼科医院集团股份有限公司	20.54
7	江苏易汇聚软件科技有限公司	71.65	57	泰康保险集团股份有限公司	20.34
8	江苏采木工业互联网科技有限公司	59.11	58	北京外企人力资源服务有限公司	19.91
9	宁波港东南物流集团有限公司	56.05	59	欧菲斯集团股份有限公司	19.65
10	海南航空控股股份有限公司	55.61	60	青岛百洋医药股份有限公司	19.61
11	张家港保税区日祥贸易有限公司	54.74	61	恒信汽车集团股份有限公司	19.48
12	苏州裕景泰控股有限公司	54.36	62	北京中能昊龙投资控股集团有限公司	19.46
13	上海闽路润贸易有限公司	53.36	63	东方财富信息股份有限公司	19.42
14	中国医药集团有限公司	51.86	64	东营道阳石油贸易有限公司	19.42
15	四川邦泰投资有限责任公司	49.77	65	浙江永安资本管理有限公司	19.29
16	广东乐居商贸集团有限公司	46.17	66	龙湖集团控股有限公司	19.09
17	宝裕发展有限公司	41.78	67	通鼎集团有限公司	18.66
18	杭州联华华商集团有限公司	40.10	68	软通动力信息技术（集团）股份有限公司	18.60
19	嘉悦物产集团有限公司	39.82	69	广东宏川集团有限公司	18.43
20	广东鸿粤汽车销售集团有限公司	38.02	70	厦门路桥工程物资有限公司	18.37
21	广州南方投资集团有限公司	34.41	71	常州市化工轻工材料总公司	17.92
22	传化集团有限公司	32.67	72	网易公司	17.68
23	安徽省众城集团	31.39	73	福建省人力资源服务有限公司	17.66
24	上海协通（集团）有限公司	31.37	74	深圳市英捷迅实业发展有限公司	17.64
25	宁波海田控股集团有限公司	29.71	75	中国远洋海运集团有限公司	17.52
26	张家港保税区彬鹏贸易有限公司	29.61	76	福州锦泽石化有限公司	17.26
27	深圳乐信控股有限公司	28.93	77	江阴宝靖有色金属材料有限公司	16.81
28	厦门市明穗粮油贸易有限公司	28.93	78	马上消费金融股份有限公司	16.64
29	云账户技术（天津）有限公司	28.71	79	成都建国汽车贸易有限公司	16.36
30	四川盛世元亨国际贸易有限公司	28.19	80	安克创新科技股份有限公司	16.23
31	腾讯控股有限公司	27.88	81	重庆华宇集团有限公司	16.17
32	张家港保税区立信投资有限公司	27.87	82	福建省华荣建设集团有限公司	15.99
33	新奥天然气股份有限公司	27.65	83	深圳市爱施德股份有限公司	15.95
34	国家开发投资集团有限公司	27.00	84	邦芒服务外包有限公司	15.94
35	浙江中外运有限公司	26.95	85	福建纵腾网络有限公司	15.88
36	深圳市酷动数码有限公司	26.93	86	大参林药业集团股份有限公司	15.62
37	信誉楼百货集团有限公司	26.81	87	江苏锡鹿国际贸易有限公司	15.54
38	三七互娱网络科技集团股份有限公司	26.69	88	老百姓大药房连锁股份有限公司	15.36
39	宁波滕头集团有限公司	25.60	89	重庆中昂投资集团有限公司	15.31
40	深圳前海微众银行股份有限公司	24.83	90	华南物资集团有限公司	15.25
41	安徽天星医药集团有限公司	24.27	91	张家港保税区昌荣贸易有限公司	15.25
42	徐州东方物流集团有限公司	23.54	92	四川特驱农牧科技集团有限公司	15.05
43	广东澳康达二手车经销有限公司	23.17	93	宁波君安控股有限公司	14.97
44	优合集团有限公司	23.14	94	金地（集团）股份有限公司	14.94
45	海程邦达供应链管理股份有限公司	22.62	95	深圳金雅福控股集团有限公司	14.94
46	无锡市不锈钢电子交易中心有限公司	22.42	96	宝龙地产控股有限公司	14.72
47	北京江南投资集团有限公司	22.38	97	上海国际港务（集团）股份有限公司	14.71
48	日出实业集团有限公司	22.35	98	杭州滨江房产集团股份有限公司	14.71
49	欧龙汽车贸易集团有限公司	22.00	99	安徽辉隆投资集团有限公司	14.60
50	深圳市九立供应链股份有限公司	21.91	100	福建网龙计算机网络信息技术有限公司	14.52
				中国服务业企业500强平均数	8.51

表 11－10 2022 中国服务业企业 500 强资产利润率排序前 100 名企业

排名	公司名称	资产利润率/%	排名	公司名称	资产利润率/%
1	振烨国际产业控股集团（深圳）有限公司	42.68	51	中铁集装箱运输有限责任公司	6.16
2	奥山集团有限公司	34.99	52	深圳市爱施德股份有限公司	6.01
3	张家港保税区彬鹏贸易有限公司	28.78	53	浙江东海长城石化股份有限公司	5.95
4	无锡市不锈钢电子交易中心有限公司	20.32	54	成都建国汽车贸易有限公司	5.91
5	张家港保税区立信投资有限公司	20.08	55	绿城物业服务集团有限公司	5.89
6	三七互娱网络科技集团股份有限公司	19.92	56	江苏锡鹿国际贸易有限公司	5.85
7	上海环世物流（集团）有限公司	19.86	57	浙江世纪华通集团股份有限公司	5.72
8	福建发展集团有限公司	19.17	58	深圳市深粮控股股份有限公司	5.59
9	张家港银贝贸易有限公司	15.81	59	湖南佳惠百货有限责任公司	5.47
10	腾讯控股有限公司	13.94	60	鑫荣懋果业科技集团股份有限公司	5.46
11	中国医药集团有限公司	13.91	61	中创物流股份有限公司	5.33
12	北京中能昊龙投资控股集团有限公司	13.90	62	卓正控股集团有限公司	5.23
13	江苏新三中国际贸易有限公司	12.26	63	益丰大药房连锁股份有限公司	5.21
14	上海协通（集团）有限公司	12.09	64	良品铺子股份有限公司	5.18
15	福建省华荣建设集团有限公司	11.89	65	通鼎集团有限公司	5.15
16	绿滋肴控股集团有限公司	11.78	66	浙江绍兴苏泊尔家居用品有限公司	5.08
17	安克创新科技股份有限公司	11.58	67	中国国际技术智力合作集团有限公司	4.99
18	张家港保税区日祥贸易有限公司	11.45	68	传化集团有限公司	4.98
19	海程邦达供应链管理股份有限公司	11.14	69	浙江中外运有限公司	4.95
20	恒信汽车集团股份有限公司	11.11	70	大参林药业集团股份有限公司	4.94
21	深圳乐信控股有限公司	11.10	71	北京外企人力资源服务有限公司	4.84
22	欧龙汽车贸易集团有限公司	10.98	72	浙江永安资本管理有限公司	4.80
23	网易公司	10.97	73	优合集团有限公司	4.71
24	广东澳康达二手车经销有限公司	10.67	74	欧菲斯集团股份有限公司	4.68
25	爱尔眼科医院集团股份有限公司	10.63	75	月星集团有限公司	4.66
26	信誉楼百货集团有限公司	10.59	76	东方财富信息股份有限公司	4.62
27	深圳金雅福控股集团有限公司	10.32	77	四川邦泰投资有限责任公司	4.62
28	江苏无锡朝阳集团股份有限公司	10.00	78	浙江出版联合集团有限公司	4.55
29	福建网龙计算机网络信息技术有限公司	9.76	79	杭州东恒石油有限公司	4.50
30	徐州东方物流集团有限公司	9.34	80	华茂集团股份有限公司	4.47
31	青岛百洋医药股份有限公司	9.20	81	北京江南投资集团有限公司	4.46
32	嘉悦物产集团有限公司	9.07	82	国家开发投资集团有限公司	4.45
33	软通动力信息技术（集团）股份有限公司	8.98	83	江苏华地国际控股集团有限公司	4.45
34	上海国际港务（集团）股份有限公司	8.60	84	广东宏川集团有限公司	4.40
35	华东医药股份有限公司	8.53	85	中国移动通信集团有限公司	4.40
36	苏州裕景泰控股有限公司	8.52	86	广东鸿粤汽车销售集团有限公司	4.34
37	芒果超媒股份有限公司	8.10	87	四川特驱农牧科技集团有限公司	4.34
38	中通快递股份有限公司	7.57	88	广州轻工工贸集团有限公司	4.32
39	奥德集团有限公司	7.56	89	佛燃能源集团股份有限公司	4.27
40	唯品会控股有限公司	7.52	90	东方明珠新媒体股份有限公司	4.26
41	福建纵腾网络有限公司	7.32	91	远大物产集团有限公司	4.25
42	江苏采木工业互联网科技有限公司	7.19	92	中国远洋海运集团有限公司	4.24
43	深圳市酷动数码有限公司	7.08	93	深圳市英捷迅实业发展有限公司	4.18
44	重庆华宇集团有限公司	6.64	94	居然之家新零售集团股份有限公司	4.14
45	湖南博深实业集团有限公司	6.50	95	中国航空油料集团有限公司	4.03
46	重庆中昂投资集团有限公司	6.44	96	重庆千信集团有限公司	4.01
47	福州锦泽石化有限公司	6.42	97	南京新华海科技产业集团有限公司	3.98
48	中南出版传媒集团股份有限公司	6.30	98	老百姓大药房连锁股份有限公司	3.95
49	宁波滕头集团有限公司	6.25	99	四川华油集团有限责任公司	3.92
50	宁波港东南物流集团有限公司	6.16	100	庞大汽贸集团股份有限公司	3.89
				中国服务业企业 500 强平均数	0.98

表 11－11　2022 中国服务业企业 500 强收入利润率排序前 100 名企业

排名	公司名称	收入利润率/%	排名	公司名称	收入利润率/%
1	东方财富信息股份有限公司	65.32	51	海南航空控股股份有限公司	13.88
2	上海国际港务（集团）股份有限公司	42.82	52	芒果超媒股份有限公司	13.77
3	东莞农村商业银行股份有限公司	42.61	53	华夏银行股份有限公司	13.59
4	腾讯控股有限公司	40.14	54	中南出版传媒集团股份有限公司	13.37
5	奥山集团有限公司	34.37	55	青岛银行股份有限公司	13.33
6	广发证券股份有限公司	31.69	56	重庆三峡银行股份有限公司	12.93
7	海通证券股份有限公司	29.69	57	恒丰银行股份有限公司	12.88
8	广东南海农村商业银行股份有限公司	29.66	58	渤海银行股份有限公司	12.66
9	重庆国际信托股份有限公司	26.50	59	重庆中昂投资集团有限公司	12.54
10	招商银行股份有限公司	25.94	60	广州港集团有限公司	12.13
11	中国建设银行股份有限公司	24.52	61	大华（集团）有限公司	12.10
12	中国工商银行股份有限公司	24.36	62	安徽省交通控股集团有限公司	12.04
13	中泰证券股份有限公司	24.34	63	广西北部湾银行股份有限公司	11.66
14	中国银行股份有限公司	22.03	64	合肥城建发展股份有限公司	11.60
15	方正证券股份有限公司	21.14	65	奥德集团有限公司	11.57
16	上海农村商业银行股份有限公司	21.02	66	重庆华宇集团有限公司	11.47
17	兴业银行股份有限公司	20.90	67	郑州银行股份有限公司	11.29
18	中国农业银行股份有限公司	20.64	68	厦门金圆投资集团有限公司	11.21
19	东方明珠新媒体股份有限公司	20.51	69	中国医药集团有限公司	11.18
20	深圳乐信控股有限公司	20.51	70	北京中能昊龙投资控股集团有限公司	11.15
21	上海银行股份有限公司	20.26	71	招商局集团有限公司	11.11
22	南京银行股份有限公司	20.20	72	中国移动通信集团有限公司	11.09
23	兴业证券股份有限公司	19.70	73	龙湖集团控股有限公司	10.68
24	网易公司	19.24	74	中国民生银行股份有限公司	10.54
25	无锡农村商业银行股份有限公司	18.22	75	广州金融控股集团有限公司	10.43
26	交通银行股份有限公司	17.87	76	浙江出版联合集团有限公司	10.00
27	吉林银行股份有限公司	17.87	77	天津城市基础设施建设投资集团有限公司	9.84
28	居然之家新零售集团股份有限公司	17.79	78	浙江省海港投资运营集团有限公司	9.62
29	三七互娱网络科技集团股份有限公司	17.73	79	金地（集团）股份有限公司	9.48
30	国家开发投资集团有限公司	17.55	80	广东粤海控股集团有限公司	9.43
31	北京银行股份有限公司	17.15	81	泰康保险集团股份有限公司	9.42
32	重庆农村商业银行股份有限公司	16.91	82	东莞市水务集团有限公司	9.28
33	浙江世纪华通集团股份有限公司	16.70	83	齐商银行股份有限公司	9.24
34	长沙银行股份有限公司	16.64	84	江西银行股份有限公司	9.22
35	青岛农村商业银行股份有限公司	16.11	85	厦门安居控股集团有限公司	9.21
36	上海临港经济发展（集团）有限公司	16.09	86	湖北交通投资集团有限公司	9.05
37	江苏银行股份有限公司	15.90	87	天津银行股份有限公司	8.99
38	贵州银行股份有限公司	15.77	88	申能（集团）有限公司	8.96
39	江苏张家港农村商业银行股份有限公司	15.76	89	月星集团有限公司	8.88
40	中通快递股份有限公司	15.64	90	广东澳康达二手车经销有限公司	8.64
41	绍兴银行股份有限公司	15.54	91	中国平安保险（集团）股份有限公司	8.61
42	天津农村商业银行股份有限公司	15.52	92	四川邦泰投资有限责任公司	8.42
43	爱尔眼科医院集团股份有限公司	15.49	93	上海中骏置业有限公司	8.24
44	重庆银行股份有限公司	15.31	94	厦门中骏集团有限公司	8.24
45	福建网龙计算机网络信息技术有限公司	15.10	95	百度网络技术有限公司	8.21
46	宝龙地产控股有限公司	15.02	96	九江银行股份有限公司	8.11
47	上海浦东发展银行股份有限公司	14.46	97	振烨国际产业控股集团（深圳）有限公司	8.03
48	深圳前海微众银行股份有限公司	14.36	98	杭州滨江房产集团股份有限公司	7.97
49	华融湘江银行股份有限公司	14.31	99	安克创新科技股份有限公司	7.81
50	北京江南投资集团有限公司	14.18	100	中国远洋海运集团有限公司	7.63
				中国服务业企业 500 强平均数	6.55

表11－12 2022中国服务业企业500强人均营业收入排序前100名企业

排名	公司名称	人均营业收入/万元	排名	公司名称	人均营业收入/万元
1	张家港市沃丰贸易有限公司	248706.10	51	上海塑来信息技术有限公司	8642.14
2	江苏新三中国际贸易有限公司	193348.25	52	深圳市九立供应链股份有限公司	8207.09
3	张家港保税区彬鹏贸易有限公司	167782.60	53	深圳市中农网有限公司	8083.31
4	张家港保税区立信投资有限公司	153965.50	54	深圳市信利康供应链管理有限公司	7822.90
5	东营道阳石油贸易有限公司	129699.29	55	山东新天保智慧供应链有限公司	7797.16
6	张家港保税区旭江贸易有限公司	126429.35	56	杭州东恒石油有限公司	7543.14
7	武汉联杰能源有限公司	99516.23	57	安徽灵通集团控股有限公司	7531.12
8	张家港保税区日祥贸易有限公司	97245.65	58	浙江东海长城石化股份有限公司	7306.25
9	张家港银贝贸易有限公司	91495.38	59	深圳市华富洋供应链有限公司	7168.18
10	南京红太阳跨境供应链有限公司	88119.67	60	厦门市嘉晟对外贸易有限公司	6983.37
11	江苏锡鹿国际贸易有限公司	77578.78	61	日出实业集团有限公司	6170.99
12	江苏嘉奕和铜业科技发展有限公司	70778.54	62	华南物资集团有限公司	5857.87
13	江阴宝靖有色金属材料有限公司	57057.46	63	汇金钢铁（天津）集团有限公司	5819.15
14	一柏集团有限公司	49847.41	64	郑州瑞茂通供应链有限公司	5803.32
15	江阴达赛贸易有限公司	46510.71	65	中铁集装箱运输有限责任公司	5448.84
16	张家港保税区昌荣贸易有限公司	46105.07	66	上海龙宇燃油股份有限公司	5389.03
17	四川盛世元亨国际贸易有限公司	44954.39	67	玖隆钢铁物流有限公司	4998.53
18	广州元亨能源有限公司	44349.24	68	振烨国际产业控股集团（深圳）有限公司	4883.99
19	江阴市凯竹贸易有限公司	42146.56	69	兰州新区商贸物流投资集团有限公司	4679.85
20	上海闽路润贸易有限公司	40505.01	70	天晖（河北）供应链管理集团有限公司	4671.59
21	江苏省煤炭运销有限公司	33431.98	71	宁波海田控股集团有限公司	4435.94
22	青岛世纪瑞丰集团有限公司	31170.65	72	中基宁波集团股份有限公司	4434.96
23	吉旗物联科技（天津）有限公司	28219.18	73	帝海投资控股集团有限公司	4261.25
24	无锡市不锈钢电子交易中心有限公司	27705.74	74	杭州市实业投资集团有限公司	4031.51
25	江阴市金桥化工有限公司	27394.79	75	重庆国际信托股份有限公司	4011.22
26	源山投资控股有限公司	23510.28	76	江苏大经供应链股份有限公司	3998.86
27	宁波君安控股有限公司	21234.82	77	天津现代集团有限公司	3863.02
28	远大物产集团有限公司	18749.65	78	江苏满运软件科技有限公司	3792.03
29	厦门市明穗粮油贸易有限公司	17129.21	79	浙江绍兴苏泊尔家居用品有限公司	3498.86
30	浙江永安资本管理有限公司	16963.79	80	福建省人力资源服务有限公司	3455.53
31	浙江前程投资股份有限公司	16519.72	81	渤海人寿保险股份有限公司	3435.00
32	甘肃国通大宗商品供应链管理股份有限公司	15654.69	82	厦门象屿集团有限公司	3370.32
33	宝裕发展有限公司	15374.50	83	深圳市爱施德股份有限公司	3227.05
34	厦门路桥工程物资有限公司	14843.72	84	江苏采木工业互联网科技有限公司	3073.94
35	无锡市宝金石油化工有限公司	13838.90	85	合肥维天运通信息科技股份有限公司	3058.00
36	江苏易汇聚软件科技有限公司	13755.08	86	广东省中山丝绸进出口集团有限公司	2925.67
37	西安迈科金属国际集团有限公司	13378.91	87	中国国际技术智力合作集团有限公司	2828.46
38	常州市化工轻工材料总公司	13250.75	88	上海均和集团有限公司	2739.14
39	苏州裕景泰控股有限公司	13245.04	89	前海人寿保险股份有限公司	2731.79
40	福州锦泽石化有限公司	12597.93	90	河北省物流产业集团有限公司	2718.71
41	江阴长三角钢铁集团有限公司	11990.18	91	物产中大集团股份有限公司	2699.08
42	广州酷狗计算机科技有限公司	11369.53	92	深圳金雅福控股集团有限公司	2665.37
43	嘉悦物产集团有限公司	11000.46	93	广东宏川集团有限公司	2560.09
44	北京江南投资集团有限公司	10234.82	94	北京外企人力资源服务有限公司	2557.84
45	深圳市博科供应链管理有限公司	10003.51	95	河南中钢网科技集团股份有限公司	2525.57
46	优合集团有限公司	9415.39	96	广东鼎龙实业集团有限公司	2439.57
47	深圳市英捷迅实业发展有限公司	9260.71	97	中原大易科技有限公司	2431.79
48	广东乐居商贸集团有限公司	9242.24	98	神州数码集团股份有限公司	2349.04
49	重庆千信集团有限公司	9170.66	99	杭州滨江房产集团股份有限公司	2310.00
50	云账户技术（天津）有限公司	8784.10	100	金帝联合控股集团有限公司	2268.97
				中国服务业企业500强平均数	316.60

表 11－13　2022 中国服务业企业 500 强人均净利润排序前 100 名企业

排名	公司名称	人均净利润/万元	排名	公司名称	人均净利润/万元
1	张家港保税区彬鹏贸易有限公司	4622.70	51	杭州东恒石油有限公司	80.91
2	张家港市沃丰贸易有限公司	1934.15	52	中国建设银行股份有限公司	80.56
3	江苏新三中国际贸易有限公司	1647.25	53	中国工商银行股份有限公司	80.25
4	张家港保税区日祥贸易有限公司	1528.95	54	长沙银行股份有限公司	79.02
5	张家港银贝贸易有限公司	1452.50	55	江苏省煤炭运销有限公司	78.62
6	北京江南投资集团有限公司	1451.05	56	渤海银行股份有限公司	75.79
7	张家港保税区立信投资有限公司	1187.50	57	广东澳康达二手车经销有限公司	75.65
8	重庆国际信托股份有限公司	1063.16	58	三七互娱网络科技集团股份有限公司	71.96
9	奥山集团有限公司	695.67	59	厦门路桥工程物资有限公司	71.07
10	振烨国际产业控股集团（深圳）有限公司	392.39	60	中国银行股份有限公司	70.70
11	苏州裕景泰控股有限公司	234.29	61	东莞农村商业银行股份有限公司	69.75
12	厦门市明穗粮油贸易有限公司	229.87	62	重庆三峡银行股份有限公司	69.07
13	浙江永安资本管理有限公司	211.80	63	贵州银行股份有限公司	67.52
14	深圳前海微众银行股份有限公司	211.03	64	青岛银行股份有限公司	65.66
15	腾讯控股有限公司	199.36	65	远大物产集团有限公司	65.58
16	杭州滨江房产集团股份有限公司	184.14	66	华融湘江银行股份有限公司	65.04
17	中铁集装箱运输有限责任公司	183.44	67	国家开发投资集团有限公司	64.61
18	重庆华宇集团有限公司	170.67	68	深圳市华富洋供应链有限公司	64.19
19	宝裕发展有限公司	169.13	69	重庆农村商业银行股份有限公司	64.14
20	上海银行股份有限公司	161.35	70	上海环世物流（集团）有限公司	63.06
21	福州锦泽石化有限公司	160.57	71	马上消费金融股份有限公司	61.21
22	嘉悦物产集团有限公司	153.91	72	无锡城建发展集团有限公司	60.74
23	合肥城建发展股份有限公司	153.58	73	华夏银行股份有限公司	60.04
24	东方财富信息股份有限公司	150.16	74	深圳乐信控股有限公司	59.91
25	天津现代集团有限公司	146.79	75	青岛农村商业银行股份有限公司	59.82
26	北京银行股份有限公司	134.49	76	浙江东海长城石化股份有限公司	58.70
27	宁波君安控股有限公司	132.97	77	郑州银行股份有限公司	58.38
28	兴业银行股份有限公司	132.20	78	东华能源股份有限公司	57.43
29	江苏银行股份有限公司	126.63	79	江苏张家港农村商业银行股份有限公司	57.14
30	张家港保税区昌荣贸易有限公司	125.88	80	中国民生银行股份有限公司	57.08
31	上海农村商业银行股份有限公司	125.86	81	上海临港经济发展（集团）有限公司	56.85
32	南京银行股份有限公司	116.66	82	重庆中昂投资集团有限公司	55.56
33	重庆千信集团有限公司	116.46	83	优合集团有限公司	54.92
34	招商银行股份有限公司	115.68	84	恒丰银行股份有限公司	54.55
35	广州元亨能源有限公司	112.38	85	龙湖集团控股有限公司	54.13
36	海通证券股份有限公司	111.95	86	浙江绍兴苏泊尔家居用品有限公司	53.63
37	上海闽路润贸易有限公司	111.43	87	中国农业银行股份有限公司	52.99
38	上海国际港务（集团）股份有限公司	108.39	88	芒果超媒股份有限公司	52.72
39	大华（集团）有限公司	104.87	89	网易公司	52.57
40	广州酷狗计算机科技有限公司	103.31	90	广东乐居商贸集团有限公司	51.85
41	重庆银行股份有限公司	98.93	91	杭州市实业投资集团有限公司	50.98
42	无锡农村商业银行股份有限公司	98.02	92	广西北部湾银行股份有限公司	49.60
43	交通银行股份有限公司	97.06	93	天津银行股份有限公司	48.51
44	武汉联杰能源有限公司	93.13	94	湖南博深实业集团有限公司	47.34
45	广东南海农村商业银行股份有限公司	87.73	95	绍兴银行股份有限公司	47.21
46	厦门金圆投资集团有限公司	85.17	96	兴业证券股份有限公司	46.50
47	东营道阳石油贸易有限公司	84.86	97	宝龙地产控股有限公司	45.35
48	上海浦东发展银行股份有限公司	83.65	98	北京中能昊龙投资控股集团有限公司	45.19
49	阿里巴巴（中国）有限公司	82.55	99	天津农村商业银行股份有限公司	44.92
50	广发证券股份有限公司	82.39	100	上海协通（集团）有限公司	44.89
				中国服务业企业 500 强平均数	20.71

表 11－14　2022 中国服务业企业 500 强人均资产排序前 100 名企业

排名	公司名称	人均资产/万元	排名	公司名称	人均资产/万元
1	重庆国际信托股份有限公司	138799.32	51	天津滨海农村商业银行股份有限公司	8358.35
2	张家港市沃丰贸易有限公司	54752.15	52	广州农村商业银行股份有限公司	8198.96
3	东营道阳石油贸易有限公司	40658.29	53	中国工商银行股份有限公司	8102.34
4	张家港保税区旭江贸易有限公司	38370.90	54	中国建设银行股份有限公司	8056.32
5	北京江南投资集团有限公司	32555.51	55	株洲市城市建设发展集团有限公司	7558.29
6	广州元亨能源有限公司	29282.93	56	东莞农村商业银行股份有限公司	7404.06
7	上海银行股份有限公司	19421.70	57	绍兴银行股份有限公司	7392.06
8	北京银行股份有限公司	18509.98	58	青岛西海岸新区融合控股集团有限公司	7325.18
9	无锡城建发展集团有限公司	18460.67	59	江苏张家港农村商业银行股份有限公司	7212.04
10	江苏银行股份有限公司	16838.39	60	广东南海农村商业银行股份有限公司	7165.54
11	张家港保税区彬鹏贸易有限公司	16061.65	61	上海闽路润贸易有限公司	7069.71
12	上海农村商业银行股份有限公司	15034.09	62	中国光大集团股份公司	6871.66
13	渤海人寿保险股份有限公司	14474.59	63	大华（集团）有限公司	6867.75
14	江苏嘉奕和铜业科技发展有限公司	14446.69	64	宝裕发展有限公司	6747.75
15	渤海银行股份有限公司	13899.25	65	天津农村商业银行股份有限公司	6617.32
16	兴业银行股份有限公司	13756.03	66	海通证券股份有限公司	6501.92
17	深圳前海微众银行股份有限公司	13450.27	67	厦门市明穗粮油贸易有限公司	6490.73
18	江苏新三中国际贸易有限公司	13440.75	68	江阴达赛贸易有限公司	6445.82
19	张家港保税区日祥贸易有限公司	13352.40	69	中国农业银行股份有限公司	6386.38
20	重庆银行股份有限公司	13130.11	70	天津城市基础设施建设投资集团有限公司	6354.94
21	交通银行股份有限公司	12927.77	71	深圳市华富洋供应链有限公司	6331.18
22	杭州滨江房产集团股份有限公司	12878.70	72	天津现代集团有限公司	6235.10
23	南京银行股份有限公司	12867.47	73	江阴宝靖有色金属材料有限公司	6213.77
24	上海浦东发展银行股份有限公司	12841.90	74	绿城房地产集团有限公司	6000.38
25	武汉联杰能源有限公司	12637.42	75	中国中信集团有限公司	5948.15
26	前海人寿保险股份有限公司	12548.25	76	张家港保税区立信投资有限公司	5913.30
27	无锡农村商业银行股份有限公司	12516.74	77	齐商银行股份有限公司	5909.70
28	盛京银行股份有限公司	12422.85	78	桂林银行股份有限公司	5889.78
29	青岛银行股份有限公司	11733.31	79	昆明市交通投资有限责任公司	5796.47
30	中国民生银行股份有限公司	11543.34	80	张家港保税区昌荣贸易有限公司	5737.32
31	重庆三峡银行股份有限公司	11086.97	81	郑州瑞茂通供应链有限公司	5617.20
32	天津银行股份有限公司	10925.85	82	柳州银行股份有限公司	5150.20
33	恒丰银行股份有限公司	10406.59	83	吉林银行股份有限公司	4989.12
34	郑州银行股份有限公司	10404.99	84	祥生地产集团有限公司	4913.79
35	九江银行股份有限公司	9980.60	85	厦门金圆投资集团有限公司	4898.42
36	长沙银行股份有限公司	9979.32	86	武汉农村商业银行股份有限公司	4824.10
37	江阴市凯竹贸易有限公司	9895.83	87	上海临港经济发展（集团）有限公司	4678.81
38	广州金融控股集团有限公司	9616.52	88	帝海投资控股集团有限公司	4491.55
39	青岛世纪瑞丰集团有限公司	9441.42	89	浙江永安资本管理有限公司	4410.88
40	华夏银行股份有限公司	9378.28	90	吉旗物联科技（天津）有限公司	4401.27
41	广州酷狗计算机科技有限公司	9303.38	91	湖南省高速公路集团有限公司	4175.73
42	张家港银贝贸易有限公司	9186.63	92	源山投资控股有限公司	4147.63
43	贵州银行股份有限公司	9181.49	93	四川盛世元亨国际贸易有限公司	4121.26
44	华融湘江银行股份有限公司	9007.90	94	广发证券股份有限公司	4067.52
45	招商银行股份有限公司	8921.68	95	青岛经济技术开发区投资控股集团有限公司	3982.15
46	江西银行股份有限公司	8909.60	96	合肥城建发展股份有限公司	3950.50
47	广西北部湾银行股份有限公司	8849.58	97	宁波君安控股有限公司	3948.35
48	中国银行股份有限公司	8723.63	98	青岛军民融合发展集团有限公司	3944.21
49	重庆农村商业银行股份有限公司	8492.79	99	厦门路桥工程物资有限公司	3609.71
50	青岛农村商业银行股份有限公司	8398.79	100	曹妃甸国控投资集团有限公司	3410.52
				中国服务业企业 500 强平均数	2120.73

表 11－15　2022 中国服务业企业 500 强收入增长率排序前 100 名企业

排名	公司名称	收入增长率/%	排名	公司名称	收入增长率/%
1	山东新天保智慧供应链有限公司	33893.05	51	广西自贸区钦州港片区开发投资集团有限责任公司	59.10
2	福建省旅游发展集团有限公司	505.01	52	东方财富信息股份有限公司	58.94
3	张家港保税区彬鹏贸易有限公司	294.16	53	漳州市九龙江集团有限公司	58.75
4	东营道阳石油贸易有限公司	287.90	54	常州市化工轻工材料总公司	58.21
5	青岛海发国有资本投资运营集团有限公司	264.46	55	广州纺织工贸企业集团有限公司	57.33
6	一柏集团有限公司	248.05	56	湖北交通投资集团有限公司	57.07
7	深圳市酷动数码有限公司	241.37	57	广州珠江实业集团有限公司	57.06
8	上海环世物流（集团）有限公司	222.28	58	四川众心乐旅游资源开发有限公司	56.20
9	湖南省高速公路集团有限公司	184.97	59	美团公司	56.04
10	宁波港东南物流集团有限公司	172.14	60	浙江中外运有限公司	55.63
11	厦门禹洲集团股份有限公司	160.01	61	浙江省交通投资集团有限公司	55.19
12	张家港市沃丰贸易有限公司	157.53	62	深圳市信利康供应链管理有限公司	54.95
13	中创物流股份有限公司	140.86	63	浙江永安资本管理有限公司	54.80
14	江苏易汇聚软件科技有限公司	139.88	64	四川特驱农牧科技集团有限公司	54.03
15	福建漳龙集团有限公司	130.56	65	湖北港口集团有限公司	53.91
16	上海塑来信息技术有限公司	126.80	66	上海临港经济发展（集团）有限公司	53.88
17	江苏满运软件科技有限公司	126.38	67	广州交通投资集团有限公司	53.82
18	安徽灵通集团控股有限公司	121.64	68	玖隆钢铁物流有限公司	51.16
19	海程邦达供应链管理股份有限公司	119.48	69	厦门国贸控股集团有限公司	50.45
20	广东乐居商贸集团有限公司	111.12	70	仕邦控股有限公司	50.29
21	陕西交通控股集团有限公司	108.52	71	武汉联杰能源有限公司	49.42
22	厦门火炬集团有限公司	106.69	72	华茂集团股份有限公司	48.69
23	河南交通投资集团有限公司	104.23	73	深圳市爱施德股份有限公司	48.26
24	青岛西海岸新区海洋控股集团有限公司	100.68	74	日出实业集团有限公司	48.03
25	深圳市九立供应链股份有限公司	91.14	75	厦门港务控股集团有限公司	48.02
26	内蒙古公路交通投资发展有限公司	90.62	76	四川邦泰投资有限责任公司	47.44
27	张家港保税区日祥贸易有限公司	89.76	77	中国航空油料集团有限公司	47.12
28	湖北银丰实业集团有限责任公司	89.11	78	北京首都开发控股（集团）有限公司	47.06
29	东莞市水务集团有限公司	89.08	79	厦门路桥工程物资有限公司	45.57
30	中原大易科技有限公司	86.49	80	深圳市宝德投资控股有限公司	44.98
31	福建漳州城投集团有限公司	86.24	81	居然之家新零售集团股份有限公司	44.88
32	张家港保税区昌荣贸易有限公司	82.48	82	无锡市交通产业集团有限公司	44.69
33	江苏省煤炭运销有限公司	79.64	83	河北高速公路集团有限公司	44.51
34	佛燃能源集团股份有限公司	78.71	84	兰州新区商贸物流投资集团有限公司	43.31
35	嘉悦物产集团有限公司	73.45	85	浙北大厦集团有限公司	42.74
36	河南中钢网科技集团股份有限公司	72.93	86	中国物流集团有限公司	42.48
37	国任财产保险股份有限公司	70.60	87	广东省广晟控股集团有限公司	41.95
38	水发集团有限公司	70.33	88	邦芒服务外包有限公司	41.89
39	徐州东方物流集团有限公司	69.01	89	福州城市建设投资集团有限公司	41.71
40	海越能源集团股份有限公司	67.95	90	山东高速集团有限公司	41.54
41	山东省港口集团有限公司	67.31	91	杭州市城市建设投资集团有限公司	41.43
42	江苏省粮食集团有限责任公司	65.21	92	苏州裕景泰控股有限公司	41.19
43	中国远洋海运集团有限公司	63.85	93	合肥城建发展股份有限公司	41.01
44	郑州公用事业投资发展集团有限公司	63.68	94	江西省交通投资集团有限责任公司	40.87
45	厦门建发集团有限公司	62.66	95	厦门市明穗粮油贸易有限公司	40.52
46	江苏大经供应链股份有限公司	62.50	96	物产中大集团股份有限公司	40.39
47	河北省国有资产控股运营有限公司	62.02	97	湖北联投集团有限公司	40.31
48	江苏采木工业互联网科技有限公司	61.51	98	青岛西海岸新区融合控股集团有限公司	40.10
49	福建省人力资源服务有限公司	59.89	99	源山投资控股有限公司	40.01
50	厦门海沧投资集团有限公司	59.52	100	金帝联合控股集团有限公司	39.77
				中国服务业企业 500 强平均数	14.99

表 11 – 16 2022 中国服务业企业 500 强净利润增长率排序前 100 名企业

排名	公司名称	净利润增长率/%	排名	公司名称	净利润增长率/%
1	西安曲江文化产业投资（集团）有限公司	6957.14	51	广西北部湾国际港务集团有限公司	111.43
2	厦门港务控股集团有限公司	6250.00	52	青海省物产集团有限公司	106.68
3	上海环世物流（集团）有限公司	4219.41	53	江苏新三中国际贸易有限公司	102.93
4	河北港口集团有限公司	2055.47	54	成都建国汽车贸易有限公司	102.58
5	福建省华荣建设集团有限公司	2010.10	55	张家港保税区彬鹏贸易有限公司	101.53
6	云账户技术（天津）有限公司	1845.75	56	福建省港口集团有限责任公司	100.82
7	重庆交通运输控股（集团）有限公司	1762.53	57	安徽灵通集团控股有限公司	99.88
8	四川邦泰投资有限责任公司	1441.03	58	宁波海田控股集团有限公司	99.39
9	广东鸿粤汽车销售集团有限公司	1179.53	59	瑞康医药集团股份有限公司	99.19
10	高金富恒集团有限公司	967.69	60	宁波君安控股有限公司	99.13
11	中国医药集团有限公司	803.45	61	华南物资集团有限公司	97.24
12	江苏采木工业互联网科技有限公司	729.94	62	东营道阳石油贸易有限公司	96.04
13	新疆农资（集团）有限责任公司	654.78	63	东莞市水务集团有限公司	95.63
14	江苏易汇聚软件科技有限公司	499.50	64	传化集团有限公司	94.73
15	广东粤海控股集团有限公司	466.27	65	新奥天然气股份有限公司	94.67
16	一柏集团有限公司	464.86	66	马上消费金融股份有限公司	94.26
17	厦门禹洲集团股份有限公司	462.15	67	无锡市市政公用产业集团有限公司	93.66
18	奥山集团有限公司	448.97	68	利泰集团有限公司	93.11
19	国家开发投资集团有限公司	443.05	69	深圳市英捷迅实业发展有限公司	92.85
20	百联集团有限公司	414.63	70	中国江苏国际经济技术合作集团有限公司	90.31
21	广东省交通集团有限公司	394.20	71	石家庄北国人百集团有限责任公司	84.99
22	振烨国际产业控股集团（深圳）有限公司	368.46	72	山东省港口集团有限公司	84.79
23	河南交通投资集团有限公司	317.81	73	广东省中山丝绸进出口集团有限公司	80.89
24	中国远洋海运集团有限公司	307.98	74	东方财富信息股份有限公司	79.00
25	深圳乐信控股有限公司	292.27	75	广西投资集团有限公司	78.67
26	甘肃省公路航空旅游投资集团有限公司	272.67	76	上海国际港务（集团）股份有限公司	76.74
27	安徽辉隆投资集团有限公司	264.30	77	武汉商贸集团有限公司	76.46
28	厦门海沧投资集团有限公司	261.21	78	深圳金雅福控股集团有限公司	74.99
29	上海临港经济发展（集团）有限公司	260.25	79	新大陆科技集团有限公司	73.99
30	湖北交通投资集团有限公司	243.67	80	天津滨海农村商业银行股份有限公司	73.70
31	厦门火炬集团有限公司	238.33	81	深圳市中农网有限公司	72.16
32	广州市城市建设投资集团有限公司	232.19	82	广东省广晟控股集团有限公司	71.90
33	宁波港东南物流集团有限公司	205.35	83	居然之家新零售集团股份有限公司	71.36
34	安徽省交通控股集团有限公司	200.16	84	福州锦泽石化有限公司	71.02
35	深圳市九立供应链股份有限公司	184.01	85	江苏省粮食集团有限责任公司	70.00
36	郑州瑞茂通供应链有限公司	180.71	86	重庆千信集团有限公司	69.85
37	张家港市沃丰贸易有限公司	179.87	87	青岛经济技术开发区投资控股集团有限公司	69.01
38	深圳市酷动数码有限公司	175.47	88	天津泰达投资控股有限公司	67.48
39	绍兴银行股份有限公司	167.68	89	汇通达网络股份有限公司	66.43
40	洛阳国宏投资控股集团有限公司	164.64	90	方正证券股份有限公司	66.19
41	海程邦达供应链管理股份有限公司	158.53	91	上海闽路润贸易有限公司	65.32
42	湖南博深实业集团有限公司	152.14	92	厦门市嘉晟对外贸易有限公司	64.13
43	浙江前程投资股份有限公司	149.11	93	物美科技集团有限公司	63.32
44	厦门翔业集团有限公司	141.74	94	合肥维天运通信息科技股份有限公司	62.47
45	徐州东方物流集团有限公司	135.58	95	河南蓝天集团股份有限公司	62.30
46	厦门市明穗粮油贸易有限公司	123.04	96	安徽天星医药集团有限公司	59.88
47	四川盛世元亨国际贸易有限公司	119.59	97	吉林银行股份有限公司	57.56
48	日出实业集团有限公司	117.89	98	玖隆钢铁物流有限公司	57.29
49	江西省交通投资集团有限责任公司	116.91	99	青岛百洋医药股份有限公司	55.04
50	浙江永安资本管理有限公司	115.52	100	庞大汽贸集团股份有限公司	54.77
				中国服务业企业 500 强平均数	6.79

表 11－17　2022 中国服务业企业 500 强资产增长率排序前 100 名企业

排名	公司名称	资产增长率/%	排名	公司名称	资产增长率/%
1	江阴市凯竹贸易有限公司	523.67	51	青岛西海岸新区海洋控股集团有限公司	40.09
2	山东新天保智慧供应链有限公司	505.06	52	方正证券股份有限公司	40.04
3	江苏采木工业互联网科技有限公司	349.33	53	深圳市华富洋供应链有限公司	39.95
4	上海环世物流（集团）有限公司	200.05	54	一柏集团有限公司	38.09
5	深圳市酷动数码有限公司	176.48	55	广州产业投资控股集团有限公司	37.87
6	张家港市沃丰贸易有限公司	141.73	56	广东粤海控股集团有限公司	36.80
7	海程邦达供应链管理股份有限公司	128.14	57	三七互娱网络科技集团股份有限公司	36.66
8	宁波港东南物流集团有限公司	113.62	58	青岛西海岸新区融合控股集团有限公司	35.84
9	厦门火炬集团有限公司	98.95	59	深圳市爱施德股份有限公司	35.65
10	南京红太阳跨境供应链有限公司	94.54	60	芒果超媒股份有限公司	35.53
11	顺丰控股股份有限公司	88.83	61	武汉商贸集团有限公司	34.81
12	广东乐居商贸集团有限公司	83.08	62	联发集团有限公司	34.48
13	百联集团有限公司	79.33	63	湖北港口集团有限公司	34.25
14	张家港保税区昌荣贸易有限公司	77.07	64	江苏国泰国际集团股份有限公司	33.51
15	东方财富信息股份有限公司	67.70	65	四川德康农牧食品集团股份有限公司	33.47
16	福建省旅游发展集团有限公司	66.92	66	常州市化工轻工材料总公司	33.09
17	浙江绍兴苏泊尔家居用品有限公司	66.28	67	绿城房地产集团有限公司	31.55
18	四川盛世元亨国际贸易有限公司	64.56	68	上海均和集团有限公司	31.28
19	青岛海发国有资本投资运营集团有限公司	62.47	69	深圳市信利康供应链管理有限公司	30.15
20	孩子王儿童用品股份有限公司	61.79	70	湖北银丰实业集团有限责任公司	30.02
21	张家港保税区日祥贸易有限公司	60.61	71	良品铺子股份有限公司	29.78
22	厦门国贸控股集团有限公司	60.14	72	大华（集团）有限公司	29.18
23	青岛经济技术开发区投资控股集团有限公司	58.55	73	新华锦集团	29.03
24	浙江永安资本管理有限公司	58.42	74	无锡市国联发展（集团）有限公司	28.79
25	佛燃能源集团股份有限公司	58.39	75	广东省广新控股集团有限公司	28.38
26	广西自贸区钦州港片区开发投资集团有限责任公司	57.58	76	中国医药集团有限公司	28.15
27	国任财产保险股份有限公司	57.32	77	东华能源股份有限公司	27.82
28	东营道阳石油贸易有限公司	54.81	78	齐商银行股份有限公司	27.53
29	张家港银贝贸易有限公司	54.11	79	永辉超市股份有限公司	26.98
30	四川航空股份有限公司	52.59	80	神州数码集团股份有限公司	26.93
31	日出实业集团有限公司	51.19	81	深圳前海微众银行股份有限公司	26.65
32	厦门建发集团有限公司	50.78	82	浙江省兴合集团有限责任公司	26.22
33	老百姓大药房连锁股份有限公司	50.28	83	宝龙地产控股有限公司	25.59
34	安徽灵通集团控股有限公司	49.34	84	浙江省交通投资集团有限公司	25.31
35	四川众心乐旅游资源开发有限公司	49.17	85	现代投资股份有限公司	25.18
36	上海塑来信息技术有限公司	47.90	86	鑫荣懋果业科技集团股份有限公司	24.78
37	青岛军民融合发展集团有限公司	46.68	87	青岛城市建设投资（集团）有限责任公司	23.85
38	武汉联杰能源有限公司	46.58	88	中国江苏国际经济技术合作集团有限公司	23.52
39	厦门市明穗粮油贸易有限公司	45.64	89	厦门象屿集团有限公司	23.42
40	张家港保税区彬鹏贸易有限公司	45.57	90	杭州滨江房产集团股份有限公司	23.09
41	美团公司	44.47	91	广州开发区控股集团有限公司	22.72
42	吉旗物联科技（天津）有限公司	44.14	92	深圳市宝德投资控股有限公司	22.53
43	江苏易汇聚软件科技有限公司	44.12	93	宁波海田控股集团有限公司	22.35
44	云账户技术（天津）有限公司	43.06	94	宁波宁兴控股股份有限公司	22.31
45	中创物流股份有限公司	42.66	95	优合集团有限公司	22.30
46	广州市城市建设投资集团有限公司	41.24	96	广州珠江实业集团有限公司	22.15
47	居然之家新零售集团股份有限公司	41.13	97	西安高科集团有限公司	22.00
48	爱尔眼科医院集团股份有限公司	40.59	98	浙江华瑞集团有限公司	21.63
49	大参林药业集团股份有限公司	40.58	99	恒信汽车集团股份有限公司	21.62
50	唐山港口实业集团有限公司	40.16	100	高金富恒集团有限公司	21.52
				中国服务业企业 500 强平均数	8.38

表 11 - 18 2022 中国服务业企业 500 强研发费用增长率排序前 100 名企业

排名	公司名称	研发费用增长率/%	排名	公司名称	研发费用增长率/%
1	湖南省高速公路集团有限公司	16670.97	51	江苏国泰国际集团股份有限公司	113.53
2	青岛军民融合发展集团有限公司	5757.69	52	广西柳药集团股份有限公司	112.93
3	青岛经济技术开发区投资控股集团有限公司	5753.85	53	新疆广汇实业投资（集团）有限责任公司	104.45
4	贵州现代物流产业（集团）有限责任公司	3265.63	54	上海龙宇燃油股份有限公司	104.04
5	武汉商贸集团有限公司	1585.20	55	佛燃能源集团股份有限公司	104.01
6	广州市城市建设投资集团有限公司	1036.20	56	国任财产保险股份有限公司	101.77
7	青岛海发国有资本投资运营集团有限公司	966.28	57	江苏省苏豪控股集团有限公司	98.68
8	广东省广物控股集团有限公司	837.87	58	广州农村商业银行股份有限公司	97.39
9	中原大易科技有限公司	760.72	59	广西交通投资集团有限公司	97.14
10	吉旗物联科技（天津）有限公司	615.10	60	深圳市宝德投资控股有限公司	93.47
11	青岛西海岸新区海洋控股集团有限公司	610.74	61	老百姓大药房连锁股份有限公司	93.46
12	厦门建发集团有限公司	498.74	62	东方财富信息股份有限公司	91.33
13	武汉金融控股（集团）有限公司	436.02	63	奥园集团有限公司	91.21
14	盐城市国有资产投资集团有限公司	421.86	64	中国东方航空集团有限公司	91.16
15	宁波君安控股有限公司	419.51	65	水发集团有限公司	88.43
16	广西农村投资集团有限公司	405.97	66	益丰大药房连锁股份有限公司	88.21
17	洛阳国宏投资控股集团有限公司	345.61	67	青岛城市建设投资（集团）有限责任公司	85.79
18	广州珠江实业集团有限公司	330.00	68	山东新天保智慧供应链有限公司	83.72
19	重庆医药（集团）股份有限公司	276.03	69	安徽辉隆投资集团有限公司	77.95
20	上海环世物流（集团）有限公司	271.06	70	山西云时代技术有限公司	76.71
21	江苏易汇聚软件科技有限公司	269.68	71	中国医药集团有限公司	74.99
22	汇金钢铁（天津）集团有限公司	262.50	72	上海国际港务（集团）股份有限公司	74.22
23	陕西交通控股集团有限公司	255.64	73	广州开发区控股集团有限公司	72.59
24	中国航空油料集团有限公司	243.54	74	重庆高速公路集团有限公司	72.43
25	恒丰银行股份有限公司	233.49	75	安徽省交通控股集团有限公司	71.96
26	四川省能源投资集团有限责任公司	218.67	76	马上消费金融股份有限公司	71.72
27	浙江中外运有限公司	213.45	77	江苏采木工业互联网科技有限公司	70.16
28	山东省港口集团有限公司	204.38	78	新奥天然气股份有限公司	69.70
29	中铁集装箱运输有限责任公司	192.77	79	荣盛控股股份有限公司	68.95
30	浙江省海港投资运营集团有限公司	180.24	80	广东粤海控股集团有限公司	67.53
31	湖北文化旅游集团有限公司	178.41	81	福建省港口集团有限责任公司	67.19
32	山东高速集团有限公司	174.32	82	万马联合控股集团有限公司	64.37
33	广西现代物流集团有限公司	171.30	83	云南省能源投资集团有限公司	64.16
34	中国邮政集团有限公司	170.85	84	无锡市交通产业集团有限公司	62.90
35	东莞农村商业银行股份有限公司	168.06	85	联发集团有限公司	62.73
36	广东省交通集团有限公司	164.65	86	广微控股有限公司	62.70
37	重庆交通运输控股（集团）有限公司	163.57	87	中国远洋海运集团有限公司	62.10
38	武汉市城市建设投资开发集团有限公司	148.02	88	中国联合网络通信集团有限公司	60.67
39	厦门港务控股集团有限公司	140.98	89	龙湖集团控股有限公司	60.20
40	福建漳州城投集团有限公司	138.71	90	福建纵腾网络有限公司	58.97
41	金地（集团）股份有限公司	134.06	91	交通银行股份有限公司	58.55
42	华茂集团股份有限公司	133.42	92	中国中信集团有限公司	57.95
43	中国太平洋保险（集团）股份有限公司	132.07	93	振烨国际产业控股集团（深圳）有限公司	57.40
44	内蒙古电力（集团）有限责任公司	127.54	94	安徽新华发行（集团）控股有限公司	55.39
45	中国万向控股有限公司	124.77	95	云南省投资控股集团有限公司	54.55
46	唐山港口实业集团有限公司	124.72	96	江苏省粮食集团有限责任公司	54.38
47	厦门国贸控股集团有限公司	123.92	97	绿城房地产集团有限公司	53.97
48	中南控股集团有限公司	117.04	98	九州通医药集团股份有限公司	53.94
49	中国物流集团有限公司	115.02	99	美团公司	53.09
50	贵州银行股份有限公司	114.92	100	广州越秀集团股份有限公司	53.09
				中国服务业企业 500 强平均数	17.99

表 11 - 19 2022 中国服务业企业 500 强行业平均净利润

名次	行业名称	平均净利润/亿元	名次	行业名称	平均净利润/亿元
1	邮政	385.92	22	农产品及食品批发	10.40
2	商业银行	376.22	23	铁路运输	10.24
3	电信服务	366.77	24	水务	9.27
4	多元化金融	253.00	25	物流及供应链	8.57
5	水上运输	207.58	26	文化娱乐	8.30
6	电网	182.73	27	生产资料商贸	5.15
7	互联网服务	154.13	28	软件和信息技术（IT）	4.86
8	保险业	103.29	29	能源矿产商贸	4.15
9	医药及医疗器材零售	93.69	30	汽车摩托车零售	4.15
10	证券业	70.00	31	化工医药商贸	4.01
11	住宅地产	31.01	32	综合商贸	3.94
12	综合服务业	29.20	33	连锁超市及百货	3.84
13	教育服务	28.28	34	旅游和餐饮	3.71
14	医疗卫生健康服务	23.12	35	人力资源服务	3.18
15	多元化投资	21.91	36	航空港及相关服务业	2.94
16	港口服务	21.09	37	家电及电子产品零售	2.48
17	园区地产	19.07	38	金属品商贸	2.40
18	商业地产	14.35	39	国际经济合作（工程承包）	2.19
19	公路运输	13.64	40	科技研发、规划设计	1.70
20	基金、信托及其他金融服务	12.94	41	综合能源供应	1.47
21	生活消费品商贸	12.51	42	机电商贸	-13.32

表 11－20 2022 中国服务业企业 500 强行业平均营业收入

名次	行业名称	平均营业收入/亿元	名次	行业名称	平均营业收入/亿元
1	电网	12453.26	22	教育服务	486.05
2	邮政	7009.51	23	金属品商贸	433.79
3	电信服务	5730.77	24	能源矿产商贸	431.61
4	多元化金融	3397.81	25	生活消费品商贸	416.64
5	水上运输	2775.19	26	港口服务	381.63
6	保险业	2706.04	27	文化娱乐	346.22
7	商业银行	1835.01	28	软件和信息技术（IT）	334.50
8	机电商贸	1720.58	29	铁路运输	332.11
9	综合服务业	1647.30	30	水务	298.12
10	互联网服务	1570.44	31	汽车摩托车零售	289.49
11	医药及医疗器材零售	1039.95	32	连锁超市及百货	271.96
12	生产资料商贸	850.80	33	化工医药商贸	265.53
13	住宅地产	796.58	34	商业地产	261.57
14	多元化投资	774.64	35	医疗卫生健康服务	247.82
15	物流及供应链	680.89	36	证券业	227.32
16	农产品及食品批发	620.91	37	基金、信托及其他金融服务	208.15
17	人力资源服务	603.11	38	国际经济合作（工程承包）	195.46
18	综合能源供应	567.02	39	航空港及相关服务业	178.36
19	航空运输	543.65	40	家电及电子产品零售	144.91
20	综合商贸	539.61	41	旅游和餐饮	121.16
21	公路运输	526.94	42	园区地产	118.51

表 11－21　2022 中国服务业企业 500 强行业平均资产

名次	行业名称	平均资产/亿元	名次	行业名称	平均资产/亿元
1	邮政	131687.00	22	港口服务	1078.10
2	商业银行	43826.38	23	商业地产	945.49
3	多元化金融	33473.21	24	医药及医疗器材零售	815.60
4	电网	19535.99	25	教育服务	758.96
5	电信服务	12544.35	26	农产品及食品批发	546.46
6	保险业	11763.59	27	航空港及相关服务业	429.65
7	水上运输	4888.94	28	连锁超市及百货	413.76
8	综合服务业	4258.47	29	物流及供应链	405.19
9	公路运输	3687.56	30	综合商贸	320.16
10	证券业	3434.28	31	旅游和餐饮	283.78
11	住宅地产	2914.66	32	国际经济合作（工程承包）	274.55
12	铁路运输	2779.32	33	生产资料商贸	259.13
13	互联网服务	2641.36	34	软件和信息技术（IT）	249.49
14	机电商贸	2480.17	35	医疗卫生健康服务	244.23
15	水务	2354.27	36	生活消费品商贸	242.61
16	多元化投资	2110.85	37	汽车摩托车零售	223.71
17	航空运输	2103.94	38	化工医药商贸	213.35
18	园区地产	1569.74	39	能源矿产商贸	117.32
19	综合能源供应	1460.24	40	金属品商贸	86.37
20	文化娱乐	1175.52	41	科技研发、规划设计	76.94
21	基金、信托及其他金融服务	1127.60	42	人力资源服务	68.05

表 11－22 2022 中国服务业企业 500 强行业平均纳税总额

名次	行业名称	平均纳税总额/亿元	名次	行业名称	平均纳税总额/亿元
1	电网	470.29	22	港口服务	17.38
2	邮政	361.32	23	医疗卫生健康服务	15.95
3	电信服务	240.47	24	园区地产	15.90
4	多元化金融	118.77	25	软件和信息技术（IT）	13.03
5	商业银行	112.48	26	生活消费品商贸	10.61
6	水上运输	96.46	27	连锁超市及百货	10.18
7	保险业	68.65	28	铁路运输	9.20
8	机电商贸	68.54	29	航空港及相关服务业	7.91
9	住宅地产	52.50	30	人力资源服务	7.68
10	文化娱乐	39.75	31	综合商贸	7.18
11	医药及医疗器材零售	38.55	32	汽车摩托车零售	6.86
12	证券业	35.26	33	互联网服务	6.84
13	航空运输	32.05	34	基金、信托及其他金融服务	6.22
14	教育服务	26.52	35	国际经济合作（工程承包）	5.84
15	综合能源供应	26.47	36	化工医药商贸	4.53
16	综合服务业	23.85	37	能源矿产商贸	3.28
17	水务	23.75	38	旅游和餐饮	3.13
18	多元化投资	23.19	39	科技研发、规划设计	2.55
19	公路运输	22.89	40	家电及电子产品零售	2.15
20	商业地产	18.47	41	生产资料商贸	2.00
21	物流及供应链	18.44	42	金属品商贸	1.97

表 11－23　2022 中国服务业企业 500 强行业平均研发费用

名次	行业名称	平均研发费用/亿元	名次	行业名称	平均研发费用/亿元
1	电信服务	179.15	21	水务	2.47
2	电网	65.61	22	铁路运输	1.84
3	互联网服务	59.07	23	综合服务业	1.73
4	多元化金融	16.49	24	文化娱乐	1.60
5	机电商贸	16.02	25	物流及供应链	1.58
6	水上运输	13.19	26	人力资源服务	1.52
7	多元化投资	9.96	27	港口服务	1.50
8	医疗卫生健康服务	9.80	28	生产资料商贸	1.38
9	医药及医疗器材零售	9.06	29	生活消费品商贸	1.14
10	商业银行	9.01	30	连锁超市及百货	1.13
11	软件和信息技术（IT）	7.82	31	汽车摩托车零售	0.81
12	综合能源供应	7.25	32	综合商贸	0.74
13	证券业	7.07	33	商业地产	0.65
14	邮政	4.57	34	化工医药商贸	0.63
15	公路运输	4.26	35	能源矿产商贸	0.51
16	住宅地产	3.83	36	旅游和餐饮	0.27
17	科技研发、规划设计	3.73	37	航空港及相关服务业	0.27
18	航空运输	3.68	38	农产品及食品批发	0.22
19	保险业	2.85	39	金属品商贸	0.17
20	基金、信托及其他金融服务	2.61	40	国际经济合作（工程承包）	0.15

表 11－24 2022 中国服务业企业 500 强行业人均净利润

名次	行业名称	人均净利润/万元	名次	行业名称	人均净利润/万元
1	基金、信托及其他金融服务	145.79	22	电信服务	9.99
2	商业银行	75.59	23	物流及供应链	9.86
3	证券业	74.07	24	保险业	9.59
4	园区地产	56.85	25	铁路运输	6.64
5	商业地产	41.54	26	综合服务业	5.86
6	水上运输	38.21	27	化工医药商贸	5.79
7	互联网服务	35.45	28	旅游和餐饮	5.77
8	教育服务	32.59	29	水务	5.73
9	金属品商贸	28.24	30	科技研发、规划设计	5.71
10	医药及医疗器材零售	27.53	31	公路运输	5.48
11	能源矿产商贸	26.22	32	文化娱乐	5.43
12	多元化金融	22.93	33	邮政	5.15
13	家电及电子产品零售	22.32	34	综合商贸	4.73
14	生活消费品商贸	17.78	35	汽车摩托车零售	4.41
15	住宅地产	14.62	36	电网	4.26
16	生产资料商贸	13.34	37	软件和信息技术（IT）	3.10
17	人力资源服务	12.94	38	国际经济合作（工程承包）	2.56
18	医疗卫生健康服务	11.74	39	航空港及相关服务业	2.35
19	多元化投资	10.93	40	连锁超市及百货	1.32
20	港口服务	10.75	41	综合能源供应	0.71
21	农产品及食品批发	10.24	42	机电商贸	－1.88

表 11－25　2022 中国服务业企业 500 强行业人均营业收入

名次	行业名称	人均营业收入/万元	名次	行业名称	人均营业收入/万元
1	金属品商贸	5096.46	22	汽车摩托车零售	307.31
2	能源矿产商贸	2992.01	23	医药及医疗器材零售	305.55
3	人力资源服务	2453.08	24	科技研发、规划设计	299.15
4	基金、信托及其他金融服务	2345.79	25	电网	290.10
5	生产资料商贸	2201.49	26	综合能源供应	275.87
6	家电及电子产品零售	1306.63	27	保险业	251.17
7	物流及供应链	783.92	28	机电商贸	243.37
8	商业地产	757.21	29	证券业	240.55
9	综合商贸	646.54	30	国际经济合作（工程承包）	228.95
10	农产品及食品批发	611.40	31	文化娱乐	226.52
11	生活消费品商贸	592.27	32	铁路运输	215.20
12	教育服务	560.09	33	软件和信息技术（IT）	213.46
13	水上运输	510.85	34	公路运输	211.53
14	多元化投资	386.36	35	港口服务	194.56
15	化工医药商贸	382.91	36	旅游和餐饮	188.66
16	住宅地产	375.72	37	水务	184.46
17	商业银行	368.68	38	电信服务	156.10
18	互联网服务	361.21	39	航空港及相关服务业	142.63
19	园区地产	353.25	40	医疗卫生健康服务	125.81
20	综合服务业	330.56	41	连锁超市及百货	93.79
21	多元化金融	308.01	42	邮政	93.59

表 11－26 2022 中国服务业企业 500 强行业人均资产

名次	行业名称	人均资产/万元	名次	行业名称	人均资产/万元
1	基金、信托及其他金融服务	12707.76	22	互联网服务	607.52
2	商业银行	8805.41	23	港口服务	549.64
3	园区地产	4678.81	24	农产品及食品批发	538.09
4	证券业	3634.09	25	家电及电子产品零售	507.59
5	多元化金融	3034.38	26	物流及供应链	466.51
6	商业地产	2737.07	27	电网	455.10
7	铁路运输	1800.95	28	旅游和餐饮	441.91
8	邮政	1758.36	29	综合商贸	383.61
9	公路运输	1480.28	30	机电商贸	350.81
10	水务	1456.70	31	生活消费品商贸	344.88
11	住宅地产	1374.76	32	航空港及相关服务业	343.58
12	保险业	1091.89	33	航空运输	342.76
13	多元化投资	1052.81	34	电信服务	341.70
14	金属品商贸	1014.73	35	国际经济合作（工程承包）	321.60
15	水上运输	899.94	36	化工医药商贸	307.66
16	教育服务	874.58	37	人力资源服务	276.78
17	综合服务业	854.54	38	科技研发、规划设计	258.37
18	能源矿产商贸	813.27	39	医药及医疗器材零售	239.64
19	文化娱乐	769.09	40	汽车摩托车零售	237.47
20	综合能源供应	710.45	41	软件和信息技术（IT）	159.21
21	生产资料商贸	670.51	42	连锁超市及百货	142.70

表 11－27　2022 中国服务业企业 500 强行业人均纳税总额

名次	行业名称	人均纳税总额/万元	名次	行业名称	人均纳税总额/万元
1	基金、信托及其他金融服务	70.12	22	生产资料商贸	11.60
2	商业地产	53.45	23	医药及医疗器材零售	11.33
3	园区地产	47.38	24	电网	10.96
4	证券业	37.31	25	机电商贸	9.70
5	商业银行	36.93	26	化工医药商贸	9.09
6	住宅地产	31.83	27	港口服务	8.86
7	人力资源服务	31.26	28	公路运输	8.84
8	教育服务	30.55	29	综合商贸	8.61
9	文化娱乐	26.01	30	科技研发、规划设计	8.57
10	多元化金融	25.66	31	软件和信息技术（IT）	7.91
11	金属品商贸	23.20	32	汽车摩托车零售	7.29
12	能源矿产商贸	22.76	33	国际经济合作（工程承包）	6.84
13	物流及供应链	21.23	34	电信服务	6.55
14	家电及电子产品零售	19.35	35	航空港及相关服务业	6.32
15	水上运输	17.76	36	铁路运输	5.96
16	综合服务业	17.65	37	保险业	5.87
17	生活消费品商贸	15.09	38	航空运输	5.72
18	水务	14.70	39	旅游和餐饮	4.88
19	医疗卫生健康服务	12.84	40	邮政	4.82
20	综合能源供应	12.20	41	互联网服务	4.10
21	多元化投资	11.94	42	农产品及食品批发	3.81

表 11－28　2022 中国服务业企业 500 强行业人均研发费用

名次	行业名称	人均研发费用/万元	名次	行业名称	人均研发费用/万元
1	互联网服务	35. 39	21	电网	1. 53
2	基金、信托及其他金融服务	21. 31	22	水务	1. 53
3	科技研发、规划设计	12. 53	23	物流及供应链	1. 46
4	证券业	7. 99	24	铁路运输	1. 19
5	医疗卫生健康服务	7. 88	25	综合服务业	1. 12
6	商业银行	6. 75	26	文化娱乐	1. 04
7	电信服务	4. 88	27	能源矿产商贸	1. 03
8	软件和信息技术（IT）	4. 75	28	金属品商贸	0. 84
9	多元化投资	4. 56	29	化工医药商贸	0. 78
10	人力资源服务	4. 37	30	港口服务	0. 76
11	商业地产	3. 76	31	农产品及食品批发	0. 76
12	生产资料商贸	3. 66	32	保险业	0. 63
13	多元化金融	3. 06	33	综合商贸	0. 62
14	综合能源供应	2. 93	34	航空运输	0. 56
15	水上运输	2. 43	35	汽车摩托车零售	0. 43
16	机电商贸	2. 27	36	连锁超市及百货	0. 29
17	医药及医疗器材零售	2. 09	37	旅游和餐饮	0. 28
18	公路运输	1. 76	38	航空港及相关服务业	0. 21
19	住宅地产	1. 73	39	国际经济合作（工程承包）	0. 17
20	生活消费品商贸	1. 57	40	邮政	0. 06

表 11-29 2022 中国服务业企业 500 强行业平均资产利润率

名次	行业名称	平均资产利润率/%	名次	行业名称	平均资产利润率/%
1	医疗卫生健康服务	9.58	22	证券业	2.20
2	互联网服务	5.65	23	电信服务	2.06
3	家电及电子产品零售	5.38	24	港口服务	1.77
4	医药及医疗器材零售	5.26	25	综合商贸	1.73
5	水上运输	5.20	26	旅游和餐饮	1.23
6	金属品商贸	5.01	27	园区地产	1.21
7	汽车摩托车零售	3.87	28	商业地产	1.18
8	生活消费品商贸	3.86	29	多元化投资	1.01
9	农产品及食品批发	3.75	30	保险业	0.85
10	教育服务	3.73	31	国际经济合作（工程承包）	0.80
11	化工医药商贸	3.54	32	多元化金融	0.78
12	物流及供应链	3.31	33	电网	0.70
13	软件和信息技术（IT）	3.12	34	航空港及相关服务业	0.68
14	铁路运输	3.11	35	生产资料商贸	0.68
15	人力资源服务	2.89	36	商业银行	0.67
16	住宅地产	2.84	37	水务	0.55
17	能源矿产商贸	2.73	38	公路运输	0.47
18	连锁超市及百货	2.62	39	邮政	0.29
19	基金、信托及其他金融服务	2.61	40	综合服务业	0.26
20	文化娱乐	2.38	41	机电商贸	-0.54
21	科技研发、规划设计	2.21	42	航空运输	-1.45

第十二章
2022 中国企业 1000 家

为了扩大中国大企业的分析范围，更加全面地反映中国大企业的发展状况，中国企业联合会、中国企业家协会从2018年起，开展了中国企业1000家的申报排序工作，2022年继续推出2022中国企业1000家。前500名请见表9－1，后500名见表12－1。

表12－1 2022中国企业1000家第501名至1000名名单

名次	企业名称	地区	营业收入/万元	净利润/万元	资产/万元	所有者权益/万元	从业人数/人
501	天合光能股份有限公司	江苏	4448039	180423	6353988	1711193	17586
502	深圳市中金岭南有色金属股份有限公司	广东	4444922	117169	2760413	1324959	9664
503	河北安丰钢铁有限公司	河北	4443015	589394	2559772	2024699	7200
504	江苏扬子江船业集团	江苏	4432530	309871	13857802	3669052	29734
505	新华三信息技术有限公司	浙江	4397298	356234	3148879	356234	10494
506	祥生地产集团有限公司	浙江	4371903	－21536	14574313	771771	2966
507	万基控股集团有限公司	河南	4370043	94440	2514798	330055	11419
508	山东清源集团有限公司	山东	4356677	33371	2983202	1016606	4031
509	浙江东南网架集团有限公司	浙江	4345631	34844	3398139	608200	9372
510	金浦投资控股集团有限公司	江苏	4345099	45606	2430357	695820	9450
511	江苏金峰水泥集团有限公司	江苏	4321168	244232	2569141	1497713	5200
512	海通证券股份有限公司	上海	4320547	1282652	74492515	16313796	11457
513	卧龙控股集团有限公司	浙江	4304584	99065	3584933	1120680	18076
514	山东鲁花集团有限公司	山东	4299033	283055	3843113	1624294	21276
515	浙江宝业建设集团有限公司	浙江	4268356	46344	1145406	464803	4356
516	山东科达集团有限公司	山东	4252019	137999	1565473	1191516	8615
517	陕西交通控股集团有限公司	陕西	4234116	111467	54579176	16133421	33316
518	河南中原黄金冶炼厂有限责任公司	河南	4216952	52819	1833519	797424	1565
519	森马集团有限公司	浙江	4216782	33483	3263308	1130617	4028
520	山西晋城钢铁控股集团有限公司	山西	4206209	224977	3359664	1823727	9021
521	重庆市博赛矿业（集团）有限公司	重庆	4203879	198058	1599960	837544	8450
522	四川科伦实业集团有限公司	四川	4196763	110255	3690093	1385682	19604
523	中国一重集团有限公司	黑龙江	4185701	22068	5380425	1172316	14989
524	河北省国和投资集团有限公司	河北	4184608	3714	605563	131465	2378
525	五得利面粉集团有限公司	河北	4157239	227444	2065638	1491187	5900
526	石药控股集团有限公司	河北	4139416	673111	5874388	3073089	25765
527	晶澳太阳能科技股份有限公司	河北	4130175	203863	5696745	1649426	29638
528	山河控股集团有限公司	湖北	4110126	61540	1343913	833054	52322
529	广西南丹南方金属有限公司	广西壮族自治区	4087530	93878	2163855	834980	5066
530	步步高投资集团股份有限公司	湖南	4086796	10135	2518719	726316	28615

续表

名次	企业名称	地区	营业收入/万元	净利润/万元	资产/万元	所有者权益/万元	从业人数/人
531	河北新武安钢铁集团烘熔钢铁有限公司	河北	4082879	121032	732532	587498	2982
532	建华建材（中国）有限公司	江苏	4073487	114191	2681006	905860	28730
533	郑州宇通企业集团	河南	4063870	90625	10393147	2021002	31773
534	江西省交通投资集团有限责任公司	江西	4048122	186460	33921384	12640241	20402
535	上海中骏置业有限公司	上海	4033480	332429	19872556	2388070	9770
536	厦门中骏集团有限公司	福建	4033480	332429	19872556	2388070	9770
537	安徽江淮汽车集团控股有限公司	安徽	4031356	6145	4681797	481557	26531
538	得力集团有限公司	浙江	4028383	265053	3948788	1463681	17940
539	青岛城市建设投资（集团）有限责任公司	山东	4024649	54539	44689665	13366134	21731
540	三宝集团股份有限公司	福建	4024038	127883	1356317	634894	4909
541	杭州东恒石油有限公司	浙江	4020492	43124	957829	402731	533
542	金发科技股份有限公司	广东	4019862	166149	4830002	1498695	9728
543	三花控股集团有限公司	浙江	4017496	141766	3207330	1140110	23000
544	福建百宏聚纤科技实业有限公司	福建	3998798	246909	6309450	1645298	11260
545	重庆小康控股有限公司	重庆	3996873	-129801	3607455	383778	20037
546	源山投资控股有限公司	上海	3996747	3157	705097	315623	170
547	宝龙地产控股有限公司	上海	3990246	599210	24505645	4069366	13212
548	重庆钢铁股份有限公司	重庆	3984941	227439	4299595	2237520	6734
549	华南物资集团有限公司	重庆	3977493	12923	532336	84736	679
550	江阴长三角钢铁集团有限公司	江苏	3968749	1781	46682	12557	331
551	华鲁控股集团有限公司	山东	3954981	248848	5071262	1148943	18445
552	新华锦集团	山东	3951846	17310	1356288	308901	9200
553	湖南省高速公路集团有限公司	湖南	3949046	85206	63621407	20203882	15236
554	广东粤海控股集团有限公司	广东	3939653	371489	20640158	4384419	19560
555	安徽省皖北煤电集团有限责任公司	安徽	3936300	-179842	4478916	96878	34477
556	天津亿联控股集团有限公司	天津	3926125	179966	10314248	4248946	13679
557	江苏沃得机电集团有限公司	江苏	3903607	354375	4918868	1142220	21254
558	山东垦利石化集团有限公司	山东	3899385	113563	1807072	1085563	2559
559	江苏江润铜业有限公司	江苏	3869516	9525	397151	188410	723
560	太平鸟集团有限公司	浙江	3856591	56586	1951642	319241	12733
561	道恩集团有限公司	山东	3850687	91253	1500466	237586	3657
562	北京金融街投资（集团）有限公司	北京	3814806	82646	26273865	3668043	12282
563	东浩兰生（集团）有限公司	上海	3802800	70633	4276859	1722878	6075

续表

名次	企业名称	地区	营业收入/万元	净利润/万元	资产/万元	所有者权益/万元	从业人数/人
564	杭州滨江房产集团股份有限公司	浙江	3797636	302733	21172580	2057930	1644
565	长沙银行股份有限公司	湖南	3787604	630438	79615032	5502197	7978
566	舜宇集团有限公司	浙江	3749685	498801	3877384	2058807	24664
567	浙江龙盛控股有限公司	浙江	3740550	360736	6940217	3193935	7801
568	欣旺达电子股份有限公司	广东	3735872	91565	4262843	1303007	36127
569	安徽楚江科技新材料股份有限公司	安徽	3734960	56709	1326247	616627	6426
570	万洋集团有限公司	浙江	3728051	476709	3534020	1754619	5122
571	常熟市龙腾特种钢有限公司	江苏	3722933	194295	3215565	934820	5190
572	重庆轻纺控股（集团）公司	重庆	3719682	40903	2816733	613706	24965
573	湖南五江控股集团有限公司	湖南	3698745	321984	6579947	4303159	28576
574	天津华北集团有限公司	天津	3685794	22936	1483926	635444	1130
575	广州市城市建设投资集团有限公司	广东	3682715	91914	33936468	14235815	31739
576	河南豫联能源集团有限责任公司	河南	3663388	94766	2189519	-231103	7550
577	巨化集团有限公司	浙江	3628904	471098	4485916	1403389	11368
578	河南金利金铅集团有限公司	河南	3627977	68974	802811	298742	3114
579	利时集团股份有限公司	浙江	3622781	88542	1886729	997870	6612
580	深圳市理士新能源发展有限公司	广东	3581956	35210	3009589	953271	15000
581	浙江永安资本管理有限公司	浙江	3579359	44690	930696	231692	211
582	河南神火集团有限公司	河南	3558638	104131	5854844	117622	25203
583	天津银行股份有限公司	天津	3554260	319603	71990393	5670479	6589
584	浙江华友钴业股份有限公司	浙江	3531654	389750	5798905	1938359	14643
585	福州城市建设投资集团有限公司	福建	3525495	149637	20740610	8777646	8293
586	奥德集团有限公司	山东	3519453	407237	5384402	3048522	14890
587	波司登股份有限公司	江苏	3494721	560414	3897972	2361025	24009
588	浙江省机电集团有限公司	浙江	3491870	27474	3162277	412404	5375
589	淄博齐翔腾达化工股份有限公司	山东	3489207	239264	2607051	1278977	3255
590	西子联合控股有限公司	浙江	3484743	282865	5216979	1504092	16873
591	北京中能昊龙投资控股集团有限公司	北京	3484627	388616	2796621	1997416	8600
592	武汉商贸集团有限公司	湖北	3463580	81721	9633070	1181147	39376
593	华东医药股份有限公司	浙江	3456330	230163	2699640	1657937	12427
594	河北天柱钢铁集团有限公司	河北	3454496	93676	2040163	863971	6085
595	漳州市九龙江集团有限公司	福建	3447274	160915	10076772	2578409	6137
596	上海国际港务（集团）股份有限公司	上海	3428870	1468205	17078748	9979080	13546
597	花园集团有限公司	浙江	3427103	65352	2794983	1257672	14165
598	广发证券股份有限公司	广东	3424999	1085412	53585532	10662451	13174

续表

名次	企业名称	地区	营业收入/万元	净利润/万元	资产/万元	所有者权益/万元	从业人数/人
599	海南航空控股股份有限公司	海南	3400202	472093	14325458	848982	36892
600	上海均瑶（集团）有限公司	上海	3380991	13082	10223125	1046275	19562
601	融信（福建）投资集团有限公司	福建	3380967	121599	23422191	2514306	2449
602	天津天士力大健康产业投资集团有限公司	天津	3376987	121110	7841153	3761690	19349
603	金鹏控股集团有限公司	安徽	3365794	81787	3337894	696793	6200
604	合肥维天运通信息科技股份有限公司	安徽	3363800	5298	225518	53730	1100
605	张家港保税区彬鹏贸易有限公司	江苏	3355652	92454	321233	312242	20
606	山东中海化工集团有限公司	山东	3352127	117301	1305519	880424	2356
607	河北兴华钢铁有限公司	河北	3335216	143478	946067	683430	5637
608	鹏鼎控股（深圳）股份有限公司	广东	3331485	331727	3554146	2155803	39387
609	江苏满运软件科技有限公司	江苏	3325607	5461	357451	-17209	877
610	广西贵港钢铁集团有限公司	广西壮族自治区	3324459	45277	1087555	286667	2970
611	万丰奥特控股集团有限公司	浙江	3310508	204881	2855718	594199	12339
612	山东东方华龙工贸集团有限公司	山东	3309618	9888	1148102	546351	1528
613	文一投资控股有限公司	安徽	3308002	69634	5327812	2907918	22500
614	山鹰国际控股股份公司	安徽	3303280	151567	5199449	1651743	15109
615	浙江省海港投资运营集团有限公司	浙江	3288687	316219	14725226	6727766	19754
616	浙江大华技术股份有限公司	浙江	3283548	337841	4405587	2361760	22864
617	万通海欣控股集团股份有限公司	山东	3263679	153059	3661336	1791898	3500
618	邯郸正大制管集团股份有限公司	河北	3250672	5208	493872	99631	5966
619	青岛西海岸新区海洋控股集团有限公司	山东	3249642	25135	13183313	2613044	8608
620	华新水泥股份有限公司	湖北	3246408	536353	5254962	352723	16283
621	青岛啤酒集团有限公司	山东	3244830	112954	5362099	859503	34472
622	福建福海创石油化工有限公司	福建	3217793	-166192	4134536	1349637	1502
623	华芳集团有限公司	江苏	3207857	33644	745725	481766	6223
624	中国联塑集团控股有限公司	广东	3205758	304415	5448318	2077114	20400
625	香驰控股有限公司	山东	3202221	88019	1668459	882633	2152
626	北京顺鑫控股集团有限公司	北京	3201898	531	3381893	340037	7806
627	山东省商业集团有限公司	山东	3199109	339	13430513	856371	36130
628	厦门钨业股份有限公司	福建	3185220	118053	3242089	896094	14508
629	福星集团控股有限公司	湖北	3178608	10757	5010312	347570	6752
630	华立集团股份有限公司	浙江	3171703	37276	2555330	283194	11496
631	深圳华强集团有限公司	广东	3147902	30944	7458816	1619012	26397

续表

名次	企业名称	地区	营业收入/万元	净利润/万元	资产/万元	所有者权益/万元	从业人数/人
632	浙江甬金金属科技股份有限公司	浙江	3136597	59109	986814	374239	2590
633	月星集团有限公司	上海	3127700	277883	5958546	2404741	10911
634	桂林力源粮油食品集团有限公司	广西壮族自治区	3125462	60912	1100610	361201	13000
635	山西安泰控股集团有限公司	山西	3124597	61338	1710894	425116	6782
636	济源市万洋冶炼（集团）有限公司	河南	3102041	40390	786364	289436	3184
637	浙江富春江通信集团有限公司	浙江	3091784	42528	2168626	517651	4270
638	青岛西海岸新区融合控股集团有限公司	山东	3089412	13953	17192193	4140380	2347
639	新八建设集团有限公司	湖北	3088174	83326	815733	598319	4850
640	武汉联杰能源有限公司	湖北	3085003	2887	391760	188537	31
641	深业集团有限公司	广东	3081135	286289	16197251	2766599	24410
642	张家港保税区立信投资有限公司	江苏	3079310	23750	118266	85223	20
643	厦门海沧投资集团有限公司	福建	3076013	85748	3919951	787144	6109
644	重庆智飞生物制品股份有限公司	重庆	3065242	1020855	3004732	1765721	4800
645	久立集团股份有限公司	浙江	3057705	45791	1198166	289146	4338
646	江苏长电科技股份有限公司	江苏	3050241	295871	3709861	2099113	23266
647	重庆银行股份有限公司	重庆	3046392	466374	61895362	4727319	4714
648	中通快递股份有限公司	上海	3040584	475483	6277234	4863725	23865
649	方远控股集团有限公司	浙江	3038485	53046	3379294	403261	4852
650	浙江协和集团有限公司	浙江	3032000	27559	782601	213158	1426
651	中策橡胶集团股份有限公司	浙江	3028569	160380	3233050	1112505	22479
652	青岛世纪瑞丰集团有限公司	山东	3023553	2061	915818	62727	97
653	江苏邗建集团有限公司	江苏	3011144	86025	2412526	894962	54360
654	江苏无锡朝阳集团股份有限公司	江苏	3005431	21284	212921	152485	1472
655	广西现代物流集团有限公司	广西壮族自治区	2986300	14186	2475733	667896	3465
656	广东德赛集团有限公司	广东	2984275	41653	2219024	284986	18243
657	大亚科技集团有限公司	江苏	2983612	105247	1780771	415739	13891
658	中建信控股集团有限公司	上海	2982540	34970	3119043	292228	12263
659	天洁集团有限公司	浙江	2976362	159053	1636466	1029842	1343
660	农夫山泉股份有限公司	浙江	2969641	716179	3289620	2074163	22155
661	宁波博洋控股集团有限公司	浙江	2960734	50212	807050	186703	7700
662	兴惠化纤集团有限公司	浙江	2960233	37000	781010	495445	2626
663	洛阳国宏投资控股集团有限公司	河南	2958899	110772	3419300	1310870	4100
664	江苏上上电缆集团有限公司	江苏	2953127	62920	983509	725826	5557
665	福建漳龙集团有限公司	福建	2937123	41192	6439387	1666635	3072

续表

名次	企业名称	地区	营业收入/万元	净利润/万元	资产/万元	所有者权益/万元	从业人数/人
666	郑州煤矿机械集团股份有限公司	河南	2929352	194778	3664800	1479549	16774
667	西安高科集团有限公司	陕西	2918943	20843	18361131	1580360	14281
668	济宁能源发展集团有限公司	山东	2909317	89229	2660514	432235	12190
669	广西柳工集团有限公司	广西壮族自治区	2891578	32433	4218915	474119	17581
670	广东格兰仕集团有限公司	广东	2889700	32461	2716702	692832	24423
671	江苏中超投资集团有限公司	江苏	2886250	5807	1395840	250400	5470
672	胜达集团有限公司	浙江	2882662	100249	1464118	967286	2879
673	利群集团股份有限公司	山东	2875035	29237	2649564	692724	9190
674	淄博鑫泰石化有限公司	山东	2873668	62651	2201293	268545	1636
675	江苏中利控股集团有限公司	江苏	2873238	12006	3786024	1435598	6203
676	江苏新海石化有限公司	江苏	2867981	7477	668540	294569	1411
677	河南交通投资集团有限公司	河南	2867493	163132	21493308	5171030	19176
678	庞大汽贸集团股份有限公司	河北	2863304	89819	2309339	1171724	11414
679	郑州银行股份有限公司	河南	2858395	322619	57497966	5776618	5526
680	兴达投资集团有限公司	江苏	2857844	72329	899337	892194	926
681	江苏西城三联控股集团有限公司	江苏	2852191	12336	604424	-235956	2829
682	河南济源钢铁（集团）有限公司	河南	2838426	147850	2211066	885743	7369
683	金东纸业（江苏）股份有限公司	江苏	2829358	142298	7149003	2186654	5321
684	浙江建华集团有限公司	浙江	2816509	9191	288533	96654	3055
685	山东神驰控股有限公司	山东	2808578	51758	1121267	534134	1368
686	山东博汇集团有限公司	山东	2800665	-52394	2724608	2427	7096
687	重庆高速公路集团有限公司	重庆	2788012	40518	21777636	5950227	12336
688	陕西鼓风机（集团）有限公司	陕西	2778201	28087	4026800	774391	6543
689	洛阳炼化宏达实业有限责任公司	河南	2759055	15382	675505	119836	1519
690	浙江宝利德股份有限公司	浙江	2753124	22437	705773	261854	2532
691	安徽天大企业（集团）有限公司	安徽	2747690	32936	2115056	304018	1757
692	苏州金螳螂企业（集团）有限公司	江苏	2730375	-135146	4470727	352883	15832
693	联发集团有限公司	福建	2729983	85141	12964866	1250394	5262
694	张家港保税区昌荣贸易有限公司	江苏	2720199	7427	338502	48706	59
695	山东永鑫能源集团有限公司	山东	2715192	54270	1209626	48817	1996
696	无锡市不锈钢电子交易中心有限公司	江苏	2715163	3906	19218	17423	98
697	优合集团有限公司	广东	2711633	15816	335899	68345	288
698	厦门禹洲集团股份有限公司	福建	2707124	128299	17438091	4139464	7295
699	雅迪科技集团有限公司	江苏	2705159	145275	1936964	447710	9174
700	广州立白凯晟控股有限公司	广东	2704185	67169	3096262	1359200	9061

续表

名次	企业名称	地区	营业收入/万元	净利润/万元	资产/万元	所有者权益/万元	从业人数/人
701	成都蛟龙投资有限责任公司	四川	2697738	183517	1078972	821576	53978
702	东岳氟硅科技集团有限公司	山东	2695773	241584	2127474	398	6513
703	连云港兴鑫钢铁有限公司	江苏	2680620	131404	821168	646892	3305
704	南京新华海科技产业集团有限公司	江苏	2676520	50784	1277287	599432	1871
705	浙江英特药业有限责任公司	浙江	2672835	35899	1164505	252987	3985
706	精工控股集团有限公司	浙江	2655537	29517	2769659	344387	12200
707	东华能源股份有限公司	江苏	2636707	113994	3594739	1084200	1985
708	红太阳集团有限公司	江苏	2636022	29903	3239845	810442	4601
709	苏州创元投资发展（集团）有限公司	江苏	2617127	56998	3765408	873036	13546
710	大华（集团）有限公司	上海	2615874	316512	20726882	3502658	3018
711	宗申产业集团有限公司	重庆	2605048	26668	2617814	470095	16862
712	天津源泰德润钢管制造集团有限公司	天津	2600892	30811	366427	251242	1800
713	江苏恒瑞医药股份有限公司	江苏	2590553	453022	3926622	3500296	24491
714	重庆对外经贸（集团）有限公司	重庆	2575704	6797	2127123	566197	15666
715	纳爱斯集团有限公司	浙江	2565911	84706	2430058	2177676	11425
716	凌源钢铁集团有限责任公司	辽宁	2563828	89403	2752674	385559	9750
717	江苏洋河酒厂股份有限公司	江苏	2535018	750768	6779870	4248621	17956
718	利泰集团有限公司	广东	2532785	13711	481066	169189	10000
719	中国万向控股有限公司	上海	2531768	43213	16238226	936736	16154
720	张家港保税区旭江贸易有限公司	江苏	2528587	62011	767418	289297	20
721	奥康集团有限公司	浙江	2526971	157458	1629054	826080	9753
722	申通快递股份有限公司	浙江	2525477	-90933	1876691	782796	9146
723	奥山集团有限公司	湖北	2524143	867503	2479049	1172549	1247
724	深圳市大疆创新科技有限公司	广东	2522200	732398	3774274	2781041	11404
725	山西云时代技术有限公司	山西	2519289	10489	1922875	4775245	12710
726	哈尔滨电气集团有限公司	黑龙江	2479802	-275953	6855289	1191922	14776
727	无锡新三洲特钢有限公司	江苏	2466131	9163	414863	128121	2418
728	江阴市金桥化工有限公司	江苏	2465531	1524	145312	28513	90
729	河南明泰铝业股份有限公司	河南	2461262	185201	1892886	1067406	6063
730	上海龙旗科技股份有限公司	上海	2459677	55624	1491644	294312	11487
731	湖南省交通水利建设集团有限公司	湖南	2447745	60476	3615015	611427	8235
732	上海协通（集团）有限公司	上海	2442419	88747	734175	282930	1977
733	滨化集团	山东	2436171	136797	2604276	1318452	4941
734	阳光电源股份有限公司	安徽	2413660	158271	4284013	1565506	6726
735	上海韦尔半导体股份有限公司	上海	2410351	447619	3207993	1619831	4493

续表

名次	企业名称	地区	营业收入/万元	净利润/万元	资产/万元	所有者权益/万元	从业人数/人
736	兴业证券股份有限公司	福建	2407294	474307	21746334	4118944	10200
737	贵州现代物流产业（集团）有限责任公司	贵州	2405717	9746	1688107	385998	3251
738	武汉市城市建设投资开发集团有限公司	湖北	2390114	62783	36950935	10636071	14672
739	宁波申洲针织有限公司	浙江	2384501	337170	4213191	2777058	95820
740	诸城外贸有限责任公司	山东	2384007	76685	2261576	1112345	7346
741	无锡市交通产业集团有限公司	江苏	2381138	8995	6758360	2098713	13580
742	山东寿光巨能控股集团有限公司	山东	2372081	15663	1395474	732833	8275
743	广州金融控股集团有限公司	广东	2370120	247300	80442230	2999491	8365
744	无棣鑫岳化工集团有限公司	山东	2351410	125386	1545964	937253	3880
745	回音必集团有限公司	浙江	2350653	67535	727412	501723	2132
746	贵州银行股份有限公司	贵州	2350469	370570	50388016	3898782	5488
747	江苏华地国际控股集团有限公司	江苏	2325686	63193	1421453	474123	6612
748	天津市宝来工贸有限公司	天津	2325503	60168	322396	275905	2230
749	顾家集团有限公司	浙江	2308775	-7660	2637416	632383	19669
750	无锡市国联发展（集团）有限公司	江苏	2293211	120547	15969825	2815997	12730
751	欧菲光集团股份有限公司	广东	2284394	-262497	2463718	843353	17973
752	黑龙江飞鹤乳业有限公司	黑龙江	2277626	687104	3148142	2092130	7924
753	中原出版传媒投资控股集团有限公司	河南	2267558	72040	2204311	1026531	15079
754	河北高速公路集团有限公司	河北	2263296	11596	28843282	9498544	25613
755	河北港口集团有限公司	河北	2254281	70376	7583535	3199940	12546
756	重庆万达薄板有限公司	重庆	2250079	44085	1405220	358339	1675
757	重庆市能源投资集团有限公司	重庆	2248252	-2621007	4285191	-1157331	20499
758	江西银行股份有限公司	江西	2245959	207031	50855981	4091732	5708
759	潍坊特钢集团有限公司	山东	2229621	27072	1052177	390803	5852
760	深圳市宝德投资控股有限公司	广东	2223667	-13579	1721653	441203	3257
761	鹰潭胜华金属有限责任公司	江西	2216055	4928	95762	28938	106
762	青岛银行股份有限公司	山东	2191956	292266	52224961	3263550	4451
763	山东远通汽车贸易集团有限公司	山东	2186599	24852	657347	392738	5261
764	正大天晴药业集团股份有限公司	江苏	2183704	397924	2346076	1398652	14284
765	攀枝花钢城集团有限公司	四川	2175599	7199	1057981	-80425	13066
766	唐人神集团股份有限公司	湖南	2174219	-114741	1454462	551176	10963
767	腾龙芳烃（漳州）有限公司	福建	2166324	-101885	2961556	300557	641
768	人本集团有限公司	浙江	2157066	76082	1529123	351459	23055

续表

名次	企业名称	地区	营业收入/万元	净利润/万元	资产/万元	所有者权益/万元	从业人数/人
769	中哲控股集团有限公司	浙江	2154351	26718	542355	116007	5216
770	江苏省粮食集团有限责任公司	江苏	2150293	10059	913457	209269	1238
771	华融湘江银行股份有限公司	湖南	2149514	307552	42598368	3301652	4729
772	上海华虹（集团）有限公司	上海	2145194	-11307	11831983	3362700	11479
773	九江银行股份有限公司	江西	2130656	172851	46150298	3468394	4624
774	广州视源电子科技股份有限公司	广东	2122571	169899	1550776	835559	5422
775	广西汽车集团有限公司	广西壮族自治区	2121435	9882	1973084	632311	14474
776	重庆攀华板材有限公司	重庆	2115794	24279	372432	124025	236
777	瑞康医药集团股份有限公司	山东	2105972	26130	2639697	643593	8000
778	广东小鹏汽车科技有限公司	广东	2098813	-486310	6565130	4214658	15059
779	桂林银行股份有限公司	广西壮族自治区	2094202	134147	44255790	2509262	7514
780	常州市化工轻工材料总公司	江苏	2093618	3483	295875	19440	158
781	山东联盟化工集团有限公司	山东	2074719	136229	1264483	729761	6308
782	广州轻工工贸集团有限公司	广东	2064149	89669	2075954	1022211	7054
783	龙佰集团股份有限公司	河南	2056578	467642	4533117	1891778	11520
784	长春一汽富维汽车零部件股份有限公司	吉林	2053740	65885	1949602	678510	10293
785	上海源耀农业股份有限公司	上海	2047892	12834	143914	59017	774
786	冠捷电子科技（福建）有限公司	福建	2047485	48821	1109865	413679	8961
787	重庆市迪马实业股份有限公司	重庆	2046321	-205361	8587334	861793	8304
788	欧派家居集团股份有限公司	广东	2044160	266558	2339273	1440895	24660
789	人福医药集团股份公司	湖北	2044104	138954	3450143	1314698	15746
790	利欧集团股份有限公司	浙江	2028091	-101212	1984495	1187156	5192
791	广西农垦集团有限责任公司	广西壮族自治区	2023837	40838	9000618	5144750	45804
792	天津纺织集团（控股）有限公司	天津	2022526	14421	2026648	456344	2869
793	青岛经济技术开发区投资控股集团有限公司	山东	2020358	35552	7275391	2113343	1827
794	江苏省苏豪控股集团有限公司	江苏	2019002	49641	3233950	885120	7702
795	青岛澳柯玛控股集团有限公司	山东	2017170	53141	2418763	496508	7272
796	淄博商厦股份有限公司	山东	2010827	15847	580149	282953	9530
797	湖南黄金集团有限责任公司	湖南	2010631	6717	1146805	167344	6518
798	中伟新材料股份有限公司	贵州	2007249	93895	2819976	983249	7127
799	天津港（集团）有限公司	天津	2003920	-73921	14351132	2627180	19617
800	携程计算机（上海）有限公司	上海	2002900	-55000	19185900	10967700	33732
801	山西杏花村汾酒集团有限责任公司	山西	2001756	270519	3394053	1048315	15950

续表

名次	企业名称	地区	营业收入/万元	净利润/万元	资产/万元	所有者权益/万元	从业人数/人
802	浙江天圣控股集团有限公司	浙江	1993436	430733	1416014	870660	3652
803	玲珑集团有限公司	山东	1979388	3005	4247121	960019	20652
804	广微控股有限公司	上海	1970043	39304	2432598	1180977	9210
805	吉林亚泰（集团）股份有限公司	吉林	1965321	-125422	5637663	1307836	18589
806	上海仪电（集团）有限公司	上海	1960298	10169	9274546	1445922	13569
807	龙元建设集团股份有限公司	上海	1954782	66729	6702780	1205965	5013
808	中国江苏国际经济技术合作集团有限公司	江苏	1954557	21865	2745513	519034	8537
809	安徽鸿路钢结构（集团）股份有限公司	安徽	1951481	115011	1957616	727079	19398
810	四川航空股份有限公司	四川	1948107	-244922	6285743	32634	18237
811	张家港保税区日祥贸易有限公司	江苏	1944913	30579	267048	55860	20
812	曹妃甸国控投资集团有限公司	河北	1934524	143896	15367812	7258571	4506
813	格林美股份有限公司	广东	1930102	92328	3438782	1422848	7011
814	安徽辉隆投资集团有限公司	安徽	1926794	18040	1202550	123560	3659
815	广州珠江实业集团有限公司	广东	1922264	46185	14003110	1816359	24713
816	江南集团有限公司	江苏	1917355	24569	1569070	590704	3467
817	润华集团股份有限公司	山东	1908924	48919	1515514	760860	5690
818	河南黄河实业集团股份有限公司	河南	1907230	66140	2135405	638331	10418
819	青岛农村商业银行股份有限公司	山东	1902779	306555	43043809	3416441	5125
820	浙江新安化工集团股份有限公司	浙江	1897666	265448	1719934	894345	5959
821	马上消费金融股份有限公司	重庆	1890966	138216	6109087	830423	2258
822	宁波君安控股有限公司	浙江	1889899	11834	351403	79059	89
823	上海起帆电缆股份有限公司	上海	1887754	68388	924092	369014	3597
824	浙江中外运有限公司	浙江	1887103	19076	385462	70785	2201
825	东方日升新能源股份有限公司	浙江	1883072	-4232	2956138	847963	10760
826	江苏大经供应链股份有限公司	江苏	1879463	2072	182567	32689	470
827	杭州鼎胜实业集团有限公司	浙江	1874750	26372	1871406	442435	1966
828	正和集团股份有限公司	山东	1871612	-183840	613551	116037	1330
829	福建福日电子股份有限公司	福建	1863373	-23380	1225964	291011	5538
830	砂之船商业管理集团有限公司	重庆	1861917	43859	1926211	850464	32148
831	山东鑫海科技股份有限公司	山东	1858261	140339	2743950	1284133	6231
832	山东临工工程机械有限公司	山东	1842195	109026	1833921	701272	3820
833	铜陵精达特种电磁线股份有限公司	安徽	1832978	54914	1013033	446157	3450
834	泰开集团有限公司	山东	1809596	80442	1622164	361516	13330

续表

名次	企业名称	地区	营业收入/万元	净利润/万元	资产/万元	所有者权益/万元	从业人数/人
835	福建傲农生物科技集团股份有限公司	福建	1803816	-151987	1710053	130347	12386
836	赛轮集团股份有限公司	山东	1799843	131297	2617294	1073047	13723
837	天津现代集团有限公司	天津	1796302	68257	2899321	1156635	465
838	秦皇岛宏兴钢铁有限公司	河北	1795038	188036	1368916	1138988	4527
839	深圳市汇川技术股份有限公司	广东	1794325	357340	2730271	1588326	16938
840	广州华多网络科技有限公司	广东	1790445	-53592	5814646	3524696	7000
841	林州凤宝管业有限公司	河南	1788477	28937	1270554	422035	4201
842	天津城市基础设施建设投资集团有限公司	天津	1787672	175927	87297864	26070507	13737
843	金猴集团有限公司	山东	1786189	38993	562900	376126	2910
844	厦门翔业集团有限公司	福建	1783558	29379	4296502	1295966	12505
845	上海塑来信息技术有限公司	上海	1780280	643	66436	17356	206
846	重庆交通运输控股（集团）有限公司	重庆	1767256	20432	2658779	964149	37815
847	瑞声科技（控股）有限公司	广东	1766697	131628	4202207	2181067	37591
848	信誉楼百货集团有限公司	河北	1764906	91119	860404	339928	32771
849	上海晨光文具股份有限公司	上海	1760740	151787	1142439	619489	5527
850	山东电工电气集团有限公司	山东	1760716	8159	2651713	648400	8864
851	宁波华翔电子股份有限公司	浙江	1758782	126457	2179557	1085637	17193
852	西安城市基础设施建设投资集团有限公司	陕西	1757056	20666	19431778	7373976	30246
853	厦门合兴包装印刷股份有限公司	福建	1754878	21835	957215	340019	11215
854	鹭燕医药股份有限公司	福建	1754540	30587	999270	249166	5165
855	迪尚集团有限公司	山东	1750622	115915	1238399	609618	25268
856	安徽出版集团有限责任公司	安徽	1750324	13522	2499071	801112	4337
857	西安曲江文化产业投资（集团）有限公司	陕西	1742424	33592	10101103	1331874	14489
858	普联技术有限公司	广东	1733951	326132	2137769	1933880	10974
859	河北省国有资产控股运营有限公司	河北	1733906	842	2316496	737741	3196
860	广西北部湾银行股份有限公司	广西壮族自治区	1733341	202055	36053184	2328819	4074
861	三环集团有限公司	湖北	1726473	21900	2424631	741680	14973
862	闽源钢铁集团有限公司	河南	1724285	31150	652615	374738	4986
863	四川邦泰投资有限责任公司	四川	1716251	144472	3125978	290280	5800
864	湖南永通集团有限公司	湖南	1716001	23958	856384	390259	4811
865	致达控股集团有限公司	上海	1715810	24738	2731593	515770	5492
866	广博控股集团有限公司	浙江	1715619	21059	1756561	390683	3500

续表

名次	企业名称	地区	营业收入/万元	净利润/万元	资产/万元	所有者权益/万元	从业人数/人
867	青岛海湾集团有限公司	山东	1714241	205892	2374009	1259825	3821
868	四川特驱农牧科技集团有限公司	四川	1713946	21003	484415	139531	2680
869	广西柳药集团股份有限公司	广西壮族自治区	1713482	56382	1587475	546009	4751
870	淮海控股集团有限公司	江苏	1713206	81839	1291016	1028752	8102
871	湖南博深实业集团有限公司	湖南	1692297	53636	825596	614305	1133
872	铜陵化学工业集团有限公司	安徽	1688248	68547	1520560	306001	5454
873	厦门夏商集团有限公司	福建	1685442	36830	1693541	458174	5991
874	宁波继峰汽车零部件股份有限公司	浙江	1683199	12637	1620914	464482	17368
875	福建纵腾网络有限公司	福建	1682561	34466	470728	217042	4587
876	深圳市九立供应链股份有限公司	广东	1682454	6021	416702	27482	205
877	浙江省农村发展集团有限公司	浙江	1680896	18131	1802756	190482	2360
878	大参林药业集团股份有限公司	广东	1675933	85560	1733568	547858	32337
879	广东省永道生态集团有限公司	广东	1670862	294762	1085230	400261	820
880	安徽天康（集团）股份有限公司	安徽	1669253	37113	573527	426105	4587
881	万向三农集团有限公司	浙江	1666916	162086	2626011	802101	2012
882	山东胜星化工有限公司	山东	1666069	61228	2434463	360170	1300
883	软通动力信息技术（集团）股份有限公司	北京	1662321	94478	1052312	507841	90000
884	湖南粮食集团有限责任公司	湖南	1656045	-91294	1561144	14839	3470
885	安徽新华发行（集团）控股有限公司	安徽	1649730	29096	3584585	942707	6561
886	浙江中财管道科技股份有限公司	浙江	1618759	189131	1138259	858622	6326
887	日出实业集团有限公司	浙江	1641484	8792	273777	39334	266
888	广州无线电集团有限公司	广东	1639085	58379	4941584	1073869	51401
889	天津市新宇彩板有限公司	天津	1638922	28006	564174	135778	1890
890	卫华集团有限公司	河南	1633448	46022	1140730	459950	5980
891	河南心连心化学工业集团股份有限公司	河南	1632456	156172	2414935	694739	7878
892	天津农村商业银行股份有限公司	天津	1630512	253015	37275380	3012893	5633
893	英科医疗科技股份有限公司	山东	1624009	743007	2062464	1587119	9115
894	三七互娱网络科技集团股份有限公司	安徽	1621649	287557	1443718	1077371	3996
895	现代投资股份有限公司	湖南	1609893	62405	5702939	1082102	3766
896	广西百色工业投资发展集团有限公司	广西壮族自治区	1607194	9330	1175555	431227	1557
897	一柏集团有限公司	福建	1595117	209	21243	20232	32
898	深圳市华富洋供应链有限公司	广东	1591335	14250	1405522	98305	222
899	健康元药业集团股份有限公司	广东	1590369	132850	3110390	1182029	13234

续表

名次	企业名称	地区	营业收入/万元	净利润/万元	资产/万元	所有者权益/万元	从业人数/人
900	通富微电子股份有限公司	江苏	1581223	95669	2710107	1044199	16737
901	吉旗物联科技（天津）有限公司	天津	1580274	-7984	246471	-2920	56
902	无锡华东重机科技集团有限公司	江苏	1573963	-140764	620215	241404	910
903	武汉农村商业银行股份有限公司	湖北	1572035	106248	37275790	2325500	7727
904	老百姓大药房连锁股份有限公司	湖南	1569566	66924	1695809	435758	29164
905	徐州东方物流集团有限公司	江苏	1568931	36371	389315	154515	1178
906	滁州惠科光电科技有限公司	安徽	1565980	400120	2756075	1483502	3022
907	内蒙古公路交通投资发展有限公司	内蒙古自治区	1560215	-6746	22344820	7844246	9932
908	欧龙汽车贸易集团有限公司	浙江	1560052	60752	553158	276088	3087
909	广东兴发铝业有限公司	广东	1557662	94989	1137100	459850	9419
910	泰豪集团有限公司	江西	1553103	46723	2479932	818797	7652
911	宁波方太厨具有限公司	浙江	1548640	182406	1735531	1021602	14692
912	上海爱旭新能源股份有限公司	上海	1547050	-12555	1790024	508169	6796
913	厦门金龙汽车集团股份有限公司	福建	1541842	-59522	2608465	405390	11477
914	爱玛科技集团股份有限公司	天津	1539871	66399	1339694	497482	7288
915	安徽叉车集团有限责任公司	安徽	1536494	30636	1440438	354508	8675
916	芒果超媒股份有限公司	湖南	1535586	211409	2611075	1696640	4010
917	天津市医药集团有限公司	天津	1535031	50037	3639475	886751	8784
918	益丰大药房连锁股份有限公司	湖南	1532631	88788	1705204	748131	33749
919	江阴江东集团公司	江苏	1523668	93267	600409	482674	6525
920	苏州裕景泰控股有限公司	江苏	1523180	26943	316131	49567	115
921	湖南省煤业集团有限公司	湖南	1522178	24966	1407108	308104	22742
922	济南城建集团有限公司	山东	1521258	59448	3061548	372682	3575
923	青岛军民融合发展集团有限公司	山东	1521006	35473	6563162	1848869	1664
924	浙江航民实业集团有限公司	浙江	1519666	37388	1122654	301800	10025
925	翔鹭石化（漳州）有限公司	福建	1518298	-5387	1696616	675250	310
926	今飞控股集团有限公司	浙江	1512924	80932	778651	143255	4250
927	景德镇黑猫集团有限责任公司	江西	1507178	32798	2515028	426567	9679
928	太原重型机械集团有限公司	山西	1505271	-29653	6522198	655727	11055
929	海天建设集团有限公司	浙江	1504850	34335	1467324	600709	12508
930	江苏省煤炭运销有限公司	江苏	1504439	3538	140542	38712	45
931	深圳市博科供应链管理有限公司	广东	1500527	140	141779	7262	150
932	爱尔眼科医院集团股份有限公司	湖南	1500081	232334	2184901	1130974	26970
933	广东乐居商贸集团有限公司	广东	1497243	8399	503130	18192	162
934	山东新天保智慧供应链有限公司	山东	1497054	-2179	119063	22253	192

续表

名次	企业名称	地区	营业收入/万元	净利润/万元	资产/万元	所有者权益/万元	从业人数/人
935	成都建国汽车贸易有限公司	四川	1490147	46939	794483	286955	8154
936	金帝联合控股集团有限公司	浙江	1479371	9568	1305786	333901	652
937	青海盐湖工业股份有限公司	青海	1477833	447839	2526736	933513	6157
938	株洲旗滨集团股份有限公司	湖南	1457272	423353	2094847	1334645	11280
939	黑龙江省建工集团有限责任公司	黑龙江	1455066	18949	2076327	314573	3547
940	黑龙江倍丰农业生产资料集团有限公司	黑龙江	1453244	4995	2116373	197678	1520
941	杭叉集团股份有限公司	浙江	1448970	90847	1039725	559982	5416
942	四川众心乐旅游资源开发有限公司	四川	1444427	7484	763106	106352	1738
943	山东海化集团有限公司	山东	1443822	42157	2063697	1003951	7599
944	万邦德集团有限公司	浙江	1440785	45455	1064478	241631	4722
945	新西奥电梯集团有限公司	上海	1436720	160401	1663582	308705	9581
946	万向钱潮股份有限公司	浙江	1432214	68649	1682079	855450	7787
947	江苏国强镀锌实业有限公司	江苏	1428645	11815	589309	116628	2022
948	广州酷狗计算机科技有限公司	广东	1421191	12914	1162923	726479	125
949	南京高速齿轮制造有限公司	江苏	1419399	114076	1920775	509805	5645
950	山东时风（集团）有限责任公司	山东	1414886	10478	839958	623019	8384
951	安徽古井集团有限责任公司	安徽	1412447	105258	3120023	995555	11645
952	杭州联华华商集团有限公司	浙江	1408695	23113	1439364	57635	12371
953	江苏中广润新材料科技有限公司	江苏	1402929	—	381843	—	187
954	厦门恒兴集团有限公司	福建	1402383	7972	1631557	686435	2120
955	玖隆钢铁物流有限公司	江苏	1399587	8733	524572	157083	280
956	徐州金虹钢铁集团有限公司	江苏	1396774	—	283579	—	1000
957	四川华油集团有限责任公司	四川	1396534	41052	1046601	355093	3364
958	中新钢铁集团有限公司	江苏	1396325	—	1391386	—	5083
959	安徽中鼎控股（集团）股份有限公司	安徽	1395281	45141	2161617	531778	21299
960	浙江世纪华通集团股份有限公司	浙江	1392901	232671	4064256	3108229	7330
961	万友汽车投资有限公司	重庆	1390580	2797	682563	111908	6136
962	青岛康大外贸集团有限公司	山东	1386324	47321	1099537	148935	7727
963	安徽华源医药集团股份有限公司	安徽	1384754	11344	1110413	224953	9150
964	云南祥丰实业集团有限公司	云南	1382950	14279	531976	453360	2461
965	阿尔法（江阴）沥青有限公司	江苏	1371927	15474	172721	74174	192
966	广东鸿粤汽车销售集团有限公司	广东	1370882	26256	604637	69062	2847
967	安徽灵通集团控股有限公司	安徽	1363132	4869	139468	34922	181
968	佛燃能源集团股份有限公司	广东	1353118	59474	1393699	445961	2199

续表

名次	企业名称	地区	营业收入/万元	净利润/万元	资产/万元	所有者权益/万元	从业人数/人
969	湖南兰天集团有限公司	湖南	1352616	5552	281187	89142	3026
970	浙江出版联合集团有限公司	浙江	1352331	135235	2974878	1810474	7349
971	广州港集团有限公司	广东	1348378	163496	5088898	1827529	12119
972	广州地铁集团有限公司	广东	1345938	26529	52693511	26147401	29893
973	中海外能源科技（山东）有限公司	山东	1342243	-17983	667393	180902	916
974	郑州公用事业投资发展集团有限公司	河南	1341601	68984	7349442	1544659	7332
975	汇金钢铁（天津）集团有限公司	天津	1338405	-13672	123874	22789	230
976	中国（福建）对外贸易中心集团有限责任公司	福建	1337471	5387	885315	385741	780
977	祥兴（福建）箱包集团有限公司	福建	1334751	81420	531841	477620	10211
978	邦芒服务外包有限公司	浙江	1332796	975	116214	6118	1610
979	杭州市商贸旅游集团有限公司	浙江	1329735	100241	3359948	1126146	17659
980	江阴模塑集团有限公司	江苏	1320870	5237	1089210	317435	9565
981	瑞星集团股份有限公司	山东	1317805	12560	1860932	428159	2819
982	山东鲁北企业集团总公司	山东	1317213	61912	1299877	420775	3657
983	黑龙江省农业投资集团有限公司	黑龙江	1315732	4038	1698472	98110	1550
984	中泰证券股份有限公司	山东	1314967	320001	20468976	3578992	8059
985	重庆啤酒股份有限公司	重庆	1311931	116624	1153281	175455	6659
986	东莞农村商业银行股份有限公司	广东	1311769	558970	59336109	4737863	8014
987	东方财富信息股份有限公司	上海	1309432	855293	18502025	4404024	5696
988	居然之家新零售集团股份有限公司	北京	1307104	232504	5621038	1919798	11845
989	扬州市秦邮特种金属材料有限公司	江苏	1306285	—	469155	—	2560
990	隆鑫通用动力股份有限公司	重庆	1305792	38480	1321771	740474	9025
991	杭州金鱼电器集团有限公司	浙江	1299761	16963	798615	57732	8021
992	湖北港口集团有限公司	湖北	1297230	3963	4969029	1265131	9488
993	博威集团有限公司	浙江	1291061	11422	1426720	159719	7017
994	安徽昊源化工集团有限公司	安徽	1290711	135071	1118871	539926	3129
995	福建省旅游发展集团有限公司	福建	1288613	6442	1067027	315331	3177
996	深圳市英捷迅实业发展有限公司	广东	1287238	4665	111586	26444	139
997	广州元亨能源有限公司	广东	1286128	3259	849205	210500	29
998	天晖（河北）供应链管理集团有限公司	河北	1284688	457	118539	8132	275
999	金杯电工股份有限公司	湖南	1283231	33135	738171	347347	3906
1000	富奥汽车零部件股份有限公司	吉林	1282820	84144	1486092	747213	7695
	合计		1245663412	53601982	3111022710	735790891	5020768

第十三章 2022 中国部分地区企业 100 强数据

2022 中国部分地区企业 100 强数据情况如表 13 - 1 至表 13 - 9 所示。

表 13－1 2022 天津市企业 100 强

排名	企业名称	营业收入/万元	排名	企业名称	营业收入/万元
1	中国石化销售股份有限公司华北分公司	24239670	51	中国天辰工程有限公司	1625454
2	天津市新天钢钢铁集团有限公司	13827486	52	中国烟草总公司天津市公司	1608300
3	天津荣程祥泰投资控股集团有限公司	9231865	53	吉旗物联科技（天津）有限公司	1580274
4	中海石油（中国）有限公司天津分公司	9081528	54	丰益油脂科技有限公司	1546436
5	天津泰达投资控股有限公司	8594907	55	爱玛科技集团股份有限公司	1539871
6	中国石油化工股份有限公司天津分公司	6962082	56	天津市医药集团有限公司	1535031
7	渤海银行股份有限公司	6818724	57	长城汽车股份有限公司天津哈弗分公司	1388839
8	天津友发钢管集团股份有限公司	6686602	58	天津海纳金国际贸易有限公司	1383000
9	中铁十八局集团有限公司	6527843	59	中国石油天然气股份有限公司大港油田分公司	1352467
10	一汽丰田汽车有限公司	6283929	60	汇金钢铁（天津）集团有限公司	1338405
11	招商物产有限公司	5958698	61	国网电商科技有限公司	1289405
12	天津渤海化工集团有限责任公司	5525046	62	中国能源建设集团天津电力建设有限公司	1275548
13	云账户技术（天津）有限公司	5252892	63	天津象屿进出口贸易有限公司	1256185
14	中交第一航务工程局有限公司	5251815	64	国药控股天津有限公司	1253851
15	中国建筑第六工程局有限公司	4967265	65	渤海人寿保险股份有限公司	1188510
16	国网天津市电力公司	4828581	66	嘉里粮油（天津）有限公司	1165645
17	天津建龙钢铁实业有限公司	4264860	67	天津捷通达汽车投资集团有限公司	1157341
18	中国铁建大桥工程局集团有限公司	4043539	68	深大联合物产有限公司	1137927
19	天津亿联控股集团有限公司	3926125	69	曙光信息产业股份有限公司	1120036
20	天津华北集团有限公司	3685794	70	中粮佳悦（天津）有限公司	1073970
21	一汽－大众汽车有限公司天津分公司	3614790	71	中国平安人寿保险股份有限公司天津分公司	1038010
22	中国铁路设计集团有限公司	3606284	72	天津水务集团有限公司	1002536
23	天津银行股份有限公司	3554260	73	天津巴莫科技有限责任公司	1001595
24	天津中煤能源华北有限公司	3449306	74	天津市金桥焊材集团股份有限公司	972568
25	富联精密电子（天津）有限公司	3436691	75	中国汽车工业工程有限公司	969500
26	天津天士力大健康产业投资集团有限公司	3376987	76	天津滨海农村商业银行股份有限公司	960978
27	中铝物资有限公司	3288062	77	天津电装电子有限公司	942034
28	路易达孚（天津）国际贸易有限公司	3277921	78	奥的斯电梯（中国）有限公司	851691
29	中集世联达物流科技（集团）股份有限公司	2892042	79	中材（天津）国际贸易有限公司	840392
30	天津源泰德润钢管制造集团有限公司	2600892	80	华润天津医药有限公司	838504
31	中冶天工集团有限公司	2464040	81	玖龙纸业（天津）有限公司	795002
32	中沙（天津）石化有限公司	2463080	82	天津市建筑材料集团（控股）有限公司	773542
33	天津市宝来工贸有限公司	2325503	83	天津红日药业股份有限公司	767053
34	天津津路钢铁实业有限公司	2162383	84	京瓷（中国）商贸有限公司	733212
35	中国石油天然气股份有限公司大港石化分公司	2032161	85	三星高新电机（天津）有限公司	723849
36	天津纺织集团（控股）有限公司	2022526	86	天津市建工工程总承包有限公司	723182
37	天津港（集团）有限公司	2003920	87	九三集团天津大豆科技有限公司	716717
38	天津三星视界移动有限公司	2002231	88	中国水电基础局有限公司	713366
39	中国电建市政建设集团有限公司	1936648	89	天津拾起卖科技集团有限公司	707099
40	天津启润投资有限公司	1895804	90	中国联合网络通信有限公司天津市分公司	702918
41	中国石油集团渤海钻探工程有限公司	1857792	91	天津雅迪实业有限公司	701262
42	天津现代集团有限公司	1796302	92	天津娃哈哈宏振食品饮料贸易有限公司	701027
43	天津城市基础设施建设投资集团有限公司	1787672	93	平安国际融资租赁（天津）有限公司	698739
44	工银金融租赁有限公司	1759037	94	天弘基金管理有限公司	671127
45	中国石化销售股份有限公司天津石油分公司	1738027	95	上海烟草集团有限责任公司天津卷烟厂	671045
46	中交天津航道局有限公司	1724494	96	天津力神电池股份有限公司	669116
47	天津三星电机有限公司	1715300	97	三星（天津）电池有限公司	668855
48	天津钢管制造有限公司	1676021	98	五八同城信息技术有限公司	660347
49	天津市新宇彩板有限公司	1638922	99	天津中拓电子商务有限公司	651890
50	天津农村商业银行股份有限公司	1630512	100	天津顶益食品有限公司	641274

发布单位：天津市企业联合会、天津市企业家协会。

表 13－2 2022 上海市企业 100 强

排名	企业名称	营业收入/万元	排名	企业名称	营业收入/万元
1	中国宝武钢铁集团有限公司	97225779	51	上海国际港务（集团）股份有限公司	3428870
2	上海汽车集团股份有限公司	77984579	52	上海均瑶（集团）有限公司	3380991
3	绿地控股集团股份有限公司	54428636	53	万丰锦源控股集团有限公司	3310508
4	中国远洋海运集团有限公司	54266305	54	月星集团有限公司	3127700
5	交通银行股份有限公司	49005500	55	中通快递股份有限公司	3040584
6	中国太平洋保险（集团）股份有限公司	44064337	56	上海卓钢链电子商务有限公司	3011557
7	上海万科企业有限公司	42993191	57	中建信控股集团有限公司	2982540
8	上海浦东发展银行股份有限公司	36643000	58	奥盛集团有限公司	2908236
9	中国建筑第八工程局有限公司	34874464	59	立邦投资有限公司	2799405
10	上海建工集团股份有限公司	28102546	60	江南造船（集团）有限责任公司	2550565
11	益海嘉里金龙鱼粮油食品股份有限公司	22622516	61	中国万向控股有限公司	2531768
12	上海医药集团股份有限公司	21582426	62	上海龙旗科技股份有限公司	2459677
13	太平人寿保险有限公司	19402125	63	上海协通（集团）有限公司	2442419
14	美团公司	17912800	64	上海韦尔半导体股份有限公司	2410351
15	上海电气控股集团有限公司	16349526	65	沪东中华造船（集团）有限公司	2282695
16	复星国际有限公司	16129118	66	中兵（上海）有限责任公司	2269166
17	光明食品（集团）有限公司	15083030	67	上海华虹（集团）有限公司	2145194
18	上海烟草集团有限责任公司	13911688	68	滔搏企业发展（上海）有限公司	2127135
19	上海均和集团有限公司	13695715	69	上海源耀农业股份有限公司	2047892
20	上海银行股份有限公司	10880979	70	携程计算机技术（上海）有限公司	2002900
21	旭辉控股（集团）有限公司	10783474	71	上期资本管理有限公司	1978779
22	国网上海市电力公司	10267425	72	广微控股有限公司	1970043
23	东方国际（集团）有限公司	9571260	73	上海仪电（集团）有限公司	1960298
24	拼多多公司	9394994	74	龙元建设集团股份有限公司	1954782
25	中国石化上海石油化工股份有限公司	8928042	75	上海起帆电缆股份有限公司	1887754
26	支付宝（中国）网络技术有限公司	8843121	76	上海祥源原信息咨询有限公司	1805100
27	中国东方航空集团有限公司	8409619	77	上海塑来信息技术有限公司	1780280
28	上海圆迈贸易有限公司	8384001	78	上海晨光文具股份有限公司	1760740
29	华勤技术股份有限公司	8375852	79	致达控股集团有限公司	1715810
30	上海城建（集团）有限公司	7823400	80	中智经济技术合作股份有限公司	1594296
31	上海钢联电子商务股份有限公司	6577462	81	新西奥电梯集团有限公司	1436720
32	上海宝冶集团有限公司	6027817	82	中国建材国际工程集团有限公司	1403756
33	上海闽路润贸易有限公司	5873227	83	东方财富信息股份有限公司	1309432
34	老凤祥股份有限公司	5869077	84	五冶集团上海有限公司	1296314
35	上海华谊（集团）公司	5776529	85	上海外高桥造船有限公司	1257935
36	申能（集团）有限公司	5588972	86	上海环世物流（集团）有限公司	1244342
37	百联集团有限公司	4916028	87	上海金发科技发展有限公司	1234625
38	中铁上海工程局集团有限公司	4725717	88	上海钰翔科技集团有限公司	1195751
39	国家电投集团铝业国际贸易有限公司	4668948	89	上海煜驰进出口有限公司	1193406
40	上海农村商业银行股份有限公司	4613696	90	上海临港经济发展（集团）有限公司	1185137
41	海通证券股份有限公司	4320547	91	上海春秋国际旅行社（集团）有限公司	1159514
42	上海中骏置业有限公司	4033480	92	佳化化学（上海）有限公司	1067488
43	上海鼎信投资（集团）有限公司	4025189	93	福然德股份有限公司	995306
44	源山投资控股有限公司	3996747	94	波克科技股份有限公司	966360
45	宝龙地产控股有限公司	3990246	95	上海紫江企业集团股份有限公司	952859
46	圆通速递有限公司	3930975	96	东方明珠新媒体股份有限公司	906918
47	中国二十冶集团有限公司	3872599	97	华东建筑集团股份有限公司	905478
48	东浩兰生（集团）有限公司	3802800	98	上海亚泰建设集团有限公司	894430
49	中铁二十四局集团有限公司	3795319	99	上海润达医疗科技股份有限公司	886011
50	中芯国际集成电路制造有限公司	3563063	100	欧普照明股份有限公司	884663

发布单位：上海市企业联合会、上海市企业家协会。

表 13-3 2022 重庆市企业 100 强

排名	企业名称	营业收入/万元	排名	企业名称	营业收入/万元
1	龙湖集团控股有限公司	22337547	51	鸿富锦精密电子（重庆）有限公司	1020224
2	重庆长安汽车股份有限公司	21501342	52	重庆三峡水利电力（集团）股份有限公司	1017664
3	重庆市金科投资控股（集团）有限责任公司	18563651	53	重庆惠科金渝光电科技有限公司	983438
4	达丰（重庆）电脑有限公司	13518860	54	重庆华峰化工有限公司	971175
5	重庆化医控股（集团）公司	8251818	55	庆铃汽车（集团）有限公司	967890
6	重庆华宇集团有限公司	8165839	56	永辉物流有限公司	951047
7	英业达（重庆）有限公司	6712848	57	华峰重庆氨纶有限公司	925730
8	重庆医药（集团）股份有限公司	6252045	58	中石化重庆涪陵页岩气勘探开发有限公司	918356
9	重庆建工投资控股有限责任公司	5857418	59	重庆建峰新材料有限责任公司	903403
10	重庆农村商业银行股份有限公司	5653389	60	重庆润通控股（集团）有限公司	863662
11	国网重庆市电力公司	5547150	61	中国石化集团重庆川维化工有限公司	831322
12	重庆中昂投资集团有限公司	5318296	62	重庆国际复合材料股份有限公司	827981
13	重庆机电控股（集团）公司	4881225	63	重庆钢铁（集团）有限责任公司	804909
14	重庆新鸥鹏企业（集团）有限公司	4860485	64	欧菲斯集团股份有限公司	778968
15	重庆千信集团有限公司	4823765	65	重庆国际信托股份有限公司	774165
16	中国烟草总公司重庆市公司	4535455	66	重庆百事达汽车有限公司	771820
17	金龙精密铜管集团股份有限公司	4474123	67	重庆巨能建设（集团）有限公司	756432
18	重庆市博赛矿业（集团）有限公司	4203879	68	重庆桐君阁股份有限公司	727834
19	重庆小康控股有限公司	3996873	69	重庆水务集团股份有限公司	725225
20	重庆钢铁股份有限公司	3984941	70	重庆海成实业（集团）有限公司	698766
21	华南物资集团有限公司	3977493	71	重庆港务物流集团有限公司	659095
22	重庆轻纺控股（集团）公司	3719682	72	中国四联仪器仪表集团有限公司	657476
23	重庆智飞生物制品股份有限公司	3065242	73	重庆跨越（集团）股份有限公司	635844
24	重庆高速公路集团有限公司	2788012	74	重庆旗能电铝有限公司	633240
25	西南铝业（集团）有限责任公司	2757350	75	重庆渝发建设有限公司	633108
26	宗申产业集团有限公司	2605048	76	重庆市农业投资集团有限公司	627023
27	重庆对外经贸（集团）有限公司	2575704	77	中粮油脂（重庆）有限公司	619130
28	中冶建工集团有限公司	2499509	78	重庆城市交通开发投资（集团）有限公司	614286
29	重庆万达薄板有限公司	2250079	79	中铁隧道集团一处有限公司	614182
30	重庆市能源投资集团有限公司	2248252	80	重庆国瑞控股集团有限公司	605694
31	重庆攀华板材有限公司	2115794	81	重庆青山工业有限责任公司	604869
32	重庆市迪马实业股份有限公司	2046321	82	中国电建集团重庆工程有限公司	601761
33	重庆小传实业有限公司	1900732	83	重庆三峰环境集团股份有限公司	587382
34	马上消费金融股份有限公司	1890966	84	九禾股份有限公司	576789
35	砂之船商业管理集团有限公司	1861917	85	重庆药友制药有限责任公司	574891
36	上汽红岩汽车有限公司	1808275	86	重庆市人才大市场集团有限公司	565423
37	重庆交通运输控股（集团）有限公司	1767257	87	重庆斌鑫集团有限公司	560185
38	重庆万泰建设（集团）有限公司	1559586	88	爱思开海力士半导体（重庆）有限公司	547664
39	中冶赛迪集团有限公司	1521221	89	国家电投集团重庆电力有限公司	539639
40	重庆银行股份有限公司	1451523	90	重庆公路运输（集团）有限公司	526203
41	重庆永辉超市有限公司	1429328	91	重庆昕晖房地产开发（集团）有限公司	517034
42	万友汽车投资有限公司	1390580	92	重庆华硕建设有限公司	500991
43	中国船舶重工集团海装风电股份有限公司	1384539	93	重庆美心（集团）有限公司	499250
44	重庆啤酒股份有限公司	1311931	94	长安汽车金融有限公司	497248
45	隆鑫通用动力股份有限公司	1305792	95	重庆平伟科技（集团）有限公司	494714
46	重庆传音科技有限公司	1302240	96	重庆长安工业（集团）有限责任公司	472305
47	中建桥梁有限公司	1237031	97	民生轮船股份有限公司	464194
48	中国建筑第二工程局有限公司西南分公司	1211694	98	重庆建设工业（集团）有限责任公司	460712
49	中交二航局第二工程有限公司	1196734	99	安诚财产保险股份有限公司	454413
50	重庆三峡银行股份有限公司	1158174	100	中铁五局集团第六工程有限责任公司	451573

发布单位：重庆市企业联合会、重庆市企业家协会。

表 13-4 2022 浙江省企业 100 强

排名	企业名称	营业收入/万元	排名	企业名称	营业收入/万元
1	阿里巴巴（中国）有限公司	83640500	51	浙江中成控股集团有限公司	4756583
2	浙江荣盛控股集团有限公司	44831822	52	振石控股集团有限公司	4578462
3	浙江吉利控股集团有限公司	36031587	53	宁波均胜电子股份有限公司	4567003
4	青山控股集团有限公司	35201779	54	宁波富邦控股集团有限公司	4512756
5	浙江恒逸集团有限公司	32879978	55	新华三信息技术有限公司	4397298
6	杭州钢铁集团有限公司	26538950	56	祥生地产集团有限公司	4371903
7	多弗国际控股集团有限公司	20686568	57	浙江东南网架集团有限公司	4345631
8	海亮集团有限公司	20027392	58	卧龙控股集团有限公司	4304584
9	杭州市实业投资集团有限公司	18105521	59	浙江宝业建设集团有限公司	4268356
10	天能控股集团有限公司	17925186	60	浙江交工集团股份有限公司	4219833
11	浙商中拓集团股份有限公司	17827016	61	森马集团有限公司	4216782
12	万向集团公司	16284367	62	中航国际钢铁贸易有限公司	4171089
13	物产中大金属集团有限公司	16012748	63	得力集团有限公司	4028383
14	浙江省兴合集团有限责任公司	14920459	64	杭州东恒石油有限公司	4020492
15	传化集团有限公司	14444414	65	三花控股集团有限公司	4017496
16	雅戈尔集团股份有限公司	14393756	66	太平鸟集团有限公司	3856591
17	浙江省能源集团有限公司	13686276	67	杭州滨江房产集团股份有限公司	3797636
18	中天控股集团有限公司	13121409	68	舜宇集团有限公司	3749685
19	超威电源集团有限公司	12967239	69	浙江龙盛控股有限公司	3740550
20	中国石化销售股份有限公司浙江石油分公司	12315867	70	万洋集团有限公司	3728051
21	宁波金田投资控股有限公司	12285695	71	巨化集团有限公司	3628904
22	中国石油化工股份有限公司镇海炼化分公司	11781622	72	利时集团股份有限公司	3622781
23	桐昆控股集团有限公司	11090509	73	浙江永安资本管理有限公司	3579359
24	中基宁波集团股份有限公司	10954361	74	浙江华友钴业股份有限公司	3531654
25	正泰集团股份有限公司	10668987	75	浙江省机电集团有限公司	3491870
26	浙江中烟工业有限责任公司	9683742	76	西子联合控股有限公司	3484743
27	浙江省建设投资集团股份有限公司	9533495	77	华东医药股份有限公司	3456330
28	网易（杭州）网络有限公司	8760603	78	花园集团有限公司	3427103
29	浙江省国际贸易集团有限公司	8426493	79	万丰奥特控股集团有限公司	3310508
30	物产中大化工集团有限公司	8269143	80	浙江省海港投资运营集团有限公司	3288687
31	杭州海康威视数字技术股份有限公司	8142005	81	浙江大华技术股份有限公司	3283548
32	杭州锦江集团有限公司	8056432	82	华立集团股份有限公司	3171703
33	绿城房地产集团有限公司	7947746	83	浙江甬金金属科技股份有限公司	3136597
34	浙江富冶集团有限公司	7937051	84	浙江富春江通信集团有限公司	3091784
35	远大物产集团有限公司	7893602	85	久立集团股份有限公司	3057705
36	新凤鸣控股集团有限公司	7498901	86	万华化学（宁波）有限公司	3057233
37	奥克斯集团有限公司	7200722	87	方远控股集团有限公司	3038485
38	浙江前程投资股份有限公司	6707005	88	浙江协和集团有限公司	3032000
39	德力西集团有限公司	6630622	89	中策橡胶集团股份有限公司	3028569
40	红狮控股集团有限公司	6553593	90	天洁集团有限公司	2976362
41	杉杉控股有限公司	6221670	91	农夫山泉股份有限公司	2969641
42	富通集团有限公司	6018029	92	宁波博洋控股集团有限公司	2960734
43	广厦控股集团有限公司	5806410	93	兴惠化纤集团有限公司	2960233
44	华峰集团有限公司	5751071	94	海天塑机集团有限公司	2936533
45	杭州市城市建设投资集团有限公司	5618319	95	胜达集团有限公司	2882662
46	浙江卫星控股股份有限公司	5307401	96	浙江建华集团有限公司	2816509
47	浙江升华控股集团有限公司	5206469	97	浙江宝利德股份有限公司	2753124
48	杭州娃哈哈集团有限公司	5191451	98	浙江英特药业有限责任公司	2672835
49	人民控股集团有限公司	5081712	99	精工控股集团有限公司	2655537
50	浙江元立金属制品集团有限公司	4903178	100	纳爱斯集团有限公司	2565911

发布单位：浙江省企业联合会、浙江省企业家协会。

表 13－5 2022 湖南省企业 100 强

排名	企业名称	营业收入/万元	排名	企业名称	营业收入/万元
1	湖南钢铁集团有限公司	21970605	51	中南出版传媒集团股份有限公司	1133144
2	中国建筑第五工程局有限公司	17569640	52	湖南邦普循环科技有限公司	1115639
3	三一集团有限公司	15456008	53	湖南中伟新能源科技有限公司	1072476
4	湖南建工控股集团有限公司	12133778	54	中国联合网络通信有限公司湖南省分公司	1056706
5	蓝思科技集团	10931462	55	中车株洲电机有限公司	1050694
6	湖南中烟工业有限责任公司	10726773	56	湖南省轻工盐业集团有限公司	1041957
7	国网湖南省电力有限公司	10290552	57	湖南省沙坪建设有限公司	1029107
8	中国烟草总公司湖南省公司	9369362	58	中国邮政集团有限公司湖南省分公司	1006195
9	大汉控股集团有限公司	6753204	59	湖南湘江新区发展集团有限公司	1000162
10	中联重科股份有限公司	6713063	60	湖南佳惠百货有限责任公司	983701
11	湖南博长控股集团有限公司	6215798	61	大唐华银电力股份有限公司	960331
12	中国石化销售股份有限公司湖南石油分公司	5374144	62	长沙中兴智能技术有限公司	932713
13	中国石油化工股份有限公司长岭分公司	4118177	63	特变电工衡阳变压器有限公司	930436
14	步步高投资集团股份有限公司	4086796	64	澳优乳业（中国）有限公司	887327
15	湖南省高速公路集团有限公司	3949046	65	长沙中联重科环境产业有限公司	886171
16	长沙银行股份有限公司	3787604	66	方正证券股份有限公司	862120
17	湖南五江控股集团有限公司	3698745	67	长沙京东翰民贸易有限公司	803479
18	中车株洲电力机车研究所有限公司	3622717	68	岳阳林纸股份有限公司	783805
19	湖南有色金属控股集团有限公司	3370224	69	中国航发南方工业有限公司	783299
20	中国水利水电第八工程局有限公司	3132415	70	湖南湘威新材料科技有限公司	756999
21	长沙市比亚迪汽车有限公司	2886864	71	长沙格力暖通制冷设备有限公司	754868
22	湖南马上银科技有限公司	2830472	72	湖南裕能新能源电池材料股份有限公司	702668
23	中国移动通信集团湖南有限公司	2510348	73	湖南省茶业集团股份有限公司	700474
24	湖南省交通水利建设集团有限公司	2447745	74	株洲市城市建设发展集团有限公司	699198
25	中铁城建集团有限公司	2364511	75	湖南望新建设集团股份有限公司	690032
26	中车株洲电力机车有限公司	2356155	76	湖南长远锂科股份有限公司	684117
27	唐人神集团股份有限公司	2174219	77	湖南省现代农业产业控股集团有限公司	673434
28	华融湘江银行股份有限公司	2149514	78	绝味食品股份有限公司	654862
29	湖南黄金集团有限责任公司	2010631	79	株洲硬质合金集团有限公司	653064
30	中石化巴陵石油化工有限公司	1997373	80	湖南航天有限责任公司	647718
31	湖南永通集团有限公司	1716001	81	中国能源建设集团湖南火电建设有限公司	643738
32	湖南博深实业集团有限公司	1692297	82	湖南金弘再生资源集团有限公司	631616
33	中国电信股份有限公司湖南分公司	1688799	83	湖南高岭建设集团股份有限公司	621054
34	湖南粮食集团有限责任公司	1656045	84	湖南口味王集团有限责任公司	591333
35	中国石油天然气股份有限公司湖南销售分公司	1618451	85	湖南顺天建设集团有限公司	589115
36	老百姓大药房连锁股份有限公司	1569566	86	湖南乔口建设有限公司	568565
37	芒果超媒股份有限公司	1535586	87	湖南对外建设集团有限公司	553562
38	益丰大药房连锁股份有限公司	1532631	88	中华联合财产保险股份有限公司湖南分公司	553368
39	湖南省煤业集团有限公司	1522178	89	道道全粮油股份有限公司	544947
40	爱尔眼科医院集团股份有限公司	1500081	90	楚天科技股份有限公司	525987
41	株洲旗滨集团股份有限公司	1457272	91	永兴贵研资源有限公司	510335
42	鹏都农牧股份有限公司	1430370	92	长沙水业集团有限公司	506688
43	湖南兰天集团有限公司	1352616	93	水羊集团股份有限公司	501012
44	五矿资本股份有限公司	1303124	94	际华三五一七橡胶制品有限公司	482125
45	金杯电工股份有限公司	1283231	95	湖南新长海发展集团有限公司	480390
46	安克创新科技股份有限公司	1257420	96	湖南金荣企业集团有限公司	480000
47	国药控股湖南有限公司	1188471	97	湖南省国有资产管理集团有限公司	476974
48	中国铁建重工集团股份有限公司	1170322	98	红星实业集团有限公司	469433
49	中国电建集团中南勘测设计研究院有限公司	1167131	99	天元盛世控股集团有限公司	468808
50	山河智能装备股份有限公司	1140766	100	湖南湘科控股集团有限公司	460761

发布单位：湖南省企业和工业经济联合会。

表 13-6 2022 湖北省企业 100 强

排名	企业名称	营业收入/万元	排名	企业名称	营业收入/万元
1	东风汽车集团有限公司	55551521	51	美的集团武汉制冷设备有限公司	1673487
2	中国建筑第三工程局有限公司	34198843	52	武汉农村商业银行股份有限公司	1572035
3	中国宝武武汉总部	17691710	53	中车长江运输设备集团有限公司	1351793
4	中国葛洲坝集团股份有限公司	13013500	54	湖北港口集团有限公司	1297230
5	卓尔控股有限公司	12803758	55	中国化学工程第六建设有限公司	1253285
6	九州通医药集团股份有限公司	12240743	56	骆驼集团股份有限公司	1240345
7	联想武汉产业基地	9527961	57	新洋丰农业科技股份有限公司	1180153
8	中交第二航务工程局有限公司	8689907	58	武汉市汉阳市政建设集团有限公司	1160710
9	中铁十一局集团有限公司	8489890	59	武汉航科物流有限公司	1080076
10	恒信汽车集团股份有限公司	8021367	60	湖北东贝机电集团股份有限公司	1076295
11	中国铁路武汉局集团有限公司	6681200	61	湖北安琪生物集团有限公司	1067517
12	湖北联投集团有限公司	6470681	62	湖北文化旅游集团有限公司	1066121
13	大冶有色金属集团控股有限公司	6094044	63	中铁武汉电气化局集团有限公司	1051386
14	大冶特殊钢有限公司	5945187	64	中国邮政集团有限公司湖北省分公司	1039911
15	稻花香集团	5850313	65	湖北亿纬动力有限公司	1039300
16	中国信息通信科技集团有限公司	5580308	66	绿地控股集团华中房地产事业部	1037106
17	闻泰科技股份有限公司	5272864	67	中国核工业第二二建设有限公司	1014721
18	武汉金融控股（集团）有限公司	5267463	68	湖北长安建设集团股份有限公司	1013286
19	湖北交通投资集团有限公司	5222435	69	湖北银丰实业集团有限责任公司	1004560
20	中韩（武汉）石油化工有限公司	5020814	70	武汉伟鹏控股有限公司	991165
21	武汉城市建设集团有限公司	5009178	71	劲牌有限公司	972349
22	宜昌兴发集团有限责任公司	4596421	72	大冶华鑫实业有限公司	956452
23	中铁大桥局集团有限公司	4505900	73	黄石晟祥铜业有限公司	951094
24	中国航天三江集团有限公司	4423724	74	冠捷显示科技（武汉）有限公司	936829
25	山河控股集团有限公司	4110126	75	良品铺子股份有限公司	932361
26	中国一冶集团有限公司	3623924	76	软通动力技术服务有限公司	932063
27	武商集团股份有限公司	3472661	77	湖北美的电冰箱有限公司	917297
28	合众人寿保险股份有限公司	3335895	78	长江设计集团有限公司	890882
29	宝武集团鄂城钢铁有限公司	3318025	79	中国联合网络通信有限公司湖北省分公司	888295
30	华新水泥股份有限公司	3246408	80	中信工程设计建设有限公司	867520
31	福星集团控股有限公司	3178608	81	格力电器（武汉）有限公司	860879
32	新八建设集团有限公司	3088174	82	长飞光纤光缆股份有限公司	844331
33	武汉联杰能源有限公司	3085003	83	盛隆电气集团有限公司	836588
34	运鸿集团股份有限公司	3056236	84	湖北齐星集团	812510
35	新七建设集团有限公司	2978403	85	太平人寿保险有限公司湖北分公司	794475
36	新十建设集团有限公司	2960128	86	湖北中阳建设集团有限公司	789205
37	湖北宜化集团有限责任公司	2770448	87	中国十五冶金建设集团有限公司	752013
38	中百控股集团股份有限公司	2649863	88	中铜华中铜业有限公司	747913
39	奥山集团有限公司	2524143	89	汉江水利水电（集团）有限责任公司	746099
40	武汉市城市建设投资开发集团有限公司	2390114	90	益海嘉里（武汉）粮油工业有限公司	722793
41	宝业湖北建工集团有限公司	2335266	91	湖北鸿路钢结构有限公司	702546
42	国药控股湖北有限公司	2192102	92	汉口银行股份有限公司	680162
43	中冶南方工程技术有限公司	2112169	93	武汉市水务集团有限公司	666707
44	人福医药集团股份公司	2044104	94	娲石水泥集团有限公司	662890
45	湖北金盛兰冶金科技有限公司	1939059	95	湖北祥云（集团）化工股份有限公司	661461
46	荆门市格林美新材料有限公司	1918813	96	赤东建设集团有限公司	651635
47	中国石化江汉油田	1798318	97	富德生命人寿保险股份有限公司湖北分公司	648679
48	湖北三宁化工股份有限公司	1777783	98	湖北恒泰天纵控股集团有限公司	642898
49	中铁第四勘察设计院集团有限公司	1760202	99	中国五环工程有限公司	642178
50	三环集团有限公司	1726473	100	武汉市盘龙明达建筑有限公司	626993

发布单位：湖北省企业联合会、湖北省企业家协会。

表 13－7　2022 广东省企业 100 强

排名	企业名称	营业收入/万元	排名	企业名称	营业收入/万元
1	中国平安保险（集团）股份有限公司	118044400	51	深圳市怡亚通供应链股份有限公司	7025176
2	正威国际集团有限公司	72275382	52	国药集团一致药业股份有限公司	6835781
3	中国南方电网有限责任公司	67160048	53	海信家电集团股份有限公司	6756260
4	华为投资控股有限公司	63069840	54	广东省广物控股集团有限公司	6691949
5	腾讯控股有限公司	56011800	55	广东省能源集团有限公司	6603161
6	碧桂园控股有限公司	52306400	56	深圳海王集团股份有限公司	6553541
7	招商银行股份有限公司	46226100	57	天音通信有限公司	6497448
8	万科企业股份有限公司	45279777	58	温氏食品集团股份有限公司	6496459
9	富士康工业互联网股份有限公司	43955720	59	深圳市立业集团有限公司	6440882
10	广州汽车工业集团有限公司	43188274	60	富联裕展科技（深圳）有限公司	6026842
11	美的集团股份有限公司	34123321	61	心里程控股集团有限公司	6010437
12	保利发展控股集团股份有限公司	28502410	62	明阳新能源投资控股集团有限公司	5697358
13	TCL 实业控股股份有限公司	25235035	63	广东省交通集团有限公司	5394085
14	广州市建筑集团有限公司	24913759	64	深圳金雅福控股集团有限公司	5152153
15	深圳市投资控股有限公司	24252788	65	创维集团有限公司	5092800
16	比亚迪股份有限公司	21614239	66	宏旺控股集团有限公司	5008617
17	顺丰控股股份有限公司	20718665	67	奥园集团有限公司	5006709
18	广州医药集团有限公司	19651802	68	深圳传音控股股份有限公司	4941190
19	珠海格力电器股份有限公司	18965403	69	广州产业投资控股集团有限公司	4908951
20	广州工业投资控股集团有限公司	18209575	70	深圳前海微众银行股份有限公司	4795005
21	华侨城集团有限公司	16680925	71	深圳市中农网有限公司	4744903
22	中国国际海运集装箱（集团）股份有限公司	16369598	72	深圳市信利康供应链管理有限公司	4717206
23	招商局蛇口工业区控股股份有限公司	16064341	73	广州农村商业银行股份有限公司	4678330
24	立讯精密工业股份有限公司	15394610	74	广东韶钢松山股份有限公司	4548238
25	珠海华发集团有限公司	14194254	75	广东宏川集团有限公司	4492966
26	神州数码集团股份有限公司	12238488	76	深圳市中金岭南有色金属股份有限公司	4444922
27	中国广核集团有限公司	12139857	77	大悦城控股集团股份有限公司	4261450
28	阳光保险集团股份有限公司	12006759	78	金发科技股份有限公司	4019862
29	唯品会控股有限公司	11705968	79	广东粤海控股集团有限公司	3939653
30	中兴通讯股份有限公司	11452164	80	广州发展集团股份有限公司	3796453
31	广东省广晟控股集团有限公司	10595462	81	欣旺达电子股份有限公司	3735872
32	中国建筑第四工程局有限公司	10573948	82	广州市城市建设投资集团有限公司	3682715
33	广东鼎龙实业集团有限公司	10258384	83	深圳市理士新能源发展有限公司	3581956
34	中国南方航空集团有限公司	10248525	84	惠科股份有限公司	3570922
35	金地（集团）股份有限公司	9923222	85	国药控股广州有限公司	3561518
36	中国中电国际信息服务有限公司	9918819	86	广发证券股份有限公司	3424999
37	振烨国际产业控股集团（深圳）有限公司	9601925	87	广东广青金属科技有限公司	3341941
38	深圳市爱施德股份有限公司	9516565	88	鹏鼎控股（深圳）股份有限公司	3331485
39	玖龙纸业（控股）有限公司	8731040	89	中国联塑集团控股有限公司	3205758
40	广州越秀集团股份有限公司	8716181	90	天马微电子股份有限公司	3182921
41	广东海大集团股份有限公司	8599856	91	深圳能源集团股份有限公司	3156955
42	广东省建筑工程集团控股有限公司	8341643	92	广东腾越建筑工程有限公司	3155073
43	广东省广新控股集团有限公司	8321410	93	深圳华强集团有限公司	3147902
44	前海人寿保险股份有限公司	8099748	94	广东省环保集团有限公司	3128898
45	荣耀终端有限公司	7936172	95	深业集团有限公司	3081135
46	研祥高科技控股集团有限公司	7914163	96	广东领益智造股份有限公司	3038449
47	龙光集团有限公司	7829262	97	华润广东医药有限公司	2985339
48	中信证券股份有限公司	7652372	98	广东德赛集团有限公司	2984275
49	广州富力地产股份有限公司	7640088	99	招商证券股份有限公司	2942890
50	雅居乐集团控股有限公司	7302776	100	广东格兰仕集团有限公司	2889700

发布单位：广东省企业联合会。

表 13－8 2022 广西企业 100 强

排名	企业名称	营业收入/万元	排名	企业名称	营业收入/万元
1	广西投资集团有限公司	20616625	51	广西桂冠电力股份有限公司	841429
2	广西柳州钢铁集团有限公司	13253263	52	广西云星集团有限公司	815075
3	广西建工集团有限责任公司	13175092	53	广西方盛实业股份有限公司	790262
4	广西北部湾国际港务集团有限公司	10045755	54	广西华磊新材料有限公司	770453
5	广西电网有限责任公司	9392111	55	广西大业建设集团有限公司	761907
6	上汽通用五菱汽车股份有限公司	7894283	56	广西城建建设集团有限公司	758169
7	广西盛隆冶金有限公司	7487931	57	中国铝业股份有限公司广西分公司	751512
8	广西北部湾投资集团有限公司	7302807	58	国家能源集团广西电力有限公司	710946
9	广西交通投资集团有限公司	5925008	59	嘉里粮油工业（防城港）有限公司	702027
10	广西壮族自治区农村信用社联合社	4836231	60	广西华业投资集团有限公司	678281
11	广西玉柴机器集团有限公司	4784480	61	润建股份有限公司	660233
12	中国烟草总公司广西壮族自治区公司	4692958	62	桂林国际电线电缆集团有限责任公司	646119
13	广西南丹南方金属有限公司	4087530	63	广西湘桂糖业集团有限公司	611049
14	南宁富联富桂精密工业有限公司	3337370	64	广西防城港核电有限公司	579965
15	广西贵港钢铁集团有限公司	3324459	65	广西福地金融投资集团有限公司	554579
16	广西金川有色金属有限公司	3216736	66	广西登高集团有限公司	521299
17	桂林力源粮油食品集团有限公司	3125462	67	浙商中拓集团（广西）有限公司	519121
18	广西现代物流集团有限公司	2986300	68	广西华昇新材料有限公司	518118
19	广西柳工集团有限公司	2891578	69	广西华银铝业有限公司	512786
20	广西中烟工业有限责任公司	2783309	70	中国邮政集团有限公司广西壮族自治区分公司	506586
21	东风柳州汽车有限公司	2648388	71	广西兴进实业集团有限责任公司	501805
22	广西桂鑫钢铁集团有限公司	2214673	72	广西贵港建设集团有限公司	480450
23	中国移动通信集团广西有限公司	2133791	73	华润电力（贺州）有限公司	463132
24	广西汽车集团有限公司	2121436	74	福达控股集团有限公司	432119
25	桂林银行股份有限公司	2094203	75	桂林建安建设集团有限公司	430600
26	广西农垦集团有限责任公司	2023838	76	广西贵丰特钢有限公司	429502
27	吉利百矿集团有限公司	1822694	77	中铝广西有色稀土开发有限公司	427241
28	广西北部湾银行股份有限公司	1733341	78	防城港澳加粮油工业有限公司	417654
29	广西柳药集团股份有限公司	1713482	79	广西新华书店集团股份有限公司	412489
30	广西百色工业投资发展集团有限公司	1607195	80	燕京啤酒（桂林漓泉）股份有限公司	391369
31	中国电信股份有限公司广西分公司	1456848	81	广西百色能源投资发展集团有限公司	391224
32	广西扬翔股份有限公司	1432486	82	中国联合网络通信有限公司广西壮族自治区分公司	380334
33	广西壮族自治区机电设备有限责任公司	1407039	83	桂林深科技有限公司	373344
34	广西信发铝电有限公司	1252615	84	广西旅游发展集团有限公司	358787
35	广西桂林市桂柳家禽有限责任公司	1210010	85	南宁建宁水务投资集团有限责任公司	352205
36	广西洋浦南华糖业集团股份有限公司	1181350	86	南宁轨道交通集团有限责任公司	336594
37	广西泽威新材料科技有限公司	1076504	87	广西来宾东糖集团有限公司	330369
38	广西自贸区钦州港片区开发投资集团有限责任公司	1075204	88	中铁上海工程局集团第五工程有限公司	325697
39	中粮油脂（钦州）有限公司	1059890	89	中国石油天然气第六建设有限公司	325113
40	南方锰业集团有限责任公司	1056391	90	广西参皇养殖集团有限公司	320591
41	广西平铝集团有限公司	1056092	91	广西凤糖生化股份有限公司	313390
42	广西林业集团有限公司	1041921	92	广西华翔贸易有限公司	312034
43	广西农村投资集团有限公司	1034403	93	广西粤桂广业控股股份有限公司	305894
44	大海粮油工业（防城港）有限公司	1001725	94	广西华谊能源化工有限公司	295890
45	梧州市永达钢铁集团	973639	95	华润水泥（平南）有限公司	294442
46	广西渤海农业发展有限公司	966472	96	广西金源生物化工实业有限公司	291701
47	梧州金升铜业股份有限公司	918265	97	皇氏集团股份有限公司	285905
48	广西裕华建设集团有限公司	879571	98	广西双首能源科技有限公司	265660
49	南宁威宁投资集团有限责任公司	870618	99	广西博世科环保科技股份有限公司	265658
50	柳州银行股份有限公司	857951	100	南宁产业投资集团有限责任公司	264139

发布单位：广西企业与企业家联合会。

表 13－9　2022 深圳市企业 100 强

排名	企业名称	营业收入/万元	排名	企业名称	营业收入/万元
1	中国平安保险（集团）股份有限公司	118044400	51	中建科工集团有限公司	3270694
2	正威国际集团有限公司	72275383	52	天马微电子股份有限公司	3182921
3	华为投资控股有限公司	63680000	53	深圳能源集团股份有限公司	3156955
4	腾讯控股有限公司	56011800	54	深圳华强集团有限公司	3147902
5	万科企业股份有限公司	45279777	55	深业集团有限公司	3081135
6	富士康工业互联网股份有限公司	43955720	56	招商证券股份有限公司	2942890
7	招商银行股份有限公司	33125300	57	中铁南方投资集团有限公司	2822826
8	中国电子信息产业集团有限公司	27812806	58	中集车辆（集团）股份有限公司	2764776
9	深圳市投资控股有限公司	24252800	59	太平财产保险有限公司	2695420
10	比亚迪股份有限公司	21614240	60	深圳市富森供应链管理有限公司	2683943
11	顺丰控股股份有限公司	20718665	61	中国建筑第八工程局有限公司南方分公司	2605894
12	平安银行股份有限公司	16938300	62	深圳迈瑞生物医疗电子股份有限公司	2526958
13	中国国际海运集装箱（集团）股份有限公司	16369598	63	国信证券股份有限公司	2381804
14	招商局蛇口工业区控股股份有限公司	16064341	64	深圳市天健（集团）股份有限公司	2326933
15	立讯精密工业股份有限公司	15394610	65	欧菲光集团股份有限公司	2284394
16	神州数码集团股份有限公司	12238488	66	深圳华强实业股份有限公司	2284058
17	中兴通讯股份有限公司	11452200	67	深圳市兆驰股份有限公司	2253811
18	深圳华侨城股份有限公司	10258365	68	深圳市宝德投资控股有限公司	2223667
19	金地（集团）股份有限公司	9923222	69	深圳市燃气集团股份有限公司	2141473
20	深圳市爱施德股份有限公司	9516565	70	广深铁路股份有限公司	2020616
21	中国广核电力股份有限公司	8067874	71	中国建筑第二工程局有限公司华南分公司	1965979
22	荣耀终端有限公司	7936172	72	深圳市德赛电池科技股份有限公司	1947085
23	中信证券股份有限公司	7652372	73	格林美股份有限公司	1930102
24	中国燃气控股有限公司	7234466	74	中建二局第二建筑工程有限公司	1810463
25	深圳市龙光控股有限公司	7113774	75	深圳市汇川技术股份有限公司	1794326
26	深圳市怡亚通供应链股份有限公司	7020767	76	中国长城科技集团股份有限公司	1779043
27	国药集团一致药业股份有限公司	6835781	77	瑞声声学科技（深圳）有限公司	1766697
28	天音通信有限公司	6497448	78	中国宝安集团股份有限公司	1760629
29	心里程控股集团有限公司	6010437	79	普联技术有限公司	1733951
30	中信银行股份有限公司信用卡中心	5912845	80	深圳市九立供应链股份有限公司	1682454
31	物美南方科技有限责任公司	5411331	81	广东省永道生态集团有限公司	1670862
32	深圳金雅福控股集团有限公司	5152153	82	深圳长城开发科技股份有限公司	1648825
33	深圳传音控股股份有限公司	4941190	83	深圳市地铁集团有限公司	1639666
34	康佳集团股份有限公司	4910651	84	大族激光科技产业集团股份有限公司	1633234
35	深圳前海微众银行股份有限公司	4795005	85	深圳市华富洋供应链有限公司	1591335
36	深圳市中农网有限公司	4744903	86	健康元药业集团股份有限公司	1590369
37	深圳市信利康供应链管理有限公司	4717206	87	华润三九医药股份有限公司	1531999
38	创维集团有限公司	4569495	88	招商局港口集团股份有限公司	1528381
39	深圳市中金岭南有色金属股份有限公司	4444922	89	深圳市裕同包装科技股份有限公司	1485013
40	深圳市桑达实业股份有限公司	4270364	90	中国华西企业有限公司	1460582
41	大悦城控股集团股份有限公司	4261450	91	深圳市特发集团有限公司	1421586
42	深圳市海王生物工程股份有限公司	4105358	92	深南电路股份有限公司	1394252
43	信义玻璃控股有限公司	4014863	93	中建四局第五建筑工程有限公司	1380000
44	深圳市天行云供应链有限公司	3877468	94	深圳市全药网药业有限公司	1370467
45	深圳中电港技术股份有限公司	3839100	95	深圳麦克韦尔科技有限公司	1367706
46	卓越置业集团有限公司	3763358	96	中国南玻集团股份有限公司	1362903
47	欣旺达电子股份有限公司	3735872	97	深圳中宝集团有限公司	1354801
48	深圳市理士新能源发展有限公司	3581956	98	深圳同兴达科技股份有限公司	1286042
49	惠科股份有限公司	3570922	99	深圳市天珑移动技术有限公司	1279797
50	鹏鼎控股（深圳）股份有限公司	3331485	100	天虹数科商业股份有限公司	1226824

发布单位：深圳市企业联合会、深圳市企业家协会。

第十四章 2022 世界企业 500 强

2022 世界企业 500 强情况如表 14－1 所示。

表 14－1 2022 世界企业 500 强

上年排名	排名	公司名称	国家/地区	营业收入/百万美元	净利润/百万美元	资产/百万美元	股东权益/百万美元	员工人数/人
1	1	沃尔玛	美国	572754	13673	244860	83253	2300000
3	2	亚马逊	美国	469822	33364	420549	138245	1608000
2	3	国家电网有限公司	中国	460617	7138	735430	310243	871145
4	4	中国石油天然气集团有限公司	中国	411693	9638	660008	313309	1090345
5	5	中国石油化工集团有限公司	中国	401314	8316	380675	133476	542286
14	6	沙特阿美公司	沙特阿拉伯	400399	105369	576134	296568	68493
6	7	苹果公司	美国	365817	94680	351002	63090	154000
10	8	大众公司	德国	295820	18187	601028	164239	672789
13	9	中国建筑集团有限公司	中国	293712	4444	378352	29710	368327
7	10	CVS Health 公司	美国	292111	7910	232999	75075	258000
8	11	联合健康集团	美国	287597	17285	212206	71760	350000
23	12	埃克森美孚	美国	285640	23040	338923	168577	63000
9	13	丰田汽车公司	日本	279338	25371	557522	216176	372817
11	14	伯克希尔－哈撒韦公司	美国	276094	89795	958784	506199	372000
19	15	壳牌公司	英国	272657	20101	404379	171966	82000
12	16	麦克森公司	美国	263966	1114	63298	－2272	66500
21	17	Alphabet 公司	美国	257637	76033	359268	251635	156500
15	18	三星电子	韩国	244335	34294	358982	249270	266673
31	19	托克集团	新加坡	231308	3100	90066	10303	9031
22	20	鸿海精密工业股份有限公司	中国台湾	214619	4988	141044	49811	826608
17	21	美源伯根公司	美国	213989	1540	57338	223	40000
20	22	中国工商银行股份有限公司	中国	209000	54003	5536969	512863	434089
34	23	嘉能可	瑞士	203751	4974	127510	39931	81284
25	24	中国建设银行股份有限公司	中国	200434	46899	4762831	407461	375531
16	25	中国平安保险（集团）股份有限公司	中国	199629	15754	1596641	127896	355982
27	26	开市客	美国	195929	5007	59268	17564	288000
52	27	道达尔能源公司	法国	184634	16032	293458	111736	101309
29	28	中国农业银行股份有限公司	中国	181412	37391	4576306	380127	455174
N. A.	29	Stellantis 集团	荷兰	176663	16789	195298	63566	281595
28	30	信诺	美国	174078	5365	154889	47112	72963
N. A.	31	中国中化控股有限责任公司	中国	172260	－198	241750	3753	220760

续表

上年排名	排名	公司名称	国家/地区	营业收入/百万美元	净利润/百万美元	资产/百万美元	股东权益/百万美元	员工人数/人
26	32	美国电话电报公司	美国	168864	20081	551622	166332	202600
33	33	微软	美国	168088	61271	333779	141988	181000
35	34	中国铁路工程集团有限公司	中国	166452	1853	215913	19235	310817
18	35	英国石油公司	英国	164195	7565	287272	75463	65900
30	36	嘉德诺	美国	162467	611	44453	1791	46827
75	37	雪佛龙	美国	162465	15625	239535	139067	42595
24	38	梅赛德斯－奔驰集团	德国	158306	27201	295428	81808	172425
42	39	中国铁道建筑集团有限公司	中国	158203	1704	213452	16624	366833
32	40	中国人寿保险（集团）公司	中国	157095	3087	903090	41071	182646
51	41	三菱商事株式会社	日本	153690	8346	180480	56669	80728
39	42	中国银行股份有限公司	中国	152409	33573	4206862	350302	306322
41	43	家得宝	美国	151157	16433	71876	－1696	490600
72	44	中国宝武钢铁集团有限公司	中国	150730	2995	175861	48703	230884
36	45	沃博联	美国	148579	2542	81285	23419	258500
59	46	京东集团股份有限公司	中国	147526	－552	78164	32889	385357
38	47	安联保险集团	德国	144517	7815	1295531	90905	155411
46	48	安盛	法国	144447	8624	881733	80881	92398
81	49	马拉松原油公司	美国	141032	9738	85373	26206	17700
50	50	Elevance Health 公司	美国	138639	6104	97460	36060	98200
40	51	克罗格	美国	137888	1655	49086	9452	420000
84	52	俄罗斯天然气工业股份公司	俄罗斯	137732	28405	360802	216790	468000
47	53	福特汽车公司	美国	136341	17937	257035	48519	183000
45	54	威瑞森电信	美国	133613	22065	366596	81790	118400
63	55	阿里巴巴集团控股有限公司	中国	132936	9701	267467	149619	254941
186	56	富腾公司	芬兰	132894	874	170165	13793	19140
56	57	中国移动通信集团有限公司	中国	131913	14629	337923	186106	451331
65	58	中国五矿集团有限公司	中国	131800	617	158044	10555	193965
54	59	宝马集团	德国	131522	14640	260972	84554	118909
61	60	中国交通建设集团有限公司	中国	130664	1397	353172	24102	220519
48	61	本田汽车	日本	129547	6294	197456	86260	204035
53	62	德国电信	德国	128631	4937	320210	48526	216528

续表

上年排名	排名	公司名称	国家/地区	营业收入/百万美元	净利润/百万美元	资产/百万美元	股东权益/百万美元	员工人数/人
43	63	摩根大通公司	美国	127202	48334	3743567	294127	271025
49	64	通用汽车公司	美国	127004	10019	244718	59744	157000
92	65	中国海洋石油集团有限公司	中国	126920	9183	209375	99710	80957
57	66	Centene 公司	美国	125982	1347	78375	26795	72500
125	67	卢克石油公司	俄罗斯	125135	10496	91574	60229	102424
60	68	上海汽车集团股份有限公司	中国	120900	3803	144350	43100	146145
70	69	山东能源集团有限公司	中国	120012	174	118292	17518	243124
69	70	中国华润有限公司	中国	119601	4544	318180	45139	362706
86	71	Meta Platforms 公司	美国	117929	39370	165987	124879	71970
73	72	意大利忠利保险公司	意大利	117155	3366	666538	33323	74621
64	73	美国康卡斯特电信公司	美国	116385	14159	275905	96092	189000
143	74	Phillips 66 公司	美国	114852	1317	55594	19166	14000
67	75	恒力集团有限公司	中国	113536	2375	48073	9116	121430
68	76	正威国际集团有限公司	中国	112049	2011	33633	19630	22398
148	77	厦门建发集团有限公司	中国	111557	1114	103720	9703	36334
71	78	日本伊藤忠商事株式会社	日本	109434	7302	100104	34588	136722
66	79	中国第一汽车集团有限公司	中国	109405	3600	94471	35915	118648
109	80	中国医药集团有限公司	中国	108779	12165	88793	23819	201092
74	81	中国邮政集团有限公司	中国	108669	5983	2073125	75008	748920
164	82	瓦莱罗能源公司	美国	108332	930	57888	18430	9804
55	83	日本电报电话公司	日本	108216	10514	196543	68219	333840
93	84	法国农业信贷银行	法国	107695	6910	2358087	77563	75711
101	85	国家能源投资集团有限责任公司	中国	107095	5452	298736	72234	317168
76	86	戴尔科技公司	美国	106995	5563	92735	-1685	133000
78	87	塔吉特公司	美国	106005	6946	53811	12827	450000
114	88	三井物产株式会社	日本	104665	8143	122917	46168	44336
91	89	中国南方电网有限责任公司	中国	104119	1304	170374	62831	282006
118	90	意大利国家电力公司	意大利	104052	3771	235291	33716	66279
112	91	中粮集团有限公司	中国	103087	1498	107998	16340	107829
83	92	现代汽车	韩国	102775	4319	196855	63097	121403
62	93	房利美	美国	101543	22176	4229166	47357	7400

续表

上年排名	排名	公司名称	国家/地区	营业收入/百万美元	净利润/百万美元	资产/百万美元	股东权益/百万美元	员工人数/人
58	94	日本邮政控股公司	日本	100278	4466	2502652	90608	232112
105	95	法国电力公司	法国	99861	6045	410418	57090	163423
44	96	华为投资控股有限公司	中国	98725	17623	154747	65263	195000
89	97	联合包裹速递服务公司	美国	97287	12890	69405	14253	400945
N. A.	98	印度人寿保险公司	印度	97267	554	560682	1494	105738
113	99	德国邮政敦豪集团	德国	96652	5974	72304	21645	548042
107	100	中国电力建设集团有限公司	中国	96422	679	180336	15003	181330
80	101	美国劳氏公司	美国	96250	8442	44640	-4816	270000
115	102	中国中信集团有限公司	中国	96126	4891	1386893	65842	148108
79	103	雀巢公司	瑞士	95293	18498	152769	58344	276000
155	104	信实工业公司	印度	93982	8151	197655	102736	342982
77	105	美国银行	美国	93851	31978	3169495	270066	208248
171	106	厦门国贸控股集团有限公司	中国	93791	383	38713	4129	28977
94	107	强生	美国	93775	20878	182018	74023	141700
98	108	博世集团	德国	93106	2382	111111	47682	402614
134	109	巴斯夫公司	德国	92929	6530	99355	46381	111047
90	110	中国人民保险集团股份有限公司	中国	92182	3329	216756	34517	184364
216	111	埃尼石油公司	意大利	91951	6882	156639	50525	32689
130	112	意昂集团	德国	91463	5546	136166	13704	69733
95	113	日立	日本	91375	5194	114385	35762	368247
246	114	Equinor 公司	挪威	90924	8563	147120	39010	21126
87	115	皇家阿霍德德尔海兹集团	荷兰	89386	2656	51975	15601	259000
88	116	索尼	日本	88321	7853	251058	58846	108900
129	117	SK 集团	韩国	88081	1722	139160	17880	117438
195	118	俄罗斯石油公司	俄罗斯	87832	11983	219532	73795	356000
96	119	家乐福	法国	87831	1268	54199	11655	319565
170	120	物产中大集团股份有限公司	中国	87211	618	20379	4783	21012
132	121	腾讯控股有限公司	中国	86836	34854	253832	126934	112771
85	122	东风汽车集团有限公司	中国	86122	1441	86798	18444	141681
97	123	法国巴黎银行	法国	85301	11218	2995363	134036	189765
146	124	ADM 公司	美国	85249	2709	56136	22477	39979

续表

上年排名	排名	公司名称	国家/地区	营业收入/百万美元	净利润/百万美元	资产/百万美元	股东权益/百万美元	员工人数/人
142	125	绿地控股集团股份有限公司	中国	84454	958	231278	14164	79999
99	126	乐购	英国	84192	2032	66219	21013	231223
231	127	中国远洋海运集团有限公司	中国	84130	6421	153674	37212	107551
181	128	巴西国家石油公司	巴西	83966	19875	174348	69407	45532
135	129	联邦快递	美国	83959	5231	82777	24168	508650
152	130	Engie 集团	法国	83622	4329	256204	42062	171474
126	131	中国电信集团有限公司	中国	83596	1935	155818	60156	394600
110	132	哈门那公司	美国	83064	2933	44358	16080	95500
117	133	慕尼黑再保险集团	德国	83052	3468	355205	35053	39281
103	134	美国富国银行	美国	82407	21548	1948068	187606	247848
106	135	州立农业保险公司	美国	82225	1281	325349	143206	53586
127	136	中国兵器工业集团有限公司	中国	81785	1742	76538	21193	213957
281	137	辉瑞制药有限公司	美国	81288	21979	181476	77201	79000
139	138	碧桂园控股有限公司	中国	81091	4154	306728	31287	100705
198	139	中国铝业集团有限公司	中国	80407	1399	98305	16164	138717
166	140	引能仕控股株式会社	日本	80133	4781	79468	23563	41852
82	141	花旗集团	美国	79865	21952	2291413	201972	221768
212	142	印度石油公司	印度	79542	3370	54120	17600	32938
131	143	百事公司	美国	79474	7618	92377	16043	309000
140	144	中国航空工业集团有限公司	中国	79332	855	194947	34827	380000
108	145	英特尔公司	美国	79024	19868	168406	95391	121100
120	146	西班牙国家银行	西班牙	78689	9605	1814464	98839	194479
188	147	Seven & I 控股公司	日本	78458	1890	75888	24032	127196
100	148	日本永旺集团	日本	78155	58	101017	7796	288064
102	149	汇丰银行控股公司	英国	77330	13917	2957939	198250	219697
149	150	太平洋建设集团有限公司	中国	77073	5594	52675	27071	310719
123	151	美国邮政	美国	77041	-4930	46405	-75680	584902
163	152	招商局集团有限公司	中国	76767	8526	394950	69499	264161
197	153	安赛乐米塔尔	卢森堡	76571	14956	90512	49106	157909
128	154	宝洁公司	美国	76118	14306	119307	46378	101000
137	155	交通银行股份有限公司	中国	75986	13578	1836520	151863	90238

续表

上年排名	排名	公司名称	国家/地区	营业收入/百万美元	净利润/百万美元	资产/百万美元	股东权益/百万美元	员工人数/人
210	156	迪奥公司	法国	75924	5848	139119	17478	162254
165	157	丸红株式会社	日本	75743	3777	67998	18468	49623
156	158	布鲁克菲尔德资产管理公司	加拿大	75731	3966	391003	46355	181000
150	159	西门子	德国	75516	7362	161610	51366	303000
189	160	厦门象屿集团有限公司	中国	75094	410	33035	2969	14372
116	161	日产汽车	日本	74995	1919	134845	42235	141983
124	162	北京汽车集团有限公司	中国	74687	318	78756	11798	100000
138	163	晋能控股集团有限公司	中国	74588	-341	167062	12039	506364
111	164	日本生命保险公司	日本	74392	3087	727963	18048	92737
104	165	通用电气公司	美国	74196	-6520	198874	40310	168000
257	166	墨西哥石油公司	墨西哥	73761	-14526	100303	-106073	123842
119	167	第一生命控股有限公司	日本	73082	3644	542634	16443	62296
121	168	国际商业机器公司	美国	72344	5743	132001	18901	297800
147	169	瑞士罗氏公司	瑞士	72054	15242	101358	26887	100920
133	170	艾伯森公司	美国	71887	1620	28123	4303	195750
159	171	联想集团有限公司	中国	71618	2030	44510	4991	75000
167	172	丰田通商公司	日本	71465	1978	50598	14291	65218
136	173	大都会人寿	美国	71080	6554	759708	67482	43000
162	174	招商银行股份有限公司	中国	71064	18592	1456057	135191	103669
178	175	保德信金融集团	美国	70934	7724	937582	61876	40916
225	176	江西铜业集团有限公司	中国	70914	465	31144	5304	31654
206	177	泰国国家石油有限公司	泰国	70652	3389	92767	30341	29765
160	178	万科企业股份有限公司	中国	70198	3492	305205	37146	139494
168	179	苏黎世保险集团	瑞士	69867	5202	435826	37881	54914
255	180	浙江荣盛控股集团有限公司	中国	69503	1171	57389	4849	22750
174	181	中国保利集团有限公司	中国	69007	2035	273950	17350	110785
158	182	中国太平洋保险（集团）股份有限公司	中国	68313	4160	306381	35695	107000
145	183	华特迪士尼公司	美国	67418	1995	203609	88553	171000
305	184	Energy Transfer 公司	美国	67417	5470	105963	31300	12558
144	185	洛克希德-马丁	美国	67044	6315	50873	10959	114000
176	186	广州汽车工业集团有限公司	中国	66955	607	57355	8139	112113

续表

上年排名	排名	公司名称	国家/地区	营业收入/百万美元	净利润/百万美元	资产/百万美元	股东权益/百万美元	员工人数/人
192	187	LG 电子	韩国	66862	902	45002	14499	75000
226	188	浦项制铁控股公司	韩国	66421	5773	77665	42392	36619
200	189	河钢集团有限公司	中国	66150	220	80062	10767	116572
243	190	印度石油天然气公司	印度	65962	6112	77162	34202	38252
141	191	房地美	美国	65898	12109	3025586	28033	7301
211	192	丰益国际	新加坡	65794	1890	58718	19924	100000
154	193	松下控股公司	日本	65774	2273	66087	26068	240198
202	194	巴西 JBS 公司	巴西	65036	3799	37181	7921	250000
193	195	高盛	美国	64989	21635	1463988	109926	43900
177	196	中国建材集团有限公司	中国	64417	604	102682	6607	206910
183	197	雷神技术公司	美国	64388	3864	161404	73068	174000
157	198	英杰华集团	英国	64240	2704	485481	26005	22062
282	199	山东魏桥创业集团有限公司	中国	63739	1758	40151	13436	96782
172	200	荷兰全球保险集团	荷兰	63663	2341	532403	29762	22271
256	201	力拓集团	英国	63495	21094	102896	51432	49345
182	202	惠普公司	美国	63487	6503	38610	-1650	51000
153	203	英国法通保险公司	英国	62505	2819	789067	14201	10743
173	204	波音	美国	62286	-4202	138552	-14999	142000
175	205	联合利华	英国	62006	7152	85383	19451	148044
297	206	马士基集团	丹麦	61787	17942	72271	44508	85375
179	207	空中客车公司	荷兰	61658	4981	121712	10763	126495
196	208	兴业银行股份有限公司	中国	61331	12818	1354359	107698	62537
220	209	陕西煤业化工集团有限责任公司	中国	61299	597	104161	11217	130914
194	210	中国光大集团股份公司	中国	61194	3708	1027704	40999	95000
204	211	摩根士丹利	美国	61121	15034	1188140	105441	74814
215	212	起亚公司	韩国	61050	4160	56251	29376	51975
273	213	必和必拓集团	澳大利亚	60817	11304	108927	51264	34478
249	214	日本制铁集团公司	日本	60612	5673	72089	28555	115667
248	215	中国华能集团有限公司	中国	60049	682	210935	19017	125365
277	216	马来西亚国家石油公司	马来西亚	59874	10091	152499	84259	46884
400	217	鞍钢集团有限公司	中国	59448	1141	77451	13542	173597

续表

上年排名	排名	公司名称	国家/地区	营业收入/百万美元	净利润/百万美元	资产/百万美元	股东权益/百万美元	员工人数/人
214	218	万喜集团	法国	59389	3071	113725	26016	219299
289	219	邦吉公司	美国	59152	2078	23819	7669	22000
203	220	法国兴业银行	法国	59058	6670	1665079	73981	124089
207	221	HCA 医疗保健公司	美国	58752	6956	50742	-933	244000
267	222	英国劳埃德银行集团	英国	58476	7954	1200621	71666	57955
287	223	印尼国家石油公司	印度尼西亚	57509	2046	78051	30992	34183
284	224	中国机械工业集团有限公司	中国	57446	458	57369	11417	132147
251	225	台积公司	中国台湾	56837	21209	134420	77551	65152
201	226	上海浦东发展银行股份有限公司	中国	56795	8217	1280955	105478	63361
247	227	艾伯维	美国	56197	11542	146529	15408	50000
393	228	法国达飞海运集团	法国	55976	17894	51984	23805	72282
239	229	浙江吉利控股集团有限公司	中国	55860	1471	81584	14713	128928
252	230	德国联邦铁路公司	德国	55658	-1088	81686	11924	323716
294	231	巴西淡水河谷公司	巴西	55585	22445	89442	34472	72266
228	232	加拿大鲍尔集团	加拿大	55489	2368	523983	19275	33700
354	233	中国电子科技集团有限公司	中国	55457	2152	85806	30454	202561
184	234	软银集团	日本	55384	-15205	391604	82165	59721
310	235	陶氏公司	美国	54968	6311	62990	18165	35700
205	236	印度国家银行	印度	54643	4750	706560	40276	244250
219	237	雷诺	法国	54639	1050	129322	31063	156466
279	238	青山控股集团有限公司	中国	54574	2386	18129	7035	85553
236	239	百威英博	比利时	54304	4670	217627	68669	169339
180	240	三菱日联金融集团	日本	54087	10067	3078263	119090	135042
311	241	盛虹控股集团有限公司	中国	53948	941	27223	5620	35788
392	242	特斯拉	美国	53823	5519	62131	30189	99290
240	243	中国船舶集团有限公司	中国	53671	2611	139158	41130	213849
241	244	Talanx 公司	德国	53420	1195	224585	12252	23954
288	245	美的集团股份有限公司	中国	53232	4430	61074	19658	165799
254	246	好事达	美国	53228	1599	99440	25179	54500
209	247	沃达丰集团	英国	52932	2425	170749	60653	96941
218	248	诺华公司	瑞士	52877	24021	131795	67655	104323

续表

上年排名	排名	公司名称	国家/地区	营业收入/百万美元	净利润/百万美元	资产/百万美元	股东权益/百万美元	员工人数/人
222	249	韩国电力公司	韩国	52356	-4645	177638	53659	48809
318	250	日本出光兴产株式会社	日本	52336	2488	37898	10479	16606
381	251	雷普索尔公司	西班牙	52335	2955	63961	25485	22923
266	252	圣戈班集团	法国	52212	2981	58651	23553	167816
208	253	东京海上日动火灾保险公司	日本	52199	3743	224412	17225	43048
227	254	拜耳集团	德国	52118	1182	136714	37544	99637
263	255	美国国际集团	美国	52057	9388	596112	65956	36600
259	256	德国艾德卡公司	德国	51950	415	10608	2511	404900
234	257	陕西延长石油（集团）有限责任公司	中国	51813	546	73318	23955	129018
238	258	百思买	美国	51761	2454	17504	3020	81375
230	259	特许通讯公司	美国	51682	4654	142491	14050	93700
293	260	国家电力投资集团有限公司	中国	51518	-185	234744	25593	121470
199	261	西斯科公司	美国	51298	524	21414	1553	57710
232	262	默沙东	美国	51216	13049	105694	38184	67500
242	263	美国纽约人寿保险公司	美国	51199	277	379985	24566	14344
309	264	浙江恒逸集团有限公司	中国	50974	178	20085	2078	23222
283	265	卡特彼勒	美国	50971	6489	82793	16484	107700
338	266	小米集团	中国	50898	2998	46110	21601	33427
260	267	中国联合网络通信股份有限公司	中国	50828	978	93400	23491	242661
258	268	埃森哲	爱尔兰	50533	5907	43176	19530	624000
301	269	中国能源建设集团有限公司	中国	50345	600	85423	6868	119574
269	270	俄罗斯联邦储蓄银行	俄罗斯	50278	16973	549136	75217	287866
229	271	Orange 公司	法国	50275	276	122877	36772	139698
274	272	伍尔沃斯集团	澳大利亚	50211	1548	29407	1034	210067
224	273	中国民生银行股份有限公司	中国	50079	5330	1094565	90408	60232
221	274	思科公司	美国	49818	10591	97497	41275	79500
237	275	美洲电信	墨西哥	49702	9490	82588	19045	181205
362	276	路易达孚集团	荷兰	49569	697	23626	5383	15737
169	277	宏利金融	加拿大	49315	5668	726731	46256	38000
244	278	电装公司	日本	49099	2349	61216	35412	167950
261	279	住友商事	日本	48916	4128	78924	26339	74253

续表

上年排名	排名	公司名称	国家/地区	营业收入/百万美元	净利润/百万美元	资产/百万美元	股东权益/百万美元	员工人数/人
383	280	TJX 公司	美国	48550	3283	28462	6003	340000
217	281	日本 KDDI 电信公司	日本	48486	5986	91297	41039	48829
265	282	法国 BPCE 银行集团	法国	48433	4733	1723716	89691	98727
253	283	大众超级市场公司	美国	48394	4412	31524	21995	232000
N. A.	284	康菲石油公司	美国	48349	8079	90661	45406	9900
262	285	美国利宝互助保险集团	美国	48200	3068	156043	27816	45000
275	286	前进保险公司	美国	47702	3351	71132	18232	49077
286	287	英格卡集团	荷兰	47546	1887	65011	53375	174225
213	288	友邦保险控股有限公司	中国香港	47525	7427	339874	60467	23981
280	289	美国全国保险公司	美国	47376	1617	278412	18022	24134
187	290	东京电力公司	日本	47269	50	105869	25775	37939
308	291	江苏沙钢集团有限公司	中国	47072	2274	51137	12288	45398
270	292	泰森食品	美国	47049	3047	36309	17723	137000
37	293	EXOR 集团	荷兰	47011	2030	103593	19055	74353
264	294	葛兰素史克集团	英国	46915	6030	107129	20389	90096
394	295	巴拉特石油公司	印度	46867	1568	24716	6841	9193
268	296	瑞士再保险股份有限公司	瑞士	46739	1437	181567	23568	13985
451	297	中国中煤能源集团有限公司	中国	46665	691	69829	12718	149898
291	298	意大利联合圣保罗银行	意大利	46584	4948	1215456	71971	97698
N. A.	299	苏商建设集团有限公司	中国	46478	1654	34469	15145	153242
223	300	西班牙电话公司	西班牙	46439	9621	124175	25249	104150
278	301	百时美施贵宝公司	美国	46385	6994	109314	35946	32200
433	302	浙江省交通投资集团有限公司	中国	46382	897	117353	19846	40776
276	303	赛诺菲	法国	46318	7358	136715	78090	95442
319	304	Iberdrola 公司	西班牙	46246	4593	161172	46025	38702
438	305	利安德巴塞尔工业公司	荷兰	46173	5610	36742	11858	19100
271	306	韩华集团	韩国	46171	787	170282	4050	53198
250	307	加拿大皇家银行	加拿大	45981	12751	1376289	79583	85301
191	308	Alimentation Couche - Tard 公司	加拿大	45760	2706	28395	12181	124000
245	309	MS&AD 保险集团控股有限公司	日本	45685	2339	206193	14378	39962
323	310	采埃孚	德国	45299	780	43614	7535	157549

续表

上年排名	排名	公司名称	国家/地区	营业收入/百万美元	净利润/百万美元	资产/百万美元	股东权益/百万美元	员工人数/人
235	311	和硕	中国台湾	45247	736	24420	6012	132157
272	312	德国大陆集团	德国	45163	1720	40751	13861	190875
321	313	耐克公司	美国	44538	5727	37740	12767	73300
299	314	法国布伊格集团	法国	44508	1330	50758	12671	124651
351	315	中国兵器装备集团公司	中国	44374	737	61762	13264	162498
290	316	费森尤斯集团	德国	44361	2150	81821	21601	281011
339	317	仁宝电脑	中国台湾	44243	452	19380	4018	109709
340	318	迪尔公司	美国	44024	5963	84114	18431	75550
292	319	乔治威斯顿公司	加拿大	43925	344	37288	5511	215298
312	320	美国运通公司	美国	43663	8060	188548	22177	64000
363	321	上海建工集团股份有限公司	中国	43572	584	55693	6449	51369
307	322	中国航天科技集团有限公司	中国	43420	3099	95825	37439	180521
327	323	沃尔沃集团	瑞典	43388	3822	56992	15583	89195
334	324	中国电子信息产业集团有限公司	中国	43118	–158	62094	10516	191126
350	325	雅培公司	美国	43075	7071	75196	35802	113000
352	326	中国华电集团有限公司	中国	42855	374	149250	17910	92217
190	327	StoneX 集团	美国	42534	116	18840	904	3242
411	328	首钢集团有限公司	中国	42090	211	81636	19242	96432
N. A.	329	Plains GP Holdings 公司	美国	42078	60	29978	1533	4100
N. A.	330	奥地利石油天然气集团	奥地利	42038	2586	61168	17629	22434
399	331	英美资源集团	英国	41554	8562	65985	27825	62000
384	332	山东钢铁集团有限公司	中国	41319	852	41173	2112	34171
322	333	伊塔乌联合银行控股公司	巴西	41175	4963	371471	27443	99598
344	334	中国太平保险集团有限责任公司	中国	41091	473	177684	6006	68441
356	335	法国国营铁路集团	法国	41088	1052	141810	16651	270296
N. A.	336	杭州钢铁集团有限公司	中国	41009	350	14133	4130	11179
342	337	德国中央合作银行	德国	41005	2360	713209	30540	28913
333	338	安达保险公司	瑞士	40963	8539	200054	59714	31000
336	339	金川集团股份有限公司	中国	40958	965	19009	6831	29100
341	340	法国邮政	法国	40919	2446	905467	23800	244980
320	341	中国航天科工集团有限公司	中国	40856	2108	79845	26327	141678

续表

上年排名	排名	公司名称	国家/地区	营业收入/百万美元	净利润/百万美元	资产/百万美元	股东权益/百万美元	员工人数/人
314	342	森宝利公司	英国	40832	925	35389	11076	117000
448	343	Enterprise Products Partners 公司	美国	40807	4638	67526	25378	6911
298	344	蒂森克虏伯	德国	40648	-137	42612	12039	101275
302	345	瑞银集团	瑞士	40638	7457	1117182	60662	71385
343	346	泰康保险集团股份有限公司	中国	40608	3826	209345	19104	58853
285	347	美国教师退休基金会	美国	40526	4061	698191	42973	15065
304	348	甲骨文公司	美国	40479	13746	131107	5238	132000
324	349	广达电脑公司	中国台湾	40440	1205	25892	5814	91313
317	350	德意志银行	德国	40188	2898	1506190	66055	82969
300	351	三菱电机股份有限公司	日本	39852	1811	42072	24512	145696
337	352	西班牙对外银行	西班牙	39807	5501	753700	49922	110432
315	353	安徽海螺集团有限责任公司	中国	39700	1922	44445	11299	59739
306	354	大和房建	日本	39520	2005	45480	15827	48831
380	355	赛默飞世尔科技公司	美国	39211	7725	95123	40793	129000
390	356	新希望控股集团有限公司	中国	39169	336	58947	4186	130887
467	357	KOC 集团	土耳其	39014	1710	77018	4803	105908
404	358	日本钢铁工程控股公司	日本	38858	2564	43554	16377	64296
370	359	可口可乐公司	美国	38655	9771	94354	22999	79000
460	360	广州市建筑集团有限公司	中国	38624	145	28163	2565	43052
316	361	通用动力	美国	38469	3257	50073	17641	103100
429	362	CHS 公司	美国	38448	554	17576	9009	9941
431	363	北京建龙重工集团有限公司	中国	38357	557	26450	5495	57568
371	364	中国核工业集团有限公司	中国	38328	1186	161377	27208	181100
295	365	西班牙 ACS 集团	西班牙	38317	3601	40550	7202	105553
296	366	多伦多道明银行	加拿大	38275	11367	1394315	80511	89464
387	367	欧莱雅	法国	38175	5435	48906	26817	85412
N. A.	368	巴登-符滕堡州能源公司	德国	38010	429	81038	5284	24519
461	369	LG 化学公司	韩国	37830	3207	43028	18254	40000
357	370	印度塔塔汽车公司	印度	37797	-1536	43575	5873	73608
233	371	ELO 集团	法国	37677	407	24093	7104	153005
396	372	深圳市投资控股有限公司	中国	37599	1649	147160	29862	86030

续表

上年排名	排名	公司名称	国家/地区	营业收入/百万美元	净利润/百万美元	资产/百万美元	股东权益/百万美元	员工人数/人
452	373	SK 海力士公司	韩国	37574	8391	81105	52302	38352
345	374	巴克莱	英国	37562	9873	1874737	93747	81600
418	375	Enbridge 公司	加拿大	37549	4937	133733	48171	11950
346	376	国泰金融控股股份有限公司	中国台湾	37534	4995	418358	32548	57100
313	377	日本明治安田生命保险公司	日本	37516	1618	397023	11485	48179
355	378	意大利邮政集团	意大利	37492	1866	323736	13760	118969
330	379	联合服务汽车协会	美国	37470	3300	210677	39997	37335
303	380	Finatis 公司	法国	37458	-196	36146	-1038	196350
462	381	阿斯利康	英国	37417	112	105363	39268	83100
366	382	KB 金融集团	韩国	37197	3853	558637	39936	26187
331	383	损保控股有限公司	日本	37099	2002	113564	10198	47776
N. A.	384	Cenovus Energy 公司	加拿大	36979	468	42848	18687	5938
349	385	中国中车集团有限公司	中国	36964	889	75295	13157	172869
375	386	敬业集团有限公司	中国	36882	891	12191	6093	31000
360	387	西北互助人寿保险公司	美国	36751	978	334654	29283	7585
325	388	日本三井住友金融集团	日本	36597	6290	2122598	81860	101023
N. A.	389	纽柯	美国	36484	6828	25823	14016	28800
398	390	现代摩比斯公司	韩国	36442	2056	43320	29681	33702
369	391	Exelon 公司	美国	36347	1706	133013	34393	31518
372	392	麦格纳国际	加拿大	36242	1514	29086	11836	158000
353	393	长江和记实业有限公司	中国香港	36134	4308	155670	67419	300000
377	394	菲尼克斯医药公司	德国	36107	208	12055	3201	33205
N. A.	395	万通互惠理财公司	美国	35900	319	383292	28896	10052
N. A.	396	德讯集团	瑞士	35891	2223	16085	3518	73516
372	397	怡和集团	中国香港	35862	1881	91489	29781	400000
N. A.	398	Raízen 公司	巴西	35858	590	21234	4581	30359
326	399	美国诺斯洛普格拉曼公司	美国	35667	7005	42579	12926	88000
407	400	铜陵有色金属集团控股有限公司	中国	35511	50	14621	1217	20164
401	401	三菱化学控股	日本	35403	1577	45910	12010	69784
382	402	3M 公司	美国	35355	5921	47072	15046	95000
368	403	英美烟草集团	英国	35322	9353	186033	90875	54365

续表

上年排名	排名	公司名称	国家/地区	营业收入/百万美元	净利润/百万美元	资产/百万美元	股东权益/百万美元	员工人数/人
406	404	日本瑞穗金融集团	日本	35279	4722	1952608	66965	52464
405	405	海尔智家股份有限公司	中国	35278	2026	34234	12565	104874
469	406	新加坡奥兰集团	新加坡	34987	511	23786	5024	62548
486	407	紫金矿业集团股份有限公司	中国	34898	2430	32839	11183	43876
335	408	贺利氏控股集团	德国	34886	427	7952	4288	16159
365	409	爱信	日本	34873	1264	34641	14468	117177
385	410	Travelers 公司	美国	34816	3662	120466	28887	30492
435	411	中国大唐集团有限公司	中国	34700	-2904	130691	12861	91005
456	412	龙湖集团控股有限公司	中国	34630	3698	137852	19671	44065
N. A.	413	蜀道投资集团有限责任公司	中国	34549	428	157911	37185	49493
N. A.	414	中国航空油料集团有限公司	中国	34519	430	10848	4505	13877
423	415	艾睿电子	美国	34477	1108	19536	5282	20700
415	416	新华人寿保险股份有限公司	中国	34476	2317	177535	17081	34434
374	417	霍尼韦尔国际公司	美国	34392	5542	64470	18569	99000
347	418	日本三菱重工业股份有限公司	日本	34364	1011	42141	12986	77991
361	419	Dollar General 公司	美国	34220	2399	26327	6262	163000
424	420	施耐德电气	法国	34175	3788	62020	27788	128000
N. A.	421	湖南钢铁集团有限公司	中国	34061	1269	21604	5614	33764
N. A.	422	潞安化工集团有限公司	中国	34043	-272	46429	5462	99132
402	423	西门子能源	德国	34036	-541	51098	17315	92000
N. A.	424	波兰国营石油公司	波兰	34026	2881	26490	12831	35424
391	425	荷兰国际集团	荷兰	33851	7036	1079297	59199	57660
427	426	菲尼克斯集团控股公司	英国	33750	-1151	452064	7875	8045
413	427	法国威立雅环境集团	法国	33706	478	60349	13096	169741
397	428	Coop 集团	瑞士	33649	612	23681	11413	82697
N. A.	429	高通	美国	33566	9043	41240	9950	45000
437	430	上海医药集团股份有限公司	中国	33459	790	25729	7771	47056
403	431	山西焦煤集团有限责任公司	中国	33380	-427	71504	9072	202079
N. A.	432	CarMax 公司	美国	33197	1151	26338	5235	32647
395	433	SAP 公司	德国	32919	6214	80919	44176	107415
N. A.	434	新疆中泰（集团）有限责任公司	中国	32890	48	19770	833	39141

续表

上年排名	排名	公司名称	国家/地区	营业收入/百万美元	净利润/百万美元	资产/百万美元	股东权益/百万美元	员工人数/人
N. A.	435	塔塔钢铁	印度	32861	5391	37622	15084	72551
N. A.	436	比亚迪股份有限公司	中国	32758	472	46564	14967	288186
348	437	Rajesh Exports 公司	印度	32650	135	3152	1640	181
N. A.	438	Inditex 公司	西班牙	32572	3811	32442	17634	165042
426	439	巴西布拉德斯科银行	巴西	32556	4297	300805	26889	79507
388	440	富邦金融控股股份有限公司	中国台湾	32223	5176	378860	34263	44993
N. A.	441	顺丰控股股份有限公司	中国	32120	662	33044	13058	177129
367	442	住友生命保险公司	日本	32042	406	354125	5868	42954
389	443	第一资本金融公司	美国	32033	12390	432381	61029	50767
414	444	佳能	日本	32005	1956	41265	24961	184034
439	445	广西投资集团有限公司	中国	31962	79	105327	5040	35369
358	446	富士通	日本	31930	1626	27443	13102	124216
471	447	云南省投资控股集团有限公司	中国	31884	275	84585	15450	52077
409	448	武田药品公司	日本	31771	2048	108542	46809	47347
412	449	铃木汽车	日本	31765	1427	34224	15646	69193
386	450	Migros 集团	瑞士	31658	732	85619	23217	73546
490	451	TD Synnex 公司	美国	31614	395	27666	7906	27000
425	452	潍柴动力股份有限公司	中国	31556	1435	43615	11163	82600
444	453	新疆广汇实业投资（集团）有限责任公司	中国	31506	66	42839	6008	73109
422	454	菲利普－莫里斯国际公司	美国	31405	9109	41290	－10106	69600
N. A.	455	全球燃料服务公司	美国	31337	74	5942	1913	4414
376	456	加拿大丰业银行	加拿大	31226	7651	955674	57108	89488
N. A.	457	森科能源公司	加拿大	31191	3286	66317	28997	16922
N. A.	458	山东高速集团有限公司	中国	31136	686	179340	25973	52407
428	459	海亮集团有限公司	中国	31049	128	10512	3293	24058
441	460	CRH 公司	爱尔兰	30981	2565	44670	20233	77400
N. A.	461	Investor 公司	瑞典	30948	26585	87892	75415	14812
421	462	纬创集团	中国台湾	30867	375	17944	2812	80000
447	463	林德集团	英国	30798	3826	81605	44035	72327
416	464	三星人寿保险	韩国	30654	1284	287258	31817	4975
482	465	巴西银行	巴西	30602	3402	340976	25627	84597

续表

上年排名	排名	公司名称	国家/地区	营业收入/百万美元	净利润/百万美元	资产/百万美元	股东权益/百万美元	员工人数/人
N. A.	466	成都兴城投资集团有限公司	中国	30553	342	148296	9786	38076
468	467	广州医药集团有限公司	中国	30466	320	11350	1971	34730
483	468	Performance Food Group 公司	美国	30399	41	7846	2106	22885
N. A.	469	上海德龙钢铁集团有限公司	中国	30343	788	19515	3466	46054
N. A.	470	GS 加德士	韩国	30182	919	19844	9368	3259
N. A.	471	Mercadona 公司	西班牙	30170	804	12690	7927	95800
450	472	CJ 集团	韩国	30134	240	35304	4263	64259
419	473	美敦力公司	爱尔兰	30117	3606	93083	51428	90000
473	474	三星 C&T 公司	韩国	30109	1429	46486	25585	15331
N. A.	475	台湾中油股份有限公司	中国台湾	30021	-1407	30392	9458	16366
442	476	住友电工	日本	29980	857	31360	13143	281075
445	477	X5 零售集团	荷兰	29922	580	17165	1169	340928
N. A.	478	达美航空	美国	29899	280	72459	3887	83000
N. A.	479	美国航空集团	美国	29882	-1993	66467	-7340	123400
420	480	东芝	日本	29705	1733	30760	9939	116224
484	481	Netflix 公司	美国	29698	5116	44585	15849	11300
329	482	麦德龙	德国	29594	-67	14839	2114	86527
465	483	派拉蒙环球公司	美国	29579	4543	58620	22402	25115
434	484	普利司通	日本	29570	3590	39737	22843	135636
N. A.	485	US Foods Holding 公司	美国	29487	164	12521	4269	28000
N. A.	486	丹纳赫公司	美国	29453	6433	83184	45167	79000
488	487	珠海格力电器股份有限公司	中国	29402	3576	50314	16318	81884
492	488	霍尔希姆公司	瑞士	29362	2515	65750	30396	70000
408	489	Medipal 控股公司	日本	29296	262	14080	3981	14454
446	490	捷普公司	美国	29285	696	16654	2136	238000
N. A.	491	任仕达公司	荷兰	29127	908	12553	5572	39530
N. A.	492	星巴克公司	美国	29061	4199	31393	-5321	383000
478	493	Coles 集团	澳大利亚	29056	750	13583	2108	120000
378	494	瑞士信贷	瑞士	29044	-1806	829856	48259	50110
N. A.	495	莱茵集团	德国	28998	853	161805	17344	18867
N. A.	496	DSV 公司	丹麦	28988	1782	24678	11331	77958

续表

上年排名	排名	公司名称	国家/地区	营业收入/百万美元	净利润/百万美元	资产/百万美元	股东权益/百万美元	员工人数/人
410	497	瑞士 ABB 集团	瑞士	28945	4546	40260	15579	104400
463	498	亿滋国际	美国	28720	4300	67092	28269	79000
454	499	达能	法国	28708	2275	51643	19639	98105
N. A.	500	优美科公司	比利时	28650	732	10284	3601	11050

注：本章依据美国《财富》网发布的 2022 世界 500 强排行榜。

第十五章
中国500强企业按照行业分类名单

中国500强企业按照行业分类名单情况如表15－1所示。

表 15－1 中国 500 强企业按照行业分类①

名次	公司名称	通信地址	邮政编码	名次(1)	名次(2)	名次(3)
农林牧渔业						
1	北大荒农垦集团有限公司	黑龙江省哈尔滨市香坊区红旗大街 175 号	150036	156	—	—
煤炭采掘及采选业						
1	山东能源集团有限公司	山东省济南市经十路 10777 号山东能源大厦	250014	23	—	—
2	国家能源投资集团有限责任公司	北京市东城区安定门西滨河路 22 号	100011	30	—	—
3	晋能控股集团有限公司	山西省大同市平城区太和路	037006	54	—	—
4	陕西煤业化工集团有限责任公司	陕西省西安市航天基地东长安街 636 号	710100	67	—	—
5	中国中煤能源集团有限公司	北京市朝阳区黄寺大街 1 号	100120	90	—	—
6	山西焦煤集团有限责任公司	山西省太原市新晋祠路一段 1 号	030024	124	—	—
7	华阳新材料科技集团有限公司	山西省阳泉市北大西街 5 号	045000	143	—	—
8	中国平煤神马能源化工集团有限责任公司	河南省平顶山市矿工路 21 号	467000	155	—	—
9	河南能源集团有限公司	河南省郑州市郑东新区 CBD 商务外环路 6 号国龙大厦	450046	224	—	—
10	开滦（集团）有限责任公司	河北省唐山市新华东道 70 号	063018	249	—	—
11	淮北矿业（集团）有限责任公司	安徽省淮北市人民中路 276 号	235006	324	—	—
12	淮河能源控股集团有限责任公司	安徽省淮南市田家庵区洞山中路一号	232001	372	—	—
13	贵州盘江煤电集团有限责任公司	贵州省贵阳市观山湖区林城西路 95 号	550081	437	—	—
14	彬县煤炭有限责任公司	陕西省咸阳市秦都区世纪大道中段华彬能源大厦	712000	455	—	—
15	徐州矿务集团有限公司	江苏省徐州市云龙区钱塘路 7 号	221000	462	—	—
石油、天然气开采及生产业						
1	中国石油天然气集团有限公司	北京市东城区东直门北大街 9 号	100007	2	—	—
2	中国海洋石油集团有限公司	北京市东城区朝阳门北大街 25 号	100010	20	—	—
3	陕西延长石油（集团）有限责任公司	陕西省西安市雁塔区唐延路 61 号延长石油科研中心	710065	78	—	—
电力生产						
1	中国华能集团有限公司	北京市西城区复兴门内大街 6 号	100031	68	—	—
2	国家电力投资集团有限公司	北京市西城区北三环中路 29 号院 1 号楼	100029	80	—	—
3	中国华电集团有限公司	北京市西城区宣武门内大街 2 号中国华电大厦	100031	95	—	—
4	中国核工业集团有限公司	北京市西城区三里河南三巷 1 号	100822	109	—	—
5	中国大唐集团有限公司	北京市西城区广宁伯街 1 号	100033	116	—	—
6	中国广核集团有限公司	深圳市福田区深南大道 2002 号中广核大厦	518028	209	—	—
7	广东省能源集团有限公司	广东省广州市天河东路 8 号粤电广场 A 座	510630	343	—	—
农副食品						
1	新希望控股集团有限公司	四川省成都市锦江区金石路 376 号新希望中鼎国际	610021	105	42	—

① 注：名次（1）为 2022 中国企业 500 强中的名次，名次（2）为 2022 中国制造业企业 500 强中的名次，名次（3）为 2022 中国服务业企业 500 强中的名次。

续表

名次	公司名称	通信地址	邮政编码	名次（1）	名次（2）	名次（3）
2	双胞胎（集团）股份有限公司	江西省南昌市青山湖区昌东大道 7003 号	330096	265	122	—
3	广东海大集团股份有限公司	广东省广州市番禺区南村镇万博四路 42 号海大大厦 2 座 8 楼	511445	266	123	—
4	牧原实业集团有限公司	河南省南阳市卧龙区龙升工业园牧原集团	473000	277	126	—
5	蓝润集团有限公司	四川省成都市天府新区华府大道 1 号蓝润置地广场	610213	319	149	—
6	温氏食品集团股份有限公司	广东省云浮市新兴县新城镇东堤北路 9 号	527400	352	169	—
7	三河汇福粮油集团有限公司	河北省三河市燕郊开发区汇福路 8 号	065201	414	204	—
8	江西正邦科技股份有限公司	江西省南昌市高新区艾溪湖一路 569 号	330096	458	228	—
9	西王集团有限公司	山东省滨州市邹平市山东省邹平市西王工业园	256209	461	230	—
10	五得利面粉集团有限公司	河北省邯郸市大名县五得利街	056900	—	275	—
11	香驰控股有限公司	山东省滨州市博兴县博城五路 151 号	256500	—	334	—
12	诸城外贸有限责任公司	山东省诸城市密州路东首	262200	—	398	—
13	唐人神集团股份有限公司	湖南省株洲市国家高新技术产业开发区栗雨工业园	412007	—	411	—
14	上海源耀农业股份有限公司	上海市浦东新区航鹤路 2268 号	201316	—	423	—
15	广西农垦集团有限责任公司	广西壮族自治区南宁市青秀区民族大道 32 号	530022	—	428	—
16	福建傲农生物科技集团股份有限公司	福建省漳州市芗城区金峰经济开发区兴亭路与宝莲路交叉处	363000	—	451	—
17	广东省永道生态集团有限公司	深圳市福田区华富街道莲花一村社区彩田路 7018 号新浩壹都 A3901	518026	—	472	—
18	万向三农集团有限公司	杭州市萧山经济技术开发区宁围街道万向路一号	311215	—	474	—
食品						
1	北京首农食品集团有限公司	北京市朝阳区曙光西路 28 号	100028	145	63	—
2	万洲国际有限公司	香港九龙柯士甸道西 1 号环球贸易广场 76 楼 7602B	—	151	66	—
3	光明食品（集团）有限公司	上海市徐汇区宝庆路 20 号	200040	174	79	—
4	山东渤海实业集团有限公司	山东省滨州市博兴县工业园	256500	464	231	—
5	山东鲁花集团有限公司	山东省烟台市莱阳市龙门东路 39 号	265200	—	268	—
6	北京顺鑫控股集团有限公司	北京市顺义区站前街 1 号院 1 号楼顺鑫国际商务中心	101300	—	335	—
7	桂林力源粮油食品集团有限公司	广西壮族自治区桂林市叠彩区中山北路 122 号	5401001	—	339	—
饮料						
1	内蒙古伊利实业集团股份有限公司	北京市丰台区育仁南路 1 号院 2 号楼诺德中心 3 期 18 号楼 21 层	—	225	104	—
2	农夫山泉股份有限公司	浙江省杭州市西湖区葛衙庄 181 号	310024	—	352	—
3	黑龙江飞鹤乳业有限公司	黑龙江省哈尔滨市松北区创新三路 600 号科技大厦	150028	—	405	—
酒类						
1	四川省宜宾五粮液集团有限公司	四川省宜宾市翠屏区岷江西路 150 号	644007	185	85	—

续表

名次	公司名称	通信地址	邮政编码	名次(1)	名次(2)	名次(3)
2	贵州茅台酒股份有限公司	贵州省仁怀市茅台镇	564501	227	105	—
3	泸州老窖集团有限责任公司	四川省泸州市龙马潭区南光路 71 号泸州老窖营销大楼	646000	300	139	—
4	稻花香集团	湖北省宜昌市夷陵区龙泉镇龙沙街 1 号	443112	379	187	—
5	青岛啤酒集团有限公司	山东省青岛市东海西路 35 号青岛啤酒大厦	266071	—	330	—
6	江苏洋河酒厂股份有限公司	江苏省宿迁市洋河新区洋河股份研发大楼	223800	—	387	—
7	山西杏花村汾酒集团有限责任公司	山西省汾阳市杏花村镇	032205	—	433	—
轻工百货生产						
1	重庆轻纺控股（集团）公司	重庆市渝北区人和街道黄山大道中段 7 号	401121	—	302	—
2	大亚科技集团有限公司	江苏省丹阳市经济开发区齐梁路 99 号	212300	—	349	—
3	奥康集团有限公司	浙江省温州市永嘉县瓯北千石奥康工业园	325100	—	388	—
4	欧派家居集团股份有限公司	广东省广州市广花三路 366 号	510450	—	425	—
5	上海晨光文具股份有限公司	上海市松江区千帆路 288 弄 G60 科创云廊 5 号楼	201612	—	458	—
6	广博控股集团有限公司	浙江省宁波市海曙区石碶街道车何广博工业园	315153	—	467	—
纺织印染						
1	山东魏桥创业集团有限公司	山东省滨州市邹平经济开发区魏纺路 1 号	256200	64	19	—
2	三房巷集团有限公司	江苏省江阴市周庄镇三房巷路 1 号	214423	328	156	—
3	山东如意时尚投资控股有限公司	山东省济宁市高新区如意工业园	272000	367	179	—
4	华芳集团有限公司	江苏省苏州市张家港市城北路 178 号华芳国际大厦	215600	—	332	—
5	天津纺织集团（控股）有限公司	天津空港经济区中心大道东九道 6 号天纺大厦	300308	—	429	—
6	浙江航民实业集团有限公司	浙江省杭州市萧山区瓜沥镇航民村	311241	—	495	—
服装及其他纺织品						
1	雅戈尔集团股份有限公司	宁波市海曙区鄞县大道西段 2 号	315153	182	84	—
2	海澜集团有限公司	江苏省江阴市新桥镇海澜工业园	214426	218	99	—
3	红豆集团有限公司	江苏省无锡市锡山区东港镇港下兴港路红豆集团总部	214199	309	142	—
4	内蒙古鄂尔多斯投资控股集团有限公司	内蒙古自治区鄂尔多斯市东胜达拉特南路 102 号	017000	321	150	—
5	安踏体育用品集团有限公司	福建省泉州市晋江市池店镇东山工业区	362212	485	246	—
6	江苏阳光集团有限公司	江苏省江阴市新桥镇陶新路 18 号	214426	493	252	—
7	森马集团有限公司	浙江省温州市瓯海区娄桥工业园南汇路 98 号	325200	—	270	—
8	太平鸟集团有限公司	浙江省宁波市鄞州区新晖南路 255 号	315103	—	295	—
9	波司登股份有限公司	江苏省常熟市古里镇白茆波司登工业园	215532	—	312	—
10	宁波博洋控股集团有限公司	浙江省宁波市海曙区南门启文路 157 弄 6 号	315012	—	353	—
11	宁波申洲针织有限公司	浙江省宁波市北仑区县（市）甬江路 18 号	315800	—	397	—
12	中哲控股集团有限公司	浙江省宁波市鄞州区泰星巷合和国际南楼 9 楼	315100	—	414	—
13	金猴集团有限公司	山东省威海市和平路 106 号	264200	—	456	—
14	迪尚集团有限公司	山东省威海市高区文化西路 186 号	264200	—	462	—

续表

名次	公司名称	通信地址	邮政编码	名次（1）	名次（2）	名次（3）
家用电器制造						
1	美的集团股份有限公司	广东省佛山市顺德区北滘镇美的大道6号D栋29楼	528311	77	27	—
2	海尔集团公司	山东省青岛市崂山区海尔路1号	266101	79	28	—
3	TCL实业控股股份有限公司	广东省惠州仲恺高新区惠风三路17号TCL科技大厦	516006	106	43	—
4	珠海格力电器股份有限公司	广东省珠海市香洲区前山金鸡西路格力电器企管部	519070	140	60	—
5	海信集团控股股份有限公司	山东省青岛市市南区东海西路17号	266071	157	68	—
6	四川长虹电子控股集团有限公司	四川省绵阳市高新区绵兴东路35号	621000	172	78	—
7	奥克斯集团有限公司	浙江省宁波市鄞州区首南街道日丽中路757号	315100	325	153	—
8	创维集团有限公司	广东省深圳市南山区科技园高新南四道创维半导体设计大厦东座22层	518057	424	211	—
9	广东格兰仕集团有限公司	广东省佛山市顺德区容桂大道南25号	528305	—	358	—
10	青岛澳柯玛控股集团有限公司	山东省青岛市黄岛区太行山路2号	266510	—	430	—
11	宁波方太厨具有限公司	浙江省宁波市杭州湾新区滨海二路218号	315336	—	488	—
造纸及包装						
1	晨鸣控股有限公司	山东省潍坊市寿光市农圣东街2199号	262700	246	116	—
2	玖龙纸业（控股）有限公司	广东省东莞市松山湖园区新城路12号	523808	261	119	—
3	华泰集团有限公司	山东省东营市广饶县大王镇潍高路251号	257335	310	143	—
4	山东太阳控股集团有限公司	山东省济宁市兖州区友谊路1号	272100	368	180	—
5	山鹰国际控股股份公司	安徽省马鞍山市勤俭路3号	241000	—	325	—
6	胜达集团有限公司	浙江省杭州市萧山区盈丰街道市心北路2036号东方至尊国际中心1幢	311215	—	360	—
7	金东纸业（江苏）股份有限公司	江苏省镇江市大港兴港东路8号	212132	—	367	—
8	山东博汇集团有限公司	山东省淄博市桓台县马桥镇大成工业小区	256405	—	369	—
9	厦门合兴包装印刷股份有限公司	福建省厦门市湖里区五缘湾同安商务大厦2号楼19A	361016	—	461	—
石化及炼焦						
1	中国石油化工集团有限公司	北京市朝阳区朝阳门北大街22号	100728	3	1	—
2	恒力集团有限公司	江苏省苏州市吴江区盛泽镇恒力路1号	215226	24	5	—
3	盛虹控股集团有限公司	江苏省苏州市吴江区盛泽镇纺织科技示范园	215228	76	26	—
4	山东东明石化集团有限公司	山东省东明县石化大道27号	274500	201	94	—
5	利华益集团股份有限公司	山东省东营市利津县大桥路86号	257400	232	108	—
6	万达控股集团有限公司	山东省东营市垦利区行政办公新区民丰路万达大厦	257500	236	111	—
7	山西鹏飞集团有限公司	山西省孝义市振兴街鹏飞总部	032300	264	121	—
8	旭阳控股有限公司	北京市丰台区南四环西路188号五区21号楼	100070	285	131	—
9	山东京博控股集团有限公司	山东省滨州市博兴县经济开发区京博工业园	256505	326	154	—
10	山东海科控股有限公司	山东省东营市北一路726号海科大厦	257088	327	155	—

续表

名次	公司名称	通信地址	邮政编码	名次（1）	名次（2）	名次（3）
11	福建省能源石化集团有限责任公司	福建省福州市鼓楼区北二环西路 118 号 11－16 层	350003	353	170	—
12	山东金诚石化集团有限公司	山东省淄博市桓台县马桥镇	2156405	365	177	—
13	富海集团新能源控股有限公司	山东省东营市河口区黄河路 37 号富海大厦 1003 室	257200	381	188	—
14	辽宁嘉晨控股集团有限公司	辽宁省营口市老边区营大路 66 号	115000	387	194	—
15	山东恒源石油化工股份有限公司	山东省德州市临邑县恒源路 111 号	251500	413	203	—
16	东营齐润化工有限公司	山东省东营市黄三角农高区丁庄街道	257300	425	212	—
17	山东齐成石油化工有限公司	山东省东营市广饶县广饶街道	257300	428	215	—
18	福州中景石化集团有限公司	福建省福州市鼓楼区六一北路 468 号琼都公寓 4 号楼 6 层	350007	450	226	—
19	金澳科技（湖北）化工有限公司	湖北省潜江经济开发区章华北路 66 号	433132	478	240	—
20	沂州集团有限公司	山东省临沂市罗庄区傅庄街道办事处	276018	479	241	—
21	山东汇丰石化集团有限公司	山东省淄博市桓台果里镇石化南路	256410	487	248	—
22	山东寿光鲁清石化有限公司	山东省潍坊寿光市羊口镇化工产业园	262714	488	249	—
23	河北鑫海控股集团有限公司	河北省黄骅市	061113	492	251	—
24	山东清源集团有限公司	山东省淄博市临淄区金岭镇清源商务中心	255400	—	263	—
25	山东垦利石化集团有限公司	山东省东营市垦利区胜兴路 1001 号	257500	—	293	—
26	山东中海化工集团有限公司	山东省东营市河口区西湖路 245 号	257200	—	319	—
27	山东东方华龙工贸集团有限公司	山东省东营市广饶县经济开发区团结路 673 号	257300	—	324	—
28	万通海欣控股集团股份有限公司	山东省东营市东营区庐山路 1036 号	257000	—	327	—
29	福建福海创石油化工有限公司	福建省漳州市古雷经济开发区杜昌路 9 号	363216	—	331	—
30	山西安泰控股集团有限公司	山西省介休市安泰工业园区	032002	—	340	—
31	淄博鑫泰石化有限公司	山东省淄博市临淄区	255400	—	361	—
32	江苏新海石化有限公司	江苏省连云港市赣榆区柘汪临港产业区	222100	—	363	—
33	山东神驰控股有限公司	山东省东营市东营区史口镇郝纯路 129 号	—	—	368	—
34	洛阳炼化宏达实业有限责任公司	河南省洛阳市孟津区吉利大庆路 70 号	471000	—	371	—
35	山东永鑫能源集团有限公司	山东省滨州市博兴县湖滨工业园	256500	—	373	—
36	腾龙芳烃（漳州）有限公司	福建省漳州市古雷经济开发区杜昌路 9 号	363216	—	412	—
37	正和集团股份有限公司	山东省东营市广饶县石村辛桥	257342	—	446	—
轮胎及橡胶制品						
1	华勤橡胶工业集团有限公司	山东省济宁市兖州区华勤工业园	272100	476	238	—
2	利时集团股份有限公司	浙江省宁波市鄞州区投资创业中心诚信路 518 号	315105	—	308	—
3	中策橡胶集团股份有限公司	浙江省杭州市钱塘区 1 号大街 1 号	310018	—	347	—
4	玲珑集团有限公司	山东省招远市金龙路 777 号	265406	—	435	—
5	英科医疗科技股份有限公司	山东省淄博市临淄区清田路 18 号	255400	—	480	—
化学原料及化学品制造						
1	浙江荣盛控股集团有限公司	浙江省杭州市萧山区益农镇荣盛控股大楼	311247	59	15	—

续表

名次	公司名称	通信地址	邮政编码	名次(1)	名次(2)	名次(3)
2	潞安化工集团有限公司	山西省襄垣县侯堡镇	046204	121	50	—
3	新疆中泰（集团）有限责任公司	新疆乌鲁木齐市经济技术开发区阳澄湖路39号	830026	125	53	—
4	万华化学集团股份有限公司	山东省烟台市经济技术开发区三亚路3号	264006	179	82	—
5	重庆化医控股（集团）公司	重庆市北部新区星光大道70号天王星A1座	401121	279	127	—
6	云天化集团有限责任公司	云南省昆明市滇池路1417号	650228	280	128	—
7	贵州磷化（集团）有限责任公司	贵州省贵阳市南明区市南路57号	550005	366	178	—
8	新疆天业（集团）有限公司	新疆石河子经济技术开发区北三东路36号	832000	374	184	—
9	上海华谊（集团）公司	上海市静安区常德路809号	200040	382	189	—
10	华峰集团有限公司	浙江省温州市瑞安市经济开发区．开发区大道1688号	325200	384	191	—
11	天津渤海化工集团有限责任公司	天津市和平区湖北路10号	300040	399	199	—
12	浙江卫星控股股份有限公司	浙江省嘉兴市东栅街道富强路196号16楼	314000	406	201	—
13	浙江升华控股集团有限公司	浙江省湖州市德清县下渚湖下仁路99号	313200	415	205	—
14	江苏三木集团有限公司	江苏省宜兴市官林镇三木路85号	214258	471	234	—
15	宜昌兴发集团有限责任公司	湖北省宜昌市兴山县古夫镇高阳大道58号	443700	475	237	—
16	山东金岭集团有限公司	山东省东营市广饶县大王镇青垦路161号	257300	496	254	—
17	金浦投资控股集团有限公司	江苏省南京市鼓楼区马台街99号五楼	210009	—	265	—
18	金发科技股份有限公司	上海市黄埔区科学城科丰路33号	510663	—	285	—
19	华鲁控股集团有限公司	山东省济南市历下区舜海路219号华创管理中心A座21、22楼	250102	—	290	—
20	道恩集团有限公司	山东省烟台市龙口市龙口经济开发区和平北路道恩经济园区	265700	—	296	—
21	浙江龙盛控股有限公司	浙江省绍兴市上虞区道墟街道龙盛大道1号	312368	—	298	—
22	巨化集团有限公司	浙江省衢州市柯城区巨化集团有限公司办公室	324004	—	306	—
23	淄博齐翔腾达化工股份有限公司	山东省淄博市临淄区杨坡路206号	255400	—	314	—
24	兴达投资集团有限公司	江苏省无锡市锡山区东港镇锡港南路88号	214196	—	364	—
25	广州立白凯晟控股有限公司	广东省广州市荔湾区陆居路2号	510370	—	375	—
26	东岳氟硅科技集团有限公司	山东省淄博市桓台县唐山镇淄博东岳经济开发区	256401	—	377	—
27	红太阳集团有限公司	江苏省南京市高淳经济开发区古檀大道18号	211316	—	380	—
28	纳爱斯集团有限公司	浙江省丽水市括苍南路19号	323000	—	385	—
29	滨化集团	山东省滨州市滨城区黄河五路869号	256600	—	394	—
30	无棣鑫岳化工集团有限公司	山东省滨州市无棣县埕口镇东	251909	—	400	—
31	山东联盟化工集团有限公司	山东省寿光市农圣东街999号	262704	—	420	—
32	龙佰集团股份有限公司	河南省焦作市中站区焦克路1669号	454191	—	421	—
33	浙江新安化工集团股份有限公司	浙江省杭州市建德市江滨中路新安大厦1号	311600	—	442	—
34	青岛海湾集团有限公司	山东省青岛市崂山区海口路62号	266061	—	468	—
35	铜陵化学工业集团有限公司	安徽省铜陵市翠湖一路2758号	244000	—	470	—
36	山东胜星化工有限公司	山东省东营市广饶县大王镇经济开发区胜利路	257300	—	475	—

续表

名次	公司名称	通信地址	邮政编码	名次(1)	名次(2)	名次(3)
37	河南心连心化学工业集团股份有限公司	河南省新乡市经济开发区心连心大道	453731	—	479	—
38	翔鹭石化（漳州）有限公司	福建省漳州市古雷港经济开发区杜昌路9号	363216	—	496	—
39	景德镇黑猫集团有限责任公司	江西省景德镇市昌江区历尧	333000	—	498	—
40	青海盐湖工业股份有限公司	青海省格尔木市黄河路28号	816000	—	500	—
化学纤维制造						
1	浙江恒逸集团有限公司	浙江省杭州市萧山区市北路260号恒逸南岸明珠写字楼	311215	82	29	—
2	桐昆控股集团有限公司	浙江省嘉兴市桐乡市梧桐街道凤凰湖大道518号1幢906室	314500	223	103	—
3	新凤鸣控股集团有限公司	浙江省桐乡市洲泉镇工业区德胜路888号	314513	314	146	—
4	恒申控股集团有限公司	福建省福州市长乐区文武砂镇长乐恒申合纤科技有限公司	350200	345	165	—
5	永荣控股集团有限公司	福建省福州市台江区世茂国际中心16层	350000	350	168	—
6	江苏华宏实业集团有限公司	江苏省江阴市周庄镇澄杨路1128号	214423	486	247	—
7	福建百宏聚纤科技实业有限公司	福建省晋江市龙湖镇枫林工业区	362241	—	287	—
8	兴惠化纤集团有限公司	浙江省杭州市萧山区衙前镇吟龙村	311209	—	354	—
9	浙江天圣控股集团有限公司	浙江省绍兴市越城区灵芝街道本觉路58号天圣大厦	312000	—	434	—
药品制造						
1	上海医药集团股份有限公司	上海市卢湾区太仓路200号上海医药大厦	200020	123	52	—
2	广州医药集团有限公司	广东省广州市荔湾区沙面北街45号	510130	134	56	—
3	深圳海王集团股份有限公司	广东省深圳市南山区科技园科技中三路1号海王银河科技大厦	518057	349	167	—
4	威高集团有限公司	山东省威海市环翠区火炬高技术产业开发区兴山路18号	264210	423	210	—
5	四川科伦实业集团有限公司	四川省成都市青羊区百花西路36号	610031	—	273	—
6	石药控股集团有限公司	河北省石家庄市高新技术产业开发区中山东路896号	050035	—	276	—
7	天津天士力大健康产业投资集团有限公司	天津市北辰区普济河东道2号天士力现代中药城	300410	—	318	—
8	重庆智飞生物制品股份有限公司	重庆市江北区金源路7号25楼	400020	—	343	—
9	江苏恒瑞医药股份有限公司	江苏省连云港市经济技术开发区昆仑山路7号	222047	—	384	—
10	回音必集团有限公司	浙江省杭州市建国中路27号万安商社内	310000	—	401	—
11	正大天晴药业集团股份有限公司	江苏省连云港市郁州南路369号	222000	—	409	—
12	人福医药集团股份公司	湖北省武汉市东湖高新技术开发区高新大道666号	430075	—	426	—
13	健康元药业集团股份有限公司	广东省深圳市朗山路17号健康元大厦	518000	—	482	—
14	天津市医药集团有限公司	天津市河东区八纬路109号	300171	—	493	—
水泥及玻璃制造						
1	中国建材集团有限公司	北京市海淀区复兴路17号国海广场2号楼	100036	63	18	—
2	安徽海螺集团有限责任公司	安徽省芜湖市文化路39号	241000	104	41	—

续表

名次	公司名称	通信地址	邮政编码	名次(1)	名次(2)	名次(3)
3	北京金隅集团股份有限公司	北京市东城区北三环东路36号环球贸易中心D座2106	100013	169	75	—
4	红狮控股集团有限公司	浙江省兰溪市东郊上郭	321100	348	166	—
5	天瑞集团股份有限公司	河南省汝州市广成东路63号	467599	383	190	—
6	江苏金峰水泥集团有限公司	江苏省溧阳市社渚镇金庄村	213342	—	266	—
7	华新水泥股份有限公司	湖北省武汉市东湖高新区高新大道426号华新大厦	430074	—	329	—
8	吉林亚泰（集团）股份有限公司	吉林省长春市二道区吉林大路1801号	130031	—	436	—
其他建材制造						
1	建华建材（中国）有限公司	江苏省镇江市润州区冠城路8号工人大厦15楼	212000	—	280	—
2	中国联塑集团控股有限公司	广东省佛山市顺德区龙江镇联塑C区总部大楼	528318	—	333	—
3	浙江中财管道科技股份有限公司	浙江省绍兴市新昌县新昌大道东路658号	312500	—	476	—
黑色冶金						
1	中国宝武钢铁集团有限公司	上海市浦东新区世博大道1859号宝武大厦1号楼	200126	14	2	—
2	河钢集团有限公司	河北省石家庄市体育南大街385号	050023	62	17	—
3	鞍钢集团有限公司	辽宁省鞍山市铁东区五一路63号	114001	69	20	—
4	青山控股集团有限公司	浙江省温州市龙湾区龙祥路2666号A幢1306室	325058	74	24	—
5	江苏沙钢集团有限公司	江苏省苏州市张家港市锦丰镇	215625	87	32	—
6	首钢集团有限公司	北京市石景山区石景山路68号首钢厂东门	100041	96	36	—
7	山东钢铁集团有限公司	山东省济南市高新区舜华路2000号舜泰广场4号楼	250101	98	37	—
8	杭州钢铁集团有限公司	浙江省杭州市拱墅区半山路178号	310022	99	38	—
9	北京建龙重工集团有限公司	北京市丰台区南四环西路188号总部基地十二区50号楼	100070	108	44	—
10	敬业集团有限公司	河北省石家庄市平山县南甸镇	050400	112	46	—
11	湖南钢铁集团有限公司	湖南省长沙市天心区湘府西路222号	410004	120	49	—
12	上海德龙钢铁集团有限公司	上海市虹口区东大名路588号五楼	200135	135	57	—
13	河北新华联合冶金控股集团有限公司	河北省沧州市渤海新区	061113	138	58	—
14	中天钢铁集团有限公司	江苏省常州市中吴大道1号	213011	139	59	—
15	南京钢铁集团有限公司	江苏省南京市六合区卸甲甸	210035	141	61	—
16	河北津西钢铁集团股份有限公司	河北省迁西县三屯营镇	064302	142	62	—
17	冀南钢铁集团有限公司	河北省武安市南环路南侧	056300	177	80	—
18	辽宁方大集团实业有限公司	北京市朝阳区霄云路甲26号	100016	191	87	—
19	广西柳州钢铁集团有限公司	广西壮族自治区柳州市北雀路117号	545002	193	88	—
20	包头钢铁（集团）有限责任公司	内蒙古自治区包头市昆都仑区河西工业区信息大楼504室	014010	203	95	—
21	江苏永钢集团有限公司	江苏省苏州市张家港市南丰镇永联工业园	215628	211	97	—
22	酒泉钢铁（集团）有限责任公司	甘肃省嘉峪关市雄关东路12号	735100	217	98	—

续表

名次	公司名称	通信地址	邮政编码	名次(1)	名次(2)	名次(3)
23	新余钢铁集团有限公司	江西省新余市渝水区冶金路1号	338001	230	106	—
24	江苏新长江实业集团有限公司	江苏省江阴市夏港街道滨江西路328号长江村	214442	234	109	—
25	福建大东海实业集团有限公司	福建省福州市仓山区朝阳路6号中庚红鼎天下1#楼20层	350007	242	114	—
26	河北普阳钢铁有限公司	河北省武安市阳邑镇村东	056305	244	115	—
27	天津荣程祥泰投资控股集团有限公司	天津经济技术开发区 MSD – B1 – F12	300457	256	118	—
28	永锋集团有限公司	山东省齐河县齐安大街116号	251100	268	124	—
29	武安市裕华钢铁有限公司	河北省武安市上团城乡崇义四街村北	056300	292	134	—
30	日照钢铁控股集团有限公司	山东省日照市岚山区沿海路600号	276806	299	138	—
31	金鼎钢铁集团有限公司	河北省邯郸市武安工业园区青龙山工业园	056300	302	140	—
32	安阳钢铁集团有限责任公司	河南省郑州市郑东新区崇德街29号豫盐大厦	450046	312	144	—
33	广西盛隆冶金有限公司	广西壮族自治区防城港经济技术开发区	538004	315	147	—
34	唐山港陆钢铁有限公司	河北省遵化市崔家庄乡邦宽公里南侧杨家庄村	064200	318	148	—
35	四川省川威集团有限公司	四川省成都市龙泉驿区车城东6路5号	610100	322	151	—
36	河北新金钢铁有限公司	河北省武安市西土山乡骈山村东	056300	334	158	—
37	河北新武安钢铁集团文安钢铁有限公司	河北省武安市南环路	056300	339	161	—
38	福建省三钢(集团)有限责任公司	福建省三明市三元区工业中路群工三路	365000	356	172	—
39	兴华财富集团有限公司	河北省邯郸市武安市财富大厦3–18层	056300	371	183	—
40	鲁丽集团有限公司	山东省潍坊市寿光市侯镇政府驻地	262724	386	193	—
41	东方润安集团有限公司	江苏省常州市武进区湟里镇东方路5号	213151	397	198	—
42	六安钢铁控股集团有限公司	安徽省六安市霍邱县经济开发区	237400	417	207	—
43	石横特钢集团有限公司	山东省肥城市石横镇	271612	420	209	—
44	山东泰山钢铁集团有限公司	山东省济南市莱芜区汶源西大街西首泰钢经贸楼	271100	427	214	—
45	山西晋南钢铁集团有限公司	山西省临汾市曲沃县高显镇工业园区	043400	431	217	—
46	山东九羊集团有限公司	山东省济南市莱芜区山东省济南市莱芜区羊里街道办事处政通路2号	271118	432	218	—
47	河北文丰钢铁有限公司	河北省武安市午汲镇大贺庄村村东	056300	443	223	—
48	四川德胜集团钒钛有限公司	四川省乐山市沙湾区铜河路南段8号	614900	467	232	—
49	振石控股集团有限公司	浙江省嘉兴市桐乡市凤凰湖大道288号	314500	482	244	—
50	济钢集团有限公司	山东省济南市历城区工业北路21号	250101	499	256	—
51	河北安丰钢铁有限公司	河北省秦皇岛市昌黎县靖安镇安丰大厦五楼	066603	—	259	—
52	山西晋城钢铁控股集团有限公司	山西省晋城市巴公装备制造工业园区	048002	—	271	—
53	河北新武安钢铁集团烘熔钢铁有限公司	河北省邯郸市武安市冶陶镇固镇元宝山东	056300	—	279	—
54	三宝集团股份有限公司	福建省漳州市芗城区浦南镇店仔圩经济开发区	363004	—	284	—
55	重庆钢铁股份有限公司	重庆市长寿区江南街道江南大道2号	401258	—	289	—
56	常熟市龙腾特种钢有限公司	江苏省苏州市常熟市梅李镇通港工业园华联路118号	215511	—	301	—
57	河北天柱钢铁集团有限公司	河北省唐山市丰润区银城铺镇殷官屯村东	064000	—	316	—

续表

名次	公司名称	通信地址	邮政编码	名次（1）	名次（2）	名次（3）
58	河北兴华钢铁有限公司	河北省武安市上团城西	056300	—	320	—
59	广西贵港钢铁集团有限公司	广西贵港市港北区南平中路6号院	537101	—	322	—
60	中建信控股集团有限公司	上海市闵行区黎安路999号32楼	201199	—	350	—
61	河南济源钢铁（集团）有限公司	河南省济源虎岭高新技术产业开发区	459000	—	366	—
62	连云港兴鑫钢铁有限公司	江苏省连云港市灌南县堆沟港镇船舶工业园区	222523	—	378	—
63	凌源钢铁集团有限责任公司	辽宁省凌源市钢铁路3号	122500	—	386	—
64	无锡新三洲特钢有限公司	江苏省无锡市惠山区前洲街道石洲路8号	214181	—	391	—
65	潍坊特钢集团有限公司	山东省潍坊市钢厂工业园潍钢东路	261201	—	407	—
66	秦皇岛宏兴钢铁有限公司	河北省秦皇岛市西部经济开发区昌黎循环经济产业园滦河大街1号	066602	—	453	—
67	闽源钢铁集团有限公司	河南省永城市陈集镇陈双楼村	476600	—	465	—
一般有色						
1	中国铝业集团有限公司	北京市海淀区西直门北大街62号	100082	47	12	—
2	江西铜业集团有限公司	江西省南昌市高新区昌东大道7666号	330096	56	14	—
3	金川集团股份有限公司	甘肃省金昌市金川路98号	737103	100	39	—
4	铜陵有色金属集团控股有限公司	安徽省铜陵市长江西路有色大院	244001	113	47	—
5	海亮集团有限公司	浙江省杭州市滨江区滨盛路1508号海亮大厦	310051	132	55	—
6	洛阳栾川钼业集团股份有限公司	河南省洛阳市栾川县城东新区画眉山路伊河以北	471500	152	67	—
7	陕西有色金属控股集团有限责任公司	陕西省西安市雁塔区高新路51号高新大厦	710075	167	74	—
8	中国有色矿业集团有限公司	北京市朝阳区安定路10号中国有色大厦北楼	100029	180	83	—
9	宁波金田投资控股有限公司	浙江省宁波市江北区慈城镇胡坑基路88号050幢4－4	315034	206	96	—
10	南山集团有限公司	山东省龙口市南山工业园	265706	221	101	—
11	杭州锦江集团有限公司	杭州市拱墅区湖墅南路111号锦江大厦20－22楼	310005	289	133	—
12	浙江富冶集团有限公司	浙江省杭州市富阳区鹿山街道谢家溪	311407	295	135	—
13	白银有色集团股份有限公司	甘肃省白银市白银区友好路18号	730900	323	152	—
14	宁夏天元锰业集团有限公司	宁夏回族自治区中卫市中宁县中宁新材料循环经济示范区	755103	341	163	—
15	云南锡业集团（控股）有限责任公司	云南省昆明市官渡区民航路471号	650200	342	164	—
16	河南豫光金铅集团有限责任公司	河南省济源市荆梁南街1号	459000	361	175	—
17	西部矿业集团有限公司	青海省西宁市城西区五四大街52号	810001	416	206	—
18	伊电控股集团有限公司	河南省洛阳市伊川县水寨镇	471312	473	236	—
19	盛屯矿业集团股份有限公司	福建省厦门市思明区展鸿路81号特房波特曼财富中心A座33层	361000	491	250	—
20	金龙精密铜管集团股份有限公司	重庆市万州区江南新区南滨大道1999号1号楼A区10楼	404000	498	255	—
21	深圳市中金岭南有色金属股份有限公司	广东省深圳市罗湖区清水河街道清水河社区清水河一路112号深业进元大厦塔楼2座303C	518000	—	258	—

续表

名次	公司名称	通信地址	邮政编码	名次（1）	名次（2）	名次（3）
22	万基控股集团有限公司	河南省新安县万基工业园	471800	—	262	—
23	重庆市博赛矿业（集团）有限公司	重庆市渝中区邹容路 131 号世界贸易中心 47 楼	400010	—	272	—
24	广西南丹南方金属有限公司	广西河池市南丹县车河镇丰塘坳（河池·南丹工业园区）	547204	—	278	—
25	安徽楚江科技新材料股份有限公司	安徽省芜湖市鸠江区龙腾路 88 号	241000	—	300	—
26	河南豫联能源集团有限责任公司	河南省巩义市新华路 31 号	451200	—	305	—
27	河南金利金铅集团有限公司	河南省济源市承留镇南勋村	459000	—	307	—
28	河南神火集团有限公司	河南省永城市东城区光明路 196 号	476600	—	310	—
29	浙江华友钴业股份有限公司	浙江省桐乡经济开发区二期梧振东路 18 号	314500	—	311	—
30	厦门钨业股份有限公司	福建省厦门市思明区展鸿路 81 号特房大厦 A 座 22 层	361009	—	336	—
31	济源市万洋冶炼（集团）有限公司	河南省济源市思礼镇思礼村	454690	—	341	—
32	河南明泰铝业股份有限公司	河南省巩义市回郭镇人和路北段	451283	—	392	—
33	攀枝花钢城集团有限公司	四川省攀枝花市东区新宏路 7 号 24 幢	617000	—	410	—
34	格林美股份有限公司	广东省深圳市荣超滨海大厦 A 栋 20 层	518101	—	439	—
35	杭州鼎胜实业集团有限公司	浙江省杭州市余杭区仓前街道鼎创财富中心 2 幢 1705 室	310000	—	445	—
贵金属						
1	紫金矿业集团股份有限公司	福建省龙岩市上杭县紫金大道 1 号	364200	114	48	—
2	中国黄金集团有限公司	北京市东城区安定门外大街 9 号	100011	198	92	—
3	老凤祥股份有限公司	上海市徐汇区漕溪路 270 号	200235	377	186	—
4	山东黄金集团有限公司	山东省济南市历城区经十路 2503 号	250101	390	195	—
5	山东招金集团有限公司	山东省招远市招金大厦温泉路 118 号	265400	439	220	—
6	河南中原黄金冶炼厂有限责任公司	河南省三门峡市产业集聚区 209 国道南侧	472100	—	269	—
7	湖南五江控股集团有限公司	湖南省长沙市天心区雀园路 292 号碧水春城 18 栋 201	417000	—	303	—
8	湖南黄金集团有限责任公司	湖南省长沙市长沙县人民东路 211 号韵动汇 1 号栋 9 楼	410129	—	431	—
金属制品加工						
1	正威国际集团有限公司	深圳市福田区深南大道 7888 号东海国际中心 A 座 29 楼	518040	25	6	—
2	中国国际海运集装箱（集团）股份有限公司	广东省深圳市南山区港湾大道 2 号中集集团研发中心	518067	161	70	—
3	天津友发钢管集团股份有限公司	天津市静海区大邱庄镇环湖南路 1 号	301606	338	160	—
4	湖南博长控股集团有限公司	湖南省冷水江市轧钢路 5 号	417500	360	174	—
5	山东创新金属科技有限公司	山东省滨州市邹平市北外环路东首创新工业园	256200	375	185	—
6	新兴铸管股份有限公司	河北省武安市上洛阳村北	056300	404	200	—
7	山西建邦集团有限公司	山西省侯马市侯北产业园	043000	418	208	—
8	宏旺控股集团有限公司	广东省佛山市顺德区信保广场南塔 28 楼	528300	435	219	—
9	浙江元立金属制品集团有限公司	浙江省丽水市遂昌县元立大道 479 号	323300	446	224	—

续表

名次	公司名称	通信地址	邮政编码	名次(1)	名次(2)	名次(3)
10	江苏大明工业科技集团有限公司	江苏省无锡市通江大道 1518 号	214191	472	235	—
11	法尔胜泓昇集团有限公司	江苏省江阴市澄江中路 165 号	214434	480	242	—
12	浙江东南网架集团有限公司	浙江省杭州市萧山区衙前镇衙前路 593 号	311209	—	264	—
13	江苏江润铜业有限公司	江苏省宜兴市官林镇金辉工业园 A 区	214251	—	294	—
14	邯郸正大制管集团股份有限公司	河北省邯郸市成安县工业区聚良大道 9 号	056700	—	328	—
15	浙江甬金金属科技股份有限公司	浙江省兰溪经济开发区创业大道 99 号	321100	—	338	—
16	久立集团股份有限公司	浙江省湖州市吴兴区中兴大道 1899 号	313000	—	344	—
17	浙江协和集团有限公司	浙江省杭州市萧山区红山农场	311234	—	346	—
18	江苏西城三联控股集团有限公司	江苏省江阴市夏港街道三联村静堂里路 21 号	214400	—	365	—
19	安徽天大企业（集团）有限公司	安徽省天长市铜城镇振兴路	239300	—	372	—
20	天津源泰德润钢管制造集团有限公司	天津市静海区大邱庄工业区恒通路 2 号	301606	—	383	—
21	山东寿光巨能控股集团有限公司	山东省潍坊市寿光市渤海南路 1757 号	262700	—	399	—
22	天津市宝来工贸有限公司	天津市静海区大邱庄镇海河道 6 号	301606	—	402	—
23	重庆万达薄板有限公司	重庆市涪陵区李渡工业园区盘龙路 6 号	408000	—	406	—
24	鹰潭胜华金属有限责任公司	江西省鹰潭高新技术产业开发区白露科技园 206 国道旁	335000	—	408	—
25	重庆攀华板材有限公司	重庆市涪陵区盘龙路 6 号	408000	—	418	—
26	安徽鸿路钢结构（集团）股份有限公司	安徽省合肥市长丰县双凤开发区鸿路大厦	231131	—	438	—
27	林州凤宝管业有限公司	河南省林州市陵阳镇凤宝大道东段凤宝特钢办公室	456561	—	455	—
28	天津市新宇彩板有限公司	天津市西青区精武镇民兴路 8 号	300382	—	477	—
29	广东兴发铝业有限公司	广东省佛山市三水区乐平镇工业园 D 区 5 号	528137	—	486	—
30	今飞控股集团有限公司	浙江省金华市婺城区环城西路 938 号	321000	—	497	—
锅炉及动力装备制造						
1	广西玉柴机器集团有限公司	广西玉林市玉州区玉柴路 2 号	537005	456	227	—
物料搬运设备制造						
1	卫华集团有限公司	河南省长垣市卫华大道西段	453400	—	478	—
2	无锡华东重机科技集团有限公司	无锡市高浪东路 508 号华发传感大厦 B 座 24 楼	214131	—	484	—
工程机械及零部件						
1	徐工集团工程机械有限公司	江苏省徐州市经济技术开发区驮蓝山路 26 号	221004	219	100	—
2	广西柳工集团有限公司	广西柳州市柳太路 1 号	545007	—	357	—
3	山东临工工程机械有限公司	山东省临沂市经济开发区北横路 205 国道东侧	276023	—	448	—
4	安徽叉车集团有限责任公司	安徽省合肥市经开区方兴大道 668 号	230601	—	492	—
5	太原重型机械集团有限公司	山西省太原市万柏林区玉河街 53 号	030024	—	499	—
工业机械及设备制造						
1	中国机械工业集团有限公司	北京市海淀区丹棱街 3 号	100080	70	21	—
2	广州工业投资控股集团有限公司	广州市荔湾区观海路 9 号	510000	147	64	—
3	三一集团有限公司	湖南省长沙市经济技术开发区三一路三一行政中心	410000	170	76	—

续表

名次	公司名称	通信地址	邮政编码	名次（1）	名次（2）	名次（3）
4	中联重科股份有限公司	湖南省长沙市银盆南路 361 号	410013	335	159	—
5	双良集团有限公司	江苏省江阴市利港街道西利路 88 号	214444	477	239	—
6	中国一重集团有限公司	黑龙江省齐齐哈尔市富拉尔基区厂前路 9 号	161042	—	274	—
7	西子联合控股有限公司	浙江省杭州市江干区庆春东路 1－1 号	310016	—	315	—
8	天洁集团有限公司	浙江省诸暨市牌头镇天洁工业园区	311825	—	351	—
9	郑州煤矿机械集团股份有限公司	中国河南省郑州市经济技术开发区第九大街 167 号	450016	—	356	—
10	陕西鼓风机（集团）有限公司	陕西省西安市高新区沣惠南路 8 号	710075	—	370	—
11	人本集团有限公司	浙江省温州市经济技术开发区滨海五道 515 号	325025	—	413	—
12	利欧集团股份有限公司	浙江省台州市温岭东部产业集聚区第三街 1 号	317500	—	427	—
13	江阴江东集团公司	江苏省江阴市周庄镇周庄村至公东路 71 号	214423	—	494	—
电力电气设备制造						
1	中国电子科技集团有限公司	北京市海淀区万寿路 27 号	100846	73	23	—
2	上海电气控股集团有限公司	上海市四川中路 110 号	200002	163	71	—
3	正泰集团股份有限公司	浙江省温州市北白象正泰高科技工业园	325603	235	110	—
4	新疆特变电工集团有限公司	新疆维吾尔自治区昌吉回族自治州昌吉市北京南路 189 号	831100	313	145	—
5	德力西集团有限公司	浙江省乐清市柳市镇柳青路 1 号	325604	340	162	—
6	人民控股集团有限公司	浙江省温州市乐清市柳市镇柳乐路 555 号	325604	426	213	—
7	中国东方电气集团有限公司	四川省成都市高新西区西芯大道 18 号	610097	442	222	—
8	中科电力装备集团有限公司	安徽省蚌埠市高新区长征南路 829 号	233000	468	233	—
9	卧龙控股集团有限公司	浙江省绍兴市上虞区人民西路 1801 号	312300	—	267	—
10	三花控股集团有限公司	浙江省绍兴市新昌县七星街道下礼泉村	312500	—	286	—
11	深圳市理士新能源发展有限公司	广东省深圳市宝安区福海街道和平社区展景路 83 号会展湾中港广场 6 栋 A 座 1401	518000	—	309	—
12	哈尔滨电气集团有限公司	哈尔滨市松北区创新一路 1399 号	150028	—	390	—
13	上海仪电（集团）有限公司	上海市徐汇区田林路 168 号	200233	—	437	—
14	东方日升新能源股份有限公司	浙江省宁波市宁海县梅林街道塔山工业园区	315609	—	444	—
15	泰开集团有限公司	山东省泰安市岱岳区泰安高新区中天门大街中段	271000	—	450	—
16	深圳市汇川技术股份有限公司	广东省深圳市宝安区新安街道留仙二路鸿威工业园 E 栋	518101	—	454	—
17	山东电工电气集团有限公司	山东省济南市中区英雄山路 101 号	250000	—	459	—
18	泰豪集团有限公司	江西省南昌市高新开发区高新大道 590 号	330096	—	487	—
19	上海爱旭新能源股份有限公司	上海市浦东新区秋月路 26 号 4 幢 201－1 室	200120	—	489	—
电线电缆制造						
1	亨通集团有限公司	江苏省苏州市吴江区中山北路 2288 号	215200	195	89	—
2	中天科技集团有限公司	江苏省南通市崇川区齐心路 88 号中天科技南通科创中心	226010	284	130	—
3	富通集团有限公司	浙江省杭州市富阳区富春街道馆驿路 18 号	311400	369	181	—

续表

名次	公司名称	通信地址	邮政编码	名次（1）	名次（2）	名次（3）
4	远东控股集团有限公司	江苏省宜兴市高塍镇远东大道6号	214257	459	229	—
5	天津华北集团有限公司	天津市北辰区津围公路15号	300402	—	304	—
6	浙江富春江通信集团有限公司	浙江省杭州市富阳区江滨东大道138号	311401	—	342	—
7	江苏上上电缆集团有限公司	江苏省溧阳市上上路68号	213300	—	355	—
8	江苏中超投资集团有限公司	江苏省宜兴市西郊工业园区振丰东路999号	214200	—	359	—
9	江苏中利控股集团有限公司	江苏省常熟市高新技术产业开发区常昆路8号	215500	—	362	—
10	江南集团有限公司	江苏省宜兴市官林镇新官东路53号	214251	—	440	—
11	上海起帆电缆股份有限公司	上海市金山区张堰镇振康路238号	201514	—	443	—
12	铜陵精达特种电磁线股份有限公司	安徽省铜陵市经济技术开发区黄山大道	244000	—	449	—
13	安徽天康（集团）股份有限公司	安徽省天长市仁和南路20号	239300	—	473	—
风能、太阳能设备制造						
1	协鑫集团有限公司	江苏省苏州市苏州工业园区新庆路28号协鑫能源中心	215000	197	91	—
2	隆基绿能科技股份有限公司	北京市东城区中海地产广场东塔12层	100010	288	132	—
3	晶科能源控股有限公司	上海市闵行区申长路1466弄1号晶科中心	201106	329	157	—
4	深圳市立业集团有限公司	广东省深圳市南山区深南大道9668号华润置地大厦C座35层	518000	355	171	—
5	远景能源有限公司	江苏省江阴市申港街道申庄路3号	214443	363	176	—
6	明阳新能源投资控股集团有限公司	广东省中山市火炬开发区火炬路22号	528400	385	192	—
7	新疆金风科技股份有限公司	新疆维吾尔自治区乌鲁木齐经济技术开发区上海路107号	830026	429	216	—
8	天合光能股份有限公司	江苏省常州市新北区天合光伏产业园天合路2号	213031	—	257	—
9	晶澳太阳能科技股份有限公司	河北省宁晋县新兴路123号	055550	—	277	—
10	浙江省机电集团有限公司	浙江省杭州市延安路95号	310002	—	313	—
11	阳光电源股份有限公司	安徽省合肥市高新区习友路1699号	230088	—	395	—
动力和储能电池						
1	天能控股集团有限公司	浙江省湖州市长兴县画溪工业功能区包桥路18号	313100	149	65	—
2	宁德时代新能源科技股份有限公司	福建省宁德市蕉城区张湾镇新港路2号	352100	196	90	—
3	超威电源集团有限公司	浙江省长兴县城南路18号	313100	199	93	—
计算机及办公设备						
1	立讯精密工业股份有限公司	广东省东莞市清溪镇青皇村青皇工业区葵青路17号	523650	171	77	—
2	研祥高科技控股集团有限公司	广东省深圳市南山区高新中四道31号研祥科技大厦	518057	298	137	—
3	歌尔股份有限公司	山东省潍坊市高新区东方路268号	261031	306	141	—
4	心里程控股集团有限公司	深圳市福田区深南大道1006号深圳国际创新中心A座26楼	518000	370	182	—
5	得力集团有限公司	浙江省宁波市宁海县得力工业园	315600	—	283	—

续表

名次	公司名称	通信地址	邮政编码	名次（1）	名次（2）	名次（3）
6	浙江大华技术股份有限公司	浙江省杭州市滨江区滨安路1199号	310053	—	326	—
7	广州视源电子科技股份有限公司	广东省广州市黄埔区云埔四路6号	510530	—	416	—
8	冠捷电子科技（福建）有限公司	福建省福州市福清市融侨经济技术开发区	350301	—	424	—
通信设备制造						
1	华为投资控股有限公司	广东省深圳市龙岗区坂田华为基地	518129	33	8	—
2	小米集团	北京市海淀区毛纺路58号院3号楼小米总部	100085	83	30	—
3	中兴通讯股份有限公司	深圳市南山区高新技术产业园科技南路中兴通讯大厦	518057	222	102	—
4	中国铁塔股份有限公司	北京市海淀区	—	263	120	—
5	华勤技术股份有限公司	上海市浦东新区科苑路399号1号楼	201203	273	125	—
6	荣耀终端有限公司	深圳市福田区香蜜湖街道东海社区红荔西路8089号深业中城6号楼A单元3401	518000	296	136	—
7	福建省电子信息（集团）有限责任公司	福建省福州市鼓楼区五一北路153号正祥中心2号楼16层	350001	394	196	—
8	中国信息通信科技集团有限公司	湖北省武汉市江夏区光谷大道高新四路6号	430205	396	197	—
9	深圳传音控股股份有限公司	广东省深圳市南山区粤海街道深南大道9789号德赛科技大厦标识层17层（自然层15层）1702－1703号	518000	441	221	—
10	新华三信息技术有限公司	浙江省杭州市滨江区长河路466号	310052	—	261	—
11	舜宇集团有限公司	浙江省余姚市阳明街道舜宇路66－68号	315400	—	297	—
12	鹏鼎控股（深圳）股份有限公司	广东省深圳市宝安区燕罗街道燕川社区松罗路鹏鼎园区	518127	—	321	—
13	上海龙旗科技股份有限公司	上海市徐汇区漕宝路401号1号楼	200233	—	393	—
14	欧菲光集团股份有限公司	广东省深圳市光明区凤凰街道东坑社区凤归路3号2栋一层至五层	518107	—	404	—
15	福建福日电子股份有限公司	福建省福州市五一北路153号正祥商务中心2号楼12层	350005	—	447	—
16	瑞声科技（控股）有限公司	深圳市南山区粤兴三道6号南京大学深圳产学研基地	518057	—	457	—
17	普联技术有限公司	广东省深圳市南山区科技园中区科苑路5号南楼	518057	—	463	—
半导体、集成电路及面板制造						
1	中国电子信息产业集团有限公司	北京市海淀区中关村东路甲66号	100080	94	35	—
2	闻泰科技股份有限公司	湖北省黄石市黄石开发区汪仁镇新城路东18号	435109	408	202	—
3	江苏长电科技股份有限公司	江苏省江阴市长山路78号	214400	—	345	—
4	上海韦尔半导体股份有限公司	上海市浦东新区上科路88号豪威科技园7层	201210	—	396	—
5	上海华虹（集团）有限公司	上海市浦东新区碧波路177号A区四楼	201203	—	415	—
6	通富微电子股份有限公司	江苏省南通市崇川路288号	226006	—	483	—
7	滁州惠科光电科技有限公司	安徽省滁州经济技术开发区苏滁大道101号	239000	—	485	—

续表

名次	公司名称	通信地址	邮政编码	名次(1)	名次(2)	名次(3)
汽车及零配件制造						
1	上海汽车集团股份有限公司	上海市威海路489号	200041	21	4	—
2	中国第一汽车集团有限公司	吉林省长春市新红旗大街1号	130013	27	7	—
3	东风汽车集团有限公司	湖北省武汉市经济技术开发区东风大道特1号	430056	40	9	—
4	北京汽车集团有限公司	北京市顺义区双河大街99号	101300	53	13	—
5	广州汽车工业集团有限公司	广东省广州市天河区珠江新城兴国路23号广汽中心	510623	61	16	—
6	浙江吉利控股集团有限公司	浙江省杭州市滨江区江陵路1760号	310051	72	22	—
7	潍柴控股集团有限公司	山东省潍坊市高新技术产业开发区福寿东街197号	261061	86	31	—
8	比亚迪股份有限公司	深圳市坪山区比亚迪路3009号	518118	122	51	—
9	中国重型汽车集团有限公司	山东省济南市高新区华奥路777号	250101	158	69	—
10	万向集团公司	浙江省杭州市萧山经济技术开发区建设二路855号	311201	165	72	—
11	长城汽车股份有限公司	河北省保定市朝阳南大街2266号	071000	189	86	—
12	奇瑞控股集团有限公司	安徽省芜湖市经济技术开发区鞍山路8号	241006	237	112	—
13	江铃汽车集团有限公司	江西省南昌市红谷滩区金融大街969号	330000	239	113	—
14	江苏悦达集团有限公司	江苏省盐城市亭湖区世纪大道东路2号	224007	254	117	—
15	陕西汽车控股集团有限公司	陕西省西安市经济技术开发区泾渭新城陕汽大道1号	710200	281	129	—
16	宁波均胜电子股份有限公司	浙江省宁波市鄞州区国家高新区清逸路99号	315040	483	245	—
17	郑州宇通企业集团	河南省郑州市管城区宇通路宇通工业园	450061	—	281	—
18	安徽江淮汽车集团控股有限公司	安徽省合肥市包河区东流路176号	230022	—	282	—
19	重庆小康控股有限公司	重庆市沙坪坝区井口镇沙坪坝工业园A区	400033	—	288	—
20	江苏沃得机电集团有限公司	江苏省丹阳市丹北镇埤城工业园内	212300	—	292	—
21	欣旺达电子股份有限公司	广东省深圳市宝安区石岩街道颐和路2号	518108	—	299	—
22	万丰奥特控股集团有限公司	浙江省绍兴市新昌县城关镇江滨西路518号万丰广场	312500	—	323	—
23	广东德赛集团有限公司	广东省惠州市惠城区江北云山西路12号德赛大厦22楼	516003	—	348	—
24	苏州创元投资发展（集团）有限公司	江苏省苏州市工业园区苏桐路37号	215000	—	381	—
25	广西汽车集团有限公司	广西壮族自治区柳州市柳南区河西路18号五菱大厦	545007	—	417	—
26	广东小鹏汽车科技有限公司	广东省广州市天河区长兴街道岑村松岗大街8号小鹏汽车智能产业园区	510640	—	419	—
27	长春一汽富维汽车零部件股份有限公司	吉林省长春市汽车产业开发区东风南街1399号	130011	—	422	—
28	赛轮集团股份有限公司	山东省青岛市市北区郑州路43号橡塑新材料大楼	266500	—	452	—
29	宁波华翔电子股份有限公司	上海市浦东世纪大道1168号A座6楼	200122	—	460	—
30	三环集团有限公司	湖北省武汉市东湖新技术东湖新技术开发区佳园路33号	430074	—	464	—

续表

名次	公司名称	通信地址	邮政编码	名次（1）	名次（2）	名次（3）
31	宁波继峰汽车零部件股份有限公司	浙江省宁波市北仑区大碶璎珞河路 17 号	315806	—	471	—
32	厦门金龙汽车集团股份有限公司	福建省厦门市湖里区东港北路 31 号港务大厦 7、11 层	361013	—	490	—
摩托车及零配件制造						
1	雅迪科技集团有限公司	江苏省无锡市锡山区安镇大成工业园东盛路	214100	—	374	—
2	宗申产业集团有限公司	重庆市巴南区炒油场宗申工业园	400054	—	382	—
3	淮海控股集团有限公司	徐州市经济开发区徐海路淮海宗申产业园	221000	—	469	—
4	爱玛科技集团股份有限公司	天津市静海经济开发区南区爱玛路 5 号	301600	—	491	—
轨道交通设备及零部件制造						
1	中国中车集团有限公司	海淀区西四环中路 16－5 号	100036	111	45	—
航空航天						
1	中国航空工业集团有限公司	北京市朝阳区	—	46	11	—
2	中国航天科技集团有限公司	北京市海淀区阜成路 16 号航天科技大厦	100037	93	34	—
3	中国航天科工集团有限公司	北京市海淀区阜成路甲 8 号中国航天科工大厦	100048	101	40	—
4	深圳市大疆创新科技有限公司	深圳市南山区高新南四道创维半导体设计大厦西座 14F	510000	—	389	—
兵器制造						
1	中国兵器工业集团有限公司	北京市西城区三里河路 44 号	100821	44	10	—
2	中国兵器装备集团有限公司	北京市海淀区车道沟十号	100089	91	33	—
船舶制造						
1	中国船舶集团有限公司	北京市海淀区昆明湖南路 72 号	100097	75	25	—
2	江苏扬子江船业集团	江苏省无锡市江阴市江阴－靖江工业园区联谊路 1 号	214532	—	260	—
综合制造业						
1	中国五矿集团有限公司	北京市海淀区三里河路 5 号	100044	17	3	—
2	多弗国际控股集团有限公司	浙江省杭州市萧山区平澜路 259 号绿都国金中心 B 座 30 层	311250	127	54	—
3	复星国际有限公司	上海市黄浦区复兴路 2 号复星商务大厦	200010	166	73	—
4	无锡产业发展集团有限公司	江苏省无锡市梁溪区县前西街 168 号	214031	178	81	—
5	通威集团有限公司	四川省成都市高新区天府大道中段 588 号通威国际中心	610093	231	107	—
6	杉杉控股有限公司	浙江省宁波市鄞州区日丽中路 777 号	315100	359	173	—
7	重庆机电控股（集团）公司	重庆市两江新区黄山大道中段 60 号	401123	447	225	—
8	江苏华西集团有限公司	江苏省江阴市华士镇华西新市村民族路 2 号	214420	481	243	—
9	宁波富邦控股集团有限公司	浙江省宁波市海曙区长春路 2 号	315010	494	253	—
10	天津亿联控股集团有限公司	天津市东丽区金钟河大街 3699 号	300240	—	291	—
11	花园集团有限公司	浙江省金华市东阳市南马镇花园村花园大厦	322121	—	317	—
12	华立集团股份有限公司	浙江省杭州市余杭区五常大道 181 号	310023	—	337	—
13	成都蛟龙投资有限责任公司	四川省成都市双流区蛟龙港管理委员会	610200	—	376	—

续表

名次	公司名称	通信地址	邮政编码	名次(1)	名次(2)	名次(3)
14	精工控股集团有限公司	浙江省绍兴市越城区斗门街道世纪西街1号	312000	—	379	—
15	顾家集团有限公司	浙江省杭州市钱塘区白杨街道20号大街128号	310018	—	403	—
16	中伟新材料股份有限公司	湖南省长沙市雨花区长沙大道567号运达中央广场写字楼B座11楼	410007	—	432	—
17	河南黄河实业集团股份有限公司	河南省长葛市人民路200号	461500	—	441	—
18	致达控股集团有限公司	上海市长宁区临华路33号8号楼	200335	—	466	—
19	广西百色工业投资发展集团有限公司	广西壮族自治区百色市右江区六塘百色市工业区铝产业园区	533000	—	481	—
房屋建筑						
1	太平洋建设集团有限公司	新疆维吾尔自治区乌鲁木齐市高新区第四平路2288号	830001	48	—	—
2	苏商建设集团有限公司	江苏省南京市五台山1号	210029	88	—	—
3	上海建工集团股份有限公司	上海市虹口区东大名路666号	200084	92	—	—
4	广州市建筑集团有限公司	广东省广州市越秀区广卫路4号建工大厦	510030	107	—	—
5	蜀道投资集团有限责任公司	四川省成都市高新区交子大道499号蜀道集团大厦	610041	115	—	—
6	成都兴城投资集团有限公司	四川省成都市高新区濯锦东路99号	610000	133	—	—
7	陕西建工控股集团有限公司	陕西省西安市莲湖区北大街199号	710003	146	—	—
8	云南省建设投资控股集团有限公司	云南省昆明市经济技术开发区信息产业基地林溪路188号	650501	164	—	—
9	北京城建集团有限责任公司	北京市海淀区北太平庄路18号	100088	184	—	—
10	南通三建控股有限公司	江苏省南通市海门区香港路588号謇公湖科创园2号楼6层	226100	190	—	—
11	中天控股集团有限公司	浙江省杭州市城星路69号中天国开大厦19楼	310020	194	—	—
12	湖南建工控股集团有限公司	湖南省长沙市天心区芙蓉南路一段788号	410004	210	—	—
13	北京建工集团有限责任公司	北京市西城区广莲路1号建工大厦	100055	214	—	—
14	旭辉控股（集团）有限公司	上海市闵行区申虹路1088弄39号	201100	233	—	—
15	浙江省建设投资集团股份有限公司	浙江省杭州市文三西路52号浙江省建投大厦	310013	252	—	—
16	江苏南通二建集团有限公司	江苏省南通市启东市人民中路683号	226200	287	—	—
17	甘肃省建设投资（控股）集团有限公司	甘肃省兰州市七里河区西津东路575号	730050	291	—	—
18	南通四建集团有限公司	江苏省南通市通州区新世纪大道999号祥云楼	226300	304	—	—
19	上海城建（集团）有限公司	上海市徐汇区宛平南路1099号	200032	305	—	—
20	安徽建工集团控股有限公司	安徽省合肥市黄山路459号安建国际大厦26-29楼	230031	311	—	—
21	青建集团	山东省青岛市市南区南海支路5号	266071	331	—	—
22	重庆建工投资控股有限责任公司	重庆市两江新区金开大道1596号	401122	378	—	—
23	广厦控股集团有限公司	浙江省杭州市莫干山路231号17楼	310005	380	—	—
24	江苏省苏中建设集团股份有限公司	江苏省海安市中坝南路18号	226600	393	—	—
25	龙信建设集团有限公司	江苏省南通市海门区北京东路1号	226100	403	—	—
26	江西省建工集团有限责任公司	江西省南昌市北京东路956号	330029	430	—	—

续表

名次	公司名称	通信地址	邮政编码	名次（1）	名次（2）	名次（3）
27	通州建总集团有限公司	江苏省南通市高新区新世纪大道998号通州建总大厦	226300	433	—	—
28	江苏省华建建设股份有限公司	江苏省扬州市文昌中路468号	225002	449	—	—
29	河北建工集团有限责任公司	河北省石家庄市友谊北大街146号	050051	454	—	—
30	浙江中成控股集团有限公司	浙江省绍兴市越城区凤林西路123号	312000	460	—	—
土木工程建筑						
1	中国建筑股份有限公司	北京市朝阳区安定路5号院3号楼中建财富国际中心	100029	4	—	—
2	中国铁路工程集团有限公司	北京市海淀区复兴路69号9号楼中国中铁大厦	100039	10	—	—
3	中国铁道建筑集团有限公司	北京市海淀区复兴路40号	100855	11	—	—
4	中国交通建设集团有限公司	北京市西城区德胜门外大街85号	100088	18	—	—
5	中国电力建设集团有限公司	北京市海淀区车公庄西路22号海赋国际A座	100048	34	—	—
6	中国能源建设集团有限公司	北京市朝阳区西大望路26号院1号楼	100022	85	—	—
7	中国化学工程集团有限公司	北京市东城区东直门内大街2号	100007	173	—	—
8	山西建设投资集团有限公司	山西省太原市山西示范区新化路8号	030032	215	—	—
9	云南省交通投资建设集团有限公司	云南省昆明市前兴路37号	650100	274	—	—
10	广东省建筑工程集团控股有限公司	广东省广州市荔湾区流花路85号	510013	276	—	—
11	四川华西集团有限公司	四川省成都市解放路二段95号	610081	282	—	—
12	四川公路桥梁建设集团有限公司	四川省成都市高新区九兴大道12号	610041	293	—	—
13	广西北部湾投资集团有限公司	广西壮族自治区南宁市中泰路11号北部湾大厦北楼1401室	530029	320	—	—
14	天元建设集团有限公司	山东省临沂市兰山区银雀山路63号	276000	364	—	—
15	武汉城市建设集团有限公司	湖北省武汉市江汉区常青路9号	430022	434	—	—
16	河北建设集团股份有限公司	河北省保定市竞秀区鲁岗路125号	071000	457	—	—
17	新疆生产建设兵团建设工程（集团）有限责任公司	新疆维吾尔自治区乌鲁木齐市新民路113号	830000	470	—	—
电网						
1	国家电网有限公司	北京市西城区西长安街86号	100031	1	—	1
2	中国南方电网有限责任公司	广州市科学城科翔路11号	510530	31	—	16
3	内蒙古电力（集团）有限责任公司	内蒙古自治区呼和浩特市赛罕区前达门路9号	010010	255	—	95

续表

名次	公司名称	通信地址	邮政编码	名次（1）	名次（2）	名次（3）
水务						
1	水发集团有限公司	山东省济南市经十东路 33399 号	250001	308	—	116
2	北京首都创业集团有限公司	北京市东城区朝阳门北大街 6 号首创大厦 15 层	100027	357	—	129
3	广东粤海控股集团有限公司	广东省广州市天河路 208 号，粤海天河城大厦 45 楼	510620	—	—	188
4	天津城市基础设施建设投资集团有限公司	天津市和平区大沽北路 161 号城投大厦	300040	—	—	299
5	无锡市市政公用产业集团有限公司	江苏省无锡市梁溪区解放东路 800 号	214002	—	—	388
6	广州市水务投资集团有限公司	广州市天河区临江大道 501 号	510655	—	—	424
7	天津水务集团有限公司	天津市河西区解放南路与绍兴道交口东北侧海汇名邸 3 号楼北塔 8 层	300042	—	—	428
8	东莞市水务集团有限公司	广东省东莞市东城街道育华路 1 号	523000	—	—	471
综合能源供应						
1	云南省能源投资集团有限公司	北京市西城区西便门内大街 40 号 2 号楼二层	100053	186	—	68
2	浙江省能源集团有限公司	浙江省杭州市天目山路 152 号	310007	188	—	70
3	新奥天然气股份有限公司	河北省廊坊市经济技术开发区华祥路 118 号新奥科技园 B 座	065001	220	—	81
4	北京控股集团有限公司	北京市朝阳区化工路 59 号焦奥中心 2 号楼	100023	228	—	83
5	北京能源集团有限责任公司	北京市朝阳区永安东里 16 号 CBD 国际大厦 A 区	100022	259	—	98
6	四川省能源投资集团有限责任公司	四川省成都市高新区剑南大道中段 716 号 2 号楼	610041	317	—	118
7	南昌市政公用集团有限公司	江西省南昌市青山湖区湖滨东路 1399 号	330039	391	—	136
8	申能（集团）有限公司	上海市闵行区虹井路 159 号申能能源中心	201103	395	—	138
9	广州产业投资控股集团有限公司	广东省广州市天河区临江大道 3 号发展中心 9 楼	510623	445	—	156
10	奥德集团有限公司	山东省临沂市河东区中昇街 2345 号	276000	—	—	197
11	无锡市国联发展（集团）有限公司	江苏省无锡市滨湖区金融一街 8 号	214131	—	—	261
12	重庆市能源投资集团有限公司	重庆市渝北区洪湖西路 12 号	401121	—	—	265
13	四川华油集团有限责任公司	四川省成都市高新区天府一街 695 号中环岛广场 A 座 1206	610041	—	—	352
14	佛燃能源集团股份有限公司	广东省佛山市禅城区南海大道中 18 号	528000	—	—	358
15	广州元亨能源有限公司	广东省广州市越秀区东风东路 850 号锦城大厦 18 楼 1801 室	510600	—	—	376
16	河南蓝天集团股份有限公司	河南省驻马店市驿城区驿城大道 1516 号蓝天世贸中心 A 座 23 层	463000	—	—	444
17	海越能源集团股份有限公司	浙江省诸暨市西施大街 59 号	311800	—	—	463
铁路运输						
1	中铁集装箱运输有限责任公司	北京市西城区鸭子桥路 24 号中铁商务大厦	100055	407	—	144
2	广州地铁集团有限公司	广东省广州市海珠区新港东路 1238 号万胜广场 A 塔	510330	—	—	362

续表

名次	公司名称	通信地址	邮政编码	名次（1）	名次（2）	名次（3）
公路运输						
1	山东高速集团有限公司	山东省济南市历下区龙奥北路 8 号	250098	131	—	52
2	甘肃省公路航空旅游投资集团有限公司	甘肃省兰州市城关区南昌路 1716 号	730030	162	—	62
3	广西交通投资集团有限公司	广西壮族自治区南宁市青秀区民族大道 146 号三祺广场 48 楼	530022	373	—	132
4	广东省交通集团有限公司	广东省广州市天河区珠江新城珠江东路 32 号利通广场 58－61 层	510623	402	—	142
5	昆明市交通投资有限责任公司	云南省昆明市盘龙路 25 号主楼 2－4 楼	650011	484	—	166
6	安徽省交通控股集团有限公司	安徽省合肥市望江西路 520 号	230088	495	—	169
7	陕西交通控股集团有限公司	陕西省西安市雁塔区太白南路 9 号	710065	—	—	174
8	江西省交通投资集团有限责任公司	江西省南昌市西湖区朝阳洲中路 367 号	330025	—	—	177
9	湖南省高速公路集团有限公司	湖南省长沙市三一大道 500 号	410022	—	—	187
10	河南交通投资集团有限公司	河南省郑州市金水东路 26 号	450016	—	—	229
11	重庆高速公路集团有限公司	重庆市渝北区银杉路 66 号	401121	—	—	233
12	无锡市交通产业集团有限公司	江苏省无锡市运河东路 100 号	214031	—	—	257
13	河北高速公路集团有限公司	河北省石家庄市裕华东路 509 号	050031	—	—	263
14	重庆交通运输控股（集团）有限公司	重庆市北部新区高新园青松路 33 号	401120	—	—	302
15	现代投资股份有限公司	湖南省长沙市天心区芙蓉南路二段 128 号现代广场	410004	—	—	326
16	内蒙古公路交通投资发展有限公司	内蒙古自治区呼和浩特市新城区海拉尔东街 9 号公路交通投资发展大厦	010050	—	—	333
水上运输						
1	中国远洋海运集团有限公司	上海市浦东新区滨江大道 5299 号	200127	42	—	24
2	宁波港东南物流集团有限公司	浙江省宁波市鄞州区县（市）昌乐路 258 号东南物流大厦 3－5 楼	315000	—	—	386
港口服务						
1	广西北部湾国际港务集团有限公司	广西壮族自治区南宁市良庆区体强路 12 号北部湾航运中心	530200	243	—	88
2	山东省港口集团有限公司	山东省青岛市市北区港极路 7 号山东港口大厦	266000	272	—	105
3	福建省港口集团有限责任公司	福建省福州市台江区江滨中大道 356 号物流信息大厦	350014	351	—	127
4	上海国际港务（集团）股份有限公司	上海市虹口区东大名路 358 号（国际港务大厦）	200080	—	—	202
5	浙江省海港投资运营集团有限公司	浙江省宁波市鄞州区宁东路 269 号宁波环球航运广场	315040	—	—	211
6	东华能源股份有限公司	江苏省苏州市张家港保税区出口加工区东华路 668 号	215634	—	—	243
7	河北港口集团有限公司	河北省秦皇岛市海港区海滨路 35 号	066002	—	—	264
8	天津港（集团）有限公司	天津市滨海新区（塘沽）津港路 99 号	300461	—	—	281
9	广州港集团有限公司	广州市越秀区沿江东路 406 号港口中心	510100	—	—	361
10	湖北港口集团有限公司	湖北省武汉市新洲区阳逻平江大道特 9 号	430000	—	—	373
11	唐山港口实业集团有限公司	河北省唐山海港开发区港盛街与海平路夹角西北侧唐山港大厦 11－14 层	063611	—	—	477

续表

名次	公司名称	通信地址	邮政编码	名次(1)	名次(2)	名次(3)
航空运输						
1	中国南方航空集团有限公司	广东省广州市白云区齐心路68号	510403	241	—	87
2	中国东方航空集团有限公司	上海市闵行区虹翔三路36号东航之家	201105	270	—	103
3	中国国际航空股份有限公司	北京市天竺空港经济开发区天柱路30号	101312	316	—	117
4	海南航空控股股份有限公司	海南省海口市国兴大道七号海航大厦	570203	—	—	204
5	四川航空股份有限公司	四川省成都市双流国际机场四川航空大厦	610000	—	—	285
6	上海春秋国际旅行社（集团）有限公司	上海市长宁区空港一路528号2号楼	200335	—	—	392
航空港及相关服务业						
1	厦门翔业集团有限公司	福建省厦门市思明区仙岳路396号翔业大厦17楼	361000	—	—	300
邮政						
1	中国邮政集团有限公司	北京市西城区金融大街甲3号	100808	29	—	15
物流及供应链						
1	厦门建发集团有限公司	福建省厦门市思明区环岛东路1699号建发国际大厦43楼	361008	26	—	13
2	厦门象屿集团有限公司	福建省厦门市象屿路99号国际航运中心E栋11楼	361006	52	—	30
3	顺丰控股股份有限公司	广东省深圳市南山区科技南一路68号深投控创智天地大厦B座1楼	518000	126	—	48
4	中国物流集团有限公司	北京市丰台区凤凰嘴街5号院2号楼	100073	137	—	54
5	传化集团有限公司	浙江省杭州市萧山区钱江世纪城民和路945号传化大厦	311215	181	—	66
6	东岭集团股份有限公司	陕西省宝鸡市金台区金台大道66号	721004	192	—	71
7	兰州新区商贸物流投资集团有限公司	甘肃省兰州市兰州新区综合保税区综合服务楼C区	730314	247	—	90
8	振烨国际产业控股集团（深圳）有限公司	深圳市南山区北环大道方大广场大厦1栋27层	518000	250	—	92
9	河北省物流产业集团有限公司	河北省石家庄市新华区中华北大街3号	050000	344	—	124
10	郑州瑞茂通供应链有限公司	河南省郑州市郑东新区商务内环2号中油新澳大厦5层	450000	401	—	141
11	厦门港务控股集团有限公司	福建省厦门市湖里区东港北路31号港务大厦25楼	361013	410	—	146
12	深圳金雅福控股集团有限公司	广东省深圳市罗湖区深南东路4003号世界金融中心A座29楼	518010	419	—	149
13	深圳市信利康供应链管理有限公司	深圳市南山区兴海大道3044号信利康大厦33楼	518000	466	—	163
14	广东宏川集团有限公司	广东省东莞市松山湖科技产业园区松科苑一栋一楼	523808	497	—	170
15	河北省国和投资集团有限公司	河北省石家庄市长安区北二环东路68号	050033	—	—	175
16	合肥维天运通信息科技股份有限公司	安徽省合肥市创新大道2700号	2300010	—	—	207
17	中通快递股份有限公司	上海市青浦区华新镇华志路1685号	201708	—	—	221
18	申通快递股份有限公司	上海市青浦区赵重公路1888号	201706	—	—	249
19	贵州现代物流产业（集团）有限责任公司	贵州省贵阳市云岩区崇义北路3号	550001	—	—	255

续表

名次	公司名称	通信地址	邮政编码	名次（1）	名次（2）	名次（3）
20	浙江中外运有限公司	浙江省宁波市海曙区解放南路 69 号	315010	—	—	294
21	江苏大经供应链股份有限公司	江苏省江阴市澄杨路 268 号	214400	—	—	295
22	福建纵腾网络有限公司	福建省福州市仓山区盖山镇盘屿路 869 号金山工业集中区福湾片标准厂房 26 号楼	350004	—	—	316
23	深圳市九立供应链股份有限公司	广东省深圳市罗湖区沿河北路 1002 号瑞思国际大厦 A 座 17 楼	518003	—	—	317
24	深圳市华富洋供应链有限公司	广东省深圳市南山区侨香路 4080 号侨城坊 8 栋 6 楼	518000	—	—	328
25	吉旗物联科技（天津）有限公司	天津市空港经济区空港商务园东区 E6 - 102	300000	—	—	329
26	徐州东方物流集团有限公司	江苏省徐州市沛县大屯街道	221600	—	—	332
27	江苏省煤炭运销有限公司	江苏省南京市建邺区河西大街 66 号	210019	—	—	339
28	深圳市博科供应链管理有限公司	广东省深圳市福田区梅林中康路 136 号新一代产业园 6 栋 8 楼	518000	—	—	340
29	山东新天保智慧供应链有限公司	山东省青州市外贸大厦三楼	262500	—	—	343
30	玖隆钢铁物流有限公司	江苏省张家港市锦丰镇兴业路 2 号玖隆大厦	215625	—	—	351
31	安徽华源医药集团股份有限公司	安徽省阜阳市太和县沙河东路 168 号	236600	—	—	355
32	深圳市英捷迅实业发展有限公司	广东省深圳市福田区深南大道与泰然九路交界东南本元大厦 4A	518042	—	—	375
33	甘肃国通大宗商品供应链管理股份有限公司	甘肃省兰州市兰州新区山丹街 968 号	730314	—	—	382
34	上海环世物流（集团）有限公司	上海市杨浦区宁国路 228 号郡江国际大厦 B 座 14 - 16F	200090	—	—	383
35	中创物流股份有限公司	山东省青岛市崂山区深圳路 169 号中创大厦 23 层	266100	—	—	384
36	海程邦达供应链管理股份有限公司	山东省青岛市市南区山东路 6 号华润大厦 B 座 10 层 1008 室	266000	—	—	387
37	鑫荣懋果业科技集团股份有限公司	深圳市龙岗区平湖华南城发展中心 10 楼	518100	—	—	409
38	广西自贸区钦州港片区开发投资集团有限责任公司	广西壮族自治区钦州保税港区八大街 1 号	535000	—	—	410
39	南京红太阳跨境供应链有限公司	江苏省南京市高淳区经济开发区花山路 29 号	211316	—	—	414
40	青海省物产集团有限公司	青海省西宁市朝阳东路 34 - 2 号	810003	—	—	421
41	上海天地汇供应链科技有限公司	上海市闵行区紫秀路 100 号 2 号楼 3 楼 B 座	201103	—	—	461
42	中原大易科技有限公司	河南省郑州市金水区祥盛街众旺路楷林中心 7 座 19 楼	450000	—	—	486
电信服务						
1	中国移动通信集团有限公司	北京市西城区金融大街 29 号	100033	16	—	10
2	中国电信集团有限公司	北京市西城区金融街 31 号	100033	43	—	25
3	中国联合网络通信集团有限公司	北京市西城区金融大街 21 号 中国联通大厦	100033	81	—	38
软件和信息技术（IT）						
1	神州数码集团股份有限公司	北京市海淀区上地九街 9 号数码科技广场	100085	208	—	77
2	汇通达网络股份有限公司	江苏省南京市玄武区钟灵街 50 号汇通达大厦	210014	347	—	126

续表

名次	公司名称	通信地址	邮政编码	名次(1)	名次(2)	名次(3)
3	云账户技术（天津）有限公司	天津市滨海高新区华苑科技园工华道2号天百中心1号楼6层、21层、22层、23层	300384	411	—	147
4	通鼎集团有限公司	江苏省苏州市吴江区震泽镇八都经济开发区小平大道8号	215233	490	—	168
5	江苏满运软件科技有限公司	南京市雨花台区风信路20号万博科技园A栋3-6层	210012	—	—	209
6	深圳华强集团有限公司	广东省深圳市深南中路华强路口华强集团1号楼	518031	—	—	214
7	深圳市宝德投资控股有限公司	深圳市福田区深南大道1006号国际创新中心C座10楼	518000	—	—	267
8	广州华多网络科技有限公司	广东省广州市番禺区南村镇万博二路79号万博商务区万达商业广场北区B-1栋24层	511442	—	—	298
9	上海塑来信息技术有限公司	上海市嘉定区南翔镇银翔路609号16楼	201802	—	—	301
10	软通动力信息技术（集团）股份有限公司	北京市海淀区西北旺东路10号院东区16号楼	100193	—	—	320
11	广州无线电集团有限公司	广东省广州天河区黄埔大道西平云路163号	510656	—	—	323
12	深圳乐信控股有限公司	广东省深圳市南山区粤海街道科苑南路3099号中国储能大厦第23层-27层	518057	—	—	400
13	新大陆科技集团有限公司	福建省福州市马尾区儒江西路1号新大陆科技园	350015	—	—	465
14	福建网龙计算机网络信息技术有限公司	福建省福州市鼓楼区温泉支路58号	350001	—	—	495
互联网服务						
1	京东集团股份有限公司	北京市大兴区亦庄科创11街18号A座20层	101111	15	—	9
2	阿里巴巴（中国）有限公司	浙江省杭州市余杭区文一西路969号阿里巴巴西溪园区	310000	19	—	11
3	腾讯控股有限公司	广东省深圳市南山区海天二路33号腾讯滨海大厦	518054	39	—	22
4	美团公司	上海市杨浦区惠民路387号光大安石中心T1栋15楼	200082	150	—	57
5	百度网络技术有限公司	北京市海淀区上地十街10号百度大厦	100085	204	—	74
6	网易公司	北京市海淀区西北旺东路10号院	100193	260	—	99
7	上海钢联电子商务股份有限公司	上海市宝山区园丰路68号	200444	346	—	125
8	无锡市不锈钢电子交易中心有限公司	江苏省无锡市新吴区硕放薛典北路82号硕放不锈钢物流园B栋三楼	214000	—	—	238
9	山西云时代技术有限公司	山西省太原市山西示范区太原学府园区长治路345号	030600	—	—	251
10	携程计算机（上海）有限公司	上海市金钟路968号凌空SOHO16号楼	200335	—	—	282
11	三七互娱网络科技集团股份有限公司	安徽省芜湖市瑞祥路88号皖江财富广场B1座7层7001号	241000	—	—	325
12	芒果超媒股份有限公司	湖南省长沙市开福区金鹰影视文化城湖南国际会展中心西附楼一楼	410003	—	—	335
13	广州酷狗计算机科技有限公司	广东省广州市天河区黄埔大道中315号自编1-17	510000	—	—	348
14	浙江世纪华通集团股份有限公司	浙江省绍兴市上虞区曹娥街道越爱路66号	312300	—	—	353

续表

名次	公司名称	通信地址	邮政编码	名次（1）	名次（2）	名次（3）
15	安克创新科技股份有限公司	湖南省长沙市高新区中电软件园一期 7 栋	410205	—	—	379
16	河南中钢网科技集团股份有限公司	河南省郑州市河南自贸区郑州片区（郑东）商都路 166 号 A、B 塔楼 23 层	450000	—	—	435
17	东方明珠新媒体股份有限公司	上海市徐汇区宜山路 757 号	200233	—	—	447
18	江苏采木工业互联网科技有限公司	江苏省无锡市梁溪区北创科技大厦 15 楼	214000	—	—	473
19	欧菲斯集团股份有限公司	重庆市渝北区经开大道西段 106 号 1 幢	401122	—	—	474
能源矿产商贸						
1	中国航空油料集团有限公司	北京市海淀区马甸路 2 号航油大厦	100088	118	—	46
2	重庆千信集团有限公司	重庆市渝北区黄山大道中段 67 号信达国际 B 栋 12－14 楼	401121	451	—	158
3	杭州东恒石油有限公司	浙江省杭州市上城区东宁路 617 号东恒大厦 1505	310000	—	—	181
4	武汉联杰能源有限公司	湖北省武汉市江岸区中山大道 1628 号平安金融中心 1102 室	430000	—	—	217
5	青岛世纪瑞丰集团有限公司	山东省青岛市市南区中山路 44－60 号百盛国际商务中心 37 楼	266000	—	—	222
6	张家港保税区昌荣贸易有限公司	江苏省苏州市张家港市锦丰镇永新路 1 号	215600	—	—	237
7	张家港保税区旭江贸易有限公司	江苏省苏州市张家港市锦丰镇永新路 1 号	215625	—	—	248
8	张家港保税区日祥贸易有限公司	江苏省张家港市锦丰镇永新路 1 号	215625	—	—	286
9	安徽灵通集团控股有限公司	安徽省铜陵市铜官区北斗星城 C2 座 19 层	244000	—	—	357
10	东营道阳石油贸易有限公司	山东省东营市东营区府前大街 55 号 7 幢 1201 室	257000	—	—	446
11	上海龙宇燃油股份有限公司	上海市浦东新区东方路 710 号 25 楼	200122	—	—	470
化工医药商贸						
1	浙江前程投资股份有限公司	浙江省宁波市鄞州区高新区研发园 B 区 1 幢 9 楼	315048	336	—	122
2	重庆医药（集团）股份有限公司	重庆市渝北区金石大道 303 号	401120	358	—	130
3	南京新工投资集团有限责任公司	江苏省南京市玄武区唱经楼西街 65 号	210008	400	—	140
4	漳州市九龙江集团有限公司	福建省漳州市龙文区湖滨路 1 号九龙江集团大厦	363000	—	—	201
5	江阴市金桥化工有限公司	江苏省江阴市澄江中路 118 号国贸大厦 10 楼	214431	—	—	252
6	瑞康医药集团股份有限公司	山东省烟台市芝罘区机场路 326 号	264000	—	—	273
7	常州市化工轻工材料总公司	江苏省常州市天宁区桃园路 19 号	213003	—	—	275
8	大参林药业集团股份有限公司	广东省广州市荔湾区龙溪大道 410 号、410－1 号	510000	—	—	319
9	日出实业集团有限公司	浙江省宁波市鄞州区县天童南路 588 号 A 座 42 楼	315100	—	—	322
10	天晖（河北）供应链管理集团有限公司	河北省秦皇岛市海港区燕塞大道 40 号	066000	—	—	377
11	嘉悦物产集团有限公司	浙江省杭州市上城区民心路万银国际大厦 3005	310000	—	—	404
12	福州锦泽石化有限公司	福建省福州市长乐区航城街道西洋北路民生小区 268－1 号	350300	—	—	406

续表

名次	公司名称	通信地址	邮政编码	名次（1）	名次（2）	名次（3）
13	四川盛世元亨国际贸易有限公司	四川省成都市高新区天府二街198号1908－1910	610096	—	—	420
14	张家港银贝贸易有限公司	张家港市杨舍镇吾悦商业广场14幢A1126室	215600	—	—	491
机电商贸						
1	中国通用技术（集团）控股有限责任公司	北京市丰台区西三环中路90号	100055	154	—	59
生活消费品商贸						
1	唯品会控股有限公司	广东省广州市海珠区鼎新路128号唯品会总部大厦	510220	216	—	80
2	深圳市爱施德股份有限公司	广东省深圳市南山区科发路11号南山金融大厦18楼	518000	253	—	94
3	浙江建华集团有限公司	浙江省杭州市拱墅区沈半路2号	310015	—	—	232
4	润华集团股份有限公司	山东省济南市槐荫区经十西路3999号	250117	—	—	290
5	居然之家新零售集团股份有限公司	北京市东城区东直门南大街甲3号	100027	—	—	372
6	湖北银丰实业集团有限责任公司	湖北省武汉市江岸区青岛路7号银丰大厦12楼	430014	—	—	427
7	孩子王儿童用品股份有限公司	江苏省南京市江宁区麒麟科技创新园智汇路300号	211135	—	—	448
农产品及食品批发						
1	中粮集团有限公司	北京市朝阳区朝阳门南大街8号中粮福临门大厦	100020	32	—	17
2	深圳市中农网有限公司	广东省深圳市福田区福强路文化创意园二期A301	518017	463	—	161
3	北京中能昊龙投资控股集团有限公司	北京市丰台区海鹰路6号院七号楼	100071	—	—	198
4	江苏无锡朝阳集团股份有限公司	江苏省无锡市槐古路2号	214002	—	—	223
5	优合集团有限公司	广东省深圳市罗湖区深南大道5002号地王大厦902－1	518001	—	—	239
6	江苏省粮食集团有限责任公司	江苏省南京市玄武区中山路338号24－26楼	210018	—	—	270
7	四川特驱农牧科技集团有限公司	四川省成都市双流区西航港经济开发区西航港大道中四段615号	610218	—	—	312
8	浙江省农村发展集团有限公司	浙江省杭州市下城区武林路437号农发大厦	310006	—	—	318
9	黑龙江省农业投资集团有限公司	黑龙江省哈尔滨市松北区创新三路800号第17层	150000	—	—	368
10	厦门市明穗粮油贸易有限公司	福建省厦门市现代物流园区象屿路88号保税市场大厦三楼303	361006	—	—	412
11	深圳市深粮控股股份有限公司	广东省深圳市福田区福虹路9号世贸广场A座13楼	518033	—	—	426
12	四川德康农牧食品集团股份有限公司	四川省成都市双流区西航港街道临港路一段32号成都东航中心2号楼9楼901－909单元	610200	—	—	429
13	江苏易汇聚软件科技有限公司	江苏省苏州市张家港保税区福建路3号	215633	—	—	431
14	良品铺子股份有限公司	湖北省武汉市东西湖区金银湖街道良品大厦	430000	—	—	437
15	无锡安井食品营销有限公司	江苏省无锡市惠山区钱桥街道晓陆路68号	214151	—	—	457
生产资料商贸						
1	物产中大集团股份有限公司	浙江省杭州市	—	38	—	21

续表

名次	公司名称	通信地址	邮政编码	名次(1)	名次(2)	名次(3)
2	广东鼎龙实业集团有限公司	广东省广州市天河区鼎龙希尔顿花园酒店19楼品牌中心	510515	240	—	86
3	广西现代物流集团有限公司	广西壮族自治区南宁市邕宁区龙岗大道21号	530299	—	—	224
4	安徽辉隆投资集团有限公司	安徽省合肥市包河区延安路1779号	230051	—	—	288
5	黑龙江倍丰农业生产资料集团有限公司	黑龙江省哈尔滨市松北区新湾路88号	150028	—	—	346
6	江苏嘉奕和铜业科技发展有限公司	江苏省江阴市徐霞客镇璜塘工业园环北路211号	214400	—	—	443
7	江阴达赛贸易有限公司	江苏省江阴市滨江西路2号2幢315室	214400	—	—	472
8	新疆农资（集团）有限责任公司	新疆维吾尔自治区乌鲁木齐市中山路2号	830002	—	—	481
9	江阴市凯竹贸易有限公司	江苏省江阴市滨江西路2号1幢525室	214400	—	—	483
金属品商贸						
1	西安迈科金属国际集团有限公司	陕西省西安市高新区锦业路12号迈科中心45层	710077	168	—	63
2	上海均和集团有限公司	上海市浦东新区陆家嘴环路166号未来资产大厦35层	200120	187	—	69
3	厦门路桥工程物资有限公司	福建省厦门市湖里区金山街道槟城道289号，厦门国际游艇汇A1栋16层	361018	275	—	106
4	大汉控股集团有限公司	湖南省长沙市望城区金桥国际未来城2区4栋5楼	410200	333	—	121
5	上海闽路润贸易有限公司	上海市杨浦区国宾路36号万达广场B座11楼	200433	376	—	133
6	张家港市沃丰贸易有限公司	江苏省苏州市张家港市锦丰镇永新路1号	215600	438	—	153
7	华南物资集团有限公司	重庆市江北区红黄路1号1幢15-1	400020	—	—	184
8	江阴长三角钢铁集团有限公司	江苏省江阴市澄山路2号	214400	—	—	185
9	张家港保税区彬鹏贸易有限公司	江苏省苏州市张家港市锦丰镇永新路1号	215600	—	—	208
10	张家港保税区立信投资有限公司	江苏省张家港市锦丰镇永新路1号	215625	—	—	218
11	苏州裕景泰控股有限公司	江苏省苏州市张家港市锦丰镇兴业路2号（江苏扬子江国际冶金工业园玖隆物流园1209A室）	215600	—	—	337
12	广东乐居商贸集团有限公司	广东省佛山市南海区里水镇大步村	528244	—	—	342
13	汇金钢铁（天津）集团有限公司	天津市天津自贸试验区（空港经济区）西四道168号融合广场1-3-301	300000	—	—	364
14	江苏新三中国际贸易有限公司	江苏省张家港市锦丰镇玖隆大厦1107室	215625	—	—	476
15	万马联合控股集团有限公司	浙江省杭州市西湖区天目山路181号天际大厦11楼	310030	—	—	480
16	江阴宝靖有色金属材料有限公司	江苏省江阴市青年广场23号2217室	214400	—	—	487
17	宝裕发展有限公司	广东省佛山市禅城区季华五路22号季华大厦南附楼4-6层	528000	—	—	488
18	江苏锡鹿国际贸易有限公司	江苏省无锡市滨湖区建筑西路777（A10）-22层-2201-2204室	214000	—	—	498
综合商贸						
1	厦门国贸控股集团有限公司	福建省厦门市湖里区仙岳路4688号国贸中心A栋2901单元	361004	36	—	19

续表

名次	公司名称	通信地址	邮政编码	名次（1）	名次（2）	名次（3）
2	浙江省兴合集团有限责任公司	浙江省杭州市拱墅区延安路312号浙江供销大楼917室	310006	175	—	64
3	中基宁波集团股份有限公司	浙江省宁波市鄞州区天童南路666号中基大厦	315153	226	—	82
4	东方国际（集团）有限公司	上海市虹桥路1488号	200336	251	—	93
5	浙江省国际贸易集团有限公司	浙江省杭州市江干区香樟街39号	310016	269	—	102
6	远大物产集团有限公司	浙江省宁波市高新区聚贤街道扬帆路515号远大中心1710室	315040	301	—	113
7	江苏国泰国际集团股份有限公司	江苏省张家港市杨舍镇国泰大厦31楼	215600	332	—	120
8	广东省广物控股集团有限公司	广东省广州市天河区珠江新城兴国路21号广物中心	510623	337	—	123
9	四川省商业投资集团有限责任公司	四川省成都市青羊区文武路42号新时代广场A座7楼	610000	452	—	159
10	江苏汇鸿国际集团股份有限公司	江苏省南京市白下路91号汇鸿大厦	210001	489	—	167
11	新华锦集团	山东省青岛市崂山区松岭路131号新华锦发展大厦	266101	—	—	186
12	福建漳龙集团有限公司	福建省漳州市芗城区胜利东路3号漳州发展广场16、17层	363000	—	—	226
13	重庆对外经贸（集团）有限公司	重庆市两江新区星光大道80号	401121	—	—	245
14	广州轻工工贸集团有限公司	广东省广州市越秀区沿江东路407号	510199	—	—	276
15	江苏省苏豪控股集团有限公司	江苏省 南京市 软件大道48号	210012	—	—	279
16	宁波君安控股有限公司	浙江省宁波市高新区菁华路58号君安大厦A座	315000	—	—	293
17	湖南博深实业集团有限公司	湖南省长沙市岳麓区岳麓大道233号湖南科技大厦16层	410013	—	—	314
18	厦门夏商集团有限公司	福建省厦门市思明区厦禾路939号华商大厦17楼	361004	—	—	315
19	一柏集团有限公司	福建省福州市鼓楼区五四路128号恒力城写字楼29层	350000	—	—	327
20	中国（福建）对外贸易中心集团 有限责任公司	福建省福州市鼓楼区五四路75号外贸中心	350001	—	—	365
21	厦门市嘉晟对外贸易有限公司	福建省厦门市思明区塔埔东路165号1803单元	361008	—	—	380
22	厦门鑫东森控股有限公司	福建省厦门市思明区观音山南投路11号22楼	361000	—	—	398
23	广州纺织工贸企业集团有限公司	广东省广州市越秀区东风中路438号11－14楼	510030	—	—	413
24	宁波海田控股集团有限公司	浙江省宁波市江北区文教路72弄16号海田大厦1212室	315000	—	—	416
25	浙江凯喜雅国际股份有限公司	浙江省杭州市体育场路105号	310004	—	—	417
26	盐城市国有资产投资集团有限公司	江苏省盐城市世纪大道669号	224005	—	—	433
27	浙江华瑞集团有限公司	浙江省杭州市萧山区建设一路66号华瑞中心1号楼28楼	311215	—	—	453
28	浙北大厦集团有限公司	浙江省湖州市吴兴区公园路188号	313000	—	—	468
29	无锡市宝金石油化工有限公司	江苏省无锡市惠山区洛社镇振石路108号	214185	—	—	469
30	浙江东海长城石化股份有限公司	浙江省宁波市北仑区小港红联外塘路410号	315803	—	—	479

续表

名次	公司名称	通信地址	邮政编码	名次(1)	名次(2)	名次(3)
31	宁波宁兴控股股份有限公司	浙江宁波市中山西路138号天宁大厦27楼	315010	—	—	496
连锁超市及百货						
1	永辉超市股份有限公司	福建省福州市鼓楼区湖头街120号	350000	257	—	96
2	物美科技集团有限公司	北京市海淀区西四环北路158号	100142	362	—	131
3	百联集团有限公司	上海市黄浦区中山南路315号百联大厦13楼	200010	444	—	155
4	步步高投资集团股份有限公司	湖南省长沙市岳麓区东方红路649号	410000	—	—	176
5	山东省商业集团有限公司	山东省济南市经十路9777号鲁商国奥城	250014	—	—	213
6	月星集团有限公司	上海市中山北路3300号环球港写字楼A座42楼	200063	—	—	215
7	利群集团股份有限公司	山东省青岛市崂山区海尔路83号金鼎大厦	266100	—	—	228
8	江苏华地国际控股集团有限公司	江苏省无锡市锡山区东亭街道锡沪路东亭西段1号写字楼8楼	214000	—	—	260
9	淄博商厦股份有限公司	山东省淄博市张店区中心路125号	255000	—	—	280
10	砂之船商业管理集团有限公司	重庆市璧山区璧泉街道白羊路9号奥特莱斯办公室	402760	—	—	296
11	信誉楼百货集团有限公司	河北省沧州市黄骅市文化路信誉楼培训中心	061100	—	—	303
12	杭州联华华商集团有限公司	浙江省杭州市下城区庆春路86号	310003	—	—	349
13	广州岭南商旅投资集团有限公司	广东省广州市越秀区流花路122号中国大酒店商业大厦C座9楼	510015	—	—	378
14	绿滋肴控股集团有限公司	江西省南昌市西湖区云锦路199号	330025	—	—	393
15	湖南佳惠百货有限责任公司	湖南省怀化市佳惠农产品批发大市场（佳惠总部）	418000	—	—	430
16	石家庄北国人百集团有限责任公司	河北省石家庄市中山东路188号	050000	—	—	438
17	山西美特好连锁超市股份有限公司	山西省太原市尖草坪区和平北路214号	030027	—	—	445
18	长春欧亚集团股份有限公司	吉林省长春市飞跃路2686号	130012	—	—	460
汽车摩托车零售						
1	新疆广汇实业投资（集团）有限责任公司	新疆维吾尔自治区乌鲁木齐市新华北路165号广汇中天广场32层	830002	130	—	51
2	恒信汽车集团股份有限公司	湖北省武汉市汉阳区龙阳三路1号	430050	290	—	110
3	庞大汽贸集团股份有限公司	河北省唐山市滦县火车站东一公里处	063700	—	—	230
4	浙江宝利德股份有限公司	浙江省杭州市西湖区求是路8号公元大厦南楼503	310013	—	—	234
5	利泰集团有限公司	广东省佛山市南海区港口路12号3座利泰科创中心8-10层	528000	—	—	246
6	山东远通汽车贸易集团有限公司	山东省临沂市兰山区通达路319号	276000	—	—	269
7	广微控股有限公司	上海市长宁区剑河路899号西郊金融园3号楼	200050	—	—	283
8	湖南永通集团有限公司	湖南省长沙市开福区三一大道303号永通商邸A座	410003	—	—	311
9	欧龙汽车贸易集团有限公司	浙江省温州市龙湾区温州大道268号	325000	—	—	334
10	成都建国汽车贸易有限公司	四川省成都市天府新区万安镇万福寺路1233号	6140000	—	—	344

续表

名次	公司名称	通信地址	邮政编码	名次(1)	名次(2)	名次(3)
11	万友汽车投资有限公司	重庆市渝中区华盛路7号企业天地7号楼20层	400043	—	—	354
12	广东鸿粤汽车销售集团有限公司	广东省广州市白云区白云大道北958号鸿粤集团办公楼	510000	—	—	356
13	湖南兰天集团有限公司	湖南省长沙市岳麓大道3599号	410000	—	—	359
14	天津捷通达汽车投资集团有限公司	天津市西青经济技术开发区大寺高新技术产业园储源道018号	300380	—	—	395
15	广东澳康达二手车经销有限公司	广东省深圳市罗湖区笋岗路3002号万通大厦10楼1010室	518000	—	—	401
16	蓝池集团有限公司	河北省邢台市信都区邢州大道2332号	054000	—	—	451
17	山西大昌汽车集团有限公司	山西省太原市小店区平阳南路88号	030032	—	—	462
18	重庆百事达汽车有限公司	重庆市渝北区龙溪街道松牌路521号	401147	—	—	478
19	广州南菱汽车股份有限公司	广东省广州市白云区白云大道北1399号	510440	—	—	499
家电及电子产品零售						
1	南京新华海科技产业集团有限公司	江苏省南京市玄武区珠江路435号华海大厦A层	210018	—	—	241
2	浙江绍兴苏泊尔家居用品有限公司	浙江省绍兴市越城区世纪西街3号	312071	—	—	436
3	深圳市酷动数码有限公司	广东省深圳市南山区科发路83号南山金融大厦6楼	518055	—	—	489
医药及医疗器材零售						
1	中国医药集团有限公司	北京市海淀区知春路20号中国医药大厦	100195	28	—	14
2	九州通医药集团股份有限公司	湖北省武汉市汉阳区龙阳大道特8号	430051	207	—	76
3	浙江英特药业有限责任公司	浙江省杭州市滨江区江南大道96号中化大厦	310051	—	—	242
4	鹭燕医药股份有限公司	福建省厦门市湖里区安岭路1004号	361006	—	—	305
5	广西柳药集团股份有限公司	广西壮族自治区柳州市鱼峰区官塘大道68号	545000	—	—	313
6	老百姓大药房连锁股份有限公司	湖南省长沙市开福区青竹湖路808号	410000	—	—	331
7	益丰大药房连锁股份有限公司	湖南省长沙市麓谷高新区金洲大道68号	410000	—	—	336
8	安徽天星医药集团有限公司	安徽省合肥市经济技术开发区慈光路118号	230061	—	—	385
9	青岛百洋医药股份有限公司	山东省青岛市市北区开封路88号	266000	—	—	494
商业银行						
1	中国工商银行股份有限公司	北京市西城区复兴门内大街55号	100140	5	—	2
2	中国建设银行股份有限公司	北京市西城区金融大街25号	100033	6	—	3
3	中国农业银行股份有限公司	北京东城区建国门内大街69号	100005	8	—	5
4	中国银行股份有限公司	北京市复兴门内大街1号	100818	13	—	8
5	交通银行股份有限公司	上海市浦东新区银城中路188号	200120	50	—	28
6	招商银行股份有限公司	广东省深圳市福田区深南大道7088号	518040	55	—	31
7	兴业银行股份有限公司	福建省福州市台江区江滨中大道398号兴业银行大厦	350014	66	—	36
8	上海浦东发展银行股份有限公司	上海市中山东一路12号	200002	71	—	37
9	中国民生银行股份有限公司	北京市西城区复兴门内大街2号	100031	84	—	39

续表

名次	公司名称	通信地址	邮政编码	名次（1）	名次（2）	名次（3）
10	华夏银行股份有限公司	北京市东城区建国门内大街 22 号华夏银行大厦	100005	153	—	58
11	北京银行股份有限公司	北京市西城区金融大街丙 17 号北京银行大厦	100033	200	—	72
12	江苏银行股份有限公司	江苏省南京市中华路 26 号	210001	205	—	75
13	上海银行股份有限公司	上海市自由贸易试验区银城中路 168 号	200120	229	—	84
14	南京银行股份有限公司	江苏省南京市中山路 288 号	210008	303	—	114
15	渤海银行股份有限公司	天津市河东区海河东路 218 号	300012	330	—	119
16	重庆农村商业银行股份有限公司	重庆市江北区金沙门路 36 号	400023	389	—	135
17	恒丰银行股份有限公司	山东省济南市历下区泺源大街 8 号	250012	440	—	154
18	深圳前海微众银行股份有限公司	广东省深圳市南山区沙河西路深圳湾科技生态园 7 栋 A 座	518057	453	—	160
19	广州农村商业银行股份有限公司	广东省广州市天河区珠江新城华夏路 1 号信合大厦 20 楼	510000	469	—	164
20	上海农村商业银行股份有限公司	上海市黄浦区中山东二路 70 号	200002	474	—	165
21	盛京银行股份有限公司	辽宁省沈阳市沈河区北站路 109 号	110013	500	—	171
22	长沙银行股份有限公司	湖南省长沙市岳麓区滨江路 53 号楷林国际 B 座长沙银行大厦	410004	—	—	192
23	天津银行股份有限公司	天津市河西区友谊路 10 号	300201	—	—	195
24	重庆银行股份有限公司	重庆市江北区永平门街 6 号	400010	—	—	220
25	郑州银行股份有限公司	河南省郑州市郑东新区商务外环路 22 号	450046	—	—	231
26	贵州银行股份有限公司	贵州省贵阳市观山湖区永昌路 9 号	550081	—	—	259
27	江西银行股份有限公司	江西省南昌市红谷滩新区金融大街 699 号	330038	—	—	266
28	青岛银行股份有限公司	山东省青岛市崂山区秦岭路 6 号青岛银行大厦	266061	—	—	268
29	华融湘江银行股份有限公司	湖南省长沙市湘府东路二段 208 号万境水岸财智中心南栋	410007	—	—	271
30	九江银行股份有限公司	江西省九江市濂溪区长虹大道 619 号	332000	—	—	272
31	桂林银行股份有限公司	广西壮族自治区桂林市临桂区公园北路 8 号	541100	—	—	274
32	青岛农村商业银行股份有限公司	山东省青岛市崂山区秦岭路 6 号 1 号楼	266061	—	—	291
33	广西北部湾银行股份有限公司	广西壮族自治区南宁市云英路 8 号五象总部大厦	530201	—	—	309
34	天津农村商业银行股份有限公司	天津市河西区马场道 59 号国际经济贸易中心 A 座	300203	—	—	324
35	武汉农村商业银行股份有限公司	湖北省武汉市江岸区建设大道 618 号	430015	—	—	330
36	东莞农村商业银行股份有限公司	广东省东莞市东城区鸿福东路 2 号	523123	—	—	370
37	重庆三峡银行股份有限公司	重庆市江北区江北城汇川门路 99 号东方国际广场	400000	—	—	394
38	吉林银行股份有限公司	吉林省长春市经开区东南湖大路 1817 号	130033	—	—	407
39	广东南海农村商业银行股份有限公司	广东省佛山市南海区桂城街道南海大道北 26 号	528200	—	—	422
40	天津滨海农村商业银行股份有限公司	天津市自贸试验区（空港经济区）西三道 158 号金融中心一号楼	300308	—	—	434
41	无锡农村商业银行股份有限公司	江苏省无锡市金融二街 9 号	214125	—	—	454
42	柳州银行股份有限公司	广西壮族自治区柳州市东堤路 12 号	545001	—	—	458

续表

名次	公司名称	通信地址	邮政编码	名次(1)	名次(2)	名次(3)
43	江苏张家港农村商业银行股份有限公司	江苏省张家港市杨舍镇人民中路66号	215600	—	—	464
44	绍兴银行股份有限公司	浙江省绍兴市越城区中兴南路1号	312000	—	—	482
45	齐商银行股份有限公司	山东省淄博市张店区中心路105号	255025	—	—	500
保险业						
1	中国人寿保险（集团）公司	北京市西城区金融大街17号中国人寿中心	100033	12	—	7
2	中国人民保险集团股份有限公司	北京市西城区西长安街88号中国人保大厦	100031	37	—	20
3	中国太平洋保险（集团）股份有限公司	上海市黄浦区中山南路1号	200011	60	—	34
4	中国太平保险集团有限责任公司	香港铜锣湾新宁道8号中国太平大厦第一期22层	—	97	—	41
5	泰康保险集团股份有限公司	北京市朝阳区景辉街16号院1号楼泰康集团大厦42层	100031	102	—	42
6	新华人寿保险股份有限公司	北京市朝阳区建国门外大街甲12号新华保险大厦	100022	119	—	47
7	中国再保险（集团）股份有限公司	北京市西城区	—	160	—	61
8	阳光保险集团股份有限公司	北京市朝阳区景辉街33号院1号楼阳光金融中心	100020	213	—	79
9	前海人寿保险股份有限公司	广东省深圳市前海深港合作区南山街道桂湾四路197号前海华润金融中心T1栋8~9F	518000	286	—	109
10	中华联合保险集团股份有限公司	北京市丰台区丽泽商务区南区凤凰嘴街3号中华保险大厦	100071	388	—	134
11	渤海人寿保险股份有限公司	天津市和平区南京路219号天津中心A座30层	300051	—	—	389
12	国任财产保险股份有限公司	广东省深圳市罗湖区笋岗街道招商中环B座国任保险大厦29层	518000	—	—	418
证券业						
1	海通证券股份有限公司	上海市黄浦区广东路689号	200001	—	—	173
2	广发证券股份有限公司	广东省广州市天河区马场路26号广发证券大厦	510627	—	—	203
3	兴业证券股份有限公司	福建省福州市湖东路268号兴业证券大厦	350000	—	—	254
4	中泰证券股份有限公司	山东省济南市市中区经七路86号	250001	—	—	369
5	东方财富信息股份有限公司	上海市徐汇区宛平南路88号金座东方财富大厦	200235	—	—	371
6	方正证券股份有限公司	湖南省长沙市天心区湘江中路二段36号华远国际中心37层	410002	—	—	455
基金、信托及其他金融服务						
1	浙江永安资本管理有限公司	浙江省杭州市上城区钱江新城新业路200号华峰国际	310016	—	—	194
2	马上消费金融股份有限公司	重庆市渝北区黄山大道中段52号渝兴广场B2栋4-8楼	401121	—	—	292
3	重庆国际信托股份有限公司	重庆市渝北区嘉州路88号	401147	—	—	475

续表

名次	公司名称	通信地址	邮政编码	名次（1）	名次（2）	名次（3）
多元化金融						
1	中国平安保险（集团）股份有限公司	广东省深圳市福田区益田路 5033 号平安金融中心	519033	7	—	4
2	中国中信集团有限公司	北京市朝阳区光华路 10 号中信大厦	100020	35	—	18
3	招商局集团有限公司	香港干诺道中 168－200 号信德中心招商局大厦 40 楼	100010	49	—	27
4	中国光大集团股份公司	北京市西城区太平桥大街 25 号中国光大中心 13 层	100033	65	—	35
5	深圳市投资控股有限公司	广东省深圳市深南中路 4009 号投资大厦 1806 室	518000	110	—	44
6	武汉金融控股（集团）有限公司	湖北省武汉市长江日报路 77 号投资大厦	430015	409	—	145
7	中国万向控股有限公司	上海市浦东新区陆家嘴西路 99 号万向大厦	200120	—	—	247
8	广州金融控股集团有限公司	广东省广州市天河区体育西路 191 号中石化大厦 B 塔 26 楼	510620	—	—	258
9	青岛经济技术开发区投资控股集团有限公司	山东省青岛市西海岸新区庐山路 57 号经控大厦	266555	—	—	278
住宅地产						
1	绿地控股集团股份有限公司	上海市黄浦区打浦路 700 号绿地总部大厦	200023	41	—	23
2	碧桂园控股有限公司	广东省佛山市顺德区北郊镇碧桂园大道 1 号碧桂园中心	528312	45	—	26
3	万科企业股份有限公司	广东省深圳市盐田区大梅沙环路 33 号万科中心	518083	57	—	32
4	中南控股集团有限公司	江苏省南通市海门区上海路 899 号	226100	103	—	43
5	龙湖集团控股有限公司	重庆市渝北区礼贤路 12 号	401120	117	—	45
6	珠海华发集团有限公司	广东省珠海市香洲区昌盛路 155 号	519020	183	—	67
7	金地（集团）股份有限公司	广东省深圳市福田区福田街道深南大道 2007 号金地中心 32 层	518048	245	—	89
8	弘阳集团有限公司	江苏省南京市大桥北路 9 号弘阳大厦	210031	258	—	97
9	天津泰达投资控股有限公司	天津经济技术开发区盛达街 9 号	300457	267	—	101
10	重庆华宇集团有限公司	重庆市渝北区泰山大道东段 118 号	401121	283	—	108
11	绿城房地产集团有限公司	浙江省杭州市杭大路 1 号黄龙世纪广场 A12	310000	294	—	111
12	北京首都开发控股（集团）有限公司	北京市朝阳区小营路 25 号	100101	307	—	115
13	建业控股有限公司	河南省郑州市郑东新区建业总部港	450046	398	—	139
14	重庆中昂投资集团有限公司	重庆市渝中区上清寺路 1 号 4 楼	400015	405	—	143
15	荣盛控股股份有限公司	河北省廊坊市开发区春明道北侧	065001	421	—	150
16	奥园集团有限公司	广东省广州市天河区黄埔大道西 108 号奥园大厦 20 层	511442	436	—	152
17	北京江南投资集团有限公司	北京市朝阳区红坊路 8 号	100176	465	—	162
18	祥生地产集团有限公司	浙江省诸暨市暨阳街道苎萝东路 195 号祥生新世纪广场祥生商贸综合楼十四层	310000	—	—	172
19	上海中骏置业有限公司	上海市闵行区申长路 1688 弄 9 号楼中骏集团大厦	201100	—	—	178
20	厦门中骏集团有限公司	福建省厦门市高崎南五路 208 号中骏集团大厦	361006	—	—	179

续表

名次	公司名称	通信地址	邮政编码	名次（1）	名次（2）	名次（3）
21	北京金融街投资（集团）有限公司	北京市西城区金融大街 33 号通泰大厦 B 座 11 层	100033	—	—	189
22	杭州滨江房产集团股份有限公司	浙江省杭州市上城区庆春东路 38 号	310020	—	—	191
23	福州城市建设投资集团有限公司	福建省福州市台江区台江路 15 号城投大厦 17 楼	350009	—	—	196
24	文一投资控股有限公司	安徽省合肥市滨湖区南宁路与西藏路交口往东 100 米宏图路文一集团	230000	—	—	210
25	厦门海沧投资集团有限公司	福建省厦门市海沧区钟林路 8 号海投大厦	361026	—	—	219
26	苏州金螳螂企业（集团）有限公司	江苏省苏州市姑苏区西环路 888 号	215004	—	—	235
27	联发集团有限公司	福建省厦门市湖里区湖里大道 31 号	361006	—	—	236
28	厦门禹洲集团股份有限公司	福建省厦门市思明区湖滨南路 55 号禹洲广场	361003	—	—	240
29	大华（集团）有限公司	上海市大渡河路 388 弄 1 号	200062	—	—	244
30	奥山集团有限公司	湖北省武汉市东湖新技术开发区高新大道 788 号奥山中心	430073	—	—	250
31	重庆市迪马实业股份有限公司	重庆市南岸区南滨路东原 1891D 馆 4 楼	401336	—	—	277
32	广州珠江实业集团有限公司	广东省广州市越秀区环市东路 371－375 号世贸中心大厦南塔 28－30 楼	510095	—	—	289
33	四川邦泰投资有限责任公司	四川省成都市高新区益州大道北段 333 号东方希望中心 22 楼	610000	—	—	310
34	绿城物业服务集团有限公司	浙江省杭州市西湖区文一西路 767 号西溪国际 B 座	310012	—	—	381
35	厦门经济特区房地产开发集团有限公司	福建省厦门市思明区展鸿路 81 号特房波特曼财富中心 A 座 51－53 层	361000	—	—	415
36	安徽省众城集团	安徽省合肥市庐阳区濉溪路 99 号	230001	—	—	423
37	无锡城建发展集团有限公司	江苏省无锡市滨湖区隐秀路 328 号	214072	—	—	425
38	卓正控股集团有限公司	河北省保定市七一东路 2358 号卓正大厦	071000	—	—	441
39	福建省华荣建设集团有限公司	福建省福州市永泰县梧桐镇民主村富民路 34 号	350000	—	—	450
40	福建三木集团股份有限公司	福建省福州市台江区望龙二路 1 号福州国际金融中心 41 层	350003	—	—	456
41	广西云星集团有限公司	广西壮族自治区南宁市青秀区竹溪大道 84 号外商投资中心	530022	—	—	466
42	合肥城建发展股份有限公司	安徽省合肥市蜀山区潜山路 100 号琥珀五环国际 A 座	230031	—	—	484
43	福建发展集团有限公司	福建省福州市湖前路 58 号	350013	—	—	490
44	厦门安居控股集团有限公司	福建省厦门市湖里区华泰路 3 号	361006	—	—	492
商业地产						
1	帝海投资控股集团有限公司	北京市海淀区复兴路 17 号国海广场 C 座 20 层	100036	422	—	151
2	宝龙地产控股有限公司	上海市闵行区新镇路 1399 号宝龙大厦	201101	—	—	183
3	天津现代集团有限公司	天津市和平区赤峰道 136 号	300022	—	—	297
4	金帝联合控股集团有限公司	浙江省杭州市萧山区山阴路 586 号	311200	—	—	345
5	株洲市城市建设发展集团有限公司	湖南省株洲市天元区联谊路 86 号金诚大厦	412000	—	—	497

续表

名次	公司名称	通信地址	邮政编码	名次(1)	名次(2)	名次(3)
园区地产						
1	上海临港经济发展（集团）有限公司	上海市浦东新区海港大道 1515 号创晶科技中心 T2 座 19 楼	201306	—	—	390
多元化投资						
1	联想控股股份有限公司	北京市海淀区科学院南路 2 号融科资讯中心 B 座 17 层	100190	51	—	29
2	浙江省交通投资集团有限公司	浙江省杭州市五星路 199 号明珠国际商务中心	310020	89	—	40
3	云南省投资控股集团有限公司	云南省昆明市西山区人民西路 285 号云投商务大厦	650100	129	—	50
4	国家开发投资集团有限公司	北京市西城区阜成门北大街 6 号 –6 国际投资大厦 A 座	100034	136	—	53
5	重庆市金科投资控股（集团）有限责任公司	重庆市两江新区龙韵路 1 号 1 幢	400000	144	—	55
6	杭州市实业投资集团有限公司	浙江省杭州市西湖区保俶路宝石山下四弄 19 号	310007	148	—	56
7	卓尔控股有限公司	湖北省武汉市江汉区建设大道 588 号卓尔国际中心 47 层	430021	202	—	73
8	广东省广晟控股集团有限公司	广东省广州市天河区珠江新城珠江西路 17 号广晟国际大厦 50 – 58 楼	510623	238	—	85
9	山东省国有资产投资控股有限公司	山东省济南市历下区经十路 9999 号黄金时代广场 5 号楼	250101	248	—	91
10	陕西投资集团有限公司	陕西省西安市碑林区朱雀路中段 1 号 金信国际大厦	710061	271	—	104
11	广东省广新控股集团有限公司	广东省广州市海珠区新港东路 1000 号	510000	278	—	107
12	青岛海发国有资本投资运营集团有限公司	山东省青岛市黄岛区滨海大道 2567 号	266000	297	—	112
13	杭州市城市建设投资集团有限公司	浙江省杭州市西湖区益乐路 25 号嘉文商务大楼	310012	392	—	137
14	湖北交通投资集团有限公司	湖北省武汉市汉阳区四新大道 26 号湖北国展中心东塔湖北交投	430050	412	—	148
15	青岛城市建设投资（集团）有限责任公司	山东省青岛市崂山区海尔路 166 号永业大厦	266000	—	—	180
16	源山投资控股有限公司	上海市虹口区曲阳路 910 号 15 楼	200437	—	—	182
17	广州市城市建设投资集团有限公司	广东省广州市越秀区中山四路 228 号城投大厦	510030	—	—	193
18	青岛西海岸新区海洋控股集团有限公司	山东省青岛市西海岸新区车轮山路 388 号	266400	—	—	212
19	青岛西海岸新区融合控股集团有限公司	山东省青岛市黄岛区国汇金融中心 A 座 12 楼	266500	—	—	216
20	洛阳国宏投资控股集团有限公司	河南省洛阳市洛龙区开元大道 218 号洛阳日报社报业集团 5 层、6 层、7 层、8 层	471000	—	—	225
21	武汉市城市建设投资开发集团有限公司	湖北省武汉市洪山区团结大道 1020 号	430061	—	—	256
22	曹妃甸国控投资集团有限公司	中国（河北）自由贸易试验区曹妃甸片区曹妃甸工业区市政服务大厦 B 座 9019 室	063200	—	—	287
23	西安城市基础设施建设投资集团有限公司	陕西省西安市经济技术开发区文景北路 8 号	710018	—	—	304
24	河北省国有资产控股运营有限公司	河北省石家庄市桥西区站前街 10 号	050001	—	—	308
25	厦门恒兴集团有限公司	厦门市思明区鹭江道 100 号财富中心 42F	361001	—	—	350

续表

名次	公司名称	通信地址	邮政编码	名次(1)	名次(2)	名次(3)
26	广州交通投资集团有限公司	广东省广州市海珠区新港东路1138号智通广场A塔	510000	—	—	397
27	福建漳州城投集团有限公司	福建省漳州市龙文区江滨路碧湖展示馆第三层	363005	—	—	402
28	厦门火炬集团有限公司	福建省厦门市火炬高新区火炬广场南五楼	361006	—	—	408
29	广西农村投资集团有限公司	广西壮族自治区南宁市青秀区厢竹大道30号	530023	—	—	419
30	广州南方投资集团有限公司	广东省广州市海珠区琶洲大道188号南方投资大厦	510000	—	—	440
31	厦门金圆投资集团有限公司	福建省厦门市思明区展鸿路82号厦门国际金融中心46层	361008	—	—	442
32	南宁威宁投资集团有限责任公司	广西壮族自治区南宁市锦春路15号威宁大厦2017室	530021	—	—	452
33	高金富恒集团有限公司	广东省广州市黄埔区科丰路31号G1栋1018房	510000	—	—	459
34	广州开发区控股集团有限公司	广东省广州经济技术开发区科学大道60号开发区控股中心33层	510700	—	—	467
人力资源服务						
1	中国国际技术智力合作集团有限公司	北京市朝阳区光华路7号汉威大厦西区23层	100004	176	—	65
2	北京外企人力资源服务有限公司	北京市朝阳区朝阳门南大街14号	100020	212	—	78
3	邦芒服务外包有限公司	浙江省嘉兴市平湖市当湖街道漕兑路89号801室	314000	—	—	366
4	仕邦控股有限公司	广东省广州市天河区天河北路183号大都会广场21楼	510630	—	—	399
5	福建省人力资源服务有限公司	福建省福州市台江区江滨中大道386号国资大厦13F	350004	—	—	432
科技研发、规划设计						
1	长江设计集团有限公司	湖北省武汉市汉口解放大道1863号	430010	—	—	449
国际经济合作（工程承包）						
1	中国江苏国际经济技术合作集团有限公司	江苏省南京市北京西路5号	210008	—	—	284
旅游和餐饮						
1	四川众心乐旅游资源开发有限公司	四川省成都市高新区天府二街269号	610000	—	—	347
2	杭州市商贸旅游集团有限公司	浙江省杭州市上城区庆春路149-3号商业大厦	310003	—	—	367
3	福建省旅游发展集团有限公司	福建省福州市鼓楼区五四路260号福建工展中心10层	350000	—	—	374
4	湖北文化旅游集团有限公司	湖北省武汉市中北路86号汉街总部国际E座	430071	—	—	411
5	龙岩文旅汇金发展集团有限公司	福建省龙岩市新罗区华莲路138号金融中心A1、A2幢20、21楼	364000	—	—	439
文化娱乐						
1	华侨城集团有限公司	广东省深圳市南山区深南大道9018号华侨城大厦	518000	159	—	60
2	中原出版传媒投资控股集团有限公司	河南省郑州市金水东路39号	450016	—	—	262
3	安徽出版集团有限责任公司	安徽省合肥市政务文化新区翡翠路1118号	230071	—	—	306

续表

名次	公司名称	通信地址	邮政编码	名次（1）	名次（2）	名次（3）
4	西安曲江文化产业投资（集团）有限公司	陕西省西安市曲江新区雁翔路3168号雁翔广场1号楼18/19/20层	710061	—	—	307
5	安徽新华发行（集团）控股有限公司	安徽省合肥市北京路8号	230001	—	—	321
6	浙江出版联合集团有限公司	浙江省杭州市西湖区天目山路40号	310013	—	—	360
7	中南出版传媒集团股份有限公司	湖南省长沙市营盘东路38号	410005	—	—	403
8	四川新华出版发行集团有限公司	四川省成都市人民南路一段86号10楼	610017	—	—	405
教育服务						
1	重庆新鸥鹏企业（集团）有限公司	北京市东城区广渠门内大街47号雍贵中心B座7层	100062	448	—	157
医疗卫生健康服务						
1	华东医药股份有限公司	浙江省杭州市莫干山路866号	310006	—	—	200
2	爱尔眼科医院集团股份有限公司	湖南省长沙市天心区芙蓉中路二段新世纪大厦	—	—	—	341
综合服务业						
1	中国中化控股有限责任公司	北京市西城区	—	9	—	6
2	中国华润有限公司	香港湾仔港湾道26号华润大厦49层	—	22	—	12
3	中国保利集团有限公司	北京市东城区朝阳门北大街1号新保利大厦28楼	100010	58	—	33
4	广西投资集团有限公司	广西南宁市青秀区民族大道109号	530028	128	—	49
5	广州越秀集团股份有限公司	广东省广州市天河区珠江新城珠江西路5号广州国际金融中心64楼	510623	262	—	100
6	湖北联投集团有限公司	湖北省武汉市武昌区中南路99号保利大厦A座17层	430061	354	—	128
7	东浩兰生（集团）有限公司	上海市延安中路837号	200040	—	—	190
8	武汉商贸集团有限公司	湖北省武汉市江汉区唐家墩路32号国创大厦B座	430015	—	—	199
9	上海均瑶（集团）有限公司	上海市徐汇区肇嘉浜路789号均瑶国际广场37楼	200032	—	—	205
10	金鹏控股集团有限公司	安徽省滁州市中都大道1588号金鹏控股集团	239000	—	—	206
11	西安高科集团有限公司	陕西省西安市雁塔区锦业路59号高科智慧园	710075	—	—	227
12	上海协通（集团）有限公司	上海市静安区永和路318号18号楼505室	200072	—	—	253
13	青岛军民融合发展集团有限公司	山东省青岛市西海去新区车轮山路388号万鑫中央广场A座	266500	—	—	338
14	郑州公用事业投资发展集团有限公司	郑州市郑东新区熊儿河路才高街6号东方鼎盛中心A座11-13层	450000	—	—	363
15	华茂集团股份有限公司	浙江省宁波市海曙区高桥镇望春工业区龙嘘路125号	315175	—	—	391
16	宁波滕头集团有限公司	浙江省宁波市奉化区县（市）萧王庙街道滕头村	315500	—	—	396
17	广东省中山丝绸进出口集团有限公司	广东省中山市石岐悦来南路28号	528400	—	—	485
18	天津拾起卖科技集团有限公司	天津市南开区宾水西道奥城商业广场C6南8层	300110	—	—	493

后 记

一、《中国 500 强企业发展报告》是由中国企业联合会、中国企业家协会组织编写的全面记载和反映中国 500 强企业改革和发展的综合性大型年度报告。

二、为深入贯彻习近平新时代中国特色社会主义思想和党的十九大及历次全会精神，贯彻落实《国民经济和社会发展第十四个五年规划和 2035 年远景目标纲要》精神，促进我国企业做强做优做大，加快建设世界一流企业，并为国内外各界提供中国大企业发展的相关数据与研究信息，我会连续第 21 年参照国际惯例推出了中国企业 500 强及其与世界企业 500 强的对比分析报告，连续第 18 年推出了中国制造业企业 500 强、中国服务业企业 500 强及其分析报告，在此基础上连续第 12 年推出了中国跨国公司 100 大及其分析报告，连续第 4 年推出了中国战略性新兴产业领军企业 100 强及其分析报告，连续第 2 年推出中国大企业创新 100 强分析报告。国务院领导多次做出批示，希望中国企业联合会继续把这方面的工作做好。2022 中国企业 500 强、中国制造业企业 500 强、中国服务业企业 500 强、中国跨国公司 100 大、战新产业领军企业 100 强、中国大企业创新 100 强的产生得到了各有关企联（企协）、企业家协会和相关企业的大力支持，在此深表感谢！

三、本报告为中国企业联合会、中国企业家协会的研究成果。各章作者为，第一章：刘兴国；第二章：丁春燕；第三章：高蕊；第四章：李建明；第五章：陈劲、杨硕；第六章：苗仲桢、周源；第七章：崔新健、欧阳慧敏；第八章至第十五章：张德华、吴晓、聂安捷。全书由郝玉峰统稿，参加编辑工作的有：郝玉峰、刘兴国、高蕊、张德华、吴晓、丁春燕、聂安捷、王晓君、滑婷等。

四、凡引用本报告研究数据、研究成果的，应注明引自“中国企业联合会《2022 中国 500 强企业发展报告》”，未经授权不得转载 2022 中国企业 500 强、2022 中国制造业企业 500 强、2022 中国服务业企业 500 强、2022 中国跨国公司 100 大、2022 中国战新产业领军企业 100 强、2022 中国大企业创新 100 强名单。

五、2023 年我会将继续对中国企业 500 强、中国制造业企业 500 强、中国服务业企业 500 强进行分析研究，出版《中国 500 强企业发展报告》，申报 2023 中国企业 500 强、2023 中国制造业企业 500 强、2023 中国服务业企业 500 强的企业，请与我会研究部联系，电话：010 －88512628、68701280、68431613、88413605；传真：010 －68411739。

由于时间仓促，本报告难免出现疏漏和不尽人意之处，恳请经济界、企业界及其他各界人士提出宝贵意见和建议。

在本书即将出版之际，我们还要向一直给予本报告大力支持的中国企业管理科学基金会表示感谢，向一直负责本书出版的企业管理出版社表示感谢！

编　者

二〇二二年九月

2022中国企业500强
2022中国制造业企业500强
2022中国服务业企业500强

部分企业介绍

中国兵器工业集团有限公司
CHINA NORTH INDUSTRIES GROUP CORPORATION LIMITED

中国兵器工业集团有限公司是我军机械化、信息化、智能化装备发展的骨干，是全军毁伤打击的核心支撑，是现代化新型陆军体系作战能力科研制造的主体，是“一带一路”建设的主力。

2021年，兵器工业集团党组坚决贯彻习近平总书记重要指示批示精神和党中央、国务院、中央军委决策部署，统筹推进常态化疫情防控和改革发展党建各项工作，坚持以高质量党建引领保障高质量发展，提质增效稳增长、科技创新、关键核心技术攻关、国企改革三年行动等重点工作成效显著，发挥了大国重器顶梁柱作用，实现“十四五”良好开局，经营规模位居军工集团首位，连续18年获中央企业负责人经营业绩考核A级，同时获得2019-2021年任期考核A级、任期“业绩优秀企业”和“科技创新突出贡献企业”奖，位列世界500强第136位。

站在百年奋斗的新起点新方位，兵器工业集团党组将以习近平新时代中国特色社会主义思想为指导，团结带领全集团党员干部职工深刻认识“两个确立”的决定性意义，增强“四个意识”、坚定“四个自信”、做到“两个维护”，坚持稳中求进工作总基调，完整准确全面贯彻新发展理念，服务和融入新发展格局，坚持系统观念，以高质量发展为主题，聚焦主责主业，履行好强军首责，坚持以军民融合发展为统领，实施创新驱动发展战略、安全发展战略、质量制胜战略、人才强企战略、数智工程战略，坚持思想领航、坚持改革创新、坚持稳中求进、坚持自立自强，聚焦主责主业、聚焦军民融合、聚焦价值创造、聚焦强军报国，突出稳增长、防风险、促改革、强党建，以高质量党建引领保障高质量发展，不断增强竞争力、创新力、控制力、影响力、抗风险能力，加快建设具有全球竞争力的世界一流集团公司，有力支撑国防建设和世界一流军队建设，以实际行动迎接党的二十大胜利召开。

北重集团大口径厚壁无缝钢管市场占有率逐步提升

由中国兵器工业集团北方公司联合承建的巴基斯坦拉合尔轨道交通橙线项目运营通车

北方股份国内市场占有率位居第一的非公路矿用车

武重集团HBA6916数控落地铣镗床，可广泛应用于冶金、能源、电力等行业

孟加拉燃煤电站项目

辽宁盘锦石化基地

广药白云山
GUANGZHOU BYS HOLDINGS

世界500强排名再创新高！
创新驱动企业高质量发展！

企业概况：

广药集团是全国最大制药工业企业集团，于2021年成为全球首家以中医药为主业进入世界500强的企业，2022年再次上榜《财富》世界500强，名列第467位，排名再创新高。广药集团在国际权威品牌评估机构Brand Finance公司发布的2022年全球最具价值医药品牌榜单中名列第18位，品牌增速全国第一；目前位居中国企业500强第134位、制造业500强排名第56位、中国战略性新兴产业领军企业100强第9位；连续11年荣登中国中药企业排行榜首，先后荣获“全国文明单位”“全国五一劳动奖状”“全国爱国拥军模范单位”“全国脱贫攻坚先进集体”等荣誉，入选国企改革“双百企业”名单。

“十四五”期间，广药集团将紧抓新一轮改革开放和粤港澳大湾区建设的新机遇，落实党建引领，打造独具产业特色、文化鲜明的世界一流生物医药与健康企业。

广药白云山生物医药与健康研发销售总部

紧抓中医药发展机遇 以“时尚中药”焕新老字号

广药集团拥有30多家子公司，过半数为中医药企业，包括12家中华老字号，其中10家已超百年历史，包括著名长寿药厂“陈李济”、凉茶始祖“王老吉”等。

中医药在抗击新冠肺炎疫情中展现了独特的价值。为确保中成药的生产供应，广药集团率先提出“不提价、不停工、保证产品质量、保证公益为上”的“两不两保”承诺，还与广州医科大学附属市八医院合作开展“肺炎1号方”的新药转化研究，力争打造粤港澳大湾区抗疫第一方。此外，广药集团作为产业投资者入主“中国中药饮片第一品牌”康美药业，双方协同发展将有利于发挥1+1大于2的优势。

广药集团首创“时尚中药”的发展理念，以中医药“治未病”“药食同源”理念开发的时尚饮料王老吉就是典型代表。2019年，广药集团以贵州刺梨为原料开发了刺柠吉系列产品，2021年销售超10亿元。目前，广药集团又推出了“荔小吉”系列产品，建成全国最大的荔枝饮料生产基地，助力广东荔枝产业和乡村振兴事业。

广药集团乡村振兴“吉祥三宝”

坚持科技创新 点燃医药健康产业发展引擎

广药集团搭建起了涵盖中成药、化学药、原料药和医疗器械等多个领域的科技创新体系，建成国家级科研机构8家，旗下“汉方中药制药过程技术与新药创制国家工程研究中心”成为广东省唯一一家中药领域的国家工程研究中心；自主研发的抗肿瘤1类新药项目获得美国FDA临床试验许可；小分子抗病毒仿制药瑞德西韦的开发取得阶段性进展，为抗击新冠肺炎疫情贡献“广药方案”。

得益于扎实的科研体系，广药集团获得国家技术发明二等奖1项，国家科技进步二等奖3项，拥有在研项目近200项。全集团拥有在研项目近200项，涉及抗肿瘤、抗感染、治疗免疫性疾病、治疗骨关节炎等多个管线，范围涵盖小分子化药、中药、生物药等多个领域。在人才梯队方面，广药集团建立了由诺贝尔奖得主3人、国内双聘院士和国医大师19人、外籍专家顾问7人，以及博士、博士后组成的高层次人才队伍。

中药制药过程技术与新药创制国家工程研究中心揭牌仪式

立足国内国际双循环发展格局 为世界健康提供广药方案

“广药制造”的名品早已畅销海外多年，旗下白云山奇星的华佗再造丸已连续十多年位居全国中成药出口第一名，并进入多个国家的医保。王老吉凉茶在全球150多个国家和地区进行商标注册及产品出口。

广药集团以澳门为桥头堡，成立了澳门国际总部，与钟南山院士团队合作开展板蓝根二次开发与澳门产业化项目，白云山板蓝根将成为澳门中医药立法后首批注册的中成药产品。广药国际澳门青洲制药厂目前已建成投产，为澳门首个GMP标准中药厂，依托政策和区位优势，推动“澳门制造”的广药名品走向世界。

刺柠吉生产基地车间

广药国际澳门青洲制药厂

广药集团旗下中华老字号品牌

20万吨电解系统厂房

海外项目

火法冶炼

金川集团股份有限公司

JINCHUAN金川

JINCHUAN GPOUP CO.,LTD.

金川集团股份有限公司（以下简称金川集团）是特大型采、选、冶、化、深加工联合企业，主要生产镍、铜、钴、铂族贵金属及有色金属压延加工产品、化工产品、有色金属化学品、有色金属新材料等。经过六十多年的建设与发展，金川集团在全球30多个国家和地区开展有色金属矿产资源开发合作，已具备镍20万吨、铜100万吨、钴1.5万吨、铂族金属7吨、金30吨、银600吨、硒200吨和化工产品560万吨的生产能力。2021年镍产量居世界第三位，钴产量居世界第四位，铜产量居国内第四位，矿产铂族金属产量居亚洲第一。金川集团位居2022年“世界500强”榜单第339位。

2021年，面对波诡云谲的外部市场，金川集团勠力同心、攻坚克难,全年实现营业收入2642亿元,同比增长6.63%；利润总额77.5亿元,同比增长133%，发展基础更加稳固，发展动能更加强劲，实现“十四五”良好开局。

站在“两个一百年”的历史交汇点，金川集团肩负大型国有企业使命担当，立足新发展阶段，贯彻新发展理念，融入新发展格局，以“规模倍增、结构优化、路径创新、党建保障”高质量发展战略为指引，以建设世界一流企业为标杆，努力把握好新一轮科技革命、“一带一路”建设、产业变革带来的新机遇，续写既往华章，力求从“原”字号到“材”字号的转变，奋力实现“十四五”再造新金川的梦想。

金川矿山

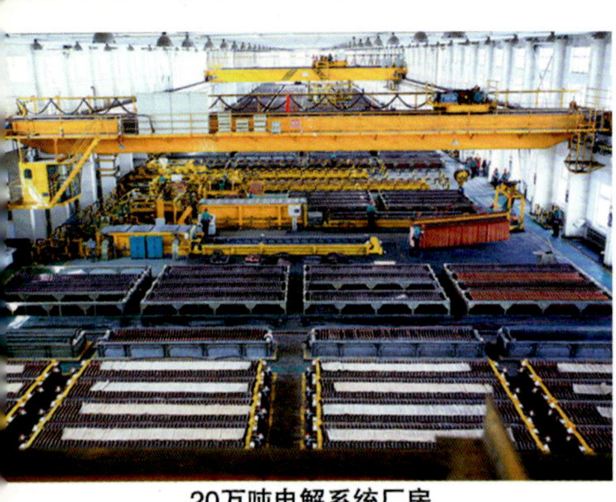

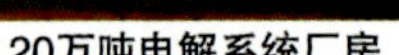

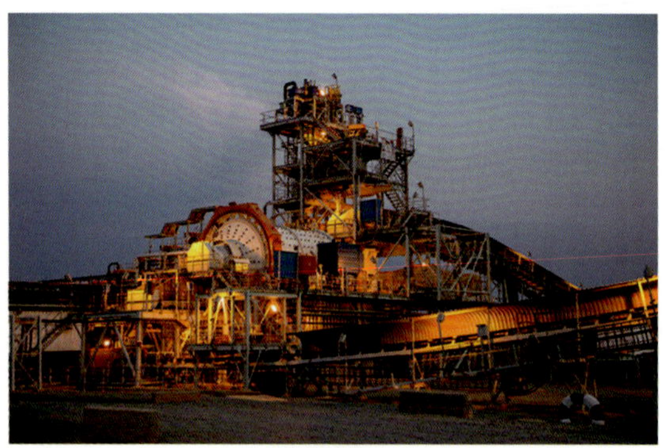

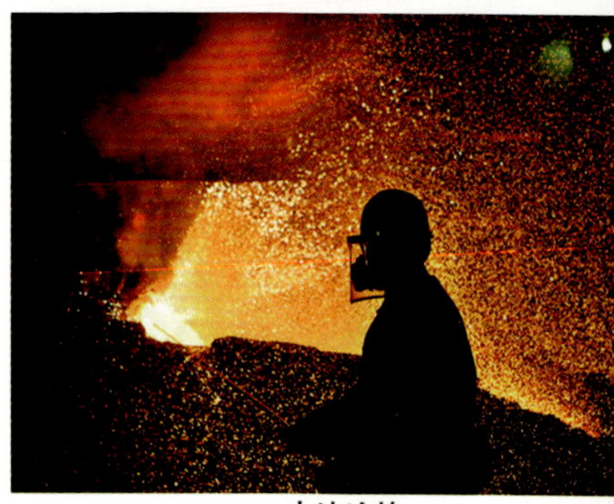

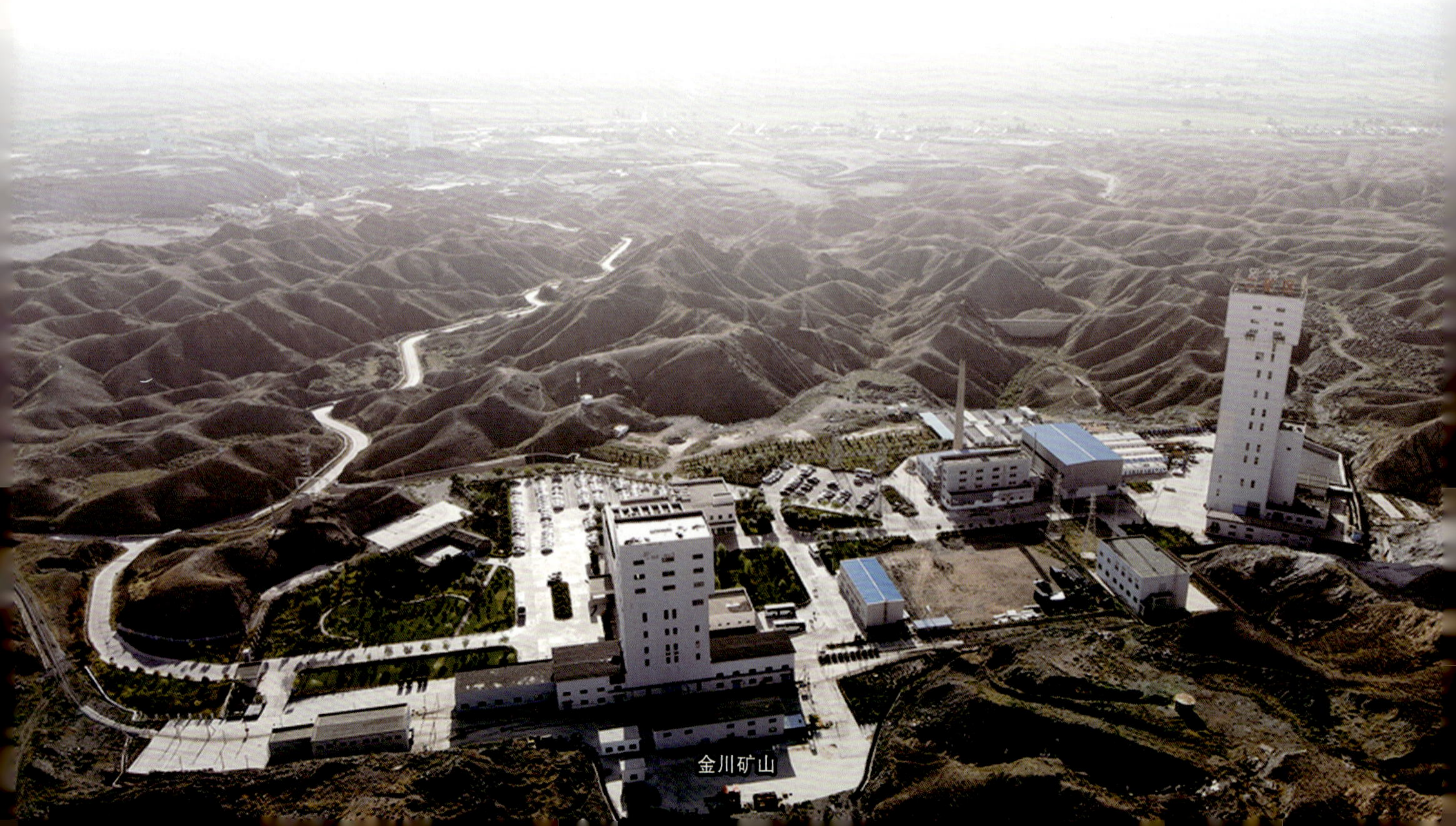

杭州市实业投资集团有限公司

HANGZHOU INDUSTRIAL INVESTMENT GROUP CO., LTD.

杭州市实业投资集团有限公司(以下简称杭实集团)成立于2001年6月，注册资本60亿元，是杭州市政府直属的国有大型投资集团。历经20余载改革发展，杭实集团目前拥有参控股企业43家，所投热联集团、中策橡胶、杭叉集团、西子洁能、杭华股份等均处于国内或行业领先地位。2021年，杭实集团实现合并营业收入 1811亿元，主体信用等级和债项评级稳定保持AAA级。

杭实集团坚持聚焦“产商融结合的国际化投资平台”战略定位，围绕核心主业，加快培育战略性新兴产业，投资布局了一批细分领域头部企业，着力构建以产业投资为基础、产业链投资为核心、产业链服务为特色的产业投资生态体系。

沿着“十四五”新征程，集团将深化“产业投资+产业服务+资本运作”多引擎驱动，坚持“串联场景、共享共赢”战略理念，通过深挖需求和场景串联，精准赋能企业发展，打造多个细分领域产业集群，集团的目标是成为具有资本管理、产业赋能和创业创新综合能力的新时代一流国有资本投资公司。

包头钢铁（集团）有限责任公司（以下简称包钢）于1954年成立，是国家在“一五”期间建设的156个重点项目之一，经过60多年的发展，现拥有“包钢股份”“北方稀土”两个上市公司，资产总额近2100亿元。投产以来，累计产钢2.81亿吨、上缴利税超千亿元，为支援社会主义建设、振兴民族工业、维护国家战略安全、带动民族地区发展做出了积极贡献。

立足“十四五”发展新起点，包钢将继续筑牢企业发展的“根”和“魂”，坚持走以生态优先、绿色发展为导向的高质量发展新路子，贯彻落实“12367”发展思路，不断开创现代化新包钢建设的崭新局面。

包钢厂区全景

绿色包钢

中国北方稀土

中国北方稀土铁硼速凝薄带合金生产线

包钢股份炼钢厂转炉区域

稀土钢板材公司热轧生产线

钢中有稀土，更坚、更韧、更强

钢铁产业。具备1750万吨以上铁、钢、材配套能力，可生产高速钢轨、石油套管、管线管、汽车板、高级管线钢、高强结构钢等高端产品，形成“板、管、轨、线”四条精品线的生产格局，是世界装备水平高、能力大的高速轨生产基地，是我国品种规格头等齐全的无缝管生产基地，是我国西北地区大型板材生产基地和高端线棒材生产基地。产品广泛应用于京沪高铁、青藏铁路、和若铁路、三峡工程、北京大兴国际机场、中俄东线天然气管道等重点工程和建筑，并远销欧美等60个国家和地区。

稀土产业。拥有独特的稀土资源优势和随铁开采的低成本优势，所属企业55家，是集稀土生产、科研、贸易、新材料于一体的跨地区、跨所有制的行业龙头企业，也是国内乃至全球规模大、产业全、营收高、利润好的行业头部企业。目前已形成以稀土资源为基础、冶炼分离为核心、新材料领域为重点、终端应用为拓展方向的产业结构，形成上下游完整产业链条。

多元产业。资源及综合利用、物流、煤焦化工、节能环保、装备及现代服务均呈现良好发展态势，向着更加专业、高效的目标升级迈进。

包钢股份稀土钢板材冷轧成品库

包钢股份无缝管产品生产现场

包钢股份重轨成品库

包钢股份线材产品生产现场

刚果（金）TFM

CMOC洛阳钼业

洛阳钼业（SH 603993，HK 03993）属于有色金属矿采选业，主要从事基本金属、稀有金属的采、选、冶等矿山采掘及加工业务和矿产贸易业务。目前公司主要业务分布于亚洲、非洲、南美洲、大洋洲和欧洲五大洲，是全球领先的钨、钴、铌、钼生产商和重要的铜生产商，亦是巴西领先的磷肥生产商，同时公司基本金属贸易业务位居全球前三。

洛阳钼业为2021《财富》中国500强第92位，2021全球矿业公司40强排行榜第15位，2021年全年公司营收1738.6亿元，同比增长54%；归母净利润51.1亿元，同比增长119%，均创历史最佳业绩。

TFM 办公室

中非工作人员合影

埃珂森金属贸易

澳大利亚铜金

巴西铌磷

洛钼刚果（金）10K 扩产项目

洛钼中国区三道庄绿色矿山

公司简介>>>

作为中国规模最大的民营能源企业之一，新奥天然气股份有限公司（以下简称：新奥股份，股票代码：600803.SH）在全国运营250多个城市燃气项目，液化天然气（LNG）年配送能力超100亿立方米，运营中国首个大型民营LNG接收站——舟山LNG接收站，业务覆盖分销、贸易、储运、生产、工程在内的天然气产业全场景。

依托产业最佳实践，新奥股份打造天然气产业智能运营平台——好气网，加速聚合天然气产业需求、资源、交付、储备生态，创新发展数智服务，致力成为天然气产业智能生态运营商，推动天然气产业数智升级。

数说2021>>>

天然气总销售量：372亿立方米，约占中国天然气总消费量的10%

营业总收入：1160亿元

气候减排：助力社会及客户减排4907万吨

各项慈善公益支出：1.03亿元

舟山接收站正式并入新奥股份
全场景运营价值进一步释放

与切尼尔能源签署LNG长期购销协议

发布绿色行动计划
明确中长期绿色行动目标

新奥股份将秉持长期、稳定、可持续发展的绿色发展理念，以开放融合的心态创新前行，携手各方共建天然气产业智能生态，踔厉奋发向未来。

大東海集团

GDHC GREAT DONG HAI CORPORATION

福建大东海集团是集钢铁制造、房地产、建筑、物业管理、船运、经贸六大板块于一体的大型综合性企业集团。旗下拥有河北东海特钢集团有限公司、福建大东海实业集团有限公司、福建日出东海投资有限公司、福建康泰再生资源利用有限公司、香港国创国际控股有限公司等30余家企业，员工2万多人。集团位列2021年中国企业500强榜单第246位、中国民营企业500强榜单第94位、福建企业100强榜单第11位、福建民营企业100强榜单第5位，钢铁制造入选全球50大钢企，2020年被工信部评为国家级“绿色工厂”。

集团所辖的河北东海特钢集团有限公司位于河北省唐山市，面积6000余亩（1亩≈666.67平方米），核心产品为热轧卷板、中宽带钢、热轧带肋钢筋、优质碳结钢、低合金钢等。唐山金属板材制造有限公司占地1500亩，是河北省重点项目，主要生产精品冷轧产品。所辖的福建大东海实业集团有限公司，位于福州市长乐区，面积3500多亩，主要生产优质碳结钢、低合金钢、优质建筑钢材等，目前继续投资新型绿色精品钢铁和冷轧产品。集团旗下的大东海地产坚持“品质感动生活”的理念，与城市共生共长，精筑城市臻品生活，现拥有地产项目23个。

集团坚持创新、协调、绿色、精品、共赢的发展理念，拥有钢铁行业领先的“智能制造”控制系统、70多项研发项目、36项专利技术，全力打造全流程绿色高端钢铁全产业链。“东钢”“大东海”品牌产品荣获“国家‘金杯奖’”“‘白玉兰’杯优质建筑用钢品牌人气企业”“全国钢铁行业质量领先品牌”等一系列荣誉。

“十四五”期间，集团将积极响应中央及地方党委、政府号召，坚持创新驱动发展战略，把核心科技技术摆在创新发展全局的首位，把可持续发展作为目标，进一步做优做强企业，推动企业高质量发展，为经济社会发展做出积极贡献。

企业党建馆

大东海实业办公楼大堂

福建大东海厂部公园

冷轧产品

卷板

大东海翡翠湖项目

大东海新天地项目

河南能源

河南能源总部办公大楼

河南能源集团有限公司（简称河南能源）是经河南省委、省政府批准，2008年12月、2013年9月两次重组成立的大型能源集团，2022年7月8日，经省政府同意正式更名为河南能源集团有限公司。产业涉及能源、化工新材料、现代物贸、金融服务、智能制造等，主要分布在河南14个省辖市，以及新疆、贵州、内蒙古、陕西、青海等省（区）和澳大利亚。拥有煤炭资源储量318亿吨，产能近1亿吨/年，品种以无烟高炉喷吹煤、炼焦精煤为主；化工产品产能近1000万吨，产品主要涉及甲醇、乙二醇、醋酸、二甲醚以及化工新材料碳纤维、聚甲醛、1,4-丁二醇、PET、PBT等18个种类。控股大有能源、九天化工2家上市公司和濮阳绿宇新材料1家新三板挂牌公司。位居2020年世界企业500强第486位，2022年中国煤炭企业50强第11位。

2022年1-7月，完成商品煤产量4057万吨、营业收入687亿元，实现利润总额34亿元，经济效益创历史最好水平。当前，河南能源正在河南省委、省政府坚强领导下，聚焦煤炭、化工两大主业，着力推动从传统能源向新能源转变、从基础化工向化工新材料转变。

河南能源首个成套自动化工作面设备地面联调成功（车集煤矿）

中原大化煤化工装置区

三门峡戴卡轮毂自动化生产线

电煤保供

攻坚克难我在前

英勇善战的千秋煤矿八一采煤队

金地集团

Gemdale 科 学 筑 家

金地集团董事长 凌克

深圳金地中心——金地集团总部

金地集团1988年初创于中国深圳，2001年在上交所上市（600383.SH），历经数十年的探索和实践，现已发展成为一家以房地产开发为主营业务、相关多元业务全面发展的综合型上市公司，总资产4628亿元，归属股东净资产630亿元。业务涵盖房地产开发、商用地产及产业园镇开发运营、房地产金融、物业服务、体育产业运营、家装产业、代建产业、教育产业等。

金地集团从1993年开始经营房地产业务，是中国较早上市并实现全国化布局的房地产企业。三十余年来，金地集团为国内外近百万户的家庭提供了十大标准化、系列化的住宅、商业产品与服务，开发及持有的住宅及商用、产业项目布局全国7大区域、近100座城市，并在美国覆盖东西两岸的8个不同城市及地区拥有14个项目。2021年，金地集团实现房地产销售金额2867亿元人民币，行业排名稳居前10。

作为地产科技化的行业领导者，金地集团在建筑数字化、工业化和定制化领域进行了卓有成效的探索实践，在BIM平台、装配式建筑、铝模、定制化部品等新技术、新材料、新工艺的应用方面，为行业发展做出了有益的贡献。

在地产主营业务之外，金地集团还布局了商用地产及产业园区的开发运营、智慧服务管理、房地产金融、体育产业运营、家装、代建、教育、健康等相关业务领域。

金地商置是金地集团旗下的地产综合开发和资产管理平台，上市代码00535.HK，致力于成为城市价值集成商。在产业园开发运营板块，金地集团作为科技创新产业的领先者，聚焦人工智能、生命科学等高科技领域，并与源创力波士顿、丰元创投、清华创投等全球著名基金合作，构建集投资、孵化、加速、园区建设运营于一体的协同发展模式。当前，金地集团以“威新”为品牌名片的产业园区，已完成了第二次产品迭代，并在国内外19个城市实现布局，园区数量40余个，管理面积逾480万平方米，吸引众多世界500强及目标产业领域的领先企业入驻。

金地集团在为客户提供标准化、系列化的住宅与社区商业产品的同时，也通过数字化、智能化的方式，为客户提供高品质的管理服务。截至2021年年末，金地集团旗下的金地智慧服务集团的管理服务已覆盖各类物业形态，线下签约面积超过3.3亿平米，用SaaS来进行线上服务的面积达3亿平方米。

金地集团还将房地产金融作为公司业务的重要组成部分，旗下私募基金管理公司稳盛投资已经成为中国房地产基金的领导者。2012年至2021年，稳盛投资被清科集团、金砖论坛等多家权威机构评为人民币房地产基金TOP10。

在体育产业领域，从1996年运营第一片网球场馆开始，到2010年成立专业的体育产业运营公司——弘金地，金地集团持续用专业和实力，践行助力中国体育产业发展的承诺。

目前，弘金地已形成了以深圳WTA年终总决赛、中国杯花样滑冰大奖赛为龙头的国际化、职业化赛事矩阵，成为中国率先覆盖网球运动全产业链的国际化体育企业，并开拓了冰雪、帆船等新的赛道。通过对体育场馆及社区体育项目的运营，弘金地助力城市打造产城融合生态圈，为社会公众提供健康的生活方式服务。

以科技为导向，以产业为平台。新时期的金地集团，紧扣时代发展脉搏，服务产城融合发展，在家装、代建、教育、文旅、健康等产业领域也进行了卓有成效的探索布局，致力于成为综合型城市服务商和产城融合新区发展商，向中国最有价值的国际化企业持续迈进！

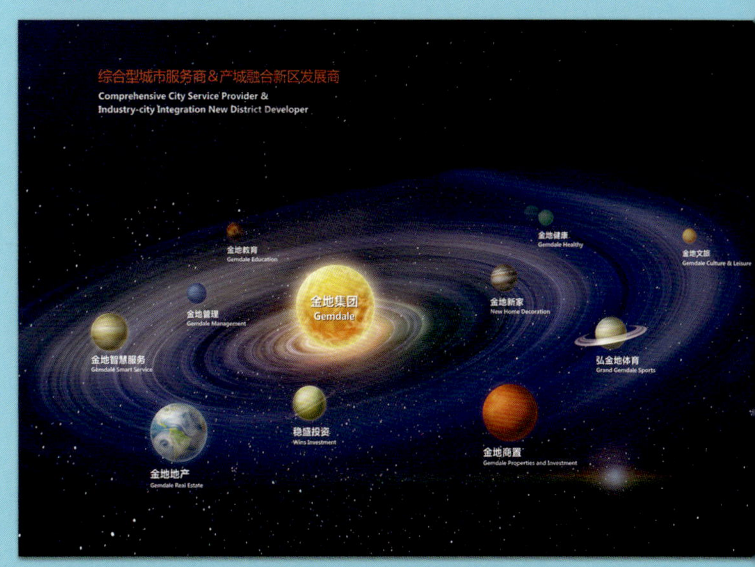

金地集团业务版图示意

鹏飞总部、鹏飞国宾酒店

郑 鹏 主席

集团简介

鹏飞集团秉承"为心系鹏飞事业的人创造幸福"的企业使命，追求"成为全球领先的清洁能源智慧企业"发展愿景，从1993年的2.5万元资金起步，从小土焦生产企业做大做强到拥有950亿元资产、2万员工的，集原煤采掘、精煤洗选、焦炭冶炼、现代煤化工、氢能全产业布局、可再生能源利用、5G智能应用及公铁联通融合、文旅酒店地产等于一体的数智化、循环化、绿色为底色的全产业链中国500强企业，是在践行碳达峰、碳中和目标中具有领航优势的绿色低碳科技企业。

集团成立以来，始终坚持红色引领、创新驱动。目前，集团总部及各区域公司共设3个党委、11个党总支、45个党支部，共有党员800余名，其中在职党员537名，成为山西省十个非公企业和商协会组织党建教育示范基地之一，为集团高质量、全方位转型发展新需求提供了强大驱动。

集团致力于打造"科创中国、科创鹏飞"，每年投入5亿元以上用于科技研发。与清华大学、北京大学、中国人民大学、太原理工大学等知名高校开展紧密校企合作，成立鹏飞产业学院培养行业人才，携手太原理工大学共建绿色智慧煤焦化工产业科技研究院，目前专利数量已达10余项。

在强大的人才支撑、科研创新驱动下，集团产业链条不断延伸，发展空间不断拓展，实现煤矿17座，产量2300万吨；洗煤厂12座，原煤入洗能力2700万吨；焦化厂2座，产能500万吨；甲醇60万吨，LNG4亿立方，合成氨10万吨；铁路发运站3个，发运能力1000万吨；自备电厂10座；氢能产业基地1座的全产业链发展。

2019—2022年连续四年入选中国民营企业500强、中国制造业民营企业500强榜单。

2021年，鹏飞集团首次进入中国企业500强榜单，位列354位，是山西省唯一入选的民营企业。

2022年，鹏飞集团再次入选"中国企业500强"榜单，排名264位；首次进入中国民营企业100强，位列第96位，是全国工商联自1998年上规模民营企业调研排位以来，山西企业首次进入百强；同时在"中国制造业企业"和"中国制造业民营企业"500强榜单中分别位列121位和53位。

勇于担当社会责任已成为集团发展20多年来的自觉，在捐资助教、生态绿化、公路建设、医疗救治等方面，累计投入数亿元。尤其是2020年抗击新冠肺炎疫情期间捐款600余万元支持企业属地疫情防控工作，2021年山西雨涝灾害期间，累计捐资1亿元支持抗汛救灾和灾后重建工作。2022年3月成立山西省鹏飞慈善基金会，截至目前已通过基金会向社会各界捐款1300余万元用于疫情防控、学术研究、教育事业发展。以实际行动彰显了民营企业强烈的社会责任担当和浓厚的家国情怀。

当今世界正处于百年未有之大变局，创新驱动风起云涌，能源革命蓄势待发，高质量发展重任在肩。奔跑于新时代的光辉大道上，鹏飞集团将继续坚定“听党话、跟党走”的政治自觉、思想自觉、行动自觉，以习近平新时代中国特色社会主义思想为指引，深入贯彻新发展理念，向改革要动力，向创新要发展，向奋斗要实绩，在“成为全球领先的清洁能源智慧企业”的道路上阔步前行。

鹏飞集团干熄焦项目

鹏飞集团氢燃料电池汽车·电堆·系统制造项目

鹏飞集团加氢综合能源岛

鹏湾氢港氢能产业园项目

鹏飞柳氏民居

鹏飞集团500万吨焦化生产基地

鹏飞甲醇联产LNG合成氨生产基地

鹏飞沁和能源、鹏飞友谊大酒店

鹏飞集团5G+中央调度指挥管理平台

双胞胎®

双胞胎集团

双胞胎集团成立于1998年，是一家专业从事饲料研发生产、养猪服务、肉食品加工、饲料原料贸易的全国性大型农牧集团，现有分公司350余家、员工近20000人，2021年生猪上市1165万头，一举进入行业前四强。

双胞胎掌握核心科技，现拥有专业研发人员400多名，硕士、博士100多名，成立院士、博士工作站，在荷兰、法国等欧美国家成立研究所，储备了大量的养猪核心技术和饲料核心技术，拥有国家CNAS认证的实验室、国家企业技术中心，两次荣获国家科技进步二等奖，国家专利100多项。

双胞胎集团是中国企业500强，中国民营企业500强，中国制造业企业500强，农业产业化国家重点龙头企业。

双胞胎集团立足于“三农”，服务于“三农”，积极响应国家乡村振兴战略，推进农民、农村共同富裕。展望未来，双胞胎集团聚焦原料收储、饲料加工、生猪养殖、屠宰加工的主航道，构建全球最大最好的养猪服务平台，让养猪更简单，让猪肉更安全，争取早日跨入世界500强企业的行列。

SIGC 陕投集团
SHAANXI INVESTMENT GROUP

陕投集团首个自主建设风电项目
——陕能榆阳小壕兔一期100MW风电项目

陕投集团外观大楼

陕西省首个大型煤电一体化外送项目
——赵石畔煤电一期2x100万千瓦发电项目

蒲城生态农业光伏电站

陕投集团-秦创原发展公司外景

陕投集团-寰宇卫星测控大厅

陕西投资集团有限公司（简称陕投集团或集团）是陕西省首家国有资本投资运营公司，注册资本100亿元，现有总资产近2600亿元，拥有全资、控股子公司39家，全系统员工2.5万余人。

陕投集团的前身，是1991年成立的陕西省电力建设投资开发公司，依靠国家集资办电政策起步，经过30年的改革发展，逐步形成了以产融结合为基础，能源、金融和战略新兴产业投资有机结合的发展格局。

近年来，集团以国有资本投资运营公司改革试点为契机，初步打造了具有自身特色、符合发展实际的“陕投模式”：即**坚持“追寻价值、引领发展”的使命与担当，以产融结合为基础，以改革创新为动力，以国有资本投资运营公司为平台，以能源、金融、投资为主业，以创新链、产业链、金融（服务）链协同为抓手，坚持“能投会卖”的投资理念和“阶段性持股”的经营理念，沿着资源资产化、资产资本化、资本证券化的“三化”经营路径，完成资源集聚、资产配置、产业培育、系统赋能、价值创造、资本运作和价值实现的高质量运营过程，为陕西经济建设发挥“引导投资、调整结构、推动发展”的功能作用。**

2021年，集团实现营业收入840.77亿元、利润总额62.38亿元（归母净利润27.31亿元），同比分别增长11.49%、13.55%，集团年末总资产2416.58亿元，净资产收益率6.87%。在2021中国企业500强排名中位列277位，在省国资委综合业绩考核中连续16年保持A类排名，持续保持AAA信用评级。

化医集团

重庆化医控股（集团）公司成立于2000年8月，是重庆市政府出资组建的一家集研发、生产、营销为一体的国有独资大型控股集团公司，拥有重药控股、渝三峡两家上市公司，全级次企业257户，职工2.9万余人。2021年实现营业收入825亿元，利润总额22亿元，利税总额46亿元。

化医集团立足化工、医药两大主业，着力发展化工新材料、医药健康、新服务业、内部金融服务、资产管理等五大业务板块，主要生产合成氨、尿素、聚四氢呋喃、氯碱、甲醇、硝酸、油漆、蛋氨酸、氯丁橡胶、苯胺、还原染料、水合肼、亚氨基二乙腈、苯氨基乙腈、三聚氰胺、现代农药、84消毒液、嘧啶、原甲酸三甲酯、金钱草颗粒、阿莫西林胶囊、青蒿素、眼用制剂等产（药）品。化医集团拥有国家级企业技术中心2个，市级企业技术（工程）中心27个，创中国驰名商标3个，重庆市著名商标10个，重庆市名牌（知名）产品33个。

面向新时代，化医集团深入贯彻落实创新、协调、绿色、开放、共享发展理念，秉承“创造幸福美好生活、守护健康美丽生命”的企业使命和“诚信、至善、奉献、共赢”的核心价值观，坚持深化供给侧结构性改革，着力调结构、促发展、防风险、保安全，自立自强、砥砺前行，推动质量变革、效率变革、动力变革，着力构建创新协调绿色开放共享的现代产业集团，实现高质量发展。

重庆化医集团本部大楼

重庆化医集团所属建峰化工装置全景图

化医集团所属弛源化工生产装置

重庆化医集团所属天原化工全景图

化医集团所属长化集团生产装置

化医集团所属长风化学生产装置夜景

重庆化医集团所属重药控股现代物流基地

重庆化医集团所属重药控股运输车队

四川能投总部大楼

华海清科大楼

全国脱贫攻坚先进集体奖牌

四川能投控股的金沙水电站

供电区域覆盖四川省31个县（市）的四川能投电网

广西川化天禾钾肥有限责任公司——三聚氰胺装置

四川省能源投资集团有限责任公司（以下简称四川能投）成立于2011年2月，注册资本175亿元，是四川省推进能源基础设施建设、加快重大能源项目建设的重要主体。

成立以来，四川能投紧紧围绕打造万亿级能源化工产业的目标，以产业多元融合发展为契机，以深化改革为抓手，产业布局初见成效。截至目前，公司资产规模超2500亿元，年营业收入700亿元，信用评级为最高级“AAA”，控股川能动力、四川能投发展、华海清科三家上市公司，2021年获得国务院表彰的“全国脱贫攻坚先进集体”。

“十四五”期间，集团将围绕“绿色低碳、科技赋能”的宗旨，沿着产业强、科技强、资本强、质量效益优的“三强一优”发展路径，聚焦清洁能源、绿色材料、先进制造三大重点发展方向，聚力做强综合能源化工核心主业，着力提升清洁能源产业能级，踔厉激发绿色材料产业潜能，优化拓展先进制造产业布局。力争“十四五”末实现总资产超4000亿元、营收超1500亿元、利润总额超100亿元，将四川能投打造成为国内领先的新型能源化工集团。

甘肃省建设投资（控股）集团有限公司（以下简称甘肃建投），是甘肃省首批国有资本投资公司试点单位之一，肩负服务全省发展战略、优化国有资本布局、提升产业竞争力的职责。连续10次荣膺中国企业500强，完成经济总量逾1000亿元。

甘肃建投党委书记、董事长苏跃华在第十八届中国建筑企业高峰论坛上作主旨演讲

2020年6月18日，甘肃建投正式改制更名，成为全省首批国有资本投资公司试点单位之一。2021年，甘肃建投第一次党代会召开，确立了“再造一个甘肃建投”的战略目标和以“投”为引领，以“建”为依托，以“产”为支撑的战略布局，全面向资本投资商华丽转身，真正成为全省基础设施领域最大的投资商、建筑行业的引领者、海外业务的开拓者、新业态的探索者，在高质量发展的道路上不断前行。

甘肃建投坚持生态优先、绿色发展，积极投身讨赖河嘉峪关安远沟至嘉酒分界线段水系生态环境综合治理工程

近年来，甘肃建投积极践行新发展理念，服务国家发展战略、全省社会经济发展，引领行业发展，实践运用产融结合、产城融合发展模式，充分释放在投融资、项目运作、科技研发、技术创新等方面的显著优势。

甘肃建投助力地方经济发展和乡村振兴，投资建设的临夏环城北路项目

先后与甘肃省各市州签订战略合作协议，在区域合作中创新机制，投建了一大批省市重点项目，涉及城乡基础设施建设、建筑工业化、装备制造、黄河流域治理、绿色环保、建材矿山、文旅酒店等，牢固树立甘肃建投品牌形象，扩大影响力。

国内紧盯京津冀、粤港澳、长三角、成渝、关中天水等城市圈建设，积极“走出去”，建安、地产业务已经拓展到了上海、深圳、天津、杭州、成都、重庆、西安、无锡等一、二线城市。“百郦”系列房地产开发项目，已形成良好的品牌效应。

自1978年援建“多哥人民联盟之家”工程开始，甘肃建投先后在亚洲、欧洲、非洲、大洋洲和美洲的40余个国家深耕经营。近年来抢抓“一带一路”建设及国家扶持甘肃发展的各种政策叠加机遇开辟了东非、东欧、南亚、东南亚、南美等新兴市场，成立了近20个驻外机构，是ENR全球最大250家国际承包商。

2020年7月投产的榆中创新科技产业园

甘肃建投参建的中白合作共建丝绸之路经济带的标志性工程——中白工业园

甘肃建投与上海月星集团携手打造的兰州·环球港

中国建设工程“鲁班奖”　　“菲迪克奖”　　“古斯塔夫·林德萨尔奖”

四川公路桥梁建设集团有限公司始建于中华人民共和国成立初期，基础队伍源自18军筑路工程队及西南公路局桥工处，曾建成了举世瞩目的川藏公路，是“两路精神”的重要发源。在大三线建设、改革开放初期为中国交通建设做出了突出贡献。1998年组建集团公司，成为四川省国有重要骨干企业，2003年发起设立四川交通系统首家上市公司，2012年实现整体上市。

公司注册资金60亿元，拥有公路工程施工总承包特级资质和公路行业甲级设计资质，主要从事公路、铁路、房建、市政、矿山及新能源基础设施等“大土木”领域工程建设，下辖60余家全资、控股公司，员工1万余人。2021年，资产总额超1200亿元，营业收入近800亿元。

公司是我国交通基础设施建设的重要力量，累计修建各类公路2万多千米，其中高等级公路上万千米，大型桥梁3千余座，特长隧道2百余座，遍及国内27个省、市、自治区；承建了四川省近一半高速公路，承建了长江上1/3大型、特大型桥梁；创造了多项“中国第一”“世界之最”，代表工程有：山区峡谷大桥世界第一高塔、世界第二跨径的悬索桥——赤水河红军大桥，世界第三、国内第二长的公路隧道——米仓山隧道，世界最大跨径悬索桥——土耳其1915恰纳卡莱大桥。

公司在深水大跨径桥梁、复杂地质特长隧道、高速公路路面施工等领域积累了丰富的经验，形成了独特的管理和技术优势，部分技术达到国内领先、世界一流水平，多项工程获得了“国家科技进步奖”“鲁班奖”“詹天佑奖”“古斯塔夫·林德撒尔奖”“菲迪克奖”等国内外行业顶级奖项。

公司从20世纪60年代开始承担海外工程，是中国重要的对外工程承包商，建设版图遍布非洲、欧洲、东南亚、大洋洲等，海外市场份额累计达20亿美元。2021年，位列国际承包商第213位、全球承包商第55位。

土耳其1915恰纳卡莱大桥跨越土耳其马尔马拉海西端的达达尼尔海峡，连接欧亚两洲，为双塔三跨悬索桥，桥梁主跨长度2023米，全桥钢箱梁总长3563米，是世界上主跨最长的桥梁，于2022年3月建成通车

赤水河红军大桥——全长2009米，主跨1200米的山区峡谷大桥世界第一高塔（桥塔顶距离赤水河谷底达503米）、世界第二跨径的悬索桥。历时29个月建成，于2019年9月30日建成通车

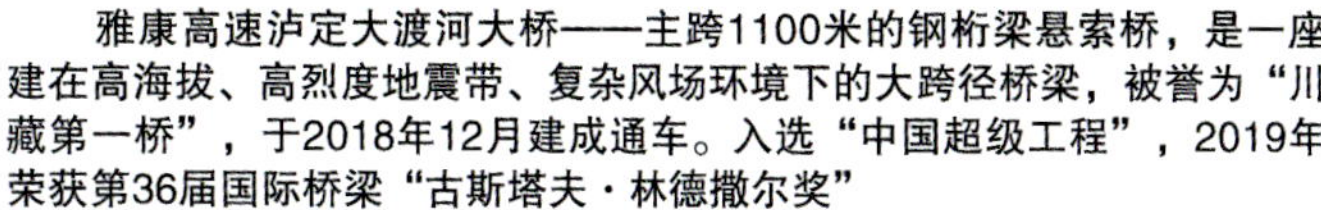

雅康高速泸定大渡河大桥——主跨1100米的钢桁梁悬索桥，是一座建在高海拔、高烈度地震带、复杂风场环境下的大跨径桥梁，被誉为“川藏第一桥”，于2018年12月建成通车。入选“中国超级工程”，2019年荣获第36届国际桥梁“古斯塔夫·林德撒尔奖”

湖北荆岳长江大桥——主跨816米，南塔高224.5米，北塔高265.5米，为世界最大跨径高低塔混合梁斜拉桥，于2010年12月建成通车。荣获“国家优质工程奖”“鲁班奖”“中国公路学会科技进步一等奖”“湖北省科技进步一等奖”等，同时获得5项国家发明专利

四川路桥厂景图

海发集团
QDHF

海发大厦

龍馬躬行

海发集团
QDHF

青岛海发国有资本投资运营集团有限公司是青岛市市直大型国有企业，成立于2012年3月。截至2021年末，资产总额突破1200亿元，实现营业收入792亿元，控股或参股5家上市企业，获评AAA级企业，获批创建国务院国资委集团层面公司治理示范企业。

党建引领高质量发展。深入实施党建与业务“双品牌”战略、“双系数”考核机制，全方位塑造“龙马躬行”党建品牌，建成启用全国首个5G高新视频党建教育基地，“打造一流党建品牌，引领企业阔步迈进”荣获“首届山东省企业文化优秀成果一等奖”，获评“山东省社会责任企业”“五一劳动奖状”，经营业绩考评进入A级企业类别，在市属企业党委书记履行全面从严治党责任和抓基层党建述职评议中连续三年获优秀等次。

集聚打造现代产业生态。探索国有股权市场化、专业化、集约化运作新模式，搭建产业协同、资源配置、资本运营的创新赋能平台。组建青岛市集成电路、健康、环保等产业控股平台，依托七大产业集群、16个现代产业园区和9只产业基金，以“产业+园区+基金”三位一体模式引项目、促产业。东方影都集聚企业近千家、全面构建“六个一”影视供应链体系，围绕芯恩国际以“三个一”集聚发展半导体产业，转设组建青岛电影学院，南京同仁堂加快启动IPO上市，与世界500强欧力士共建中国区域产业运营总部，打造青岛市“四新”经济集聚高地。

灵山湾影视文化产业区

5G高新视频党建教育基地

东方影都影视产业园区

海创中心

中国广电·青岛5G高新视频实验园区

创新功能区市场化开发模式。制定推出功能区市场化开发建设运营标准，通过三轮开发实现城市价值提升、功能升级，构建“功能区开发+现代产业园区建设运营+金融投控+上市平台+供应链体系”五位一体商业模式，市场化开发区域拓展至青岛西海岸新区三大功能区170平方公里，形成“东有灵山湾、西有藏马山、北有自贸区”三城联动发展格局，创出山东省企业主导功能区市场化开发典型模式。

未来，海发集团将发挥青岛市国有资本市场化运作的专业平台作用，围绕深度匹配城市发展战略，深耕细作七大产业集群，加快创新驱动高质量发展，努力跨入世界一流企业行列。

东方影都

水发集团党委书记、董事长 王振钦

水发集团有限公司组建于2009年11月8日，是山东省属国有大型企业集团，总部位于济南。业务涵盖水利开发、现代农业、环境保护、清洁能源四大板块，拥有水发燃气、水发兴业能源、兴业新材料3家主板上市公司,业务遍及全国和“一带一路”部分国家。荣获山东省首家“绿色企业”认证，国内信用评级双AAA，国际信用评级baa1。集团先后荣获“山东省优秀企业”“山东省五一劳动奖状”“山东省社会责任企业”“中国乡村振兴责任企业”等称号,集团党委书记、董事长王振钦先后获得“山东省担当作为好干部”“山东省改革尖兵”“山东省行业领军企业家”“山东社会责任企业家”“全国五一劳动奖章”等荣誉，两次被山东省委记一等功。

集团认真落实高质量发展要求，突出提升发展质量效益，2021年保持快速健康发展良好势头，全年实现营业收入770亿元，同比增长70.3%；利润总额18.5亿元，同比增长46.8%；资产总额1680亿元，同比增长18.6%；经营性现金流净额54.3亿元，同比增长2.37倍；上缴税收27.4亿元，同比增长40.5%。着力培植产业发展优势，积极实施首位度引领战略，四大板块产业规模均居省内第一、国内前列，19个细分产业位居国内前十，其中13个国内前三、6个单项冠军，日均供水1000万方，流转土地800万亩，清洁能源装机800万千瓦。坚定不移实施创新驱动战略，拥有高新技术企业74家，科技型中小企业51家，省级专精特新企业23家，省级瞪羚企业8家，省级研发平台32个，知识产权2707项，一批创新成果达到国内领先。始终秉承“市场为本、活力为要、效率为先、创新为魂”的理念，针对国企混改痛点，聚焦提升活力效率，创造性建立以“多元持股、自主运营、终端反馈、总部赋能”为核心的星团式管理体系，为企业高质量发展注入强大动力，被誉为新时代中国国企治理的重大创新。

吉林通榆500兆瓦风电项目

上善若水 发展惠民

服务民生●服务社会●服务发展●服务大局

西藏日喀则光伏电站

菏泽瑞源水务有限公司供水厂区

水发兴业新能源产业园研发楼

水发庆云国家级农业产业园

水发上善劳特巴赫啤酒厂

水发众兴邹平污水处理厂

蓝润集团始创于1997年，秉承“实业报国 服务民生”的企业使命，深耕大消费领域，是以食品业为主的大型综合性产业集团，现拥有员工2万余人，业务遍布全球20多个国家和地区。连续多年入选“中国企业500强”“中国民营企业500强”，位列“四川民营企业100强”第三位。2021年，集团产值730亿元。集团顺应现代消费升级需求，融入科技化发展进程，旗下食品主业以工匠精神与科技创新，焕发中华美食新生机。在深耕食品主业的同时，集团稳步运营与管理旗下商业、酒店等优质资产，满足消费者多元化的消费场景需求。目前，集团管理资产规模超千亿元。

核心主业

蓝润集团食品产业遵循以食品为主体、养殖和屠宰为支撑的发展战略，构筑了覆盖全国的食品全产业链，产能遍布近30余个地区。依托国内领先的数字研发和智能化优势，构建起覆盖全国主流美食口味的产品体系，持续为百姓提供健康、实惠、便捷的预制菜服务，产品种类达1000多种，与全球1000多家企业建立合作，为200多家国内外著名食品企业提供定制化服务。为护航主业发展，集团深度构筑以生猪养殖为核心的食品源头产业链条，在四川东部建设有近40座规模化食品源头保障基地和配套养殖项目，生猪年出栏达20万头。相关项目被连续多年列入四川省重点项目，其中5所基地列入国家级生猪产能调控体系，切实保障食品源头可控、全程可追溯，守护百姓餐桌安全。

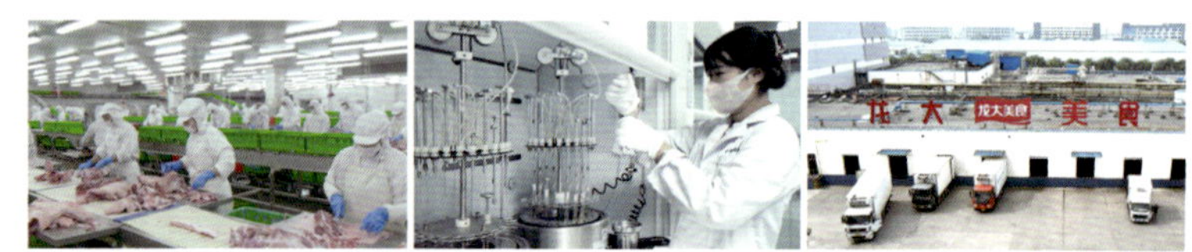

社会责任

蓝润集团一直将企业社会责任作为发展优先关注的课题，围绕“保就业、促民生、关爱社会”践行企业公民责任。通过产业主导、人才支撑、科技引领、生态环保，积极发挥核心业务优势服务社会，带动逾百万人就业。深度参与乡村振兴战略，努力为地方经济提供有力支撑。积极投身社会公益事业，在“5·12”汶川地震、新冠肺炎疫情期间积极贡献企业力量，入选《中国民营企业社会责任优秀案例》，荣列“2021中国民营企业社会责任百强榜”。

- 2021中国民营企业社会责任百强榜
- 中国民营企业社会责任优秀案例
- 2019年度助力凉山脱贫攻坚行动先进民营企业
- 四川省民营企业社会责任十佳优秀案例
- 抗击新冠肺炎疫情先进民营企业
- 四川省“万企帮万村”精准扶贫行动先进集体

集团总裁王臻在集团半年经济分析会议上讲话

集团简介

经过40多年的发展，鄂尔多斯集团已由单一的羊绒产业延伸至煤炭、电力、冶金、化工、能源等各大领域，形成了“多元联动，多业循环，多极支撑”的经营格局。2022年，“鄂尔多斯”的品牌价值达1506.75亿元，连续十六年位居中国纺织服装品牌榜首。作为绒纺产业领军者，羊绒产业板块利用自身的全产业链优势，致力于提升羊绒的制造工艺和品质，同时关注环境变化，不断推动羊绒行业的可持续发展。电力冶金化工板块通过科学技术的自我升级，配套设备的更新改造，以打造世界级清洁循环经济产业基地为目标，形成了产业链上下游有序衔接、循环转化增值的产业发展模式，在多个领域处于全球领先地位，是工信部认证的国家级“资源节约型、环境友好型试点企业”与国家级“高新技术企业”。集团正在实施以“改革驱动、科学管理、提质增效”为主题的企业转型升级战略，致力于成熟产业的高效经营，在建设具有国际竞争力的幸福企业道路上不断迈进。

在事业发展壮大的同时，集团牢记企业社会责任，在依法纳税、诚信经营的同时积极投身社会事业，在抗震救灾、扶贫济困、捐资助学、带动就业、保护地区生态环境等方面，均做出了重要的贡献。30多年来，集团共计为社会公益事业捐赠5亿多元，充分体现了作为行业龙头企业和地方领军企业的责任与担当。

站在新的发展起点上，鄂尔多斯集团将继续以“立民族志气，创世界名牌”为使命，遵循“资源转换、循环发展”的经营主线，继续发扬奋发有为、事在人为的创业精神，以更加雄厚的经济实力、更加坚定的发展步伐、更加高远的战略构想，打造具有国际竞争力的幸福企业，实现“温暖全世界”的宏伟愿景！

鄂尔多斯羊绒集团办公大楼

尔多斯集团现代化羊绒养殖牧场

鄂尔多斯之针，由中国实力派雕塑家刘建华创作的《延伸的空间——鄂尔多斯之针》是上海世博会永久收藏艺术品

鄂尔多斯集团纺纱车间

鄂尔多斯电冶集团技术创新中心

鄂州红莲湖大数据云计算产业园

光谷生物医药加速器

湖北联投集团有限公司

HUBEI UNITED INVESTMENT GROUP CO.,LTD.

湖北联投集团有限公司（以下简称湖北联投）是湖北省属大型国有控股公司，注册资本43.28亿元。目前，资产规模达3000亿元，员工总数逾两万名，企业主体信用评级创AAA达3家，国家高新技术企业数量达20家，控股1家、参股3家上市公司，入选湖北省首家中国银行间市场交易商协会会员代表。

湖北联投肩负湖北省委省政府赋予的“三全三商”职责使命：“科技园区、产业园区、功能园区全生命周期运营商，城市更新全产业链综合服务商和工程建设全领域总承包商”，形成“一二三级联动、多业务板块协同、产城融合发展、全生命周期运营”的联投模式。

做强“三大主业”。产业园区打造“科技资源导入+产业新城及科技园区+金融服务+上市平台+产业集群”五位一体的产业循环发展新模式，运营实力位列全国第5位。城市更新形成“投资引领、生态优先、设计科学、绿色建造、低碳运营”城市更新全产业链开发新模式，综合实力进入全国百强。工程建设拥有全省唯一的“四特五甲”资质优势，形成投资策划、设计咨询、商贸物流、工程建设、运营管理“五维一体”的工程建设全领域产业链。

抢占“五大新赛道”。城市运营打造“美好环境与幸福生活共同缔造”的城市优质合伙人，荣获全国“2022物业服务力百强企业（49）”，是湖北唯一进入TOP50的企业。商贸物流全力打造全国领先的大宗商品领域供应链物流上市平台和供应链物流体系集成商，形成具有联投特色的“通道+枢纽+网络+平台（企业）”“全产业链服务”模式。数字产业发挥省级唯一数字产业化平台优势，当好数字城市服务商、政府数字合伙人、数字广泛应用的领军者。保租房在全国率先组建省级住房保障建设运营平台，形成“投建管运退”一体化新模式。产业金融重点开发具有“联”特色的“联链通”金融服务平台，打造“联采融、联仓融、联途融”等供应链金融产品和“科融贷、生物融通贷、激光贷”等科技金融产品，形成“投、贷、租、保、担”金融体系。

当前，湖北联投正在对标世界一流企业，大力实施“500强三步走”战略，加速迈进中国企业500强“第一梯队”，力争“十四五”末，冲刺世界500强目标。

联投中北路写字楼项目

武穴长江大桥

襄阳四中

武汉花山生态新城

- **林立**

深圳市立业集团有限公司　创始人/董事长
华林证券股份有限公司　董事长
金融学博士

林立先生始终秉承“正直做人、诚信立业”的经营理念，带领深圳市立业集团有限公司（以下简称立业集团）稳健发展，旗下已拥有电力设备制造、新能源、化工、生物医药、有色金属等众多实体产业，并投资了中国平安、华林证券、微众银行等金融企业；此外林立先生还担任深圳市第五届人大代表，深圳市第三届、第四届政协委员，深圳市深商总会副会长，深商公益基金会主席，广东省客家商会常务副会长，同心俱乐部副主席。

在带领企业发展壮大的同时，林立先生坚持弘扬“服务国家、回馈社会”的企业家精神，热心公益慈善事业，践行企业社会责任。多年来，林立以个人和公司名义累计捐款捐物数亿元，控股公司曾荣获“2017年杰出企业社会责任奖”“2018年度扶贫突出贡献奖”“2019年脱贫攻坚荣誉证书”“2020年度扶贫成果奖”“广东省抗击新冠肺炎疫情重要贡献民营企业”。

集团简介

立业集团创建于1995年，注册资本100亿元，总部位于深圳，是一家快速发展的产业控股集团。

长期以来，立业集团始终以远见洞察时代变革，奉行“正直做人、诚信立业”的理念，脚踏实地，以开阔的胸襟和恢弘的气度为员工创造事业舞台，激发企业发展活力。集团以市场为导向、价值为目标、实业增值经营为手段，不断超越自己。

二十余年发展过程中，立业集团坚持“产业+投资+金融”的商业模式，致力于打造多个具有领先地位的发展平台，主要涉及的领域有电力设备制造、新能源、化工、生物医药、金融服务、供应链等。目前集团控、参股子公司已超百家，旗下拥有华林证券、立业电力、立业电子、立业制药、精进能源等一系列国内知名品牌，形成了“覆盖全国，辐射海外”的网络布局。成立至今，立业集团获得“深圳市十佳投资机构”“总部经济优秀企业”“2022中国品牌500强”等荣誉。

1995年
成立

100亿元
注册资本

100余家
控、参股子公司

产业布局

产业运营板块

集团旗下拥有南京立业电力变压器、四川立业电子、精进能源等；2022年集团成立立业锂电，在遂宁投资136亿元，建设年产39GWh锂电池生产基地；并成立怡景矿泉水股份有限公司，致力于为大众提供更健康的高端矿泉水。立业集团产业运营板块秉持着“创一流企业，树行业标杆”的发展理念，着力提升研发能力，增强企业核心竞争力，打造行业样板，成为行业引领者。

生物医药板块

集团旗下拥有立业制药股份有限公司、湖北立业生物制品有限公司、深圳市厚德医院等。立业制药被认定为高新技术企业、省级“专精特新”企业和“小巨人”企业，核心产品氯法齐明软胶囊为全国独家产品，用于治疗利福平耐药/耐多药结核病，连续被列入国家重大新药创制科技重大专项课题。立业集团生物医药板块在创新中积聚前行力量，在竞争中追求人与自然的和谐，做生物制药的 “源创者”。

金融服务板块

华林证券作为立业集团金融服务板块的控股公司，华林证券IPO项目承销市场排名连续保持行业前列，连续三年ROE净资产收益率排名首位，盈利能力指标行业领先，成为特色鲜明、线上线下融合的全国性综合券商。

股权投资板块

集团目前已控股、参股子公司超百家，是微众银行第二大发起股东、深创投集团第五大股东、中国平安前十大股东；立业集团股权投资板块将不断探索多元化的服务模式，创新赋能，携手共赢增长，成为优质资源的整合者。

供应链服务板块

集团旗下拥有立业供应链科技、立业有色金属等，助力城市基建，服务实体经济，探索贸易未来，携手共赢发展。立业供应链正在构建中国300个主要城市的服务网络，业务覆盖建材、IT、通信、快消等10多个领域的供应链管理，为客户提供集中低价采购、融资等服务；立业有色金属作为大宗有色商品交易，已打通国内外市场，与同行的知名国企、央企、世界500强公司及其旗下超过150家公司达成合作。

山东金诚石化集团(以下简称金城石化)是以石油化工为基础，以聚烯烃、聚氨酯、专用化学品和新材料为主的大型化工企业。荣获“中国石油和化工优秀民营企业”“全国安康杯竞赛优胜单位”“全国节能减排先进单位”“山东省安全生产基层基础工作先进企业”“山东省文明单位”“山东省诚信企业”“山东省功勋企业”等荣誉称号。

近年来，金诚石化重点向聚氨酯和聚烯烃方向发展，引进国际先进环保工艺投资建设了直接氧化法环氧丙烷装置，主要产品为环氧丙烷、双氧水、丙二醇、丙二醇单甲醚、丙二醇异单甲醚等，奠定了其向聚氨酯产业链发展的基础。高端聚烯烃新材料、1-辛烯及1-己烯、窄分布超高分子量聚丙烯等项目正在加快建设中，金诚石化规划建设POE、PAO等配套装置，逐步完善聚烯烃产业链。

为加快向高端化工转型升级，金诚石化组建了高端合成材料研究院，汇聚国内外在新材料和石油化工方面的资深专家，重点进行茂金属催化剂系列产品的研发试验，与香港中文大学（深圳）、青岛大学成立了联合实验室，承担的山东省重大科技创新工程项目窄分布超高分子量聚丙烯研究试验走在了世界前列。

环氧丙烷及配套双氧水联合装置

高端合成材料研究院

高端特种油加氢装置

智能化控制中心

新疆天业（集团）有限公司（以下简称天业集团）组建于1996年7月，是工农商一体化的大型国有企业。天业集团控股的新疆天业股份有限公司于1997年6月在上海交易所上市、新疆天业节水灌溉股份有限公司于2006年2月在香港成功上市。天业集团所属产业涉及热电、化工、电石、水泥、节水器材、农业、塑料制品、矿业、物流与对外贸易等领域。

天业集团发扬“团结、奉献、拼搏、创新”的企业精神，通过二十多年的发展，形成了140万吨聚氯乙烯树脂、100万吨离子膜烧碱、215万吨电石、400万吨新型干法电石渣制水泥、180万千瓦热电、20万吨1,4-丁二醇、95万吨乙二醇和600万亩节水器材生产能力，拥有国家认定的企业技术中心、国家节水灌溉工程中心、博士后科研工作站和氯碱化工国家地方联合工程研究中心等国家级高水平研发平台。天业集团研发的西部干旱地区节水技术及产品开发等四个项目先后荣获国家科技进步二等奖。

天业集团连续多年进入中国企业500强、中国制造业500强，是全国第一批循环经济试点企业、技术创新示范企业，先后荣获“全国国有企业‘四好’领导班子先进集体”“全国‘五一劳动奖状’”“全国循环经济工作先进单位”“中国工业行业履行社会责任五星级企业”“全国工业品牌培育示范企业”“国家知识产权战略实施工作先进集体”“制造业信息化科技工程应用示范企业”“全国专业技术人才先进集体”“全国模范劳动关系和谐企业”“全国脱贫攻坚先进集体”等荣誉。2016年，天业集团荣获中国工业大奖。

不忘初心担使命，风正扬帆再出发。天业集团将着力打造创新能力强、国内领先的千亿级化工产业集团，构建以化工及新材料、现代农业及现代物流商贸为主导产业的“一主两新”发展格局。面向“十四五”，天业集团正锚定目标，奋勇前行，不断开创天业集团高质量发展新局面。

稻花香

赓续奋斗，

稻花香集团董事长，稻花香酒业公司董事长、总经理蔡开云

稻花香集团坐落于举世瞩目的长江三峡大坝东侧，水电之都宜昌市东大门——夷陵区龙泉镇，三面环山，一面靠水，气候温和，是天然的酿酒之地。

作为全国农业产业化重点龙头企业，稻花香集团始终把发展的着力点放在实体经济上，主动融入“大战略”，拥抱“新变革”，全局性谋划，系统性推进，创新性发展，当好产业发展排头兵、转型升级先行者、白酒产业领头雁，跑出了高质量发展加速度。

目前，稻花香集团已发展成以白酒为主业，物流、配套、文化旅游为辅的“一主三辅”产业集群的大型企业集团，综合实力领跑湖北民营企业制造业，连续多年蝉联中国企业500强、中国民营企业500强、中国500最具价值品牌，并入选CCTV民族匠心品牌。

近年来，稻花香集团以改革创新强活力，打造了一个湖北省重点成长型产业集群、一家5A级物流企业、六家国家高新技术企业、一个3A级旅游景区；以白酒主业为驱动，深入实施“燎原”战略和“131”战略，推动核心产品“清样”“活力家族”“珍品一号类”销售额实现年均增长20%以上；以科技赋能产业升级，全国首创馫香型白酒酿造工艺，启动万吨馫香型白酒智能化酿造基地项目，培育高质量发展新引擎；以匠心精神打造民族品牌，形成集清样、活力家族、馫香原浆、山水风系列、珍品系列等于一体的中高端产品矩阵。

2022年7月，稻花香酒业在红安召开以“继往·开来·话奋斗”为主题的全国经销商年会，厂商携手走进将军故里，探寻红色足迹，传承革命基因，赓续奋斗使命，赋能营销变革，矢志竞争拼抢，共赢美好未来。

“十四五”时期，稻花香集团将秉持“为美好生活酿美酒”的使命，以“一主三辅”产业布局和“四新”发展战略为引领，以“高质量发展”为战略方针，牢固树立“以消费者为中心”的经营理念，坚定“竞争拼抢”的奋斗意志，聚焦白酒主业，扎实推进项目建设，深入实施“燎原”战略和“131”战略，全力推动白酒主业营业收入突破100亿元、包装业等其他主业配套产业实现100亿元，向着“千亿产业集群”努力奋斗，打造实力稻花香、活力稻花香、魅力稻花香，助力中国白酒行业振兴，为我国经济社会发展贡献稻花香力量！

稻花香集团发挥龙头带动作用，龙泉镇发展成中国白酒名镇

向着未来出发

稻花香酒业2023全国经销商年会

赓续奋斗，亮剑出征

稻花香系列产品

稻花香万吨鑫香型白酒智能化酿造基地鸟瞰图

● 集团地址：湖北省宜昌市夷陵区龙泉镇　● 服务热线：400-895-9999

稻花香集团美酒生态工业园

千岛湖配供水工程闲林枢纽（岸坝碗式配水

公交车斑马线礼让得到了社会和市民的认可与赞扬

杭州西部LNG应急气源站

高架桥养护

九堡大桥

为城为民践初心 用心用情担使命

杭州市城投集团在服务民生中诠释国企责任担当

杭州市城市建设投资集团有限公司（以下简称杭州市城投集团或集团）成立于2003年6月，是杭州市政府出资并授权经营国有资产的国有全资有限责任公司。集团成立以来，坚持“杭州重大城建项目的建设主体、城市基础设施的投融资主体、市政公用设施的运营主体、优质高效安全的为民服务主体”等“四大主体”职能定位，坚持社会效益和经济效益“两个最大化”的发展定位，在水务、公交、能源、环境、置业、城建、类金融等七大业务板块深耕细作、砥砺奋进，将业务范围拓展到了城建领域全产业链。

成立以来，杭州市城投集团始终坚守“为城为民”的初心，实施了钱塘江引水入城、九堡大桥、紫之隧道、千岛湖配供水工程、市委党校、杭师大仓前新校区等高品质的重大城市基础设施和保障性住房项目，有效提升和完善了城市功能，其中市委党校、九堡大桥和紫之隧道三个项目荣获鲁班奖，九堡大桥、东西部天然气应急气源站工程和紫之隧道三个项目荣获詹天佑奖。

成立以来，杭州市城投集团努力承担责任、发挥作用，积极做好杭州市民供排水、公共出行、能源（天然气）、垃圾清运处置、道路桥隧养护等“五大保障”工作，打造了斑马线礼让行人、公共自行车两张杭州金名片。同时，构建了全国首创的“服务进社区”企业综合服务平台、国内最早的入企旅游专线、全国首个企业创办的一站式办理综合性营业大厅、“一次都不跑”的一站式网上服务平台和国内首个企业创办的万名党团员志愿队等“五大服务体系”，以此发挥系统联动优势，促进政府、企业、市民协同互动，真正让群众受益、让企业受益、让城市受益。

临江环境能源项目

九溪水厂

公共自行车低碳出游

都市水乡项目荣获中国经典人居10大名盘称号

拼力拼智　担当善为

湖北交通投资集团有限公司

湖北交通投资集团有限公司（以下简称湖北交投集团），成立于2010年10月，是湖北省政府全资的交通投融资企业，紧紧围绕“交通规划、设计、建设、管理全生命周期运营商”定位，在打牢湖北综合交通底盘的同时，大力发展交通关联产业。业务涵盖规划设计、工程建设、现代物流、区域开发、交通服务、交通科技、交通金融等板块。

经过12年发展，湖北交投集团的资产从1000亿元增长至6082亿元，营业收入从10亿元跨越到522亿元；净利润从4亿元增长至53亿元。建成高速公路3027公里、长江大桥7座，在建高速公路1200公里、长江大桥6座，以一己之力扛起湖北省80%的高速公路投资建设重任，胜利实现“湖北县县通高速”，助力沿江市、县全部进入长江大桥时代。运营高速公路里程5913公里，收费站335座，服务区（停车区）165对，自营、控股、参股加油站102座。投资建成全球第四个、亚洲第一个专业货运机场——鄂州花湖机场。累计完成融资6698亿元、投资4453亿元，企业信用创AAA，投融资规模连续多年居全国前列。5次获评全国优秀企业债发行人，各大资本市场融资通道全面畅通。湖北交投集团先后荣获“全国五一劳动奖状”“全国文明单位”“湖北省政府通令嘉奖”“首届湖北改革奖”等60多项省部级及以上荣誉。

站在新的历史起点，湖北交投集团将当好“国家战略湖北实施”的坚定执行者，奋力实现“万千百”（万亿资产、千亿营收、百亿利润）目标，在建设全国构建新发展格局先行区中勇当先行者，为湖北“建成支点、走在前列、谱写新篇”贡献更多的智慧和力量。

湖北交投集团投资建设的湖北省桥隧比最高的高速公路保神高速（后坪互通）

湖北交投集团投资建设的宜都长江公路大桥

湖北交投集团投资建设的全球第四个、亚洲第一个货运机场鄂州花湖机场

交融天下　投以致远

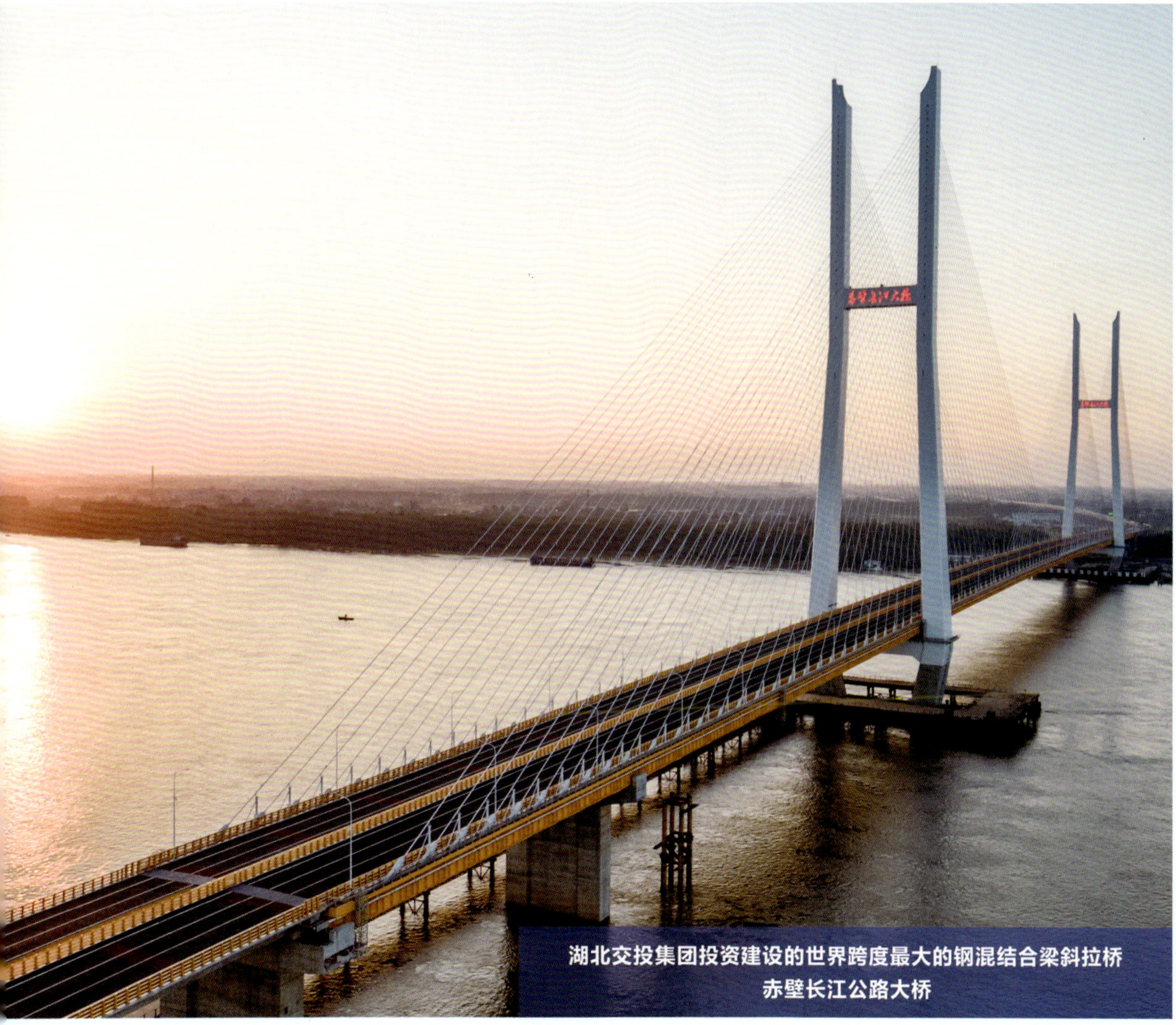

湖北交投集团投资建设的世界跨度最大的钢混结合梁斜拉桥
赤壁长江公路大桥

湖北交投集团100名战斗在建桥一线的共产党员举行
“喜迎建党百年、重温入党誓词”活动

湖北交投集团投资建设的三峡翻坝江北高速公路

湖北交投集团投资运营的麻城龟峰山景区

山东恒源石油化工股份有限公司

Shandong Hengyuan Petrochemical Company Limited

企业简介 Company profile

董事长、总经理　王有德

山东恒源石油化工股份有限公司历经50余年的开拓发展，已成长为蕴藏巨大发展潜质的大型现代化、国际化企业，企业以石油化工为主业，集石油炼制与后续化工于一体，拥有主体生产装置10余套，汽柴油、液化气产品十几种。

连续跻身“山东企业100强”“中国化工企业500强”“中国制造业企业500强”“中国民营外贸500强”，2018年开始荣列中国企业500强。

境外公司HRC位于波德申，是马来西亚上市炼油公司，主营成品油炼化和制造，产品包括汽柴油、燃料油、航空煤油、混合芳烃等，生产能力12万桶/日。境外公司MHIL，大力开展全球范围成品油、原油贸易及船运协作业务，贸易范围已辐射亚洲，船运业务已与英国、韩国、芬兰、希腊、新加坡、日本等国家建立联系。

2021年企业境内外公司主营收入合计522亿元。

目前，企业境内正积极响应国家政策号召，同时结合山东省新旧动能转换背景，深入推行退城入园转型升级战略，以油系碳材料综合开发为定位，以生产超高功率石墨电极、动力电池负极材料、石墨制品、沥青基碳纤维等市场需求产品为核心，重点向高端碳材料及碳材料产业链延伸，实现高质绿色发展；境外，持续培育竞争新优势，着力打造合作新平台，通过内外联动、协同发展，做好全球战略布局，真正实现企业的健康可持续发展。

鲲翼搏伟业，志达竞风流！公司董事长、总经理王有德诚携有志之士，同策同力，共拓宏图！

集团大门

山西晋南钢铁集团有限公司

山西晋南钢铁集团有限公司是“中国企业500强”（2022年位列第431位）、“中国制造业企业500强”（2022年位列第217位）、“中国民营企业500强”（2022年位列第202位）、“中国制造业民营企业500强”（2022年位列第125位）、“A级竞争力特强企业”、“山西省氢能产业链‘链主’企业”，是一家集钢铁、焦化、高端化工、新能源等为一体的钢焦融合、钢化联产示范企业。

集团位于山西曲沃经济技术开发区，占地18000余亩（1亩≈666平方米），现有员工6000余人，已形成年产800万吨铁、1000万吨钢、1000万吨材、315万吨焦、45万吨高端化工产品的生产规模。钢铁产品主要有工字钢、角钢、槽钢、H型钢、镀锌型钢、高线、盘螺、螺纹钢、锚杆钢、镀铜焊丝、镀锌铁丝等。

近年来，在“碳达峰、碳中和”背景下，集团以环保创A为抓手，以精益管理为支撑，提前布局低碳路径，加快产业结构优化升级，通过“减量置换、关小上大”，钢铁装备全部实现更新换代，率先在全国构建起“钢铁－焦炭－化工－氢能”一体化产业模式；通过5G网络全覆盖，全面打造“数字智能钢铁”；通过环保治理和提标改造，稳定实现超低排放；通过技术创新、超前谋划，精心构建氢能产业链，奋力蹚出了一条具有集团特色的绿色、低碳发展之路。

集团依托自身钢铁、焦化、化工的能源互补优势，积极构建全闭环低碳产业链，利用高炉、转炉和焦炉煤气合成乙二醇、LNG及氢气，实现了化产固碳及产品高值转化；同时将氢气送至高炉内使用，实现了氢能炼铁，达到了降本

一键炼焦

加氢站

集团办公楼

增效、减排降碳的目的。集团通过产业互补、公辅设施共享，企业综合能耗大幅下降，减排降碳优势突出，在行业处于领先水平。

未来，集团将在各级党委、政府的正确领导下，在合作伙伴的大力支持下，充分发挥氢能产业链“链主”优势，加快推进“源网荷储”项目，提前布局氢能汽车、加氢站、提纯液氢等千亿级氢能产业链，最终实现用“绿氢”“绿氧”“液氢”替代化石能源电力、焦炭，开创一条技术先进、经济可行的“碳中和”路径，带动钢铁行业实现长流程低碳变革，全方位推动绿色低碳高质量发展。

晋南钢铁厂区

沃能化工厂区

光伏发电

文化广场

武汉城建集团办公大楼

武汉城建集团

WUHAN URBAN CONSTRUCTION GROUP

城建人在雷神山医院建设现场宣誓用生命守护生命

和平大道项目盾构机下井开工

湖北省奥林匹克体育中心

武汉甘露山文创城效果图

武汉城建集团于2020年9月组建成立，整合了原7家市属企业优质资源，是武汉城市建设主力军、市属龙头企业。两年来，武汉城建集团以改革为先、发展为要、效益为本，市场化改革得到了省、市的肯定和推介，高质量发展成效显著，总资产超过3500亿元，净资产近1000亿元。

作为武汉市的功能性平台，武汉城建集团始终秉承"大城工匠"精神，高标准、高品质建设城市，近年来先后组织建设世界级东湖绿道、东湖宾馆改造、琴台文化艺术中心、市民之家、东湖隧道、东沙湖连通、右岸大道、和平大道、滨江商务区、国家网安基地等重大项目，打造了一大批城市地标和城市名片，累计获得鲁班奖、詹天佑奖、国家优质工程奖等300多项。在抗击新冠肺炎疫情的武汉保卫战中，武汉城建集团勇担火神山医院、雷神山医院和方舱医院抢建任务，彰显了城建铁军担当，让世界见证了武汉奇迹。开车行驶在武汉街头，每5分钟就能遇到一个武汉城建集团的作品。

东湖宾馆改造

黄鹤楼重建工程

武汉雷神山医院

武汉琴台美术馆

武汉市民之家

雲栖湖岸项目效果图

作为市场化的企业集团，武汉城建集团聚焦城市更新、综合开发、建筑施工3大主导产业，园林生态、设计咨询、城市服务、资本运营4大支撑产业，立足本土、布局全国，积极拓展长三角、大湾区和西南区域重点城市，取得了可喜成绩。主要经济指标创历史新高，连续两年夺得房地产销售武汉市场“双第一”，实现市属国企历史性突破，2022年上半年排名全国房地产百强第41位。2021年，武汉城建集团实现营收501亿元，利润总额31亿元，净利润21亿元，实现利税近百亿元。

站上新起点，筑梦新征程。武汉城建集团始终坚守“城市建设的王牌军和城市功能提升的贡献者、市属国企转型发展的引领者、市民美好生活的创造者”“一军三者”的目标，加快向城市综合运营商转型升级，力争“十四五”末营收突破1500亿元、中国企业百强大幅进位，为武汉在湖北建设全国构建新发展格局先行区中当先锋、打头阵贡献城建力量。

东湖绿道

武汉金融控股集团

Wuhan Financial Holdings(Group)

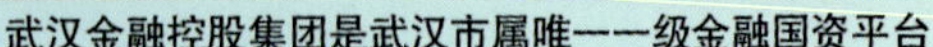
武汉金融控股集团是武汉市属唯一一级金融国资平台

武汉金融控股集团证券项目收购签约仪式

武汉金融控股集团于2015年8月挂牌，是湖北省内首家挂牌的金融控股集团，注册资本100亿元，为市属国有独资企业，是武汉市属唯一一级金融国资平台，旗下拥有银行、证券、金融租赁、信托、保险、基金等金融业态20余项。集团旗下全资、控股企业127家，控股3家全国性持牌金融机构，控股主板上市公司2家，集团系统职工1.7万余人。

近年来，武汉金融控股集团深入学习贯彻习近平总书记关于国企改革重要指示精神和考察武汉重要讲话精神，切实履行金融国资保值增值责任，切实推动“优质资产证券化、经营机制市场化、薪酬考核专业化、风险防控计量化”，高质量推进一流金融企业建设，集团主要指标连续5年实现两位数以上增长，净资产收益率稳定在9%以上，达到国务院国资委绩效标准优秀等级，信用评级稳居AAA最高等级，主要指标综合排名位居全国副省级国有金控集团前列，成为武汉区域金融中心建设重要推动力量。

武汉金融控股集团是第36届中国大众电影百花奖首席合作伙伴

领导调研武汉金融控股集团

武汉金融控股集团党员干部走进“武汉抗战第一村”姚家山开展党史学习

武汉金融控股集团召开庆祝建党100周年暨表彰大会

实现共同梦想
DREAMS FOR ALL

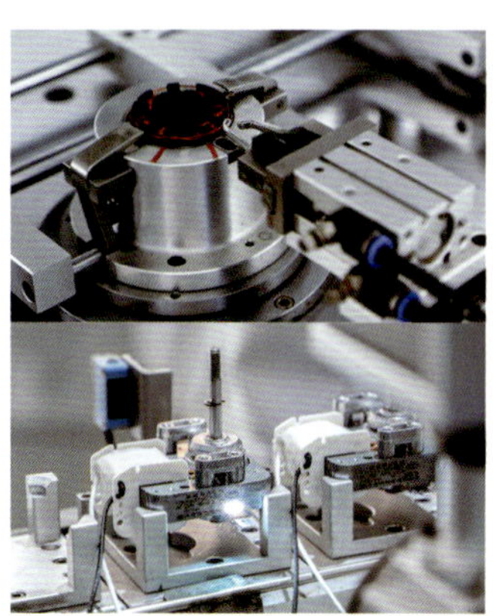

集团介绍
GROUP INTRODUCTION

宏旺集团(以下简称宏旺)是专业生产冷轧不锈钢、硅钢卷板和配套精加工产品的企业集团，公司获评“中国不锈钢行业先进企业”，相关子公司为国家高新技术企业，产品品牌荣获“中国驰名商标”称号，产品被评为“中国不锈钢行业名牌产品”。

以创新发展新思维推动产业的变革与升级。宏旺从2005年成为国内第一家宽幅冷轧卷材民营企业，2012年打造国内第一条不锈钢五连轧及配套连续退火酸洗机组，到2019年建成国内冷轧不锈钢行业开创性“智能化”机组，智慧工厂的成功建设实现了全工厂集中控制，产线“无人化”运行。

基于多年冷轧不锈钢的产业积累与技术创新，宏旺首次向行业推出了整卷镜面、整卷PVD真空镀膜、纳米无指纹、整卷抗菌、耐磨等功能型不锈钢核心产品，始终不断探索彩钢领域，实现了彩钢行业的又一次革新，完成了全球彩色不锈钢制造从技术跟随者到技术引领者的华丽转身！

在“双碳经济”的背景下，宏旺紧抓产业发展的新风口，在不断稳固不锈钢产业的人才、技术、区域布局与规模化优势的基础上大力发展硅钢冷轧及配套电机制造，在硅钢领域稳扎稳打、持续发力，逐步实现高品质、高效率、低成本的规模化制造能力。

敢于担当行业发展先锋。宏旺正在打造研发实验室，建设产学研博士工作站和高标准的行业材料检测中心、不锈钢应用展示中心，责无旁贷地推动建立不锈钢表面加工标准、行业装饰镀膜领域的产品标杆。同时，借助数字化转型的东风，宏旺将充分利用数字化平台优势，在各个领域优化管理机制、提高流程效率、提升管理效能、加强人才培养，进一步增强企业核心竞争力。未来，宏旺将以“实现共同梦想”的公司愿景，持续为客户创造价值，为员工成长提供平台，为产业提升、为经济和社会发展贡献积极的“宏旺力量”！

码头万吨货轮靠岸

中景石化

ZHONGJING PETROCHEMICAL

中景石化集团始终坚持“科技创新、绿色石化、链式发展”的企业战略发展理念，总投资**500**亿元，建设烷烃一体化化工产业。目前集团是全球唯一的从丙烷码头、丙烷、丙烯、聚丙烯、聚丙烯薄膜的完整全产业链**BOPP**企业，享有“世界膜王”之称号。

集团把港口、能源、化工、塑料、软包装五个不同的行业紧密串联在一起，形成高效集聚的强大市场竞争力，是福建省唯一的以能源为原料的石化民营龙头企业，集团拥有可接收及储存**100**万立方亚洲最大的丙烷低温罐区和年吞吐量达**500**万吨的液体化工码头。同时利用副产品氢气，打造全新的氢能源利用与降解新材料**1000**亿产值（碳四）产业链。

领导照片

码头罐区

装置区

园区全部投产后将形成：年产**150**万吨**BOPP**、年产**400**万吨聚丙烯（全球单厂最大的聚丙烯生产基地）、年产**300**万吨丙烯、年产**150**万吨顺酐、年产**100**万吨丁二醇（**BDO**），年产**100**万吨**BPAT**和**BPS**降解新材料，将成为具有全球影响力的（碳三碳四）全产业链发展企业。五年内将实现制造业总产值**2000**亿元，努力把中景石化集团打造成为世界级烷烃一体化企业。

装置区

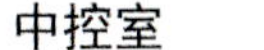

中控室

软包装

彬县煤炭有限责任公司

BIN COUNTY COAL CO.,LTD.

领航舵手　何万盈

彬县煤炭有限责任公司（以下简称彬煤公司）肇始于1956年，前身是公私合营与社会主义改造时成立的彬县百子沟煤矿，1998年改制为股份合作制企业，2015年改制为有限责任公司组织形式，现有资产总额316亿元，员工5000余人，位居中国企业500强第455位，中国能源集团500强第105位，中国煤炭企业50强第18位，陕西百强企业第16位，陕西民营企业50强第5位、咸阳市第1位。

产权制度改革以来，在各级党委、政府的关心支持下，彬煤公司通过积极实施体制创新、管理创新、技术创新、文化创新战略，从濒临破产的地方小煤矿快速发展成为集煤炭、电力、煤化工、商贸物流、建材、金融投资、酒店服务为一体的大型能源化工企业集团，拥有陕西华彬煤业股份有限公司、陕西华彬雅店煤业有限公司、陕西润中清洁能源有限公司等30家控股参股公司，构建了以实业为主体，贸易、金融等服务产业多轮驱动、协调发展的新型产业格局。

2021年实现工业总产值423亿元，销售收入479亿元，利税总额73亿元，上缴国家税费7.5亿元。2022年1-8月实现工业总产值302亿元，销售收入340亿元，利税总额54亿元，上缴国家税费13亿元。自1998年产权制度改革以

团结奋进的领导班子

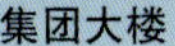
集团大楼

下沟煤矿

来，彬煤公司累计实现工业总产值1851亿元，销售收入2090亿元，利税总额374亿元，上缴国家税费116亿元。向抗震救灾、希望工程、社会主义新农村建设、脱贫抗疫等多项社会公益事业捐款超过1.5亿元，解决社会就业2万余人，带动15万人实现脱贫。公司先后被授予“联合国清洁煤示范和推广企业”“全国煤炭工业优秀企业”“中国模范职工之家”“全国煤炭行业企业信用评价AAA级信用企业”，获得“中国煤炭工业科学技术”一等奖、二等奖，荣获“中国公益明星企业”“中国慈善企业”“中国最具社会责任感企业”“陕西省先进集体”“陕西省文明单位”等多项荣誉称号。

站在新的历史起点上，彬煤公司将以习近平新时代中国特色社会主义思想为指导，深入贯彻落实党的十九大和十九届历次全会精神，沿着彬煤特色民营企业改革发展之路，力争到“十四五”末全面建成千亿元大型能源化工企业集团，为区域经济社会高质量发展做出新的、更大贡献。

蒋家河煤矿

陕西华彬雅店煤业有限公司

陕西润中清洁能源有限公司

彬县华彬精煤有限公司

徐矿集团党委书记、董事长冯兴振

徐州矿务集团有限公司（简称徐矿集团）是具有140年历史的百年企业，是中国民族工业的启蒙、煤炭工业改革的先锋，具有纯正的红色基因。产业涉及煤炭、电力、煤化工及矿业工程、煤矿装备、能源服务。是煤炭企业全球综合竞争力30强，能源企业全球综合竞争力500强，中国企业500强。

2017年以来，徐矿集团坚持以习近平新时代中国特色社会主义思想为指导，牢固树立为党和国家全力以赴服务江苏能源安全保障、为企主动作为推动绿色转型、为职工久久为功促进共同富裕的“三为”导向，以“五满”理念为引领，统筹实施党建领航、绿色转型、创新驱动、人才强企、共同富裕“五大战略”，创出了“五个一流”、取得了“五大成效”。集团公司成为全国老矿区转型样板、全国国有重点企业管理标杆、全国国企改革创新示范企业。

一是创出了一流转型样本，在推动转型发展上取得明显成效。创出了衰老矿区产业接续、人员安置、生态治理全国行业“三大样本”，全国老矿区转型发展大会在徐矿召开，高度评价徐矿转型经验可学习、可复制、可借鉴。

二是创出了一流管理标杆，在推进现代治理上取得明显成效。国企改革走在省属企业前列；徐矿股份上市进入

新疆最大的井工煤矿——天山矿业公司俄霍布拉克煤矿

本安智能生态文明矿井——宝鸡郭家河煤业公司

建成集发电、供热、光伏、大数据于一体的现代化发电企业——江苏华美热电公司

运营质量和效益水平位居全国同类装置前列——陕西长青能化公司

坐落于徐州大龙湖畔的徐矿集团总部

冲刺阶段，有望成为江苏A股史上第五大IPO；江苏威拉里成为全国科改示范企业，顺利完成首轮混改。集团公司被国务院国资委评为全国国有重点企业管理标杆企业。

三是创出了一流发展质量，在提升运行质效上取得明显成效。创新实施“五血疗法”，全面解决“十大”历史遗留问题，推进发展质量不断提升，主要经济指标连续五年迈上五大台阶，高质量发展综合考核位居省属企业第一等次。

四是创出了一流民生福祉，在推进共同富裕上取得明显成效。始终坚守让全体徐矿人都过上好日子的初心，坚决兑现不让一名职工下岗的承诺，大力实施“三三”民生工程，大力推进产改“十条”和“双十”行动，职工收入实现翻番位列全煤行业前列，集团公司被全国总工会授予产改示范单位。

五是创出了一流党建品牌，在推进党建融入上取得明显成效。实施党建“五大工程”、人才“九条”，打造“徐矿红”党建品牌，开展“三讲五心”廉洁教育，全煤行业党建融合交流会在徐矿举行，徐矿做法获评全煤行业党建工作品牌“最佳案例”。

全国老矿区转型发展大会在徐矿召开

徐矿股份混改现场会在南京召开

威拉里新材料混改签约现场

淮海地区最大的数据中心——淮海大数据

“渔光互补”光伏发电项目

全国首批智能化矿井张双楼煤矿智能调度控制中心

用心，伴您每一步

广州农村商业银行股份有限公司（简称广州农商银行）前身是**1952**年成立的广州农村信用社，**2009**年**12**月改制为农商行，**2017**年**6**月香港挂牌上市。全行拥有**12**家中心支行、**6**家分行，分支机构**634**家，其中广州地区**616**家，数量位列广州地区首位；辖下有子公司**30**家，分布在**8**省**1**市，其中金融租赁公司**1**家、控股农商银行**4**家、珠江村镇银行**25**家，获得信用卡专营牌照。

广州农村商业银行始终紧紧围绕市委、市政府中心工作，全面坚持和加强党对企业的领导，以"成为国内一流商业银行"为愿景目标，坚守支农支小发展定位，坚持服务实体经济本职本分，坚决落实国家乡村振兴战略、金融支持实体经济的决策部署，稳妥推进组织架构、选人用人、全面风险管控、薪酬与绩效考核四大改革创新措施，统筹推进疫情防控和改革发展，全面提升金融服务效率和水平，为服务构建新发展格局、推动高质量发展贡献金融力量。

在"十四五"的开局之年，广州农村商业银行创造了良好的业绩，**2021**年末总资产达到**11616**亿元，排名全国农商行第二位，存贷款、营业收入、支农支小等主要经营指标继续保持较好增长，资产负债结构明显改善，客户存款**8497.7**亿元，客户贷款及垫款净额**6375.5**亿元。获得投资者的广泛认可，圆满完成资本补充工作，现注册资本达**114.51**亿元，稳健经营增添强劲动力。继续蝉联中国企业**500**强，荣获"中国金融创新奖""年度财富管理奖""年度区域影响力银行"等奖项。

中国

兵团建工集团

建筑业的领军者

夏建国（党委书记、董事长）

兵团建工集团成立于2000年12月21日，是兵团第十一师下辖的最大的国有控股建筑企业集团，是新疆省级建工的代表企业，注册资本金20.18亿元，资产总额700多亿元，净资产133亿元，合同总额875亿元。下设12个子公司，一个上市公司（北新路桥），拥有房屋建筑工程总承包和公路工程总承包双特级资质，拥有建筑工程、市政、水利水电、公路、铁路等施工总承包一级资质10余项，拥有桥梁、路面工程、隧道工程、钢结构、园林绿化、装修装饰、高耸建筑等专业一级资质20余项，以及对外援助成套项目总承包企业资格和对外承包工程经营资格证书。

近年来，集团实施“巩固疆内、扩展疆外、深化海外”的市场战略,目前已形成了以建设施工为主业（房屋建筑、公路、铁路、水利水电、市政五大板块），集投融资、房地产开发、国际工程、建材工业、商贸物流、设计科研于一体，涉足国际农业开发、内外贸等领域的多元化经营格局。

傅志训（党委副书记、副董事长、总经理）

集团承建的工程项目多次荣获鲁班奖、詹天佑奖、大禹奖、火车头奖、新中国成立60周年百项经典暨精品工程奖和国家市政工程金奖等重要奖项400余项，其中青藏铁路获得国家科学技术进步特等奖，拥有国家级工法、实用新型和发明专利近百项。目前已先后5次入围中国企业500强；位列全球最大“250家国际承包商”第113名，是“中国100大跨国公司及跨国指数”和中国建筑业竞争力百强企业。荣获中国质量奖提名奖，成为全国仅6家获此殊荣的施工企业之一。荣获中国质量检验协会“全国建筑行业质量领先企业”“全国质量诚信先进企业”等国家级质量奖7项，近年来，被评为中国对外承包工程信用AAA级企业、全国商务系统先进集体和优秀施工企业。

业500强

连续入选ENR全球最大250家国际承包商

- 建筑工程施工总承包特级
- 施工总承包、专业承包壹级资质10余项
- 对外援助成套项目总承包资格
- 公路工程施工总承包特级
- 对外承包工程AAA级信用企业
- 装配式建筑产业基地资格

新疆兵团机关综合楼——获鲁班奖

陕西西安市绕城高速公路（北段）——获中国土木工程詹天佑奖

青藏铁路——获得火车头奖杯和新中国成立60周年百项经典暨精品工程奖

新疆肯斯瓦特水利枢纽工程——兵团最大的水利枢纽

巴基斯坦木尔坦国际机场项目

新疆博乐市团结路大桥——获得全国市政金杯示范工程奖

山东金岭集团有限公司董事长　赵曰岭

山东金岭集团有限公司总裁　赵栋

金岭集团
JINLING GROUP

一、企业基本情况

山东金岭集团有限公司（以下简称金岭集团）是一家以化工新材料、热电能源、地产开发、餐饮服务为主导产业的大型企业，是中国企业500强、中国制造业企业500强、中国化工企业500强、山东省企业100强、山东省海洋产业民营企业10强，荣获“国家级高新技术企业”“国家火炬计划盐化工特色产业基地”“中国优秀企业”“中国AAA级信用企业”“山东省质量竞争力百强企业”“首届东营市功勋企业”等多项荣誉称号。

二、企业转型升级、高质量发展情况

多年以来，金岭集团立足渤海湾丰富的原盐资源优势，不断推动科技创新，优化产品结构，拉长产业链条，发展循环经济，促进转型升级，实现了企业的持续、快速、健康发展。现已形成年产烧碱140万吨、甲烷氯化物80万吨、苯胺40万吨、环氧丙烷30万吨、双氧水30万吨、有机硅及配套产品20万吨的生产规模、热电装机容量达45万千瓦，成为全国最大的烧碱、苯胺、甲烷氯化物生产基地之一。

为加快推进转型升级，提高发展质量，金岭集团成立山东省氯甲烷材料工程技术研究中心，研发转化了一批高科技项目；并引进消化国内外最先进的高新技术，抢占行业技术制高点；积极实施技术创新，不断淘汰落后产能和工艺技术，获得200多项专利；投巨资与用友网络合作开发NC-ERP项目，全面实施财务业务一体化、客户和供应商协同化、生产与管理对接数字化的现代化信息管理，建立电子采购平台、优化业务流程，实现了整个集团公司人财物的统一管理。

在今后的发展中，金岭集团将抢抓经济发展新常态带来的机遇，立足海洋产业领域，集中产业优势，促进产业结构调整和优化升级，坚持科学发展、创新发展、绿色发展，树立新理念，构建新格局，创造新作为，推动企业持续快速高质量发展。

热电生产装置

山东省氯甲烷材料工程技术研究中心

新材料公司鸟瞰

富强新材料生产区

DCS控制中心

金岭化工生产装置区

盘江集团总部大楼

贵州盘江煤电集团有限责任公司（以下简称盘江集团）是贵州省国有独资大一型企业，2018年5月经贵州省政府批准，由原盘江资本（前身是盘江矿务局）、水矿控股（前身是水城矿务局）、六枝工矿（前身是六枝矿务局）、林东矿业（前身是林东矿务局）和盘江电投（前身是广投黔桂公司）战略性重组而成，2020年4月毕节中城能源有限责任公司纳入盘江集团管理。

2021年，集团生产原煤2788万吨、焦炭751万吨，供应电煤1693万吨，发电88.3亿千瓦时，总资产814亿元，营业收入500亿元。在2021年中国煤炭企业50强中排名第14位，较2020年提升7位，在中国能源集团500强排名第81位，较2020年上升26位，2020年、2021年连续两年荣登“中国企业500强”榜单，是我国长江以南最大的煤炭企业。现有职工近6万人，盘江集团旗下盘江精煤股份有限公司是贵州省首家煤炭上市公司。

奋进新时代、推动新跨越。“十四五”期间，盘江集团将积极践行新发展理念，坚持“煤龙头、电骨干、新能源补充”的产业布局，着力“双碳”目标下煤炭清洁高效利用，打造一流的现代化能源集团，推动盘江集团实现高质量发展，为贵州经济社会发展提供战略性基础性能源支撑。

盘江集团党委书记、董事长、总经理兰海平（中）到矿区调研

盘江集团电投发电分公司全景图

盘江集团金佳矿瓦斯提纯厂

盘江集团矿井污水处理成生活用水

盘江集团矿井综采工作面

山东博汇集团有限公司

打造绿色低碳数字化智能工厂

山东博汇集团有限公司始建于1991年，总部位于山东桓台，是集造纸、化工、热电生产、销售、研发于一体的现代化大型企业集团。

2020年加入金光集团APP（中国）大家庭以来，公司积极响应新旧动能转换、高质量发展及绿色提升行动的政策倡导，不断优化产业结构，做强做大主业，充分发挥外资企业在技术和管理方面的专业化优势，整合优质资源，融合创新发展，围绕绿色环保、智能化、数字化转型规划了一批新项目。

博汇集团在金光APP全球林浆纸和化工一体化的战略牵引下，始终坚持以“生态优先，绿色发展”为导向，践行“绿色生态、低碳环保、可持续发展”理念，秉承“挑战极限，誓达胜利”的企业精神，对传统产业进行“一个超越两个转型”的数字绿色融合的变革升级，通过优化资源配置，优化工艺技术，完善基础设施，推进“花园式绿色工厂”品牌建设，全面提升管理水平，抓落实求突破，积极推进规划项目如期落地，为实现公司高质量可持续发展奠定坚实基础。

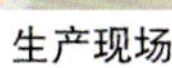

生产现场

生产现场

回音必集团成立于2000年8月，其前身是1993年创立于诸暨市的浙江亚东制药，总部位于杭州市，下辖安庆回音必制药股份、齐齐制药、安徽制药、江西东亚制药、抚州制药、东抚制药、亚东制药、华冲科技、浙江天冉中药饮片、浙江医药、芜湖医药、杭州天冉医药、芜湖医药零售连锁、安庆回音必药物研究院、杭州回音必电子商务、诸暨回音必包装等企业。2021年，回音必集团的营业收入为235.06亿元。

公司成立以来，以高标准布局医药生产，不断完善、提升产业结构。1999年1月，公司在浙江整厂动态通过药品生产国际标准的GMP认证。现拥有大容量注射剂、小容量注射剂、化学药制剂、化学原料药、中成药、中药饮片、医药包装七大生产基地，共有药品生产线26条，生产的剂型药品13个，拥有生产品种164个，231个批准文号，17个独家品规剂型，国家中药保护品种3个，国家医保目录品种77个，国家基药目录品种40个。

2020年年初，在抗击新冠肺炎疫情的斗争中，集团生产的5%碳酸氢钠注射液、1%葡萄糖酸钙氯化钠注射液成为卫健委新冠肺炎治疗方案中维持人体水电解质平衡的重要药物，被列为《新型冠状病毒肺炎防控首批药品储备清单》，集团立即召回员工，做出了春节不放假的决定，加班加点生产抗疫药物确保全国临床一线的急救用药需要。企业先后受到《人民日报》、新华社、中央电视台和江西、安徽、浙江电视台等国家媒体的关注报道，央视《新闻联播》五次报道了回音必集团加班生产抗疫药品的新闻，被工信部确定为国家第一批新冠肺炎疫情防控重点保障企业。2021年，回音必集团被评为中国制造业企业500强，浙江省制造业百强和浙江民营企业200强。

董事长王大冲1998年被人民日报社、民政部授予“全国优秀转业退伍军人”称号，2014年荣获全国总工会、国家安全生产监督管理总局授予的“安康企业家”称号，2017年被评为“浙江省优秀企业家”。回音必集团将继续秉承“但愿无病人，不可无爱心”的企业宗旨，为人民的健康事业做出自己不懈的努力。

回音必制药股份

回音必东亚制药

回音必浙江医药

回音必安徽制药

智能化包装生产全自动物流线

回音必齐齐制药

回音必抚州制药

回音必大厦

CNGR中伟

中伟新材料股份有限公司（中伟股份300919.SZ）成立于2014年9月，为湖南中伟控股集团有限公司旗下控股子公司、上市主体，是专业的锂电池新能源材料综合服务商，属于国家战略性新兴产业中的新材料、新能源领域。公司被认定为国家企业技术中心、国家高新技术企业，获得“国家智能制造”“绿色制造工厂”等示范项目称号。

主导产品 LEADING PRODUCTS

公司始终以研发创新为核心，专注新能源材料领域的研发，持续加大研发投入，以高镍低钴全系列三元前驱体、高电压四氧化三钴、综合循环回收利用、原材料冶炼、材料制造装备为主要研发方向，同时积极布局磷铁系、锰系及钠系技术路线，打造多样化、定制化、快速开发与量产的技术服务能力及产业化应用能力，引领行业技术创新。

高电压四氧化三钴

制备钴酸锂电池正极材料的核心材料。

●性能特征

高电压、高功率

3C领域

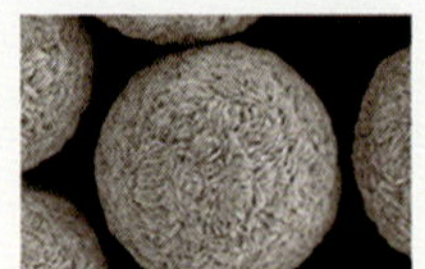

三元正极材料前驱体

以单晶、高镍为主，是制备三元锂电池正极的核心材料。

●性能特征

高安全性、高能量密度、长寿命

动力交通、储能领域

二元及多元前驱体

NC、NM系列二元产品，是新型高镍、无钴电池正极材料前驱体。

●性能特征

高电压、高能量密度、高安全性

动力交通、大功率动力领域

钠电前驱体及正极材料

层状氧化物、普鲁士蓝和聚阴离子等系列前驱体和正极材料。

●性能特征

长循环、高安全性、高倍率

动力交通、储能领域

磷酸铁

制备磷酸铁锂电池正极的核心材料。

●性能特征

高循环、热稳定性、低成本

动力交通、储能领域

产业合作伙伴 CUSTOMERS

中伟股份凭借优异的技术研发实力、严苛的品质管控要求、快速的产业化能力，已与国内外数十家知名企业达成战略合作，核心产品均成功跻身全球领先新能源汽车厂商及锂电池厂商，与LG化学、厦门钨业、特斯拉、当升科技、贝特瑞、L&F、振华新材、三星SDI等国内外一流客户建立稳定的合作关系。

市场地位 STATUS

基于公司产能持续释放，精益管理提质增效，叠加产品、客户结构持续优化，产业一体化比例逐步提高，共同推动公司业绩持续增长，2020、2021年连续两年公司三元前驱体、四氧化三钴出货量、出口量稳居全球第一。

产业基地 BASES

在国内，中伟股份已建立铜仁产业基地、宁乡产业基地、钦州产业基地、开阳产业基地四大产业基地，覆盖全国；在海外，公司建有印尼原料基地，并启动规划国际化产业基地，业务覆盖日韩、东南亚、欧洲及北美等多个国家和地区。

全球一体化布局 构建国内国际双循环格局

产业协同布局 打造产业链综合竞争优势

中伟铜仁(上市主体)产业基地

（规划用地 3000 亩）

全球知名的前驱体材料与循环回收双轮产业制造基地

国家级绿色工厂及智能制造工厂

宁乡产业基地

（占地 1008 亩）

研发技术中心

进出口中心

国家级生态文明建设基地、绿色工厂

钦州产业基地

（规划用地 5000 亩）

大型前驱体生产基地

研发体系 R&D

中伟股份始终以研发创新为第一驱动力，立足前驱体、资源循环、智能装备三大方向，已形成多层次、多元化的研发创新体系。依托专家团队及研发机构，联合打造新能源、新材料技术研究的高层次科技创新平台。 未来，中伟股份将始终致力于新能源发展，依托技术创新，立足产品品质，源源不断地为社会输送绿色能源，肩负起能源循环的社会责任，矢志成为全球最具价值的新能源材料综合服务商，为构建人类美好生活贡献中伟力量。

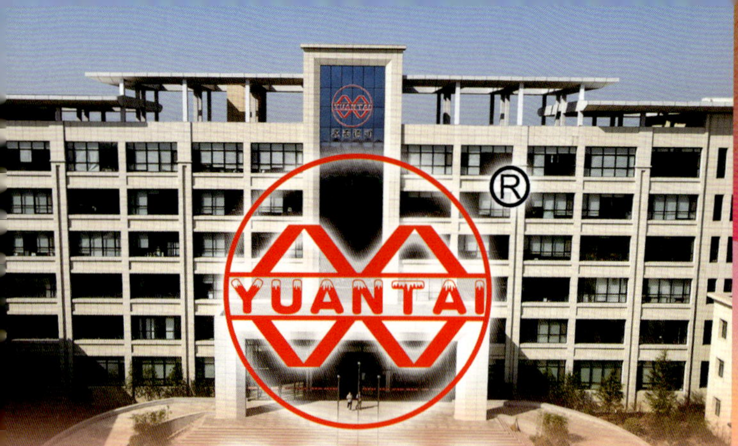

源泰德润

百年源泰，德润人心。天津源泰德润集团致力于为钢管用户提供卓越的产品和服务，立志让结构钢管更广泛地应用到中国经济发展建设中，让所有合作伙伴做更简单的生意。公司成立于2010年3月（以下简称源泰德润集团），坐落在中国最大的钢管生产基地天津市大邱庄。占地1450亩，净资产23亿元，2021年度集团总销售260.09亿元，在中国结构钢管市场份额达24.33%，在全球结构钢管市场份额达12.3%。集团下辖18个法人独资子公司。

天津源泰德润集团持续开展产业链的运营管理工作、协同创新，实现天津市方矩管产业的跨越式发展。在方矩管产业生态体系中占据优势地位，具备行业生态主导力和国际竞争力，能够引领产业链创新发展方向。公司在中国金属材料流通协会信用评比中获得3A级最高荣誉。公司是法人独资大型方矩管生产企业，国家二级企业、入围2021年中国民营企业500强和中国制造业500强，同时荣获高新技术企业等多项称号。

公司已通过ISO9001、ISO14001、OHSAS18001等体系认证、欧盟CE产品安全认证、法国BV船级社国标检验认证、美国船级社ABS、挪威船级社DNV及欧盟船级社认证，油气管道API认证和日本JIS工业标准认证。现有生产条件可出方矩管全规格产品，其中大口径中厚壁方矩管是国内工业化量产的独家厂家，产品定制化订单出货占比达50%以上，除了传统机械行业、钢结构建筑行业等，在国家智慧农业、特高压输电等新兴产业大基建项目中有着广泛应用。

公司在集团董事长“开拓创新、做大做强”思想指导下，秉承“质量第一，信誉至上，公司开发了新型技术工艺，实现了超大规格方矩管生产，在行业内首次独立设计并建成了超规格自动化卷焊生产线，可实现800mm*12000mm以内的方矩管系列产品。公司通过超大规格产品生产，可达到方矩管产品进一步节材优化，结构强度进一步提升，装备可靠性进一步增强的目的。

方矩管下游面向行业领域为建筑产业、光伏产业、智慧农业产业等，近些年来，天津源泰德润集团正在积极布局产业链延伸和下沉，重点对接重大工程建设，中国农业部“一带一路”埃及农业大棚项目7万吨镀锌方矩管产品唯一供货服务商；国家电投青海千万千瓦级国内最大特高电力光伏13.5万吨钢管桩产品唯一供货服务商，参与港珠澳大桥、国家体育馆、国家大剧院、北京大兴国际机场等国家重点工程产品供应。

天津源泰德润集团认认真真做产品，一丝不苟控质量，亮相央视为品牌造势，代表国家权威媒体对品牌实力的高度认可，以更加热忱的激情，践行“讲好中国品牌故事，树立中国品牌形象”的精神，秉承匠心，一路前行。

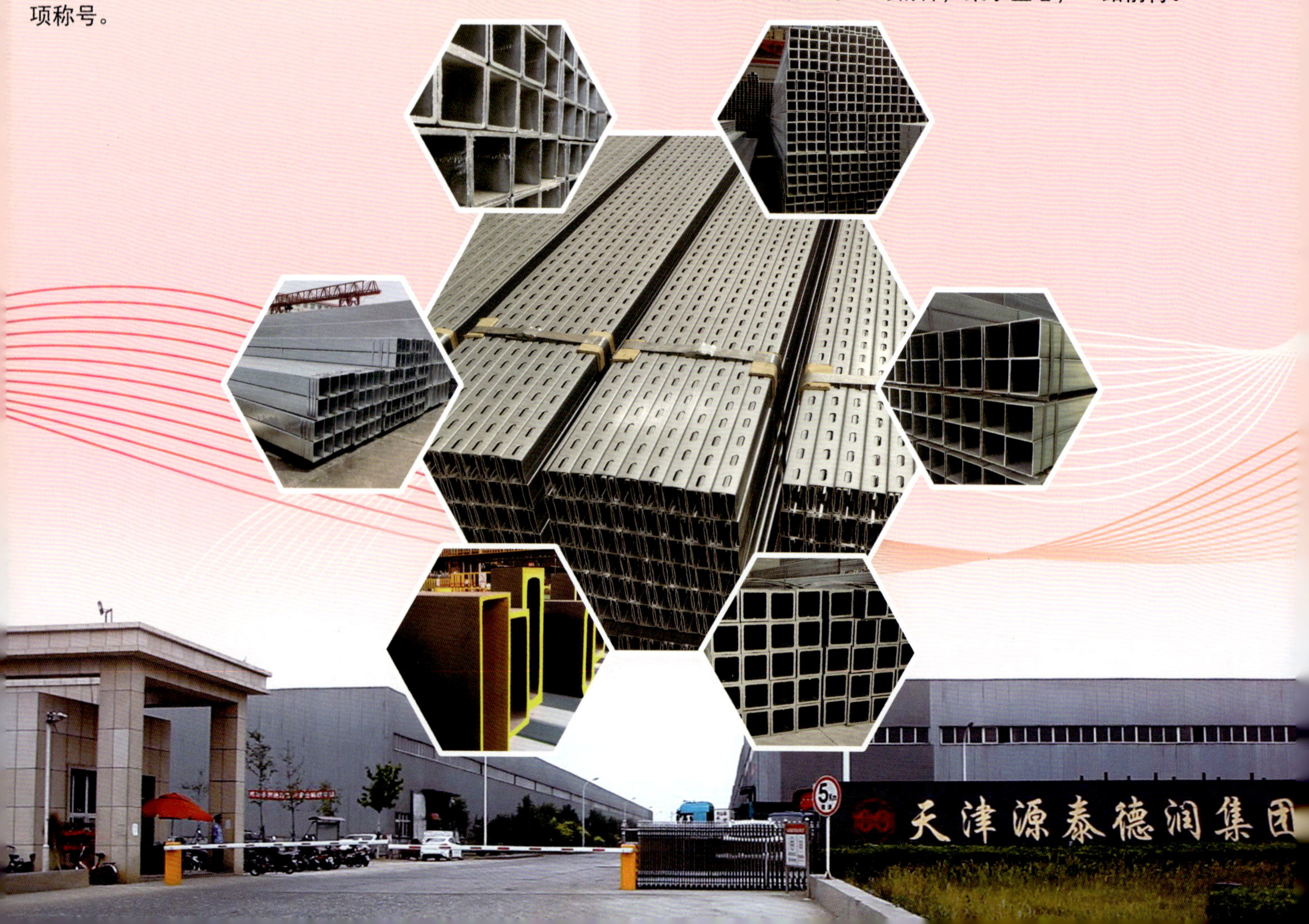

宏兴钢铁生产厂区

董事长 王占宏先生

秦皇岛宏兴钢铁有限公司（以下简称宏兴钢铁）成立于2002年，企业位于秦皇岛市昌黎县循环经济产业园内，现注册资本金52.65亿元，在册职工4000余人。经过二十年发展，现已成为以钢铁生产为主业，兼营红酒产业、滨海旅游产业、度假休闲大健康产业为一体的大型综合性民营企业集团，其中钢铁主业综合实力连续多年位列河北省百强、全国制造业500强。

近年来，宏兴钢铁先后被评为“高新技术企业”“全国优秀企业文化成果一等奖创造企业”“河北省优秀民营企业”“河北省诚信企业”“河北省绿色工厂”“河北省冶金行业质量管理活动优秀企业”“五星级优秀党组织”“秦皇岛市科技明星企业”等荣誉，被中华全国总工会授予“模范职工之家”荣誉称号。

宏兴钢铁以“绿色、低碳、高质量发展”作为“十四五”发展理念，着力在产品结构调整、产品质量提升、产业链条延伸、绿色工厂打造和数字经济转型等方面开拓创新，全面提升企业市场竞争力。2022年宏兴钢铁将完成主体生产装备大型化改造及配套设施提标改造工程，铁路专用线项目建成投运，实现清洁运输结构调整。当前已完成数字经济转型“产供销管控一体化”项目上线运行工作，并通过两化融合管理体系认证；完成标准实验室建设并通过CNAS认证；已全面开展环境深度治理环保绩效创A、大力推进碳中和示范区、分布式光伏发电、绿电制氢、氢冶金等产业项目实施。为实现“绿色、智能、现代化、田园式钢铁企业”而不断奋进。

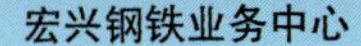
宏兴钢铁业务中心

宏兴初心馆

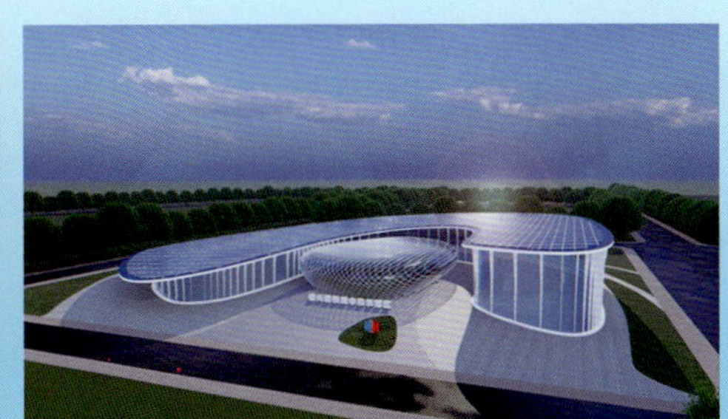
碳中和示范区综合楼（效果图）

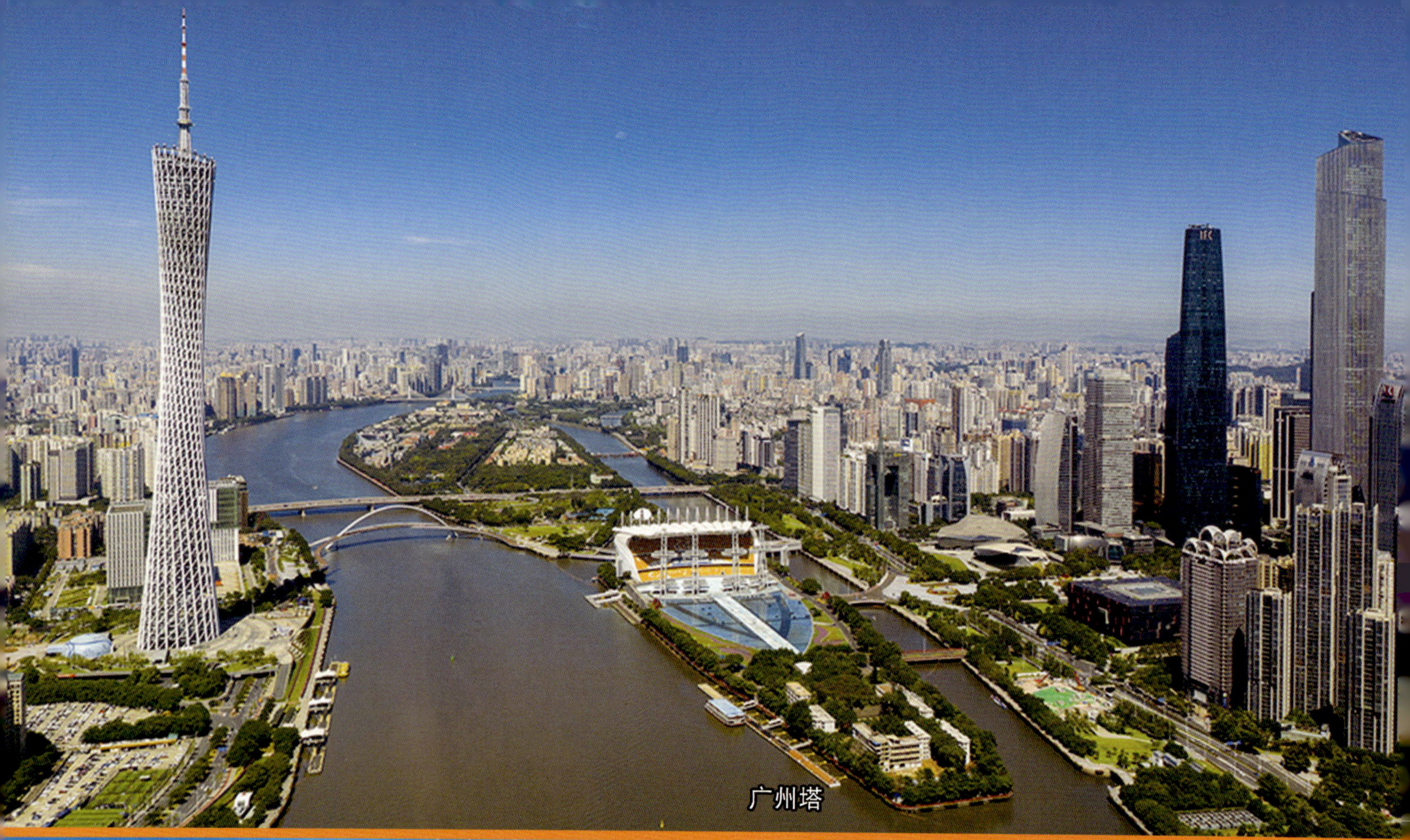

广州塔

抢抓机遇勇毅前行，加快推动高质量发展

广州市城市建设投资集团有限公司（以下简称广州城投）成立于2008年，是专业从事城市基础设施投融资、建设、运营管理的大型国有企业，具有片区开发一体化建设和品质化运营的全产业链综合能力，注册资本175.24亿元，银行信用评级AAA级。2021年，广州城投资产总额约3395亿元，净资产约1533亿元，银行信用评级AAA级企业，控股2家上市公司，是南方航空、广发银行等多家央企的重要战略股东。

广州城投发挥投融资主体、重大项目建设管理主体和品质化运营主体作用，在重大基础设施、特定区域综合开发、地下空间和综合管廊、文化旅游、住房保障等方面，累计建设投融资达3000亿元，出色完成1300多个城市基础设施建设项目，为拉开城市架构、强化城市功能、改善城市环境、提升城市形象做出重要贡献。

迈进“十四五”新时期，广州城投秉承“建设智慧城市，共享美好生活”的愿景，以“智慧城市综合运营商”为战略定位，实施“1248”发展战略，围绕国有资本投资运营公司的企业定位，发挥重大基础设施投融资建设和服务重要产业发展两大平台功能，形成城市建设服务、智慧基建、文化旅游、金融投资四大主营业务，落实党建引领、完善组织管控、加快数字转型、突出创新驱动、深化人事改革、完善财务管理、提升风险防控、加强品牌建设八项保障措施，助力广州加快实现老城市新活力、“四个出新出彩”，建设社会主义现代化国际大都市，在广东实现总定位、总目标中勇当排头兵。

海心桥

花果山4K／8K+5G超高清视频产业特色小镇

越秀国际会议中心

花城汇花城广场

萝岗和苑（保障性住房）

打造中国的、世界级的大宗商品投行

TO BUILD CHINA'S WORLD-CLASS COMMODITY INVESTMENT BANK

福州城市建设投资集团有限公司

FUZHOU URBAN CONSTRUCTION INVESTMENT

福州城市建设投资集团有限公司（以下简称福州城投集团）成立于2013年6月，是福州首家AAA信用评级的市属一级国企，注册资本20.685亿元，资产总额2200亿元，下辖城乡建总集团、市建发集团、省二建集团、市建筑设计院、市城乡规划院、城投运服集团、市产投集团、城投供应链集团、城投新基建集团、城投园林集团等子企业70余家。2021年在中国服务业企业500强中排第238位、福建企业100强第37位。

福州城投集团凝心聚力，开拓创新，着力打造“四链四驱双循环”业务体系，围绕产业链、供应链、数字链、资金链，重点发展四大板块：

祥浦苑

一是城市开发板块，以城市整体规划目标为导向，统筹规划片区功能、道路交通、生活配套，近年正加快福州白湖北园、黄山片区、东大新村、鹅峰片区、三远、上海西等片区改造、棚户区改造、城市更新等十余个项目的推进。

南江滨东大道及沿线绿化工程

二是城市建设板块，涵盖规划设计、地产、公园、水系、市政工程等，已高质高效建成2800多个项目。成功培育出“榕发”“建总”等地产品牌；打造出鼓山大桥、清华附中福州学校、最美晋安河、霞镜新城、三江口生态公园、福山郊野公园等地标建筑；施工业务发展至河南、江西、江苏等全国市场。目前正在建设现代物流城、闽都院士村、三江口植物园、国企总部群等福州战略性项目。

福州城投

市政桥梁 三环路

夜景灯光工程（福道金牛山体育公园）

三是城市运营板块，重点发展新基建、园区运营、供应链贸易、园林绿化等产业，开拓智慧管廊、停车、社区灯杆、体育、共享雨伞等服务，运营餐饮、康养、公园、物业等，其中，集团“5G+智慧城市”项目获评“2021年世界智慧城市基础设施和建筑大奖”。

四是战略投资板块，对新能源、信息技术服务、新材料、生物医药等具有较大发展潜力的产业或企业进行投资培育和孵化，现已投资国家海上风电检测中心、华电福新发展项目等。积极构建多重可持续发展的双循环体系。

十四五期间，福州城投集团以打造“一流的智慧城市建设运营商”为方向，以进军中国企业500强、培育上市子企业为目标，提质增效、奋勇作为，为福州加快建设现代化国际城市和建设机制活、产业优、百姓富、生态美的新福建做出更大贡献。

西湖-左海改造提升工程

集团简介

广西现代物流产业孵化中心

广西现代物流集团有限公司（以下简称现代物流集团）成立于2021年2月，前身是广西物资集团，经历了广西仓库物资清理调配委员会、物资组、物资局、物资厅等机构变迁，是自治区直属的大型国有企业。根据自治区党委、政府赋予的功能定位和职能职责，现代物流集团将大力发展智慧物流、冷链物流、跨区域（跨境）物流，积极打造成为广西壮族自治区及中国—东盟国际物流资源要素整合平台、现代冷链物流一体化服务商、服务国内国际双循环和西部陆海新通道的跨区域（跨境）物流集成服务商。

现代物流集团总部位于广西首府南宁市，拥有全资、控股及参股二级子公司30家，以物流、环保、机电为主营业务，现有员工4000余人，旗下还拥有广西国资国企系统唯一的物流领域的高等职业院校——广西物流职业技术学院，唯一的中等职业学校——广西物资学校。

近年来，现代物流集团深化改革、加强管理并取得了较好成效，主责主业不断聚焦，转型升级步伐不断加快，新业态新模式逐步培育形成，企业经营基本面得到了较大改善，形成了向好、向上的发展态势，先后获得“全国物流先进企业”“全国物流行业先进集体”“中国物流创新奖”“中国流通领域社会责任贡献奖”“自治区文明单位”“广西企业文化示范基地”。

未来，现代物流集团将围绕自治区党委、政府赋予的职责使命，牢牢把握发展机遇，主动服务全区经济社会发展，全力以赴抓好企业生产经营和改革发展各项工作，加快转型升级，努力打造成为具有较强竞争力、创新力、引领力、影响力、抗风险能力的一流综合物流企业集团，为建设新时代中国特色社会主义壮美广西做出积极贡献。

行业地位

- 自治区直属大型国有企业
- 中国物流与采购联合会副会长单位
- 中国物资储运协会副会长单位
- 中国AAAAA级物流企业
- 中国服务业500强（224位）
- 广西企业100强（18位）
- 广西服务业企业50强（7位）
- 广西固体废物利用处置联合会会长单位
- 广西物流与采购联合会会长单位
- 广西冷链协会会长单位
- 广西汽车旅游协会会长单位
- 广西环保产业协会副会长单位
- 广西循环经济协会会长单位
- 广西壮族自治区文明单位

主营业务

2022年5月23日，广西壮族自治区副主席、自治区国资委党委书记秦如培（中）到广西现代物流集团调研，为广西现代物流集团生产的“十万大山”矿泉水“点赞”

2021年10月24日-26日，广西汽车旅游大会在北海市园博园举行。据统计，大会共接待专业观众5000人次，吸引了参展商700多家，签约合作项目18个，达成意向金额30亿元

2021年12月18日，五象汽车生活广场二期开业。至此，占地232亩（1亩≈666.67平方米）、总建筑面积20万平方米的西南最大的汽车生活服务综合体建成运营

2022年7月1日，广西现代物流集团有限公司党委书记、董事长覃黎魁（右一）深入集团公司下属的广西桂物再生资源有限公司调研，图为生产车间调研现场

2022年5月27日，广西北部湾国际生鲜冷链园区（一期）在广西防城港市正式开业运营。该园区是西南地区规模最大、现代化程度最高的冷链物流园区。总投资40亿元人民币，总面积1800亩，分三期建设。其中，一期占地600亩，总投资12.62亿元人民币，建设冷库库容20万吨，达产后可形成生鲜食品年20万吨的储藏加工能力

2022年8月15日，广西壮族自治区党委常委、自治区副主席许永锞（前右二）到广西现代物流集团下属的广西桂物再生资源有限公司生产车间调研，了解再生资源循环产业发展情况

2022年7月28日，装载着广西供应链服务集团进口的9752吨铜精矿的“盛茂海”号散货轮从秘鲁马塔拉尼港出发在防城港主港成功靠泊卸货

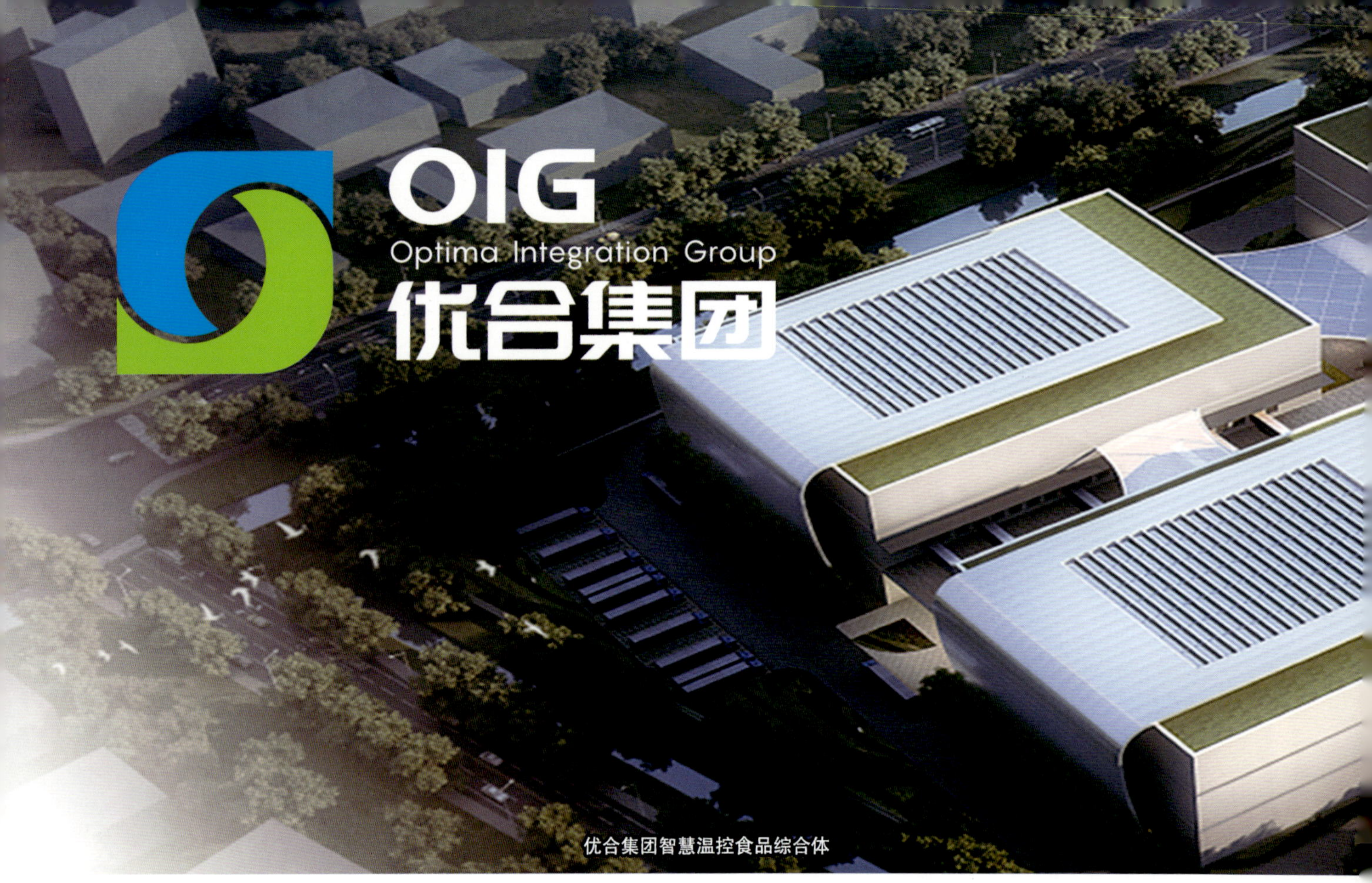
OIG
Optima Integration Group
优合集团
优合集团智慧温控食品综合体

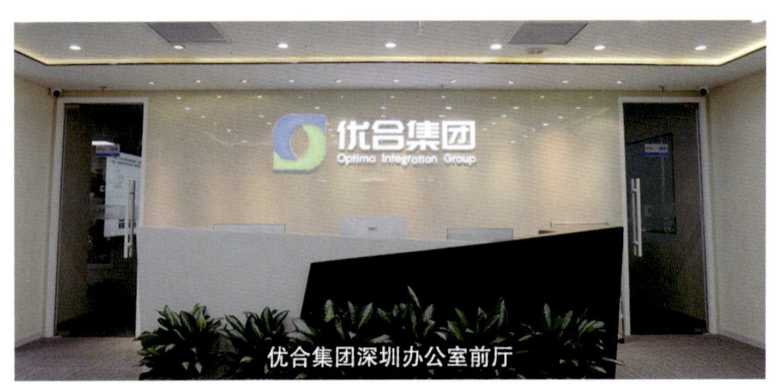

优合集团
Optima Integration Group
优合集团深圳办公室前厅

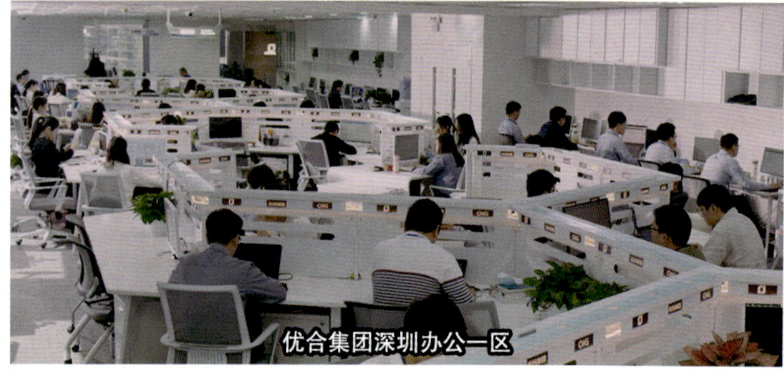

优合集团深圳办公一区

优合集团有限公司于2008年3月在广东深圳正式成立，现已发展成为集进口清关、冷链仓储物流、大数据服务、食品安全监管、资金配置、供应链管理服务、行业SaaS为一体的全球知名冻品进口企业集团。

成立十四年来，优合集团成功入围中国进口企业200强，并先后荣获广东省百强民营企业、海关总署AEO高级认证企业、国家5A级物流企业等荣誉称号。

深耕进口冷链食品领域，不断扩展上下游覆盖面。优合集团已连续八年冻品进口总量位居全国前列，占中国进口肉类总量（除进口特殊用途以外）约四分之一。并实现了输华准入上游工厂和国内所有肉类准入海运口岸100%全覆盖，以及国内一级下游经销商超三分之二的覆盖率。

锐意改革创新，科技赋能传统产业。2014年，优合集团开始了第一次科技“触电”，自主研发搭建专属管理系统，将其产品能力贯穿进口冷链食品产业链全环节，构建了创新型产业互联网模式。2016年，优合集团管理系统已实现业务流程全链条的信息化分析及风险管控。在2018年完成了数字化转型后，开启了智能化发展新征程。目前，集团自研ERP系统已完成业务交易的全流程对接，并与海关推动了数据实时打通，实现对每批货物的靶向监管，有效降低各节点风险。

致力于业务革新，推动构建行业生态圈。优合金融仓依托集团核心商流以及完备的信用评估、风险管理体系，由融资银行直接对集团下游经销商放款以清偿货款。结合“银企信息系统直联+物联网+区块链技术”

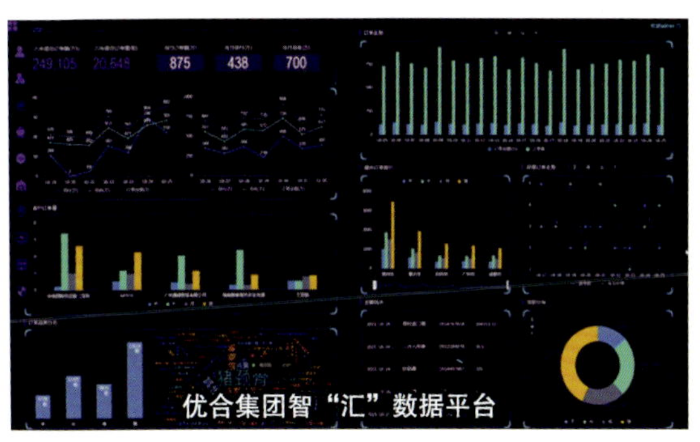
优合集团智“汇”数据平台

优顶特网小程序

为下游中小微企业提供切实有效的融资解决方案，降低行业流通成本。

知识就是未来，优合集团着力打造顶级智库“优顶特研究院”。长期深耕进口及国内食品农产品领域，已经成为业内集专业度、权威度、知识性、及时性于一体的影响力最大的食品行业研究机构和资讯平台之一。与有关政府部门、学术机构、行业协会、世界银行、亚洲开发银行等机构合作开展研究，在各大报刊和专业学术期刊上发表数十篇专业技术文章，参与多项国家级课题研究。同时，集团倾力打造“优顶特网”——O2O全球冻品全产业链供应链综合服务平台，为中小微企业提供从海外采购到终端配送的一站式服务，目前企业注册用户突破2万家。

食以安为先，用良心做产品、做事业。优合集团依托其行业地位，率先建设冻品供应链可追溯体系，与海外工厂达成战略合作协议，启动了“优冷链”冻品溯源系统项目建设，实现源头工厂赋码试点，为疫情防控和食品安全提供追溯凭证。

作为进口冻品供应链服务企业中的佼佼者，优合集团一如既往地以服务国家百姓为己任，以维护行业整体利益为目标，扎根粤港澳大湾区，深耕供应链产业，赋能全国上下游中小企业赋能，携手生态链条中的广大企业共同发展。

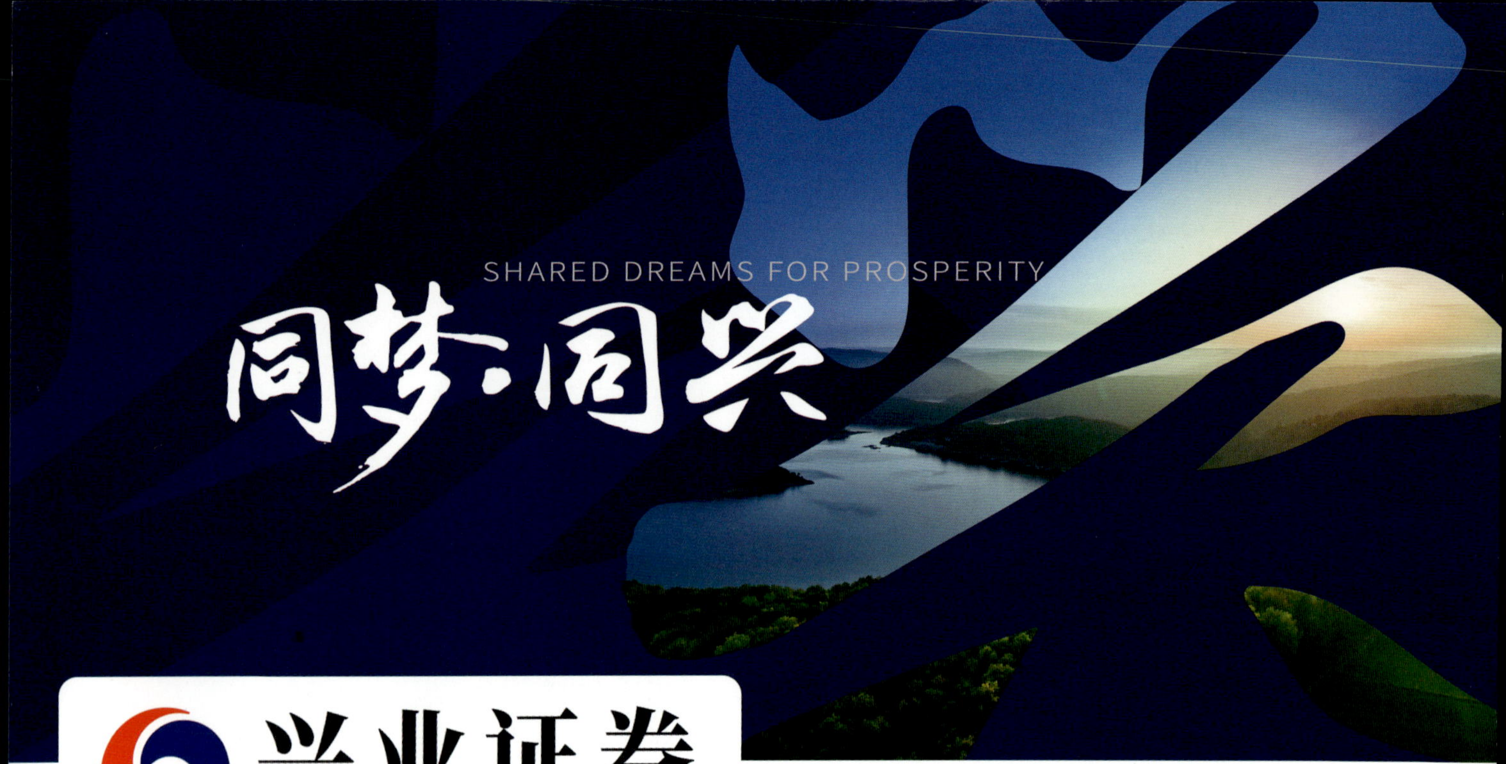

兴业证券
INDUSTRIAL SECURITIES

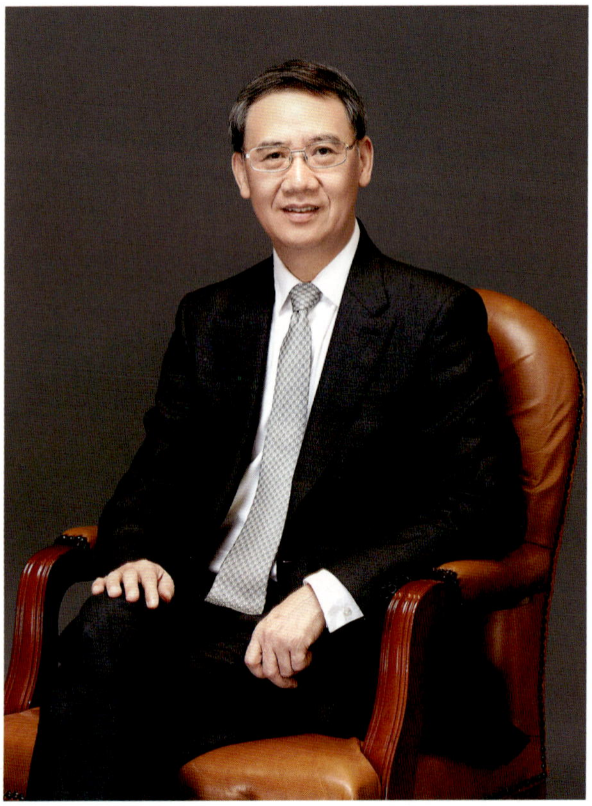
兴业证券党委书记、董事长 杨华辉

兴业证券股份有限公司（以下简称兴业证券）是中国证监会核准的全国性、综合类、创新型、集团化、国际化证券公司，成立于1991年10月29日。2010年10月，在上海证券交易所首次公开发行股票并上市（601377.SH）。公司注册地为福建省福州市，主要股东有福建省财政厅、福建省投资开发集团有限责任公司、上海申新（集团）有限公司、中国证券金融股份有限公司等。

截至2022年一季度末，兴业证券集团总资产达2280亿元，净资产457亿元，境内外员工超过一万人，在全国31个省、区、市共设有274个分支机构，其中分公司111家、证券营业部163家，控股并经营兴证基金、兴证国际、兴证资管、兴证期货、兴证资本、兴证投资、兴证风险管理、海峡股交8家子公司，业务覆盖基金、期货、资产管理、国际业务、直接投资、另类投资、产业金融、区域股权交易等专业领域，综合实力和核心业务位居行业前列。

2021年，兴业证券围绕建设一流证券金融集团的战略目标，深刻把握资本市场的发展机遇、深入践行集团新发展理念，形成核心竞争力取得新提升、转型与创新实现新突破、服务实体经济展现新成效、深耕八闽大地结出新硕果、党建文化工作开创新局面的高质量发展“五新”格局，以专业与责任持续为国民经济高质量发展贡献证券金融力量。

2021年，兴业证券实现营业收入189.72亿元，利润总额76.63亿元，净利润58.55亿元，归母净利润47.43亿元，分别同比增长7.92%、24.49%、27.74%及18.48%，连续两年刷新历史最好业绩。2021年年末，兴业证券集团总资产达2174.63亿元，净资产为453.55亿元，较上年年末增长20.13%和11.07%，实现内生式高质量增长。

兴业证券自成立以来，始终坚持依法经营、稳健经营、文明经营。在中国特色社会主义进入新时代的新形势下，兴业证券提出 “建设一流证券金融集团”的战略目标，正朝着专业化、集团化、国际化方向奋力迈进！

2019年7月，兴业证券成功保荐全国首批、福建首只科创板股票“福光股份”上市

2021年6月，由福建省人民政府主办，福建省地方金融监督管理局、兴业证券等单位承办的“资本市场福建对接大会”在福州举行

2021年3月，兴业证券与厦门大学签署战略合作协议，强化校企合作，共谋人才培养，深化产学研全方位合作

2021年10月，兴业证券举行成立30周年表彰活动

红色城投 数字城投 服务城投
创新城投 实力城投

西安城投集团成立于2000年7月，注册资本90亿元，是经西安市人民政府批准设立，主要负责经营管理授权范围内的国有资产，城市基础设施投资、建设的国有独资企业，拥有全资子公司21家，控股子公司6家，参股公司10家，从业人员4.3万人，业务范围涵盖城市公共服务供给、城市基础设施运营、战略性及新兴产业投资等领域，形成了城市开发建设、综合交通服务、清洁能源、环境保护、产业金融、智慧城市六大业务板块。

集团董事长马胜利（前排中）检查中压燃气管道施工现场

西安城投集团始终坚持“党建引领”，叫响了“雷锋车队”“贴心蓝火苗”“暖身暖心暖万家”等一批特色党建品牌，打造了廉政教育、思想政治教育、脱贫攻坚（乡村振兴）教育、党性教育4大基地。2021年年底集团营业收入181亿元，利润总额16.2亿元，净资产800亿元，拥有国内AAA、国际BBB+资信评级。2021年荣获“全国脱贫攻坚先进集体”“十四运会和残特奥会优秀集体”荣誉称号，2018年以来连续被陕西省企业家协会评为陕西百强企业，荣获“2021年中国服务业企业500强”。

集团总经理韩红丽检查督导北辰大道与绕城高速互联互通项目

经过22年的发展，西安城投集团形成了政府支持有力、产业基础牢靠、资产规模雄厚、资信评级优秀、品牌形象良好五大核心优势。累计为西安市基础设施建设投融资超过1600亿元，充分履行城市公共服务职责，年公交行驶里程4.2亿公里，年供应天然气超过22亿立方米，供热面积达1.37亿平方米，位于行业领先地位。服务智慧城市，上线西安市民卡平台，实现多领域一卡通用，运营“I西安”APP，实现便民服务4660余项。

打造创新驱动的城市美好的生活服务商和城市综合发展商

西安城投集团立足市委市政府安排部署、西安国家中心城市建设和国资国企改革等要求，以“创新驱动的城市美好生活服务商与城市综合发展商”及“国内一流的国有资本投资运营公司”的战略定位，加快实施“23567”立体发展新战略，预计到2025年，资产总规模将超过3500亿元，营业收入超过300亿元，利润超过30亿元，努力 身中国企业500强行列，为西安市全面建成具有国际影响力和竞争力的国家中心城市和国际化大都市做出城投应有的贡献。

西安城投集团承担的十四运体育中心外围提升改善道路PPP项目一标段北辰大道与凤城五路立交

西安城投集团承担的十四运迎宾线路太白立交桥下空间改造提升项目

西安城投公交集团开通社区巴士，进一步加强公交与地铁的协同衔接，为社区居民提供快速高效的公共交通出行服务

西安城投公交集团纯电动公交车充电场站

西安城投秦华燃气集团储气设施

西安城投热力集团幸福林带供热站

一柏集团有限公司成立于2015年，注册资本金11亿元，总部位于福建福州。集团拥有成品油批发、危险化学品经营资质，并且于2022年获批商务部进口燃料油非国营贸易进口资质，主营石油化工、煤炭等大宗商品贸易，为福建企业100强，2021年销售收入超180亿元。

公司依托人才优势、资源获取和渠道布局能力、专业的风控和一流的金融服务能力，联合国内石化行业龙头企业，解决稳货源、降成本、控风险等客户核心诉求，为客户提供一体化、定制化的供应链综合服务解决方案。

一柏集团致力于成为一流大宗商品贸易商，未来将继续专注石油化工、煤炭等能源类大宗商品贸易，并始终将风险控制放在首要位置，打造以服务能力、风险控制能力、资金实力为核心的综合竞争优势，成为各大厂商安全、稳定、可靠、值得信赖的供应链伙伴。

业务介绍

集团与国内众多石化龙头建立了紧密的业务关系，包括浙石化、盛虹石化、恒力石化、恒逸集团、桐昆集团、新凤鸣、中石化、中石油、中海油等；集团依靠卓越的采购、分销和资金能力深得行业龙头企业的认可和赞誉。

主要产品

LNG
Liquefied Natural Gas

石油
Petroleum Products

对二甲苯
Petroleum Products

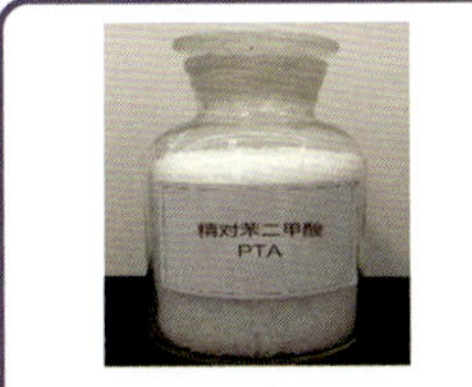

精对苯二甲酸
Purified Terephthalic Acid

乙二醇
Ethylene Glycol

甲醇
Petroleumcoke

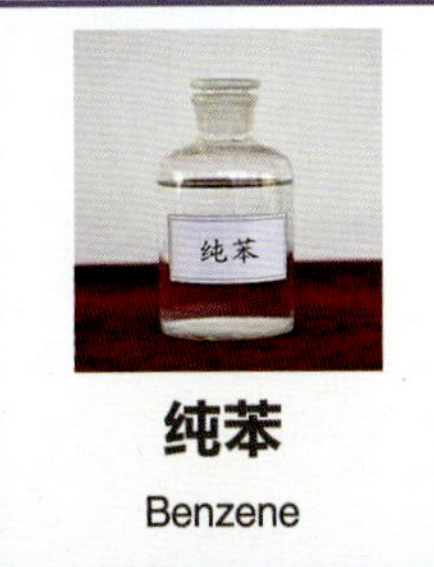

纯苯
Benzene

己内酰胺
Caprolactam

石油焦
Petroleumcoke

硫磺
Ethylene Glycol

吉旗物联科技（天津）有限公司

G7物联是国内领先的以物联网技术为核心的软件服务公司，我们致力于用科技改变公路货运行业，助力货主和货运经营者获得成功，是智慧物流领域独角兽公司。G7物联天津总部定位为综合性总部，主要业务场景包括数字货运、安全管家、数字货舱、无人驾驶、智慧园区等多领域，向货主、物流公司、司机、场站园区等提供结算金融、安全保险、智能挂车、车队管理和园区可视化等全链条服务。

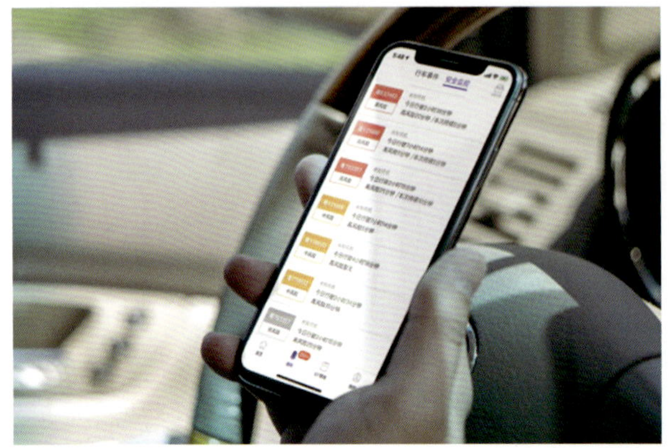

武汉农村商业银行党委书记、董事长白俊伟

武汉农村商业银行党委副书记、副董事长、行长王宏玲

武汉农村商业银行于2009年9月9日正式挂牌成立，是全国首家副省级省会城市农村商业银行，也是一家总部在武汉的区域性银行。2021年末，集团总资产4023亿元，正式员工5500余人，设立分支机构245家，覆盖武汉市各区、街道、乡镇。在省内，设立了咸宁、宜昌、黄冈、光谷4家分行；在湖北、江苏、广东、广西、云南、海南6省区发起设立了47家长江村镇银行。

武汉农村商业银行坚持服务“三农”、服务小微、服务民生，主动融入区域经济发展大局。2021年末，本外币存款2921.62亿元、各项贷款2221.43亿元。存款、贷款增速在武汉市排名前列。自成立以来，累计纳税142亿元，连续多年在全市金融同业排名第一。资产规模在全国近1600家农村商业银行中排名第13位，蝉联中国银行业100强，综合指标在全国商业银行排名第69位，稳居华中地区农商银行榜首。荣获“湖北省信贷投放贡献突出机构、全省脱贫攻坚先进集体、金融支持地方经济发展突出贡献单位、金融支持普惠小微突出贡献单位”等多项殊荣。

站在新的历史起点上，武汉农村商业银行将紧密围绕市委市政府“加快建设‘五个中心’、奋力打造新时代英雄城市、建设社会主义现代化武汉”的决策部署，以“质量第一、效益优先”的经营指导思想统揽全行工作，充分发挥横跨城乡两大市场的优势，进一步优化金融服务和产品供给，加快推进数字化转型，全面实施精细化管理，坚持走规模、质量、结构、效益相统一的可持续发展之路，谱写新时代高质量发展新篇章。

汉农村商业银行总部大楼

武汉农村商业银行金融后台中心大楼

融发集团
QMCID

国家融合发展“试验田”古镇口核心区

青岛军民融合发展集团有限公司（以下简称青岛融发集团）是青岛西海岸新区响应融合创新国家战略而专门组建的国有企业，主营开发建设、靠前保障、金融投资、贸易、资产运营、文化旅游等业务。目前，企业外部信用评级AA+。

近年来，青岛融发集团紧紧围绕融合创新国家战略，在全力推动总投资过千亿元的重大项目的同时，加快市场化运营，开辟了地方国企裂变式发展新路径。

2018年以来，集团累计完成固定资产投资650亿元，带动金融、靠前保障、贸易等产业增加值超过300亿元；立足青岛，协同烟台、蓬莱等地，打造国家融合创新示范区建设典范和山东省胶东经济圈一体化样板。

通过企业并购、股权投资等资本运作手段，与50余家央企国企和行业领军机构战略合作，不断做强做优做大。企业总资产由2018年的不到20亿元增长至目前的800亿元，4年内增长40倍；营业收入、利税年均增长超过50%；成为上市公司石大胜华第一大股东，投资入股9家拟上市企业并带动其加快上市步伐；培育高新技术企业12家、全球独角兽企业2家、国家省市专精特新企业9家、省瞪羚企业3家、2022年省级绿色工厂1家、首批青岛市人工智能产业链链主企业2家、2022青岛十大资本青睐企业2家。

青岛融发集团先后获得“全国诚信经营示范单位”“山东省诚信建设示范企业”“青岛百强企业”“青岛年度最具影响力企业”“青岛市文明单位标兵”等荣誉100余项。集团主要负责人2022年2月被山东省委省政府评为“山东省优秀企业家”。

加快国企市场运营 倾力服务国家战略

打造杨家山里青岛乡村振兴示范片区

中国北方最大的木材交易市场——北方木材交易中心

山东省重点项目——中科院海洋大科学研究中心

建设运营国内首个海军主题公园——海军公园

蓬莱京鲁船业助力胶东经济圈一体化建设

中国（北方）特种装备维修保障基地

郑州公用事业投资发展集团有限公司

郑州公用事业投资发展集团有限公司成立于2013年9月，是郑州市国资委出资的国有独资公司，主要从事城市市政公用事业项目及城市基础设施的投资、建设、运营、管理。公司按照政府主导、市场化运作、企业化经营的理念和定位，遵循现代企业制度和市场规则，形成了强大的融资能力、资源整合能力、运营模式创新能力、高效专业经营能力，是郑州市重要的政府投融资公司和投资控股公司。截至2021年年底，公司注册资本8.86亿元，资产总规模305亿元，下辖子公司23家。公司企业主体信用评级AA+，荣膺中国服务业500强企业、河南100强企业。

作为郑州市属8家投融资平台之一，公司遵循“厚德为公、尚善为民”的核心价值观，秉持“立足公用事业、服务大众民生”的宗旨使命，积极发挥政府投融资公司和资本运作平台功能，承接12个郑州市重大民生基础设施建设任务，涉及垃圾焚烧发电、综合管廊及地下空间开发、水生态环境治理、市政交通建设等领域，总投资330.41亿元。郑州市环城生态水系循环工程，以两级泵站打通循环水源，打造中原文化特色水生态体系；南四环快速化工程，高品质施工，构建郑州市“两纵两横两环”快速路网系；惠济区道路路网工程，疏通北部城区经脉线，打造交通路网大循环；郑州市中心城区地下综合管廊，担纲国家试点项目，锻造改变城市发展轨迹的铿锵跨越。

近年来，公司瞄准“功能型+产业化”战略定位，围绕“大公用、大环保、大水务、大生态”业务链条，以固废处理为战略性核心产

城市环卫管养综合作业车编队

渗滤液处理项目

郑州环保教育博物馆

郑州市中心城区地下综合管廊

业，持续“疏通全链条、织密一张网”，深入推进公司向产业集团方向转型，逐步形成环境卫生管理、电力生产和基础设施建设一体化发展的产业格局。公司负责投资建设郑州市东、西、南三座大型垃圾焚烧发电厂与中部地区规模最大的渗滤液处理运营体，合并生活垃圾日处理量超1.1万吨，开启郑州“蓝色焚烧”新纪元，着力推动城市绿色低碳循环发展。同时，公司聚焦“城市管养全产业链服务商”，打造了一支智慧化运营、标准化运作的环卫铁军，市场份额和业务规模均居郑州市之首。

通过不断努力，公司逐渐成长为集成式卓越城市运营企业和行业内有影响力的标杆企业，为国家中心城市建设、提升城市能级与核心竞争力不断做出贡献。

东部垃圾焚烧发电项目

南部垃圾焚烧发电项目

南四环快速路工程

西部垃圾焚烧发电项目

生态水循环项目圃田泽泵站

福建中旅客运

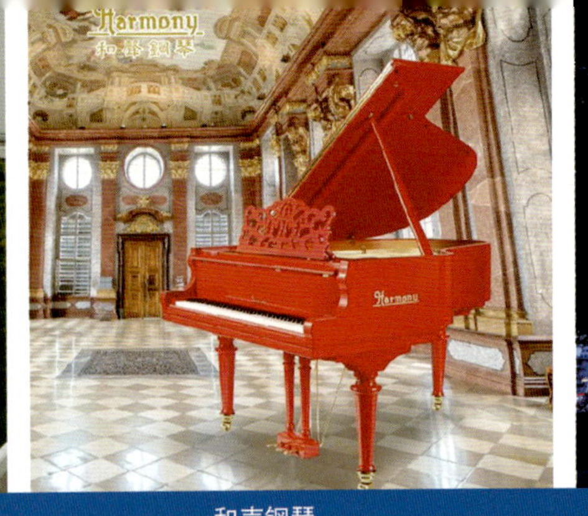

和声钢琴

工艺美术大楼

福建省旅游发展集团

福建省旅游发展集团系福建省国资委监管的省属大型企业集团，于2015年12月由福建华闽实业集团和福建中旅集团合并重组设立，是省委、省政府从大局出发，围绕“建设全域生态旅游省”战略目标，践行新发展理念，培育经济增长新动能，推动福建旅游转型升级而倾力打造的国有旅游企业集团。

目前，集团旗下全资及控股企业共126家（含1家上市企业、1家新三板挂牌企业），主营业务涵盖旅游服务、旅游目的地建设、物业地产、文化传媒、国际贸易、资本运营、研学教育、酒店及景区运营管理等，拥有福建省中旅旅行社、福建海外旅游实业有限公司等10家旅行社,286家网点门店；闽江饭店、武夷山庄、泉州华侨大厦、厦门华侨大厦、厦门鼓浪别墅酒店等15家权属、托管酒店；福建中旅客运有限公司及厦门、漳州、泉州等地中旅客运公司，130余部车辆；自主运营泰宁九龙潭、柘荣鸳鸯草场、长乐猴屿、尤溪闽湖、冠豸山索道等项目，是福建省产业要素健全、产业链条完整、经营网络齐备的综合性旅游龙头企业。截至2021年年底，集团资产总额106.71亿元，同比增长66.92%；2021年，营收总额128.86亿元，同比增长505.01%；利润总额10365万元，同比增加2.94亿元，资产营收实现“双百亿”，荣膺“中国旅游集团20强”。

在省委、省政府的正确领导和省国资委、省文旅厅的指导、帮助下，福建省旅游发展集团注重顶层设计，全面

福旅教育大楼

香港华闽

泰宁九龙潭

深化改革，实施有效重组，始终秉持“守正、担当、融和、致远”的企业精神，积极践行“一挂牌、二搭台、三运营、四共赢”的产业发展模式，加快实施“扩大规模、做大资产、做强主业、拓展辅业”的发展战略，聚焦数字经济、海洋经济、绿色经济、文旅经济，落地柘荣鸳鸯草场、泰宁九龙潭、长乐猴屿全域旅游、政和廖俊波精神教育学院、将乐常口两山学堂、寿宁“难忘下党”教育实践基地等重点项目；全力推进“中国海洋生态牧场”渔旅融合综合体、八闽（漳州）不夜城、福建数字文旅综合服务平台（一部手机全福游）、福州市内免税店、东山青年交流基地等新兴项目；联合省总工会、团省委、省妇联开展“青春同行·缘启之旅”青年职工交友活动，帮助宁德时代、大唐发电、省立医院等单位520名青年人才成功牵手，点亮和谐民生工程；开拓自驾旅游市场，持续兴起“自驾进千村万户·旅游助乡村振兴”活动热潮，打造自驾游产业示范样板；旅游+夜游、康养、研学、文创等产业布局加速延伸，旅游服务民生、促进乡村振兴、带动社会就业等国企担当活力彰显，以高质量党建引领在国企改革发展浪潮中跑出加速度、实现新跨越。

百舸争流，奋楫者先;千帆竞发，勇进者胜。福建省旅游发展集团将坚持以习近平新时代中国特色社会主义思想为指导，全面贯彻落实党的十九届六中全会精神和省第十一次党代会精神，扎实开展“提高效率、提升效能、提增效益”行动，紧抓福建文旅经济快速发展重大机遇期，拓宽产业链、价值链、创新链，在主动服务和深度融入新发展格局中找准定位、发挥作用，向着“引领福建文旅产业，打造全国一流的现代文旅集团”的目标愿景阔步迈进，为奋力谱写全面建设社会主义现代化国家的福建篇章做出新的更大贡献！

柘荣鸳鸯草场

嘉悦物产集团有限公司简介

嘉悦物产集团有限公司成立于2017年，是一家聚焦能源化工、黑色金属、农产品等大宗商品产业的现代流通企业。集团通过强大的研投能力、完善的管理体系、扎实的产业渠道、丰富的金融手段，以贸易为根基，以研投为核心，以服务为手段，最终实现为上下游客户创造价值。

集团全资控股7家境内外子公司，总部位于杭州，并在上海、广州、天津、唐山、三亚、舟山，以及新加坡、越南设立办事处；2021年集团实现实物量销售逾220万吨，营收超过110亿元人民币，规模持续高速增长。未来，集团将继续致力于实现全球化布局，始终坚持以产业为中心，以投研和科技为两翼，凭借强大的战略定力和成熟的战略远见，依托科学严谨的管理体系和灵活高效的组织架构，实现稳定健康可持续发展。

集团始终坚持以“为共行者创造价值”为使命，本着“以人为本，求真务实，拥抱变化，追求卓越”的核心价值观，致力于打造一家具备全球视野，专业、可信赖的产业服务商；在国内国际双循环新发展格局下，顺应新一轮科技发展和产业变革的浪潮，凝心聚力，创业创新，助力我国经济社会高质量发展。

主营业务板块

化工板块

能源板块

黑色板块

农产品板块

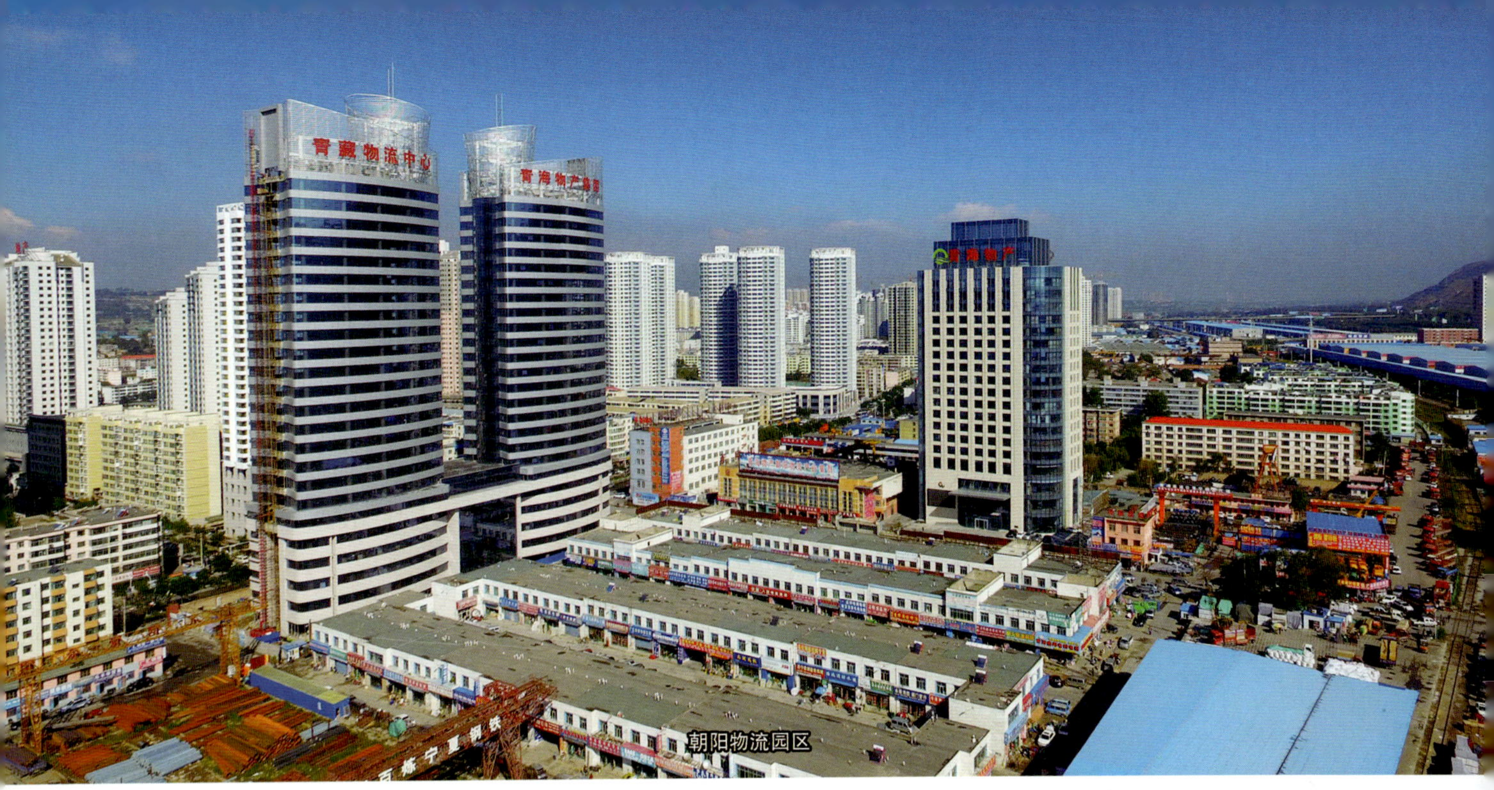

朝阳物流园区

青海省物产集团有限公司（以下简称青海物产）是青海省政府国资委监管的大型国有独资公司。所属二级子公司11户、三级子公司13户。集团占地面积近146.67万平方米，拥有4.3千米铁路专用线，100多万平方米经营办公场所。

青海物产始终坚持以习近平新时代中国特色社会主义思想为指导，秉持“为社会创造价值、为股东创造利润、为员工创造幸福”的企业宗旨，践行“上下同欲、有为有位”的企业理念，发扬“踔厉奋发、笃行致远”的企业精神。紧紧围绕朝阳物流园区、北川工业物流园区、青海曹家堡保税物流园区“三大园区”进行产业布局，不断推动

北川工业物流园区

朝阳物流园区

曹家堡保税物流园国际商务区

北川工业物流园区电解铝产业链

朝阳城市快速消费品仓储分拨中心及冷链物流中心

曹家堡保税物流中心核心区

青海昆仑国际会议中心

产业链优化升级，强化数字驱动、集成创新能力，巩固延伸产业链，持续建强现代物流、内外贸易、工业生产“三大板块”，多措并举拓展“物产智运”网络货运平台、冷链物流、多式联运及环保建安、新能源汽车等新兴业态。

近年来，随着集团资产规模的不断壮大，营收利润的持续攀升，员工福祉的连年增进，青海物产先后荣获“全国模范劳动关系和谐企业”“全省模范劳动关系和谐企业”“中国红十字会奉献奖章”“中国物流社会责任贡献奖”“全省工业企业经济运行突出贡献单位”“全省深化国企改革重点企业”“优秀企业领导班子”“绩效优秀企业”“经营业绩A级企业”“全省安全生产工作先进单位”“企业财务会计决算工作先进集体”“全省‘信用与社会责任’示范单位”等荣誉称号。连续入围“中国服务业企业500强”“青海企业50强”。

展望未来，青海物产将按照青海省生态经济、循环经济、数字经济、平台经济“四种经济形态”发展要求，以“传统产业保稳定，新兴产业求发展”的发展思路，以供给侧结构性改革为主线，通过“内涵式”发展，在围绕国内大循环，国内国际双循环新发展格局上不断取得新成效。通过统筹规划“三大园区”内外所属企业产业布局，整合资源，推动供应链、产业链上下游数据贯通、资源共享和业务协同，不断完善现代供应链服务体系。实现各企业、各园区互联互通、优势互补、上下联动的产业生态圈，走出自主创新和绿色发展相结合的青海物产高质量发展新路径。

青藏高原全球商品保税直销中心及陆港口岸服务中心

青海物产所属省三建公司三明市场

上汽大众汽车青海地区唯一“五星级经销商”——青海物产汽车贸易有限公司

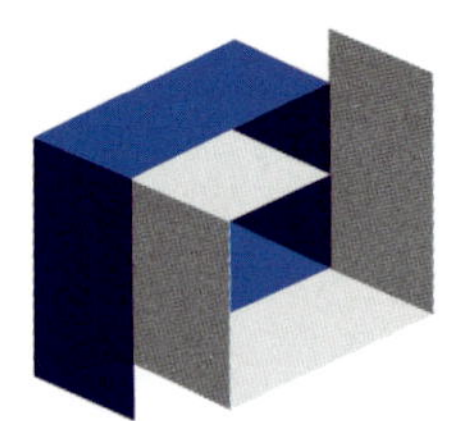

盐城国投集团

Yancheng State-Owned Assets Group

盐城国投集团大厦

盐城国投集团在市委、市政府的正确领导下，自2012年以来坚定不移走产业转型道路，利用资本的力量全速推动产业布局，形成以能源资源、高新科技为核心驱动力，以城市与工业地产和现代服务业为重要推动力的“2+2”四轮驱动产业格局，全面启动上市工作，三年内实现2~3家企业上市、市值超百亿元。截至2021年12月底，集团总资产659亿元；2021年实现营业收入96.2亿元，利税5.1亿元。集团连续六年被市委、市政府表彰为“综合先进单位”，跻身中国服务业企业500强、长三角服务业企业100强、江苏服务业企业50强。

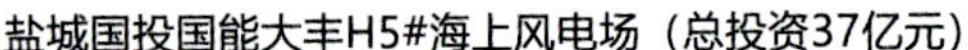

盐城国投国能大丰H5#海上风电场（总投资37亿元）

盐城国投环境大丰6万吨工业盐综合处理项目

盐城国贸中心（中国钢结构金奖）

盐城国投建湖沿河5万千瓦集中式光伏电站项目

盐城国投中科新能源科技公司（国家高新技术企业）

“十四五”期间，盐城国投集团全面贯彻落实中央、省市关于国企高质量发展的各项要求，朝着市属国企“效益最好、管理最优”方向奋力前行。到2025年，集团综合营销收入力争实现500亿元，利税超30亿元，打造3个细分行业隐形冠军，控参股5个上市公司，打造具有一流竞争力、持续创新力和强大生命力的国有能源资源与高新科技产业集团。

盐城国投大丰麋鹿度假村

盐城国投天然气调度中心

zgw.com 中钢网

中国互联网百强企业

河南中钢网科技集团股份有限公司
党支部书记、董事长　姚红超

河南中钢网科技集团股份有限公司（以下简称中钢网）成立于2009年，总部位于河南郑州，于2015年新三板创新层企业（股票代码：831727），是以工业互联网为基础，以行业大数据和产业数字化为依托，通过整合钢铁产业链上下游资源，打造了集行情资讯、电商交易、采购招标、数据技术应用、终端集采分销等综合服务为一体的全国性产业互联网平台。

目前，集团下设7家全资子公司、1家参股公司和5个办事处，2021年平台交易额2493亿元，全年营收93.69亿，总资产7.59亿，综合纳税3570万元，已发展成为国内领先的钢铁产业互联网平台综合服务商之一。

正所谓火车跑得快，全靠车头带，中钢网董事长姚红超投身钢铁行业二十余载，利用高瞻远瞩的专业决策和思变创新的前卫眼光，带领中钢网抓住科技创新机遇、发挥互联网优势，同时他还始终强调以人为本，奉献社会，助力脱贫攻坚，实现共同富裕，充分体现了企业的正能量格局和社会担当。

自2009年创立伊始，中钢网就以“助力业界从成功走向卓越”为企业愿景，并制定了“扎根中西部　服务中小微”的企业定位。通过裂变式发展，中钢网连续四年入选“中国互联网百强企业”，荣获中国电子信息行业联合会“2021软件和信息技术服务竞争力百强企业”、工信部“2019年制造业双创平台示范试点”、“2017年制造业与互联网融合试点企业”，商务部“2019年首批线上线下融合发展数字商务企业”、“2017-2018年国家电子商务示范企业”“2022年中国服务业企业500强”等荣誉称号，并先后取得72个软件著作权、5个实用新型专利、2个发明专利，通过了ISO9001质量管理体系认证、ISO27001信息安全体系认证、知识产权体系认证等。

为了更好地赋能行业发展，2022年，中钢网以“数智赋能、共同富裕”为年度战略规划，推出“百千万”数

公司前台

智赋能工程，即借助“经营+管理”扶持100家中大型企业实现30%的业绩增长，通过数字化应用助力1000家企业实现“降本+增效”，通过平台为10000家中小微企业提供精准服务。

未来，中钢网将依托多年积累的行业数据、产业资讯、交易规模和信用体系，利用大数据、云计算、物联网、人工智能等新技术与产业的深度融合，有效助力钢铁产业信息化和工业化的两化融合及数字化转型，从根本上提升钢铁产业链运营效率，助推行业可持续发展、促进产业生态圈共生共赢。

接受媒体采访

办公环境

荣誉墙

连续举办14年的行业峰会

成立广州开发区产业服务有限公司

广州开发区控股集团有限公司
Guangzhou Development District Holding Group Limited

广开控股集团党委书记、董事长　严亦斌

广州开发区控股集团有限公司（原广州凯得控股有限公司，以下简称广开控股）成立于1998年，是广州开发区管委会为拓展资本运营和资产经营、优化产业结构、加速广州经济技术开发区经济发展而设立。沐浴着改革开放的春风，根植于开发区这片创新的沃土，披荆斩棘发展到今天，成长为以科技金融为主业，涵盖金融、科技、园区三大板块的国有大型综合性企业集团，具有有别于广州地区其他国企独树一帜的优势与特点，目前正朝着打造国内一流科技金控平台，建设粤港澳大湾区湾顶明珠科技金融旗舰的目标迈进。

广开控股现有控股企业14家，参股企业超110家，是粤开证券（830899.OC）、泰胜风能（300129.SZ）、穗恒运A（000531.SZ）和利德曼（300289.SZ）的控股股东。在科技金融服务方面，拥有证券、保险、投资基金（种子、VC、PE和并购等基金）、融资担保、小额贷款、融资租赁及股权交易、知识产权交易、金融资产交易等多层次现代金融服务体系。2022年，广开控股发起设立广州开发区产业服务有限公司，作为区服务上市公司统一窗

广开控股大楼

粤港澳大湾区科技金融CBD

口单位，对接北交所，联动深交所、上交所，共建大湾区产业服务新高地。在科技项目投资方面，充分利用广州经济技术开发区作为广州实体经济主战场、科技创新主引擎、对外开放示范窗口的优势，投资参股一批世界顶尖重大产业项目，包括与LG Display合作共同投资超800亿元打造广州“全球显示之都”；携手百济神州、诺诚健华共建国际生物医药产业战略高地；深度践行国家战略，投资小鹏汽车、高合汽车、奥动新能源、重塑氢能等产业赛道头部企业，打造“双碳智造”生态圈。在科技价值园区方面，旗下建设运营的园区物业约400万平方米（含在建），包括创新创意大厦、孵化器、加速器、总部经济区、知识城国际驱动创新中心等华南地区乃至全国规模最大的产业园区集群，入驻企业600多家，大部分为数字经济、生物医药、新一代信息技术、新能源、智能制造等高新技术企业。

截至2021年年底，公司注册资本103亿元，总资产超1200亿元。为中国银行间市场交易商协会会员，获国内最高“AAA”信用评级，具有穆迪“Baa1”、惠誉“BBB+”国际信用评级，是中国服务业企业500强、广州金融业协会副会长单位、广州市新三板企业协会秘书长单位、中国技术创业协会副理事长单位、广州产业园区商会常务副会长单位。

加速器园区，“中小企业能办大事”

广开控股亮相第十一届金交会

江苏采木工业互联网科技有限公司

公司外部

伍国林　董事长

公司内部

江苏采木工业互联网科技有限公司集团旗下采木网是一家木材行业O2O模式下的综合智能服务平台。

董事长伍国林拥有25年木材行业从业经验，是无锡市莆田商会会长、中国木材与木制品流通协会副会长、莆田市工商联副主席等。

采木网通过线下多个“中木智慧”产业园和线上“采木网”双品牌双平台深度融合来构建平台经济、共享经济、数字经济，致力于打造木材商品全产业链一体化的综合智能服务平台。以IABCD等新一代信息技术搭建的采木网平台，实现线上数字与线下产业园区实体的充分融合,以“产业+数据”的布局向两端的制造业延伸，构建数字经济+智能制造新的生态。以引领木材行业转型升级，深度服务木材行业万千企业为己任。

线上采木网多年研发的采木商城、采木资讯、采木物流、采木供应链、采木云、采木服务6大科技互联网产品：采木商城与资讯产品拥有2万多在线木材商户的注册；20万以上的SKU木材大宗商品数据;进出口原木、板材、胶合板、造纸、家居、建筑、包装、文化用品、户外用品、电力等行业各木材品类的每日价格商品指数；利用AI智能速配日均上千供需双方的供求数据；采木供应链、采木物流产品服务中建、中交、中铁等30多家大型央国企上市公司，协助其向木材中小微企业及农户终端反向集采就近匹配采购木材物资，大大降低了物流成本；采木云SAAS与采木服务产品服务于多个中木智慧产业园区，帮助园区入驻企业联机联网生产经营管理，构建智慧工厂及智慧园区，真正去帮助木材制造业从商机获取、供应链金融、物流智运、管理增效、生产降本等一系列的数字化经营。

线下“中木智慧”产业园秉承前港后园、多式联运、工贸一体的集约化生产经营理念和模式成功布局江苏、山东、广西等多个港口，蒸汽废尾再利用、装载烘干装置共享等各项新型园区管理创新机制获得了数百家木材进出口工厂的入驻好评以及地方政府各类政策支持，协助地方政府规范管理行业，协助地方木材行业的转型发展。

线上木材产业大数据+智慧供应链+智慧物流+数字商城；线下木材园区服务及招商，采木网将深度贯彻实施数字经济+实体经济的国家战略。

木材

板材

采木网产品展示

江阴港

以城市建设为己任 发展企业 服务社会

合肥城建发展股份有限公司成立于1999年，是安徽省第一家房地产上市公司，具有国家壹级开发资质和AAA级信用评价等级。公司专注于地产开发建设，项目辐射安徽合肥、安徽蚌埠、安徽宣城、江苏南京、海南三亚等地。公司入围“合肥市企业50强”“安徽省企业百强”“中国房地产上市公司综合实力百强”等榜单；开发的产品荣获“鲁班奖”“广厦奖”“国家康居住宅示范工程”等多项国家级殊荣。

近年来，为实现高效发展，推动转型升级，公司于2019年完成了对合肥工投工业科技发展有限公司的并购重组，发展战略升级为“一引（双核）两翼一助推”，即以住宅地产、产业地产为牵引，代建管理、物业服务为两翼，租赁业务为助推，四大业务板块协同发力，共促发展。2021年，公司营收75.6亿元，利润总额11.3亿元，总资产225.6亿元，净资产61.6亿元，公司业绩创历史新高，实现了跨越式发展。公司积极探索商业地产的经营模式，学习先进管理与运营经验，为公司发展提供不竭动力。

在经营业绩取得重大突破的同时，公司积极承担国企责任。面对新冠肺炎疫情，积极动员干部下沉支援，为疫情防控添砖加瓦；积极投身于地方建设，参与空港国际小镇、肥西安置房、肥东工业厂房及通用机场建设等，为“六稳六保”贡献力量。

辉煌用以自勉，信念催人前行。合肥城建将牢记“以城市建设为己任，发展企业，服务社会”的使命，聚焦合肥、立足安徽、放眼长三角，谋势而动、乘势而上，走出一条高质量转型发展道路，继续书写公司成长与城市发展交相辉映的时代华章！

地产开发

住宅地产+产业地产双轮驱动，公司累计开发“琥珀系”地产项目26个，开发面积约2000万平方米。

代建管理

代建业态丰富，涵盖超高层办公楼、安置房、机场、工业厂房等，代建面积约570万平方米。

物业服务

服务范围涵盖住宅、商办、开发商、楼宇智能化等多业态，在管面积超300万平方米。

租赁业务

响应“租售并举”政策，打造的首个长租公寓品牌—优乐公寓，获得了广泛好评。